Studien zur
internationalen Schulbuchforschung
Band 82/C

STUDIEN ZUR INTERNATIONALEN SCHULBUCHFORSCHUNG

Schriftenreihe des Georg-Eckert-Instituts

Herausgegeben von
Prof. Dr. Wolfgang Höpken
Direktor des Georg-Eckert-Instituts
für internationale Schulbuchforschung
in Braunschweig

Band 82/C

Deutsche und Polen – Geschichte einer Nachbarschaft

Handbuch für Geschichtslehrer

Teil C

Ursula A.J. Becher · Włodzimierz Borodziej · Robert Maier (Hrsg.)

Deutschland und Polen im zwanzigsten Jahrhundert

Analysen – Quellen – didaktische Hinweise

VERLAG HAHNSCHE BUCHHANDLUNG

Hannover 2001

Die Deutsche Bibliothek – CIP-Einheitsaufnahme

Deutschland und Polen im zwanzigsten Jahrhundert : Analysen – Quellen – didaktische Hinweise / Hrsg.: Ursula A. J. Becher .... – Hannover : Hahn, 2001
(Deutsche und Polen – Geschichte einer Nachbarschaft ; Teil C)
(Studien zur internationalen Schulbuchforschung ; Bd. 82)
ISBN 3-88 304-141-6

Titelbild:
Deutschland und Polen im Spiegel von Briefmarken (**M 205**)

Redaktion und Einbandentwurf:
Robert Maier

Verlag Hahnsche Buchhandlung
Postfach 24 60 · 30024 Hannover
Leinstraße 32 · 30159 Hannover
Telefon (05 11) 32 22 94 · Telefax (05 11) 36 36 98

Celler Straße 3, 38114 Braunschweig
Telefon (05 31) 5 90 99-0 · Telefax (05 31) 5 90 99 99
GEInst@gei.de · http://www.gei.de

Herstellung: poppdruck, 30851 Langenhagen

ISBN 3-88 304-141-6

Für

Klaus Zernack

Mitglied der Gemeinsamen Deutsch-Polnischen
Schulbuchkommission seit ihrem Beginn und
ihr deutscher Vorsitzender seit 1987

der maßgeblich dazu beitrug, dass aus der
bilateralen Schulbuchforschung heraus
ein erstrangiges Diskussionsforum
für die Verständigung von Deutschen und Polen
über ihre gemeinsame Geschichte entstand.

Die Herausgeber haben für vielfältige Unterstützung zu danken:

Zu Beginn unseres Unternehmens sind die Konzeption des Bandes und die vorliegenden Texte im Kreise von Mitgliedern der deutsch-polnischen Schulbuchkommission unter Leitung von Professor Klaus Zernack anregend und konstruktiv diskutiert worden. Professor Wolfgang Jacobmeyer gab mit einem überzeugenden Vorschlag zum methodischen Vorgehen einen wichtigen Anstoß zur konzeptionellen Gestaltung des Bandes und Anregungen zu ihrer Realisierung. Prof. Jerzy Holzer, Prof. Bernd Schönemann und Dr. Krzysztof Ruchniewicz brachten ihre Expertisen ein. Diese gemeinsamen Gespräche haben unsere Arbeit inspiriert und gefördert.

Die Praktikantinnen Svenja Büsching, Andrea Enders und Sonja Richter waren uns eine unschätzbare Hilfe bei der Materialienauswahl und bei redaktionellen Arbeiten. Renata Gröger-Kania war in Braunschweig unentbehrlich in allen Fragen, die nur eine literarisch kompetente polnische Muttersprachlerin entscheiden konnte.

Besonderen Dank verdient Stefan Petriuk, der nicht nur die abgebildeten Briefmarken spontan zur Verfügung stellte, sondern auch bei ihrer Beschreibung als Quellen hilfreich zur Seite stand. Die Internationale Jugendbibliothek München und das Institut für Jugendbuchforschung in Frankfurt/M. unterstützte uns bei der Erstellung der Liste für Kinder- und Jugendliteratur.

Zuletzt möchten wir jenen Verlagen, Institutionen und Privatpersonen danken, die uns den Abdruck der beigefügten Materialien kostenfrei gestattet haben.

Im Januar 2001

Ursula A.J. Becher
Braunschweig

Włodzimiesz Borodziej
Warschau

Robert Maier
Braunschweig

Inhalt

Erster Teil

I. Weltkriege und Grenzen

II. Bevölkerungsprobleme

III. Strukturprobleme

IV. Der äußere politische Rahmen

Zweiter Teil

Deutschland und Polen im zwanzigsten Jahrhundert
Quellen und Materialien

Anhang

Vorwort

Die 1972 gegründete Gemeinsame UNESCO-Schulbuchkommission der Bundesrepublik Deutschland und der Volksrepublik Polen war ein Kind der Entspannungsära. Nach Jahrzehnten der Feindschaft und gegenseitigen Missachtung im Zeichen des Kalten Krieges, nur 27 Jahre nach Ende des Zweiten Weltkriegs, setzten die Politiker in Bonn und Warschau ein deutliches Zeichen, dass sie den nächsten Generationen die Chance auf eine bessere Nachbarschaft gewähren wollen. Polnische wie deutsche Historiker und Geografen nutzten die Chance: Gemessen an dem vorherigen Zustand, in dem deutsche und polnische Wissenschaftler in eine Art wissenschaftlich-politischen Stellungskrieg verwickelt waren, bildeten die 1976 verabschiedeten „Empfehlungen" einen großen Fortschritt. Einige Themen blieben strittig, in der Mehrheit konnte man sich aber auf Feststellungen einigen, die wahrheitsgerecht und gleichzeitig für beide Seiten tragbar waren.

Der Versuch sollte auch im Rahmen des verbesserten Ost-West-Verhältnisses ein Pilotprojekt ohne Nachfolger bleiben; ähnliche Ansätze zwischen der Tschechoslowakei bzw. Sowjetunion und der Bundesrepublik verliefen im Sande. Die DDR, die sich ohnehin nicht als Erbe deutscher Staatlichkeiten vor 1949 verstand, sah die Notwendigkeit einer gemeinsamen deutsch-polnischen Arbeit am Abbau von Stereotypen und Feindbildern nicht ein.

An der ersten 10 Konferenzen der Kommission 1972–1976 nahmen 42 Deutsche und 31 Polen teil – vor allem Historiker und Geografen. Die Diskussionen wurden nicht protokolliert, geschweige denn veröffentlicht, so dass wir heute nur aus Zeitzeugenberichten wissen, wie schwierig sich diese ersten Fühlungnahmen nach Jahrzehnten der Auseinandersetzungen und des Gegeneinander-Aufrechnens oftmals gestalteten; es gab ja auch genug Kontroverses zu besprechen, das an dem Kern des jeweiligen nationalen und staatlichen Selbstverständnisses kratzte – vor allem die Zeit vom Ende des Ersten Weltkriegs bis Ende der 40er Jahre, in der es kaum konstruktive Beispiele eines gut nachbarschaftlichen europäischen Zusammenlebens gegeben hatte. Bei der Arbeit an diesen Themen stand der wissenschaftliche Kenntnisstand in einer harten Konkurrenz zu anderen prägenden Einflüssen, vor allem zu geschichtlich verwurzelten emotionalen Einstellungen der Teilnehmer und zur direkten politischen Einmischung. Der Druck der Politik muss auf volkspolnischer Seite wesentlich höher gewesen sein denn auf westdeutscher; dennoch blieb auch auf polnischer Seite offenbar genug Freiraum, um immer wieder zu Kompromissen zu kommen. Bereits im Oktober 1975 wurde ein Teilergebnis der Kommissionsarbeit auf deutsch veröffentlicht, 1976 eine zweisprachige Ausgabe redigiert, die schließlich im Frühjahr 1977 in beiden Ländern erschien. In der Bundesrepublik waren die 26 „Empfehlungen“ zur Geschichte, weniger die 7 „Empfehlungen“ für den Geografieunterricht, jahrelang Gegenstand einer heftigen Diskussion, eine innerpolnische Debatte entwickelte sich hingegen kaum. Die deutschsprachige Fassung der „Empfehlungen“ erreichte bis Anfang der 90er Jahre eine Gesamtauflage von ca. 300.000 Exemplaren, die polnische blieb auf einige Tausend begrenzt.

Es ist hier nicht der Ort, detailliert auf die öffentlichen Kontroversen der 70er und 80er Jahre einzugehen*. Sie konzentrierten sich nicht zufällig auf den zeitgeschichtlichen Teil der „Empfehlungen“ – den bereits erwähnten Zeitraum von 1918 bis 1949. Der entsprechende Text ist in einem besonderen Maße von den politischen Rahmenbedingungen der Kommissionsarbeit vor einem Vierteljahrhundert mitgestaltet worden. Beschränken wir uns auf zwei Beispiele. Man findet in dem Text von 1976 keinen Hinweis auf das Geheime Zusatzprotokoll zum Hitler-Stalin-Pakt vom 23. August 1939, das die Teilung Polens einleitete; die polnischen Historiker kannten natürlich diesen Zusammenhang und hatten keine Zweifel an der – von Moskau stets geleugneten – Authentizität des Textes. Weil aber Moskau genau dies tat, war es unter den Bedingungen der 70er Jahre polnischerseits schlicht nicht möglich, dieses Faktum auch nur zu erwähnen. Als zweites, komplizierteres Beispiel sei die Empfehlung 22 („Bevölkerungsverschiebungen“) genannt. Hier wurden relativ ausführlich (der Text ist etwa doppelt so lang wie die Empfehlung 20 über nationalsozialistische Besatzungspolitik in Polen und den Widerstand im Zweiten Weltkrieg) die Etappen der erzwungenen Migrationen der deutschen Bevölkerung aus den „ehemaligen Reichsgebieten östlich von Oder und Neiße“ beschrieben: Flucht und Evakuierung 1944/45, später Ausweisung, Zwangsumsiedlung, Übersiedlungen und individuelle Ausreisen im Rahmen der Familienzusammenführung. Die Kritik, vor allem von Seiten der Vertriebenenverbände, machte sich hauptsächlich daran fest, dass der im (damaligen west-)deutschen Sprachgebrauch fest eingebürgerte Begriff „Vertreibung“ in dem Text nicht vorkam (es war nur von „Heimatvertriebenen“ als einer Bevölkerungsgruppe in der Bundesrepublik die Rede). Indessen hätte man diesem Abschnitt mit gutem Grund unter streng wissenschaftlichen Gesichtspunkten einiges mehr vorwerfen können: Mit keinem Wort wurden die Polen erwähnt, die aus dem alten polnischen Osten flüchteten bzw. in die alten deutschen Ostgebiete zwangsumgesiedelt wurden. Unerwähnt blieben ebenso Weißrussen und Ukrainer, die aus dem neuen polnischen Staatsgebiet (oder innerhalb desselben) zwangsumgesiedelt wurden. Bei der Empfehlung 22 kam mehreres

* Einen zusammenfassenden Überblick „Zwanzig Jahre danach“ gab Klaus Zernack, in: Empfehlungen für Schulbücher der Geschichte und Geographie in der Bundesrepublik Deutschland und in der Volksrepublik Polen. Schriftenreihe des Georg-Eckert-Instituts, Bd. 22/XV, S. 5–12, Braunschweig 1995.

zusammen: Explizite politische Barrieren – in der polnischen Öffentlichkeit durfte von einer „Vertreibung“ der Deutschen ebensowenig die Rede sein wie von den Umständen der Zwangsumsiedlungen von Polen, Ukrainern und Weißrussen. Ebenso wichtig waren mentale Hindernisse: Den polnischen Historikern der 70er Jahre saßen die jahrzehntelangen politischen Auseinandersetzungen mit den Vertriebenenverbänden viel zu sehr in den Knochen, als dass sie plötzlich bereit gewesen wären, in einer Geste der Würdigung der deutschen Opfer die politisch eminent belastete Vokabel „Vertreibung“ zu gebrauchen; schließlich die gemeinsame Strategie polnischer und deutscher Historiker in der Kommission, unüberbrückbare Differenzen durch die Berufung auf strikte Bilateralität der Arbeit, sowohl hinsichtlich der Zusammensetzung der Kommission als auch hinsichtlich der Themen zu umgehen. Diese Bilateralität war vor 1989 wahrscheinlich in der Tat die einzige erfolgversprechende Formel. Damit ließ sich eine Einmischung der DDR in die Kommissionsarbeit vermeiden, die nach Lage der Dinge nur destruktiv hätte sein können, damit ließen sich auch die oben angesprochenen Einwände zumindest teilweise entkräften. Sie hatte aber ebenso zur Folge, dass einige wichtige Elemente der deutsch-polnischen Beziehungsgeschichte, allen voran die Juden, aber auch die oben erwähnten Themen, aus dem Arbeitsprogramm der Kommission praktisch ausgeklammert werden mussten.

Die hiermit vorgelegte Lehrerhandreichung „Deutschland und Polen im zwanzigsten Jahrhundert“ steht zu mehreren der hier notgedrungen verkürzt angesprochenen Themen in enger Beziehung. Erstens gilt sie dem am meisten kritisierten Teil der Kommissionsarbeit, der Zeitgeschichte. Gerade in diesem Bereich ist die Forschungslage heute ungleich besser als Mitte der 70er Jahre, gerade diesem Bereich galten damals auf polnischer Seite rigorose Bestimmungen der politischen Zensur, die in den 90er Jahren weggefallen sind. Weitgehend aus der Welt sind auch die mentalen Barrieren und Berührungsängste, die es dreißig Jahre nach Ende des Zweiten Weltkriegs bei manchen Themen geben musste, und die heute, sozusagen eine Generation später, noch immer Diskussionsstoff liefern können, ohne dass sie die aktuelle Arbeit der Kommission negativ determinieren könnten. Verzichtet wurde aus denselben Gründen auf den Grundsatz der Bilateralität, sowohl hinsichtlich der Themen als auch hinsichtlich der Autoren. Die Folgen des erweiterten Ansatzes sind zahlreich: Die polnisch-deutschen Beziehungen erscheinen jetzt als ein Teil der europäischen Geschichte, werden zu ihr durchgehend in Beziehung gesetzt und um mehrere neue Elemente bereichert, die aus heutiger Sicht wichtig erscheinen. Ferner wurde auf das strikt chronologische Ordnungsprinzip verzichtet, sowohl im Gesamtkonzept als auch bei der Wahl der Schwerpunkte, die zumindest im politikgeschichtlichen Bereich die wichtigsten, teils weit hinter das 20. Jahrhundert zurückgehenden, teils bereits die Perspektiven des 21. Jahrhunderts ansprechenden Motive aufzugreifen versucht.

Ebenso wie die „Empfehlungen“, erhebt diese Handreichung keinen Anspruch auf Vollständigkeit oder Endgültigkeit. Die Texte sind von den einzelnen Verfassern gezeichnet, was nicht zuletzt bedeuten soll, dass die einzelnen Autoren – einige sind langjährige Kommissionsmitglieder, andere hatten mit der Schulbuchkommission bisher nichts zu tun – für die einzelnen Kapitel verantwortlich sind. Der Leser wird bemerken, dass die Akzente oft unterschiedlich gesetzt sind. Dies ist ein Ausdruck des heute selbstverständlichen Pluralismus, der 1999 eben nicht mehr durch die nationale Zugehörigkeit bestimmt wird und deshalb, wie wir glauben, dem Leser eher hilft als er ihn stört.

Als eine gemeinsame, deutsch-polnische Gruppe versuchen wir, dem Lehrer eine dem heutigen Forschungsstand entsprechende synthetische Darstellung der Knotenpunkte unserer Beziehungen im vergangenen Jahrhundert zur Verfügung zu stellen. Doch dabei bleibt die Handreichung „Deutschland und Polen im zwanzigsten Jahrhundert" nicht stehen. Im Rahmen der didaktischen Erläuterungen beabsichtigt die Schrift, das Potential an Erkenntnis, Einsicht, Lernchancen, das diese Geschichte birgt, auf der schulischen Ebene zur Entfaltung zu bringen. Dabei werden ungewohnte Perspektiven eingenommen, überraschende Verknüpfungen gewählt, Gegenwartsbezüge geschaffen, unscheinbare Aspekte ins Blickfeld gerückt, unkonventionelle Wege der Vermittlung historischen Bewusstseins gegangen. Dieser didaktische Zugriff ist engstens verknüpft mit dem Prinzip des quellenorientierten Lernens. Folgerichtig wurde der Band mit einem umfangreichen Materialienteil ausgestattet, anhand dessen historisches Wissen erarbeitet, Erfahrungen überliefert, Interpretationen gewonnen sowie Standpunkte eingenommen und kritisiert werden können. Die moderne Geschichtsdidaktik bedient sich legitimer- und sinnvollerweise dabei auch solcher Materialien, denen die historische Forschung nur einen Quellencharakter im weiteren Sinne zubilligt.

Didaktische Überlegungen wie Materialienauswahl verstehen sich lediglich als Anregung und Hilfe. Für deutsche Lehrer könnten sie besonders nützlich sein, um „Deutsch-Polnisches" im Unterricht zum Gegenstand zu machen, wo der Lehrplan dies nicht explizit vorsieht, aber doch die Möglichkeit dazu gibt. Damit kann dem von der Gemeinsamen polnisch-deutschen Schulbuchkommission häufig beklagten Ungleichgewicht in der gegenseitigen Wahrnehmung entgegengewirkt werden. Auch polnischen Lehrern eröffnet die z. T. unkonventionelle Annäherung an die Geschichte – wie wir hoffen – neue Gesichtspunkte und Möglichkeiten. Das Kennenlernen anderer didaktischer Herangehensweisen ist für die Reflexion des eigenen Handelns in hohem Maße förderlich und kann zu einem innovativen Impuls werden.

Die Kommission ist sich darüber im Klaren, dass sie in ihrer Arbeit bisher noch nie so weit gegangen ist, indem sie Lehrerinnen und Lehrern in beiden Ländern nicht nur Hintergrundwissen sondern unmittelbar Anregungen zur unterrichtlichen Umsetzung gibt. Den Beteiligten sind die Grenzen eines solchen Verfahrens bewusst. Die Zielgruppen divergieren in bezug auf Zusammensetzung, historisch gewachsene Unterrichtskultur und Lerngewohnheiten erheblich. Insofern kommt man nicht umhin, die didaktischen Erläuterungen und die Quellenauswahl für die zwei Ausgaben, d. h. die deutsche und die polnische, partiell unterschiedlich zu gestalten. Der Fundus an Gemeinsamkeit soll dabei aber so weit wie möglich bewahrt werden. Schließlich leben polnische und deutsche Jugendliche nicht mehr in verschiedenen Welten.

In einem bleibt diese Handreichung ganz „altmodisch" der Tradition der Schulbucharbeit verhaftet: Er will dem Geschichtsunterricht in beiden Ländern in seiner aufklärerischen Funktion beim Abbau von Stereotypen und Vorurteilen helfen. Denn auf diese aufklärerische Funktion der Schule werden wir trotz der europäischen Integration, trotz des Zusammenwachsens unserer individuellen und gesellschaftlichen Lebensräume durch die Medienrevolution nicht verzichten können.

Włodzimierz Borodziej

Didaktische Einführung

Als die Gemeinsame deutsch-polnische Schulbuchkommission im Jahre 1976 ihre „Empfehlungen für die Schulbücher der Geschichte und Geographie in der Bundesrepublik Deutschland und in der Volksrepublik Polen“ veröffentlichte, wollte sie durch eine Verständigung polnischer und deutscher Wissenschaftler über die Deutung ihrer Geschichte einen Beitrag zur friedlichen Entwicklung beider Völker in einem gespaltenen Europa leisten. Der Diskurs, der über die feindlichen Blöcke hinweg trotz aller politischen Belastungen mit Mut und Geduld geführt wurde, brachte eine Klärung: Die Mitglieder der Kommission stellten in einer ganzen Reihe strittiger historischer Fragen eine Übereinstimmung in ihren Urteilen fest, in anderen konnte zu jener Zeit noch kein Konsens erreicht werden. Diese noch offenen, kontroversen Probleme wurden in einer intensiven, über viele Jahre fortgesetzten gemeinsamen Arbeit erörtert und in vielen Fällen in der Weise gelöst, dass historische Urteile gefunden wurden, die die Fragen von Polen und Deutschen befriedigend beantworteten. Andere mussten offen bleiben.

Zwar bezogen sich die Empfehlungen auf den Geschichts- und Geografieunterricht, dennoch stand der Unterricht selbst nicht im Zentrum ihres Interesses. Man ging wie selbstverständlich davon aus, dass sich eine Verbesserung der Schulbücher unmittelbar auf den Unterricht auswirken müsste. Eine grundsätzliche didaktische Reflexion blieb aus.

Fünfundzwanzig Jahre später – in einer grundlegend gewandelten politischen Situation Europas – veröffentlicht die Gemeinsame deutsch-polnische Schulbuchkommission eine Handreichung für den Geschichtsunterricht. Sie möchte Lehrern und Lehrerinnen durch historische Problemskizzen und didaktische Überlegungen Orientierungen und Anregungen vermitteln für ihren Geschichtsunterricht zu den Beziehungen Deutschlands und Polens im 20. Jahrhundert.

Dazu sind einige Erläuterungen notwendig. Erst aus einer Analyse der gegenwärtigen Situation gewinnen wir Fragen und entdecken wir Erkenntnisbedürfnisse, auf die der Geschichtsunterricht trifft und die er beantworten muss. Nach der glücklichen Wende in Europa, die dessen Teilung beendete, sind die Hindernisse weggefallen, die einem ungehinderten Austausch von Menschen und Ideen im Wege standen. Deutschland und Polen sind miteinander verbunden in vielfältigen historischen und kulturellen Bezügen, neuerdings durch ihrer beider Zugehörigkeit zum westlichen Bündnis. Diese Verbundenheit wird noch zunehmen, wenn Polen, wie es vorgesehen ist, in absehbarer

Zeit Mitglied der Europäischen Union sein wird. Aus Gegnern sind Nachbarn geworden, die ihre Nachbarschaft erproben und leben müssen. Eine ganze Reihe von Initiativen ist darauf gerichtet, Austausch und Kooperation zwischen beiden Ländern zu fördern durch wechselseitige Kontakte auf dem Gebiet der Politik, der Wirtschaft, der Wissenschaft und der Kultur. Hierbei sind die Begegnungen zwischen polnischen und deutschen Jugendlichen für das gegenseitige Verständnis von großer Wichtigkeit, wie auch der gemeinsame Unterricht von polnischen und deutschen Schülern in den Schulen der Grenzregion.

So sehr alle Bemühungen zu begrüßen sind, durch die das gegenseitige Verständnis der beiden Nachbarn vertieft werden kann, dürfen doch nicht die Belastungen übersehen werden, die das Verhältnis von Polen und Deutschen beschweren. Noch handelt es sich um eine schwierige Nachbarschaft, die bei aller Nähe Distanz und Fremdheit kennt. Solche Aussagen lassen sich freilich auch über andere Nachbarschaftsverhältnisse treffen: Räumliche Nähe allein schafft noch kein wechselseitiges Verstehen, sie kann ganz im Gegenteil Anlässe zu Konfrontationen bieten. Das deutsch-polnische Verhältnis bestätigt diese Vermutung.

Bei solchen Feststellungen dürfen wir freilich nicht stehen bleiben, sondern müssen der schwierigen Nachbarschaft auf den Grund gehen, um ihre Probleme zu erkennen und – wenn es möglich ist – zu lösen. Wird das möglich sein? Kann man je ein unbeschwertes Verhältnis der beiden Nachbarn zueinander erwarten, die durch ihre geschichtlichen Erfahrungen beschwert und verletzt wurden?

Wichtig muss es sein, diese belastenden Erfahrungen nicht zu verdrängen, sondern sich ihrer verstörenden Kraft bewusst auszusetzen. Dies ist die Voraussetzung für eine Auseinandersetzung mit Erinnerungen, die bisher nicht im eigentlichen Sinne begriffen wurden. In Deutschland hat es lange Zeit gedauert, bis nach Jahren des Verdrängens und Verschweigens, in einem schwierigen und mühseligen Verständigungsprozess zwischen den Generationen, die Geschehnisse während der nationalsozialistischen Herrschaft, die Erfahrungen der Täter und der Opfer, offengelegt und besprochen werden konnten. Diesen Prozess „Vergangenheitsbewältigung" zu nennen, wie es üblich geworden ist, kann freilich zu dem Trugschluss führen, dass derart einschneidende Erfahrungen und Erinnerungen im eigentlichen Sinne bewältigt werden könnten. In der Regel suchen sie den Menschen im Laufe des Lebens in wechselnder Gestalt heim. Doch hat sich dieser Begriff in der politischen Bildung eingebürgert, mit dem auf eine kollektiv-gesellschaftliche Ebene übertragen wird, was jedem Menschen vertraut ist: die eigenen, noch unbegriffenen, schmerzlichen Erinnerungen zu deuten, um sie zu verstehen. Diese Erinnerungsarbeit hat dann ihr Ziel erreicht, wenn wir über unsere Erinnerungen sprechen, wenn wir sie erzählen können. Geschichtswissenschaft und Geschichtsunterricht meinen Ähnliches, wenn sie auf historische Aufklärung vertrauen.

Welche Ereignisse sind es, an die sich Polen und Deutsche erinnern, wenn sie an ihre Beziehungsgeschichte im 20. Jahrhundert denken? Es ist zu vermuten, dass es nicht dieselben Geschichten sind, über die sie sprechen: Ältere Polen werden sich an den Zweiten Weltkrieg und die Schrecken der Besatzungspolitik erinnern, ältere Deutsche an die Vertreibung aus ihrer Heimat. Jüngere Polen denken an Solidarność↑ und die karitative Hilfe durch Deutsche. Bei der jüngeren deutschen Generation steht das Vertreibungstrauma nicht mehr im Vordergrund, sie bemüht sich eher um eine Einordnung dieses Themas in allgemeine Flüchtlingserfahrungen. Wenn Polen und Deutsche einander ihre Geschichten erzählen, heben sie damit ihre Leiden nicht auf, aber sie erfahren in ihrem Dialog, in den Geschichten der Nachbarn ein Anderes, das ihre Geschichten in einen neuen, größeren Zusammenhang stellt. Vielleicht kann die vorliegende Schrift in diesem schwierigen Verstehensprozess hilfreich sein durch Informationen, historische Erklärungen und didaktische Überlegungen, die eine historische Aufklärung erleichtern.

Freilich hat es der Geschichtsunterricht mit jungen Deutschen und Polen zu tun, die diese konfliktreiche Geschichte nicht selbst erlebt haben. Von daher könnte man vermuten, dass diese schmerzlichen Erinnerungen sie nicht in der Weise umtreiben, wie es in der Generation ihrer Großeltern und Eltern der Fall war. Dem Geschichtsunterricht fällt die Aufgabe zu, Jugendliche mit den Erfahrungen früherer Generationen vertraut zu machen, die auf die eine oder andere Weise in ihr Leben hineinwirken. Indem sie sich diese Erfahrungen zu Eigen machen, nehmen sie teil am kollektiven Gedächtnis ihrer Gesellschaft.

Sieht man freilich über die nationalen Grenzen hinaus und fragt nach den Einstellungen von Jugendlichen in Polen und Deutschland, könnte es sein, dass sie nichts Trennendes empfinden, hat sich doch in den USA und Europa eine recht einheitliche Jugendkultur entwickelt. Die Lebensstile haben sich angeglichen: in Ess-und Trinkkultur, Kleidung, Musikgeschmack und Freizeitverhalten. Sind für diese Jugendlichen die Konflikte ihrer Eltern noch ein Problem, mit dem sie sich aus einem eigenen Orientierungsbedürfnis heraus im Geschichtsunterricht beschäftigen wollen?

Dass der Übereinstimmung jugendkultureller Verhaltensmuster eine tatsächliche Einförmigkeit in den Einstellungen, Gedanken und Zukunftsentwürfen entspricht, ist unwahrscheinlich. Weiterhin – und angesichts globaler Tendenzen eher verstärkt – üben regionale Traditionen ihren Einfluss aus. Die Erfahrungen früherer Generationen werden den jüngeren vermittelt und sind Teil des kollektiven Gedächtnisses. So sind die schmerzlichen Erinnerungen der Älteren den Jüngeren vertraut. Die konfliktreiche Geschichte von Deutschen und Polen kann bei Jugendlichen Unsicherheit und Ängste auslösen, die eine friedliche und lebendige Nachbarschaft behindern. Daher fällt dem Geschichtsunterricht die wichtige Aufgabe zu, solche Ängste abzubauen.

Diese Handreichung beschränkt sich auf die Geschichte des 20. Jahrhunderts, weil bisher bei der Deutung der Zeitgeschichte die meisten Kontroversen bestanden und daher für Lehrer und Lehrerinnen ein besonderer Orientierungsbedarf besteht. Die Themen, die behandelt werden, weisen freilich über den engen zeitlichen Rahmen hinaus und zeigen Kontinuitätslinien auf, die

Probleme des 20. Jahrhunderts erst durch ihre Vorgeschichte im 18. und 19. Jahrhundert verständlich machen. Auf der anderen Seite gibt es im Verhältnis Polens zu seinen Nachbarn historische Konstanten, die erst am Ende des 20. Jahrhunderts ihre Bedeutung verloren haben: etwa die „negative Polenpolitik" (Zernack), die die großen Mächte – Preußen-Deutschland, Österreich und Russland – miteinander verband, die ihr Territorium arrondierten, indem sie Polen unter sich aufteilten, eine Politik, die auch nach 1918 von Deutschland und der Sowjetunion fortgesetzt wurde.

Ein solcher Bezug auf „historische Konstanten" ist didaktisch problematisch und muss daher bedacht werden, bevor er im Geschichtsunterricht verwandt wird. Allzuleicht kann ein solcher Hinweis dazu führen, dass Jugendliche, die ein Bedürfnis nach festen Zuordnungen haben, in der bedrückenden Lage Polens , eingekeilt zwischen seinen großen Nachbarn und Teilungsmächten, eine „natürliche" sehen und Polen daher eine ebensolche „natürliche" Opferrolle zusprechen. Solche Konnotationen, die sich bei einer naiven, unreflektierten Darstellung im Bewusstsein der Schüler und Schülerinnen bilden können, müssen im Geschichtsunterricht aufgegriffen und problematisiert werden. Zwar gibt die geografische Lage eines Landes Bedingungen vor, die auf das Leben der Menschen, die Formen ihres Wirtschaftens und ihrer materiellen Produktion Einfluss haben, sie beschreibt den äußeren Rahmen für politische Konstellationen, aber sie definiert nicht das Handeln der Menschen. Das dialektische Verhältnis von Bedingungen und Sinngebungen menschlichen Handelns muss Schülern und Schülerinnen deutlich werden, damit sie die jeweilige Offenheit der historischen Situation und ihre mögliche Beschränktheit einschätzen und reflektieren können.

Historisches Lernen und Verstehen setzen einen multiperspektivisch angelegten Unterricht voraus. Die deutsch-polnische Beziehungsgeschichte erschließt sich Schülern und Schülerinnen erst dann, wenn sowohl polnische als auch deutsche Perspektiven bei der Behandlung der einzelnen Themen zur Geltung kommen. Durch die Erörterung unterschiedlicher Sichtweisen und die Auseinandersetzung mit ihnen wird die Komplexität der historischen Situation deutlich und ein abgewogenes, begründetes historisches Urteil möglich.

Die einzelnen Artikel in diesem Band behandeln überwiegend politische Themen. Es empfiehlt sich, dem Widerschein der Politik im alltäglichen Leben von Polen und Deutschen nachzugehen. Dazu finden sich in dieser Schrift Anregungen. Diese Handreichung verbindet historische Überlegungen mit didaktischen Vorschlägen und Materialangeboten. Sie richtet sich an Lehrer und Lehrerinnen, die ihren Schülern zu einem konstruktiven Umgang mit einer schwierigen Vergangenheit verhelfen wollen.

Ursula A.J. Becher

Einleitung: Das 20. Jahrhundert in der Geschichte der deutsch-polnischen Beziehungen

In dem Jahrtausend der Geschichte der deutsch-polnischen Beziehungen war kein Zeitalter so katastrophenreich und destruktiv wie das 20. Jahrhundert. An dessen Ende ist durch die friedliche Revolution von 1989 alles anders geworden. Beide Länder sind aus der Epoche ihrer tiefsten Verfeindung, die in dem Jahrzehnt zwischen 1939 und 1949 kulminierte und noch lange nachwirkte, in eine konstruktive, europäisch eingestimmte Nachbarschaft geführt worden.

Aber nicht nur als politische Partner, auch je für sich können Polen und Deutschland als Nutznießer der Epochenwende von 1989/91 gelten. Indem Europa seine Ost-West-Spaltung überwand, weil Russland die Sowjetunion und ihr hegemoniales Herrschaftssystem beseitigte, konnte Polen seine uneingeschränkte Souveränität nach innen und außen – in völkerrechtlich anerkannten Grenzen – wiedererlangen; Deutschland vermochte im Gefolge des weltgeschichtlichen Wandels unverhofft seine staatliche Teilung zu überwinden und – mit der definitiven vertraglichen Regelung der deutschen Ostgrenze an Oder und Neiße – seine preußisch-deutsche Staatstradition hinter sich lassen.

Die deutsch-polnischen Beziehungen sind damit endlich von der Hypothek jenes Zeitalters entlastet, in welchem Russland, Preußen und Österreich die alte Republik Polen aufgelöst und über viele Generationen ihre Wiederherstellung verhindert hatten. Denn trotz allen Rivalitäten und Spannungen fand das konservative Bündnis der drei „Schwarzen Adler" immer wieder zusammen in der Unterdrückung der staatlichen Selbständigkeit Polens. Nie gelang es diesem Land, aus den Krisen und den tödlichen Konflikten seiner stärkeren Nachbarn, wie z. B. dem Siebenjährigen Krieg oder den Weltkriegen des 20. Jahrhunderts, dauerhaften Nutzen für die eigene bedrängte Lage zu ziehen.

Der Zusammenbruch der großen Monarchien am Ende des Ersten Weltkrieges machte den Weg frei für die Wiederherstellung Polens als unabhängiger Staat. Doch sah sich die „Zweite Republik" sogleich in zahlreiche bewaffnete Konflikte um die Ausgestaltung und die Sicherung ihres Staatsgebietes hineingezogen. Es gab Kämpfe um Ostgalizien und das Wilna-Gebiet, um Posen, Teschen und Oberschlesien. Schließlich gelang es, die Ostgrenze beträchtlich jenseits der sogenannten Curzon-Linie↑, im alten litauisch-weißrussisch-ukrainischen Osten der Adelsrepublik, zu fixieren.

Obwohl die Wiedererrichtung des polnischen Staates auch das Anliegen der siegreichen Ententemächte war, kam ein tiefgreifender Strukturwandel des

Staatensystems, der Polen und den anderen jungen Staaten Ostmitteleuropas Sicherheit in der Dynamik der Großmächtepolitik verschafft hätte, nicht zustande. Die Friedensordnung des neuen Staatensystems von Versailles war da, wo sie auf den Trümmern der alten Imperien des Ostens errichtet worden war, nicht fest genug verankert. Deutschland und Russland, die Verlierer des großen Krieges, wollten sich mit den territorialen Kosten, die sie für das neue Ostmitteleuropa, vor allem für die Wiederherstellung Polens auf dem Boden der alten Teilungsimperien zu bezahlen hatten, nicht abfinden und versteiften sich auf ihre traditionelle – und das hieß negative – Polenpolitik.

Das neue Polen indes verstand sich als ein entschiedener Anwalt der Versailler Ordnung gleichberechtigter Nationalstaaten. Dabei war es aus den Auseinandersetzungen um seine territoriale Gestalt dem Versailler Verständnis nach eher als ein Nationalitätenstaat hervorgegangen. Aber dessen tragende Idee war bald nicht mehr Piłsudskis↑ traditionales Föderationskonzept, sondern die nationaldemokratische Staatsvolksdoktrin Dmowskis↑. Besonders vonseiten der Nationaldemokratie wurden dann auch die Versailler Bestimmungen zum Schutz der Minderheiten als eine Diskriminierung Polens empfunden.

Was den materiellen und kulturellen Aufbau betraf, vor allem die Reintegration der lange auseinandergerissenen Länder Polens zu einem nationalen Wirtschaftsraum, so waren die Leistungen des neuen Staates respektabel. Dennoch erwiesen sie sich als zu schwach, um die erodierenden Wirkungen der Weltwirtschaftskrise abzufangen. In den Konsequenzen war das den deutschen Verhältnissen nicht unähnlich: Die soziale Zerklüftung verschärfte sich, und die Nationalitätenkonflikte belasteten ebenso wie der Antisemitismus das Ansehen Polens, das vor seinen Teilungen einmal die größte Heimstätte der Juden in ihrer Geschichte gewesen war. Auch das neue Polen kam dem zumindest nahe. Im Ganzen aber schien die politische Kultur der Zweiten Republik, die in der Tradition des Befreiungsnationalismus der Teilungsära stand, tragfähig: Hier lag ein gravierender Unterschied zu Deutschland: Von einer faschistischen Diktatur war Polen – auch in der autoritären Phase des Sanacja-Regimes↑ – weit entfernt, und an sich selbst ist die Zweite Republik nicht zugrunde gegangen.

Vielmehr scheiterte Polen an der internationalen Lage. Die Bedrohung durch die großen Nachbarn, die sich seit dem frühen 18. Jahrhundert kontinuierlich verfestigt hatte, hielt auch nach 1918 an. Denn Deutschland und Sowjetrussland haben die Grenzen des neuen Polen nie akzeptiert. Dabei entsprach die Grenzziehung zu Deutschland ungefähr dem Verlauf, der über lange Jahrhunderte – von 1466 bis 1772 – Bestand gehabt hatte und auch für den Deutschen Bund von 1815 bis 1866 noch Gültigkeit besaß. Jetzt aber sah man in Deutschland darin eine „blutende Grenze". Überhaupt herrschte in Berlin wie in Moskau die Meinung, dass die neuen Nationalstaaten – jenes Ostmitteleuropa zwischen Deutschland und Russland – lediglich als Stützpunkte für die Politik der Siegermächte des Ersten Weltkriegs dienen sollten, und zwar bei der Abwehr des deutschen Revisionismus ebenso wie bei der Eindämmung der weltrevolutionären Ausstrahlung Russlands.

Indes hat die Versailler Politik weder Hitler noch Stalin aufgehalten. Im Gegenteil: beide Diktatoren verfolgten letztlich – wie ihre Vorgänger vor 1918 – antipolnische Interessen und sahen seit 1938 die Zeit für gekommen, gemeinsame Schritte gegen Polen zu erwägen. Bis dahin hatte Hitler den Anschein erweckt, mit Polen einen Ausgleich anzustreben, worunter er die Satellitisierung verstand. Nach dem Münchener Abkommen aber gab es Anzeichen, dass Stalin für eine Neuauflage der Teilungspolitik zu gewinnen sein könnte. So wurden dem alten Antipolonismus mit dem Hitler-Stalin-Pakt in Deutschland die Schleusen geöffnet und Polen steckte erneut in der Zange.

Als Hitler bald die unheilige Allianz mit Stalin zerriss und 1941 seinen Vernichtungskrieg gegen die Sowjetunion begann, war damit keineswegs eine Änderung an dem Konzept der Entnationalisierung und Versklavung Polens verbunden. Dennoch eröffnete sich zum ersten Mal seit mehr als zweihundert Jahren die Chance für Polen, der deutsch-russischen Umklammerung zu entkommen und im Bündnis mit Stalins Russland die tödliche antislawische Bedrohung aus dem Westen zu bannen. Die Aussicht auf eine Umkehrung der Bismarckschen↑ Machtlogik – wonach die Einheit Preußen-Deutschlands die Teilung Polens zur Bedingung hatte –, ließ die Polen die enormen Spannungen und Belastungen in den Beziehungen zu dem alten Agressor aus dem Osten zeitweise vergessen. Wichtiger war 1941, dass es in der gesamten Anti-Hitler-Koalition eine klare Übereinstimmung der Interessen im Hinblick auf das Bündnisziel gab: Es galt, Preußen als den „Hort allen Übels" und als das Energiezentrum des ewigen deutschen „Drangs nach Osten" zu beseitigen und Deutschland durch die Abtrennung der alten preußischen Provinzen östlich der Oder zu entprussifizieren*. Wie schwierig auch immer die diplomatischen Verhandlungen über die Grenzen für Polen im Ganzen nach dem Krieg sich gestalteten, der Grundkonsens in der Preußenfrage war unbestreitbar. Die Reaktion der polnischen Öffentlichkeit auf diese Probleme zeigt, dass der September 1939 und seine Folgen in einer langen historischen Kontinuitätslinie verstanden wurden.

Das bedeutete, dass die Polen die Auflösung Preußens 1945 bzw. 1947 und die Annexion von dessen östlichen Provinzen als gerechte Korrektur des Gangs der Geschichte im östlichen Mitteleuropa erlebten. Ihre eigene Teilung wurde gleichsam geheilt und ihr neuer Staat geradezu fundamentiert durch die „finis Borussiae"** und die staatliche Desintegration Deutschlands. Dabei darf man das ungeheuerliche Projekt eines fast vollständigen Bevölkerungsaustauschs in Ostdeutschland und die heute unvorstellbare Rücksichtslosigkeit, mit der es durchgesetzt wurde, gewiss nicht von dem Erfahrungshintergrund der Bevölkerung Polens in den Jahren der deutschen Okkupation ablösen.

* Von: Prussia (neulateinisch für Preußen), hier: das preußische Erbe niederschlagen.

** Neulateinisch für: das Ende Preußens.

Politisch geboten erschien den Polen die Vertreibung deshalb, weil sie Sicherheit verhieß, dass von preußischem Boden nie wieder Deutschlandpolitik auf Kosten Polens – wie 1871 und 1939 – werde ausgehen können. Aber Polen war dafür auf die Stütze der Sowjetunion angewiesen, die zur gleichen Zeit mit massiver Gewaltpolitik im alten Osten Polens vorging. In der Entstehung und Festigung der deutschen Zweistaatlichkeit konnte man in Polen immerhin eine Garantie gegen das Wiedererwachen der deutsch-russischen Entente sehen. Vor allem aber war es Stalins Politik, die die neue Westgrenze Polens garantierte. Diese Grenzlinie an Oder und Neiße machte mehr als alles andere sinnfällig, was für Polens Deutschlandpolitik das wichtigste Ergebnis des Zweiten Weltkrieges war: die Auflösung Preußens. Damit aber war, wie nach dem Ersten Weltkrieg, die Grenzfrage der neuralgische Punkt der deutsch-polnischen Beziehungen auch in der langen zweiten Nachkriegszeit.

Zwar gab es seit 1950 das Görlitzer Abkommen, in welchem Volkspolens sozialistischer Bruderstaat DDR die Oder-Neiße-Linie anerkannte. Eine tiefer gehende vertrauensbildende Wirkung ist aber beiderseits der Grenze von den verordneten parteirituellen Bekenntnissen zu der „Friedensgrenze“ nicht ausgegangen. Nach der Entstalinisierung in der Volksrepublik Polen 1956 – während die DDR auf orthodoxem Kurs blieb – entfremdeten sich auch die kommunistischen Eliten der Nachbarn an Oder und Neiße immer stärker voneinander. Auf westdeutscher Seite dominierte währenddessen die strikte Ablehnung von Polens neuer Grenze. Dabei sah sich die westdeutsche Politik in der Verantwortung für ein zukünftiges „Gesamtdeutschland“, dem es, als Subjekt eines Friedensvertrages, nach dieser Auffassung allein zugestanden hätte, die Abtretung von Staatsgebiet anzuerkennen. Infolgedessen verweigerte sich die westdeutsche Regierung lange dem Gespräch mit Polen. Immerhin aber konnten 1963 in Warschau und Köln Handelsmissionen eingerichtet werden. Im Ganzen aber fiel es der kommunistischen Propaganda nicht schwer, das Feindbild von der „revisionistischen BRD“ in der Kontinuität Preußens zu festigen.

Erst in den siebziger Jahren änderte sich dies – nicht zuletzt deshalb, weil die Bundesrepublik Deutschland mit ihrer Ostpolitik neue Wege ging. In den Verträgen von Moskau und Warschau (1970) erkannte sie die Unverletzlichkeit der bestehenden Grenzen in Europa an. Sie ließ sich dabei von ihren Interessen an der Entspannung im West-Ost-Verhältnis leiten und handelte nicht mehr stellvertretend für einen vergangenen deutschen Nationalstaat „in den Grenzen von 1937“.

In dem beiderseitigen Echo auf den Warschauer Vertrag schien sich die Auffassung von einer neuen Epoche der deutsch-polnischen Beziehungen Bahn zu brechen. Es war charakteristisch für die Wachheit und zugleich die Traditionalität des politischen Bewusstseins der Polen, dass sie erst in der Begründung der neuen Ostpolitik das Ende der Nachgeschichte Preußens, d. h. das Verblassen des Bismarckschen↑ Reichsgedankens in der westdeutschen Politik, gekommen sahen. Dahinter stand eine sehr alte Grundeinsicht des politischen Denkens in Polen: Preußen habe nämlich – wie man schon unmittelbar nach der Reichsgründung urteilte – durch seine kleindeutsche Hegemonialpolitik nicht nur Polen unterdrückt, sondern auch Deutschland an einer tragfähigen Lösung seiner nationalen Frage gehindert. Somit eröffnete im polnischen Verständnis erst die Befreiung Deutschlands aus der preußisch-deutschen Reichstradition, wie sie um das Jahr 1970 eingetreten zu sein schien, den Weg zu konstruktiver Nachbarschaft zwischen Polen und Deutschen. Nun kam vieles an kulturellen Kontakten in Gang, was nach dem Oktober 1956 zwar versucht worden – man denke an die Kirchen mit dem Briefwechsel der Bischöfe und der Evangelischen Denkschrift –, aber immer wieder versandet war, weil die politischen Fronten sich nur sehr zögerlich bewegten. Auf halboffizieller Ebene aber eröffneten sich in gesellschaftlichen Initiativkreisen Spielräume für das deutsch-polnische Gespräch. Hier konnten Tonlagen gefunden werden, die der hohen Diplomatie noch verschlossen blieben. Die kulturellen, vor allem die wissenschaftlichen Beziehungen kamen in den siebziger Jahren zu kraftvoller Blüte.

In Polen ging die Angst vor dem – von der kommunistischen Staatsmacht weiterhin beschworenen – „westdeutschen Revisionismus" nun merklich zurück. Doch ungefährdet war dieser gesellschaftliche „Wandel durch Annäherung" nicht. Das zeigte sich immer dann, wenn in der westdeutschen Öffentlichkeit politische Zweifel oder völkerrechtliche Bedenken an der Endgültigkeit der polnischen Westgrenze verlauteten. Gewiss regten sich Sympathien angesichts der humanitären Hilfsaktionen, mit der die Westdeutschen auf die Versorgungskrise in Polen – das Erbe der Ära Gierek↑ – reagierten. Doch war damit allein die Furcht der Polen vor der Umklammerung und einem Wiedererwachen des antipolnischen Geistes bei den großen Nachbarn nicht zu beseitigen.

Erst die Ereignisse der Jahre 1989–1991 haben diese Traditionslinien durchtrennt und neue Bedingungen der deutsch-polnischen und polnisch-russischen Beziehungen geschaffen. Die Epochenwende im deutsch-polnisch-russischen Verhältnis ist offensichtlich: Sieht man von der Zweiten Republik ab, lässt sich feststellen: Zum ersten Mal seit dem Beginn der russischen Hegemonie über Polen – mit Preußen als Juniorpartner –, zum ersten Mal also seit 1697, war Polens staatliche Souveränität nicht mehr von Rücksichten auf die Interessen der Hegemonialmächte bestimmt.

Selbst in der Teilung Deutschlands nach 1945, in der das volksdemokratische Polen das Unterpfand seiner Sicherheit sah, war noch ein Traditionspotential der großen Mächte virulent geblieben. Die Sowjetunion hatte es sich für die Sicherung ihres Einflusses auf Mitteleuropa zu Eigen gemacht und sich – nach dem Ende Preußens – in Gestalt der DDR dort einen neuen Juniorpartner geschaffen. Hier lässt sich eine mächtepolitische Funktionskontinuität erkennen, die nur durch die Zurücknahme des riesigen strategischen Vorfelds der Sowjetunion zwischen Elbe und Bug zu beenden war. Ohne die Wiedervereinigung Deutschlands mit der friedensvertraglichen „abschließenden

Regelung in Bezug auf Deutschland" in dem Zwei-plus-Vier-Vertrag von 1990 wäre das nicht gelungen. Erst dieser Schritt verbürgte den Abzug der Sowjetarmee von deutschem Boden, und damit entfiel zugleich die russische Begründung der militärischen Kontrolle Polens als Transitland. Jeder Fortbestand der DDR – auch in demokratisierter Gestalt – hätte diese radikale militärstrategische Entflechtung auf der russisch-polnisch-preußischen Traditionsachse erschwert, wenn nicht gar verhindert.

So aber sehen sich Deutsche und Polen von der Last der Erbschaft negativer Polenpolitik befreit und stehen an einem neuen Anfang ihrer Beziehungen. Die Grenze zwischen Deutschland und Polen, um die es im 20. Jahrhundert soviel Streit und Konfrontation gegeben hat, ist durch ihre völkerrechtliche Sicherung im Jahr 1990 zum ersten Mal nicht mehr Trennungslinie, sondern diese Grenze beginnt die Völker zu verbinden. In den offiziellen staatlichen Beziehungen sind sich Deutschland und Polen heute in der Zusammenarbeit in allen Fragen der europäischen Einigung so nahe gerückt wie nie zuvor in ihrer Geschichte.

Klaus Zernack

Erster Teil

I. Weltkriege und Grenzen

1. Erster Weltkrieg

Der Ausbruch des Ersten Weltkriegs veränderte den Charakter der Polnischen Frage. Die Teilungsmächte standen sich in feindlichen Blöcken gegenüber, die Kriegshandlungen der Ostfront aber spielten sich vor allem auf polnischem Boden ab. Österreich-Ungarn, ein Bündnispartner Deutschlands, bewegte sich schon bald in der polnischen Frage, während sich die maßgebenden deutschen Politiker nicht mit ihr befassen wollten. Die Militärs benutzten sie als Instrument, um sich ein Wohlwollen in den Gebieten an der Front zu sichern. Auf Überlegungen, dass sich der Status der zu Preußen gehörenden polnischen Gebiete ändern musste, ließ man sich nicht ein. Infolgedessen orientierten sich die politischen Kreise Polens im ersten Kriegsjahr entweder nach Österreich-Ungarn oder nach Russland, wenngleich sie die deutsche Stärke richtig einschätzten.

Die Lage änderte sich etwas nach der Besetzung polnischen Territoriums im russischen Teilungsgebiet (im Königreich Polen) durch die Armeen der Mittelmächte im Sommer 1915. Jedoch vermied Deutschland weiterhin konkrete Zusagen und hielt auch Österreich-Ungarn von solchen ab. Ein Teil der deutschen Führung hielt es für günstig, mit Russland Frieden zu schließen und zur Teilung Polens wie vor dem Krieg zurückzukehren. Als diese Hoffnungen hinfällig wurden, kamen in der deutschen Politik Pläne auf, sich nach dem Krieg im Osten hauptsächlich im ehemaligen russischen Teilungsgebiet militärisch, politisch und wirtschaftlich von Deutschland abhängige Gebiete zu verschaffen. Man hoffte auch, dort Rekruten mobilisieren zu können. Das Resultat dieser Pläne war der Akt vom 5. November 1916, in dem die Kaiser Deutschlands und Österreichs die Errichtung des Königreiches Polen aus den ehemals zu Russland gehörenden Gebieten – in enger Bindung an die Mittelmächte – verkündeten. Die Grenzen dieses Gebildes wurden nicht präzisiert, auch nicht der Grad seiner Unabhängigkeit. In Deutschland wurde über eine Annexion von Grenzgebieten und – an ihrer Stelle – über eine eventuelle Ausweitung des Königreiches Polen im Osten, nachgedacht. Einige der Politiker verbanden die Pläne, die Polen betrafen, mit einem Konzept von Mitteleuropa unter der Hegemonie des Reiches.

Überzeugt von den Chancen eines Sieges der Mittelmächte sowie von der Vorherrschaft Deutschlands über Österreich-Ungarn suchten einige polnische Politiker in Berlin um Unterstützung nach. Diese Tendenzen verstärkten sich nach dem Ausbruch der Februar-Revolution 1917 in Russland. Deren Verheißungen, dass Polen die Unabhängigkeit erhalten sollte, veranlassten die Mittelmächte zu weiteren Schritten. Es wurde eine polnische Regierung gebildet, und die Besatzungsmächte im Königreich Polen übertrugen ihr partielle Kompetenzen.

Die Situation veränderte sich nochmals nach dem Sieg der Bolschewisten in Russland und ihrem Eintritt in Friedensverhandlungen. Deutschland sah die Möglichkeit einer weiter gehenden Expansion im Osten, in den baltischen Ländern und der Ukraine. Im Februar 1918 schlossen die Mittelmächte einen Friedensvertrag mit der Ukraine und sicherten ihr einen Teil des Königreiches Polen, nämlich die Chełmszczyzna, das Cholmer Gebiet*, zu. Unter deutscher Aufsicht wurde in Wilna ein provisorisches litauisches Parlament berufen. Wegen des Mangels an Rohstoffen und Arbeitskräften intensivierte Deutschland im Königreich Polen Requisitionen und Verschleppung in die Zwangsarbeit. Alles dies wirkte ernüchternd bei den polnischen Befürwortern einer Zusammenarbeit mit Deutschland. Wichtiger für die Stimmung in Polen war jedoch der Kriegsverlauf an der Westfront, wo sich die Perspektive einer Niederlage Deutschlands abzeichnete.

Bereits gegen Ende des Krieges stellten sich die Polen aller Teilungsgebiete einschließlich der zu Preußen gehörenden Länder darauf ein, einen unabhängigen Staat zu schaffen. Nach dem Zusammenbruch Deutschlands begann man mit der Realisierung dieser Pläne, zuerst durch die Entwaffnung der deutschen Truppen im Königreich Polen und ab Dezember 1918 durch Operationen im preußischen Teilungsgebiet. Das unabhängige Polen entstand zu einem erheblichen Maße als Resultat der Niederlage Deutschlands und in Konflikt mit diesem.

Jerzy Holzer

---

* Das Cholmer Gebiet sah sich bereits im 19. Jahrhundert einer starken Russifizierung ausgesetzt. Als letztes uniertes Bistum in Polen wurde Cholm 1875 zwangsweise in die russisch-orthodoxe Staatskirche eingegliedert. Noch mehr Unruhe erregte die Schaffung eines eigenständigen, territorial erweiterten Gouvernements Cholm im Jahre 1912, mit der die zarischen Behörden versuchten, unter Berufung auf die starke ostslawische (ukrainische) Bevölkerung polnischen Ansprüchen auf das Cholmer Gebiet den Boden zu entziehen *(siehe auch letzte Fußnote S. 128)*. Als die Mittelmächte 1918 das Cholmer Gebiet in einem Separatfriedensvertrag der Ukraine zusprachen, war dies einer der Gründe für den Bruch Polens mit dem Deutschen Reich.

2. Zweiter Weltkrieg, Okkupation und Vernichtungspolitik

Vor dem Krieg

In den nationalsozialistischen Eroberungsplänen war Polen der Rang eines Satellitenstaates zugedacht. Als jedoch Berlin im Oktober 1938 die Forderung einer „Globallösung" der Beziehungen unterbreitete (u. a. exterritoriale Autobahn durch den „Korridor" und Eingliederung Danzigs in das Reich), reagierte Warschau mit einem klaren Nein. Nach kurzen Verhandlungen, die keine Änderung der polnischen Position brachten, entschied sich Hitler zum Krieg. Polen erhielt eine britische Beistandsgarantie und festigte im Sommer 1939 sein Bündnis mit Großbritannien und Frankreich. Beide Seiten, die entstehende Antihitlerkoalition und Deutschland, verhandelten zur selben Zeit mit der Sowjetunion. Stalin entschied sich für ein Bündnis mit Hitler (sog. Hitler-Stalin-Pakt, 23. August 1939). Im Geheimen Zusatzprotokoll einigten sich die Sowjetunion und Deutschland auf eine Teilung Polens und die Aufgliederung Ostmitteleuropas in „Interessensphären".

Der September 1939

Am 1. September begann der deutsche Angriff auf Polen. Großbritannien und Frankreich erklärten Deutschland am 3. September den Krieg, kamen jedoch Polen nicht zu Hilfe. Am 17. September marschierte die Rote Armee* in Ostpolen ein. Warschau kapitulierte vor den deutschen Truppen am 28. September, am selben Tag unterzeichneten Berlin und Moskau einen Grenz- und Freundschaftsvertrag, in dessen Folge die westliche Hälfte Polens Deutschland, die östliche der Sowjetunion zufiel. Dennoch hörte der polnische Staat nicht auf, völkerrechtlich zu existieren. In Frankreich bildete sich eine polnische Exilregierung. Ihr Sitz wurde 1940 nach London verlegt.

Das besetzte Polen

Beide Besatzungsregime im besetzten Polen waren von Anfang an von extremer Brutalität und Menschenverachtung gezeichnet. Auf nationalsozialistischer Seite stellte der Rassismus das Grundmotiv der Behandlung der Bevölkerung dar. Die Sowjets waren bestrebt, die annektierten Gebiete sofort mit dem übrigen Sowjetstaat „gleichzuschalten". Besitz wurde enteignet, Menschen ihrer grundsätzlichen Bürgerrechte beraubt, Hunderttausende kamen in Gefängnisse und Lager, ebenfalls Hunderttausende wurden aus ihren Häusern und Wohnungen vertrieben und einerseits aus den in das Reich eingegliederten Gebieten in das sog. Generalgouvernement↑ andererseits aus Ostpolen in den fernen Osten und die asiatischen Republiken der Sowjetunion verschleppt. Diese Komplizenschaft der totalitären Mächte dauerte bis zum Überfall Deutschlands auf die Sowjetunion am 22. Juni 1941. Bis Anfang 1944 standen

---

* Die im Jahre 1917 gegründeten sowjetischen Streitkräfte erhielten erst im Jahr 1945 den Namen „Sowjetarmee", vorher hießen sie „Rote Armee".

nun alle vormals polnischen Gebiete unter deutscher Besatzung. Durch die Besatzungspolitik verloren zwischen 5 und 6 Millionen polnische Staatsbürger ihr Leben, darunter ca. 3 Millionen polnische Juden. Die Vernichtung des polnischen Judentums (nur etwa 10 Prozent überlebten) war ausschließlich das Werk der NS-Besatzungspolitik, in deren Rahmen Juden von Anfang an als gesonderte Bevölkerungsgruppe behandelt, in Ghettos isoliert und schließlich getötet wurden. Die Vernichtungslager im besetzten Polen waren auch der Ort der mit industriellen Methoden betriebenen Massenvernichtung anderer europäischer Juden („Endlösung"). Ein Zeichen für die steigende Verzweiflung und den Widerstandswillen war u. a. der Aufstand der Warschauer Ghetto-Bewohner 1943.

Im besetzten Land entwickelte sich indes eine – allmählich alle Gesellschaftsschichten erfassende – antideutsche Widerstandsbewegung („Untergrundstaat"). Am 1. August 1944, als sich die sowjetischen Truppen im Anmarsch auf Warschau befanden, wagte sie die Erhebung in der Hauptstadt. Der Warschauer Aufstand wurde von den Deutschen nach mehreren Wochen niedergekämpft (Kapitulation am 2. Oktober), die Rote Armee auf dem östlichen Weichselufer schaute dem Massaker, das SS-Verbände anrichteten, tatenlos zu. Nach dem Aufstand wurden die Reste der Stadt von den Deutschen systematisch gesprengt und die Einwohner vertrieben.

Ergebnisse des Krieges

Innerhalb der erweiterten Antihitlerkoalition (ab Juni 1941 mit der Sowjetunion, ab Dezember mit den USA) wurde die polnische Frage zu einem der schwierigsten Probleme. Moskau beharrte auf seinem 1939 erreichten Gebietszuwachs auf Kosten Polens und setzte sich damit nach und nach durch (Gipfeltreffen der „Großen Drei" in Teheran November 1943 und in Jalta 1945). Die polnische Exilregierung widersetzte sich dem Verlust von fast 50 % des polnischen Vorkriegsterritoriums vergeblich. Unter Beteiligung polnischer Truppen verdrängte die Sowjetarmee zwischen Januar und März 1945 die Wehrmacht aus Zentral- und Westpolen. Die nachrückende polnische Verwaltung unterstand einer moskautreuen Regierung unter der Führung polnischer Kommunisten. Bis Sommer 1945 übernahm diese Verwaltung auch einen Großteil der deutschen Gebiete östlich von Oder und Neiße, darunter das südliche Ostpreußen sowie Danzig.

Włodzimierz Borodziej

3. Die Teilungen Polens und die Westverschiebung des polnischen Staates 1945

Ist die Frage nach den beziehungsgeschichtlichen Wirkungszusammenhängen zwischen den Teilungen Polens im 18. und der Westverschiebung der deutsch-polnischen Grenze in der Mitte des 20. Jahrhunderts sinnvoll? Jeder Versuch, kausale Verknüpfungen solcher Art in der rückschauenden Deutung herzustellen, birgt zweifellos Risiken. Auch müssen wohl einige der Deutungsmuster, die in der Diskussion über unsere Frage eine Rolle gespielt haben, als eigentlich historische Erklärungsansätze schon von vornherein ausgeschlossen werden. So lässt sich ein Zusammenhang gewiss nicht in der Weise konstruieren, dass man auf die Kontinuität eines modernen „deutschen Drangs nach Osten" von Friedrich II. bis zu Hitler verweist – und die Grenzziehung von 1945 als Akt der Sühne oder der Vergeltung für die in 200 Jahren angehäufte Kollektivschuld der Deutschen deklariert. Ebenso wenig plausibel ist es, den Hintergrund für die Dynamik zwischen 1772 und 1945 in ethnischen Beziehungslagen zu sehen. Denn zu keiner Zeit (auch nicht vor 1772) war das Nebeneinander der ethnischen Gruppen in Polens Westen und Deutschlands Osten an sich Ursache für die staatlichen Konflikte, und in keiner Phase stellte – allen nationalistischen Deklarationen zum Trotz – die Herstellung ethnisch „gerechter" Staatsgrenzen ein rationales Politikziel dar. Mit einem Wort, die Grenzziehung an Oder und Neiße ist weder in einem ethnisch-territorialen noch in einem allgemein moralischen Sinn als historische „Antwort" auf 1772 und die Folgen zu verstehen.

Sehr wohl erscheint dagegen die Frage nach den Wirkungszusammenhängen zwischen 1772 und 1945 sinnvoll, wenn man sie auf den mächtepolitischen Kontext bezieht: Tatsächlich lässt sich zeigen, dass die Teilungen Polens eine Konstellation hervorgebracht hatten, in welcher sich die staatlichen Existenzansprüche Preußens (später Preußen-Deutschlands) und Polens auf Dauer, nämlich bis ins 20. Jahrhundert gegenseitig ausschlossen und dass hinter der Grenzentscheidung von 1945 der Versuch (und der Anspruch) stand, diese strukturellen Folgen der Teilungen zu revidieren.

So ist das beziehungsgeschichtlich Dramatische an den Teilungen des 18. Jahrhunderts nicht in den territorialen und ethnischen Verschiebungen an sich zu sehen, sondern darin, dass sie (materiell wie auch aufgrund ihrer Wirkungen auf die europäischen Staatenbeziehungen) zur Begründung und Sicherung von Preußens Großmachtposition beigetragen haben. Dieser Zusammenhang ließ es für die preußische Politik zu einem Axiom werden, sich jeglicher Wiederherstellung polnischer Staatlichkeit aktiv zu widersetzen. Dass damit aber auch die Umbrüche von 1848, 1871 und 1918 als unentrinnbare Handlungszwänge begründet worden seien, könnte man freilich anzweifeln. Denn das preußische Erbe negativer Polenpolitik *musste* keineswegs zwangsläufig auch in die politische Ratio des deutschen Nationalstaats übergehen. Tatsache ist jedoch, dass eine Wende nicht vollzogen, ja nach 1848 nicht einmal mehr als Möglichkeit nationaler deutscher Politik gedacht worden ist. Der kleindeutsche Nationalstaat Bismarcks↑ hielt am grundsätzlichen Antipolonismus fest – und setzte ihn erstmals auch in eine Politik aktiver Germanisierung seiner polnischen Teilungsprovinzen um. Aber auch der demokratische Nachfolgestaat des Kaiserreichs blieb dieser Tradition verpflichtet: Obgleich die Auseinandersetzung mit dem wieder erstandenen polnischen Staat vordergründig ganz um das Problem der nationalen Minderheiten kreiste, war es im Grunde die Nichtanerkennung der Existenzberechtigung des polnischen „Saisonstaats“ an sich, welche den parteiübergreifenden Konsens des deutschen Antipolonismus weiterhin trug.

Die Folgen der durch Hitler-Deutschlands Überfall auf Polen 1939 herbeigeführten Katastrophe müssen vor diesem Hintergrund gesehen werden. In der polnischen Erfahrung handelte es sich nicht um einen voraussetzungslosen Akt rassenideologisch geleiteter Aggression, sondern um die (freilich dramatische) Steigerung eines im preußisch-polnischen Verhältnis angelegten Fundamentalkonflikts. Im Vollzug der Polen betreffenden Geheimvereinbarungen des Hitler-Stalin-Pakts vom August 1939 war die Teilungskonstellation erneut hergestellt worden. Diese Erfahrung aber musste sich auf die Einstellungen in Bezug auf die staatliche Neuordnung nach dem Sieg der Anti-Hitler-Koalition auswirken. Wenn auf polnischer Seite schon frühzeitig im Kriegsverlauf eine Westverschiebung der deutsch-polnischen Grenze im Gespräch war, so stand dabei die Vorstellung von einer dauerhaften Ausschaltung des Faktors Preußen gewiss mit im Vordergrund: Bei dem Ziel, in der Zukunft eine stabile staatliche Koexistenz zu ermöglichen, würde es nicht nur um die dauerhafte Einschränkung der deutschen Kriegsfähigkeit sowie um die Verhinderung neuerlicher Nationalitätenkonflikte gehen, sondern auch darum, Deutschland durch die Abtrennung der preußischen Ostprovinzen zu „ent-borussifizieren“*; nicht die Teilung Deutschlands, wohl aber die Auflösung Preußens lag also in der Logik solcher Gedankengänge.

Daran, dass mit den Entscheidungen der Kriegskonferenzen von Jalta und Potsdam im Jahre 1945 eine solche Lösung im Zuge der staatlichen Westverschiebung Polens zum Tragen kam, hatte Polen als Völkerrechtssubjekt freilich nur sehr geringen aktiven Anteil. Schon seit 1943 lag die politische Initiative im Rahmen der Anti-Hitler-Koalition hier eindeutig nicht bei der polnischen Exilregierung, sondern bei der Sowjetunion, welche ihre eigenen Ansprüche in Bezug auf eine Revision der polnischen Vorkriegsgrenzen schrittweise gegenüber den Westalliierten durchsetzte. So entstand schließlich ein Junktim zwischen den Entscheidungen über die künftigen Grenzen im Osten und im Westen. In die Entscheidungen über die Gebietsabtretungen zugunsten der Sowjetunion mit verbindlichen Garantien der Alliierten für eine Verschiebung der polnischen Westgrenze an Oder und Lausitzer Neiße war die Exilregierung nicht mehr involviert.

Dennoch ist die solchermaßen oktroyierte Westverschiebung des polnischen Staates im Hinblick auf ihre Konsequenzen für das Verhältnis Polens zu

---

* Von: Borussia (neulateinisch für Preußen), hier: das preußische Erbe niederschlagen.

Deutschland von einer breiten polnischen Öffentlichkeit in der Folge gebilligt worden. Zwar mochte damit weder eine Akzeptanz der eigenen Gebietsverluste im Osten verbunden gewesen sein, noch wird man annehmen können, dass die ideologische Rechtfertigung der Westverschiebung als eine Rückkehr Polens zu den „natürlichen" ethnischen Grenzen des mittelalterlichen Piasten-Staats↑ wirklich identitätsstiftend gewirkt hat. Überzeugend erschien jedoch das Argument, dass mit der territorialen Auflösung Preußens die Wirkungsdynamik der Teilungen Polens dauerhaft überwunden worden war.

Michael G. Müller

4. Grenze

Eine Grenze definitiert ein bestimmtes Territorium, und zwar durch den Ausschluss anderen Territoriums. Deshalb hat eine Grenze nach außen abwehrende, nach innen integrierende Funktionen. Keines der konstitutiven Grundelemente moderner politischer Organisation – Herrschaft, Staatlichkeit, Recht, Gesellschaft – ist ohne die Existenz einer territorial definierenden Grenze denkbar und praktikabel. Das bezeichnet ihre Bedeutung hinreichend. Grenzen sind deshalb zugleich abhängig von Geschichte. Bestimmte ethnische, soziale oder rechtliche Verdichtungen, der Zusammenfall mit bestimmten naturräumlichen Besonderheiten (die angeblich „natürlichen" Grenzen) verstärken oder entkräften die Evidenz von vorhandenen Grenzen oder deren legitimatorische Inanspruchnahme; gleichzeitig belegen sie, dass Grenzen im historischen Prozess variabel sind, und zwar sowohl hinsichtlich ihrer Bedeutung als auch ihres tatsächlichen Verlaufs im Gelände.

Die Natur einer Grenze, nicht nur deren Verlauf im Gelände, wird durch Abgrenzungsbedürfnisse definiert. Diese haben sich im Laufe der Geschichte der deutsch-polnischen Beziehungen mehrfach gewandelt. Die deutsche Ostgrenze, die sich im 10./11. Jahrhundert im Kontext kirchenorganisatorischer Maßnahmen herausbildete, weist in ihrem südlichen Abschnitt gegenüber Ungarn und Böhmen eine über ein Jahrtausend währende Konstanz auf. Variabel und strittig war und blieb bis in jüngste Zeit der nördliche Grenzabschnitt.

Hier ergab sich eine Besonderheit. Denn während gewöhnlich die Grenze eine Funktion der beiden Anrainerstaaten ist, war die polnische Grenze seit 1700 in den Sog einer neuen außenpolitischen Dynamik aus russischer und preußischer Revisionspolitik geraten. Der Gleichgewichtsgedanke des 18. Jahrhunderts verwirklichte sich als Interessenausgleich in territorialer Münze zwischen den drei „Schwarzen Adlern" und legitimierte am Ende die Teilung Polens. Die Grenzfrage war fortan mächtepolitisch konditioniert.

Der Zusammenbruch der drei Teilungsmächte und die deutsche Niederlage im Ersten Weltkrieg eröffnete die Chance zur Wiedererstehung eines polnischen Staates und führte, unter Verlust des preußischen Teilungsgewinns aus dem Ende des 18. Jahrhunderts, zu dem Verlauf der deutsch-polnischen Grenze aus der Zeit zwischen Spätmittelalter und 18. Jahrhundert zurück. Die Weimarer Republik währte zu kurz, um ein konstruktives Eingehen auf diese Veränderungen sowie eine gesellschaftliche Akzeptanz dieses Resultats zu ermöglichen. Auf der anderen Seite tat sich die Zweite Polnische Republik schwer, die Abstimmungsniederlagen in Westpreußen und Oberschlesien zu verwinden.

Höhepunkt des deutsch-russischen Zusammengehens gegen Polen war die wiederum weit nach Osten vorgeschobene, auf den Verlauf von Bug und San fixierte Demarkationslinie der deutsch-sowjetischen Pakte von August und September 1939. Sie basierte auf bloßem Kalkül beider Seiten und sollte ohnehin nach Hitlers Willen keinen Bestand haben. Aber sie eröffnete auch radikalere Wandlungen als jemals zuvor.

Die nach dem Zweiten Weltkrieg neu entstandene Konditionierung der Grenzfrage gehorchte sehr unterschiedlichen Voraussetzungen: die bedingungslose Kapitulation und der ausbleibende Friedensvertrag machten eine Rücksichtnahme auf deutsche Interessen obsolet; die Sowjetunion erkannte ihre Chance zur Revision der ihr aufgenötigten Grenzregelungen aus dem Vertrag von Riga (1921); die Wiedererstehung eines polnischen Staates wurde an seine territoriale Westverschiebung zu Lasten ostdeutschen Territoriums gekoppelt; Polen und die Sowjetisch Besetzte Zone (später: DDR) einerseits und die Westzonen (später: Bundesrepublik Deutschland) andererseits wurden im Konflikt des Kalten Krieges verschiedenen weltpolitischen „Lagern" zugeordnet. Das enthielt nicht nur bündnispolitische Zwänge, sondern auch ein guter Teil ihrer jeweiligen politischen, wirtschaftlichen und sozialen Identität basierte auf dieser Zuordnung. Außenpolitische Bindungen wie auch innenpolitische Rücksichten, die etwa Adenauer zu beachten hatte, erklären, weshalb die Chancen für ein neues bilaterales Management des Grenzkonflikts lange Zeit hindurch verworfen wurden (etwa der Rapacki-Plan↑ 1957/58). Erst die neue Ostpolitik der Bundesrepublik der frühen 1970er Jahre konnte der Einsicht folgen, dass territoriale Besitztitel und das in der westdeutschen Gesellschaft oft kollektiv beschworene „Recht auf Heimat" ambivalent geworden waren, dass das Gebot der Friedenswahrung durch Beachtung der Unverletzlichkeit von Grenzen eine oberste Norm war und die grundlegende Voraussetzung zur deutsch-polnischen Aussöhnung. Mit dem Jahr 1990 scheint daher das deutsch-polnische Grenzproblem – soweit Zeitgenossen das beurteilen können – in eine Ruhelage gelangt zu sein.

Wolfgang Jacobmeyer

Didaktische Überlegungen I

Weltkriege und Grenzen sind zwei Begriffe, die in der Kapitelüberschrift aufeinander bezogen werden. Und in der Tat – der Ausgang der beiden Weltkriege hat über die Grenzen zwischen Deutschland und Polen entschieden. Dennoch würde es zu kurz greifen, diese spezielle Grenze allein in diesem Zusammenhang als ein Diktat der Sieger anzusehen. Für ein genaueres Verständnis ist es notwendig, im Geschichtsunterricht auf die Teilungen Polens im 18. Jahrhundert zurückzugehen und die Grenzthematik in ihrer langen Kontinuität zu bedenken. Es bietet sich an, mit Hilfe historischer Atlanten die wechselnde Gestalt Polens und die jeweiligen Grenzlinien mit Deutschland, Österreich und Russland über die Jahrhunderte hinweg zu verfolgen.

M 1 Karte: Die deutsch-polnische Grenze um das Jahr 1000
M 2 Karte: Die deutsch-polnische Grenze um das Jahr 1400
M 3 Karte: Die Ostgrenze des Heiligen Römischen Reiches Deutscher Nation nach 1650
M 4 Karte: Die deutsch-polnische Grenze nach 1871
M 5 Karte: Die deutsch-polnische Grenze zwischen den Weltkriegen
M 6 Karte: Die Grenze zwischen der Bundesrepublik Deutschland und der Republik Polen

Als Einstieg könnte eine Karikatur dienen, die die Lage Polens zwischen Deutschland und Russland als schicksalhaft darstellt. Daran könnte sich eine Erörterung der Bedeutung der geografischen Grundlagen eines Landes im Hinblick auf seine Geschichte wie auch des Zusammenhangs der Kategorien Raum und Zeit in der historischen Erkenntnis anschließen.

M 7 Karikatur: Polen zwischen Deutschland und Russland bei der Schöpfung

Die Kontinuität der Grenzproblematik zu bedenken macht aufmerksam auf die verfügbaren Handlungsmuster der politischen Akteure im 20. Jahrhundert: Sobald die Kriegssituation es zu erlauben scheint, denken die Teilungsmächte Deutschland und Russland daran, ihre alte Politik auf Kosten Polens fortzusetzen. Erst die Niederlage der Mittelmächte im Ersten Weltkrieg macht den Weg frei für die Gründung des polnischen Staates.

Die ausgewählten Quellen sollen die Einstellungen und Erfahrungen der Polen verständlich machen. Deutsche Geschichtsbücher enthalten in der Regel informative Quellen zur Geschichte des Ersten Weltkrieges, aber selten solche, die deutschen Schülern spezielle Probleme der Polen erklären können. Mit Hilfe der vorliegenden Materialien können folgende Gesichtspunkte erörtert werden: die Einstellungen der polnischen Politiker am Vorabend des Krieges, die militärischen und politischen Aktivitäten der Polen, die Entwicklung der Politik der Teilungsmächte, besonders Deutschlands, die Bedeutung des Untergangs des Zarismus und die Folgen des Krieges für Polen.

M 8 Gedicht von Edward Słoński, das in leidenschaftlicher Form polnische Vaterlandsverbundenheit zum Ausdruck bringt. Veröffentlicht in Warschau im November 1914
M 9 Auszug aus den Erinnerungen der polnischen Publizistin und Schriftstellerin Irena Krzywicka (Beschreibung der Stimmung in den Straßen Warschaus nach dem Ende des Ersten Weltkrieges)

M 10 Auszug aus einem Artikel von Witold Jodko-Narkiewicz (1864–1924), einem engen Mitarbeiter von J. Piłsudski↑, aus dem Jahr 1909. Jodko-Narkiewicz argumentiert für eine vorrangige Wehr gegen die Teilungsmacht Russland, in der er den brutalsten Unterdrücker polnischer Nationalität und Kultur sieht.

M 11 Fragment aus dem 1908 herausgegebenen Buch „Deutschland, Russland und die polnische Frage" von Roman Dmowski↑

M 12 Manifest Józef Piłsudskis↑, Krakau am 6. August 1914 (vgl. **M 127**)

M 13 Aufruf an die Polen durch die deutsche und österreichisch-ungarische Militärführung, Anfang August 1914

M 14 Aufruf des Großfürsten Nikolaj, Führer der russischen Armee, an die Polen, St. Petersburg am 14. August 1914

M 205 Briefmarke des Deutschen Reiches, 1915

M 15 Das Hilfskomitee für Kriegsopfer in Polen zur Situation in den polnischen Gebieten zur Jahreswende 1915/16

M 16 Urkunde des österreichisch-ungarischen General-Militärgouverneurs. Zur Kundgabe an die Bewohner des Generalgouvernements↑ Lublin, 5. November 1916

M 17 Auszüge aus der Proklamation der russischen Provisorischen Regierung an die Polen, Petrograd am 29. März 1917

M 18 Auszug aus der Ansprache des Präsidenten der USA, Woodrow T. Wilson, vom 8. Januar 1918

M 19 Beitrag aus der Forschungsliteratur: Der britische Historiker Norman Davies zum Anteil Deutschlands an der Erringung der polnischen Unabhängigkeit

M 205 Briefmarke zur Einführung der polnischen Verfassung 1921

Literatur:

- Norman Davies: Im Herzen Europas. Geschichte Polens, München 2000
- Eckhart Mehls: An der Schwelle des Ersten Weltkrieges. Über die drei Richtungen des polnischen Unabhängigkeitskampfes, in: Polen und wir, 3/1994, S. 11–12

Die Bildquellen ergänzen einerseits die Aussagen der Textquellen, können darüber hinaus jedoch einen eigenen Zugang zur Thematik stiften und mit Anschauung füllen, was durch Proklamationen nicht sichtbar wird. Daher könnte der Lehrer den Versuch wagen, sich in einem ersten Unterrichtsschritt ganz auf Bilder einzulassen, um von dieser Ebene aus die politische und militärische Situation zu rekonstruieren.

Alle folgenden Bilder zeigen, dass Polen ein geteiltes Land ist.

M 20 Zeichnung: Polnische Legionäre des österreichisch-ungarischen Heeres (von Albin Lippmann, 1915)

Die unbestreitbare Idealisierung und Heroisierung, die vor allem durch die Bewegung realisiert wird – vgl. den gestreckten Körper des Pferdes, die wehende Kleidung des Reiters, das Bild des zweiten Reiters, der wie ein Schatten des ersten wirkt – gilt den polnischen Soldaten des kaiserlich österreich-ungarischen Heeres, das in der Kriegssituation auf die vielen Völkerschaften des Habsburger Reiches verweist.

Ähnliches geschieht, aber ohne jede Idealisierung, in:

M 21 „Polnische Jungschützen, die im österreichisch-ungarischen Heer an den Kämpfen gegen die Russen teilnehmen", September 1914

Die polnischen Soldaten sind durch eigene Uniformen in ihrer Nationalität kenntlich und sind doch Teil des österreich-ungarischen Heeres.

Ein drittes Bild zeigt deutsche Soldaten im russischen Teilungsgebiet Polens:

M 22 Foto: „Idyll in Feindesland", Radom, Russland 1914

Eine genauere Betrachtung dieses Bildes lässt einiges von den Einstellungen dieser Männer deutlich werden, die ihre Situation – am 2. September 1914 – als „Idyll" einschätzen. Die Körpersprache ist zu beachten.

Bei der Betrachtung dieser Bilder muss man sich freilich vor Augen halten, dass sie uns nur einen Ausschnitt, quasi eine Momentaufnahme, vermitteln. Sie geben eine Selbstinszenierung des Militärs wieder. Auf den grausigen Hintergrund des Geschehens, die Wirklichkeit des Krieges, verweist die Textquelle **M 15**.

Weitere Bildquellen erschließen das Kriegsgeschehen aus einer anderen Perspektive:

M 23 Foto: „Bild aus Russisch-Polen: Markt in dem kleinen Städtchen Gombin", 1915/1916

Die wegen der Kälte vermummten Menschen lassen erst bei genauerer Betrachtung Zeichen ihrer ethnischen oder religiösen Zugehörigkeit erkennen. Der Mann mit Bart im Vordergrund dürfte ein Jude sein. Neben dem Treiben der Menschen auf diesem kleinen Markt ist auch der Stil der Häuser zu beachten und die russischen und polnischen Aufschriften. Ein Beispiel für eine Stadt im polnisch-russischen Gebiet zeigt:

M 24 Foto: „Einzug unserer Truppen in Sieradz", Januar 1915 (Sieradz: Kleinstadt westlich von Łódź)

Einen Einblick in das Alltagsleben zur Zeit des Ersten Weltkrieges gibt

M 25 Foto: „Radfahrerpatrouille in einer kleinen Stadt in der Nähe von Warschau"

Das Foto ist zum Jahreswechsel 1914/15 aufgenommen, als die deutsche Armee in Russisch-Polen weiter in Richtung Weichsel vordringt. Die Begegnung der Soldaten mit der Bevölkerung ist von Interesse. Drei Soldaten halten vor einem wohl bedeutenderen Haus in dieser kleinen Stadt (vgl. die Darstellung und das – leider nicht leserliche – Schild über der Tür). Die Familie ist um den Hausherrn versammelt und gibt eine geschlossene patriarchalische Struktur zu erkennen.

Das letzte Bild zeigt die Leiden der Zivilbevölkerung im Krieg:

M 26 Polnische Bauern auf der Flucht durch Grodno, September 1915

Die Stadt Grodno wird nach schweren Straßenkämpfen zwischen deutschen und russischen Truppen Anfang September 1915 von der deutschen Armee eingenommen. Polnische Bauern fliehen, um sich vor den Kriegshandlungen in Sicherheit zu bringen. Dieses Foto ließe sich in eine Reihe stellen mit den Bildern, die Flucht und Vertreibung im Zweiten Weltkrieg und nach dem Krieg zeigen, – Flucht und Vertreibung als Charakteristika des 20. Jahrhunderts.

Literatur:

Anregungen zur Verwendung von Bildern, Karikaturen und Plakaten im Geschichtsunterricht finden sich in:

- Hans Jürgen Pandel/Gerhard Schneider (Hg.): Medien im Geschichtsunterricht, Schwalbach Ts. 1999, S. 211–398

Mit dem Ende des Ersten Weltkrieges hat sich das deutsch-polnische Verhältnis grundlegend geändert: Polen hat nach den langen Jahren der Teilung seine staatliche Einheit zurückgewonnen. Deutschland als Verliererin des Krieges beklagt den Verlust östlicher Gebiete, die nun Teil Polens werden. Am Beispiel Oberschlesiens, wo Deutsche und Polen lebten, werden die Probleme sichtbar. Aufgrund der Abstimmungsergebnisse wurde Oberschlesien im Jahre 1922 geteilt.

M 27 Aussagen des Breslauer Geografen Wilhelm Volz zu den Volksabstimmungen in Oberschlesien von 1921.

In dieser Quelle wird eine nationale Option der Polen zugunsten einer sozialen und kulturellen verschoben. Mit diesem Argument wurde in der Zwischenkriegszeit in der Publizistik und Literatur Oberschlesien als Beispiel für die deutsche Position im Osten herausgestellt, ein Beleg für die Unhaltbarkeit des Versailler Vertrages. Die Grenze zwischen Deutschen und Polen galt als die „blutende Grenze".

Die Problematik dieser Grenze, die ein einheitliches Wirtschaftsgebiet trennte und deren Verbindlichkeit in Frage gestellt wurde, beschreibt Franciszek Hawranek:

M 28 Franciszek Hawranek über den Grenzverlauf nach der Teilung Oberschlesiens im Jahr 1922
M 29 Foto: Französische Truppen in Kattowitz, 1921
M 30 Foto: An der deutsch-polnischen Grenze in Oberschlesien, 1922

Der *Zweite Weltkrieg* steht in der Kontinuität der deutsch-polnischen Beziehungen, das bedeutet: der jahrhundertealten negativen Polenpolitik, die in der Brutalität während der deutschen Besatzungszeit kulminierte. Die Besonderheit dieses Krieges sollte im Zentrum der unterrichtlichen Arbeit stehen.

Hierbei sind verschiedene Faktoren zu beachten:

1. Internationale Aspekte, wie sie in den verschiedenen Verträgen zum Ausdruck kommen.
2. Die deutsche Besatzungspolitik in Polen.
3. Der polnische Widerstand.

(1) Zum konkreten historischen Zusammenhang: Um die spezifische neue Qualität der internationalen Politik zu erkennen, bietet sich im Unterricht ein Vergleich des Hitler-Stalin-Paktes vom 23. August 1939 mit dem britisch-pol-

nischen Beistandsabkommen vom 25. August 1939 an. Für die Interpretation ist das jeweilige Datum des Vertragsabschlusses, die Form der Abkommen wie die Wortwahl von Bedeutung. Vom Zeitpunkt her scheint das britisch-polnische Abkommen wie eine Replik, nicht als das Ergebnis langfristiger Strategie. Norman Davies charakterisiert es gar als „an act of bluff taken from a position of weakness." (Europe, S. 995) In formaler Hinsicht weisen beide Texte eine Übereinstimmung auf: Beide Abkommen sprechen ihre wahren Ziele nicht offen, sondern in geheimen Nebenabreden aus.

Unterschiede ergeben sich aus den unterschiedlichen Zielsetzungen beider Verträge: Das britisch-polnische Abkommen zielt darauf, den *status quo* zu bewahren. Daher wählt es statt der traditionellen völkerrechtlichen Definition des *casus belli* neue Formulierungen, die die Bedrohung der Souveränität Polens umschreiben. (Vgl. besonders die in den Art. 1 und 2 verwendeten Begriffe).

Internationale Verträge verlangen eine genaue Lektüre. Da sie das Verhältnis von Staaten zueinander regeln sollen, müssen sie sprachlich klar und eindeutig gefasst sein, so dass ihre Auslegung unstrittig ist und nicht zur Ursache neuer Auseinandersetzungen wird. Und dennoch kann es sein, dass der aufmerksame Leser auf Wendungen stößt, die diese Anforderung nicht erfüllen, und die ihn dazu veranlassen, nach Erklärungen für diese Unstimmigkeiten zu suchen und dazu die unterschiedlichen Interessen der vertragschließenden Parteien in die Analyse einzubeziehen.

Im Geheimen Zusatzprotokoll zum deutsch-sowjetischen Nichtangriffspakt wird zweimal der Ausdruck „für den Fall einer territorial-politischen Umgestaltung" verwandt und dadurch der Eindruck erweckt, dass die Zukunft offen sei. Wir wissen jedoch, dass die Entscheidung für eine solche „Umgestaltung" längst gefallen war. Dieses Vorgehen entsprach der nationalsozialistischen Politik, die Verbindlichkeit völkerrechtlicher Vereinbarungen nur so lange zu beachten, wie es dem jeweiligen politischen Kalkül entsprach.

Das britisch-polnische Abkommen war im Prinzip nichts anderes als die einseitige britische Garantie für Polen vom 31. März 1939. Darüber kann die Form des Vertrages vom 25. August 1939 nicht hinwegtäuschen, die darauf gerichtet ist, das Ansehen Polens zu wahren.

Der deutsch-sowjetische Nichtangriffspakt vom 23. August 1939 verschaffte Hitler die günstige Möglichkeit, ohne eine feindliche Reaktion der Sowjetunion fürchten zu müssen, den Überfall auf Polen wagen zu können. Hitler nahm an, dass die Westmächte unter diesen Umständen Polen nicht zu Hilfe eilen würden und daher ein Weltkrieg aufgeschoben wäre. Freilich lässt sich auch die Ansicht begründen, dass die Isolierung Polens keine unmittelbare Voraussetzung für die Entfesselung des Krieges darstellte, sondern eher eine willkommene Gelegenheit. Der Hitler-Stalin-Pakt entschied nach dieser Meinung nicht unmittelbar über Krieg und Frieden, sondern über die Reihenfolge des Vorgehens in der nationalsozialistischen Außenpolitik. (Vgl. Geoffrey Roberts, S. 93ff.)

M 31 Deutsch-sowjetischer Nichtangriffsvertrag vom 23. August 1939 und geheimes Zusatzprotokoll
M 32 Britisch-polnisches Beistandsabkommen vom 25. August 1939
M 33 Deutsch-sowjetischer Grenz-und Freundschaftsvertrag vom 28. September 1939

Literatur:

- Geoffrey Roberts: The Soviet Union and the Origins of the Second World War. Russo-German Relations and the Road to War , 1933–1941, Hampshire/London 1995
- Norman Davies: Europe. A History, Oxford/New York 1996, Kapitel: Europe in Eclipse, bes. S. 991–1003

Es empfiehlt sich, bei der Behandlung des Themas den *Deutsch-sowjetischen Grenz- und Freundschaftsvertrag vom 28. September 1939* mit seinen geheimen Zusatzprotokollen einzubeziehen. Die Veränderungen in den drei Protokollen sind hier gesondert zu bedenken. Eine genaue Lektüre zeigt, wie die beiden totalitären Mächte ihre Interessensphären in Osteuropa abstecken, ohne das Los der unterworfenen Völker in ihre Überlegungen einzubeziehen.

Hier wird die Verantwortung der beiden Diktatoren deutlich, die in den von ihnen eingenommenen Territorien mit ähnlicher Brutalität vorgingen.

"The German-Soviet pact is often described as Hitler's licence for war. This is true, but it is only half the story, for the pact was equally Stalin's licence for war. From the moment the ink was dry, each of the signatories was free to assault its neighbours without hindrance from the other. Which is exactly what both of them did." (Norman Davies, Europe, S. 997)

Aus dieser unleugbaren Tatsache darf freilich nicht ein Schluss gezogen werden, der die Unterschiede verwischt. Sie mindert nicht die Schuld Hitlers am Ausbruch des Zweiten Weltkrieges. So waren der Nichtangriffspakt und der darauf folgende Überfall auf Polen nur Etappen auf dem Weg zu dem Ziel, „Lebensraum" im Osten zu gewinnen, ein Ziel, das Hitler seit Beginn seiner politischen Karriere verfolgte.

(2) Mit dem 1. September 1939 beginnt der Vernichtungskrieg, in dem die Polen die ersten Opfer sind. Die nationalsozialistische Besatzungspolitik war ganz auf Unterwerfung und Vernichtung ausgerichtet. Dieses Programm eines absoluten Herrschaftsanspruchs wird in den angegebenen Quellen erschreckend deutlich. Die Auszüge aus dem Diensttagebuch des deutschen Generalgouverneurs Hans Frank↑ sind nach Inhalt und Sprache ein ausdrucksstarkes Zeugnis für die Denk- und Gefühlswelt der für die Besatzungsherrschaft Verantwortlichen. Sie sind für jeden Leser und so auch für heutige Schüler in ihrer Brutalität erschreckend. Die Texte vermitteln in authentischer Weise implizit und explizit die Attitüde des deutschen „Herrenmenschen" und ihren Mangel an Moral und Rechtsbewusstsein. Aus den beiden größeren Texten können die Schüler herausfinden, dass hier der Rahmen einer Besatzungspolitik entworfen wird, der zuerst auf die Vernichtung der Juden gerichtet ist. Für die Folgerung, dass den Polen ein ähnliches Schicksal zugedacht war wie den Juden, finden sich genügend Belege im „Generalplan Ost" (**M 37**).

M 34 Interview mit dem deutschen Generalgouverneur↑ in Polen, Dr. Hans Frank↑, durch einen Korrespondenten des „Völkischen Beobachters", 6.2. 1940 (Auszug)
M 35 Der deutsche Generalgouverneur↑ in Polen, Dr. Hans Frank↑, auf einer Pressebesprechung, 14. 4. 1942 (Auszug)
M 36 Der deutsche Generalgouverneur↑ in Polen, Dr. Hans Frank↑, in seiner Rede auf der Großkundgebung der NSDAP in Lemberg, 1. 8. 1942 (Auszug)
M 205 Briefmarke „Ghetto Litzmannstadt", 1944
M 205 Briefmarke „Warschau klagt an", 1946

Die Pläne zum Aufbau und zur Besiedlung der eroberten Gebiete lassen sich aus Unterlagen der Planungshauptabteilung des Reichsführers SS entnehmen:

M 37 Planungsgrundlagen für den Aufbau der Ostgebiete, ausgearbeitet von der Planungshauptabteilung des Reichsführer SS, April/Mai 1940

Je nach Unterrichtssituation lassen sich weitere Quellen einbeziehen, die für die Erlebniswelt und die mentalen Einstellungen von Deutschen und Polen, vom Krieg geprägt, charakteristisch sind:

M 38 Gedicht von Walter Flex, aufgegriffen durch die Nazi-Propaganda
M 39 Gedicht: Krzysztof Kamil Baczyński: Den Gefallenen (1944)

(3) Gab es eine Widerstandsbewegung in Polen? Spontaner Widerstand formierte sich überall in Polen noch im September 1939, doch sind Art und Formen dieses Widerstandes zu unterscheiden. Zunächst ist an den militärischen Widerstand zu denken. Besonderen Rang erhielt die im Dezember 1939 von der polnischen Exilregierung autorisierte Untergrundbewegung, die seit 1942 den Namen *Armia Krajowa* (Heimatarmee) trug. Sie war der militärische Teil neben einem weitgehend selbständigen politischen Sektor des Widerstands, den man mit Recht als Untergrund-„Staat" bezeichnet.

M 205 Briefmarke „Geheime Presse in Polen", 1943

Die beiden folgenden Texte – die Eidesformeln der *Armia Krajowa* und der Deutschen Wehrmacht können im Unterricht u.U. als Einstieg in die Thematik oder als Quellengrundlage verwendet werden:

Eidesformel der *Armia Krajowa:*
„Vor Gott dem Allmächtigen, vor der Jungfrau Maria, der Königin der polnischen Krone, lege ich meine Hand auf dieses heilige Kreuz, das Symbol von Martyrium und Erlösung, und ich schwöre, dass ich die Ehre Polens mit ganzer Kraft verteidigen werde, um Polen von der Sklaverei zu retten, dass ich mit Waffen in der Hand unter dem Einsatz meines Lebens kämpfen werde, dass ich meinen Vorgesetzten gegenüber absolut gehorsam sein werde und dass ich die Geheimhaltung wahren werde – um welchen Preis auch immer."

Eidesformel der Wehrmacht (seit 2. 8. 1934):
„Ich schwöre bei Gott diesen heiligen Eid, dass ich dem Führer des Deutschen Reiches und Volkes, Adolf Hitler, dem Oberbefehlshaber der Wehrmacht, unbedingten Gehorsam leisten und als tapferer Soldat bereit sein will, jederzeit für diesen Eid mein Leben einzusetzen."

Ein Vergleich beider Texte zeigt zunächst die für jede Eidesformel und daher auch für diese charakteristische Struktur. Unterschiede ergeben sich im Hinblick auf den Adressaten, die Begründung und Zielsetzung.

Widerstand wird freilich nicht allein in militärischen Aktionen geleistet. So wie die Besatzungspolitik tief in das Leben der Menschen eingriff, mussten die Polen im Alltag auf Unterdrückung und Brutalität reagieren. Dieser alltägliche Widerstand barg ein großes Wagnis für jeden Einzelnen, der sich engagierte, und wurde vielfach mit kluger Planung und nicht selten mit List in Szene gesetzt. Ein gutes Beispiel, das für Schüler und Schülerinnen einsichtig und interessant sein wird, ist die geheime Organisation des polnischen Bildungswesens. In ihrem Willen, die Polen als Sklavenvolk für ihre Interessen abzurichten, verwehrten die Nationalsozialisten den Polen jede über die einfachsten Techniken hinausgehende Bildung und Ausbildung.

Diese Intention spricht Heinrich Himmler ganz unverblümt aus. Dagegen organisierten die Polen ein eigenes geheimes Unterrichtswesen. Wie sehr selbst im ausweglosen Elend des Ghettos noch für den Unterricht der Kinder gesorgt wurde, zeigt die dritte Quelle.

M 40 Aus der Denkschrift Heinrich Himmlers „Einige Gedanken über die Behandlung der Fremdvölkischen im Osten" vom 15. Mai 1940
M 41 Instruktionen für die polnischen Erzieher (1941)
M 42 Auszug aus: Bernard Goldstein: Die Sterne sind Zeugen
M 43 Foto: Kinder im Warschauer Ghetto, 1941
M 205 Briefmarke zu Janusz Korszak, 1978

Die Quellen sind geeignet, die Bedeutung der Bildung für den Menschen, für sein Leben, sein Handeln zu erkennen, eine Frage, die sich Schüler oft nicht in dieser grundsätzlichen Weise stellen. Was bedeutet es für einen Menschen, wenn ihm die Entwicklung seiner Fähigkeit verwehrt wird, über Sprache, Literatur und Geschichte die Welt seiner Herkunft kennenzulernen und über sie hinaus sich mit anderen Kulturen vertraut zu machen? Was bedeutet es, ohne Kenntnisse in Mathematik und Naturwissenschaften die Welt der Moderne zu verstehen und sein eigenes Leben realitätsgerecht zu planen? Ist sinnvolles Leben ohne Bildung möglich?

Mit dem Ende des Zweiten Weltkrieges wurde auch der brutalen Besatzungspolitik ein Ende gesetzt, und es wäre nach allen Leiden ein Aufbruch in eine friedliche, gerechte Welt zu wünschen gewesen. Doch die erlittene Brutalität setzte sich in neuen, doch ähnlichen Formen fort. Konzentrationslager, in denen die Nationalsozialisten ihre Opfer gequält hatten, füllten sich mit neuen Opfern, die keineswegs immer die Täter von gestern gewesen waren. Gerhard Gruschka, ein Deutscher aus Gleiwitz, kann für jene stehen, die von den Nationalsozialisten schikaniert, nach 1945 in dem polnischen Lager Zgoda Schlimmes zu erdulden hatten. Seine Lebenserinnerungen sind auch in polnischer Sprache erschienen, ein Beleg dafür, dass auch die Polen die dunklen Seiten der Nachkriegsgeschichte, etwa die Geschichte des Lagers Lamsdorf, aufzuklären bemüht sind.

Literatur:

- Gerhard Gruschka: Zgoda. Ein Ort des Schreckens, Neuried 1996
- Helga Hirsch: Die Rache der Opfer. Deutsche in polnischen Lagern 1944–1950, Berlin 1998

Von ganz anderen, positiven Erfahrungen deutscher Kriegsgefangener berichtet:

M 44 Ein Licht im Dunkel (vgl. auch **M 105** und **M 106**: Erfahrungen deutscher Frauen auf der Flucht)

Wie gehen wir mit unseren *Erinnerungen* um?

Die Ereignisse, die wir erinnern, treten mit der Zeit in den Hintergrund, werden von neuen Erfahrungen überlagert und wirken doch weiter und beeinflussen unser Verhalten, wie es Rolf Schneider bei seinen Besuchen in Warschau erfährt.

M 45 Rolf Schneider: Anmerkungen zu einem Aufstand (Auszug)

Es wird oft bemerkt, dass unsere Erinnerungen nicht in der offiziellen Geschichtsschreibung aufgehen, sondern eigene Bilder, bestimmte Kontinuitäten stiften. So gibt es im Bewusstsein vieler Polen eine solche Kontinuitätslinie zwischen der Politik des zaristischen Russlands und der sowjetischen Politik gegenüber Polen. Ebenso hat sich aufgrund historischer Erfahrungen ein Deutschlandbild entwickelt, das sich nicht leicht neuen, anderen Erfahrungen öffnet. Es gibt auch den Versuch, Erinnerungen für politische Zwecke zu instrumentalisieren. Dafür steht der Bericht von Gerhard Gruschka über den Umgang mit seinem Manuskript durch einen deutschen Verlag.

M 46 Wojciech Pięciak: Die unterbrochene Kindheit des Gerhard Gruschka (Auszug)

Die traumatischen Erfahrungen mancher Deutscher, die sie nur schwer weiterzugeben wussten, setzten sich in der nächsten Generation fort. Den schwierigen Weg, die Erinnerungen der Eltern und Großeltern anzunehmen und als Element ihres eigenen Lebens zu akzeptieren, schildert die 1953 geborene Astrid von Friesen. Die Quelle ermöglicht Schülern und Schülerinnen, sich in einer Generationenfolge zu begreifen und Probleme der Weitergabe von Erfahrungen und Erinnerungen zu bedenken.

M 47 Astrid von Friesen: Der lange Abschied. Psychische Spätfolgen für die 2. Generation deutscher Vertriebener (Auszug)

Diese Problematik wird auch aufgegriffen in dem Projekt: „Verarbeitung des Zweiten Weltkriegs in der Literatur, den Bildenden Künsten und der Musik der Niederlande, Deutschlands und Polens". Als ein Ergebnis dieses Projekts wurde am 24. September 2000 eine Ausstellung im „Neuen Museum" Nürnberg eröffnet unter dem Titel: „Unvollendete Vergangenheit".

Literatur:

- Alderse Baas: Verarbeitung des Zweiten Weltkriegs in der Kunst. Eine psychotraumatologische Annäherung, in: UNESCO heute, Nr. 2/3 2000, S. 86–90

Solche Erfahrungen sind auch beim Thema der deutsch-polnischen *Grenze* bedeutsam:

Die Grenzveränderungen als Folge des Zweiten Weltkrieges wurden von vielen Deutschen und Polen schmerzlich erlebt. Im Geschichtsunterricht wird man diese Thematik mit Kap. II.2 (vgl. auch die dort angezeigten Materialien) verknüpfen, um neben der wichtigen Diskussion der Grenzen und ihrer jeweiligen Begründung auch die Erfahrungen der Menschen, die aufgrund der neuen Grenzziehungen ihre angestammte Heimat verlassen mussten, einzubeziehen.

Familiengeschichtliche Erinnerungen könnten eine gute Vorbereitung auf diese Thematik sein: In der Generation der Großeltern deutscher und polnischer Schüler gibt es viele, die Umsiedlung und Vertreibung leidvoll erfahren haben. Der Elterngeneration ist die Diskussion über das Recht oder Unrecht der Westverschiebung Polens vertraut. Eine Befragung der Großeltern und Eltern nach ihren Erfahrungen und Urteilen könnte den Geschichtsunterricht einleiten. Zusätzlich könnten Geschichten aus der Quelle: „Schlesische Schicksale“ verwendet werden. – Auch die dichte Beschreibung der Situation in Breslau unmittelbar nach dem Krieg ist anregend und lässt sich unter verschiedenen Aspekten im Unterricht sinnvoll verwenden.

M 48 „Schlesische Schicksale“ (persönliche Erinnerungen von sieben Einzelpersonen)
M 49 Włodzimierz Kalicki über die Situation in Breslau nach dem Zweiten Weltkrieg: „Breslau – das Zuhause von Paweł und Małgorzata“ (Auszug)

Umstrittene Grenzen gab und gibt es in Europa, und man sollte im Unterricht solche Querverweise suchen, um den Blick zu erweitern und dadurch die Notwendigkeit einer grundsätzlicheren Erörterung zu erkennen. Solche historischen Querverweise für Deutschland sind: die Konflikte um die Grenze im Elsass, in Schleswig, in Tirol. Für Polen ist der Konflikt mit Litauen nach dem Ersten Weltkrieg, der Streit um das Teschener Gebiet und die Westverschiebung der polnischen Ostgrenze 1944/45 naheliegend.

M 50 Maciej Stasiński über Nachbarschaftsprobleme zwischen Polen und Ukrainern (Auszug)

Es empfiehlt sich darüber hinaus, Beispiele aus anderen Regionen der Welt zu wählen. So könnte ein Blick auf Grenzprobleme zwischen Griechenland und der Türkei das Lernen der Schüler zu dieser Thematik erweitern und vertiefen.

Die Kenntnis solcher Grenzkonflikte wirft die Frage nach der Entstehung und Begründung von Grenzen auf. Die Frage muss mit den Schülern kritisch überprüft werden, ob eine Grenze dann als gerecht anerkannt werden kann, wenn sie nach ethnischen Gesichtspunkten gezogen worden ist. Dazu müsste gefragt werden, ob es in der Epoche zwischen 1772 und der Gegenwart eine deutsch-polnische Staatsgrenze gegeben hat, die der ethnischen Grenze entsprochen hat. Das kann anhand der beigefügten *Karten* geschehen. Ein Studium der Karten zeigt den Schülern, dass sich die ethnischen Beziehungen im

Laufe der Zeit durch Zusammenleben und Vermischung von Ethnien, durch Siedlungsbewegungen, Identitätswandel etc. verändert haben. Was bedeutet eine solche Erkenntnis für die Bedeutung von Grenzen?

M 51 Foto: Rückkehr ins piastische↑ Gebiet (vgl. auch auf deutscher Seite **M 88**)
M 52 Umschlagsbild einer nationalsozialistischen Schrift mit der Aufschrift „Wiedergewonnenes Deutsches Land"

Nach welchen Kriterien sollte die Anerkennung von Grenzen getroffen werden: nach dem Recht der jetzt dort lebenden Bevölkerung oder nach historischen Rechten der früher hier ansässigen Bevölkerung? Zu berücksichtigen sind auch andere Faktoren, die bei Entscheidungen über Grenzen zwischen Nationalstaaten zu bedenken sind: das internationale Staatensystem als Rahmenbedingung, die Normen des Völkerrechts, die wirtschaftlichen und verkehrs- wie militärstrategischen Voraussetzungen für „rationale" Grenzentscheidungen.

Die Diskussion über diese grundsätzlichen Probleme sollte nach dem gründlichen Studium der Karten und der Quellentexte erfolgen. Es ließe sich auch ein anderer Weg denken: Bereits die Erörterung der lebensgeschichtlichen Erinnerungen der Großelterngeneration – vielleicht lässt sich ein Gespräch mit einem Zeitzeugen im Unterricht ermöglichen – werfen Fragen nach der Berechtigung von Grenzen auf. In dieser Phase der unterrichtlichen Behandlung des Themas werden Meinungen und Vorstellungen ausgetauscht und Hypothesen gebildet, die den weiteren Gang des Unterrichts bestimmen und evtl. die Einbeziehung weiterer Unterrichtsmaterialien notwendig machen.

Dass eine solche grundsätzliche Debatte nicht etwa rein philosophisch und folgenlos ist, zeigen die vielen Versuche, die Grenzfrage politisch zu instrumentalisieren. Vgl. die Grenzdebatten des Kalten Krieges und ihre Funktion in den Gesellschaften der Bundesrepublik (Untermauerung des Antikommunismus), der DDR (Stützung ihrer „antifaschistischen" und „antirevisionistischen" Identität) und Polens (Legitimation der Anbindung der VR Polen an die Sowjetunion).

Literatur:
- Dokumentation der deutsch-polnischen Beziehungen 1945–1959. Zusammengestellt und übersetzt von Dr. Johannes Maass, Bonn u. a. 1960 (enthält 222 Quellen)

Erst nach der Wende von 1989 wurde der Weg zu einer offenen und realitätsgerechten Diskussion der deutsch-polnischen Grenze frei.

M 53 Karikatur: Helmut Kohl: Anerkennung der polnischen Westgrenze

Die Karikatur könnte in eine Unterrichtsstunde einführen. Kanzler Kohl bringt die Maschine „Anerkennung der polnischen Westgrenze" zum Patentamt, während der damalige Oppositionsführer Hans-Jochen Vogel verblüfft und ungläubig zusieht.

Jahrzehntelang, vor allem in den siebziger Jahren bei der Diskussion über die neue Ostpolitik, war die Anerkennung der polnischen Westgrenze in der deutschen politischen Debatte umstritten. Die Aussöhnung mit Polen wurde erschwert und verhindert, weil die Grenzfrage nicht gelöst, sondern einem späteren Friedensvertrag vorbehalten wurde. Alle Versuche, diese Frage zu lösen, wurden von der konservativen Parlamentsmehrheit, die die Unterstützung der Vertriebenen nicht verlieren wollte, abgewehrt. Nun – sehr spät – erkennt Bundeskanzler Kohl die polnische Westgrenze an und begründet seine Haltung so: „Entweder wir bestätigen die bestehende Grenze, oder wir verspielen heute und für jetzt unsere Chance zur deutschen Einheit."

Was bedeutet die Anerkennung dieser Grenze? Die Konzeption einer offenen Grenze entwirft Richard von Weizsäcker in seiner Ansprache während seines Staatsbesuches in Warschau:

M 54 Auszug aus der Ansprache des Bundespräsidenten Richard von Weizsäcker am 2. 5. 1990 in Warschau

Die Bevölkerung der DDR hatte zum Nachbarn Polen ein problematisches Verhältnis, das in den nachstehenden Quellen thematisiert wird.

M 55 Auszug aus der Rede von Markus Meckel auf dem Deutsch-Polnischen Forum im Dezember 1992: „Deutsche und Polen nach der Öffnung der Grenzen"

M 56 Karikatur: „Grenze des Friedens"

Auf polnischer Seite stellten sich nach der Öffnung der Grenzen neue Probleme ein:

M 57 Auszug aus dem Vortrag von Andrzej Kotula auf der deutsch-polnischen Journalistenkonferenz 1993 in Werder bei Potsdam: „Die deutsch-polnische Grenze in der polnischen Presse"

Positiv sieht Lech Wałęsa, Polens früherer Präsident, die Veränderung in der Bedeutung von Grenzen. Sein Beitrag könnte in einem Klassengespräch die Diskussion anregen.

M 58 Lech Wałęsa über die Bedeutung von Grenzen früher und heute. Auszug aus einem Interview

Die Bedeutung der polnischen Westgrenze hat sich in den 90er Jahren verändert: Sie ist eine Wohlstandsgrenze geworden und ruft bei Deutschen und Polen eine abwehrende Haltung hervor: Deutsche möchten ihren Arbeitsmarkt vor billigen Arbeitskräften schützen, Polen ihr Land vor kaufkräftigen Deutschen.

M 59 Włodzimierz Borodziej über die drastischen ökonomischen Unterschiede zwischen Polen und Ostdeutschland: „Der Frankfurter Zwischenfall und die Folgen"

Wichtig ist es, die Erfahrungen der Bevölkerung auf beiden Seiten der Grenze in die Überlegungen einzubeziehen:

M 60 Stefan Chwin über Multikulturalität in der polnischen Literatur und in der europäischen Wirklichkeit: „Grenzlandliteratur und das mitteleuropäische Dilemma"

Literatur:

Dokumentation in Transodra Nr. 10/11, April 1995: Grenze und Grenzbewohner. Nachbarn und Fremde. Alte Heimat – Neue Heimat. Abschied und Ankunft. Hrsg. von der Deutsch-Polnischen Gesellschaft Brandenburg e.V.

Mit der Zugehörigkeit Polens zur Europäischen Union wird die Ostgrenze Polens in den Blickpunkt rücken, die die Zuwanderung von Menschen aus anderen Teilen der Welt in den Bereich der Union verhindern soll. (Vgl. Schengener Abkommen).

M 61 Gemälde von Wiesław Smotek zum Thema deutsch-polnische Grenze

Das Bild kann in mehrfacher Hinsicht zum Nachdenken anregen: Auch bei gutem Willen ist viel Anstrengung notwendig, damit Menschen sich an der Grenze begegnen können. Aber dieses Ziel ist aller Mühen wert.

Als Hilfe dazu könnte das nachstehende Programm dienen:

M 62 Auszug aus dem Artikel von Ruth Henning: Grenzüberschreitende Zusammenarbeit an der Oder-Neiße-Grenze

Je nach Alter und Verständnis der Schüler bietet sich – unter Umständen in Verbindung mit dem Deutschunterricht – die Einbeziehung literarischer Zeugnisse an:

Deutsch-polnische Beziehungen in der Belletristik
- Johannes Bobrowski: Litauische Klaviere
- Horst Bienek: Die letzte Polka
- Günter Grass: Die Blechtrommel
- Stefan Chwin: Tod in Danzig

Kinder- und Jugendliteratur: siehe Literaturverzeichnis im Anhang

Ursula A. J. Becher

II. Bevölkerungsprobleme

1. Frauenrollen, Frauenrechte, Frauenbewegungen

Frauen bilden eine Gruppe mit minderem gesellschaftlichen Status, in Polen, in Deutschland und anderswo. Die Rollen, die Frauen innerhalb einer Gesellschaft übernehmen oder die ihnen zugewiesen werden, können durch historische Entwicklungen und kulturelle Muster unterschiedlich ausfallen. Frauenleben waren aber immer vielfältiger, als die ihnen zugedachten Rollen vorsahen.

In Deutschland wurden die Frauen mit der Etablierung der bürgerlichen Gesellschaft seit dem 18. Jahrhundert konsequent aus dem staatlich-politischen Aktionsfeld ausgeschlossen. Das duale Idealbild bürgerlicher Kreise „dem Manne der Staat, der Frau die Familie“ verwies Frauen ausschließlich auf den häuslichen Bereich. Im geteilten Polen wurden die Frauen in den Kampf um die Unabhängigkeit einbezogen, aber auch für nationale Ziele instrumentalisiert. Das Frauenideal dieser Zeit, die „Mutter Polin“ (Matka Polka), reduzierte „Frausein“ auf „Muttersein“ im Dienste der Nation. Aufopferung für Vaterland und Familie wurde durch Hochschätzung und Dominanz im häuslichen Bereich kompensiert. Die Auswirkungen dieses Frauenbildes sind bis heute zu spüren.

Im Verhältnis der Geschlechter zueinander war in der bürgerlich-patriarchalischen Familie Deutschlands die Unterordnung der Frau unter den Mann kennzeichnend. In Polen stand dem nicht nur die besondere Hochschätzung der Mutter gegenüber, sondern auch ein aus der Adelskultur überkommenes Verhältnis von „Ritter“ und „Dame“. Frauen fühlten und fühlen sich deshalb weniger diskriminiert als ihre Schwestern in Deutschland, trotz real vorhandener Benachteiligungen gegenüber den Männern.

Die unterschiedliche Ausgangslage wirkte sich auf den Charakter der sog. „ersten Frauenbewegungen“ aus (19. Jahrhundert bis 1933 für Deutschland bzw. bis 1939 für Polen). Frauenbildung und Berufstätigkeit waren zwar hier wie dort Hauptanliegen, aber im geteilten Polen bedeutete das Eintreten dafür immer auch Bewahrung und Förderung nationaler polnischer Interessen. Während Frauen in Deutschland im Rahmen einer Reform der Gesellschaft (bürgerliche Frauenbewegung) oder einer Revolution (sozialdemokratische Frauenbewegung) gleiche Rechte mit den Männern anstrebten, verband die polnische Frauenbewegung (in intellektuell-elitären Kreisen beheimatet und eher reformorientiert) den Kampf um nationale Unabhängigkeit mit dem Kampf für die Gleichberechtigung von Frau und Mann. Eine Stimmrechtsbewegung etablierte sich in Polen (1905) noch später als in Deutschland (1890er Jahre). Durch die Umwälzungen des Ersten Weltkriegs erlangten die Frauen dann in beiden Ländern im November 1918 das Stimmrecht, in Deutschland durch die Revolution und die Sozialdemokratie, in Polen durch ein Dekret Piłsudskis↑, das von vielen Frauen (und Männern) als Anerkennung für ihre Verdienste im Unabhängigkeitskampf betrachtet wurde.

Das längere Bemühen um das Stimmrecht und die breitere Basis der Frauenbewegung mögen in Deutschland dazu beigetragen haben, dass sich 90 % der Wählerinnen 1919 an der Wahl zur verfassungsgebenden Nationalversammlung beteiligten. In Polen lag die weibliche Wahlbeteiligung zum verfassungsgebenden Sejm↑ etwas niedriger (Warschau 67 %, Łódź 82 %). Auch der Anteil der weiblichen Abgeordneten lag 1919 in Deutschland mit 9,6 % höher als in Polen (1,4 %). Insgesamt blieb der politische Einfluss von Frauen aber gering. In beiden Ländern übernahmen die Parlamentarierinnen vor allem klassische „Frauenaufgaben“ in der Sozialpolitik. Trotz der Anerkennung der Frau als gleichberechtigter Staatsbürgerin blieben in beiden Ländern diskriminierende Bestimmungen in Privat- und Arbeitsrecht bestehen, so dass sich an den Geschlechterverhältnissen kaum etwas änderte. Immer mehr polnische und deutsche Frauen wurden zwar berufstätig, aber in vorwiegend schlechter bezahlten Berufen (als Fabrikarbeiterinnen und als weibliche Angestellte) und häufig nur bis zur Heirat. Für die überwiegende Mehrheit der Frauen blieb das traditionelle Familienmodell das angestrebte Lebensziel. Von neuer Qualität war dagegen in Polen wie in Deutschland die breite öffentliche Auseinandersetzung um Sexualität, Verhütung und Abtreibung. Geburtenkontrolle, „bewusste Mutterschaft“ (Polen) und straffreie Abtreibung bei sozialer Indikation wurden in Polen und Deutschland von einflussreichen Intellektuellen, linken Parteien und Feministinnen propagiert.

In der nationalsozialistischen Ideologie kam den deutschen Frauen, so weit sie den rassebiologischen Vorstellungen entsprachen, in erster Linie das Gebären arischen Nachwuchses und das Aufziehen dieser Kinder für den völkischen Staat zu. Frauen wurden im Nationalsozialismus zweifellos von der politischen Macht ausgeschlossen und für das System ausgenutzt, aber sie unterstützten dieses System auch und wurden selbst zu Täterinnen im Unterdrückungs- und Vernichtungsapparat, auch im besetzten Polen. Dort traten polnische Frauen erneut den Weg in die Konspiration und den Untergrund, in einigen Fällen auch in den bewaffneten Kampf an, vor allem aber mussten sie das Überleben ihrer Familien sichern. Am Ende des Krieges kehrte sich die Gewalt gegen die deutsche Bevölkerung: Flucht, Vertreibung und Vergewaltigung wurden zu Erfahrungen von deutschen Frauen.

Nach dem Zweiten Weltkrieg nahmen die verfassungsgebenden Organe der Volksrepublik Polen, der DDR und der Bundesrepublik nicht nur die Gleichberechtigung von Frau und Mann in die Verfassungen auf, sondern auch das Verbot der Diskriminierung aufgrund des Geschlechts. Dieses Gleichstellungsgebot setzte in der Bundesrepublik einen mühsamen legislativen Antidiskriminierungsprozess in Gang. Trotz vieler gesetzlicher Verbesserungen sind Frauen in einigen Bereichen immer noch benachteiligt. In der unmittelbaren Nachkriegszeit lastete vor allem auf den Frauen die Wiederaufbauarbeit („Trümmerfrauen"). In der Bundesrepublik kehrten sie aber sehr bald wieder an den häuslichen Herd zurück. Erst mit Umstrukturierungen auf dem Arbeitsmarkt und verbesserten Ausbildungschancen wuchs bei immer mehr Frauen der Wunsch, berufstätig zu sein. Gleichzeitig blieb die traditionelle Vorstellung dominant, dass eine Frau mit Kindern zu Hause zu bleiben habe. Für westdeutsche Frauen entstand so ein Entscheidungskonflikt zwischen Muttersein und Berufstätigkeit, der sich für Frauen im Realsozialismus in dieser Form nicht stellte. Andererseits haben Frauen hier in den letzten Jahrzehnten Lebensformen jenseits von Ehe und Kleinfamilie ausprobieren können, die für Frauen in der DDR oder Polen kaum denkbar waren. Beigetragen hat dazu auch die Neue Frauenbewegung, die sich Ende der sechziger Jahre in regionalen Frauenzentren, Aktionen gegen den § 218, Selbsterfahrungsgruppen und Frauenprojekten organisierte. Seit ihren Anfängen umfasste sie verschiedene Strömungen; heute ist sie stark ausdifferenziert und durch Frauenforschung und Gleichstellungsbeauftragte auch institutionalisiert.

Die „von oben" verordnete Emanzipation im Realsozialismus bescherte den Frauen eine hohe Erwerbsquote (auch in bisher untypischen Berufen, aber zunehmend in schlechter bezahlten Branchen und Positionen) und liberale Abtreibungsregelungen. Allerdings schrieb die Einführung von immer neuen Sonderrechten für berufstätige Mütter (DDR: „Mutti-Politik") die traditionelle Rollenzuweisung zwischen Mann und Frau fort und erwartete von den Frauen die Bewältigung der Doppelbelastung durch Haushalt und Beruf. In Polen unterstützte die katholische Kirche das traditionelle Familienbild zusätzlich. Insgesamt blieb der Aufbau des Sozialismus in erster Linie Männersache, Frauen waren in den Spitzenpositionen der PZPR und der SED nur in Ausnahmefällen vertreten, ebenso in Leitungsfunktionen großer Betriebe. Dieses Muster setzte sich bis in die Solidarność↑ fort: Obwohl Frauen in den 80er Jahren die Hälfte der Mitglieder in der oppositionellen Gewerkschaft ausmachten, waren sie aus den Führungspositionen fast ganz ausgeschlossen. Auch am Runden Tisch↑ saßen schließlich nur zwei Frauen, auf jeder Seite eine.

Die Folgen der Demokratisierung in Polen bzw. des Anschlusses der DDR an die Bundesrepublik bekamen Frauen vor allem an zwei Punkten zu spüren: Sie wurden zuerst und in sehr viel höherer Zahl als Männer in die Arbeitslosigkeit geschickt, außerdem wurden die liberalen Abtreibungsregelungen eingeschränkt. In den neuen Bundesländern litten arbeitslose Frauen, deren Qualifikationen häufig nicht anerkannt wurden, besonders unter schwindendem Selbstwertgefühl. Inzwischen haben viele Umschulungen hinter sich, sie sind zum größeren Teil wieder berufstätig und haben den Umbruch unter großen Anstrengungen bewältigt. Polnische Frauen leben in Widersprüchen. Einerseits sehen sie Berufstätigkeit für Mütter und liberale Abtreibungsregelungen weiterhin als selbstverständliche Rechte an, andererseits sind diese Errungenschaften durch die Verbindung mit dem Kommunismus diskreditiert und werden von der katholischen Kirche und den rechten Parteien scharf abgelehnt. Der Rückzug in die Familie als dem eigentlichen Aktivitätsfeld der Frau wird daher weniger als bei den ostdeutschen Frauen als persönliche Niederlage empfunden. Im Übrigen haben polnische Frauen zum wiederholten Male beweisen müssen, dass sie in schwierigsten Situationen imstande sind, ihre Familien zu ernähren. Von den privaten Firmen werden heute 37 % von Frauen geführt. In der Politik dagegen engagieren sich Frauen sehr viel seltener.

Für Frauenbewegungen gab es im Realsozialismus keinen Platz, da die Emanzipation als verwirklicht galt. Informelle Frauengruppen fanden sich in der DDR seit dem Beginn der 80er Jahre im Rahmen der oppositionellen Bewegung (Kirche und Friedensbewegung) zusammen. Der feministische Diskurs im wiedervereinten Deutschland ist bis heute von den unterschiedlichen historischen Erfahrungen beeinflusst. In Polen formierten sich Mitte der 80er Jahre die ersten Frauengruppen. Der gemeinsame Kampf unterschiedlicher Gruppen gegen eine Verschärfung des Abtreibungsgesetzes 1989 gilt als die Geburtsstunde der „zweiten Welle“ der Frauenbewegung in Polen. Ihre gesellschaftliche Basis ist wie in den neuen Bundesländern eher marginal, ihre Bedeutung liegt zur Zeit vor allem darin, Themen wie „Gewalt in der Familie“ oder „Frauenhandel“ an die Öffentlichkeit zu bringen und eine Debatte über den Status von Frauen in Polen anzustoßen.

Sophia Kemlein, Sławomira Walczewska

2. Migrationen: Arbeitswanderung, Emigration, Vertreibung, Umsiedlung

Migrationen gehören seit jeher zu den wichtigsten Faktoren der deutsch-polnischen Beziehungen. Seit dem Mittelalter siedelten sich in Polen Einwanderer aus Deutschland an. Auf der Suche nach Boden und Arbeit kamen Bauern, Handwerker und Kaufleute in mehreren Wellen zwischen dem 13. und 19. Jahrhundert. Deutsche und Juden waren aus dem Bild des mittelalterlichen Krakau ebensowenig wegzudenken wie aus dem erst im 19. Jahrhundert entstandenen Industriezentrum Lodz. Umgekehrt war die Siedlungsbewegung der polnischen Bevölkerung bis in das 19. Jahrhundert wesentlich schwächer; nur der Staat des Deutschen Ordens in Preußen, ab 1525 das Herzogtum Preußen, wurde unter Mitwirkung polnischer Bauern kolonisiert.

Infolge der Bauernbefreiung und der Anfänge der Industrialisierung veränderte sich das Bild. Eine alljährliche Migrationswelle, die als reine Arbeitsmigration von keiner Siedlungsbewegung begleitet wurde, war mit dem Einsatz von Zehntausenden, um die Jahrhundertwende Hunderttausenden polnischer Landarbeiter in der ostdeutschen Landwirtschaft gegeben. Die Landarbeiter aus dem russischen Kongresspolen↑ und dem österreichischen Galizien kehrten für den Winter teils freiwillig, teils unter dem Druck der preußischen Behörden in ihre Heimat zurück. Diese hatten nach den Massenausweisungen von über 30.000 polnischen und jüdischen Arbeitern 1885/1886 ein System der „Reglementierung der Ausländerzufuhr" entwickelt. Denn die nationale Öffentlichkeit im Reich zeigte sich immer stärker besorgt wegen der Gefahr der „Polonisierung des Ostens"; ein staatliches Programm der inneren Kolonisation der Ostprovinzen durch deutsche Siedler sollte dieser vermeintlichen Gefahr entgegenwirken. Gleichzeitig wanderten preußische Staatsbürger deutscher und polnischer Nationalität verstärkt in den Westen des Staates ab, vor allem nach Westfalen und in die Rheinprovinzen, wo um 1910 einige Städte einen hohen Anteil polnischer Bevölkerung aufwiesen (Herne – 22 %, Recklinghausen – 23 %). In den Regierungsbezirken Münster, Arnsberg und Düsseldorf lebten zu dieser Zeit über vierhunderttausend Polen. Diese an sich rein ökonomisch begründete Bevölkerungsverschiebung, Land- und Ostflucht zugleich, wurde in der deutschen Öffentlichkeit ebenfalls politisiert – als Gefahr der „Polonisierung des Westens". Im Zeichen des wachsenden Nationalismus blieb nur *eine* – zahlenmäßig freilich die größte – Migration von nationalpolitisch-konfrontativen Deutungen verschont: die Auswanderung in die „Neue Welt". Polen und Deutsche ließen sich vor allem in den USA nieder. Während jedoch die deutsche Emigration um 1893 fast aufhörte (noch 1890 hatten die Deutschen 30 % der Migranten in den Vereinigten Staaten gestellt), dauerte die polnische bis 1914 an. Ein spezielles Problem bildet die Migration der jüdischen Bevölkerung, die hauptsächlich aus wirtschaftlichen Gründen erfolgte. Im 19. Jahrhundert emigrierte ein bedeutender Teil der Juden, die preußische Staatsangehörige waren, aus den polnischen Territorien des preußischen Teilungsgebietes in rein deutsche Gebiete und dabei insbesondere nach Berlin. Auch Juden aus dem russischen und dem österreichischen Teilungsgebiet emigrierten nach Deutschland. Man sah sie dort als eine eigene Gruppe an, die „Ostjuden", da sie sich im Gegensatz zu den Juden mit preußischer Staatsangehörigkeit nur mühsam assimilierten. Juden aus dem österreichischen Teilungsgebiet emigrierten nun verstärkt in das deutsche Österreich, namentlich nach Wien, wo ein Teil von ihnen eine gewisse sprachliche und kulturelle Assimilation erfuhr. Aus allen polnischen Gebieten wanderten zahlreiche Juden nach Amerika aus, insbesondere in die Vereinigten Staaten.

Nach 1918 verschob sich die Ursache für Massenbewegungen immer mehr von der Ökonomie zur Politik. 1918/19 wanderte die Mehrheit (über 1 Mio.) der nun im polnischen Westen ansässigen Deutschen freiwillig oder unter Druck in das Reich aus – vor allem die Stadtbevölkerung, aber auch Bauern. Die Mehrheit von ihnen traute wohl dem polnischen Staat nicht zu, dass er den ökonomischen Wiederaufbau nach dem Ersten Weltkrieg schaffen würde, entscheidend waren jedoch politische Argumente: Die Deutschen wollten an dem bisherigen Wohnort nicht als Minderheit weiterleben, zumal in der Erinnerung an das konfliktreiche Zusammenleben von Staatsvolk und Minderheit im deutsch-polnischen Grenzbereich vor 1914. Die Republik Polen förderte die im Versailler Vertrag festgelegte Möglichkeit einer Option für Deutschland nachhaltig; die Deutschenpolitik („odniemczenie“ – „Entdeutschung“) nach 1918 ahmte stellenweise die preußische Polenpolitik vor 1914 nach. Im Ergebnis fiel etwa der Anteil der deutschen Bevölkerung in Bromberg/Bydgoszcz von 80% bei Kriegsende auf 20% im Jahr 1921; 1939 lebten nur noch weniger als 7% Deutsche in der Stadt. In anderen Zentren lagen die Verhältnisse ähnlich, auf dem Land war die Westbewegung weniger ausgeprägt, dennoch deutlich. In der Zwischenkriegszeit emigrierten weiterhin polnische Juden nach Deutschland, wenn auch in bedeutend geringerer Anzahl. Nach der Machtübernahme durch die Nationalsozialisten begann ein Teil von ihnen freiwillig nach Polen zurückzukehren, andere wurden als polnische Staatsangehörige kurz vor dem Krieg zwangsausgesiedelt. Sowohl aus Deutschland als auch aus Polen intensivierte sich in den dreißiger Jahren auch die Migration nach Palästina.

Was vor 1939 trotz aller nationalistischer Drohgebärden undenkbar blieb, wurde ab Kriegsbeginn 1939 und erneut nach dem Krieg zu einer von Millionen am eigenen Leib erlebten Realität: Terror und massenhafte Vertreibungen von Zivilpersonen, Frauen, Kindern und Greisen. Sie waren Objekte staatlichen Handelns, besaßen kein Selbstbestimmungsrecht und wurden so zu Opfern grenzenloser Willkür. Aufschlussreich für die nationalsozialistische Besatzungspolitik war zunächst die Losung „Heim ins Reich“; durch die Ansiedlung von über 600.000 sog. Volksdeutschen – aus Südosteuropa (vor allem Rumänien und UdSSR), Nordosteuropa (Lettland, Estland, Litauen) und Wolhynien – in den nach Kriegsbeginn annektierten westpolnischen Gebieten sollte eine endgültige Germanisierung dieser Provinzen bewirkt werden. Knapp eine halbe Million Polen und Juden aus den eingegliederten Gebieten wurden enteignet und in das sog. Generalgouvernement↑ vertrieben, weitere Hunderttausende zur Zwangsarbeit in das Reich verschickt. Über 100.000 Polen aus dem Gebiet Zamość wurden noch 1941 vertrieben, um ca. 10.000 „Volksdeutschen“ Platz zu machen. Noch größere Menschenmengen wurden als Zwangsarbeiter in Bewegung gesetzt; vor Kriegsende dürften knapp 2 Millionen polnische Frauen und Männer in der deutschen Wirtschaft tätig gewesen sein. Alle diese Vertreibungen aus Hof und Wohnung liefen parallel zu dem Völkermord an den Juden ab; sie waren Teil des nationalsozialistischen Plans der völligen Umgestaltung der ethnischen und sozialen Struktur Europas.

Nach Kriegsende wurden die Deutschen zu Opfern einer Politik der ethnischen Säuberung unter umgekehrten Vorzeichen, teilweise aber mit ähnlichen Mitteln. Die Deutschen aus Polen sowie aus den ostdeutschen Provinzen, die in Potsdam Polen zugesprochen worden waren, wurden in mehreren Phasen vertrieben. Im Sommer 1945 waren es die sog. wilden Vertreibungen, welche die Entvölkerung der Gebiete östlich der Oder-Neiße-Linie für eine künftige polnische Besiedlung einleiteten; im Februar 1946 setzte die von Polen aufgrund der Potsdamer Beschlüsse in Zusammenarbeit mit den Alliierten durchgeführte Zwangsaussiedlung ein. Nachdem die Mehrheit der Deutschen aus den Gebieten östlich von Oder und Neiße im Winter 1944/45 evakuiert worden bzw. geflüchtet war, sind im Zuge der Vertreibung zwischen Sommer 1945 und Ende 1947 mindestens 3,5 Millionen Menschen zum Verlassen ihrer Heimat gezwungen worden.

Entlang der Ostgrenze Polens kam es 1944 bis 1946 zu einem massiven „Bevölkerungsaustausch“, der zu einem großen Teil unter Zwang ablief: Etwa eine halbe Million Ukrainer und Weißrussen mussten ihre Heimat westlich der neuen Grenze verlassen, während etwa 1,5 Millionen Polen, die bisher östlich der Linie wohnten, in das neue Staatsgebilde umgesiedelt wurden. Diese aus den an die Sowjetunion abgetretenen Provinzen kommenden Menschen kamen vor allem in den neuen polnischen Nord- und Westgebieten unter, wohin aber auch Siedler aus dem zentralen Teil des Landes strömten.

Ob Vertreibungen der Jahre 1939–1944, ob Vertreibungen der Jahre nach 1944 – gemeinsam war ihnen, dass sie mit einer hohen Zahl von Opfern und dem millionenfachen Erleben von Zwang, Hunger und Erniedrigung verbunden waren. Nach 1947 folgte eine ruhigere Phase von individuellen Ausreisen und Familienzusammenführung, die bis 1950 dauerte. Die nationale Zwangs“entflechtung“ der traditionell gemischt besiedelten Gebiete, 1939 eingeleitet durch Deutschland und 1945 vollendet durch Polen, schien perfekt. Die totalitäre Herrschaft, die – im Unterschied zu allen vorherigen Staatsformen – den Objekten staatlicher Bevölkerungspolitik gänzlich und unwiderruflich die Freiheit der Entscheidung über den Wohnort nahm, zerbrach in Polen um 1956. Diese Krise des Stalinismus führte zu einer partiellen Wiedereinführung der Optionslösung; ein Teil der Menschen durfte wieder über ihre Staatszugehörigkeit entscheiden. Diese Entscheidungsfreiheit bewirkte eine neue Welle von Migrationen, in deren Zug im folgenden Jahrzehnt knapp eine Viertelmillion Polen und Juden und mehr als eine Viertelmillion Deutsche westwärts wanderten – die einen aus der Sowjetunion nach Polen, die anderen aus Polen in die DDR und vor allem in die BRD. Die wirtschaftliche Stagnation Volkspolens und das westdeutsche „Wirtschaftswunder“ schlugen sich Anfang der 70er Jahre in einer von polnischer Seite geduldeten Emigration von etwa 60.000 Deutschen in die Bundesrepublik nieder. Eine nächste diesbezügliche Vereinbarung zwischen VRP und BRD 1975 eröffnete eine neue Migrationswelle von Polen nach Westdeutschland, die trotz Einschränkungen mit wenigen Unterbrechungen bis 1990 andauerte. Ca. 1,2 Millionen Spätaussiedler kamen auf diese Weise in die Bundesrepublik.

Der „Magnet Bundesrepublik“ verlor seine Anziehungskraft erst nach 1989 mit dem Zusammenbruch des kommunistischen Systems, der ökonomischen Stabilisierung und der Anerkennung der Minderheiten in Polen. Seit den 90er Jahren ist die „Ostflucht“ keine relevante Größe mehr. Hingegen gewinnt die Frage des Zugangs polnischer Arbeitnehmer zum deutschen Arbeitsmarkt in den gegenwärtig geführten Verhandlungen mit der Europäischen Union um die Integration Polens eine neue, multilaterale Dimension.

Włodzimierz Borodziej, Hans Lemberg

3. Die deutsche Minderheit in Polen und die polnische Minderheit in Deutschland

Nach 1918 ging die nummerische Stärke der beiden Minderheiten zurück. In Deutschland entschied sich nur ein Teil der Polen dafür, im Ruhrgebiet zu bleiben, ein Teil kehrte nach Polen zurück, andere übersiedelten nach Frankreich oder nach Übersee. Infolge der Assimilation verringerten sich auch die Anteile der schlesischen, masurischen und ermländischen Bevölkerung mit polnischer Orientierung. Von dem Territorium des neu entstandenen polnischen Staates wanderte mehr als die Hälfte der Deutschen ins Reich ab.

Die verbliebenen Minderheiten bildeten Gruppen von verschiedenartigem Charakter. Die deutsche war gesellschaftlich stark differenziert, sie setzte sich sowohl aus Grundbesitzern und Intellektuellen als auch aus Arbeitern und Bauern zusammen. Die polnische Minderheit bildeten vor allem Bauern, auch Arbeiter, spärlich und schwach war die Mittelschicht vertreten.

Sowohl Polen als auch Deutsche waren starken Assimilationsbestrebungen des jeweiligen Staates ausgesetzt, dessen Bürger sie waren. Die nationalen Ideologien zielten in der Zwischenkriegszeit aber eindeutig darauf ab, Personen anderer Nationalität aus der Gemeinschaft auszuschließen. Dieser Trend nahm im „Dritten Reich“ den Charakter einer Staatsideologie an. Sie war vor allem gegen die Juden gerichtet. Die Polen wurden einer verstärkten Assimilation unterzogen, diejenigen aber, die sich politisch dagegen engagierten, erlitten Verfolgungen und Vergeltungsmaßnahmen. Die Deutschen in Polen sahen sich Versuchen zur Beschränkung ihrer bürgerlichen Rechte durch die Staatsverwaltung ausgesetzt.

Der einheitliche Nationalstaat blieb auch nach 1945 Vorbild. Durch die Grenzverschiebung hörte die ehemalige polnische Minderheit praktisch auf zu existieren, befand sie sich doch jetzt in Polen. Die überwiegende Mehrheit der Deutschen wurde aus dem neuen Polen ausgesiedelt. Erst Anfang der fünfziger Jahre waren die Behörden bereit, die in Niederschlesien und Pommern verbliebenen Deutschen als eigene Bevölkerungsgruppe wahrzunehmen. Die Oberschlesier, Ermländer und Masuren wurden als alteingesessene, mehr oder weniger eingedeutschte Polen behandelt. Minderheitenrechte wurden ihnen verweigert; vielmehr wurden sie einer intensiven „Repolonisierung“ unterzogen. Ein bedeutender Teil dieser Bevölkerung emigrierte in den Jahren 1955–1990 in die Bundesrepublik Deutschland, wo er sich in der Regel schnell in die neue Umgebung integrierte. In Westdeutschland war erst in den achtziger Jahren eine zahlenmäßig schwer zu beziffernde Gruppe von Polen vorhanden – in der Regel jünger und besser gebildet –, die ihre ethnische und kulturelle Eigenheit pflegte. Den Deutschen in der Volksrepublik Polen blieb dieses Recht verwehrt, indem die Existenz nationaler Minderheiten bestritten oder streng kontrolliert wurde. Die offizielle Anerkennung einer deutschen Minderheit erfolgte erst 1989.

Die polnische Minderheit in Deutschland lebte bis 1933 in einem demokratischen Staat, ähnlich wie die deutsche Minderheit in Polen bis 1926 (mit gewissen Einschränkungen bis 1939). Dagegen waren die Minderheiten in Deutschland von 1933 bis 1945, wie auch in der VRP und der DDR, jeweils von einer Diktatur abhängig, die das Recht manipulierte und auf die Bürger- bzw. Menschenrechte keine Rücksicht nahm. Sowohl vor als auch nach dem Zweiten Weltkrieg waren die Minderheiten Gegenstand von zwischenstaatlichen Auseinandersetzungen, und ihre Situation war in hohem Maße eine Funktion des Standes der Beziehungen zwischen Berlin bzw. Bonn und Warschau. Die Instrumentalisierung der deutschen Minderheit durch die Diplomatie der Weimarer Republik, um die Forderung nach einer Grenzrevision zugunsten Deutschlands zu untermauern, trug bedeutend zu einer Verschärfung der Politik der polnischen Behörden gegenüber den Deutschen bei.

Die gegenwärtige Situation der deutschen Minderheit in Polen regeln internationale Rechtsvorschriften, der deutsch-polnische Vertrag vom 17. Juni 1991 und die innere polnische Gesetzgebung, die in einigen Bereichen die Minderheiten bevorzugt. So unterliegen allein die Wahllisten der Minderheiten nicht der Fünf-Prozent-Klausel bei der Mandatsverteilung für den Sejm↑. Die Situation der Personen polnischer Abstammung und derjenigen, die sich zur polnischen Sprache, Kultur oder Tradition bekennen, ist auch in Deutschland durch internationales Recht, den deutsch-polnischen Vertrag und die innere Gesetzgebung geregelt. Zum ersten Mal im 20. Jahrhundert wird den Minderheiten nicht von Staatsseite auferlegt, ihre Identität aufzugeben.

Piotr Madajczyk

4. Die jüdische Bevölkerung Polens und Deutschlands

Die Juden in Deutschland und Polen verfügten über gemeinsame, mittelalterliche Wurzeln. Aus den deutschen Städten vertrieben, angelockt durch großzügige Privilegien polnischer Fürsten und Könige, waren zahlreiche Juden aus Deutschland über Schlesien und Böhmen in die Länder der polnischen Krone gezogen, gründeten Gemeinden, wurden ansässig. Sie bewahrten ihre Sprache, das Jiddische (eine germanische Sprache mit zahlreichen Hebraismen und später Slavismen). Handel, Familienbeziehungen und ein intensiver geistig-religiöser Austausch erhielten die Verbindung nach Westen aufrecht. Im 19. Jahrhundert intensivierte sich die Begegnung deutscher und polnischer Juden im Zuge der Migrationen einer großen Zahl zunächst großpolnischer, dann auch galizischer, rumänischer, kongresspolnischer↑ und russischer Juden Richtung Westen. Ein kleiner Teil von ihnen ließ sich in Deutschland nieder. Unter deutschen Juden führte diese Wanderungs- und Siedlungsbewegung zu Befürchtungen, an Akzeptanz zu verlieren, während reaktionäre politische Kräfte sie zur antisemitischen Propaganda missbrauchten.

Im Deutschen Reich lebten um 1900 etwa 590.000 Juden (ca. ein Prozent der Gesamtbevölkerung). Zwar nahm ihre absolute Zahl bis zum Ersten Weltkrieg aufgrund von Zuwanderung zu, wegen einer geringeren Geburtenrate als in der übrigen Bevölkerung ging ihr Anteil aber zurück (1910: 615.000 oder 0,95 %; 1925 dann: 565.000 oder 0,9 %). Von ihnen lebten siebzig Prozent in den preußischen Provinzen und hier vor allem in Berlin, zehn Prozent in Bayern sowie zwanzig Prozent in den übrigen deutschen Staaten. In jenen Teilungsgebieten Polens, in denen die jüdische Bevölkerung hauptsächlich unter Polen lebte, betrug ihre Zahl um die Jahrhundertwende etwa 2,1 Millionen (Kongresspolen↑ 1,27 Mio, 14,5 % der Gesamtbevölkerung, Galizien 810.000, 11 %) und lag hiermit prozentual und absolut um ein Vielfaches höher als im Deutschen Reich. Aus Großpolen, Galizien und den ostpolnischen, in das Russische Reich eingegliederten Gebieten (Kresy) wanderten bis zum Ersten Weltkrieg hunderttausende Juden aus, während Kongresspolen↑ aufgrund seiner dynamischen wirtschaftlichen Entwicklung eine starke Zuwanderung erfuhr. In Deutschland und in Polen lebten die Juden vornehmlich in den Städten, die Konzentration auf die Hauptstadt war in Polen jedoch weniger stark ausgeprägt: Lebte etwa jeder dritte deutsche Jude nach dem Ersten Weltkrieg in Berlin, konzentrierten sich nur zehn Prozent der polnischen Juden in Warschau.

Haupterwerbstätigkeit der deutschen Juden war der Handel, zwei Drittel der jüdischen Haushalte gewannen hier ihren Lebensunterhalt. Sie erreichten eine weit über ihrem Bevölkerungsanteil liegende Position in den freien Berufen (Rechtsanwaltschaft, Medizin). In Deutschland wie in Polen blieb ihre Berufsstruktur vom 19. zum 20. Jahrhundert relativ stabil, wobei in Polen in Handwerk und Handel je ein Drittel der jüdischen Erwerbstätigen arbeitete. Das Handwerk vergrößerte in der Zwischenkriegszeit seinen Anteil, da Wirtschaftskrise, antisemitische Handelskooperativen und Wirtschaftsboykott dem Handel zusetzten.

Der Erste Weltkrieg stellte für die Juden in Polen und Deutschland gleichermaßen einen tiefen Einschnitt dar. Ungeachtet der patriotischen Gesinnung, die deutsche Juden 1914 demonstrierten, traten die antisemitischen Vorbehalte in den Spitzen von Politik und Militär schon 1916 deutlich zutage, als die sog. „Judenzählung", eine statistische Erhebung über den Anteil jüdischer Militärangehöriger in kämpfenden Einheiten, veranlasst wurde. Andererseits führten die Begegnung deutsch-jüdischer Soldaten mit der als authentisch empfundenen jüdischen Lebenswelt der Juden in Polen sowie signifikante Erfolge der zionistischen Bewegung (Balfour-Deklaration* 1917, Minderheitenschutzverträge) auch in der deutschsprachigen Judenheit zu einer Akzentu-

* Der britische Außenminister Arthur James *Balfour* sicherte in einem Schreiben vom 2. November 1917 an Lord Rothschild die Unterstützung Großbritanniens bei der Errichtung einer nationalen Heimstätte für Juden in Palästina zu. Nahum Sokolow und Chaim Weizmann hatten als Vertreter des Zionismus diese Initiative vorgetragen. Letztlich führte die damit eingeschlagene Entwicklung zur Gründung des Staates Israel.

ierung jüdischer Identität. Die dennoch enge Bindung an das deutsche Gemeinwesen kam darin zum Ausdruck, dass aus den an das wiedererstehende Polen abgetretenen Gebieten das Gros der dort lebenden Juden nach Deutschland übersiedelte. Juden in Kongresspolen↑ und Galizien erlebten als Bewohner der Kriegsschauplätze vielfach Flucht und Vertreibung; viele wurden gegen Ende des Kriegs Opfer von Übergriffen und Pogromen, nicht zuletzt von Seiten polnischer Truppenverbände (Lemberg November 1918).

Im Gegensatz zu Polen entwickelte sich auch in der Zwischenkriegszeit in Deutschland kein jüdisches Parteienwesen. Ausschlusstendenzen von konservativer Seite bekämpfte der sich als überparteilich verstehende, 1893 gegründete Central-Verein Deutscher Staatsbürger Jüdischen Glaubens. Neben dem Engagement polnischer Politiker jüdischer Herkunft in nicht spezifisch jüdischen Parteien gedieh im unabhängigen Polen ein reiches Spektrum ausschließlich jüdischer Parteien. Ihre Wurzeln hatten diese zionistisch (Poale-Zion u. a.), sozialistisch (Bund u. a.), jüdisch-national (Folkisten u. a.) oder religiös-orthodox (Agudat Israel u. a.) orientierten Parteien in Organisationen, die vor dem Ersten Weltkrieg teilweise legal, teilweise unter konspirativen Bedingungen in allen polnischen Teilungsgebieten existiert hatten. Im Zentrum ihrer Bemühungen stand der Kampf um eine Behauptung der jüdischen Lebensweise, wobei Mittel und Zielvorstellungen extrem divergierten, sowie die Bekämpfung des Antisemitismus. Die im Frieden von Versailles durchgesetzten Minderheitenschutzverträge, die partiell zu einer Zusammenarbeit der parlamentarischen Vertreter der deutschen und jüdischen Minderheit in Polen führten, wurden in der polnischen öffentlichen Meinung als ausländisches Diktat weithin abgelehnt.

Der Entfaltung einer jüdischen Teilhabe in allen Bereichen der deutschen Kultur stand eine unübersehbare Verarmung der religiös-gemeindlichen Institutionen gegenüber. Der hohe Grad von jüdisch-nichtjüdischen Eheschließungen verwies auf eine hohe Integrationsbereitschaft unter der jüdischen Bevölkerung. Diese Entwicklungen wurden durch die Machtübernahme der Nationalsozialisten im Januar 1933 abgebrochen. Der Weg der Entrechtung, des Ausschlusses, der Vertreibung und schließlich der Ermordung führte über eine Vielzahl von Einzelmaßnahmen, Gesetzen und Ereignissen, von denen hier nur der Wirtschaftsboykott, Berufsverbote (April 1933), die Nürnberger Gesetze (Handhabe zur rassistisch begründeten Ausgrenzung, November 1935), die Ausweisung polnischer Juden (Oktober 1938), die Reichspogromnacht (9–10. 11. 1938), der Überfall auf Polen und die Sowjetunion zu nennen sind. Zwischen 1933 und Ausbruch des Krieges emigrierten bzw. flüchteten etwa 200.000 Juden aus Deutschland. Etwa ein Drittel der deutschen Juden wurde Opfer des Völkermords an den europäischen Juden. Getragen teilweise von deutsch-jüdischen Überlebenden, teilweise von in Deutschland ansässig werdenden Juden aus Osteuropa (Displaced Persons), formierte sich jüdisches Leben in der Bundesrepublik und, in geringerem Umfang, der DDR nach dem Krieg neu. In der Bundesrepublik wurde 1950 der Zentralrat der Juden in Deutschland gegründet. Konzentrierte sich das Gemeindeleben bis zum Ende des Ostblocks in den größten Städten Westdeutschlands, hat im vereinigten Deutschland die Zuwanderung zahlreicher russischer Juden zu einem starken Wachstum auch kleiner und mittlerer Gemeinden geführt.

Ungeachtet der schwierigen wirtschaftlichen Lage und des starken polnisch-jüdischen Gegensatzes erlebte die jüdische Kultur im 1918 wiedererstandenen Polen in vielen Lebensbereichen unbestritten eine Blüte. Literatur und Wissenschaft in Jiddisch, Polnisch und Hebräisch, hunderte von Tages- und Wochenschriften in diesen Sprachen, ein Netz von Schulen mit Unterricht in jiddischer bzw. hebräischer Sprache sowie der Unterhalt und die Neugründung von Jeshivot* (etwa in Lublin 1936) legen hiervon Zeugnis ab. Das jüdische politische Leben auf Gemeinde- und Landesebene zeichnete sich durch akzentuierte Gegensätze, aber gleichzeitig durch eine im zeitgenössischen Europa ungekannte Vielfalt aus. Nach dem Tod Piłsudskis↑ im Jahre 1935 gerieten die Juden Polens zunehmend in Bedrängnis, was u. a. zu einer weiteren Verschlechterung ihrer wirtschaftlichen Lage führte. Das Ende der polnischen Judenheit setzte mit dem Überfall Nazi-Deutschlands auf Polen ein. Nach der Rückkehr von etwa 150.000 jüdischen Flüchtlingen aus der Sowjetunion lebten in der unmittelbaren Nachkriegszeit in der Volksrepublik Polen etwa 250.000 Juden. Nur etwa zehn Prozent der jüdischen Bevölkerung Polens (etwa 3 Millionen vor 1939) hatten die deutsche Besatzung und den Genozid überlebt. Der größte Teil von ihnen verließ nach Pogromen und Gewalt der Jahre 1945/46 sowie aufgrund politischen Drucks in mehreren Wellen (1948, 1956, 1968) das Land. Heute leben etwa 15.000 Juden in Polen. Trotz des wieder erwachten und breiten Interesses an jüdischer Geschichte und Kultur im Land stagniert diese Gemeinschaft.

François Guesnet

---

* *Jeshivot* (auch *Jeshiwa*) [hebräisch: „Sitz"] höhere Talmudschule zur Ausbildung der Gelehrten und Rabbiner.

Didaktische Überlegungen II

Die Feststellung, dass Frauen und Männer Gesellschaft unterschiedlich erfahren, gilt heute weithin als Gemeinplatz. Der Geschichtsunterricht nahm auf diese Wahrnehmungsunterschiede, die sich zwangsläufig auch auf die Vergangenheitsbetrachtung niederschlagen, lange Zeit keine Rücksicht. Die Welt des Mannes stand stellvertretend für die Welt des Menschen. Den Mädchen fehlte dadurch ein wichtiges Identifizierungsfeld – den Jungen wurde die Chance zu Fremdverstehen und Vergleich vorenthalten. Heute wird gesehen, dass die Identitätsentwicklung von Mädchen und Jungen und damit der gleichwertige Umgang von Mann und Frau gefördert werden kann, indem man die geschlechtsspezifischen Problemlagen und besonderen Leistungen im Unterricht thematisiert. Es kann nicht darum gehen, der traditionellen, auf den Mann ausgerichteten Geschichtsbetrachtung, lediglich einige bisher „vergessene" weibliche Beiträge kompensatorisch oder gar alibihaft hinzuzufügen. Vielmehr sollte generell bei allen Themen geprüft werden, ob an ihnen nicht geschlechtsdifferente Erfahrungen herausgestellt werden müssen und ob sich das Bedeutsame einer bestimmten Epoche nicht gerade dadurch erschließt, indem man sie unter einer geschlechterspezifischen Perspektive betrachtet.

Wenn in der vorliegenden Schrift dennoch ein spezielles Kapitel den Frauenrollen, Frauenrechten und Frauenbewegungen gewidmet ist, soll dies nicht als Anlage eines Reservates für das weibliche Geschlecht missverstanden werden. Vielmehr wird dadurch der zentrale Stellenwert des Gender-Themas als Bevölkerungsproblem unterstrichen. Wenn – nur ein Beispiel – jüngst in Deutschland in einer Meinungsumfrage drei Viertel aller Frauen die Überzeugung zum Ausdruck brachten, dass Frauen für „gleichwertige Arbeit" schlechter bezahlt werden als Männer und dass sie für eine „gleiche berufliche Position" mehr leisten müssen, so zeugt dies von einem eindeutigen Gefühl sozialer Benachteiligung. Die Schärfe des Problems wird von der Kluft zwischen der verfassungsmäßigen Norm und der gesellschaftlichen Realität noch stärker indiziert als vom aktuellen allgemeinen Bewusstsein. In den Verfassungen Deutschlands wie Polens gilt das Gleichberechtigungsgebot.

Wann immer Deutsch-Polnisches im Geschichtsunterricht zum Gegenstand gemacht wird, sollten sich Lehrer und Lehrerinnen darum bemühen, die historische Welt der Frauen ins Blickfeld zu rücken, eben jenes Teils der Gesellschaft, der über viele Generationen meist systematisch aus dem Geschichtsbild gefallen ist. Relativ einfach gelingt dies, indem zur Illustration von Ereignissen, zur Konkretisierung historischer Prozesse, Frauen oder Frauengruppen als Beispiel herangezogen werden. Dies kann beiläufig ohne zusätzlichen Zeitaufwand erfolgen und sollte selbstverständlich sein. An Arbeitsmigrationen etwa waren Frauen entweder direkt beteiligt oder zumindest betroffen. Falls sie am Heimatort zurückblieben, sind auch ihre Lebensumstände zu erörtern. Das Schicksal der jüdischen Minderheit, der Sinti und Roma, überhaupt von Minderheiten, lässt sich genauso gut an Frauen wie an Männern darstellen. Nationale Stimmungen in der Zwischenkriegszeit, etwa der Hindenburg-Kult oder der Piłsudski↑-Kult lassen sich aus der Sicht weiblicher Anhängerschaft beschreiben und untersuchen. Das Thema Widerstand im okkupierten Polen während des Zweiten Weltkrieges kann man exemplarisch anhand des weiblichen Widerstands dokumentieren. Die Bedeutung der Frauen in puncto Logistik und soziales Funktionieren des Untergrundes, ihre Tätigkeit als Kuriere und Verbindungsleute, werden vielfach völlig unterschätzt. Zwangsarbeit in Deutschland war beileibe keine rein männliche Erfahrung. An das Phänomen der Wehrmachtsbordelle, in die auch polnische Frauen gezwungen wurden, wird oftmals gar nicht gedacht. Das Leben in Luftschutzkellern und Trümmerstädten gehört vornehmlich zur Erlebniswelt von Frauen. Von Vertreibungen waren zuallererst Frauen und Kinder betroffen. Ihnen sollte als Zeitzeugen bzw. durch Unterrichtsquellen eine Stimme gegeben werden. Beim Wiederaufbau nach dem Krieg legten Frauen in unübersehbarer Weise Hand an. Der Frauenüberschuss, die hohe Zahl an Witwen, war ein markantes Phänomen der Nachkriegsgesellschaften in beiden Ländern. In der Solidarność↑ und in der DDR-Oppositionsbewegung waren viele Frauen aktiv, deren Erinnerungen und Zeugnisse uns in die Problematik genauso profund einführen, wie wenn man die Vitae von entsprechenden Männern heranzöge.

In der unmittelbaren Nachkriegszeit läßt sich in Polen wie in Deutschland nachweisen, wie ähnliche gesellschaftliche Erwartungen auf die Frau projiziert wurden. Von ihr sollte die Genesung, die Erweckung neuen Lebensmutes ausgehen. Die zarten Pflänzchen des Neubeginns wurden ihrer Obhut und Pflege anvertraut.

M 63 Beobachtungen aus der Nachkriegszeit von Maria Dąbrowska, festgehalten in ihren Tagebüchern 1914–1945

M 64 Das Motiv der Pflanzerin: Deutsches Fünfzigpfennigstück und Titelbild einer polnischen Frauenzeitschrift, 1948

So wird man bei genauem Hinsehen immer wieder darauf stoßen, dass Männer und Frauen als geschichtliche Akteure nur bedingt austauschbar sind. Die beiden Geschlechter waren in der Regel in unterscheidbarer Weise in das Geschehen involviert. Und häufig ist es lehrsam, diese Unterschiede herauszuarbeiten. Welche Rolle spielten Frauen bei Assimilationsprozessen zwischen Völkern? Wann war ihr Beitrag unterstützend, wann retardierend? Gibt es ein spezifisches Verhalten von Frauen bei ethnischen Konflikten in Grenzregionen? Welche Beziehung bestand zwischen „Führer“ und Frauen im Rahmen totalitärer Herrschaft, bzw. inwiefern konnten sich totalitäre Regime auf eine weibliche Anhängerschaft stützen? Welche Verflechtungen bestehen zwischen Geschlecht und Nation? Waren Frauen die „besseren“ oder „schlechteren“ Verfechter der nationalen Idee? Mit welchen Methoden versuchte Hasspropaganda auch Frauen zu erreichen? Wie bediente sich ein Bedrohungsmythos der Weiblichkeit/Mütterlichkeit? War es nicht der starke Wählerrückhalt Willy Brandts↑ bei jüngeren Frauen, ihre besondere Ansprechbarkeit für die Entspannungspolitik, die letzlich auch der „neuen Ostpolitik“ zum Durchbruch verhalfen? Die Erkenntnis, dass Frauen auch historisch gesehen Wahlen entscheiden können, dürfte dem Selbstbewusstsein der weiblichen Jungbürger nur gut tun. Mit derlei Fragestellungen, zu denen die Frauenforschung bereits eine Fülle von Erkenntnissen vorgelegt hat, wird der Kanon der lediglich an weiblichen „Beispielen“ bearbeiteten konventionellen Themen durchbrochen.

M 65 NS-Kampagne zur Mobilisierung der Frauen 1943/44
M 146 Text von Piotr Wojciechowski zur Situation nach dem Krieg

Der im Rückblick auf das vergangene Jahrhundert sichtbar werdende kolossale Wandel der Stellung der Frau in der Gesellschaft verlangt danach, auch im Unterricht in gesonderten frauengeschichtlichen Einheiten erfasst zu werden. Klar ist, dass diese Veränderungen nur fassbar werden, wenn die Sozial- und Strukturgeschichte in ihre Rechte eingesetzt wird und gleichzeitig die Kategorie „Geschlecht“ einen ähnlichen Stellenwert erhält wie etwa „Klasse“ oder „Schicht“. In hohem Maße förderlich – ja entscheidend – ist der alltagsgeschichtliche Ansatz, da sich dabei auf der Quellenebene Männer und Frauen in fast gleicher Reichhaltigkeit als Akteure wiederfinden lassen und weibliche Lebenswelten anschaulich zum Durchbruch kommen.

M 66 Aufruf zum Frauen-Tag 1914
M 67 M. Grossek-Korycka über die Hoffnungen, die polnische Frauen in der Zwischenkriegszeit mit der Erlangung des Stimmrechts verbanden, 1928
M 68 W. Bitner über die Aufgabe der Frauenbewegung nach der Erlangung des Frauenstimmrechts. Text von 1922

Während sich der Blick auf die Frau in Deutschland und Polen unmittelbar nach dem Krieg in frappierender Weise ähnelt **(M 65)**, lässt sich im Laufe der folgenden Jahre ein deutliches Auseinanderdriften der Leitbilder in der Bundesrepublik bzw. DDR und Polen registieren:

M 69 Titelbild einer polnischen Frauenzeitschrift aus dem Jahr 1950
M 205 DDR-Briefmarke zum Frauenkongress 1964
M 70 CDU-Wahlplakat aus dem Jahr 1965

Literatur:

– Haus der Geschichte der Bundesrepublik Deutschland (Hrsg.): Ungleiche Schwestern? Frauen in Ost- und Westdeutschland. Anspruch und Alltag, Gemeinsamkeiten und Unterschiede. Düsseldorf 1998 (didaktisch aufbereitetes Magazin zur Ausstellung, versehen mit einer Vielzahl von Materialien)

Nun wendet die feministische Theorie ein, dass dem Verhalten von Frauen, selbst ihrem Bewusstsein, stets etwas Fremdbestimmtes anhafte, da sie sich so gut wie immer in einer von Männern dominierten Welt bewegten. Dieser Einwand ist bei aller Ideologiekritik ernst zu nehmen. Feministische Sichtweisen sollten – auch wenn sie nicht konsensfähig sind – eingebracht und diskutiert werden. Die Sensibilisierung für Abhängigkeiten und die Aufdeckung von Hierarchien verdanken wir provokativen Fragestellungen, von denen nur zwei angedeutet seien: „Wie gestaltete sich in Kriegszeiten das Verhältnis von Mann zu Frau? Waren Frauen einfach nur Beute?“ oder „Welcher Zusammenhang besteht zwischen autoritärer Staatsform und patriarchalischen Machtverhältnissen?“. Diesen Fragen kann auf der Folie deutsch-polnischer Geschichte nachgegangen werden.

M 71 Helga Hirsch: „An mir bleibt alles hängen!" Krieg der Geschlechter auf Polnisch
M 72 Małgorzata Tarasiewicz zur Stellung der Frauen in der Solidarność↑ nach der Wende
M 73 Karikatur: Matka Polka
M 74 Karikatur: „Hilfreiche Ratgeber"

In Deutschland gibt es – schon bei Heinrich Heines Polenreise anklingend – einen literarischen Topos, in dem die polnische Welt als eine katholische erscheint, die zugleich weiblich gefärbt ist. Auch politisch war dieser virulent. Fürst Bismarck↑ neigte dazu, die Deutschen als ein männliches, die Polen als ein weibliches Volk anzusehen. Dieser Topos könnte im Unterricht als Einstieg dienen. Auf der Erfahrungsebene werden Schüler und Schülerinnen selten abstrakt mit „Polen“ bzw. „Deutschland“ konfrontiert, sondern mit Menschen aus Polen bzw. Deutschland. Bei den persönlichen Begegnungen ist das Geschlecht meist nicht nebensächlich. Im Gespräch werden Vergleiche gezogen, Unterschiede festgestellt in dem, wie sich Frauen und Männer hier und dort ins Benehmen setzen – und schon wird das Feld geschichtlich-kultureller Prägung betreten. Die geistige Verarbeitung dieser Erfahrungen sollte nicht dem Wirken der Stereotype überlassen bleiben. Der Geschichtsunterricht ist dafür da, den Jugendlichen eine historisch geschulte Reflexion ihrer Beobachtungen zu ermöglichen. Die in der vorliegenden Schrift vorgestellte Sachanalyse zeichnet zu diesem Zweck die Konturen einer kohärenten historischen Darstellung des Gender-Themas in Deutschland und Polen.

Die Aspekte, die polnische oder deutsche Jugendliche besonders interessieren, werden über weite Strecken dieselben sein. Die Fragen der geschlechtsspezifischen Berufswahl, der frauentypischen Berufe und der Karrierechancen, der Reichweite von Gesetzen zur Herstellung der Gleichberechtigung, der Abtreibung, der Folgen und Prävention sexueller Gewalt sind einerseits aktuelle Themen und haben andererseits in beiden Gesellschaften eine historische Dimension, die verglichen werden kann. Spezielle bundesdeutsche Instrumentarien wie Gleichstellungsbeauftragte, Frauenförderpläne, Frauenquotierung können in ihrer Wirkungsweise von polnischen Schülern und Schülerinnen am deutschen Modell studiert werden. Erstaunen werden evtl. die feministische Sprachkritik oder die Infragestellung der Koedukation in Deutschland hervorrufen. Beim Thema „Frau und Armee“ können für deutsche Jugendliche die polnischen historischen Erfahrungen von Interesse sein. Geschichtlich zu begründen ist die in ihren Äußerungsformen stärker hervortretende Religiosität polnischer Frauen und der traditionell engere Zusammenhang von Frau und nationalen Werten in Polen. Dabei sollte die sog. „Nationalisierung“ der Frauen in ihrer Ambivalenz gesehen werden. Das in Polen höhere Prestige der nicht berufstätigen Hausfrau lässt den Wegfall der sozialistischen Arbeitspflicht nach 1989 anders erscheinen als es der Begriff der Wendeverliererinnen für Ostdeutschland vorgibt.

M 75 Die Situation der Frauen bei den Systemumwandlungen in Polen, Beitrag von G. Firlit-Fesnak

M 76 Aufrufe eines polnischen Frauenzentrums, 1999

M 77 Amory Burchard zur Problematik polnischer Arbeitspendlerinnen in Berlin: „Küche sauber, Familie kaputt", 1999

Speziell für Mädchen könnte es eine wichtige Erkenntnis sein, dass der Kampf ihrer Mütter und Großmütter für eine gleiche Teilhabe der Frau an der Gesellschaft eine frappierende Ähnlichkeit in beiden Ländern aufweist. Es läge in der Logik der Sache, wenn Schülerinnen in Deutschland in der Person von Marie Curie-Skłodowska ein gelungenes Beispiel für gelungene weibliche Emanzipation finden könnten, wenn Schülerinnen in Wrocław den mit dem Tode bezahlten Widerstand der Breslauer Reichstagsabgeordneten Minna Cammers oder der jungen jüdischen Breslauerin Helga Beyer gegen den Nationalsozialismus aus weiblicher Sicht würdigten und in Polen wie in Deutschland die Vita von Rosa Luxemburg in verbindender Weise aus frauenrechtlerischer Sicht interpretiert würde. Es liegt in der Hand der Lehrerinnen und Lehrer, diese und ähnliche Biografien bekannt zu machen. Die Romane von Eliza Orzeszkowa, einer Vorkämpferin für die Rechte der Frauen (und übrigens auch der Juden) im 19. Jahrhundert, liegen zum Teil in deutschen Übersetzungen vor.

M 78 Marie Curie-Skłodowska

Literatur:

- Antje Dertinger: Weiße Möwe, gelber Stern. Das kurze Leben der Helga Beyer. Ein Bericht, Berlin/Bonn 1987
- Raya Dunayevskaja: Rosa Luxemburg, Frauenbewegung und Marx' Philosophie der Revolution. Aus dem Amerikanischen von Thomas Laugstien. Mit einem Vorwort zur deutschen Ausgabe von Frigga Haug, Berlin/Hamburg 1998 (Argument-Sonderband Neue Folge AS 245)
- Eliza Orzeszkowa: „Marta" (1988) und „Die Hexe" (1982), beide Frankfurt/M.

Wenn unter der Kapitelüberschrift „Bevölkerungsprobleme" neben der Gender-Frage nationale und ethnische Minderheiten Gegenstand der Betrachtung werden, dann gilt es zunächst darauf hinzuweisen, dass Minderheiten nicht per se ein Problem darstellen. Sie werden zum Problem gemacht, indem Staaten und Gesellschaften nach Prinzipien organisiert werden, die diesen Minderheiten keinen Eigenwert zuerkennen bzw. deren Existenzberechtigung in Frage stellen.

Die ideologische Setzung, wonach Staaten dann am vollkommensten sind und quasi einer natürlichen Ordnung entsprechen, wenn sie ethnisch homogene Nationalstaaten sind, taucht im Denken des ausgehenden 19. Jahrhunderts auf, wird im 20. Jahrhundert extrem virulent und besitzt selbst heute noch Wirkungskraft (vgl. Kurdenproblematik, Konflikt um den Kosovo). Was im Mantel scheinbarer Natürlichkeit daherkommt, stellt sich bei näherer Betrachtung als erstaunlich künstlich und wirklichkeitsfremd heraus. „Ethnische Reinheit“ kann nur eine Fiktion sein, die umgesetzt in politische Kategorien direkt in die Inhumanität führt. Eine Aufrechterhaltung ethnischer Homogenität würde zudem unter den Bedingungen einer modernen Industriegesellschaft – wie sich leicht ausmalen lässt – Zwangsmaßnahmen erforderlich machen, die jeder normalen und eigengesetzlichen Entwicklung zuwiderlaufen und vielfach als absurd erscheinen würden. (Der Phantasie der Schüler könnte hier Raum gegeben werden, um eine Vielzahl möglicher Maßnahmen und Situationen durchzuspielen.)

In der Menschheitsgeschichte sind Bevölkerungsmigrationen ein vertrautes Element. Einerseits können sie auf mehr oder weniger freiwilliger Entscheidung von Menschen und Menschengruppen beruhen, die sich von einer Ortsveränderung eine Verbesserung ihrer Lebenslage erhoffen, andererseits können sie durch politische Maßnahmen erzwungen werden. Der Text „Migrationen“ zwischen Polen und Deutschland enthält ein breites Panorama von Migrationsbewegungen, die sich auf mehrere Jahrhunderte erstrecken. Man kann zwar übergreifend von „Bevölkerungsmigration“ sprechen, jedoch waren deren Ursachen und die Wanderungsbedingungen im Einzelnen sehr unterschiedlich. Im 20. Jahrhundert stellte die Wirtschaftsemigration aus Polen nach Deutschland eine bedeutende Strömung innerhalb der Wanderungsbewegung dar.

M 79 Auszug aus den Erinnerungen von Władysław Berkan (1859–1941), einem gesellschaftlich aktiven Polen in Deutschland
M 80 Foto: Saisonarbeiter, vor allem aus Schlesien und Polen, Berlin 1908
M 81 Arbeit für Personen mit „sztat“ (vgl. auch **M 77**)

Die polnische Arbeitsmigration ins Ruhrgebiet kann als historisches Fallbeispiel betrachtet werden, wie Einheimische und Fremde ihr Zusammenleben gestalteten und sich aneinander gewöhnten, wie neue Identitäten entstanden und zur kulturellen Vielfalt dieser Region beitrugen. Die Selbstverständlichkeit, mit der dort heute „polnische“ Prägungen und Spuren als Teil des „Eigenen“ angesehen werden, steht in bemerkenswertem Gegensatz zu den Ressentiments, die an aktuellen „Frontlinien“ von autochthoner Bevölkerung und Einwanderung virulent sind. Dabei ist auch die „deutsch-polnische Geschichte“ im Ruhrgebiet nicht unwesentlich geprägt von Schikanen, Diskriminierung und Ausgrenzung. Dass der Betrachter das damit verbundene Leid im Rückblick als unnötig und bedauernswert empfinden wird, könnte seiner rationalen Betrachtung und Bewertung aktueller Konflikte dieser Art förderlich sein.

Literatur:

- Unterrichtseinheit „Polen im Ruhrgebiet“, entstanden unter Federführung von H.-J. Pandel, in: Wolfgang Emer, Uwe Horst (Hrsg.): Praxis eines demokratischen Geschichtsunterrichts. Perspektiven – Lernorte – Methoden. AMBOS 40, Bielefeld 1995, S. 119–136

Gleichwohl scheint die Ansicht begründet, dass das 20. Jahrhundert mehr im Zeichen von erzwungenen Völkerwanderungen als von „stummer“ (K. Schlögel) Arbeitsmigration stand. Mitunter wird es deshalb auch als „Jahrhundert der Vertreibungen“ bezeichnet, was deutlich macht, dass die von Staaten organisierte planmäßige gewaltsame Verschiebung von Bevölkerungsmassen eine neue Qualität angenommen hat.

M 82 Karl Schlögel über die stumme und erzwungene Migration
M 83 Auszüge aus den Beschlüssen der Potsdamer Konferenz, 2. August 1945
M 84 Rede von General Jaruzelski↑ zum 7. Mai 1985
M 205 Briefmarke „40 Jahre Wiedergewonnene Gebiete", 1985
M 85 Karte: Deportation, Flucht und Vertreibung von Polen und Deutschen

Die Völkerrechtswidrigkeit solcher Maßnahmen steht am Ende des 20. Jahrhunderts weitgehend außer Frage. Die Schüler sind sich dessen bewusst, dass es sich bei diesem Thema nicht um rein historische Fragen handelt. Entsprechende Ereignisse in Jugoslawien und anderen Weltengegenden sind auch in emotionalen Bildern präsent. Als potentiellen Wehrpflichtigen gehen jungen Deutschen und Polen diese Ereignisse existenziell nahe. Es ist ein Novum in der Geschichte, dass zur Verhinderung von Vertreibungen führende demokratische Staaten in jüngster Zeit militärische Gewalt einsetzten. Dass es sich dabei z. T. um dieselben Staaten handelte, die nach dem Zweiten Weltkrieg in „Bevölkerungstransfers“ einwilligten, weist auf einen Einstellungswandel hin, der im Unterricht thematisiert werden sollte.

Der Hervorhebung bedarf der menschliche Aspekt von Zwangsumsiedlungen. Deswegen sollte man die Aufmerksamkeit auf die Erfahrungen der einfachen Menschen, der Opfer von Vertreibungen, richten. Hierzu dienen die Erinnerungen von Polen und Deutschen, die in einer umfangreichen Zusammenstellung in den Materialienteil aufgenommen worden sind. Ebenso kann man Schüler zu Interviews mit Verwandten oder Nachbarn anregen, die ihre angestammte Umgebung verlassen haben bzw. verlassen mussten. Dabei sollten die Gründe ihrer Entschlüsse, die Migrationsbedingungen und das Aufwachsen in der neuen Umgebung thematisiert werden. Das gesammelte Material kann im Unterricht zur Diskussionsgestaltung oder zur Vorbereitung von Rollenspielen dienen.

Literatur:

- Anregungen für Rollenspiele finden sich im Kapitel „Flucht und Vertreibung" der Handreichung für den Geschichtsunterricht am Gymnasium des ISB: Ein Jahrtausend Partnerschaft und Konflikt, Teilband II, Deutsche und Polen 1918–1945/46, Donauwörth 2000, S. 142–174
- Im Schülerwettbewerb Deutsche Geschichte um den Preis des Bundespräsidenten (1996/97) wurde die Arbeit einer Schulklasse aus dem Dorf Osowiec in Schlesien prämiert, die sich mit der Vertreibungsthematik befasst und vornehmlich auf Interviews mit Zeitzeugen beruht: Ewa Barczyk u. a. (16 Verf.): „Hilfe in Not!" In Schlesien geblieben – aus Schlesien vertrieben – nach Schlesien vertrieben! (144 S. ms., ill. mit Fotos, Collagen, Zeichnungen, Postkarten, Briefen, Kopien von Reisepässen, Landkarten, Flugblättern, Broschüren, Zeitungsartikeln, Schulzeugnissen etc.) 8. Klasse, Grundschule Wengern, PL-46-023 Osowiec, Tutorin: Johanna Lemke-Prediger
- Philipp Ther: Deutsche und polnische Vertriebene. Gesellschaft und Vertriebenenpolitik in der SBZ/DDR und in Polen, 1945–1956, Göttingen 1998

Die Erschütterung, die die Vertreibungsvorgänge bei den betroffenen Menschen auslösten, führten dazu, dass in vielfältiger Form künstlerische Zeugnisse entstanden. Die darin angesprochene Metaebene bietet einen zusätzlichen eindringlichen Zugang bei der unterrichtlichen Erschließung des Themas.

M 86 Gemälde „Die Vertriebenen" von Felix Nussbaum
M 205 Briefmarke „Vertriebenengruppe", 1965

Literatur:
- Louis Ferdinand Helbig, Johannes Hoffmann, Doris Kraemer (Hrsg.): Verlorene Heimaten – neue Fremden. Literarische Texte zu Krieg, Flucht, Verteibung, Nachkriegszeit, Dortmund 1995 (Umschlagsbild: Gemälde von Arthur Degner zum Thema Vertreibung mit Interpretationshilfe)

Ein anderer Vorschlag besteht darin, Zeitzeugen, also Teilnehmer von Umsiedlungen bzw. Vertreibungen, in den Unterricht einzuladen und mit ihnen ein Gespräch zu führen. Die Gefahr einer Einseitigkeit der Information durch eine so betriebene Oral History muss freilich gesehen und vom Lehrer durch Zusatzmaterialien aufgefangen werden. Optimal wäre es, durch internationale Kooperation, die etwa bei einer vorhandenen deutsch-polnischen Schul- bzw. Städtepartnerschaft via Internet möglich sein sollte, solche Zeitzeugenbefragungen auszutauschen und zusammenzuführen.

M 87 Auszug aus den Erinnerungen Katarzyna Banaszeks, einer Lehrerin aus Leonów in Großpolen, die im Dezember 1939 in das Generalgouvernement↑ ausgesiedelt wurde
M 88 Foto: Aktion „Heim ins Reich" 1939. „Volksdeutsche" aus der UdSSR werden im „Großdeutschen Reich" angesiedelt
M 89 Foto: Polnische Flüchtlinge bei Kriegsbeginn 1939
M 90 Januartage 1945. Die Flucht der Deutschen. Auszug aus der Chronik über die Belagerung Breslaus von dem Priester Paul Peikert
M 91 Foto: Kinder während der Vertreibung der Deutschen, 1945/46
M 92 Sonderbefehl für die deutsche Bevölkerung der Stadt Bad Salzbrunn 1945
M 93 Aus einem Bericht des Priesters Georg Gottwald über die Vertreibung der Deutschen aus Grünberg (Zielona Góra) am 22. Juni 1945
M 94 Foto: Vertriebene Deutsche auf der Autobahn westlich von Breslau, 1945/46
M 95 Foto: Vertreibung deutscher Bevölkerung aus Schlesien, 1945/46
M 96 Der Weg nach Westen. Auszüge aus einem Bericht des Polen Edward Gilas, der aus einem ehemals polnischen Gebiet, das der sowjetischen Ukraine zugeschlagen worden war, ausgesiedelt wurde
M 97 Vom Berg ins Tal. Auszug aus den Erinnerungen Franciszek Sikorskis, eines polnischen Vertriebenen aus dem Osten
M 98 Foto: Polnische „Repatrianten" aus dem Osten kampieren an Eisenbahngleisen, 1945
M 99 Foto: Lida im Mai 1945: Zofia Stanisławska mit Familie unterwegs nach Polen
M 100 Foto: Ankunft von „Repatrianten" aus dem Osten, 1945
M 101 Szenen des Aufeinandertreffens von „Repatrianten" und ostdeutscher Bevölkerung aus polnischer Sicht
M 102 Foto: Polnische Zwangsarbeiter bei ihrer Rückkehr in die Heimat 1945
M 103 Runderlass Nr. 65 des Ministeriums für die Wiedergewonnenen Gebiete vom 12. September 1947 betreffend die Repatriierung deutscher Kinder

M 104 Henryk Swoboda, ein Schlesier aus Ratibor, über die Situtation der deutschen Bevölkerung in Polen und deren Einstellung gegenüber den in den Westen Ausgereisten nach 1955.

Es sollte nicht in Vergessenheit geraten, dass es selbst in jenen Zeiten, die von systematischer Gewaltausübung geprägt waren, auf polnischer wie auf deutscher Seite Menschen gegeben hat, die sich nicht vom propagierten gegenseitigen Hass anstecken ließen und individuelle Zeichen der Menschlichkeit setzten. Man wird sinnvollerweise im deutschen Geschichtsunterricht einzelne Beispiele polnischer Solidarität mit Deutschen aufgreifen, während im polnischen Unterricht auch Deutsche Erwähnung finden könnten, die hilfreich die Hand gereicht haben. Dadurch werden – ohne dass der Sinn für Relationen verloren gehen muss – grobe Generalisierungen verhindert und der Wiederbelebung nationaler Feindbilder entgegengewirkt. Zugleich wird der deprimierende Eindruck vermieden, die Macht des „Bösen“ sei allumfassend. Schließlich darf man hoffen, dass die angeführten Beispiele von Zivilcourage bzw. humanem Handeln Schüler und Schülerinnen persönlich berühren und die eigene Handlungsdisposition beeinflussen.

M 105 Bericht von Ilse Rothkegel „Auf Schlesiens Straßen nach Westen"
M 106 Bericht von Christine Schahl „Polinnen versteckten und pflegten mich"

Literatur:

- Göttinger Arbeitskreis (Hrsg.): Deutsch-polnische Begegungen 1945–1956, Würzburg 1960
- Jan Turnau (Hrsg.): Zehn Gerechte. Erinnerungen aus Polen an die deutsche Besatzungszeit 1939–1945, Mainz 1989 (Der Band erschien 1986 in Warschau auf Polnisch)

Ein weiterer Zugang zum Thema kann über den Heimatbegriff der Schüler erfolgen, der vor dem Hintergrund des Heimatverlustes von Migranten oder Vertriebenen erörtert werden könnte. Die Bilder, die sich Menschen von Heimat machen, die damit verbundenen Projektionen und psychischen Verarbeitungsformen können so freigelegt und in ihrer anthropologischen Dimension erfasst werden. Am Beispiel biographischer Brüche ist es aber auch möglich, „Heimat“ zu dekonstruieren und ihre Verbindung mit dem geografischen Raum zu problematisieren.

M 107 „Verlorene Heimat", Vortrag von Fritz Stern, 1995 (Auszug)
M 108 Günter Grass: „Alexander und Alexandra" (Auszug aus dem Roman „Unkenrufe")

Literatur:

- Klaus Bachmann und Jerzy Kranz (Hrsg.): Verlorene Heimat. Die Vertreibungsdebatte in Polen, Bonn 1998

Generell können folgende Lernziele herausgestellt werden:

- die unterschiedlichen Migrationsformen und -etappen zwischen Polen und Deutschland kennenlernen
- mit Hilfe von Karten die Hauptrichtungen der Migrationen nachvollziehen und die Regionen ins Blickfeld nehmen, die Bevölkerung anzogen oder aufnahmen

- Ursachen, Umfang und Ablauf der verschiedenen Arten von Migration erfassen
- die Notwendigkeit bzw. Unausweichlichkeit des Verlassens der Heimat problematisieren
- die Rollen Polens, Deutschlands und der Großmächte beim Bevölkerungstransfer (Flucht und Vertreibung) nach 1945 beurteilen
- die gelungene Integration der Vertriebenen als entscheidenden Beitrag zur Entschärfung der politischen Situation verstehen
- erkennen, dass Migrationen nie „sintflutartige" Ereignisse darstellten, sondern überschaubare, letztlich auch regelbare Phänomene
- erkennen, dass umsichtige Gelassenheit in Fragen des Ausländerzuzugs ein Ausweis demokratischer Reife ist, während Hysterie sich stets als schlechter Ratgeber erwies
- einsehen, dass aufnehmende Länder Migranten oftmals zum eigenen Vorteil integrieren konnten.

Die Widersinnigkeit des Modells des ethnischen Nationalismus wie die scheinbare Plausibilität von Losungen wie „Deutschland den Deutschen" skizzieren das Spannungsfeld, in dem die Behandlung von Minderheitenfragen im Unterricht erfolgt. Schulklassen sind heutzutage – zumal in Deutschland – in den seltensten Fällen ethnisch einheitlich. Auch Polen ist auf dem Wege, ein de facto-Einwanderungsland zu werden. Einerseits sind den Schülern ethnische Konfliktsituationen vertraut, eine hohe Sensibilität für Minderheitenprobleme ist aufgrund eigener Erfahrungen gegeben. Andererseits wird aufgrund der zunehmenden Multikulturalität der „Volkstumskampf", der das Verhältnis von Deutschen und Polen über lange Jahrzehnte vergiftete, befremdlich, ja unverständlich wirken. Es ist denkbar, dass Lehrern dereinst die Darstellung dieser Auseinandersetzungen so schwer fällt wie die Verständlichmachung der Religionskriege der frühen Neuzeit. Wichtig erscheint, dass sich die heutige deutsche und polnische Generation von dem Gedanken löst, es habe damals Recht gegen Unrecht gestanden. Lässt man sich auf die damaligen Kategorien ein, dann stand Recht gegen Recht, Selbstbehauptung gegen Selbstbehauptung. Darin, dass sich die streitenden Parteien dies nicht gegenseitig zubilligten, liegt die Wurzel ihrer Unfähigkeit, einen Kompromiss zu finden.

Wenn der Text von Piotr Madajczyk als Schluss-Satz festhält, dass Minderheiten in Polen und Deutschland zum Ausgang des 20. Jahrhunderts erstmals nicht mehr gezwungen werden, ihre Identität aufzugeben, dann beschreibt er einen Zustand, der heutigen Schülern zunehmend selbstverständlich erscheint. Indem der Geschichtsunterricht die Vorgeschichte dieses erreichten Standes erörtert, macht er deutlich, um welche hochrangige politische Errungenschaft es sich dabei handelt. Der Rückblick auf die deutsch-polnischen Nationalitätenkonflikte führt zugleich vor Augen, welch destruktive Kräfte in der Geschichte schlummern und u. U. geweckt werden können, wenn es nicht gelingt, Volkstumspositionen endgültig der Vergangenheit zu überlassen.

Im Einzelnen kann sowohl am Beispiel der deutschen und polnischen Minderheit wie auch der in Polen und in Deutschland ansässigen jüdischen Minderheit die Bandbreite der Behandlung von Minderheiten durch staatliche Organe ermessen werden, angefangen von Assimilationsangeboten bis hin zu Vertreibungen oder Vernichtungsaktionen. Dabei wird eine nationalistische von einer rassistischen Minderheitenpolitik zwar abzugrenzen, die schleichenden Übergänge bis hin zur Irrelevanz der Unterscheidung in der repressiven Praxis aber zu betonen sein. Der Zusammenhang von Zwangsassimilation und nationalistischer Radikalisierung der betroffenen Bevölkerungsgruppe im Sinne einer Gewaltspirale sollte herausgearbeitet werden. Ein Defizit an liberaler Tradition in Deutschland wie in Polen leistete diesen radikalen Handlungsoptionen Vorschub. So kam es, dass in Ländern, die jahrhundertelang unter dynastischen und ständestaatlichen Vorzeichen als Vielvölkerstaaten funktionierten, Techniken des Ausgleichs, der Konfliktreduktion etc. bei der Organisation des gesellschaftlichen Zusammenlebens von Ethnien plötzlich unzureichend zur Verfügung standen.

M 109 Auszug aus den Erinnerungen von Otto Heike
M 110 Erklärung des nationaldemokratischen Politikers Stanisław Grabski am 14. 10. 1919 in Posen
M 111 Amtlicher Bericht über eine polnische Muttertagsfeier in Oppeln am 23. 6. 1929
M 112 Amtlicher Bericht über den Besuch des polnischen Kommunionsunterrichts in Königlich Neudorf vom 19. 5. 1926
M 113 Wahlwerbung für die Polnische Volkspartei zur Reichstagswahl am 14. September 1930

In der Zwischenkriegszeit gefährdete die repressive Minderheitenpolitik in Deutschland wie in Polen die Demokratie im eigenen Land. Selbst die Außenpolitik beider Länder wurde eine Geisel der Minderheitenfragen. Die Instrumentalisierung der „Auslandsdeutschen" und „Auslandspolen" im Sinne nationalistischer Politik korrespondierte der Stärkung nationaler Ressentiments innerhalb der „Mutterstaaten".

M 114 Der Oberpräsident in Schneidemühl an den Preußischen Minister des Inneren in Berlin. Überblick über die polnische Bewegung (für 1929). Schreiben vom 16. 2. 1930
M 115 Landeskriminalpolizei in Schneidemühl an das Preußische Ministerium des Innern. Erschwerung der Abwanderung nach Polen durch polnischen Klerus, Schreiben vom 11. 4. 1922

Die Ereignisse des „Bromberger Blutsonntags" zu Beginn des deutschen Überfalls auf Polen könnten als Beispiel für die fatale Zuspitzung der Situation angesprochen werden, in der Angst, Nationalismus und Rachegefühle sich in wechselseitigen Massakern entluden. Es ist die hervorragende filmische Dokumentation und Darstellung in einer deutsch-polnischen Koproduktion, die dieses bis heute in der Historiographie umstrittene und schwierig zu behandelnde Thema zu einem ungemein lehrreichen Unterrichtsgegenstand werden lässt.

Manuskript des Filmes zugänglich über http://www.snafu.de/~endres/bromberg.htm

An diesem Beispiel können zugleich Mythenbildung, Verfälschungen, spätere Instrumentalisierung, Probleme der Oral History und der Suche nach der historischen „Wahrheit" überhaupt studiert werden.

Eine Politik der Anerkennung, die auch Respekt ausdrückt, erweist sich im historischen Rückblick als Voraussetzung für die Wahrung von Minderheitenrechten. Sie muss sich auch darin ausdrücken, dass ein Angehöriger einer Minderheit, der eine große Leistung vollbrachte, als solcher erkennbar wird. Die Vereinnahmung ruhmreicher Persönlichkeiten und ihre Präparierung für das nationale Pantheon entspricht einer langen unguten Tradition, deren manipulativer Charakter schon dadurch erkennbar wird, dass die „Schurken" immer auf ihren „fremden" Ethnos zurückverwiesen wurden. Besonders gepflegt wurde die Verächtlichmachung von Angehörigen nationaler Minderheiten in der Belletristik, wo sie etwa durch Verfilmungen bis heute ihre Wirkung zeitigen. Dafür sollte man Schüler sensibilisieren.

Literatur:

– Izabela Surynt: Die Auseinandersetzung um die oberschlesischen Personennamen im Spiegel der Literatur. In: Convivum 1999. Germanistisches Jahrbuch Polen. DAAD, Bonn 1999, S. 65–89

Die vermeintliche Lösung eines Minderheitenproblems per Definitionsmacht und Sanktionsgewalt des Staates kann am Fall der deutschen Minderheit in Polen nach dem Zweiten Weltkrieg rekonstruiert werden. Der staatliche Versuch, „fremdländische" Spuren zu tilgen, kann am Beispiel von verordneten Sprachregelungen bezüglich der Orts- und Familiennamen nachvollzogen werden. Die von der preußischen Verwaltung in den siebziger Jahren des letzten Jahrhunderts in Oberschlesien eingeleitete Verdeutschung von Namen schaukelte sich im 20. Jahrhundert wechselseitig hoch zu „Ausrottungsprogrammen" polnischer Spuren im „Deutschen Osten" bzw. von deutschen Spuren im „Polnischen Westen". Auf der Strecke blieben die Menschen, denen wiederkehrend abverlangt wurde, ein nationales Bekenntnis durch Namensänderung kenntlich zu machen, was ihnen bei der nächsten Wendung wieder zum Verhängnis werden konnte. Die Regel, dass aus dem Familiennamen auf die ethnische Zugehörigkeit des Trägers geschlossen werden kann, führt gerade im deutsch-polnischen Begegnungsraum nicht selten in die Irre. Es sollte im Unterricht deutlich werden, dass die im ethnonationalen Sinne homogenisierende Namenspolitik nicht nur einer Ideologie entsprang, sondern sich stets auch auf minderheitenfeindliche Stimmungen, Aversionen, auch schlicht auf Bequemlichkeiten in Teilen der Bevölkerung stützen konnte. Eine etwaige emotionale Distanz von Schülern gegenüber „fremdländisch" klingende Namen könnte zum Aufhänger einer Diskussion werden, die diesen Zusammenhang als Gefahr herausstellt.

M 116 Edmund Wojnowski zur Frage der deutschen Minderheit in Polen, 1985

M 117 „Wasserpolen" und „Schlonzaken", Bemerkungen von Feo Jagemann zur deutschen Minderheit in Polen

M 118 Heinrich Olschowsky: Als Deutscher in Polen – als „Spätaussiedler" in der DDR (Auszug)

Literatur:

- Gibt es eine schlesische Nationalität? In: Transodra, Heft 18, 1998, S. 127–157

Einen vortrefflichen belletristischen Zugang in den historisch verminten deutsch-polnischen Begegnungsraum Oberschlesien bietet die familiengeschichtlich angelegte Erzählung von Erich Loest. Wechselt man zum Schauplatz Łódź kann die reale Familiengeschichte des von den Nazis ermordeten Fabrikanten Geyer eindrucksvoll vermitteln, wie schwer sich selbst die heutige Erinnerungskultur von den Abstammungsvorurteilen der Vergangenheit löst.

Literatur:

- „Geburtstag in Górny Śląsk" von Erich Loest. In: Ders.: Bauchschüsse. Erzählungen. Linden-Verlag. Leipzig 1990
- Helga Hirsch: Zwischen allen Fronten in Lodz. Das Schicksal einer polnischen Familie deutscher Herkunft unter der Gestapo. In: FAZ, 30. 1. 1999

Vorstellungen, die in einer „Abschaffung" der Minderheiten ihr Heil suchen, sind nicht nur in Kategorien ihrer moralischen Verwerflichkeit und ihrer politischen Unzulässigkeit zu diskutieren. Es handelt sich dabei vielmehr um eine Selbstamputation, die Probleme nicht nur nicht löst, sondern neue schafft. Die Erkenntnis, dass Staaten ohne Minderheiten in ihren ökonomischen Möglichkeiten und in ihrer kulturellen Attraktivität reduziert sind und dass eine ethnisch homogene Staatsbevölkerung in ihrer Lernfähigkeit und Flexibilität im globalen Wettbewerb beeinträchtigt ist, ist in den Eliten moderner Demokratien längst verbreitet. Dass Deutschland, das in der Zeit des Nationalsozialismus „völkisch Fremdes" in radikalster Weise bis hin zum Massenmord zu eliminieren suchte, seither die größte Zahl an Zuwanderern und Ausländern in Europa aufgenommen hat, ist auch dieser Einsicht geschuldet.

Literatur:

- Klaus Ziemer: Zur Problematik nationaler Minderheiten in Polen und Deutschland, in: Transodra Nr. 18, 1998, S. 97–108

Das Thema „Juden" spielt in heutigen deutschen Geschichtsschulbüchern eine nicht geringe Rolle. Sie wenden sich ihm in erster Linie bei der Behandlung des Rassismus, Antisemitismus und der nationalsozialistischen Judenverfolgung zu. Es werden z. T. in Exkursen, die bis ins Mittelalter reichen, sozialgeschichtlich orientierte Darstellungen und Regionalstudien deutsch-jüdischen Zusammenlebens geboten; der Antisemitismus wird aus vielerlei Blickwinkeln, darunter aus sozioökonomischer und sozial- wie massenpsychologischer Sicht, erklärt. Es wird auf die im 19. Jahrhundert fortschreitende Assimilation hingewiesen, die es mit sich brachte, dass deutsche Juden sich in Deutschland als gleichberechtigte Staatsbürger verstehen konnten.

M 119 Israel Jelski: Glaube und Heimat. Rede zum tisha b'av 1914
M 120 Plakat aus dem Jahr 1919: Die Juden sollen an allem schuld sein
M 121 Plakat: Deutsche Volksgenossen jüdischer Abstammung!,1932

Gerade hier könnte ein Vergleich einsetzen zum polnischen Judentum, das parallel dazu ein gegensätzliches Selbstverständnis an den Tag legte, indem es sich als ethnische Minderheit definierte und stark separiert von der polnischen Gesellschaft der eigenen Lebensweise Ausdruck gab.

M 122 Izaak Grünbaum. Denkschrift zur Lage der Juden in Polen, Januar 1919
M 123 Foto: Jüdische Pferdehändler in Russisch-Polen
M 124 Foto: Demonstration der Arbeiter-Zionisten in Chełm (Polen), 1932

Ausstellung:

- Juden in Polen. Eine Ausstellung zur polnisch-jüdischen Geschichte. *Diese Ausstellung zeichnet auf der Basis von 200 Fotos ein Bild der Geschichte der polnischen Juden vom 11. Jahrhundert bis in die Gegenwart. Sie war vom Polnisch-Deutschen Zentrum (PDZ) in Krakau initiiert worden und wird in Polen seit 1998 mit großem Erfolg gezeigt. Seit 1999 gibt es eine deutschsprachige Version, die in den nächsten Jahren noch an verschiedenen Orten der Bundesrepublik zu sehen sein wird. Informationen, Katalog und CD-Rom (enth. u. a. 17 Bildern) beziehbar bei: Internationales Bildungs- und Begegnungswerk e.V. Dortmund, e-mail: ibb-dortmund@t-online.de*

Literatur:

- Yfaat Weiss: Deutsche und polnische Juden vor dem Holocaust. Jüdische Identität zwischen Staatsbürgerschaft und Ethnizität 1933–1940, München 2000
- Michael A. Meyer (Hrsg.): Deutsch-jüdische Geschichte in der Neuzeit, 4 Bde., München 1996–97

Im deutsch-polnischen Kontext taucht das Thema allerdings lediglich verbunden mit den Vernichtungsstätten des Holocaust in deutschen Schulbüchern auf. Letzteres ist in mehrfacher Hinsicht bedauerlich.

Zum einen wird es den historischen Gegebenheiten nicht gerecht. In dem Dreieck Breslau – Wilna – Lemberg befand sich bis weit ins 20. Jahrhundert hinein die weltweit größte jüdische Diaspora. Ein didaktischer Ansatz, der Gesamteuropa im Blick hat, wird sich diesem Faktum sui generis zuwenden müssen. Diesen „Nachbarn Deutschlands" zu übergehen, nur weil ihm die Insignien der Staatlichkeit fehlten, ist in einer Geschichtsbetrachtung, die sich auf Staatsaktionen konzentriert, verständlich – heute jedoch keineswegs mehr. Deutsche und Juden lebten in großer Zahl Tür an Tür nicht nur in Berlin und Frankfurt am Main, sondern vor allem in Ostmitteleuropa. Überall dort finden sich historische Schauplätze eines intensiven Zusammenlebens, meist eingebettet in eine polnische, ukrainische, litauische etc. Mehrheitsgesellschaft. Es gab Zeiten, in denen etwa Lemberg genauso als deutsche wie als jüdische, polnische oder ukrainische Stadt empfunden wurde. Die „versunkene Welt" des alten Ostmitteleuropa überlebte lange Zeit scheinbar nur mehr in Romanen und Biographien. Nach der Renaissance der Geschichtsforschung über diesen Gegenstand (auch in Polen bezüglich der Kresy) wäre es angebracht, dass auch der Geschichtsunterricht dieses lehrreiche Beispiel multinationalen und multikulturellen Zusammenlebens entdeckt. Viele Varianten von Assimilation, Akkulturation, Abgrenzung und Identitätswandel lassen sich in diesem „historischen Laboratorium" studieren, eine große Bandbreite staatlicher Maßnahmen nachvollziehen und in ihrer Wirkung einschätzen. Geglückte Symbiosen, anregende, produktive Konstellationen und lange anhaltende friedliche Perioden des Mit- und Nebeneinanders lassen sich nicht weniger auffinden wie krisenhafte Zuspitzungen und ausbrechende Feindseligkeiten.

Literatur:

- Rachel Salamander (Hrsg.): Die jüdische Welt von Gestern. Text- und Bild-Zeugnisse aus Mitteleuropa 1860–1938, Wien 1990
- Mark Zborowski und Elisabeth Herzog: Das Schtetl. Die untergegangene Welt der osteuropäischen Juden, München 1991
- Rafael Scharf: Kindheit und Jugend im jüdischen „Schtetl". In: Werner Licharz, Anne-Marie Fabian, Rolf Gawrich (Hrsg.): Dialog mit Polen. Nr. 3, Anstiftung zum Frieden, Frankfurt a. M. 1984 (Arnoldshainer Texte, Bd. 27) S. 74–92

Zum Zweiten entspricht die Ausblendung des osteuropäischen Judentums bzw. dessen Verkürzung auf die Verfolgungsgeschichte dem Zustand, der schon in den „Deutsch-israelischen Schulbuchempfehlungen" aus dem Jahr 1985 einer Kritik unterzogen wurde. Wo ließe sich jüdisches Leben und jüdische Kultur besser einsehen als dort, wo sich beides am klarsten und selbstbewusstesten entfalten konnte, nämlich in Ostmitteleuropa? Ohne das didaktische Prinzip in Frage stellen zu wollen, historische Phänomene möglichst „ortsnah" zum Schüler zu behandeln – eine virtuelle Exkursion ins jiddische „Schtetl" ist nicht zu ersetzen. Die scheinbare Fernheit der osteuropäischen jüdischen Welt in der deutschen Wahrnehmung nach 1945 ist Resultat von Verdrängung, langer Unzugänglichkeit des betreffenden historischen Terrains infolge des „Eisernen Vorhangs" und – im ostdeutschen Fall hinzukommend – von ideologischer Absicht. Indem man deutschen Schülern eine Wiederentdeckung dieser Historie ermöglicht, verschafft man der Darstellung jüdischer Geschichte ein eigenes Gravitätszentrum und kräftigt man das Bewusstsein für die starken geistigen Kräfte, die Ost- und Westeuropa miteinander im Rückblick verbinden. Juden erscheinen dann in einer anderen Rolle, denn als Teil der deutschen Geschichte.

Zum Dritten birgt es die Gefahr einer unerwünschten und unangebrachten Konnotierung Polens, sofern der Name dieses Landes beim Thema „Juden" lediglich fällt, wenn von den Vernichtungslagern die Rede ist. Informationen über Juden in Polen sind notwendig, damit „Holocaust-Reisen nach Polen", die von Schulen und Jugendverbänden veranstaltet werden, diesen Effekt nicht verstärken. Der Text von F. Guesnet bietet entsprechende Informationen bis hin zu den für Polen heiklen Momenten. Er erwähnt Pogrome am Ausgang des Ersten Weltkrieges, den krisenhaften Versuch eines Zusammenlebens von Polen und Juden während der 2. Republik und den provozierten Exodus der Juden in der Zeit der Volksrepublik (vgl. **M 178**). An polnischen Schulen wird die Diskussion polnischen Verhaltens bzw. Fehlverhaltens in großer Schonungslosigkeit geführt werden, wenn die Beteiligten den Unterricht am Anspruch der Geschichte als einer kritischen Wissenschaft orientieren. An deutschen Schulen wird der Antisemitismus sinnvollerweise am deutschen Beispiel behandelt werden, da nur so eine Handlungsperspektive gewonnen werden kann. Der Hinweis auf den gesamteuropäischen Charakter des Phänomens „Antisemitismus“ darf nicht dazu führen, die eigene Nation zu entlasten.

Literatur:

- Analysen zur Darstellung von Juden in deutschen und polnischen Schulbüchern finden sich in: Robert Maier und Georg Stöber (Hrsg.): Zwischen Abgrenzung und Assimilation – Deutsche, Polen und Juden. Schauplätze ihres Zusammenlebens von der Zeit der Aufklärung bis zum Ende des Zweiten Weltkrieges, Hannover 1996
- Jutta Renner: Auschwitz als Lernort – eine deutsche Perspektive. In: Begegnung und gemeinsames Lernen in Auschwitz – ist das möglich? Hrsg. von: Deutsch-polnisches Jugendwerk, Warschau/Potsdam 1996
- 30 Jahre März 1968 – Polen und Juden, ein nicht abgeschlossenes Kapitel. In: Transodra, Heft 18, 1998, S. 49–94

Das vielfach – auch in Deutschland – kolportierte Stereotyp, wonach Polen generell Antisemiten seien, verlangt u.U. dennoch eine Stellungnahme. Sie kann erfolgen, indem man in Quellentexten engagierte Polen selbst zu Wort kommen lässt.

M 125 Der Antisemitismus als moralisches Problem, Gedanken von Marek Pelc
M 126 Rede von Adam Michnik anlässlich der Verleihung des Shofar-Preises: „Die Solidarität mit dem jüdischen Los“

Die kritische Aufarbeitung des Verhaltens der Polen während des Holocaust verdient Bewunderung, gerade weil es so verführerisch bzw. so leicht zu bewerkstelligen wäre, im Schatten des deutschen Massenmordes eine eigene völlig „weiße Weste“ zu behaupten und diesen Eindruck mit den zahllosen Fällen der Solidarität von polnischen Frauen und Männern gegenüber Juden in dieser Zeit des Schreckens zu untermauern. Deutsche Schüler werden so mit einer innerpolnischen Debatte bekannt gemacht, die allein dadurch, dass sie stattfindet, das o.g. Stereotyp widerlegt. Sie entdecken darin zwar auch Argumentationen der Debatte um die Bewältigung der Vergangenheit im eigenen Land, werden aber stets auf den vollkommen verschiedenen Ausgangspunkt und Begleitumstand verwiesen: Polen standen während dieser Zeit selbst unter der tödlichen Bedrohung durch das terroristische NS-Besatzungsregime. Sich in die Problematik ihrer Zeugenschaft am Holocaust hineinzudenken, ihre Traumatisierungen zu verstehen, muss versucht werden, wollte man Auschwitz nicht von vornherein fälschlicherweise zu einer rein deutschen bzw. jüdischen Angelegenheit erklären.

Literatur:

- Barbara Breysach: „Schauplatz Polen“. Polenbilder und Polenmetaphern in der deutschsprachigen Holocaust-Prosa. In: Convivum 1999. Germanistisches Jahrbuch Polen. DAAD, Bonn 1999, S. 163–186
- Auf der Website www.holocaust-education.de werden Projekte zu Nationalsozialismus und Holocaust in Schule und Jugendarbeit vorgestellt

Robert Maier

III. Strukturprobleme

1. Demokratischer, autoritärer, totalitärer Staat

Im Ausgang des Ersten Weltkriegs wurde in Deutschland und in Polen, ebenso wie in fast allen europäischen Ländern, ein parlamentarisch-demokratisches System eingeführt. Zwei Gründe spielten dabei eine besonders wichtige Rolle. Der erste war der militärische Triumph des parlamentarisch-demokratischen Westens. Der zweite – die Bedrohung seitens revolutionärer Bewegungen und die Notwendigkeit, ihr ein Verfassungskonzept entgegenzustellen, das allen Bürgern die Mitwirkung am öffentlichen Leben zu sichern versprach.

Das deutsche System, das bis 1933, und das polnische System, das bis 1926 funktionierte, hatten übereinstimmende, aber auch unterschiedliche Züge. Gemeinsam waren ihnen die extreme Parteienvielfalt und die Instabilität der Regierungen, das niedrige Ansehen in der Bevölkerung und der Mangel an demokratischer Tradition des politischen Lebens. Diese Merkmale traten übrigens mehr oder weniger stark in der Mehrzahl der europäischen Länder auf. Unterschiedlich war die Position des Staatsoberhauptes, des Präsidenten, der in Deutschland direkt und mit umfassenden Kompetenzen gewählt (was in späterer Zeit zur Ersetzung des parlamentarischen Systems durch Präsidialkabinette führte), in Polen hingegen durch das Parlament bestimmt wurde und lediglich repräsentative Funktionen erfüllte. Einen wichtigen Unterschied machte der multinationale Charakter des polnischen Staates aus, wobei die Beteiligung der nationalen Minderheiten am staatlichen Leben auf mancherlei Weise begrenzt war.

In den Jahren 1926 bis 1939 herrschte in Polen ein autoritäres System, in dem faktisch eine Diktatur, ursprünglich einer Person (Piłsudski↑), danach einer Gruppe (den Nachfolgern Piłsudskis), grundsätzlich mit der Respektierung von Gesetzlichkeit und einer verhältnismäßig umfassenden bürgerlichen und individuellen Freiheit in Zusammenhang stand. Das autoritäre System forderte von den Bürgern keine Aktivitäten, sondern gründete sich eher auf deren Passivität, die Unterwerfung unter die Anweisungen des Beamtenapparates.

Die Herrschaft des Nationalsozialismus in Deutschland in den Jahren 1933 bis 1945 hatte totalitären Charakter. Die Diktatur des Führers, der an der Spitze einer hierarchisch organisierten Partei stand, wurde nicht durch das Gesetz oder irgendwelche für die Allgemeinheit oder den Einzelnen vorbehaltenen Freiheiten begrenzt. Die wesentlichen Elemente des Systems waren der Wille des Führers, das Parteimonopol auf öffentliche Betätigung, der Massenterror und die Massenpropaganda. Von den Bürgern wurde nicht nur Gehorsam, sondern auch eine beständig hohe Aktivität bei der Umsetzung von Anweisungen gefordert.

Nach dem Zweiten Weltkrieg befanden sich Polen und ein Teil Deutschlands, seit 1949 die Deutsche Demokratische Republik, unter der totalitären Herrschaft kommunistischer Parteien. Im Gegensatz zur nationalsozialistischen Herrschaft stützten sie sich nur teilweise auf innere Kräfte und waren von der höher stehenden Macht im kommunistischen Block, der Sowjetunion, abhängig. Wenngleich sich das kommunistische System anfangs ähnlich wie das nationalsozialistische auf das Parteimonopol auf öffentliche Betätigung, den Massenterror und die Massenpropaganda stützte, kam es allmählich – nicht zuletzt dank kirchlicher Opposition – zur Einschränkung dieser Prinzipien, besonders in Polen. Die Aktivitäten des ganzen Volkes zu lenken, beanspruchten die kommunistischen Eliten, die vor allem passiven Gehorsam forderten. Die Anwendung von Terror wurde begrenzt und bestimmte Rechte des Einzelnen respektiert. In diesem Sinne kann man von Anzeichen für eine Umwandlung des totalitären Systems in ein autoritäres sprechen.

Zugleich mit dem Zusammenbruch des kommunistischen Systems in Polen und der DDR, und anschließend mit der Vereinigung Deutschlands, nahmen beide Länder, ähnlich wie fast das ganze Europa, das System der parlamentarischen Demokratie an.

Jerzy Holzer

2. Phasen kommunistischer Herrschaft

Polen und ein Teil Deutschlands (die Sowjetische Besatzungszone) befanden sich nach dem Zweiten Weltkrieg zusammen mit Ostmittel- und Südosteuropa (mit Ausnahme Griechenlands) unter kommunistischer Herrschaft. Diese festigte sich infolge des politischen Drucks der UdSSR und der Präsenz der sowjetischen Armee in vielen Ländern, was selbst im aufsässigen Polen die Unterdrückung von Widerstand ermöglichte.

Man kann die kommunistische Herrschaft in mehrere Phasen unterteilen. Die erste (1944–1948) bestand in der Einführung des Systems; die zweite (1948–1953) war die sog. „stalinistische Periode"; in der dritten (1953–1962) gab es Versuche von begrenzten Reformen; in der vierten (1962–1980) zeigten sich Stagnation, das Scheitern der Ideologie und die Unzulänglichkeit der Wirtschaft; während der fünften Phase (1980–1990) traten die Krisenerscheinungen offen zutage, es gab neue Versuche von begrenzten Reformen, die jedoch den Zerfall des Systems nicht mehr aufhalten konnten.

In der ersten Phase kombinierte man Repressivität gegenüber den unnachgiebigen Gegnern des Kommunismus und Zusammenarbeit mit den zu Kompromissen bereiten Nichtkommunisten. Wenig Aufmerksamkeit wurde der kommunistischen Ideologie (Klassenkampf, Diktatur des Proletariats u. ä.) gewidmet, während man die Nachkriegsziele betonte, die die gesamte Nation betrafen, nämlich die Ausrottung des Faschismus und den Schutz vor der Gefahr eines Wiederauflebens aggressiver Kräfte in Deutschland. In der Wirtschaft vereinigte man Elemente der Verstaatlichung und Planung mit denen des freien Marktes.

Für die zweite Phase waren die ansteigende Repressivität, die Einparteienherrschaft, in der andere Parteien und Organisationen in die Rolle von Satelliten der kommunistischen Partei versetzt wurden, eine ideologische Indoktrinierung mit der Festlegung des sowjetischen Modells als Vorbild, die Beseitigung der Überreste des freien Marktes und die Erfassung der gesamten Wirtschaft durch ein Kommandosystem charakteristisch.

In der dritten Phase wurde die Repressivität auf die Bekämpfung von wirklichem Widerspruch beschränkt. Sobald Gefahr für das System aufkam, wuchs der Grad der Unterdrückung, wie nach dem Aufstand von 1953 in der DDR, oder besonders nach der Niederschlagung der Revolution von 1956 in Ungarn. Es wurde weder auf die Einparteienherrschaft, noch auf ideologischen Druck verzichtet. Die Wirtschaftsreformen waren inkonsequent und in sich widersprüchlich. Sie liefen nur in marginalem Ausmaß auf die Wiedereinführung von Elementen des Marktes hinaus. Offener Widerstand gegenüber dem System war selten. Politische Opposition betrieben im Allgemeinen Gruppen von Mitgliedern oder Sympathisanten der Partei, die die kommunistische Ideologie akzeptierten und nur auf Korrekturen im System abzielten. Die Parteiführungen verdammten eine solche Gesinnung als Revisionismus. Die polnische Protestbewegung 1956 (Juni-Aufstand der Posener Arbeiter, Oktoberereignisse) wurde innerstaatlich beruhigt, hatte aber die wichtige Folge, dass ein Teil der polnischen Kommunisten fortan eine revisionistische Linie verfolgten.

In der durch politische und ökonomische Stagnation geprägten vierten Phase wuchs die Selbständigkeit einzelner Staaten des kommunistischen Blocks und verringerte sich der ideologische Druck. Im Allgemeinen spielten auch nationale Parolen eine größere Rolle. Dies war charakteristisch für Polen (in größerem Maße noch für Rumänien), schwache Anzeichen dafür gab es auch in der DDR. Es kam zu Ausbrüchen der Unzufriedenheit, u. a. in der Tschechoslowakei 1968 (wo verspätete revisionistische Tendenzen die Hauptrolle spielten) und in Polen 1970 und 1976. Der Grad der Repression war, abgesehen von der unmittelbaren Reaktion auf Widerspruch, forthin relativ niedrig.

In der fünften Phase spielte Polen, angefangen von den Streiks 1980 und der legalen Solidarność↑ in den Jahren 1980–1981, eine führende Rolle. Nach der Einführung des Kriegsrechts blieb der Wirkungsbereich der illegalen Opposition in Polen weiterhin groß. Zur Oppositionsbildung kam es auch in allen anderen Ländern des Ostblocks, darunter in der DDR. Im Gegensatz zum Revisionismus akzeptierte die Opposition der achtziger Jahre die kommunistische Ideologie nicht, sondern schränkte die Formen ihrer Tätigkeit selbst ein, verzichtete auf Gewalt, und wollte das System durch Druck von unten reformieren.

Jerzy Holzer

3. Aufbau und Wirtschaft

Nach 1918 besaß die polnische Gesellschaft bei der Wiedergeburt ihres Staates in den industriellen Zentren (Oberschlesien, Łódź, Warschau) eine durchaus selbstbewusste Arbeiterschaft. Die lange Fremdherrschaft hatte jedoch die wirtschaftliche und soziale Entwicklung gehemmt und entscheidend dazu beigetragen, dass der Anteil vormoderner Gesellschaftsschichten wie z. B. des Landadels relativ hoch lag. Die Mittelschicht, die bei den mit der Industrialisierung verbundenen Veränderungen die Führungsrolle übernehmen sollte, war im Vergleich zu den westlichen Nachbarländern relativ schwach entwickelt. In den großen Städten aller drei Teilungsgebiete lebten ein einflussreiches Bürgertum und eine intellektuelle Elite, während in dem weithin agrarisch geprägten wieder erstandenen Staat der Bauernstand den größten Anteil der Bevölkerung ausmachte.

Die Startbedingungen für die neue Polnische Republik wurden zusätzlich dadurch erschwert, dass nach der Erringung der Unabhängigkeit nicht die Beseitigung der Kriegszerstörungen und der wirtschaftliche Aufbau Priorität hatten, sondern die Festlegung seiner umstrittenen Grenzen. Erst mit Verzögerung konnte die Überwindung des Erbes der wirtschaftlichen und sozialen Unterschiede begonnen werden, die durch das schwierige Verhältnis zwischen polnischer Bevölkerungsmehrheit und zahlenmäßig starken Minderheiten (Juden, Ukrainer, Deutsche u. a.) zusätzlich kompliziert wurde. Die großen Disproportionen im wirtschaftlichen Niveau waren in hohem Maße auf die Einbeziehung der rückständigen Ostgebiete in die Grenzen des Staates zurückzuführen. Dagegen war das oberschlesische Industriegebiet technisch hoch entwickelt. Zwischen den einzelnen Landesteilen fehlten ausreichende Verkehrsverbindungen; es gab beispielsweise keine direkte Eisenbahnlinie zwischen Posen (ehem. preußisch besetzt) und Warschau (ehem. russisch besetzt).

Während Polen sich erstmals nach 123 Jahren wieder in der Eigenstaatlichkeit zurechtfinden musste, hatte Deutschland als ehemalige Großmacht mit den nachhaltigen Folgen eines verlorenen Krieges zu kämpfen. Größere Territorialverluste im Osten und kleinere im Westen und Norden, Besetzung (Ruhrgebiet, Rheinland, Saar), politische Ächtung durch die Alliierten, riesige Reparationslasten, innere Verschuldung, Inflation, hohe Arbeitslosigkeit, Auflösung und Proletarisierung eines großen Teils des Mittelstandes stellten den Wiederaufbau und die Stabilisierung der Demokratie von Anfang an unter einen schlechten Stern.

Nach einer Inflation in den Jahren 1921–1923, die allerdings nicht so verheerend wirkte wie in Deutschland, kam es in Polen 1924–1926 zu einer Belebung der Wirtschaft. Die Landwirtschaft hatte eine gute Konjunktur. In beiden Ländern gelang eine Stabilisierung der Währung. Der deutsch-polnische Zollkrieg (seit 1925), der nach den Plänen der Reichsregierung einen Zusammenbruch der Wirtschaft Polens herbeiführen sollte, hemmte den seit 1924 einsetzenden Zustrom ausländischen Kapitals. Die 1925 beschlossene Agrarreform blieb bis 1939 in Ansätzen stecken. Die Auswirkungen der Weltwirtschaftskrise brachten in den Jahren 1929–1932 Deutschland und Polen eine neue Depression. Nach 1934 begann in Polen eine wirtschaftliche Belebung, insbesondere in der Industrie, die seit 1936 unter dem Zeichen zunehmenden staatlichen Interventionismus (Vierjahresplan 1936–1940), der Schaffung eines Zentralen Industriereviers (COP) und der Rüstungswirtschaft (deutsche Bedrohung!) stand. Schon 1933 hatte in Deutschland mit der Machtübernahme der Nationalsozialisten eine dirigistische Wirtschaftspolitik mit staatlichen Arbeitsbeschaffungsmaßnahmen zur Vorbereitung auf eine Kriegswirtschaft eine wirtschaftliche Scheinblüte vorbereitet.

Kriegsverluste und Kriegsverwüstungen stellten nach 1945 beide Länder vor komplizierte Aufbauprobleme. Der Wiederaufbau Polens stand nach den riesigen Bevölkerungsverlusten (von 35 Mio. polnischen Staatsbürgern fanden sich im neuen Staatsgebiet gerade 24 Mio. wieder), insbesondere der Ermordung der jüdischen Bevölkerung und eines beträchtlichen Teils der polnischen Intelligenzschicht, nach der Liquidierung des polnischen Schulsystems durch die Besatzungsbehörden und einer weitreichenden Entwurzelung (zwangsweise Binnenmigration) der polnischen Bevölkerung unter noch schlechteren Vorzeichen als nach dem Ersten Weltkrieg.

Andererseits waren nach dem Zweiten Weltkrieg die Voraussetzungen für eine Angleichung der Lebensverhältnisse in den neuen Grenzen des polnischen Staates und für wirtschaftlichen Fortschritt günstiger als nach 1918. Dazu trug nicht zuletzt die Westverschiebung des Staatsgebiets bei. Der Wiederaufbau konnte im Unterschied zur Zeit nach dem Ersten Weltkrieg in von Anfang an faktisch gesicherten Grenzen stattfinden: Anstelle der wirtschaftlich-zivilisatorisch zurückgebliebenen Ostgebiete gewann Polen die landwirtschaftlich und industriell besser entwickelten deutschen Ostprovinzen. Der erhebliche Anteil verwaisten jüdischen und deutschen Besitzes am privaten Produktivvermögen des alten Staatsgebiets und besonders der Zugewinn der Schwerindustrie in den West- und Nordgebieten standen für eine Eigentumsneuordnung zur Verfügung. Dazu kam der vormals staatliche Besitz im polnisch-oberschlesischen und im Zentralen Industrierevier.

Doch ging es in Polen wie in der SBZ, seit 1949 der Deutschen Demokratischen Republik (DDR), nicht um eine landesspezifische Entwicklungsstrategie, sondern um die Verwirklichung des stalinistischen Modells einer sozialistischen Gesellschaftsordnung durch eine demokratisch nicht legitimierte politische Führung. So setzte sich in Polen nach einer Übergangszeit zwischen 1944 und 1948 Ende der vierziger Jahre unter dem stalinistisch-sowjetischen Druck die Zentralverwaltungswirtschaft in ihrer extremsten Form durch. Der Wiederaufbau und die Umgestaltung Polens von einem in weiten Gebieten vorindustriellen Agrarstaat zu einem agrar-industriellen Staat fand mit einer gewaltigen finanziellen und organisatorischen Kraftanstrengung des Staates auf Kosten des Lebensstandards weiter Kreise der Bevölkerung statt.

Das Problem einer Agrarreform sollte zwar Anfang der fünfziger Jahre kurzzeitig durch ein Kollektivierungsprogramm gelöst werden, musste aber wegen des erheblichen Widerstandes der Betroffenen rasch aufgegeben werden und blieb demnach nach 1945 ebenso wenig gelöst wie nach 1918. Es sollte sich als fatal erweisen, dass der große Idealismus und das Engagement der Bevölkerung beim Wiederaufbau Polens nach dem Zweiten Weltkrieg für die Entwicklung eines Wirtschafts- und Gesellschaftsmodells eingesetzt wurden, das zum Scheitern verurteilt war, da es von einem falschen Bild der Antriebskräfte menschlicher Arbeit ausging.

In der SBZ/DDR wurde das stalinistische Wiederaufbau- und Wirtschaftsprogramm noch rigoroser als in Polen durchgesetzt. Dabei kam den Machthabern die entwickelte Industrie-, Verkehrs- und Agrarstruktur im mitteldeutschen Raum entgegen. Wegen des sowjetischen Widerstandes profitierte weder Polen noch die SBZ/DDR von dem amerikanischen Wiederaufbauprogramm für Europa (Marshallplan), in dem die drei Westzonen, die spätere Bundesrepublik Deutschland, wegen der Schlüsselrolle Deutschlands für eine demokratische Stabilisierung Europas eine zentrale Stellung einnahmen. Mit der zunehmenden Unterstützung der ehemaligen alliierten Kriegsgegner Deutschlands gelang innerhalb weniger Jahre der marktwirtschaftliche Wiederaufbau Westdeutschlands und seine Reintegration in die Weltwirtschaft, während der östliche Teil Deutschlands (DDR) und Polen bis Ende der achtziger Jahre durch die Spaltung Europas daran gehindert wurden, eine Marktwirtschaft aufzubauen.

Dieter Bingen

Didaktische Überlegungen III

In dem Kapitel „Strukturprobleme“ werden grundlegende Fragen der staatlichen Ordnung in Deutschland und Polen im 20. Jahrhundert behandelt. Sie werden auf der Ebene der Herrschaftsform und der Ökonomie angesprochen. Landesbezogen oder in allgemeiner Form sind derartige Fragestellungen im Rahmen von Strukturgeschichte selbstverständlicher Bestandteil der Lehrpläne in Deutschland und Polen. Es stellt sich die Frage, warum sich Schüler mit dieser Materie in einem deutsch-polnischen Kontext beschäftigen sollten.

In absehbarer Zeit werden sich die heutigen Jugendlichen beider Länder als gleichberechtigte Subjekte in einem gemeinsamen Wirtschaftsraum wiederfinden. Die politische Willensbildung im Rahmen der Europäischen Union ist – soll sie dem Gedeihen von Demokratie und Bürgergesellschaft nutzen – darauf angewiesen, dass die betroffenen Menschen übergeordnete Standpunkte einnehmen können und bornierte partikulare Sichtweisen überwinden. Diese Findungsprozesse werden nicht ohne Irritationen und Rückschläge ablaufen. Das Leben in größeren Einheiten, die sehr viel heterogener sind, als es der Nationalstaat je war, bedarf der Gewöhnung. Die Angst vor dem Neuen wird immer wieder idyllische historische Scheinwelten als reaktionären Gegenentwurf generieren. Die auf Abgrenzung hin geschaffenen Nationalgeschichten pflegten die ihnen eigene Hybris und kolportierten über Generationen hinweg feindselige Stereotypen gegenüber Nachbarvölkern. Aus ihren Arsenalen kann sich jeder bedienen. Es gilt, die Öffentlichkeit und voran die junge Generation vor einem Gebrauch der Geschichte zu bewahren, der ihnen die Zukunft verbaut.

Ein historischer Rückblick auf die großen Strukturprobleme kann dabei helfen,

- auftretende scheinbar irrationale Phänomene in den beiden Gesellschaften aus der Geschichte heraus zu erklären;
- besondere Empfindlichkeiten zu verstehen und zu berücksichtigen;
- zu erkennen, dass die Probleme, die das 20. Jahrhundert aufwarf, beide Völker in vielerlei Hinsicht vergleichbar tangierten bzw. erschütterten;
- sich einzugestehen, dass der Weg beider Völker zeitweilig in die Irre führte
- einzusehen, dass unter dem deutsch-polnischen Gegeneinander beide Parteien in hohem Maße zu leiden hatten;
- und dass umgekehrt in Verständigung und Zusammenarbeit eine große Chance liegt.

Der letztgenannten Aussage kommt ein besonderer Stellenwert zu. Junge Menschen lernen Geschichte und auch das aktuelle Geschehen der Gegenwart häufig kennen als eine Kette der Eskalation von Konflikten. Diese nachzuzeichnen und kausal zu begründen ist gewiss lohnenswert und die Konstellation Deutschland-Polen in der ersten Hälfte des vergangenen Jahrhunderts bietet hierfür ein Beispiel par excellence. Die Resultate nationaler Konflikte sind jedoch trotz ähnlicher Ausgangsbedingungen unterschiedlich. Dieser Frage lohnt es im Vergleich nachzugehen. Im deutsch-polnischen Fall setzte nach dem

Durchlaufen des Kummulationspunkts der Gewalt in Form von Vernichtungs- und Vertreibungsaktionen etwas Gegenläufiges ein – die Deeskalation des Konflikts. Sie mündete in die heutige Situation, in der sich die Menschen beider Länder in einer gemeinsamen Wertegemeinschaft befinden. Das Wissen, wie Deeskalationsprozesse ablaufen können, wie man sie gestalten kann, wie sie funktionieren, wodurch sie gefährdet sind, ist in der Gegenwart ein gefragtes Knowhow. Ein geistiger Transfer auf aktuelle Konfliktherde liegt nahe.

Die Schlüsselfrage zu Beginn des letzten Jahrhunderts bezog sich auf die *Wahl* der Herrschaftsform. Die Entscheidung darüber, wie Deutschland bzw. Polen regiert werden sollten – ob monarchisch, parlamentarisch-demokratisch oder totalitär – lag in der Zeit nach dem Ersten Weltkrieg einzig in der Hand des deutschen und des polnischen Volkes. Anders verhielt es sich nach dem Zweiten Weltkrieg: Der Osten Deutschlands sowie Polen gerieten in den Machtbereich der Sowjetunion. In den Vordergrund rückte nun die Frage der *Ausgestaltung* einer mehr oder weniger oktroyierten Herrschaftsform.

Die diesbezüglichen jeweiligen Festlegungen in Polen wie in Deutschland erwiesen sich als wenig dauerhaft. Die Spannbreite der Erfahrungen mit verschiedenen Formen von Herrschaft ist enorm. Man könnte von einer Suchbewegung sprechen, die beide Völker zurücklegten, meist ausgelöst oder forciert von drückenden ökonomischen Problemen. Mehrfach standen beide Länder in diesem Jahrhundert vor einem wirtschaftlichen Scherbenhaufen.

Die *Interdependenz von politischen Verhältnissen und ökonomischen Aufgaben* ist das Feld, auf dem sich geschichtliche Einsichten und Erkenntnisse in hohem Maße gewinnen lassen. Dabei gewinnt man den Eindruck: Entweder stand der Lösung wirtschaftlicher Aufgaben die Politik entgegen oder es wurde eine gedeihliche politische Entwicklung durch ökonomische Turbulenzen abgebrochen. In beiden Ländern ergaben sich permanent derartige ungünstige Konstellationen. Erst im Jahr 1989 scheinen sich diese beiden Grundelemente gesellschaftlicher Entwicklung nicht mehr gegenseitig im Wege zu stehen. Westdeutschland hatte das Glück, schon 1949 sanft in eine weniger reibungsvolle und widersprüchliche Entwicklungsrichtung gestoßen zu werden.

Wenn der voranstehende Problemaufriss aus der Feder von J. Holzer resümierend feststellt, dass nach dem Zusammenbruch des Kommunismus Polen und das wiedervereinigte Deutschland sich im System der parlamentarischen Demokratie wiederfanden, dann ist ein Zustand beschrieben, der genau dem Ausgangspunkt von 1919 entspricht. Die Parallelisierung dieser formal gleichen Situationen kann als didaktisch äußerst fruchtbarer Ansatz herangezogen werden.

Versucht man die Frage zu beantworten, was 1919 und in der Folgezeit den demokratischen Neuanfang belastete, was ihn in beiden Ländern scheitern ließ und wie darunter die deutsch-polnischen Beziehungen litten, wird die Andersartigkeit der gegenwärtigen Situation schnell deutlich. Man wird thematisieren müssen:

- die extremen wirtschaftlichen Belastungen mit ihren sozialen Folgeerscheinungen in beiden Ländern

- die noch ungebrochene Attraktivität von politischen Heilslehren
- das ständige Ausspielen „nationaler Interessen“ gegen die Demokratie
- die verbreitete Überzeugung in beiden Ländern, dass sich „ihr“ Nationalstaat nicht in seinen „natürlichen“ Grenzen präsentiert
- das massenhaft vorherrschende Gefühl in beiden Völkern, dass ihnen großes Unrecht widerfahren ist, dass man von Feinden umgeben ist
- das weitgehende Fehlen von internationalen Einbindungen und die unzureichende Wirksamkeit von Konfliktreduktionsmechanismen

M 127 Einschätzung der Rolle Józef Piłsudskis↑ durch Adam Krzemiński

Es sollte vermieden werden, die Argumente einseitig so zu verdichten, dass die nachfolgende Entwicklung vorherbestimmt erscheint. Politik ereignet sich nicht, sie wird gemacht, indem sich eine Gruppe von Menschen mit ihren Ideen, ihren Einflussmöglichkeiten gegenüber anderen durchsetzt. Darüber, wer „die Nase vorn hat“, entscheidet nicht selten der Zufall oder ein marginaler Umstand. Der Einbezug kontrafaktischer Geschichte sollte mit der entsprechenden Vorsicht zumindest ansatzweise versucht werden, um die Offenheit des Geschichtsprozesses erkennbar werden zu lassen. Folgender Text bietet hierzu Anregungen:

M 128 Gedanken zu einer „alternativen“ geschichtlichen Entwicklung Polens von Adam Krzemiński

Man kann auch nach Faktoren Ausschau halten, welche die heutige Situation im Gegensatz zur früheren erschweren:

- Anfang des Jahrhunderts gab es noch Millionen Menschen, die sprachlich und kulturell zwischen „den Deutschen“ und „den Polen“ standen und somit nationale Identitäten nicht so schroff aufeinander treffen ließen.
- Es existierte eine jahrhundertealte Tradition des Zusammenlebens, mithin ein gewaltiges Potential an multikultureller Kompetenz im deutsch-polnischen Begegnungsraum (auch an Litauer, Ukrainer bis hin zu Sinti und Roma ist hier zu denken).
- Es gab eine starke jüdische Bevölkerungsgruppe, die seit jeher Provinzialität bzw. nationale Grenzen kulturell und wirtschaftlich transzendierte.
- Das deutsch-polnische Verhältnis war noch nicht mit jener Hypothek an Blutvergießen belastet, das die Nationalsozialisten durch ihren Vernichtungsfeldzug auslösten.

Es ist unschwer zu ermessen, welches Kapital verspielt wurde, das im Sinne eines Zusammenwachsens Europas hätte wirken können.

Man kann jedoch auch provokatorisch fragen, was uns so sicher macht, dass Freiheit und Demokratie in Deutschland und Polen diesmal mehr Bestand haben werden als nach 1919. Man könnte die Schüler befragen, wo sie Bedrohungspotentiale sehen und diese mit ihnen analysieren (etwa Verteilungskämpfe, Konkurrenzsituationen, Migrationsproblematik, Umweltkatastrophen etc.). Das Durchspielen von entsprechenden Szenarien unter Einbezug des deutsch-polnischen Verhältnisses bewahrt vor Blauäugigkeit und dem Entstehen von Illusionen. Außerdem übt es den Umgang mit Konflikten ein.

Die damit verbundene Suche nach Kompromissen, das Hinterfragen der Legitimität von Ansprüchen, das Aushalten von Widersprüchen etc. werden sich in Gegensatz stellen zu maximalistischen Losungen und extremistischen „Lösungs"-varianten. Diese sind im gesellschaftlichen Diskurs beider Länder zu vernehmen und machen vor den Schulen nicht Halt. Der Geschichtsunterricht ist ein Ort, an dem solche Tendenzen in sinnvoller Weise aufgegriffen werden sollten. Auf der rationalisierenden Ebene kann er entsprechendes Gedankengut in seinem historisch unheilvollen Kontinuum verorten. Zum anderen geht es darum, diesen Ideologien ihre „historischen Gewißheiten" zu nehmen, mit denen sie gerne und völlig zu Unrecht operieren. Es verbindet demokratische Gesellschaften, wenn sie extremistisches Denken und Gewalt über nationale Grenzen hinweg bekämpfen. Fremdenfeindlichkeit, nationale Überheblichkeit, mythische Fixierungen, überzogene Forderungen werden bekanntlich bei Vertretern anderer Nationen leichter bemerkt als bei sich selbst. Dies gilt es für den Lernprozess zu nutzen. So wird ein von „nationaler Größe" schwärmender deutscher Jugendlicher z. B. sein polnisches Pendant in der Regel wenig einnehmend finden. Die – soweit es geschichtliche Sachverhalte angeht – nachweisbare Brüchigkeit und Willkürlichkeit der Argumentation des anderen könnte zum Ausgangspunkt dafür werden, eigene Denkmuster in Frage zu stellen.

Literatur:

– Dokumentation „Umgang mit Rechtsextremismus und rechtsradikaler Gewalt in Deutschland (Brandenburg) und Polen" in: Transodra (Themenheft), Nr. 21, November 2000, im Internet unter: http://www.dpg-brandenburg.de

Deutschland ist gegenwärtig dabei, sich an die Präsenz von ca. drei Millionen muslimischen Mitbürgern im Lande zu gewöhnen. Die Schwierigkeiten, religiöse Toleranz an den Tag zu legen, werden offensichtlich akut, sobald das religiöse Nebeneinander über die verschiedenen Spielarten des christlichen Bekenntnisses hinausgeht. Deutsche und Polen stehen – wie alle Europäer – vor neuen Herausforderungen bezüglich der Geltung des Prinzips der Religionsfreiheit. Reserviert man dem Christentum den Platz einer europäischen Leitreligion oder freundet man sich mit dem Gedanken an eine gleichberechtigte multireligiöse Dimension Europas an? Jugendliche sind dem Werben der Verfechter beider Positionen ausgesetzt. Der Unterricht sollte den Schülern und Schülerinnen Situationen der deutsch-polnischen Geschichte vorführen, anhand derer sie ersehen können, wann und inwieweit kirchliche Worte und Taten sich segensreich bzw. abträglich auf ein friedliches Zusammenleben der Menschen ausgewirkt haben. Zu denken ist an die Komplexe „Kirche und nationale Bewegung", „Kirche und Judentum", „Kirche in der Diktatur", „Kirche und deutsch-polnische Aussöhnung". So gewappnet kann die nachwachsende Generation den anstehenden Fragen bezüglich des Verhältnisses von weltlicher Macht und Religion fundiert und verantwortungsvoll nähertreten.

M 60 Stefan Chwin über Multikulturalität in der polnischen Literatur und in der europäischen Wirklichkeit: „Grenzlandliteratur und das mitteleuropäische Dilemma"
M 129 Foto: Treffen von Lech Wałęsa↑ mit Kardinal Stefan Wyszyński

Der Entscheidung der Polen und Deutschen für eine parlamentarisch-demokratische Regierungsform liegen auch unterschiedliche Erfahrungen mit Herrschaftssystemen im 20. Jahrhundert zugrunde. Das demokratische Bewusstsein, das sich in geistiger Auseinandersetzung damit bildete, erfuhr von daher in beiden Ländern verschiedene Ausprägungen. Dies kann exemplarisch am jeweiligen Verhältnis zu Rosa Luxemburg, der in Deutschland sicherlich bekanntesten Polin (setzt man die Bekanntheit ihrer nationalen Herkunft voraus), abgelesen werden.

In Deutschland ist sie eine Symbolfigur der demokratischen Linken; Straßen, Plätze und Schulen sind nach ihr benannt. Der Jahrestag ihrer Ermordung bringt immer noch Menschen auf die Straße und ihr berühmter Satz, wonach Freiheit immer nur die Freiheit des Andersdenkenden ist, ist Allgemeingut geworden. In Polen hingegen assoziiert man mit Rosa Luxemburg vor allem ihre ablehnende Haltung gegenüber dem nationalen Emanzipationsstreben der Polen. Diese Assoziation wird zementiert, indem die polnischen Schulbücher unisono die entsprechenden Passagen aus ihrem Werk zitieren, als handele es sich um die einzige mitteilenswerte Botschaft. In der Öffentlichkeit ist sie weitgehend dem Vergessen anheim gestellt. Sie gilt als ideologisch verdächtige Politikerin, manchem gar als Wegbereiterin des Totalitarismus. Ihre nationale Zuordnung als Polin wird zuweilen in Frage gestellt (was etwa Frederik Chopin oder Marie Curie trotz Emigration nicht widerfährt). Eine 1996 in Warschau veranstaltete Tagung über Rosa Luxemburg – die erste in Polen überhaupt – musste von der Öffentlichkeit unbemerkt in einem Hotelzimmer abgehalten werden, da die Universität keine Räume zur Verfügung stellte. Zu keiner Zeit widmete die polnische Post Rosa Luxemburg eine Briefmarke – auch nicht zu Zeiten der Volksrepublik. Es erscheint als unangemessen, dass diese bedeutende Frau, die so viel Deutsches, Polnisches (und eigentlich auch Jüdisches) in sich verkörpert, in der Rezeption ihres Lebenswerkes national polarisierend wirkt. Gegenteiliges könnte erwartet werden.

M 130 Briefmarke, mit der Rosa Luxemburg in der Bundesrepublik Deutschland gewürdigt wurde
M 131 Schild: Rosa-Luxemburg-Straße (Berlin)
M 202 Grafitto mit Rosa-Luxemburg-Zitat an der Berliner Mauer
M 132 Einschätzung Rosa Luxemburgs durch Leszek Kołakowski

Die unterschiedliche Rezeption kann in Verbindung gebracht werden mit dem Stellenwert, der Antifaschismus, Antikommunismus, nationalem Denken und Atheismus in Polen und Deutschland heute zukommt.

Im voranstehenden Problemaufriss unternimmt der Politologe J. Holzer den Versuch, die kommunistische Herrschaft in Phasen zu unterteilen und zu charakterisieren. Den Schülern sollten die Schwierigkeiten eines solchen Unterfangens bewusst gemacht werden. Man könnte der Frage nachgehen, inwieweit sich diese Phasen in der Lebensrealität niedergeschlagen haben, ob z. B. ein vom Regime Verfolgter, ein Priester, ein Funktionär der kommunistischen Partei aufgrund seiner Erfahrungen eventuell eine andere Periodisierung vornehmen würde. In der notwendigerweise stark abstrahierenden Formulierung J. Holzers überwiegen die Passivkonstruktionen. Es sollte mit den Schülern der Versuch unternommen werden, dem Text ein Handeln zu unterlegen, das von Subjekten getragen wird. Wer waren die Menschen, die die Repression verstärkten, das sowjetische Modell als Vorbild nahmen, ideologischen Druck ausübten bzw. gegenüber dem Kommunismus unnachgiebig waren, protestierten, streikten, opponierten? Es gilt, ihre Interessen und Motive auszufächern. Damit stößt man unweigerlich zu jenem strukturellen Dilemma vor, das für das politische Handeln von Menschen in unfreien Verhältnissen typisch ist. Es hängt damit zusammen, dass sich vom Einzelnen kaum ein Ziel ansteuern ließ, ohne zugleich ein gegenläufiges, systemkonformes, mit zu verfolgen. Wohl alle Biografien in totalitären Diktaturen weisen infolgedessen Widersprüchlichkeiten auf, die aus der Distanz der nachfolgenden Generationen oftmals schwer zu verstehen sind. Die Faszination der Götzen vergangener Zeiten kann von den Schülern (bestenfalls) erahnt werden, wenn man ihre eigene Ideologieanfälligkeit und Glaubensfähigkeit ins Spiel bringt.

Auf der „Täterseite" kann man herausarbeiten, wie Menschen Opfer ihrer eigenen Ideologie werden, indem sie die Realität immer weniger wahrnehmen können, indem sie ihre Urteilsfähigkeit verlieren, Gefangene ihres hermetischen Weltbildes werden, sich in Verschwörungstheorien flüchten, zu Zynikern und prinzipienlosen Karrieristen werden etc. Auf der Seite der Regimegegner kann man die Legitimität von Gewalt diskutieren, die Zielkonflikte bei der Wahrnehmung realer oder vermeintlicher Gestaltungsspielräume, die Zwiespältigkeit und Unvermeidlichkeit von Kollaboration, die Wertigkeit von revisionistischem Widerstand gegenüber einer Fundamentalopposition, die Zweckmäßigkeit von aktivem und passivem Widerstand etc.

M 133 Tagebuchaufzeichnungen von Maria Dąbrowska aus dem Jahr 1956 zum Thema Moral und Stalinismus

M 134 Jan Józef Lipski über die Anhänger des Stalinismus in Polen

Literatur:

- Sławomir Mrożek: Asche? Diamant? In: Ders.: Zabawa. Satire in lustloser Zeit, Zürich 1992, S. 144–156. (Mrożek beschreibt darin autobiographisch seine Abwendung vom Stalinismus)

Die zweifellos große Masse der Bevölkerung, die nur versuchte, sich durch die Zeiten zu lavieren, war von derlei politischen Überlegungen und psychologischen Abläufen keineswegs unberührt. Sie waren vielmehr der Resonanzkörper, nach dessen Schwingungsintensität sich die verschiedenen Phasen kommunistischer Herrschaft ebenso zuverlässig unterscheiden lassen. Wir wissen heute aus der Analyse totalitärer Systeme, welch entscheidende Rolle die kleinen unerzwungenen Gemeinheiten, der vorauseilende Gehorsam, die fehlende

Zivilcourage, das „Wegschauen“, das Versagen von elementarer Solidarität etc. in seinem massenhaften Auftreten für das Funktionieren dieser Systeme spielte. Die Solidarność-Bewegung↑ macht umgekehrt deutlich, wie die unscheinbare Verweigerung, der im Einzelfall eher anrührend denn mächtig erscheinende Protest einfacher Bürger, zu einem gesellschaftlichen Widerstand anwuchs, der nicht nur die kommunistischen Machthaber herausfordern konnte, sondern auch manchem westlichen Politiker den Begriff „Realpolitik“ neu buchstabierte. Die in einigen der folgenden Texte angedeuteten Unterschiede zwischen dem Sozialismus in der DDR und Polen sollten vor diesem Hintergrund erörtert werden.

M 135 Niederschrift eines Telefongesprächs von Erich Honecker mit Wojciech Jaruzelski am 16. 12. 1981

M 136 Widerstandsformen der Bevölkerung gegen das Kriegsrecht, geschildert von einem westdeutschen Diplomaten

M 137 Briefmarken-Aktion des Solidarność-Widerstands gegen das Kriegsrecht

M 138 Appell des Deutschen Bundestages zur Verhängung des Kriegsrechts in Polen, 1981

M 139 „General Jaruzelski↑ muss beim Wort genommen werden“, Artikel von Erhard Eppler, 1982

M 140 Wer wollte die Destabilisierung? Wiesław Górnicki vor dem Weltfriedensrat zur Situation in Polen, 1982

M 141 Politische Witze zu Zeiten der Solidarność

M 205 Briefmarke der Solidarność mit Papst-Motiv, 1983

M 142 Rede von Bundespräsident a.D. Walter Scheel in der Warschauer Universität anlässlich des 40. Jahrestages der Verabschiedung des Grundgesetzes, Warschau, 23. Mai 1989

M 143 Tischrede des Bundeskanzlers H. Kohl anlässlich seines offiziellen Besuchs in Warschau am 9. November 1989

M 144 Rede des polnischen Arbeiterführers Lech Wałęsa vor der Friedrich-Ebert-Stiftung, Bonn, 7. September 1989

M 145 Staatspräsident Lech Wałęsa im Sejm↑ am 8. Mai 1995

In der polnischen Öffentlichkeit wird das nach 1989 entstandene demokratische Polen sehr häufig mit dem Terminus „Dritte Republik“ belegt. Damit wird eine Kontinuität zur Ersten Republik (der 1795 in Folge der Teilungen untergegangenen Adelsrepublik) und zur Zweiten Republik (dem polnischen Staat der Zwischenkriegszeit) nahegelegt. Implizit wird dadurch die Volksrepublik Polen aus der nationalen Chronologie herausgenommen, quasi als ein von außen oktroyiertes System, als eine Fremdherrschaft deklariert. Ein solcher Umgang mit der kommunistischen Vergangenheit wird in Deutschland heute als Problem empfunden. Eine Ausblendung bzw. Marginalisierung der DDR-Geschichte würde speziell die Ostdeutschen daran hindern, bestimmte Wurzeln ihrer heutigen Identität aufzusuchen. Man sollte meinen, dass das kommunistische Volkspolen mit gewiss größerer Berechtigung als ein genuiner Staat angesprochen werden könnte, dessen Prägung im wesentlichen doch durch die polnische Gesellschaft erfolgte. Die Diskussion darüber könnte die innerdeutsche Debatte auflockern und durch die sich anbietende Komparatistik entkrampfen.

M 146 Ansichten über eine verblichene Volksrepublik. Historikerdiskussion in der Zeitschrift „Tygodnik Powszechny".

M 147 Jacek Kuroń über die Mythen der Volksrepublik, 1993

Die Frage des Umgangs mit der kommunistischen Vergangenheit ist ein Thema, das die deutsche und polnische Gesellschaft noch länger beschäftigen wird. Zum einen ist der Legitimationsglaube, der sich mit der kommunistischen Herrschaft verbindet, langlebig. Bestimmte Formen dichotomischen Empfindens und moralischen Urteilens, dem sich auch scheinbar unpolitische Menschen anschlossen, um die Spannung zum politischen Regime nicht zu groß werden zu lassen, wirken fort. Zum anderen erfolgt die Verarbeitung eines Lebens in der Diktatur weithin auch mit Hilfe von „Lebenslügen". Beides hat erfahrungsgemäß vor der nachwachsenden Generation keinen Bestand und führt zu Reibungen, die sich bis in polnische und (ost)deutsche Familien hinein verspüren lassen. Dem Geschichtsunterricht obliegt die Aufgabe, diesen Diskurs unter Rückgriff auf die wissenschaftliche Aufarbeitung zu fördern. Die Veränderung der Wertestrukturen ist für eine sich demokratisierende Gesellschaft, die die Schlacken der Diktatur abwerfen will, unerlässlich. Ob Demokratie als ein Import von außen empfunden wird oder ob das Bedürfnis nach Demokratie aus der bösen Erfahrung ihrer vormaligen Abwesenheit erwächst, bewirkt einen großen Unterschied bezüglich der Akzeptanz und des Wohlwollens, das den postkommunistischen Verhältnissen entgegengebracht wird. Der Umgang mit Trägern des alten Systems, die Einstellung zu Ideologien, die in die Unfreiheit führten, die politische Instrumentalisierung der Vergangenheitsdebatte, die Entschädigung und Rehabilitierung der Opfer, etc. sind Aspekte, die im deutsch-polnischen Vergleich angesprochen werden können. Den Schülern sollte klar werden, dass Vergangenheitsbewältigung nur als ein langwieriger und mühsamer Prozess denkbar ist. Hauruck-Aktionen und Dekrete von oben haben keine nachhaltige Wirkung. Die moralische Läuterung von Individuen erfolgt im Rahmen subjektiv-persönlicher Reflexion und kann nicht erzwungen werden. Die gesellschaftliche Vergangenheitsbewältigung muss aus der Bevölkerung heraus initiiert und organisiert werden. Sie gelingt dann, wenn Teile der Öffentlichkeit, als die sich die Schüler begreifen sollten, stark genug sind, die Themen zu bestimmen, die Begriffe zu setzen und die Frageperspektiven vorzugeben.

M 148 Kazimierz Wóycicki über Jaspers und die polnische Abrechnung mit der Geschichte

M 149 Aussagen eines deutschen und eines polnischen Juristen zur juristischen Definition „totalitären Unrechts" in der DDR und der VRP

M 150 Der Beschluß des Sejm↑ über die Verurteilung der „kommunistischen Diktatur" vom 18. 6. 1998

M 151 Zwei Ansichten zur „Wiedergutmachung" in Deutschland und Polen

M 152 Andrzej Szczypiorski über die Aufarbeitung der sozialistischen Vergangenheit in Deutschland und Polen, Artikel in der FAZ

M 153 Stellungnahme von Piotr Zariczny zu dem FAZ-Artikel von A. Szczypiorski
M 205 Briefmarke „Den Opfern des Stalinismus", 1991

Literatur:
- Jens Reich: Abschied von den Lebenslügen. Die Intelligenz und die Macht, Berlin 1992

Auf keinem Feld sind die Früchte von friedlicher und ungestörter Zusammenarbeit leichter zu greifen als im Bereich der Wirtschaft. Die Erkenntnis, dass kein Land prosperieren kann, während die Nachbarländer von Krisen erschüttert werden, hat sich im Lauf des 20. Jahrhunderts erst Bahn brechen müssen. Man dachte noch in Kategorien autarker Nationalstaaten, als das wirtschaftliche Geschehen diese Begrenzungen längst hinter sich gelassen hatte.

Der ökonomische und psychologische Schaden, der durch gegenseitige Verweigerung, Boykotte, Handelsbeschränkungen, Sabotage, Zwang zu gegenseitiger Aufrüstung, etc. entstand, vermehrte noch jene Armut und Verbitterung unter den Massen, die die politischen Eruptionen dieses Jahrhunderts begleiteten. Die Vorstellung, Deutschland nach dem Ersten Weltkrieg wirtschaftlich knebeln zu müssen, erwies sich als in hohem Maße kontraproduktiv. Im deutsch-polnischen Zollkrieg 1925 wurde die Wirtschaft unverhüllt als eine Art Waffe eingesetzt. Der polnische Kampf gegen eine Begünstigung Deutschlands durch den Marshallplan setzt die Linie fort.

M 154 Karte: Eisenbahnnetz Mitteleuropas um 1914
M 155 Wirtschaftskarte: Polen in der Zwischenkriegszeit
M 156 Die Agrarstruktur Polens 1921 und 1950
M 157 Schreiben G. Stresemanns an den deutschen Botschafter in London vom 19.4.1926
M 158 Karikatur: Zollkrieg mit Polen
M 205 Briefmarke „Warschau klagt an", 1946
M 159 Protestnoten Polens an Großbritannien und die USA gegen westliche Konsolidierungspläne für Deutschland vom 12. 9. 1947
M 160 Polen im Jahre 1981 aus Sicht eines deutschen Diplomaten: „Szenerie eines bedrückenden Alltags"
M 161 Gesprächsbeitrag von P. Mitzscherling (MdB/SPD) auf einer Tagung der Evangelischen Akademie Loccum, 1985

Lässt man die Aufbauprobleme beider Länder Revue passieren und ergänzt (etwa in Form einer Tabelle) die politischen Begleitumstände, die durch Zutun des Nachbarn einwirkten, so entsteht ein Bild, das nachdenklich macht: Statt gemeinsam Not zu überwinden, setzte man alles daran, den anderen ökonomisch nicht auf die Beine kommen zu lassen. Jede gelungene wirtschaftliche Schädigung, jeder Rückschlag des Nachbarn wurde kurzsichtig als eigener Sieg gefeiert. „Begleitmusik" war die verächtliche Kommentierung der wirtschaftlichen Leistungsfähigkeit, wie sie von deutscher Seite etwa in dem Stereotyp der „polnischen Wirtschaft" (im Sinne von Misswirtschaft) zum Ausdruck kam.

M 162 Karikatur: Deutsche und polnische Wirtschaft als Kontrast

Literatur:
- Hubert Orłowski: Polnische Wirtschaft. Zum deutschen Polendiskurs der Neuzeit, Wiesbaden 1996

Da auch heute mitunter wirtschaftliche Maßnahmen in Konfliktsituationen als Druckmittel ergriffen werden, sollte die Frage gestellt werden, unter welchen Umständen ein wirtschaftlicher Boykott, die Isolation eines Landes eine vertretbare Maßnahme ist.

Die Fassade guter Beziehungen zwischen der DDR und der Volksrepublik Polen verdeckte eine gegenläufige ökonomische Realität: Die wechselseitige Bedeutung im Handelsaustausch nahm stetig und beträchtlich ab, so dass man eine Strategie der Abschottung der beiden Volkswirtschaften unterstellen darf.

M 163 Statistik: Der Anteil der DDR am Import und Export Polens

Erst 1989 wurde dieser destruktive Kreislauf durchbrochen. Mit Bangen verfolgt man heute in Polen einen Konjunktureinbruch in Deutschland – mit Mitgefühl reagiert man in Deutschland auf wirtschaftliche Schäden durch das Oder-Hochwasser. Über die Strukturkrise der polnischen Landwirtschaft zerbrechen sich Polen und Deutsche im Rahmen der EU-Beitrittsverhandlungen gemeinsam die Köpfe.

M 164 „Wie Polen seine Geschichte verlässt", Artikel von Christian Schmidt-Häuer (Auszug)

M 165 „Warum die Ostdeutschen nicht zu Rande kommen", Artikel von Jerzy Kleer (Auszug)

M 166 „Die Chemie zwischen uns stimmt". Artikel über die vom Europarat ausgezeichnete Zusammenarbeit zwischen dem deutschen Guben und dem polnischen Gubin

M 167 Timothy Garton Ash zum Klischee „des immer gläubigen, immer patriotischen, immer heldenhaften, aber vielleicht nicht sehr klugen Polen"

Robert Maier

IV. Der äußere politische Rahmen

1. „Erbfeindschaften“. Antipolonismus, Preußen- und Deutschlandhass, deutsche Ostforschung und polnischer Westgedanke

Trotz des traditionellen, christlich begründeten Zusammengehörigkeitsgefühls gerieten die europäischen Völker in der Mitte des 19. Jahrhunderts in ein Stadium, in dem sich das gerade erst erwachte nationale Bewusstsein lawinenartig ausbreitete. Dies betraf sowohl Nationen mit jahrhundertelangen Traditionen eigener Staatlichkeit als auch Völker, die bis dahin nicht eindeutig ihre Präsenz in der europäischen Geschichte zum Ausdruck gebracht hatten. Einige Völker strebten nach der Weltherrschaft (wie die Engländer und Franzosen), andere nach ihrer Vereinigung (wie die Deutschen und Italiener), wieder andere bemühten sich, ihre vor mehr oder weniger langer Zeit verlorene Unabhängigkeit wiederzuerlangen (wie die Griechen, Polen, Tschechen und Ungarn), noch andere schließlich machten sich gerade erst bemerkbar und erhoben, oft zum ersten Mal überhaupt, Anspruch auf die eigene staatliche Existenz (wie die Esten, Finnen, Letten und Slowaken).

Besonders deutlich und schnell änderte sich die Nationalitätenlandschaft und anschließend auch die politische Landkarte Ostmitteleuropas, das sich traditionell im deutschen Einfluss- und Interessenbereich befand. Für die Deutschen, die sich erst 1870/71 vereinigt hatten und bald nach dem Status einer Weltmacht strebten, waren die Ansprüche der mittleren und kleinen Völker Ostmitteleuropas, insbesondere der Polen, die von der Wiedererlangung ihrer Unabhängigkeit träumten, schwer zu verstehen. Ein ähnliches Problem hatten aber auch die Ungarn, die – selbst um die Emanzipation in der Donau-Monarchie kämpfend – nicht imstande waren, den erwachenden Balkanvölkern und den Slowaken gleiche Rechte zuzugestehen. Nicht anders, nur etwas später, trat dies bei den Polen in Erscheinung. Die staatlichen oder auch nur nationalen Ansprüche der Litauer, Ukrainer, Weißrussen und anderer in der Zweiten Republik ansässigen Völker blieben ihnen im Grunde unverständlich.

Der deutsch-polnische Konflikt nahm nach dem Ersten Weltkrieg besonders gefährliche Ausmaße an, als auf beiden Seiten die Bedrohungsängste neue Nahrung erhielten. In Polen befürchtete man nicht ohne Grund, dass Deutschland eine Revision der westlichen und nördlichen Grenzen anstreben könnte. In Deutschland wurde der neue Grenzverlauf als Akt geschichtlicher Ungerechtigkeit empfunden, der durch die Konferenz von Versailles aufgezwungen worden sei. Die Erfahrungen des Zweiten Weltkriegs und die anschließende

Vertreibung der Deutschen aus den Gebieten östlich der Oder und Lausitzer Neiße bestätigten scheinbar das Verhängnis der deutsch-polnischen Beziehungen. Einer Überwindung der gegenseitigen Ressentiments waren natürlich der Kalte Krieg und die Tatsache, dass sich Polen und das demokratische Westdeutschland in gegensätzlichen politisch-militärischen Lagern befanden, nicht förderlich. Der Mythos vom „Erbfeind" bekam auf diese Weise eine neue, sehr vitale Grundlage.

Wissenschaft existiert nicht im luftleeren Raum. Dies gilt zwangsläufig für die Gesellschaftswissenschaften, die sich – gerade im Entstehen begriffen – alsbald an den Auseinandersetzungen zwischen den Nationen beteiligten. Die Historiker hüteten sich zwar bei innenpolitischen Angelegenheiten vor unmittelbarer Parteinahme, doch emanzipierte sich ihr Standpunkt gegenüber den benachbarten Nationalitäten wesentlich schwerfälliger von der aktuellen Politik.

Schon in der zweiten Hälfte des 19. Jahrhunderts engagierten sich die Historiographie und danach weitere Wissenschaften wie die Archäologie, Sprachwissenschaft, Ethnographie, Anthropologie, Geographie u. a. bei der Verteidigung nationaler Interessen, indem man meistens die eigene Vergangenheit glorifizierte und sämtliche Fehler und Vergehen auf andere abwälzte. Die Angst vor dem Panslawismus und später die wachsende Feindschaft gegenüber dem polnischen Volk in Deutschland, ähnlich wie die Abneigung und mit der Zeit immer mehr der Hass gegen Preußen und schließlich gegen Deutschland in Polen, führten schließlich dazu, dass viele Forscher nicht mehr danach suchten, „wie es eigentlich gewesen" (L. Ranke), sondern sich zu Hütern der nationalen Ehre aufschwangen. Die erzieherisch-propagandistische Rolle der Wissenschaft war ihnen wichtiger als die Forschung.

Insbesondere nach dem Ersten Weltkrieg nahm der deutsch-polnische Konflikt in der Wissenschaft, der den Stand der deutsch-polnischen Beziehungen im allgemeinen widerspiegelte, rasch an Stärke zu, was in der sog. Deutschen Ostforschung und in dem sog. Polnischen Westgedanken seinen Niederschlag fand. Die Ostforschung hatte ihre besondere Konjunktur bereits in der Zwischenkriegszeit. Der Westgedanke erlebte eine wahre Hausse in den ersten Jahren nach dem Zweiten Weltkrieg. Trotz dieses Unterschiedes verband beide ein übergeordnetes Ziel: die Legitimation des Besitzstandes und der Forderungen des eigenen Volkes, wobei jetzt schon von der bewussten Einseitigkeit des Wissenschaftlers gesprochen wurde.

Alles in allem muss man der Behauptung zustimmen, dass die Gesellschaftswissenschaften, insbesondere die Historie, dadurch enttäuschten, dass sie die Gesellschaft auf zukünftige Kriege vorbereiteten (F. Graus). Zweifellos betrifft dies in erster Linie die mächtige deutsche Geschichtswissenschaft, die – trotz Einwänden aus den eigenen Reihen – die Deutschen zu Gewalt und Hass gegen die Nachbarn, besonders die im Osten, anspornte. Dies war indes auch allen anderen ostmitteleuropäischen Geschichtswissenschaften nicht fremd, und nicht nur ihnen.

Jan M. Piskorski

2. Die Teilung Europas in den Jahren 1944–1955

Im Gegensatz zu den offiziell proklamierten Gedanken akzeptierten die westlichen Alliierten gegen Ende des Zweiten Weltkrieges die Idee einer neuen Weltaufteilung. Im Herbst 1943 sagte der US-amerikanische Präsident Franklin D. Roosevelt: „Wir müssen wissen, dass die Sowjets auf dem von ihnen besetzten Territorium mehr oder weniger machen werden, was sie wollen." Zu Beginn des Jahres 1945 bot sich dem Kreml die Aussicht, riesige Gebiete Mittel- und Osteuropas zu kontrollieren. Die sowjetischen Armeen näherten sich der Oder, während die westlichen Alliierten den Rhein erst später erreichten. Mit der UdSSR kooperierende Kommunisten beherrschten im Prinzip schon Polen, einen großen Teil Jugoslawiens und Albaniens, in Griechenland festigten sie zusehends ihre Stellung, und außerdem waren sie in den Koalitionsregierungen Bulgariens, der Tschechoslowakei, Rumäniens und Ungarns vertreten. Während der Konferenz der Großen Drei in Jalta im Februar 1945 wurden grundlegende Fragen zur Nachkriegsordnung der Welt erörtert, darunter Maßnahmen, die auf eine Verkürzung des Krieges mit Deutschland und Japan abzielten, die kommende Aufteilung des Dritten Reiches und das Schicksal Osteuropas. Im Lichte der Worte Stalins, dass „dieser Krieg wie keiner in der Vergangenheit ist; wer immer ein Gebiet besetzt, erlegt ihm auch sein eigenes gesellschaftliches System auf", musste die Einbeziehung Ostmitteleuropas in den sowjetischen Einflussbereich die Sowjetisierung des politischen, ökonomischen und gesellschaftlichen Lebens sowie der Kultur nach sich ziehen.

Als Resultat der Konferenz bildete sich das sogenannte „System von Jalta", heraus. Es beruhte auf dem stillschweigenden Einverständnis, dass in der Welt Einflusssphären entstanden waren. Entgegen der verkündeten Losung erwiesen sich die Großen Drei einig in der Nichtbeachtung von Interessen der kleineren Staaten.

Kurz nach der Konferenz von Jalta errangen die Kommunisten die Macht in Rumänien. Nach der Beendigung der Kriegshandlungen gegen das „Dritte Reich" im Mai 1945 konsolidierte sich ihre Macht in Polen und kurz darauf in der Sowjetischen Besatzungszone von Deutschland, und – nach dem Abschluss von Friedensverträgen mit den ehemaligen Satelliten Hitler-Deutschlands – auch in Ungarn. Im Sommer 1947 wurde der Marshall-Plan in die Wege geleitet, bei dessen Umsetzung amerikanische Kredithilfe den Aufbau der Marktwirtschaft Westeuropas beschleunigte. Die Staaten, die sich unter dem Einfluss der UdSSR befanden, durften den Plan nicht annehmen; sie mussten das sowjetische Modell einer völlig nationalisierten und zentral verwalteten Wirtschaft übernehmen. Im Februar 1948 stürzten in der Tschechoslowakei die Kommunisten durch eine Verschwörung die Koalitionsregierung. Zur Mitte des Jahres 1948, als Stalin entschied, sich mit aller Macht den Vereinigungsbestrebungen in den westlichen Besatzungszonen Deutschlands entgegenzustellen und die Berlin-Blockade einleitete, war von der Elbe bis zur Adria bereits die kommunistische Herrschaft begründet.

In eben diesem Moment kam es zum Bruch in dem von Interessensphären bestimmten Gefüge Europas. Infolge des anschwellenden Konflikts zwischen Stalin und dem jugoslawischen Staatsoberhaupt Josip Broz Tito schloss das von der UdSSR geführte Informationsbüro der kommunistischen Parteien (Kominform) im Juni 1948 die jugoslawische Partei aus ihren Reihen aus. Tito und sein Staat befanden sich außerhalb beider Lager.

Die Gründung des Nordatlantikpaktes im April 1949, die Einstellung der wirkungslosen sowjetischen Berlin-Blockade im Mai 1949 und die Bildung zweier deutscher Staaten – der prowestlichen Bundesrepublik Deutschland und der von der UdSSR kontrollierten Deutschen Demokratischen Republik im Oktober 1949 – brachten jene Prozesse zu einem vorläufigen Abschluss, die auf eine Teilung des Kontinents gerichtet waren. Je mehr auf westlicher Seite der Linie, die immer häufiger „Eiserner Vorhang" genannt wurde, gegenseitige Feindbilder überwunden und Versuche zur militärischen und ökonomischen Integration unternommen wurden, desto mehr festigten östlich dieser Linie der Kreml und dessen lokale kommunistische Verbündete die Diktatur der Staatspartei und verwirklichten ein Programm, das die Gesellschaft nach sowjetischem Vorbild umgestaltete. Die überparteiliche Struktur des Kominform wurde nur selten genutzt. Die Sowjetunion verfügte über das unstrittige Machtmonopol und gestattete den Satelliten, den „Volksdemokratien", bilaterale Verträge zu schließen.

Gewisse Veränderungen in der Aufteilung Europas traten nach dem Tode Stalins im März 1953 ein. Die schlechte ökonomische Situation und die Rüstungsbelastung veranlassten seine Nachfolger zu Überlegungen, auf Teile der Nachkriegsbeute zu verzichten. Schließlich führte die UdSSR 1955 eine erneute Annäherung an Jugoslawien herbei, das jedoch außerhalb der sowjetischen Einflusssphäre verblieb. Gleichzeitig formalisierte der Kreml die Abhängigkeit der Satellitenstaaten (DDR, VR Polen, Tschechoslowakei, Ungarn, Rumänien, Bulgarien und Albanien) durch die Gründung des Warschauer Paktes im Mai 1955. In der Mitte Europas blieb eine neutrale Zone übrig, in der Finnland, die Schweiz, Österreich und Jugoslawien außerhalb der zwei Militärblöcke verblieben. Bis auf den Austritt Albaniens aus dem sowjetischen Block 1960 hatte diese Ordnung bis zum Ende des Kalten Krieges 1989 Bestand.

Wojciech Roszkowski

3. Ostpolitik und Koexistenz der Systeme

Mit ihrer „Neuen Ostpolitik“ reagierte die sozialliberale Koalition, die in Westdeutschland 1969 die Regierung übernahm, auf eine gescheiterte politische Strategie der fünfziger und sechziger Jahre. Diese hatte ihren Ausdruck in der „Hallstein-Doktrin“ gefunden, die besagte, dass die Bundesrepublik keine politischen Beziehungen zu Staaten unterhalten könne, welche die DDR völkerrechtlich anerkannt hatten. Durch diese innere Verflechtung von Deutschland- und Ostpolitik hatte sich die Teilung Deutschlands und Europas letztlich weiter vertieft, auch wenn das Gegenteil ursprünglich beabsichtigt sein mochte.

Starke Impulse für eine Neubestimmung des deutsch-polnischen Verhältnisses waren Mitte der sechziger Jahre von der Denkschrift der Evangelischen Kirche Deutschlands sowie von der Botschaft der polnischen Bischöfe an die deutschen Bischöfe zur Aussöhnung zwischen den Völkern ausgegangen. Die Politik führte diese Initiativen weiter. „Wandel durch Annäherung“ war die Formel, mit der Egon Bahr, der Vordenker und Architekt einer neuen Deutschland- und Osteuropapolitik die veränderte Richtung markierte. Die Aufrechterhaltung der Nation durch verbesserte Kommunikation und „menschliche Erleichterungen“ waren das Ziel eines umfassenden Konzepts der Neuordnung der politischen und gesellschaftlichen Beziehungen zur DDR. Die Anerkennung der Oder-Neiße-Linie als Grenze und die staatsrechtliche Anerkennung der DDR als Staat waren zentrale Bestandteile und Voraussetzungen dieses Konzepts. Sie fanden in dem umfassenden Vertragswerk von Moskau und Warschau (1970), im Berlin-Abkommen der Vier Mächte (1971) sowie im Grundlagenvertrag mit der DDR (1972) ihren Niederschlag. Der Status quo wurde anerkannt in der Hoffnung, ihn langfristig verändern zu können. Diese Politik der Bundesrepublik war eingebunden in einen globalen Entspannungsprozess, der sich im Zeichen des atomaren Patt seit der Kuba-Krise von 1962 zwischen den Supermächten abzeichnete.

Erst auf dieser Basis allgemeiner Entspannungsbemühungen und der konkreten vertraglichen Vereinbarungen von 1970–1972 gelang es nach langen und zähen Verhandlungen, die Schlussakte der Konferenz für Sicherheit und Zusammenarbeit in Europa (KSZE) 1975 in Helsinki zu verabschieden. Sie bildete den europäischen Höhepunkt dieser Entspannungspolitik. Die Helsinki-Vereinbarung hatte äußerlich eine konservierende Funktion, zugleich aber entwickelten sich daraus „subversive“ Kräfte, deren Existenz unmittelbar in die Vorgeschichte der Revolution von 1989 gehört.

Im Falle Polens lässt sich der „Wandel durch Annäherung“ besonders deutlich erkennen. Das Ziel der „Normalisierung“ der zwischenstaatlichen Beziehungen verwischte zwar nicht die prinzipiellen Systemunterschiede, führte aber zu einer beträchtlichen Verbesserung und Intensivierung der politischen, ökonomischen und kulturellen Kontakte. Die Basis dieses verbesserten Verhältnisses zwischen zwei Staaten und zwei Völkern war der Warschauer Vertrag von 1970, zu dem auch als symbolische Geste der Versöhnung Willy

Brandts↑ Kniefall vor dem Ghetto-Denkmal in Warschau gehörte. Dennoch konnte erst nach dem epochalen Wandel von 1989 durch den Vertrag über „Gute Nachbarschaft und freundschaftliche Zusammenarbeit" vom 17. Juni 1991 das Ziel der tiefgreifenden Neuordnung und Normalisierung der beiderseitigen Beziehungen vollendet werden.

In Polen gab es zwar, anders als in der Bundesrepublik, kaum Gegner des Vertrages von 1970 und der Helsinki-Vereinbarung, aber die Umsetzung führte zu erheblichen politischen Konflikten. Die kommunistischen Regierungen waren nicht ernsthaft bereit, fair mit den historischen und aktuellen Aspekten von Flucht und Vertreibung sowie mit den Problemen der Situation der deutschen Minderheit und den Ausreisewünschen Deutschstämmiger umzugehen. Die immer wieder praktizierte Verknüpfung von Menschenrechten und Wirtschaftshilfe, Entschädigungszusagen für polnische NS-Opfer und Ausreiseerleichterungen verlieh den Beziehungen bisweilen einen peinlichen Beigeschmack. In Polen entwickelte sich im Gefolge von Helsinki ein „subversives Potential", das die Herrschaft der kommunistischen Partei bedrohte. In enger Zusammenarbeit von Intelligenzija, Kirche und Arbeiterschaft entstand unter den Bedingungen außenpolitischer Entspannung in der Ära Gierek↑ 1980 die Solidarność↑, die weit mehr als eine freie Gewerkschaft darstellte. Sie war die erste große, Millionen von Anhängern zählende oppositionelle Volksbewegung im kommunistischen System Ostmitteleuropas, die einen zeitweiligen Kompromiss mit der herrschenden Partei erzwang. Ihre Dynamik konnte erst durch die Ausrufung des Ausnahmezustandes („Kriegszustand" am 13. Dezember 1981) eingedämmt werden.

Obwohl die Streiks der Solidarność↑ in Deutschland (und zwar in beiden Staaten) neben viel Sympathie auch nachdrückliche Ablehnung hervorriefen und alte Stereotype von der „polnischen Wirtschaft" wieder belebten, rief die wirtschaftliche Krise Polens eine Welle von Hilfsbereitschaft für die notleidende Bevölkerung hervor. Allein 1982 schickten Bundesbürger zusammen mit karitativen Organisationen über 2 Millionen Lebensmittel- und Kleiderpakete nach Polen. Auch darin zeigte sich, dass die Koexistenz der Systeme nicht nur eine leere Worthülse war. Dass aus der Solidarność↑ eine Verbindungslinie zum Ende des kommunistischen Systems in Polen führte, ist freilich erst 1989 erkennbar geworden.

Entspannung und Normalisierung können aus der Rückschau stärker in ihrer historisch ambivalenten und daher eben auch kontrovers in beiden Ländern diskutierten Rolle gesehen werden. Aktive Koexistenz hat sich ohne Zweifel als eine Voraussetzung der Veränderung erwiesen. Der deutsch-polnische Vertrag von 1991 verweist daher zu Recht auf die Etappen, die für den Prozess der deutsch-polnischen Annäherung großes Gewicht besaßen und insofern Meilensteine auf dem verschlungenen Weg von Stabilisierung *und* Erosion des Herrschaftssystems in Polen waren.

Christoph Kleßmann

4. Deutsch-polnische Interessengemeinschaft in den neunziger Jahren

Nach Jahrzehnten von Konflikt und partieller Kooperation zwischen Deutschland und Polen in der Epoche des „Kalten Krieges“ trat Ende der achtziger Jahre ein grundlegender Wandel in den bilateralen Beziehungen ein. Dieser wurde durch die qualitativ veränderten internationalen wie innenpolitischen Rahmenbedingungen und vor allem durch den atemberaubenden Prozess der Transformation in Europa möglich, der zum Zerfall des Sowjetimperiums, zur Auflösung des Warschauer-Paktsystems und zum Beginn der Demokratisierung Polens geführt hat. Es schien so, dass die nunmehr aussichtsreiche „Verantwortungspolitik“ der Europäer und ihrer Verbündeten im Zeichen gemeinsamer Werte der lang ersehnten Friedensordnung auf dem Kontinent den Weg ebnen könnte, zumal alle europäischen Staaten in der Charta von Paris (1990) das „Zeitalter des Friedens, der Demokratie und der Einheit Europas“ als ihre wesentliche Zielsetzung verkündet hatten.

In der bedeutsamen gemeinsamen Erklärung, die Bundeskanzler Helmut Kohl und Ministerpräsident Tadeusz Mazowiecki Mitte November 1989 unterzeichnet hatten, war bereits von diesem Geist die Rede. Von nun an sollte eine Politik der Verständigung, des Beispiels für gute Nachbarschaft und des vertrauensvollen Miteinanders das deutsch-polnische Verhältnis bestimmen.

Mit der Vollendung der deutschen Einheit in Frieden und Freiheit am 3. Oktober 1990 – einvernehmlich mit Partnern und Freunden vollzogen – wurden schließlich auch die rechtlichen Voraussetzungen für die Grenzregelung geschaffen. Die völkerrechtliche Anerkennung der deutschen Ostgrenze an Oder und Neiße vom 14. November 1990, seit Jahrzehnten Pfahl im Fleisch der bilateralen Beziehungen, setzte ebenso neue Maßstäbe wie der Nachbarschafts- und Freundschaftsvertrag vom 17. Juni 1991. Diese Vereinbarungen verdeutlichten, dass beide Staaten fest entschlossen waren, nunmehr Weichen für die Entwicklung einer deutsch-polnischen Interessengemeinschaft zu stellen, bei der die Gemeinsamkeiten in Staat und Gesellschaft durch intensivere Verflechtung gefördert werden, nach besten Kräften die sozioökonomischen Asymmetrien schrittweise abgebaut und endlich den deutschen Minderheiten in Polen angemessene Rechte eingeräumt werden sollten. Zugleich erklärte Deutschland seine Bereitschaft, Polen bei der künftigen Aufnahme in die europäischen Gemeinschaften nach besten Kräften unterstützen zu wollen, wobei es klarstellte, dass dies nur im Konsens mit seinen Partnern im Westen geschehen konnte.

Bis Mitte der neunziger Jahre schlossen die beiden Staaten zahlreiche weitere Verträge und Abkommen ab, vor allem im Bereich der Grenzregulierungen, der militärischen Kooperation, der Umwelt- und Raumordnungspolitik sowie in dem der gegenseitigen Hilfestellung bei Katastrophen oder schweren Unglücksfällen. Zusammen mit der Kultur der Partnerschaften von Parlamentariern, Kommunen, Universitäten, Schulen und weiteren gesellschaftlichen

Gruppen wurden somit die wichtigsten Voraussetzungen geschaffen, das gesamte Vertragswerk zwischen Deutschland und Polen mit Leben zu erfüllen und die Integration – auch als Mittel kooperativer friedlicher Konfliktregelung – zu fördern. Das schließt allerdings nicht aus, dass nach wie vor bestimmte Vorurteile vorhanden sind: Auf der einen Seite eine gewisse Angst vor deutscher Dominanz und dem möglichen „Ausverkauf von polnischem Grund und Boden an Deutsche", auf der anderen Seite eine Sorge vor „Überflutung" des Arbeitsmarktes durch Polen. Im übrigen lassen die Kenntnisse voneinander noch zu wünschen übrig. Das trifft vornehmlich für Deutschland („Polenbild") zu, während gelegentlich bestimmte Ereignisse (so z. B. Erklärungen des Bundestages und des Sejm↑ zum Niederlassungsrecht der ehemaligen Bewohner der deutschen Ostgebiete und zur Unverletzbarkeit der Grenzen) die Störanfälligkeit der Beziehungen beweisen. Hinzu kommt, dass der Umgang gerade auch unter Politikern der jüngeren Generation häufig mehr den Charakter der Geschäftsmäßigkeit hat und nicht mehr in der gleichen Weise wie in der Vergangenheit von den historischen Belastungen und dem daraus resultierenden persönlichen Engagement geprägt wird.

Dessen ungeachtet hat Deutschland inzwischen als Advokat Polens seinen Nachbarn bei seinen Bemühungen um eine Westintegration, einer der Kernpunkte der Interesengemeinschaft, nachhaltig und effektiv unterstützt. Das traf sowohl bei der Partnerschaft für den Frieden (1994), der Aufnahme in die OECD als auch bei den 1998 beginnenden Beitrittsverhandlungen mit der EU zu. Als vorläufiger Höhepunkt dieser Bemühungen kann der Beitritt Polens (zusammen mit Ungarn und Tschechien) zum kollektiven Verteidigungsbündnis der NATO am 12. März 1999 bezeichnet werden. Nach Irrungen und Wirrungen in der Vergangenheit sind die ebenso offenen wie nüchternen bilateralen Beziehungen am Ende des Jahrhunderts ein wichtiges Element der Stabilität in Europa. Mögen auch nach wie vor Differenzen bestehen (u. a. in Fragen der Kulturgüterrückführung) und gegenwärtig bei so manchem politischen Repräsentanten beider Länder Ideen und Schwung bei der Bewältigung der gemeinsamen Aufgaben in einer Welt der „Unordnung" und neuer Herausforderungen vermisst werden, die neuen Wege der Partnerschaft sind ein überzeugendes Beispiel dafür, wie beiderseits aus der Geschichte gelernt werden kann.

Hans-Adolf Jacobsen

Didaktische Überlegungen IV

Die Kapitel 2, 3 und 4 sind chronologisch angeordnet: Sie reflektieren die Geschichte der deutsch-polnischen Beziehungen im Zeitraum von 1944 bis zur Gegenwart und unterscheiden sie in drei zeitlich aufeinanderfolgende Perioden:

- in eine erste, die durch die von den Siegermächten des Zweiten Weltkrieges verfügte Teilung Europas bestimmt wurde und durch Trennung, Abwehr, Sprachlosigkeit charakterisiert ist,
- in eine zweite Phase, die durch eine neue Ostpolitik die Trennung durch allmähliche Annäherung, die Sprachlosigkeit durch einen Dialog der ehemals verfeindeten Staaten aufheben will,
- nach der glücklichen Wende in Europa nach 1989 schließlich in eine neue Phase einer deutsch-polnischen Zusammenarbeit.

Den chronologisch angeordneten Abschnitten ist ein Kapitel vorgeschaltet, das die deutsch-polnischen Beziehungen in einen größeren historischen Rahmen stellt und einige der Belastungen dieser Geschichte thematisiert. Es ist nicht unbedingt notwendig, dieser Anordnung zu folgen. Es ließe sich auch denken, bei einer Untersuchung der deutsch-polnischen Geschichte im 20. Jahrhundert den Ursachen ihrer Konflikte nachzugehen und sie in die Geschichte des 19. Jahrhunderts hinein zurückzuverfolgen und nach den Problemen zu fragen, die aus dieser Zeit ins 20. Jahrhundert hinüberwirken. Je nach didaktischer Entscheidung spricht einiges dafür, mit einer Untersuchung zentraler Probleme zu beginnen, die dieses Verhältnis belastet haben.

Hierzu gehört die Bedeutung des *nationalen Bewusstseins* und ihre Wirkung auf das Zusammenleben der Völker Europas. Es ist ein wichtiges Erkenntnisziel, die Komplexität und die Widersprüchlichkeit des Begriffs *Nation* in der europäischen Geschichte des 19. Jahrhunderts zu erfassen: ihre auf die Emanzipation der Bürger, zuerst der Staatsbürger gerichtete Bedeutung zu Beginn des Jahrhunderts – Nation als ein Zeichen des Aufbruchs aus verkrusteten feudalen Strukturen, im Geiste der Französischen Revolution optimistisch auf die Welt bezogen, – und ihre zunehmende Selbstbezüglichkeit. Für Schüler ist es wichtig, diese Widersprüchlichkeit zu erkennen und im deutsch-polnischen Verhältnis aufzufinden. Die nationalen Hoffnungen der Deutschen wurden spät und unvollkommen erfüllt. Für die Polen war die Wiedergewinnung ihrer ungeteilten Nation in einem Staat von großer Bedeutung. Für beide Völker war der Begriff der Nation lange positiv besetzt. Um das Verständnis für diese Einstellungen zu vertiefen, sollten entsprechende Gedichte und Lieder herangezogen werden, die diese Doppeldeutigkeit wiedergeben. Auch in der autobiographischen Literatur lassen sich Beispiele für Prägungen des nationalen Bewusstseins finden.

Literatur:

- Dieter Langewiesche: Nation, Nationalismus, Nationalstaat in Deutschland und Europa, München 2000

Die Auswahl der Materialien will die verschiedenen Fassetten des nationalen Gedankens in historischer Perspektive vorstellen.

Der „Patriot" des Schweizers Isaak Iselin, in einer programmatischen Schrift zum deutschen Nationalgeist von 1766 abgedruckt, setzt sich uneigennützig für die allgemeine Wohlfahrt ein – Beispiel für das ursprüngliche Verständnis von Patriotismus. Auch das Zitat von Schiller gehört in einen ähnlichen gedanklichen Zusammenhang mit seiner Unterscheidung von Staat und Nation, die als Subjekt der Geschichte erklärt, erhofft wird. Als sich spätestens 1848 die Hoffnung auf politische Emanzipation der Staatsbürger zerschlug, ließ sich aus solchen Vorstellungen die Idee einer Kulturnation ableiten. Das bekannte Lied „Die Wacht am Rhein", in der nationalen Aufwallung der so genannten Befreiungskriege zu Beginn des 19. Jahrhunderts entstanden, zeigt bereits alle Elemente eines nationalen Kampfliedes, das den anderen zum Feind stempeln muss, um sich seines eigenen Wertes zu versichern. Diese Struktur ist für den späteren Nationalismus charakteristisch. Man könnte etwa in politischen Reden des späten 19. wie auch im 20. Jahrhundert genügend Beispiele für eine nationalistische Sprache finden. Es könnte eine lohnende Aufgabe für Schüler sein, diese Reihe von Textbeispielen durch eine selbständige Suche zu ergänzen. In unseren Vorschlägen steht am Ende ein trauriger Blick von Wolf Biermann auf sein „zerrissenes Land".

Als polnisches Beispiel ist das bekannte Lied „Die Rota" (Gelöbnis oder Eid) abgedruckt. Es wurde, von Maria Konopnicka 1908 gedichtet und von Feliks Nowowiejki vertont, zum ersten Mal bei der Einweihung des Grunwald-Denkmals↑ in Krakau 1910 gesungen. Später dient es als Kampflied polnischer Soldaten. Im Unterricht bietet sich ein Vergleich dieses Liedes mit „Der Wacht am Rhein" an. Man könnte die Strukturelemente eines nationalen Kampfliedes herausarbeiten, die für diese Textgattung typisch sind und daher auf andere Fälle übertragbar.

M 168 Maria Konopnicka: Die Rota (Gelöbnis), polnisches Kampflied von 1908
M 169 Isaak Iselin: Ein Patriot, Vorspruch zu dem Buch „Von dem Deutschen Nationalgeist" (1766)
M 170 Friedrich von Schiller: Deutsche Größe (1801)
M 171 Lied: Max Schneckenburger: Die Wacht am Rhein, deutsches Kampflied
M 172 Gedicht: Wolf Biermann: Und als wir ans Ufer kamen (1978)

Der deutsch-polnische Konflikt nach dem Ersten Weltkrieg zeigt sich auf beiden Seiten in einem *Gefühl der Bedrohung.* Es ist für Schüler wichtig, die Bedeutung von Gefühlen, Bewusstseinsvorgängen, irrational bedingten Einstellungen im Verhältnis der Deutschen und Polen zueinander wie auch im historischen Prozess zu erkennen. Das setzt freilich einen Geschichtsunterricht voraus, der sich nicht auf eine bloße Ereignisgeschichte beschränkt, sondern eine Tiefenstruktur des historischen Geschehens offen legen will.

Es verwundert nicht, dass in diesen mentalen Zusammenhängen *Mythen* eine große Rolle spielen. Sie sind es oft mehr als die Aussagen der Wissenschaft, die von Menschen in bestimmten Situationen als Tatsachenerklärung ernst genommen werden. Offenkundig wirken Mythen ganz unabhängig von ihrem Wahrheitsgehalt auf unsere Vorstellungen ein und prägen unser Geschichtsbewusstsein.

Im Begriff *„Erbfeind"* wird ein solcher Mythos angesprochen, der eine große Wirksamkeit im öffentlichen Bewusstsein vor allem in den beiden Weltkriegen und der Zwischenkriegszeit entfaltet hat.

M 173 Rudolf Jaworski: Feindbild-Definition und deutsch-polnische Feindbilder

Freilich sollte sich der Lehrer möglichst nicht auf das deutsch-polnische Beispiel beschränken, sondern andere Beipiele hinzunehmen, die den Denkhorizont erweitern. Der Mythos vom Erbfeind wirkte auch im Verhältnis zu westeuropäischen Ländern. Vgl. „Erbfeind Frankreich", das „perfide Albion". Es handelt sich um politische Kampfbegriffe, aus Stereotypisierungen entstanden und auf eine alleinige feindselige Charakterisierung zugespitzt. Die beiden Beispiele zeigen, dass solche Mythen in grundlegend veränderten Situationen, durch historische Erfahrungen und neue Wahrnehmungen ihre Wirksamkeit einbüßen können. Mit der deutsch-französischen Zusammenarbeit nach dem Zweiten Weltkrieg verblasste und verschwand schließlich der Mythos vom Erbfeind Frankreich.

Aus diesen konkreten Beispielen lässt sich die Erkenntnis ableiten von der prinzipiellen Offenheit der Geschichte. Schüler und Schülerinnen gewinnen die Einsicht, dass sich unsere Einstellungen durch Erfahrungen verändern können. Diese allgemeine Einsicht sollte auf die Interpretation der deutsch-polnischen Beziehungen übertragen werden.

Die beiden folgenden Quellen gelten dem „Erbfeind Frankreich". Die Karte aus einer Volkstumsfibel ist ein aussagekräftiges Beispiel für einseitige, verfälschende Sicht auf das Verhältnis zwischen Deutschland und Frankreich in der Geschichte, müssen die Schüler doch aufgrund dieser Karte annehmen, alle Kriege zwischen den beiden Ländern seien von Frankreich ausgegangen.

M 174 Auszüge aus „Geschichtsbilder für den neuzeitlichen Unterricht in einfachen Schulverhältnissen" von 1924

M 175 Karte: Frankreichs Vordringen im deutschen Westen, aus einer Volksfibel von 1935

Literatur:

- Rudolf Jaworski: Deutsch-polnische Feindbilder 1919–1932, in: Internationale Schulbuchforschung, 6. Jg. 1984, S. 140 –156 (enthält zahlreiche Karikaturen)
- Jerzy Holzer: Der widerliche Schwabe, der brutale Preuße ..., in: Günter Trautmann (Hrsg.): Die häßlichen Deutschen? Deutschland im Spiegel der westlichen und östlichen Nachbarn, Darmstadt 1991
- Gilbert Ziebura: Die deutsch-französischen Beziehungen seit 1945. Mythen und Realitäten, Stuttgart 1977 (Vgl. Einleitungskapitel)

Zahlreiche Veröffentlichungen zu den deutsch-polnischen Beziehungen in den 20er und 30er Jahren sind reine Kampfschriften und zeigen ihre Tendenz auf ihren Titelblättern, auf denen Polen als Feindbild zu erkennen ist. Diese Materialien könnten als Einstieg in den Geschichtsunterricht zum Thema dienen. Sie provozieren weiterführende Fragen, die den Gang des Unterrichts strukturieren können.

M 176 Titelblätter: „Deutschlands Ostnot", „Der Zug nach Osten", „Schlesien, Ausfallstor deutscher Kultur nach dem Osten", „Der Lebenskampf im deutsch-polnischen Grenzraum"

M 177 Polnische Gebietsansprüche 1941–44

Neben den Textauszügen sind für die uns hier interessierenden Fragen die ausgewählten Karikaturen im Unterricht gut verwendbar, zeigen sie doch das mythisch fundierte Feindbild besonders anschaulich. Die Karikatur „Der deutsche Hund" spricht zudem Unterschiede im Verhältnis zu Frankreich und Polen an.

M 178 Karikatur: Die Deutschen und der Versailler Vertrag, 1921

M 179 Karikatur: Perpetuum mobile: Und wieder werden wir mit dem Aufbau eines deutschen Staates beginnen: auf der Grundlage des Raubrittertums, 1919

M 180 Karikatur: Der deutsche Hund ohne Schwanz, aber mit zwei Schnauzen: eine nach Frankreich, die andere nach Polen, 1925

M 181 Plakat: Kamerad, hilf mir! Gegen Bolschewismus, Polengefahr und Hungersnot

Auch in Sprichwörtern und Redewendungen können Feindbilder angesprochen werden, häufiger noch handelt es sich um zu Stereotypen verdichtete Charakterisierungen, die keineswegs immer boshaft sein müssen, sondern auch liebenswürdige Schrulligkeiten enthalten können. Beispiele finden sich in

M 182 Zum Mythos vom Deutschen in der polnischen Volksüberlieferung und Literatur: Sprichwörter, Redewendungen und Anekdoten

In der postmodernen Debatte verschwimmt gelegentlich eine eindeutige Unterscheidung von Mythen und historischen Urteilen. Sind historische Erkenntnisse, die einen gewissen Wahrheitsgehalt für sich beanspruchen können, überhaupt möglich?

Es ist wichtig, mit Schülern die Möglichkeiten und Grenzen geschichtswissenschaftlicher Forschung zu thematisieren, zumal der Vorwurf an die Geschichtswissenschaft, sie habe auf künftige Kriege vorbereitet, dringend eine Klärung ihrer Funktion erfordert. Es wäre zu billig, Schüler in ihrer Meinung allein zu lassen, Erkenntnis sei unmöglich, die Geschichtswissenschaft diene nur der Legitimation des jeweiligen Staates. Die modische Beliebigkeit und Unverbindlichkeit der Ergebnisse unseres Denkens sollten im Geschichtsunterricht problematisiert werden, damit Schüler und Schülerinnen die Leistungen der Wissenschaft wie ihre Erwartungen an sie einschätzen und begründen können.

Die im Sachtext angesprochene „deutsche Ostforschung" und „polnische Westforschung" (oder: Westgedanke) sind für diesen Zusammenhang ein gutes Beispiel, an dem der Wahrheitsanspruch der Wissenschaft und der Wissenschaftler problematisiert werden kann. In beiden Fällen sind es politische Motive und politische Ziele, die mit der neuen Forschungsrichtung verfolgt werden: Die deutsche Ostforschung entstand 1918 als Reaktion auf die Folgen des Ersten Weltkrieges. In der allgemeinen Erregung über die Bestimmungen des Versailler Vertrages war es die Ostforschung, die die territorialen

Ansprüche Deutschlands wissenschaftlich zu begründen suchte. Auch die polnische Westforschung, die man als ein Pendant zum deutschen Beispiel betrachten kann, war auf politische Zwecke ausgerichtet: Sie diente der Legitimation der nach 1945 verfügten Grenzverschiebungen im Osten und der Fundierung der These von den „wiedergewonnenen Gebieten". Beide Beispiele zeigen, dass die Geschichtswissenschaft von politischen Interessen instrumentalisiert werden kann.

Zur Ost- bzw. Westforschung:
Die Literaturhinweise geben deutlichen Aufschluss sowohl über den gegenwärtigen Forschungsstand als auch über die jüngste Debatte. „Ostforschung" war Thema des 41. Deutschen Historikertages 1996 in München. Die Beiträge dieser Sektion sind in der „Zeitschrift für Ostmitteleuropa-Forschung" (46/97) abgedruckt. Man könnte die sehr interessanten und materialreichen Untersuchungen in folgendem Urteil zusammenfassen: „Wo die Ostforschung ihrem Grundsatz der volkstumsgeschichtlichen Betrachtung aus deutscher Perspektive konsequent verpflichtet blieb, unterlag sie ebenso konsequent der ihr immanenten Dynamik von nationalpolitischer Radikalisierung einerseits und geschichtswissenschaftlicher ‚Entprofessionalisierung' andererseits." (Michael G. Müller, ZfO, S. 382)

Beim 42. Historikertag in Frankfurt (1998) waren es die Beiträge bekannter deutscher Historiker zur Ostforschung, die eine lebhafte Debatte über die Haltung der deutschen Geschichtswissenschaft gegenüber dem Nationalsozialismus auslöste (vgl. die Literaturangaben in den Sammelbänden von Peter Schöttler und Winfried Schulze/Otto Gerhard Oexle). Da sich die Debatte bald zur Anklage gegen die Schülergeneration entwickelte, der man vorwarf, ihre schuldigen Väter nicht befragt zu haben, sind die Antworten dieser Schüler von großem Interesse. (s. Hohls/Jarausch „Versäumte Fragen")

Literatur:

- Zeitschrift für Ostmitteleuropa-Forschung 46 (1997). H. 3, S. 317–426 (Beiträge von Eduard Mühle, Norbert Kersken, Michael G.Müller, Hans-Henning Hahn und Włozimierz Borodziej)
- Jan M. Piskorski: „Deutsche Ostforschung" und „polnische Westforschung", in: Berliner Jahrbuch für osteuropäische Geschichte, 1996/1, Osteuropäische Geschichte im Vergleich, Berlin 1996, S. 379–389
- Ingo Haar: „Revisionistische" Historiker und Jugendbewegung: Das Königsberger Beispiel, in: Peter Schöttler (Hg.): Geschichtsschreibung als Legitimationswissenschaft 1918–1945, Frankfurt a.M. 1997, S. 52–103
- Ingo Haar: Historiker im Nationalsozialismus. Deutsche Geschichtswissenschaft und der „Volkstumskampf" im Osten, (Kritische Studien zur Geschichtswissenschaft, Band 143), Göttingen 2000
- Zur historischen Ostforschung vgl. die Beiträge von Götz Aly, Wolfgang J. Mommsen, Ingo Haar, Michael Fahlbusch, Hans Mommsen und M. Beer in dem Sammelband: Winfried Schulze/Otto Gerhard Oexle (Hg.): Deutsche Historiker im Nationalsozialismus, Frankfurt a.M. 1999
- Rüdiger Hohls und Konrad Jarausch (Hg.): Versäumte Fragen. Deutsche Historiker im Schatten des Nationalsozialismus, München 2000

Die Materialien erlauben eine vergleichende Untersuchung zur polnischen West- und der deutschen Ostforschung. In beiden Fällen werden politische Ziele deutlich, während die Beteiligten sich zugleich als Wissenschaftler verstehen, die der wissenschaftlichen Wahrheitssuche verpflichtet sind. Die polnischen Quellen, die sich auf die Konzeptionen des Westinstitutes beziehen, lassen in den 50er Jahren Veränderungen erkennen. Die deutschen Quellen, Aussagen von Hermann Aubin von 1939 und 1952, sollten ebenfalls auf mögliche Wandlungen und veränderte Akzentuierungen hin untersucht werden.

M 183 Auszug aus dem Vorwort von Zygmunt Wojciechowski zum programmatischen Buch „Dolny Śląsk" (Niederschlesien) des Westinstituts, 1947

M 184 Auszüge aus dem Protokoll der außerordentlichen Vollversammlung der Mitglieder des Westinstituts am 22. Februar 1956

M 185 Auszug aus einem Brief von Hermann Aubin an Albert Brackmann vom 18.9. 1939

M 186 Hermann Aubin: Arbeitsplan für die Denkschrift über die ostdeutschen Reichs- und Volkstumsgrenzen. Protokoll der Sitzung vom 28.9.1939 in Breslau

M 187 Hermann Aubin: An einem neuen Anfang der Ostforschung

Das Beispiel der Ost- und Westforschung lenkt die Frage zurück zu den Grundlagen historischer Erkenntnis. Die Aufgabe der Geschichtswissenschaft muss deutlich werden:

Sie hat – methodisch geregelt – historisches Wissen zu erarbeiten, das intersubjektiv überprüfbar ist und einer Gesellschaft zur Aufklärung über ihre Vergangenheit dienen kann. Das setzt eine gewisse Distanzierung von vorherrschenden Interessen und Zwecken voraus.

Daraus folgt freilich nicht, dass sich die Geschichtswissenschaft von den Erkenntnisinteressen und Orientierungsbedürfnissen ihrer Zeit und ihrer Gesellschaft entfernen sollte oder könnte. Sie nimmt Fragen aus dieser Gesellschaft auf und sucht sie mit den Methoden ihrer Wissenschaft zu beantworten. In dieser Hinsicht nimmt sie eine wichtige Orientierungsfunktion wahr.

Diese Zusammenhänge können an der Diskussion über Objektivität und Parteilichkeit mit Gewinn untersucht werden. Die gegenwärtige Debatte hat mit der Betonung des konstruktivistischen Charakters geschichtswissenschaftlichen Arbeitens, mit dem Nachdenken über Bedeutung, Text, Kultur eine Fülle interessanter Fragen aufgeworfen, die an dieser Stelle nur angedeutet werden können. In der angegebenen Literatur findet sich ein Überblick über gegenwärtige Tendenzen. (s. Ute Daniel)

Literatur:

- Jörn Rüsen: Zeit und Sinn. Strategien historischen Denkens, Frankfurt 1990
- Reinhart Koselleck, Wolfgang J. Mommsen und Jörn Rüsen (Hrsg.): Objektivität und Parteilichkeit in der Geschichtswissenschaft, (Theorie der Geschichte, Beiträge zur Historik Bd. 1), München 1988
- Ute Daniel: Clio unter Kulturschock. Zu den aktuellen Debatten der Geschichtswissenschaft, in: Geschichte in Wissenschaft und Unterricht, 48 (1997), S. 195–219; S. 259–278
- Bernd Faulenbach: Ideologie des deutschen Weges. Die deutsche Geschichte in der Historiographie zwischen Kaiserreich und Nationalsozialismus, München 1980

Im Zeitraum von 1944 bis 1955 vollzieht sich *die Teilung Europas*, und es entsteht ein System ideologisch fundierter und machtpolitisch bestimmter Blockbildung, das einen Dialog über die Systemgrenzen hinweg erschwert und teilweise unmöglich macht. Diese geteilte Ordnung Europas hat bis zur Wende 1989 und bis zur Auflösung der Sowjetunion Bestand gehabt, doch gelang es in den siebziger Jahren, einige Breschen in dieses erstarrte Gehäuse zu schlagen und einen – wenn auch mühsamen – Dialog zu beginnen.

Unter den Materialien geben die Atlantik-Charta und die Reden von Winston Churchill und Andrej Ždanov genügend Hinweise auf die Politik und die politischen Ansichten der Nachkriegszeit, während die Texte von Maria Dąbrowska und Wolfgang Borchert die Zeitstimmung und die Traumata der Überlebenden reflektieren.

Sich mit diesem Zeitraum im Geschichtsunterricht zu beschäftigen, bedeutet, die Vorgeschichte der Gegenwart zum Gegenstand historischen Lernens zu wählen. Manche Probleme im Umgang von Deutschen und Polen (ähnlich wie zwischen Ostdeutschen und Westdeutschen) gehen auf die unterschiedlichen Erfahrungen aus den Zeiten der Trennung zurück. Es kommt darauf an, diese Unterschiede herauszuarbeiten und Denken, Vorstellungen und Gefühle von Menschen unter dem Zwang ihrer Lebensumstände verständlich zu machen. Eine genaue Rekonstruktion solcher Lebensverhältnisse wie auch die Reaktionen auf sie sind anhand staatlicher Vorgaben und ökonomischer Daten wie autobiographischer Zeugnisse möglich. Der Hinweis auf Freiheit im westlichen und Unfreiheit im östlichen System gibt zwar eine korrekte Tatsachenbeschreibung wieder, schöpft aber nicht alle Lernmöglichkeiten aus, die durch einen Vergleich der Systeme auf der Ebene des alltäglichen Lebens gewonnen werden können. Denn was bedeutet Freiheit für den Einzelnen: die Möglichkeit, selbstständig Entscheidungen zu treffen, nach eigenen Vorstellungen zu handeln und über sein Leben zu bestimmen. Dies zielt auf Mündigkeit, Autonomie. Auf die Freiheitsrechte, in langen Auseinandersetzungen gegen erbitterte Widerstände errungen, würde kein Bürger eines demokratischen Staates verzichten wollen. Freilich will auch das Leben in einer freiheitlichen Gesellschaftsordnung gelernt sein, denn es fordert vom Einzelnen, die eigenen Entscheidungen zu begründen und Verantwortung für sie und ihre Folgen zu übernehmen, – statt Geborgenheit in sozialen Milieus Individualismus zu akzeptieren und Einsamkeit zu ertragen, sie unter Umständen als sinnvolle Möglichkeit des eigenen Lebens zu begreifen. Demgegenüber erscheint das Leben im östlichen System wie ein Gegenbild. Die Einschränkung oder gar Verhinderung von Freiheit, die Reglementierung und Gängelung wurden von vielen Menschen schmerzlich und nicht selten zornig aufbegehrend erlebt. Neben dieser Haltung gab es ein Arrangieren mit den Lebensverhältnissen, so gut es ging, die Einordnung in die vorgegebene Ordnung, die wenig eigene Initiative verlangte und manchem bequem erscheinen mochte. Was unter den schwierigen Lebensbedingungen zählte, war die Erfahrung der Geborgenheit in vertrauten Kollektiven, von gelebter Solidarität unter Freunden. Die einmal von Wolfgang Thierse aufgeworfene Frage: Gab es ein „richtiges“ Leben im „falschen“ kann zu ernstem Nachdenken anregen. Die durch Vergleich gefundenen Charakterisierungen sollten von Schülern und Schülerinnen in ihrer Problematik bedacht und in einer offenen Unterrichtssituation diskutiert werden.

Der Prozess der Teilung Europas vollzog sich über mehrere Jahre in verschiedenen Etappen:

- Konferenz von Teheran 1943: Stalin, Churchill↑ und Roosevelt einigen sich über ihre Kriegsstrategie und die Aufteilung von Einflusszonen. Die westlichen Großmächte akzeptieren die von Stalin genannte Einflusszone in Ostmitteleuropa wie auch die Ostgrenze Polens
- Konferenz von Jalta 1945: Entscheidung über die Nachkriegsordnung in Europa
- Die Gründung des Nordatlantikpaktes 1949
- Die Gründung der Bundesrepublik Deutschland und der Deutschen Demokratischen Republik 1949.

Nur kurze Zeit nach der Befreiung von der nationalsozialistischen Herrschaft und dem Ende der deutschen Besatzung konnten die Polen hoffen, Herr im eigenen Hause zu sein und ihre politischen Entscheidungen frei und selbstbestimmt treffen zu können. Bald darauf entschied die Systemzugehörigkeit über das politische Schicksal. Dasselbe gilt für die Deutschen, die Verlierer des Zweiten Weltkrieges. Doch während die Westdeutschen – als Mitglieder der westlichen Welt in ungleich günstigerer Lage – schrittweise Souveränitätsrechte zurückgewinnen konnten, blieb für die Ostdeutschen ihre Abhängigkeit von der östlichen Großmacht entscheidend.

Didaktisch bedeutsam bei der Reflexion dieser historischen Zusammenhänge ist die Frage nach den Handlungsmöglichkeiten in Demokratien und Diktaturen.

M 188 Atlantik-Charta vom 14. August 1941
M 189 Auszüge aus der Rede Winston Churchills↑ in Fulton am 5. März 1946
M 190 Auszüge aus einer Rede Andrej Ždanovs auf der Beratung von neun kommunistischen Parteien im September 1947
M 191 Lied: „Jalta", Text und Musik von Jacek Kaczmarski, 1984
M 192 Tagebuchauszug der polnischen Schriftstellerin M. Dąbrowska vom 27.1.1945
M 193 Wolfgang Borchert: Draußen vor der Tür (Auszug)
M 194 Wolfgang Borchert: Generation ohne Abschied

Die *Neue Ostpolitik* war in Deutschland umstritten und wurde von konservativer Seite, vor allem von den Vertriebenen, mit dem Argument, deutsche Rechtspositionen würden leichtfertig aufgegeben, heftig bekämpft.

M 195 Foto: Aufruf zur Versöhnung: Demonstration evangelischer und katholischer Theologiestudenten

Dass trotz dieser erbitterten Kritik in den siebziger Jahren die von der CDU/FDP geführte Regierung nach 1982 die Ostpolitik fortsetzte, zeigt, dass der eingeschlagene Weg von der großen Mehrheit der deutschen Bevölkerung bejaht wurde.

M 196 Karikatur: Ostpolitik

Den kontroversen Debatten im Einzelnen nachzugehen, dürfte sich heute erübrigen. Stattdessen sollte man das grundsätzliche Problem im Geschichtsunterricht herausarbeiten, das im Zusammenhang der Ostpolitik deutlich wird:

Durch die Ostpolitik wurden die verhärteten Fronten im geteilten Europa aufgebrochen und ein Dialog über die feindlichen Blöcke hinweg in Gang gesetzt. Ein politischer, wirtschaftlicher, wissenschaftlicher und kultureller Austausch wurde möglich. Daraus ergaben sich Erleichterungen für die Bevölkerung. Nach der feindseligen Trennung schien nun eine Normalisierung eingetreten zu sein, die zum Frieden in Europa beitrug. Das war nur möglich durch eine Anerkennung der Gegebenheiten, die durch die Nachkriegsordnung gesetzt worden waren, das bedeutete zugleich auch: durch die Anerkennung der polnischen Regierung und ihres politischen Systems. Die Politik eines „Wandels durch Annäherung" erhoffte in langfristiger Perspektive eine Demokratisierung der osteuropäischen sozialistischen Staaten, sie nahm freilich zunächst ihre Stabilisierung in Kauf.

Hier wird ein Dilemma sichtbar, das im Geschichtsunterricht unter verschiedenen Aspekten diskutiert werden könnte:

– *als ein historisches*: Gab es in der speziellen historischen Situation der siebziger Jahre eine realistische Alternative zur Ostpolitik? Was hätte es bedeutet, auf Dialog und Unterstützung zu verzichten und stattdessen darauf zu warten, dass das System an seinen Widersprüchen eines Tages von selbst zugrunde ginge?
– *als ein politisches:* Problem des strategischen Kalküls: Dieser langfristigen Zielsetzung folgend, musste der Dialog mit den Vertretern des Regimes gesucht werden. Die so genannten Dissidenten dagegen, in ihren politischen Vorstellungen den westlichen Politikern nahestehend, hofften vergebens auf eine tatkräftige Unterstützung. (Vgl. **M 200**)
– *als ein philosophisch-ethisches*: Es erschließt sich, wenn wir auf das Handlungsmodell zurückgehen. Folgende Fragen und Probleme sind zu bedenken: Zusammenhang von Sinngebung des Handelns und Sachbedingungen, auf die es trifft; Abwägen von Absichten und Folgen; unbeabsichtigte Folgen. Und schließlich die Überlegung: Auch durch Nicht-Handeln wirke ich auf Entwicklungen ein.

M 197 Egon Bahr: Was wird aus den Deutschen? Fragen und Antworten (Auszug)
M 198 Willy Brandt↑: Begegnungen und Einsichten. Die Jahre 1960–1975 (Auszug)
M 199 Mieczysław Tomala: Ein Zeitzeuge erinnert sich (Auszug)
M 200 Helga Hirsch: Zur Berichterstattung über Deutschland in der polnischen Presse

Literatur:

– Hans-Adolf Jacobsen/Mieczysław Tomala (Hrsg.): Bonn – Warschau. Die deutsch-polnischen Beziehungen. Analyse und Dokumentation. Köln 1992

Während von konservativer Seite in der Bundesrepublik die Aufgabe deutscher Interessen beklagt und die sozialliberale Regierung wegen ihrer Zugeständnisse an die polnische Seite kritisiert wurde, sah die Regierung der DDR in der neuen Ostpolitik eine raffinierte, verdeckte Form eines militanten Antikommunismus. Vgl. dazu das nachfolgende Plakat:

M 201 Plakat: Eine kleine Schlachtmusik, 1969

Der Fall der Mauer am 9. November 1989 ist ein Symbol für das Ende der Teilung Europas und wurde von den Menschen, die sich in dieser Nacht nach den vielen Jahren der Trennung wieder begegnen konnten, als ein epochales Ereignis begriffen. In der Tat zeigt der Fall der Mauer das Ende einer Epoche an und die Hoffnung auf eine neue, friedliche Zeit.

M 202 Foto: Die Berliner Mauer, 1988

Treffend die polnische Aufschrift: „Und die Mauern stürzen und begraben die alte Welt.“

Durch die *Wende 1989* sind die äußeren Belastungen weggefallen, so dass sich die deutsch-polnischen Beziehungen auf einer neuen, stabilen Basis entwickeln können. Sie werden gegenwärtig als eine *Interessengemeinschaft* charakterisiert: Polen sieht in Deutschland den Fürsprecher für seinen Eintritt in die Europäische Union; Deutschland erwartet von Polen eine Anerkennung seiner deutschen Minderheit und deren Rechte. Was verbindet die beiden Partner, wenn diese Interessen erfüllt sind? Welche Antwort wird die neue Generation geben, die durch die Erfahrungen der Feindschaft nicht mehr belastet ist und keine unmittelbare Verantwortung für Versöhnung mehr empfindet?

M 203 Der deutsche Michel in Polen: Nach der Öffnung der deutsch-polnischen Grenze (1991) – Karikatur von Jacek Sasin

M 204 Karikatur: Klischees trotz neuer Perspektiven: Deutschland und Polen im Zeichen ihrer zukünftigen EU-Partnerschaft

Literatur:

– Ekkehard Buchhofer und Bronisław Kortus (Hg.): Deutschland und Polen. Geographie einer Nachbarschaft im neuen Europa (Studien zur internationalen Schulbuchforschung, Bd. 81), Frankfurt 1994

Ursula A. J. Becher

Ausblick:
Europäische Einigung und nationale Identität

Es liegt offensichtlich nicht an der Geografie, dass wir uns heute Gedanken über Formen und Inhalte einer Vereinigung Europas machen, denn, wie der Brockhaus (19. Aufl., 1988, Bd. 6, S. 628) meint: „Geschichtl(iche), wirtschaftl(iche) und kulturelle Gründe rechtfertigen es, Europa als selbständigen Erdteil aufzufassen".

Das Wir-Gefühl der Europäer war allerdings in den vergangenen 1000 Jahren recht unterschiedlich beschaffen, je nach Epoche, regionaler Zugehörigkeit, sozialem Stand, religiösem Bekenntnis usw., so dass es wohl schwer fällt, dabei Aussagen zu machen, die sich einzig und allein auf reale Sachverhalte bezögen und nicht meist einen normativen oder appellativen Akzent hätten.

Die Fragen nach den Grenzen Europas und dem Inhalt dessen, was Europäertum ausmacht, hängen eng miteinander zusammen: Ist Europa einfach die Fortsetzung des Abendlandes, fußend auf lateinischem Christentum in all seinen Strömungen (samt Protestantismus seit dem 16. Jh.) und der Tradition des römischen Rechts, d. h. einer Überlieferung der Antike einschließlich deren politischer Begrifflichkeit? Das würde Europa beschränken auf eine Symbiose der romanischen und germanischen Völker (wie es viele Denker des 19. Jh. auch taten), mit kleinen westslawischen Einsprengseln. Indes – hat die jüdische, hat die byzantinische Welt nicht zur europäischen Kultur gehört? Ist in Byzanz das Erbe der Antike nicht viel unvermittelter überliefert worden (weshalb man dort keiner Renaissance bedürftig zu sein glaubte)? Gehört damit die gesamte griechisch-orthodox geprägte Welt nicht ebenso zu Europa wie die katholisch-protestantische? Dass ostslawische Völker eine Zeitlang von Mongolen beherrscht wurden, mindert ihre Europazugehörigkeit ebenso wenig wie die mehr als 700 Jahre moslemischer Herrschaft auf der Iberischen Halbinsel die der Spanier in Frage stellt. Übrigens – so unzweifelhaft prägend das Christentum, in verschiedenen Varianten, für die europäischen Völker gewesen ist, so ist doch nicht zu übersehen, dass wir es heute in Europa mit vorwiegend säkularisierten Gesellschaften zu tun haben, und dementsprechend gilt es, noch andere qualitative Merkmale des Europäertums aufzuspüren, wenn die Idee der Einheit Europas auch noch Zukunft jenseits gemeinsamer Agrarpreise haben soll.

Warum soll Europa sich vereinigen? Reicht es nicht, dass die Gesellschaften vieler unabhängiger Länder sich Europa zugehörig fühlen? Es waren immer zwei Ideenstränge, die für die Einheit Europas plädierten: Der eine ist der Gedanke der effektiven Friedenssicherung durch föderativen Zusammenschluss, also eine Beruhigung nach innen, und er hatte immer, in unterschiedlichen Gestalten, Konjunktur nach den großen europäischen Kriegen, die nur allzu oft den Charakter gesamteuropäischer Bürgerkriege hatten. Der andere stellt die Großraumbildung in den Mittelpunkt – ein zusammenhängender Großraum verspricht mehr Macht, mehr Wohlstand, größere Modernität (wenn man wirklich glaubt, dass alles Moderne auch groß zu sein hat). Historisch ist das Konzept der Vereinigung Europas als Großraumbildung fast immer aufgetreten mit einer doppelten Zielrichtung, nämlich erstens mit einer Abschirmung nach außen (und nicht selten auch nach innen), also einer bewussten Ausgrenzung äußerer und innerer Feinde, und zweitens mit einem Hegemonie-Anspruch über Europa (von den Karolingern, den deutschen Kaisern, Bourbonen und Habsburgern, Napoleon bis zu den Nationalsozialisten).

Während des Ersten Weltkriegs erschienen zwei programmatische Europa-Schriften, die die Doppelperspektive der Europa-Idee fast idealtypisch verkörpern: der deutsche liberale Politiker Friedrich Naumann entwarf 1915 in seinem Buch „Mitteleuropa" das Bild eines großräumigen Zusammenschlusses Mittel- und Südosteuropas unter deutscher Hegemonie zur beglückenden Wohlstandsstiftung seiner Bewohner und stabilen Machtsteigerung dieses Blocks in der Welt; der tschechische Philosoph, Politiker und spätere Staatsgründer Tomas G. Masaryk konzipierte 1917/18 in seiner Schrift „Das Neue Europa. Der slawische Standpunkt" ein sich aus demokratischen Staaten zusammensetzendes Europa, dessen Hauptaufgabe die Friedenssicherung sowie der Schutz des Selbstbestimmungsrechts der Völker und damit der Existenzberechtigung sog. „kleiner" Nationen sei – also die Durchsetzung und Aufrechterhaltung von Recht, unabhängig von Macht und Größe.

Die Debatte um Gestaltung und Größe der Europäische Union dreht sich im Grunde noch immer um die Fragen, die schon von Masaryk und Naumann aufgeworfen wurden. Wichtig ist dabei jedoch zu bedenken: die Europäische Union ist nicht das Telos der Geschichte, und ob es sich um die komplizierte Bildung eines Staatenbundes oder um die hochkomplexe Entwicklung hin zu einem Bundesstaat per Zusammenschluss handelt, steht noch völlig offen. Jedenfalls aber ist die Europäische Union nicht identisch mit Europa – die Gesellschaften, die heute außerhalb der EU stehen, sind darum nicht weniger europäisch. Deshalb entbehrt der Slogan „Zurück nach Europa" jeden wirklichen Sinngehalts – Polen, Tschechien, Russland und andere Länder waren und sind immer ein Teil Europas gewesen, auch, als sie unter kommunistischer Diktatur leben mussten. Denn auch der Kommunismus – ebenso wie der Faschismus – sind Produkte der europäischen Kultur, auch wenn wir sie heute als Fehlentwicklungen erkennen.

Ob Coca-Cola oder Pizza, Jeans oder aktuelle Modefrisuren, ein bestimmtes Konsumverhalten oder übernationale Gemeinsamkeiten in der Architektur, Malerei, Literatur, Internet oder Popmusik – es unterliegt wohl keinem Zweifel, dass es – auch ohne die politischen Einigungsbemühungen – für jeden ersichtliche Vereinheitlichungstendenzen in der europäischen Welt und darüber hinaus gibt. Diese „Trends“ erzeugen Ängste um die eigene Identität, die viele für bedroht halten, und die sie mit bestimmten ausschließenden Maßnahmen schützen zu müssen meinen. Menschen haben ein Identitätsbedürfnis, und das meint nicht nur, genau zu wissen, wer zur eigenen Gruppe gehört, sondern auch, wie sich diese Gruppe inhaltlich definiert. Hinter solchen Bedrohungsängsten steht die Befürchtung des Verlustes von etwas Wertvollem, und zwar weniger für das Individuum, als vielmehr für die Gesellschaft und die Kultur, die etwas verlieren werde, was sie unverwechselbar macht.

Diese Ängste der Menschen vor Identitätsverlust ernst zu nehmen, muss nicht heißen, dass diese Bedrohung real ist. Der materiell-habituelle Aspekt der Identitätsbildung wird hier nämlich erheblich überschätzt. Weder die Jeans noch die Coca-Cola macht die Menschen gleich, weder sozial noch national; so wenig, wie im 18. Jahrhundert die Einführung des Kaffees oder der Kartoffel in Europa irgendwelche nationalen oder sozialen Unterschiede aufgehoben hat, so wenig geschieht dies heute. Die Tatsache, dass in bestimmten Bereichen der Wissenschaft und Technik oder in der Unterhaltungsmusik die englische Sprache vorherrscht, macht niemanden zum Amerikaner oder Engländer. Auf der individuellen Ebene wird also niemand in seiner Identität bedroht, und was die Existenzmöglichkeiten bestimmter „bedrohter“ Getränke, Brauchtümer, Kleidungen, Volksmusik u. ä. angeht, so zeigt alle historische Erfahrung, dass sie sehr wohl erhalten bleiben, wenn auch in verändertem Umfang, auf anderen Ebenen und in neuen Gewändern.

Ob der Nationalstaat, heute von vielen als überholt bezeichnet, wirklich so rasch ad acta gelegt werden wird, muss vorerst offen bleiben; die Nation als nationale Gesellschaft jedoch wird so lange weiter bestehen, wie sie dem Identitätsbedürfnis der Menschen entspricht. Kulturelle Eigenarten und kollektive mentale Prägungen sind sehr viel subtiler, und kulturelle Überlieferungen bestehen aus weit mehr als der kognitiven Kenntnis der Elitenkultur.

Allerdings – hinter diesen Ängsten steckt ein statisches Bild von nationaler Identität und die Vorstellung einer weitgehend autarken National- oder Regionalkultur. Die Angst vor dem Verlust des „Eigenen“ war immer schon ein Argument gegen Modernisierung bzw. gegen Wandel. Das hat insofern einen realen Hintergrund, als Kulturen sich nur zum kleineren Teil aus sich selbst heraus wandeln und in der Tat kultureller Wandel meist durch befruchtenden Austausch mit den „anderen“ zustande kommt. Davon legt gerade die Entwicklung der europäischen Kultur ein beeindruckendes Zeugnis ab. Diese Erkenntnis macht die Problematik zwar transparenter, aber nicht lösbarer: Denn in Zeiten eines beschleunigten sozio-ökonomischen und technologischen Wandels empfinden Menschen sich leicht im kulturell-habituellen Bereich als überfordert und bauen infolgedessen erhebliche mentale Widerstände auf.

Respekt vor dem Bedürfnis an Identitätswahrung ist hier sicherlich geboten (und sollte auch in jeder Form von Erziehung vermittelt werden). Gleichzeitig aber gilt es, jede Identität, auch nationale Identität, als einen ständigen unmerklichen Wandel zu begreifen und als die bereichernde, befruchtende Quelle dieses Wandels den Austausch mit den „anderen“ zu verstehen. Die Tragfähigkeit einer kollektiven Identität beweist sich gerade in ihrer Fähigkeit zu Austausch und Wandel.

Hans Henning Hahn

Zweiter Teil

Deutschland und Polen im zwanzigsten Jahrhundert
Quellen und Materialien

Robert Maier, Krzysztof Ruchniewicz, Ursula A. J. Becher

M 1 Die deutsch-polnische Grenze um das Jahr 1000 (Karte)

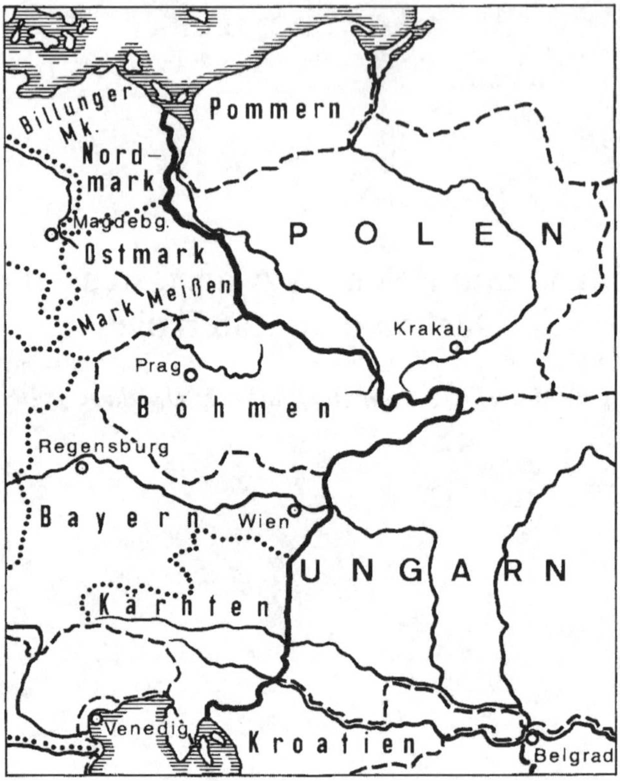

Quelle: Paul Kirn: Politische Geschichte der deutschen Grenzen, Mannheim 1958, S. 31 (Ausschnitt).

Die deutsch-polnische Grenze um das Jahr 1400 (Karte) M 2

Quelle: V. Aschenbrenner, E. Birke, W. Kuhn und E. Lemberg (Hrsg.): Die Deutschen und ihre östlichen Nachbarn. Ein Handbuch, Frankfurt/M. 1967, Karte 4.

M 3 Die Ostgrenze des Heiligen Römischen Reiches Deutscher Nation nach 1650 (Karte)

Quelle: V. Aschenbrenner, E. Birke, W. Kuhn und E. Lemberg (Hrsg.): Die Deutschen und ihre östlichen Nachbarn. Ein Handbuch, Frankfurt/M. 1967, Karte 5.

Die deutsch-polnische Grenze nach 1871 (Karte) M 4

Quelle: V. Aschenbrenner, E. Birke, W. Kuhn und E. Lemberg (Hrsg.): Die Deutschen und ihre östlichen Nachbarn. Ein Handbuch, Frankfurt/M. 1967, Karte 9.

M 5 Die deutsch-polnische Grenze zwischen den Weltkriegen (Karte)

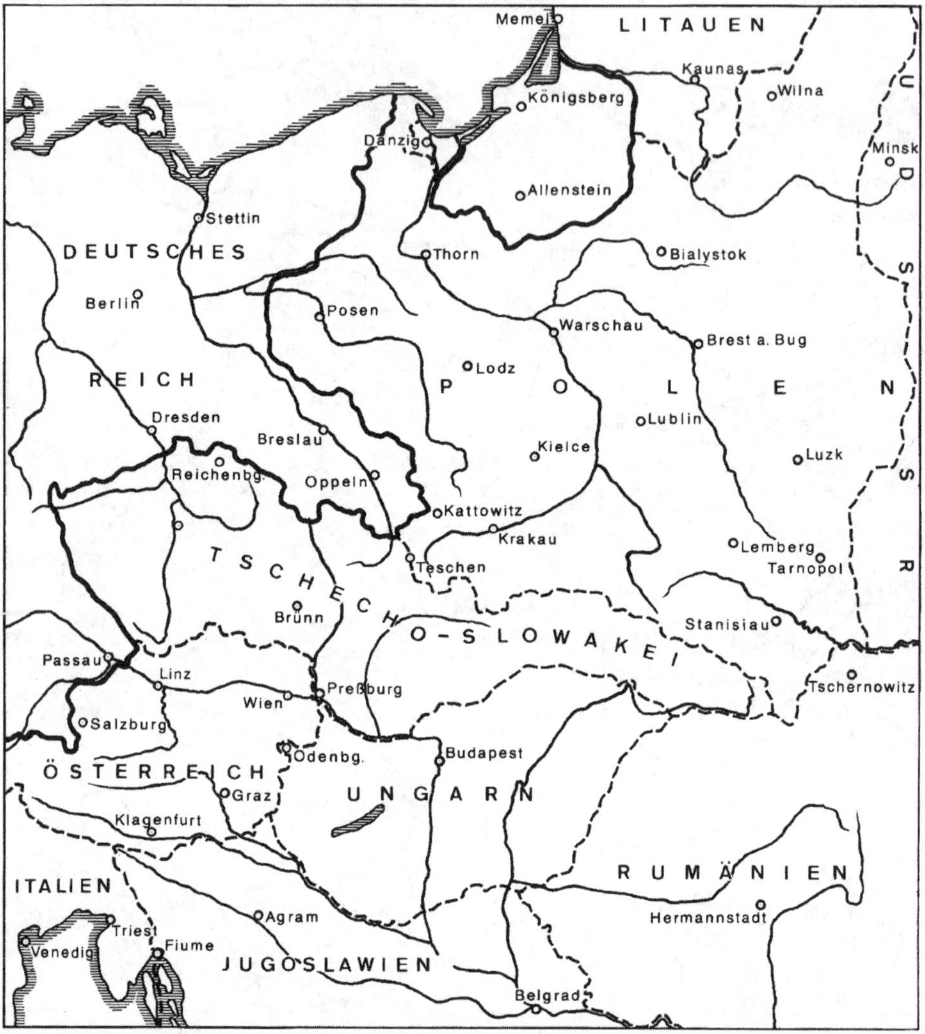

Quelle: V. Aschenbrenner, E. Birke, W. Kuhn und E. Lemberg (Hrsg.): Die Deutschen und ihre östlichen Nachbarn. Ein Handbuch, Frankfurt/M. 1967, Karte 10.

Die Grenze zwischen der Bundesrepublik Deutschland und der Republik Polen (Karte)

M 6

Quelle: Ekkehard Buchhofer, Bronisław Kortus (Hrsg.): Deutschland und Polen. Geographie einer Nachbarschaft im neuen Europa. Frankfurt 1994, S. 16.

M 7 Karikatur: Polen zwischen Deutschland und Russland bei der Schöpfung

Den Polen drücken wir mal eins auf's Auge:

Wir setzen sie einfach mitten zwischen Deutschland und Rußland

Quelle: Dialog, Nr. 3/4, 1998, S. 18.

Ta co nie zginęła ... [Die, welche nie verging ...].
Gedicht von Edward Słoński*, veröffentlicht in Warschau, November 1914

M 8

I.
Geteilt hat uns, meine Brüder
Ein grausames Los, das Wache hält –
In zwei feindlichen Schanzen
Schauen wir dem Tod ins Angesicht.
In Gräben, erfüllt von Gestöhne
Hört man den Donner der Geschütze
Wir stehen uns gegenüber –
Ich als dein Feind, du als mein Feind.
Es weint der Wald, es weint die Erde
Die ganze Welt im Feuer schreit
In zwei feindlichen Schanzen
Stehen wir – ich und du.

II.
Kaum graut der Morgen
Fangen die Geschütze zu spielen an,
Du lernst das Pfeifen
Der mörderischen Kugeln kennen
Gegen unser niedriges Schanzwerk
Wirfst du den Schrapnellenhagel**
Du rufst mich und sprichst
– Ich bin's, dein Bruder ... dein Bruder!
Es weint der Wald, es weint die Erde –
Die Welt in Flammen steht –
Aber du sprichst in einem fort:
– Ich bin's, dein Bruder ... dein Bruder!

III.
Denke nicht an mich, o Bruder
Beim tödlichen Kampfausgang
Und steh' im Feuer meiner Schüsse
Mannhaft wie ein Ritter.
Und wenn du mich erblickst aus der Ferne
Nimm mich ohne zu zögern ins Visier,
Und schieße in ein polnisches Herz
Eine deutsche Kugel.
Denn immerfort sehe ich am Tag
Und träume jede Nacht,
Dass Die, welche nie verging
Erwächst aus unserem Blute.

Quelle: Adam Galos (Hrsg.): Polska w latach 1864–1918. Wybór tekstów źródłowych do nauczania historii, Warszawa 1987, S. 232 (übertragen von Christoph Schröder).

---

* Edward Słoński (1872–1926), polnischer Dichter und Schriftsteller.

** Schrapnell: mit Blei- oder Stahlkugeln gefülltes dünnwandiges Artilleriegeschoss; die Wirkung beruht auf der Streuung der großen Zahl von Kleingeschossen.

M 9 Erinnerungen der polnischen Publizistin und Schriftstellerin Irena Krzywicka* [Auszug]

Ein aufwühlendes, unwirkliches Ereignis trug sich zu: Am 11. November 1918 endete der Krieg und „Polen schoss hervor". Es geschah etwas, auf das Generationen seit einhundertfünfzig Jahren warteten, etwas, was Hunderte Male besungen worden war in den schönsten Versen, was das Gemüt jedes Polen wirklich bewegte, insbesondere die von den Kreisen der Intelligenz durchdrungene Literatur. Die Teilungsgebiete vereinten sich, ein Staat entstand, und genau an diesem Tag, in der Menschenmasse an der Ujazdowski-Allee stehend, weinte ich vor Glück zusammen mit den anderen und schaute auf die vorbeimarschierende polnische Armee, die vorbeidefilierende polnische Regierung, auf all das, was in Erfüllung ging, Wirklichkeit wurde. Mickiewicz, Słowacki und Wyspiański** standen gewissermaßen mit uns in der Menge und weinten mit uns zusammen vor Freude. Dieses laute Schluchzen der gesamten Straße, das war etwas, was man nicht vergessen kann, etwas wahrhaftig Unvergessliches. Die Zeit öffentlicher Glückseligkeit war gekommen. Sie zeigte sich in einem Geysir von spontan und prachtvoll hervorbrechender Poesie, in der Pressefreiheit und einer durch nichts eingeschränkten öffentlichen Diskussion.

Quelle: Irena Krzywicka: Wyznania gorszycielki, Warszawa 1998, S. 74 (übertragen von Christoph Schröder).

* Irena Krzywicka (1899–1994).

** Adam Mickiewicz (1798–1855), Juliusz Słowacki (1809–1849), Stanisław Wyspiański (1869–1907) – hervorragende polnische Dichter und Dramatiker aus der Zeit der Teilungen.

Artikel von Witold Jodko-Narkiewicz, einem engen Mitarbeiter von Józef Piłsudski↑, 1909 [Auszug]

M 10

Im Falle eines Krieges mit Russland müssen wir danach trachten, dass ein möglichst großer Teil des russischen Teilungsgebietes 1.) abgetrennt wird und 2.) die Unabhängigkeit erhält, oder aber, falls dies nicht möglich sein sollte, eine möglichst weitgehende Selbständigkeit.

Fassen wir in wenigen Worten die Motive zusammen, die es uns gebieten, sich gegen Russland, nicht aber gegen Österreich und Deutschland zu wenden.

In Russland werden unsere Nationalität, unsere Kultur und unser Gewissen auf die schärfste, rücksichtsloseste und barbarischste Art und Weise unterdrückt. Die gesellschaftliche Ordnung Russlands erlaubt es uns nicht zu vermuten, dass dieser Druck in nächster Zeit nachlassen oder seine Erscheinungsformen ändern könnte. Und schließlich, Russland befindet sich im Stadium der Auflösung, weswegen seine Bezwingung und die Befreiung aus seinem Joch höchst wahrscheinlich ist. Ein Sieg Österreichs wiederum, selbst wenn seine Folge die schlichte Übergabe des russischen Teilungsteils unter österreichische Herrschaft sein sollte, würde für unsere Nationalität, unsere Kultur und unser Freiheitsstreben Voraussetzungen schaffen, die unendlich günstiger wären als die derzeitigen.

Weniger wahrscheinlich ist es, dass das Königreich oder ein bedeutender Teil davon unter deutsche Herrschaft gerät, sollte dies aber eintreten, würde dies in bedeutendem Maße die Lebensbedingungen unserer Landsleute im preußischen Teilungsgebiet verbessern. Denen wiederum, die mit ihnen vereinigt würden, wäre die Möglichkeit gegeben, auf konstitutionellem Wege ihre Rechte zu verteidigen, was sie heute nicht vermögen. [...] Die Erfolgsgarantie, das Mittel, das uns beim vorliegenden Kräfteverhältnis ein Höchstmaß an nationalen Errungenschaften sichert, wird das eigenständige polnische Vorgehen gegen Russland sein, unter der Parole „Verselbständigung der polnischen Gebiete“.

Quelle: Adam Galos (Hrsg.): Polska w latach 1864–1918. Wybór tekstów źródłowych do nauczania historii. Warszawa 1987, S. 224 (übertragen von Christoph Schröder).

M 11 Roman Dmowski*: Deutschland, Russland und die polnische Frage. 1908 [Auszug]

Das von Deutschland betriebene Werk der systematischen Eroberung Osteuropas in derart vielen unterschiedlichen Gebieten, wobei zahlreiche äußerst verschiedenartige Mittel und Methoden zu Hilfe genommen wurden, trat in einem bestimmten Land als ausgeprägter und unversöhnlicher Kampf zu Tage. Dieses Land ist Polen. [...] Zwanzig Millionen Polen, die einen geschlossenen Landstrich des ethnographischen Polens bewohnen und mit ihren Kultureinflüssen weit über diese Gebiete hinausreichen, bilden die stärkste nationale Gruppe. Mit ihrer tausendjährigen historischen Tradition, mit einem reichen geistigen Werk stellen sie eine mächtige nationale Individualität dar, die sich nicht assimilieren lässt. [...] Aus dem Niedergang Polens erwuchs die Macht Preußens, um das herum sich das heutige Deutschland gruppierte – die Erneuerung Polens jedoch, das in der Rolle eines politischen Akteurs aufs Neue in Erscheinung treten könnte, wäre ein Damm gegen die deutsche Eroberung im Osten und würde die führende Rolle beschneiden, die die Preußen im Deutschen Reich spielen. Infolgedessen ist sich die preußische Politik bewusst, dass es zwischen ihr und den Polen keinen Kompromiss gibt. [...] Das Verhältnis zum polnischen Volk ist in Deutschland klar und unmissverständlich festgelegt. Die Polen sind Feinde, denen man die rücksichtslose Vernichtung ankündigt. Und dieses Vernichtungswerk wird öffentlich betrieben, mit brutaler Offenheit in den zu Preußen gehörenden polnischen Gebieten. In den Nachbarstaaten dagegen wird das deutsche Vorgehen gegen die Polen mit geheimen Mitteln umgesetzt. [...] Im russischen Staat liegt der Schlüssel zur Lösung der polnischen Frage. Vom Schicksal dieses Teils von Polen ist die Zukunft des gesamten Volkes abhängig. Zugleich hängt von der Haltung Russlands zur polnischen Frage in erheblichem Maße dessen eigene Zukunft ab. Daher ist der Kampf der Polen um das Recht auf einen nationalen Werdegang im russischen Staat heute nicht nur das wichtigste Moment der polnischen Frage: Von seinem Erfolg hängt in bedeutendem Maße das Schicksal ganz Osteuropas ab.

Quelle: Roman Dmowski: Niemcy, Rosja i kwestia polska. Warszawa 1991, S. 184–187 (übertragen von Christoph Schröder).

* Roman Dmowski (1864–1939), polnischer Politiker im russischen Teilungsgebiet und Führer der Nationaldemokraten.

Manifest Józef Piłsudskis↑, herausgegeben in Krakau am 6. August 1914

M 12

Die Stunde der Entscheidung hat geschlagen! Polen ist nicht mehr länger ein Gefangener und will selbst über sein Schicksal entscheiden, will selbst seine Zukunft bauen, eigene bewaffnete Kräfte* in die Waagschale werfen. Einheiten der polnischen Armee sind in das Gebiet des Königreichs Polen eingerückt, um es zu Gunsten seines eigentlichen, einzig existierenden Herren in Besitz zu nehmen – des polnischen Volkes, das es aus eigener Kraft unter großer Mühe fruchtbar und reicher machte. Sie übernehmen es im Namen des Obersten Organs der Volksregierung. Zerschlagen wir dem gesamten Volk die Fesseln, bringen wir den einzelnen seiner Schichten jedoch die Voraussetzungen für eine moralische Entwicklung.

Mit dem heutigen Tag muss sich das gesamte Volk unter der Führung der Volksregierung in einem Lager sammeln. Außerhalb dieses Lagers bleiben nur Verräter übrig, gegen die wir zu einem rücksichtslosen Vorgehen im Stande sind.

Quelle: Adam Galos (Hrsg.): Polska w latach 1864–1918. Wybór tekstów źródłowych do nauczania historii. Warszawa 1987, S. 233 (übertragen von Christoph Schröder).

---

* Gemeint ist die Kaderkompanie, die am 6. August 1914 die Grenze zwischen dem österreichischen und russischen Teilungsgebiet überschritt. Sie war die Keimzelle der späteren Polnischen Legionen.

M 13 Aufruf an die Polen, herausgegeben von der deutschen und österreichisch-ungarischen Militärführung, Anfang August 1914

Polen!

Es nähert sich der Augenblick der Befreiung vom moskowitischen Joch.

Die verbündeten Armeen Deutschlands und Österreich-Ungarns werden in Kürze die Grenze des Königreichs Polen überschreiten. Schon weichen die Moskauer zurück. Ihre blutige Herrschaft, die in den hundert zurückliegenden Jahren auf Euch lastete, bricht zusammen. Wir kommen zu Euch als Freunde. Vertraut uns!

Freiheit bringen wir Euch und Unabhängigkeit, für die Eure Väter so viel erlitten haben. Möge sich das östliche Barbarentum zurückziehen vor der westlichen Zivilisation, vor Euch und uns gemeinsam.

Erhebt Euch, erinnert Euch Eurer Vergangenheit, die von so großem und unbegrenztem Ruhm ist.

Vereinigt Euch mit den verbündeten Streitkräften. Mit vereinten Kräften werden wir die asiatischen Horden aus den Grenzen Polens vertreiben.

Wir bringen Euch auch Glaubensfreiheit und die Achtung der Religion, die von den Russen so grausam unterdrückt wird. Mögen aus der Vergangenheit und der Gegenwart das Stöhnen Sibiriens*, das Blutbad Pragas** und die Folterkammern für die Unierten*** zu Euch sprechen.

Mit unseren Standarten kommen Freiheit und Unabhängigkeit zu Euch.

Quelle: Adam Galos (Hrsg.): Polska w latach 1864–1918. Wybór tekstów źródłowych do nauczania historii. Warszawa 1987, S. 234 (übertragen von Christoph Schröder).

---

* Seit dem 18. Jahrhundert war Sibirien Verbannungsort für Polen, die sich in der Unabhängigkeitsbewegung engagierten.

** Der russische General A. Suvorov, der an der Niederschlagung des Kościuszko-Aufstands (1794) beteiligt war, eroberte den rechtsufrigen Teil Warschaus, Praga, und richtete dort ein Blutbad unter der Zivilbevölkerung an.

*** Die Formulierung spielt auf die Unterdrückungsmaßnahmen an, welche die zarische Regierung bei der Russifizierung des Cholmer Gebietes anwandte. Der nationale Konflikt wurde von einem religiösen überlagert, indem sich vor allem die *Unierten* gegen die Eingliederung in die russisch-orthodoxe Staatskirche wehrten. Bei dieser Glaubensgruppe handelt es sich um eine mit Rom *unierte* Ostkirche, welche unter Beibehaltung des byzantinischen Ritus den Primat des Papstes anerkennt.

Aufruf des Großfürsten Nikolaj*, Führer der russischen Armee, an die Polen, St. Petersburg, am 14. August 1914

M 14

Polen!

Die Stunde hat geschlagen, in welcher der Traum, der Euch von Euren Vätern und Großvätern überbracht wurde, in Erfüllung gehen kann. Vor anderthalb Jahrhunderten wurde Polens lebendiger Körper in Stücke gerissen, sein Geist jedoch starb nicht. Er lebte in der Hoffnung weiter, dass die Stunde der Auferstehung des polnischen Volkes und für die brüderliche Versöhnung mit dem Großen Russland herbeikäme.

Die russische Armee bringt Euch die beglückende Nachricht jener Versöhnung. Mögen die Grenzen fallen, die die polnische Nation in Stücke schneiden.

Die polnische Nation möge sich zu einem Körper unter dem Zepter des russischen Zaren vereinigen. Unter diesem Zepter wird Polen wiedergeboren werden, frei in seinem Glauben, seiner Sprache und Selbstverwaltung.

Einzig und allein von Russland könnt Ihr dies erwarten. Ebenso die Achtung der Völkerrechte, mit denen Euch die Geschichte verband.

Mit offenem Herzen, mit brüderlich ausgestreckter Hand, schreitet das Große Russland zum Treffen mit Euch. Es glaubt, dass das Schwert, das bei Grunwald↑ den Feind besiegte, nicht verrostet ist.

Von den Ufern des Stillen Ozeans bis zum Nordmeer reichen die russischen Truppen. Das Morgenrot eines neuen Lebens geht für Euch auf.

Möge an diesem Morgen das Zeichen des Kreuzes aufleuchten, das Symbol für die Qualen und die Wiederauferstehung der Völker.

Der Oberbefehlshaber, Generaladjutant Nikolaj

Quelle: M. Sobańska-Bondaruk u. S. B. Lenart (Bearb.): Wiek XX w źródłach. Wybór tekstów źródłowych z propozycjami metodycznymi dla nauczycieli historii, studentów i uczniów. Warszawa 1998, S. 62 (übertragen von Christoph Schröder).

* Großfürst Nikolaj Nikolaevič (1856–1929).

M 15 Das Hilfskomitee für Kriegsopfer in Polen zur Situation in den polnischen Gebieten zur Jahreswende 1915/16

Polen war bisher der Hauptschauplatz [...] und das Opfer des gegenwärtigen Krieges. Hier verläuft die Kampffront auf fast 1000 km von der Masurischen Seenplatte bis zu den Karpatenpässen zwischen zwei Streifen polnischen Gebietes. [...] Mitten durch das Herz Polens – das Königreich Polen und Galizien. Hier bekämpfen sich 3 Mio. deutsch-österreichischer und 4 Mio. russischer Soldaten. Seit einem halben Jahr stampfen sich diese 7 Mio. Bewaffneten gegenseitig in den Boden, rotten sich aus, reißen einander in Stücke auf polnischem Gebiet, berauben es seiner Einwohner, vertreiben und erschlagen sie. [...] Polen wurden bisher in einer Zahl von 1,5 Mio. in Streitkräfte eingezogen, und dies fast zu gleichen Teilen in die russische und die deutsch-österreichische Armee*. [...]

Quelle: E. Centkowska, J. Centkowski, J. Osica, Historia dla klasy 8. Drogi do wolności (1914–1994), wyd. 1, Warszawa 1996, S. 26 (übertragen von Christoph Schröder).

* Von einer deutsch-österreichischen Armee zu sprechen, ist an sich nicht korrekt. Es handelt sich um die Streitkräfte des Deutschen Reiches und Österreich-Ungarns, die lediglich im Rahmen eines Bündnisses zusammenwirkten.

Urkunde des General-Militärgouverneurs vom 5. November 1916*

M 16

An die Bewohner des Generalgouvernements Lublin

Ergriffen von unerschütterlichem Vertrauen in den endgültigen Sieg ihrer Waffen und veranlasst durch den Wunsch, die polnischen Gebiete, die durch ihre tapferen Soldaten unter schweren Opfern der russischen Herrschaft entrissen wurden, in eine glückliche Zukunft zu führen, haben Seine Kaiserliche und Königliche Majestät, der Kaiser von Österreich und Apostolische König von Ungarn, sowie Seine Kaiserliche Majestät, der Deutsche Kaiser, angeordnet, dass aus diesen Gebieten ein selbständiger Staat mit Erbmonarchie und konstitutioneller Ordnung entstehen soll. Die genauere Festlegung der Grenzen bleibt vorbehalten. Das neue Königreich findet im Kontakt mit den beiden Bündnismächten den Rückhalt, der für die freie Entwicklung seiner Kräfte notwendig ist. In der eigenen Armee werden die ehrwürdigen Traditionen der polnischen Truppen vergangener Tage sowie die Erinnerung an die tapferen polnischen Waffengefährten im gegenwärtigen großen Krieg weiterhin lebendig bleiben. Deren Organisation, Ausbildung und Führung werden im gegenseitigen Einverständnis geregelt.

Die verbündeten Monarchen, die den politischen Bedingungen Europas wie auch dem Wohlergehen und der Sicherheit der eigenen Länder und Völker in gebührendem Maße Beachtung schenken, hegen die begründete Hoffnung, dass nun die Wünsche auf den staatlichen und nationalen Werdegang des Königreichs Polen in Erfüllung gehen.

Die großen, vom Westen aus an das Königreich Polen angrenzenden Mächte blicken an ihren östlichen Grenzen mit Freude auf die Wiederbelebung und das Aufblühen eines freien und glücklichen Staates, der sich eines eigenen nationalen Lebens erfreut.

Auf Höchsten Befehl Seiner Kaiserlichen und Königlichen Majestät, des Kaisers von Österreich und apostolischen Königs von Ungarn

Kuk
General-Militärgouverneur

Quelle: E. Centkowska, J. Centkowski, J. Osica, Historia dla klasy 8. Drogi do wolności (1914–1994), wyd. 1, Warszawa 1996, S. 26 (übertragen von Christoph Schröder).

* Einen entsprechenden Aufruf im Namen des deutschen Kaisers verkündete der Warschauer Generalgouverneur Beseler.

M 17 Proklamation der Provisorischen Regierung an die Polen, herausgegeben in Petrograd am 29. März 1917 [Auszug]

Polen!

Die ehemalige russische Regierung, die Quelle Eurer Unfreiheit und unserer Zwietracht, ist nunmehr für immer vernichtet. [...] Polnische Brüder! Auch für Euch hat die Stunde der großen Entscheidung geschlagen. Das freie Russland ruft Euch in seine Reihen, zum Kampf um die nationale Freiheit. Das russische Volk, das das Joch abgeworfen hat, erkennt auch dem polnischen Volk das volle Recht zu, das eigene Schicksal aus eigenem Willen zu bestimmen. Getreu den Verträgen mit den Verbündeten, getreu dem Gesamtplan zum Kampf gegen den aggressiven Germanismus, beteiligte sich die Provisorische Regierung an der Schaffung eines unabhängigen polnischen Staates, zusammengefügt aus all den Gebieten, deren Bevölkerung mehrheitlich polnisch ist, im Tausch für die Gewährleistung eines dauerhaften Friedens im zukünftig aufzubauenden Europa. Verbündet mit Russland, mit Hilfe einer Militärunion, wird der polnische Staat einen mächtigen Wall gegen den Druck der Zentralmächte auf das slawische Volk bilden.

Quelle: Adam Galos (Hrsg.): Polska w latach 1864–1918. Wybór tekstów źródłowych do nauczania historii. Warszawa 1987, S. 261f. (übertragen von Christoph Schröder).

M 18 Ansprache des Präsidenten der USA, Thomas W. Wilson, vom 8. Januar 1918 [Auszug]

Das Programm des Weltfriedens ist daher unser Programm, und dieses Programm, das einzig mögliche Programm, wie wir es sehen, lautet:

[...]

13. Ein unabhängiger polnischer Staat sollte errichtet werden, der die von unbestreitbar polnischer Bevölkerung bewohnten Gebiete umfassen soll, denen ein freier und sicherer Zugang zum Meere gewährleistet und dessen politische und ökonomische Unabhängigkeit sowie dessen territoriale Integrität durch einen internationalen Vertrag garantiert werden sollen.

Quelle: Thomas Woodrow Wilson: Memoiren und Dokumente, III. Band, hrsg. v. R. St. Baker, Leipzig 1924, S. 40.

Der britische Historiker Norman Davies zum Anteil Deutschlands an der Erringung der polnischen Unabhängigkeit

M 19

The German contribution to Polish Independence is also frequently underrated. Of course, the German military authorities, who ruled in Warsaw from August 1915 to November 1918, had no special love for Polish national politics; and their plans for Poland's future were severely limited. There was never any willingness to unite the conquered Polish provinces of Russia with the Polish provinces of Germany and Austria; and the restoration of the puppet Kingdom of Poland was never intended as a steppingstone to independence. Yet the General-Gouvernement of those years cannot be compared in anything but name to its Nazi successor of 1939–45. General von Beseler was no Hans Frank↑. Whatever their ultimate intentions may have been, the Germans laid the foundations on which Polish independence was later built. It was a German decision to permit the public celebration of the Polish National Day on 3 May 1916 for the first time since 1862, and hence to foster the growth of national feeling. It was German policy which proposed to introduce a Polish administration into the Kingdom, and restored the Polish language in official usage. A Council of State with a premier and twelve ministries began the task of creating Polish educational, financial, military, and social institutions. In March 1918, the Germans were bitterly condemned by the Poles for signing the Treaty of Brest-Litovsk with Soviet Russia – a treaty which would have left the Polish Kingdom stranded indefinitely in its hapless condition of a truncated German puppet state; but the fact remains that, without the steps taken by the Germans in Poland during the War, the task of creating an independent Polish state at the end of 1918 would have been much more daunting. When the German Army chose to withdraw from Warsaw on Armistice Day, 11 November 1918, for reasons of largely German concern, it was the German-appointed Regency Council which was left in control; and it was to Józef Piłsudski↑, purposefully released from a German gaol one week previously, that the Regency Council decided to entrust its powers.

Quelle: Norman Davies: Heart of Europe. A Short History of Poland. Oxford – New York 1986, S. 113 f.

Anmerkung:
Der Text ist mittlerweile auch auf Deutsch zugänglich: Norman Davies: Im Herzen Europas. Geschichte Polens, München 2000, 103 f.

M 20 Zeichnung von Albin Tippmann: Polnische Legionäre des österreichisch-ungarischen Heeres, 1915

Quelle: Der Weltkrieg: Illustrierte Kriegs-Chronik des Daheim, Bielefeld/Leipzig 1915–1918. Bd. 5/1916: Bis zum Eintritt Rumäniens in den Weltkrieg, S. 263.

„Polnische Jungschützen, die im österreichisch-ungarischen Heer an den Kämpfen gegen die Russen teilnehmen", Sept. 1914 (Foto)

M 21

Erläuterung:
Die Aufnahme steht vermutlich im Zusammenhang mit einer Offensive des österreichisch-ungarischen Heeres bei Lemberg.

Quelle: Foto: Berliner Illustrationsgesellschaft, in: Der Weltkrieg: Illustrierte Kriegs-Chronik des Daheim, Bielefeld/Leipzig 1915–1918. Bd 1/1915: Die Ereignisse des Jahres 1914, S. 99.

M 22 „Idyll im Feindesland", Radom, Russland 1914

Quelle: Karta, Nr. 19, 1996, S. 43.

„Bild aus Russisch-Polen: Markt in dem kleinen Städtchen Gombin*", 1915/1916 (Foto)

M 23

Quelle: Der Weltkrieg: Illustrierte Kriegs-Chronik des Daheim, Bielefeld/Leipzig 1915–1918. Bd. 4/1916: Bis zum Beginn der Kämpfe um Verdun, S. 129.

---

* Polnisch: Gąbin, Kleinstadt westlich von Warschau.

M 24 „Einzug unserer Truppen in Sieradz*“, Januar 1915 (Foto)

Erläuterung:
Die Aufschriften der Geschäftsschilder sind sowohl in polnischer als auch in russischer Sprache.

Quelle: Foto: M. Rosenberg, in: Der Weltkrieg: Illustrierte Kriegs-Chronik des Daheim, Bielefeld/Leipzig 1915–1918. Bd 2/1915: Die Ereignisse bis zum Eingreifen Italiens, S. 34.

* Sieradz, Kleinstadt westlich von Łódź.

„Radfahrerpatrouille in einer kleinen Stadt in der Nähe von Warschau", Jahreswechsel 1914/15 (Foto)

M 25

Erläuterung:
Die deutsche Armee dringt in Russisch-Polen weiter in Richtung Weichsel vor.

Quelle: Foto: Photo Boedeker, in: Der Weltkrieg: Illustrierte Kriegs-Chronik des Daheim, Bielefeld/Leipzig 1915–1918. Bd 2/1915: Die Ereignisse bis zum Eingreifen Italiens, S. 8.

M 26 „Polnische Bauern auf der Flucht durch Grodno", September 1915 (Foto)

Erläuterung:
Grodno wird nach schweren Straßenkämpfen zwischen deutschen und russischen Truppen Anfang September 1915 von der deutschen Armee eingenommen.

Quelle: Foto: Hofphot. Kühlewindt, in: Der Weltkrieg: Illustrierte Kriegs-Chronik des Daheim, Bielefeld/Leipzig 1915–1918. Bd. 3/1915: Bis zum Beginn des Kriegs gegen Serbien, S. 214.

Aussagen des Breslauer Geografen Wilhelm Volz zu den Volksabstimmungen in Oberschlesien von 1921

M 27

Von höchstem Interesse ist es nun, die Abstimmung ins Einzelne zu verfolgen. Da ergibt sich, dass in den Gebieten sozialen Tiefstands die polnischen Stimmen zahlreich sind; an den großen Verkehrslinien wird deutsch gestimmt, wo es keine alten Verkehrsstraßen, keine Eisenbahn gibt dagegen polnisch, wo der Hüttenarbeiter, der in sozial besserer Lage ist, vorherrscht, gibt es deutsche Majoritäten; wo der Grubenarbeiter dagegen die Mehrheit hat, finden wir starke polnische Stimmenzahlen; wo besserer Boden zwischen Latifundien auf kleinsten Wirtschaften der Landmann sich plagen muss, um sein Leben zu fristen, sind polnische Majoritäten. Also je höher der soziale Stand der Bevölkerung, desto mehr deutsche Stimmen [...] Damit aber wird die ganze oberschlesische Frage zur kulturellen, zur sozialen Frage! Es ist ein grober Irrtum, in ihr ein nationales Problem zu sehen.

Quelle: Wilhelm Volz: Oberschlesien und die oberschlesische Frage, Breslau 1922, zitiert von Jörg Lüer in: Die Oberschlesier im preussisch-deutschen Denken, in: Gesellschaft für interregionalen Kulturaustausch e.V. (Hrsg.): Wach auf mein Herz und denke. Zur Geschichte der Beziehungen zwischen Schlesien und Berlin-Brandenburg von 1740 bis heute. Berlin/Oppeln 1995, S. 85.

M 28 Franciszek Hawranek* über den Grenzverlauf nach der Teilung Oberschlesiens im Jahr 1922

Das war eine vollkommen neue Grenze, die keine Tradition und keine Entsprechungen in der Geschichte hat. Größtenteils ohne Rückhalt durch geografische oder sogar nur landschaftliche Gegebenheiten, machte sie letztlich unaufhörlich in den zwei Jahrzehnten zwischen den Kriegen ihren provisorischen, weil unvernünftigen Verlauf deutlich und bot beiden Seiten einen Anlass, Unzufriedenheit mit ihrem Verlauf zu verkünden. Auch die Beschlüsse der Genfer Konvention, die nur für 15 Jahre verbindlich waren, deckten zusätzlich gewissermaßen die Vorläufigkeit der Grenzziehung auf. In Hinblick auf den entscheidenden, wirtschaftlichen Faktor, erwies es sich – leicht messbar und wissenschaftlich bearbeitet –, dass die Abtrennung des östlichen Teils von Oberschlesien für das Reich (und Preußen) ein ernster Verlust und eine Schwächung des Industriepotentials war, auch wenn von einem empfindlichen Schlag für die deutsche Wirtschaft nicht die Rede sein kann [...]. Für die oberschlesische Wirtschaft als Ganzes führte die Aufteilung des Abstimmungsgebiets zu ernsten Schwierigkeiten, die letztlich nicht überwunden werden konnten [...]. Polen erhielt mit dem beschnittenen (aber ‚besseren') Stück Oberschlesiens die Grundlagen für einen umfassenden Ausbau des Landes, denn das Gebiet war das wichtigste polnische Industriegebiet.

Quelle: Franciszek Hawranek (Aufsatz „Okres powstań śląskich i plebiscytu z perspektywy 60-lecia" aus dem Jahr 1981) zitiert von Wiesław Lesiuk in: Plebiszit und Aufstände in Oberschlesien, in: Gesellschaft für interregionalen Kulturaustausch e.V. (Hrsg.): Wach auf mein Herz und denke. Zur Geschichte der Beziehungen zwischen Schlesien und Berlin-Brandenburg von 1740 bis heute. Berlin/Oppeln 1995, S. 246.

* Franciszek Hawranek, geb. 1919 in Tychy/Tichau, gest. 1981 in Opole/Oppeln, Studium an der Pädagogischen Hochschule in Katowice/Kattowitz, 1941 in die Wehrmacht eingezogen, nach dem Krieg zunächst Lehrer, dann Geschichtsstudium, Verfechter eines nationalpolnischen Geschichtsbildes, das sich zugleich der kommunistischen Bewegung verbunden fühlte; als leitender Mitarbeiter am *Instytut Śląsk* in Opole (Schlesisches Institut, Oppeln) war er ein namhafter polnischer „Westforscher".

Französische Truppen in Kattowitz (Katowice), 1921 (Foto) M 29

Quelle: Gesellschaft für interregionalen Kulturaustausch e.V. (Hrsg.): Wach auf mein Herz und denke. Zur Geschichte der Beziehungen zwischen Schlesien und Berlin-Brandenburg von 1740 bis heute. Berlin/Oppeln 1995, S. 231.

M 30 An der deutsch-polnischen Grenze in Oberschlesien, 1922 [Foto]

Deutsch-sowjetischer Nichtangriffsvertrag vom 23. August 1939 und geheimes Zusatzprotokoll

M 31

Nichtangriffsvertrag zwischen Deutschland
und der Union der Sozialistischen Sowjetrepubliken

Die Deutsche Reichsregierung und
die Regierung der Union der Sozialistischen Sowjetrepubliken

geleitet von dem Wunsche, die Sache des Friedens zwischen Deutschland und der UdSSR zu festigen und ausgehend von den grundlegenden Bestimmungen des Neutralitätsvertrages, der im April 1926 zwischen Deutschland und der UdSSR geschlossen wurde, sind zu nachstehender Vereinbarung gelangt:

Artikel I.

Die beiden Vertragschließenden Teile verpflichten sich, sich jeden Gewaltakts, jeder aggressiven Handlung und jeden Angriffs gegeneinander, und zwar sowohl einzeln als auch gemeinsam mit anderen Mächten, zu enthalten.

Artikel II.

Falls einer der Vertragschließenden Teile Gegenstand kriegerischer Handlungen seitens einer dritten Macht werden sollte, wird der andere Vertragschließende Teil in keiner Form diese dritte Macht unterstützen.

Artikel III.

Die Regierungen der beiden Vertragschließenden Teile werden künftig fortlaufend zwecks Konsultation in Fühlung miteinander bleiben, um sich gegenseitig über Fragen zu informieren, die ihre gemeinsamen Interessen berühren.

Artikel IV.

Keiner der beiden Vertragschließenden Teile wird sich an irgendeiner Mächtegruppierung beteiligen, die sich mittelbar oder unmittelbar gegen den anderen Teil richtet.

Artikel V.

Falls Streitigkeiten oder Konflikte zwischen den Vertragschließenden Teilen über Fragen dieser oder jener Art entstehen sollten, werden beide Teile diese Streitigkeiten oder Konflikte ausschließlich auf dem Wege freundschaftlichen Meinungsaustausches oder nötigenfalls durch Einsetzung von Schlichtungskommissionen bereinigen.

Artikel VI.

Der gegenwärtige Vertrag wird auf die Dauer von 10 Jahren abgeschlossen mit der Maßgabe, dass, soweit nicht einer der Vertragschließenden Teile ihn ein Jahr vor Ablauf dieser Frist kündigt, die Dauer der Wirksamkeit dieses Vertrages automatisch für weitere fünf Jahre als verlängert gilt.

Artikel VII.

Der gegenwärtige Vertrag soll innerhalb möglichst kurzer Frist ratifiziert werden. Die Ratifikationsurkunden sollen in Berlin ausgetauscht werden. Der Vertrag tritt sofort mit seiner Unterzeichnung in Kraft.
Ausgefertigt in doppelter Urschrift, in deutscher und russischer Sprache.

Moskau, am 23. August 1939.

Für die Deutsche Reichsregierung: In Vollmacht der Regierung der UdSSR:
v. RIBBENTROP↑ W. MOLOTOV↑

Geheimes Zusatzprotokoll

Aus Anlass der Unterzeichnung des Nichtangriffsvertrages zwischen dem Deutschen Reich und der Union der Sozialistischen Sowjetrepubliken haben die unterzeichneten Bevollmächtigten der beiden Teile in streng vertraulicher Aussprache die Frage der Abgrenzung der beiderseitigen Interessensphären in Osteuropa erörtert. Diese Aussprache hat zu folgendem Ergebnis geführt:

1. Für den Fall einer territorial-politischen Umgestaltung in den zu den baltischen Staaten (Finnland, Estland, Lettland, Litauen) gehörenden Gebieten bildet die nördliche Grenze Litauens zugleich die Grenze der Interessensphären Deutschlands und der UdSSR. Hierbei wird das Interesse Litauens am Wilnaer Gebiet beiderseits anerkannt.
2. Für den Fall einer territorial-politischen Umgestaltung der zum polnischen Staate gehörenden Gebiete werden die Interessensphären Deutschlands und der UdSSR ungefähr durch die Linie der Flüsse Narew, Weichsel und San abgegrenzt. Die Frage, ob die beiderseitigen Interessen die Erhaltung eines unabhängigen polnischen Staates erwünscht erscheinen lassen und wie dieser Staat abzugrenzen wäre, kann endgültig erst im Laufe der weiteren politischen Entwicklung geklärt werden. In jedem Falle werden beide Regierungen diese Frage im Wege einer freundschaftlichen Verständigung lösen.
3. Hinsichtlich des Südostens Europas wird von sowjetischer Seite das Interesse an Bessarabien betont. Von deutscher Seite wird das völlige politische Desinteressement an diesem Gebiet erklärt.
4. Dieses Protokoll wird von beiden Seiten streng geheim behandelt werden.

Moskau, den 23. August 1939.

Für die Deutsche Reichsregierung: In Vollmacht der Regierung der UdSSR:
v. RIBBENTROP↑ W. MOLOTOV↑

Quelle: Akten zur deutschen Auswärtigen Politik 1918–1945. Aus dem Archiv des Deutschen Auswärtigen Amtes, Serie D (1937–45), Band 7, Baden-Baden/Frankfurt/Main 1961, Dokument Nr. 228/229.

Britisch-polnisches Beistandsabkommen: Abkommen über gegenseitige Hilfeleistung zwischen Großbritannien und Polen vom 25. August 1939

M 32

Die Regierung des Vereinigten Königreichs von Großbritannien und Nordirland und die polnische Regierung haben in dem Wunsche, die Zusammenarbeit zwischen ihren beiden Ländern auf eine feste Grundlage zu stellen, wie sie sich aus den gegenseitigen, einen Defensivcharakter tragenden und unter ihnen bereits ausgetauschten Beistandsversprechen ergibt, beschlossen, zu diesem Zweck ein Abkommen zu schließen und haben zu ihren Bevollmächtigten ernannt: Die Regierung des Vereinigten Königreichs und Nordirlands, den Staatssekretär des Äußeren Lord Halifax*; die polnische Regierung, den außerordentlichen und bevollmächtigten Gesandten der polnischen Republik in London Graf Edward Raczyński**, die nach Austausch ihrer in guter und gehöriger Form befundenen Vollmachten über folgende Bestimmungen übereingekommen sind:

Artikel 1

Sollte eine der vertragschließenden Parteien mit einer europäischen Macht infolge eines Angriffs der letzteren gegen jene vertragschließende Partei in Feindseligkeiten verwickelt werden, so wird die andere vertragschließende Partei sofort der in Feindseligkeiten verwickelten Partei jede in ihrer Macht stehende Unterstützung und Hilfeleistung gewähren.

Artikel 2

1. Die Bestimmungen des Artikels 1 gelten auch für den Fall, dass irgendeine Aktion einer europäischen Macht offensichtlich direkt oder indirekt die Unabhängigkeit der einen Vertragspartei bedroht und so geartet ist, dass die fragliche Vertragspartei den Widerstand mit Waffengewalt als von lebenswichtiger Bedeutung erachtet.
2. Sollte eine der vertragschließenden Parteien in Feindseligkeiten mit einer europäischen Macht infolge einer Aktion dieser Macht verwickelt werden, welche die Unabhängigkeit oder Neutralität eines anderen europäischen Staates so gefährdet, dass dies eine offensichtliche Bedrohung der Unabhängigkeit dieser Vertragspartei bedeutet, so gelten die Bestimmungen des Artikels 1, jedoch unbeschadet der Rechte des anderen betreffenden europäischen Staates.

Artikel 3

Sollte eine europäische Macht den Versuch machen, die Unabhängigkeit der einen vertragschließenden Partei durch wirtschaftliche Durchdringung oder auf irgendeine andere Weise zu untergraben, so werden sich die beiden vertragschließenden Parteien gegenseitig helfen, solchen Versuchen Widerstand zu leisten. Sollte die betreffende europäische Macht daraufhin zu Feindseligkeiten gegen eine der vertragschließenden Parteien schreiten, so gelten die Bestimmungen des Artikels 1.

Artikel 4

Die Art der Durchführung der gegenseitigen Beistandsverpflichtungen des vorliegenden Abkommens wird unter den zuständigen Marine-, Armee- und Luftfahrtbehörden der beiden vertragschließenden Parteien festgelegt.

Artikel 5

Unbeschadet der vorliegenden Verpflichtungen der vertragschließenden Parteien, sich beim Ausbruch von Feindseligkeiten unverzüglich gegenseitige Hilfe und Beistand zu leisten, werden sie untereinander einen vollständigen und beschleunigten Austausch von Informationen über jede Entwicklung vornehmen, die ihre Unabhängigkeit bedrohen könnte, und insbesondere über jede Entwicklung, die die besagten Verpflichtungen auszulösen droht.

Artikel 6

1. Die vertragschließenden Parteien unterrichten sich gegenseitig über die Bestimmungen jeder Beistandsverpflichtung gegen einen Angriff, die sie bereits eingegangen sind oder künftig anderen Staaten geben könnten.
2. Sollte eine der vertragschließenden Parteien die Absicht haben, eine derartige Verpflichtung nach dem In-Kraft-Treten des vorliegenden Abkommens einzugehen, so ist die andere vertragschließende Partei zu unterrichten, damit das reibungslose Funktionieren des Abkommens gesichert ist.
3. Jede neue Verpflichtung, welche die vertragschließenden Parteien in Zukunft eingehen könnten, soll ihre Verpflichtungen auf Grund des vorliegenden Abkommens weder beschränken, noch indirekt neue Verpflichtungen zwischen der vertragschließenden Partei, die an diesen Verpflichtungen nicht beteiligt ist, und dem betreffenden dritten Staat schaffen.

Artikel 7

Sollten die vertragschließenden Parteien infolge der Anwendung des vorliegenden Abkommens in Feindseligkeiten verwickelt werden, so werden sie weder einen Waffenstillstand noch einen Friedensvertrag abschließen, es sei denn im gegenseitigen Einverständnis.

Artikel 8

1. Das vorliegende Abkommen soll für einen Zeitraum von fünf Jahren in Kraft bleiben.
2. Wenn es nicht sechs Monate vor Ablauf dieses Zeitraumes gekündigt wird, bleibt es weiterhin in Kraft, wobei jede vertragschließende Partei berechtigt ist, es jederzeit mit sechsmonatiger Frist zu kündigen.
3. Das vorliegende Abkommen tritt mit seiner Unterzeichnung in Kraft.

Zu Urkund dessen haben die oben genannten Bevollmächtigten das vorliegende Abkommen unterzeichnet und mit ihren Siegeln versehen.
Geschehen zu London am 25. August 1939 in Duplikaten in englischer Sprache. Die vertragschließenden Parteien werden im Folgenden über einen polnischen Text übereinkommen und beide Texte werden dann authentisch sein.

Halifax Raczyński *(Times vom 26. August 1939)*

Halifax, Lord E.F. L. Wood Irwin (1881–1959), britischer Außenminister (1938–1940).

** Raczyński, Graf Edward (1891–1993), polnischer Botschafter in Großbritannien von 1934 bis 1945, Präsident der polnischen Exilregierung in London von 1979 bis 1986.

PROTOKOLL

Die Regierungen Polens und des Vereinigten Königreichs von Großbritannien und Nordirland sind über folgende Auslegung des heute unterschriebenen gegenseitigen Beistandspaktes als einzig autorisiert und verbindlich übereingekommen:

1. (a) Mit dem im Beistandspakt verwendeten Ausdruck „eine europäische Macht" ist Deutschland gemeint.
   (b) Im Falle einer im Sinne von Paragraph 1 und 2 des Beistandspaktes eingeleiteten Handlung seitens einer anderen europäischen Macht als Deutschland werden die vertragschließenden Parteien über die gemeinsam zu treffenden Maßnahmen beratschlagen.
2. (a) Beide Regierungen werden von Zeit zu Zeit in gegenseitigem Einvernehmen mögliche Fälle von Handlungen seitens Deutschlands festlegen, die unter Paragraph 2 des Beistandspaktes fallen.
   (b) Solange sie nicht eine Abänderung der im entsprechenden Paragraph festgehaltenen Bestimmungen vereinbaren, halten beide Regierungen fest: Paragraph (1) Artikel 2 des Beistandspaktes bezieht sich auf die Freie Stadt Danzig; Paragraph (2) Artikel 2 betrifft Belgien, Holland und Litauen.
   (c) Lettland und Estland werden im dem Moment von beiden Regierungen in die Liste der Länder eingefügt werden, die Gegenstand von Paragraph (2) Artikel 2 bilden, in dem eine Beistandsgarantie zwischen dem Vereinigten Königreich und einem dritten Staat bezüglich dieser beiden Staaten in Kraft tritt.
   (d) Bezüglich Rumäniens verweist die Regierung des Vereinigten Königreichs auf die Zusicherung, die sie diesem Land gegeben hat; die Regierung Polens verweist ihrerseits auf die gegenseitigen Verpflichtungen aus dem rumänisch-polnischen Abkommen, die Polen niemals als unvereinbar mit seiner traditionellen Freundschaft mit Ungarn betrachtet hat.
3. Die im Artikel 6 des Beistandspaktes erwähnten Absprachen müssen, wenn sie von einer der vertragschließenden Parteien gegenüber einem dritten Staat aufgegriffen werden, unbedingt so gestaltet sein, dass ihre Erfüllung zu keinem Zeitpunkt der Souveränität oder der territorialen Integrität der anderen vertragschließenden Partei schadet.
4. Das vorliegende Protokoll ist integraler Bestandteil des heute unterzeichneten Beistandspaktes, dessen Anwendungsbereich es nicht überschreitet.

Die unterschriftsberechtigten Unterzeichneten haben in gutem Glauben das vorliegende Protokoll unterschrieben.

In englischer Sprache doppelt ausgefertigt in London, am 25. August 1939. Die vertragschließenden Parteien werden sich zu einem späteren Zeitpunkt über eine polnische Fassung einigen. Beide Texte werden dann gültig sein.

(unterzeichnet) Halifax — (unterzeichnet) Edward Raczyński

Quelle: Monatshefte für Auswärtige Politik, 6. Jg. 1939. 2. Halbband, S. 887–889. Das Protokoll findet sich in englischer Fassung in: John W. Wheeler-Bennett: Munich. Prologue to Tragedy, London 1948, S. 486f. (Übertragung ins Deutsche durch I. Quillévéré und W. Jacobmeyer).

M 33 Deutsch-sowjetischer Grenz- und Freundschaftsvertrag vom 28. September 1939

Moskau, den 28. September 1939

Die Deutsche Reichsregierung und die Regierung der UdSSR betrachten es nach dem Auseinanderfallen des bisherigen polnischen Staates ausschließlich als ihre Aufgabe, in diesen Gebieten die Ruhe und Ordnung wiederherzustellen und den dort lebenden Völkerschaften ein ihrer völkischen Eigenart entsprechendes friedliches Dasein zu sichern. Zu diesem Zwecke haben sie sich über folgendes geeinigt:

Artikel I

Die Deutsche Reichsregierung und die Regierung der UdSSR legen als Grenze der beiderseitigen Reichsinteressen im Gebiete des bisherigen polnischen Staates die Linie fest, die in der anliegenden Karte* eingezeichnet ist und in einem ergänzenden Protokoll näher beschrieben werden soll.

Artikel II

Beide Teile erkennen die in Artikel I festgelegte Grenze der beiderseitigen Reichsinteressen als endgültig an und werden jegliche Einmischung dritter Mächte in diese Regelung ablehnen.

Artikel III

Die erforderliche staatliche Neuregelung übernimmt in den Gebieten westlich der in Artikel I angegebenen Linie die Deutsche Reichsregierung, in den Gebieten östlich dieser Linie die Regierung der UdSSR.

Artikel IV

Die Deutsche Reichsregierung und die Regierung der UdSSR betrachten die vorstehende Regelung als ein sicheres Fundament für eine fortschreitende Entwicklung der freundschaftlichen Beziehungen zwischen ihren Völkern.

Artikel V

Dieser Vertrag wird ratifiziert und die Ratifikationsurkunden werden sobald wie möglich in Berlin ausgetauscht werden. Der Vertrag tritt mit seiner Unterzeichnung in Kraft.

Ausgefertigt in doppelter Urschrift in deutscher und russischer Sprache.

Für die Deutsche Reichsregierung: V. RIBBENTROP↑

In Vollmacht der Regierung der UdSSR: V. MOLOTOV↑

Quelle: Akten zur Deutschen Auswärtigen Politik 1918–1945. Aus dem Archiv des Deutschen Auswärtigen Amts, Serie D (1937–1945), Band 8, Baden-Baden / Frankfurt/Main 1961, Dokument Nr. 157.

* Der festgelegte Grenzverlauf kann den Geschichtsatlanten entnommen werden.

Interview mit dem deutschen Generalgouverneur in Polen, Dr. Hans Frank↑, durch einen Korrespondenten des „Völkischen Beobachters", 6.2.1940 [Auszug]

M 34

[Frank antwortet auf die Frage nach dem Unterschied der deutschen Politik im Protektorat Böhmen und Mähren und der im Generalgouvernement:]

Einen plastischen Unterschied kann ich Ihnen sagen. In Prag waren z.B. große rote Plakate angeschlagen, auf denen zu lesen war, dass heute 7 Tschechen erschossen worden sind. Da sagte ich mir: wenn ich für je sieben erschossene Polen ein Plakat aushängen lassen wollte, dann würden die Wälder Polens nicht ausreichen, das Papier herzustellen für solche Plakate. Ja, wir mussten hart zugreifen. Jetzt hat sich aber schon vieles beruhigt. Es ist ja grauenhaft, Polen ist vollkommen aufgeteilt, so aufgeteilt, wie es noch niemals war.

Quelle: Das Diensttagebuch des deutschen Generalgouverneurs in Polen, 1939–1945, S. 104.

M 35 Der deutsche Generalgouverneur in Polen, Dr. Hans Frank↑, auf einer Pressebesprechung am 14. 4. 1942 [Auszug]

[Frank äußert sich zur Besatzungspolitik:]

Wir sind uns alle klar darüber, dass wir dieser Millionenbevölkerung von Polen eine irgendwie über das Nachrichtenmäßige hinausgehende Presse geben müssen. Der Grund dafür liegt nicht bei den Polen, sondern in unserem eigensten Interesse. Denn wir müssen zum Mindesten so tun, wie wenn das Generalgouvernement eine Art Schutzbereich im großdeutschen Raum ist. Wir können den Kampf nicht etwa dadurch erledigen, dass wir für 16 Millionen Polen 16 Millionen Nackenschüsse vollführen und damit das polnische Problem lösen. Solange die Polen leben, müssen sie für uns arbeiten und von uns in diesen Arbeitsprozess eingespannt werden. [...] Zur polnischen Pressepolitik sei grundsätzlich gesagt: die Polen müssen den Eindruck haben, dass sie in der Presse nicht wie Schweine behandelt werden, sondern als Europäer und Menschen. [...] Es ist klar, dass das Bedürfnis an Arbeitern im Reich und unsere Wehrlage geradezu ein Ringen um die polnische Arbeitskraft zur Folge haben. Wir sind ja von den Polen hierin abhängig. Wenn die Polacken die Züge nicht fahren, wer fährt sie dann? Wenn die hunderttausend polnischen Eisenbahner nicht die Züge fahren, können wir den Aufmarsch einstellen. Die Verantwortung ist derart groß, dass man es schon in Kauf nehmen muss, wenn ein paar süße Sprüche über Christentum, Katholizismus in die polnischen Blätter kommen. Die Meinung, dass man gleichzeitig weltpolitische Entscheidungen herbeiführen und weltanschauliche Kämpfe austragen kann, ist irrig. Wenn ich den Krieg gewinnen will, muss ich ein eiskalter Techniker sein; dann muss die Maschine des Krieges funktionieren. Die Frage, was ich einmal weltanschaulich-völkisch tun werde, muss ich auf die Zeit nach dem Krieg verschieben.

Quelle: Das Diensttagebuch des deutschen Generalgouverneurs in Polen, 1939–1945, S. 488–489.

Der deutsche Generalgouverneur in Polen, Dr. Hans Frank↑, in seiner Rede auf der Großkundgebung der NSDAP in Lemberg, 1.8.1942 [Auszug]

M 36

Wir können dem Führer gar nicht genug dafür danken, dass er mit seinem Entschluss dieses alte Judennest, diese verwahrloste Burg von Raubrittern der Straße und der Gasse, dieses Polackensiedlungsheim endlich deutschen Fäusten anvertraut hat, die mit der Schaufel in der Hand, mit Insektenpulver und sonstigen notwendigen Bedarfsartikeln dafür gesorgt haben, dass sich ein deutscher Mensch wieder hier aufhalten kann.
(stürmischer Beifall)
Ich muss sagen [...]: das habt Ihr fein gemacht; in einem Jahr habt Ihr vergessen lassen, was das für ein Drecknest war. Lemberg ist wieder eine richtige stolze deutsche Stadt, deutsch geführt, deutsch den Bauten, deutsch der gedanklichen Einstellung der Führung dieser Stadt nach.
Das ist ja das Schöne an diesem Krieg, dass wir das, was wir einmal haben, nie wieder hergeben.
(Heiterkeit und Beifall)
Das ist das Herrliche. Freilich, das ist nicht Sache der Soldaten, auch nicht Sache von uns Verwaltungsleuten, aber, mein Gott, wir reden halt so. Es ist klar, dass wir gerade im Generalgouvernement sozusagen als die älteste Kampftruppe in der Erfahrung der Errichtung eines eroberten Landes doch wissen, was uns der Führer im Distrikt Galizien gegeben hat. Ich spreche hier nicht von den Juden, die wir hier noch haben; mit diesen Juden werden wir auch fertig. Übrigens habe ich heute gar nichts mehr davon gesehen. Was ist denn das? Es soll doch in dieser Stadt einmal Tausende und Abertausende von diesen Plattfußindianern gegeben haben, – es war keiner mehr zu sehen. Ihr werdet doch am Ende mit denen nicht böse umgegangen sein?
(große Heiterkeit)
[...] Mein Gott, wenn ich einmal meine Memoiren schreibe und darstellen werde, wie ich mit fünf Mann in Posen einzog, um dem Auftrag des Führers zur Gründung des Generalgouvernements zu entsprechen – das war ja nicht zu beschreiben, was da für Juden umeinander liefen, von einer Scheußlichkeit, dass man sich wundern muss, dass die Erde ihren Betrieb nicht eingestellt hat,
(große Heiterkeit)
Juden von einer so erschütternden Grauenhaftigkeit, dass ich glaube, auch der erbittertste Gegner der nationalsozialistischen Bewegung wäre eines anderen belehrt worden, wenn er das hätte sehen können. [...] Der Jude ist in diesem Land kein Problem mehr, sondern höchstens geeignet, uns artgemäß zu interessieren.

Quelle: Das Diensttagebuch des deutschen Generalgouverneurs in Polen, 1939–1945, S. 532–533.

M 37 Planungsgrundlagen für den Aufbau der Ostgebiete, ausgearbeitet von der Planungshauptabteilung des Reichsführer SS im April-Mai 1940 in Berlin

Der Reichsführer SS

Reichskommissar für die
Festigung deutschen Volkstums
Planungshauptabteilung

Nur für den Dienstgebrauch!

Planungsgrundlagen für den Aufbau der Ostgebiete

A. Allgemeine Grundlagen

Das neue dem Reich angeschlossene Ostgebiet hat eine Gesamtfläche von 87 000 qkm. Die Bevölkerung betrug etwa 9 ½ Mill. Der Anteil der polnischen Bevölkerung war in diesem Gebiet 1939 im Durchschnitt 82 %, der deutsche Anteil ungefähr 11 %.

Es wird im Folgenden vorausgesetzt, dass die gesamte jüdische Bevölkerung dieses Gebietes von rund 560 000 bereits evakuiert ist bzw. noch im Laufe dieses Winters das Gebiet verlässt. Es ist daher praktisch mit einer Bevölkerung von 9 Mill. zu rechnen.

In den ehemaligen preußischen Provinzen Posen und Westpreußen nahm die deutsche Bevölkerung bei Ausbruch des Weltkrieges ungefähr 50 % ein, d. h. sie hielt sich mit der polnischen anteilmäßig die Waage.

Das erste, in den nächsten Jahren erreichbare Ziel muss sein, mindestens diesen Status von 1914 wieder herzustellen. Ist dieses Ziel erst einmal erreicht, so verläuft die weitere Eindeutschung stetig wachsend durch die Mitwirkung der aus dem Siedlertum und neuen Gebiet selbst hervorgehenden biologischen und wirtschaftlichen Kräfte. Die Wiederherstellung des Status von 1914 würde bedeuten, dass man zunächst die Zahl der jetzt in diesem Gebiet lebenden 1,1 Mill. Deutschen um 3,4 Mill. auf 4,5 Mill. vermehrt und Zug um Zug 3,4 Mill. Polen abschiebt. In den ehemaligen Provinzen Posen und Westpreußen müssen vor allem diejenigen Polen das Land verlassen, welche nach 1918 aus den östlichen Gebieten hier ansässig geworden sind.

Für die weitere Planung des gesamten Neuaufbaues ist aus allgemein volks- und wirtschaftspolitischen Gründen eine durchschnittliche Bevölkerungsdichte von 100 je qkm, wie sie heute – allerdings bei einer bevölkerungsmäßig übersetzten Landwirtschaft – vorliegt, zu Grunde gelegt. Diese Gesamtbevölkerungsdichte liegt etwa 30–40 % höher als die der Nachbarprovinzen Ostpreußen und Pommern und entspricht ungefähr der Bevölkerungsdichte von Bayern.

Die Entwicklung und Erhaltung einer solchen Siedlungsdichte ist nur möglich bei einer sich auf gesunder Bodenordnung aufbauenden Gesamtwirtschaft.

Die reinen Agrargebiete des Altreichs, wie z. B. Pommern und Mecklenburg, deren ländliche Zustände bei liberaler Bodenwirtschaft im Gegensatz zu den slawischen Gebieten des Ostens und Südostens vorwiegend aus rassischen Gründen eher zur Landflucht als zur agrarischen Überbevölkerung führten, besitzen Bevölkerungsdichten, die nicht höher als 60 sind. Aus diesem Grunde muss also das Ostgebiet aufgebaut werden als ein gemischt agrarisch-industrielles Gebiet mit einer ähnlichen Sozial- und Wirtschaftsstruktur, wie sie beispielsweise die gesündesten Gebiete Bayerns und unsere Nordwestprovinz Hannover besitzen. Die Sozialstruktur dieser Gebiete ist etwa Folgende:

	%	Vergleichsweise dazu Reichsdurchschnitt %
Landw. Berufszugehörige	ca. 35	21,0
Handwerk und Industrie	35	39,0
Handel und Verkehr	15	17,0
Öffentl. Dienste	7	8,0
Sonstige	8	15,0
		100,0

Diese Verhältniszahlen aus gesunden Altreichsgebieten können auch als Richtzahlen für die weitere Planung dienen. Sie werden selbstverständlich je nach den örtlichen, natürlichen und wirtschaftlichen Verhältnissen Verschiebungen nach der einen oder anderen Richtung erfahren, aber im Großen und Ganzen als Richtzahlen geeignet sein.

Das entscheidende und wichtigste Element bei der Neugestaltung der Ostgebiete stellt das Bauerntum dar. Von seiner Arbeit am Boden hängt die Festigung des deutschen Volkstums und die endgültige Gewinnung des durch das Schwert gewonnenen Bodens entscheidend ab. Fortgang und Ausmaß der Eindeutschung der Ostgebiete wird daher ausschließlich davon bestimmt, wieviel geeignete Familien zur Neubildung deutschen Bauerntums in den nächsten Jahren angesetzt werden können. Mit dem Aufbau der neuen Dörfer und dem damit notwendig werdenden Verkehrs- und Wirtschaftsausbau kommen dann erfahrungsgemäß aus den übrigen Berufszweigen von selbst eine Menge Menschen in das Land und füllen so den Raum.

Es ist daher notwendig, sich zuerst einen Überblick über den Umfang der zu bewältigenden Siedlungsaufgabe zu verschaffen, und hierfür zunächst in großen Umrissen einen Generalplan aufzustellen.

Quelle: Vom Generalplan Ost zum Generalsiedlungsplan: Dokumente. Hrsg. von Czesław Madajczyk unter Mitarbeit von Stanisław Biernacki, München: K. G. Saur 1994, Dokument Nr. 1.

M 38 Kriegsdichtung von Walter Flex*, aufgegriffen durch die Nazi-Propaganda

Wir stoßen unsre Schwerter
nach Polen tief hinein.
Die Hand wird hart und härter,
das Herz wird hart wie Stein.

Wir tragen unsre Fahnen
still in die Nacht hinein,
das Blut auf unsern Bahnen
ist unser Frührotschein.

Durch Polen möcht‘ ich traben,
bis mir das Blut erglüht.
Das kommt vom Gräbergraben,
das macht die Hände müd‘.

Bei Schwertern und bei Fahnen
schlief uns das Lachen ein.
Wen schert's! – Wir soll'n die Ahnen
lachender Enkel sein.

Quelle: Walter Flex in: Josef Grabler: Mit Bomben und MGs über Polen: PK-Kriegsberichte der Luftwaffe. Gütersloh 1940, S. 5.

* Walter Flex, geb. 1887, gefallen 1917 im I. Weltkrieg, bekannt durch sein Kriegserlebnisbuch „Der Wanderer zwischen zwei Welten“ (1916), in dem er seine Begegnung mit dem später ebenfalls gefallenen Wandervogelführer Ernst Wurche schilderte. In seinen Kriegsdichtungen feierte Flex den Opfertod, dem er eine quasi religiöse Dimension verlieh. In der Jugendbewegung und dem Fronterlebnis sah Flex das zukunftsgestaltende Motiv.

Gedicht von Krzysztof Baczyński* , entstanden am 6. 1. 1944

M 39

Den Gefallenen

Nachts ist die Dunkelheit wie ein großes schwarzes Tier,
die Stille ragt wie der Angst weißer zitternder Stab.
Die Todesader schlägt: wofür – umsonst – wofür,
und morgens stolpre ich wieder über ein offenes Grab.

Und tags gähnt der leere Tisch, es liegt keine Hand auf ihm,
die mit mir zusammen das spröde Netz ans Ufer hievte,
und harte Gesichter und Körper beugen sich vor dem Krieg,
als wären sie angenagelt vom dunklen Wissen der Liebe,
als säße Stimmen-Reif auf den Wänden und läutete: flieg!

Und sie befehlen: vergiss! So legt man die schweren Hände
ins schwangere Blei des Lehms und wälzt sein Werk wie den Stein,
man muss noch einmal den Tag wie nasse Sandschichten wenden;
wir atmen noch einmal den Tod, noch einmal und noch einmal ein.

Und dann ist wieder Nacht. Man hört das Traben der Pferde,
das Knarren der Treppe hinauf bis an die schwarze Tür,
den Schnee an Scheiben schlagen: wofür – umsonst – wofür!
Das Leben steckt mir im Hals wie Brotstein, scharf, ich spür
euch nah in den Finsternissen ohne Himmel und Erde.

Und wieder muss man es glauben, denn sie befehlen: vergiss!
Die tote Waffe wird zu Kreuz und Flamme geschunden.
Die Bahnen meiner Wege sind alle steil – ein Spieß;
ein schmaler Faden Bluts brennt auf mich zu wie Lunte.

Die eiserne Liebe – ja – sie platzte und wurde Scherbe,
es blieb der dumpfe Zwang und steckt in der Faust als Nagel.
Vergessen jetzt, erstarren, am Gift des Schweigens nagen,
damit das Küken des Feuers in meiner Hand nicht sterbe.

Sie gingen. Nacht für Nacht. Die matte Kehle schreit,
nach ihnen kommt die Stille, der Schnee trägt sie hinab,
aber es widersetzt sich der dumme Leib wie ein Scheit,
wenn morgens jemand stolpert – über mein rauchendes Grab.

(Aus dem Polnischen: Karl Dedecius)

Quelle: Krzysztof Kamil Baczynski: Gesang aus den Bränden, 1947, in: Dialog, Nr. 3/4, 1989, S. 35.

---

* Krzysztof Kamil Baczyński (1921–1944), polnischer Dichter, im Warschauer Aufstand gefallen.

M 40 Denkschrift von Heinrich Himmler*: Einige Gedanken über die Behandlung der Fremdvölkischen im Osten,15. Mai 1940 [Auszug]

Eine grundsätzliche Frage bei der Lösung aller dieser Probleme ist die Schulbuchfrage und damit die Frage der Sichtung und Siebung der Jugend. Für die nichtdeutsche Bevölkerung des Ostens darf es keine höhere Schule geben als die vierklassige Volksschule.

Das Ziel dieser Volksschule hat lediglich zu sein:
Einfaches Rechnen bis höchstens 500, Schreiben des Namens, eine Lehre, dass es ein göttliches Gebot ist, den Deutschen gehorsam zu sein und ehrlich, fleißig und brav zu sein. Lesen halte ich nicht für erforderlich.

Außer dieser Schule darf es im Osten überhaupt keine Schulen geben. Eltern, die ihren Kindern von vornherein eine bessere Schulbildung sowohl in der Volksschule als später auch an einer höheren Schule vermitteln wollen, müssen dazu einen Antrag bei den Höheren SS- und Polizeiführern stellen. Der Antrag wird in erster Linie danach entschieden, ob das Kind rassisch tadellos und unseren Bedingungen entsprechend ist. [...]

Abgesehen von der Prüfung der Gesuche, die die Eltern um eine bessere Schulbildung stellen, erfolgt jährlich insgesamt bei allen 6–10-Jährigen eine Siebung aller Kinder des Generalgouvernement nach blutlich Wertvollen und Nichtwertvollen [...]

Die Bevölkerung des Generalgouvernements setzt sich dann zwangsläufig nach einer konsequenten Durchführung dieser Maßnahmen im Laufe der nächsten zehn Jahre aus einer verbleibenden minderwertigen Bevölkerung [...] zusammen.

Diese Bevölkerung wird als führerloses Arbeitsvolk zur Verfügung stehen und Deutschland jährlich Wanderarbeiter und Arbeiter für besondere Arbeitsvorkommen [...] stellen; sie wird selbst dabei mehr zu essen und zu leben haben als unter der polnischen Herrschaft und bei eigener Kulturlosigkeit und der strengen, konsequenten und gerechten Leitung des deutschen Volkes berufen sein, an dessen ewigen Kulturtaten und Bauwerken mitzuarbeiten und diese, was die Menge der groben Arbeiten anlangt, vielleicht erst ermöglichen.

Quelle: Wolfgang Bleyer u. a. (Hrsg.): Nacht über Europa – Die faschistische Okkupationspolitik in Polen (1939–1945), Köln: Pahl-Rugenstein 1989, S. 172.

---

* Heinrich Himmler (1900–1945), Reichsführer der SS und Chef der deutschen Polizei.

Instruktionen [der Delegatur*] für die Erzieher, 1941

M 41

Alle Erzieher sollten sich stets bewusst sein, dass der polnische Staat besteht und dass jeder Pole den wahren polnischen Behörden Gehorsam schuldet. Aus dem an uns gegen alle völkerrechtlichen Prinzipien und Moralvorstellungen verübten Gewaltakt ergibt sich einerseits die Verpflichtung, die angeblich rechtmäßigen Maßnahmen der Okkupanten in keiner Weise anzuerkennen, andererseits aber die Lebensnotwendigkeit, sich – zeitweilig – dem Willen des Okkupanten im Lande unterzuordnen. Selbst unter Zwang dürfen jedoch keine Anordnungen ausgeführt werden, die den Grundsätzen der nationalen Ehre und den Interessen des polnischen Staates zuwiderlaufen. Das bedeutet im Einzelnen:

1. Im eigenen Auftreten und im Umgang mit den deutschen Behörden ist soweit wie irgend möglich ein Verstoß gegen die nationale Würde zu vermeiden;
2. die polnischen Schulbehörden sollen ihre Aufmerksamkeit nicht auf die Beobachtung der Tätigkeit der untergeordneten Stellen und der Bürger insgesamt richten, wenn diese vom deutschen Standpunkt aus strafwürdig ist, aber im Einklang mit den nationalen polnischen Interessen;
3. Appellationen an deutsche Behörden sind zu vermeiden;
4. die deutsche Sprache ist ausschließlich in unumgänglichen Fällen zu gebrauchen;
5. a) es ist eine Erziehungsaktion im polnischen staatsbürgerlichen Geiste durchzuführen; insbesondere sind Verrat, Feigheit und Opportunismus zu verdammen;
   b) unter den Schülern und unter der Lehrerschaft muss das gegen den Feind gerichtete Gefühl der Solidarität entwickelt und das Kampfbewusstsein der polnischen Nation gefördert werden;
   c) die Widerstandsfähigkeit gegen die antipolnische, terroristische Politik der Okkupanten muss gestärkt werden;
   d) ihnen gegenüber soll ständig das Gefühl der Feindschaft aufrechterhalten werden durch Verbreitung antideutscher Propaganda; die Jugend muss über die Vernichtungsaktion des Feindes, die gegen unsere Nation und ihre Kultur und Wirtschaft gerichtet ist, unterrichtet werden;
   e) der Umgang mit allen Fachkollegen, die der polnischen Sache schaden, ist zu meiden;

* Einrichtung des polnischen Untergrund-Staates, die während der deutschen Besatzung versuchte, die schulischer Erziehung der polnischen Kinder sicher zu stellen und den Universitätsbetrieb aufrecht zu erhalten.

6. im Rahmen des Möglichen sind die polnischen Unterrichtsprogramme in den legalen Schulen aufrechtzuerhalten. Unterrichtsprogramme für fortbildende Kurse sollen auf dem Niveau der entsprechenden Klassen der polnischen Oberschulen aufgezogen werden. In Berufsschulen niedrigen Grades sind die Programme durch allgemeinbildende Gegenstände zu erweitern, die Berufsschulen höheren Grades sollen nach Möglichkeiten akademisches Niveau erreichen;
7. geheimer Unterricht ist entsprechend den Programmen der Lyzeen und akademischen Schulen durchzuführen und möglichst breit aufzubauen;
8. für weitestgehende Erhaltung des Eigentums der polnischen Schulen wie Sammlungen, Geräte, Bücher soll Sorge getragen werden;
9. eine Aktion zur Selbstbildung ist in allen Bereichen zu organisieren und zu fördern;
10. das wissenschaftliche Personal der Hochschulen soll den wissenschaftlichen Kontakt mit fortgeschrittenen Studenten halten und die zur Ablegung des Examens berechtigten Studenten prüfen;
11. die Lehrerschaft der Grundschulen soll sich bemühen, Einfluss auf die bäuerliche und Arbeiterbevölkerung zu behalten und sie im nationalen Sinne aufzuklären.

Quelle: Christoph Kleßmann: Die Selbstbehauptung einer Nation – NS-Kulturpolitik und polnische Widerstandsbewegung, Düsseldorf: Bertelsmann Univ.-Verlag 1971, S. 249–250.

M 42 Bernard Goldstein*: Die Sterne sind Zeugen

Es gab fast keine Schulbücher. Man half sich mit einigen mühsam auf der Schreibmaschine geschriebenen Heften und diese wurden nur den Lehrern in die Hand gegeben. Jede Schule hatte eine Gruppe von Erwachsenen-Helfern, die Lehrmaterial beschafften, den Teller Suppe für jedes Kind stellten, Geld für die Lehrer sammelten usw. Im Winter genügend Heizmaterial für den Klassenraum zu besorgen, war ein noch größeres Unternehmen. Der Kampf für die geistige Nahrung wurde mit derselben Intensität wie der um die materielle Ernährung gekämpft.

Quelle: Bernard Goldstein: Die Sterne sind Zeugen, Frankfurt/Main 1960, Dritte Auflage, S. 92.

* Bernard Goldstein gehörte im Ghetto Warschau der Jüdischen Kampforganisation an. Er starb 1959 in New York.

Kinder im Warschauer Ghetto, 1941 (Foto) **M 43**

M 44 Ein Licht im Dunkel

Als im Frühjahr 1945 der Krieg auf polnischem Boden zu Ende ging, waren Zehntausende deutscher Soldaten in Gefangenschaft. Im Revier Zagłębie Dąbrowskie wurden deutsche Kriegsgefangene beim Kohleabbau beschäftigt. In Baracken untergebracht, die kurz zuvor noch von britischen Kriegsgefangenen bewohnt gewesen waren, die ebenfalls im Bergbau gearbeitet hatten, erhielten sie als Chefin, zuständig für die Kohleförderung, eine Frau zugeteilt. Halina Dobroczyńska. Sie sprach fließend Deutsch, was ihr den Kontakt zu den Kriegsgefangenen erleichterte. Am wichtigsten war aber wohl, dass sie ein offenes Herz hatte und bereit war, das schwere Los ihrer Schutzbefohlenen zu lindern.

In ihrer Familie haben sich ihre Korrespondenz und Dokumente erhalten, die davon zeugen, dass die deutschen Kriegsgefangenen große Wertschätzung für ihre persönliche Kultur und ihren Takt empfanden. Bei jeder möglichen Gelegenheit bemühte sie sich nicht nur, korrekte Existenzbedingungen für sie zu schaffen, sondern regte auch – mit sichtbaren Folgen – zu kulturellen Aktivitäten an.

Die Briefe und Dankschreiben, die die Kriegsgefangenen – zweifellos als Ausdruck einer in damaligen Zeiten schwer vorstellbaren Zuneigung und Sympathie – an Frau Dobroczyńska richteten, sollten nicht der Vergessenheit anheimfallen.

In einem besonderen Brief vom 20. Dezember 1947 schrieb eine Gruppe von Gefangenen, Frau Dobroczyńskas Bemühungen sei es zu verdanken, dass die meisten Kriegsgefangenen verhältnismäßig früh wieder mit ihren Angehörigen vereint waren. Der Briefwechsel mit ihr hielt noch viele Jahre an und wurde von der Zensur nicht unterbunden. Man berichtete ihr von Familiengründungen und den Kindern, die geboren wurden, und teilte ihr mit, wie es der Mutter geht. Einige Briefe waren in polnischer Sprache geschrieben, die die Gefangenen im Lager erlernt hatten. Mitgeschickt wurden auch Fotos von den Ehefrauen und Kindern.

In einem Brief an Frau Dobroczyńska vom 25. Mai 1960 schrieb Bruno Hannel aus Bad Godesberg: *„Mit Ihrem Verhalten haben Sie dazu beigetragen, dass ich versöhnt von Polen Abschied genommen habe.“*

Die Gefangenen würdigten Frau Dobroczyńska, die in jenen Jahren, als die Wunden noch nicht verheilt waren, ihnen, den gestrigen Feinden, zu zeigen im Stande war, dass jener grausame Krieg es nicht vermocht hatte, die Menschlichkeit zu töten.

Quelle: Dialog, Nr. 2, 1998, S. 113.

Rolf Schneider*: Anmerkungen zu einem Aufstand [Auszug] M 45

Kriege sind Zeiten von Innovation. Sie weisen aus, dass der homo faber besonders tüchtig wird, wenn er sich mit seiner Selbstzerstörung befasst. Die antike Redewendung vom Krieg als dem Maß aller Dinge hat seine Berechtigung, zumal in Bezirken von Ingenieurkunst und Logistik.

Eine folgenreiche Erfindung des Ersten Weltkrieges war, neben dem Einsatz fliegender Apparate, die militärische Anwendung von Giftgas. Eine folgenreiche Erfindung des Zweiten Weltkrieges war, neben dem Einsatz von Bomben aus nuklearem Spaltmaterial, die Aufhebung des bis dahin respektierten Unterschieds zwischen Front und Hinterland.

Der Angriff deutscher Bombenflugzeuge auf die britische Industriestadt Coventry brachte deren fast völlige Zerstörung. Unzählige Zivilisten waren betroffen. Coventry gab den Topos vor, an den zu halten die eine wie die andere kriegführende Seite sich in der Folgezeit sehr viel Mühe gab. In Deutschland würden die Namen lauten, unter anderem: Nürnberg und Dresden. Außerhalb Deutschlands würden die Namen lauten, unter anderem: Lidice und Warschau.

Die polnische Kapitale sollte nach dem Willen der deutschen Militärführung sein, was der Dichter Brecht vom abschließenden Zustand des Großen Carthago sagte: nicht mehr auffindbar. Unter den vielen zerstörten Stadtlandschaften des Zweiten Weltkrieges wurde Warschau die zerstörteste. Diese sollte die grausige Antwort bedeuten auf zwei heroische, am Ende gescheiterte militärische Erhebungen: jene der Juden im Warschauer Ghetto und jene der polnischen Heimatarmee des General Bór-Komorowski in den nichtjüdischen Quartieren der Stadt.

Dem Bewusstsein der Zeitgeschichte hat sich der zweite Aufstand stärker mitgeteilt. Er hat länger gedauert, zudem verhieß er bei seinem Beginn einige Aussicht auf Erfolg: Die Rote Armee Josef Stalins stand bereits am jenseitigen Weichselufer. Als der Aufstand losbrach, hielt sie in ihrem Vormarsch freilich inne. Der ihr verhasste polnische Nationalismus, dessen von ihr geschlachtete Repräsentanten seit vier Jahren bei Katyń** in ihren Gräbern lagen, und der verhasste deutsche Nationalsozialismus, der ihre sowjetische Heimat mit so viel Leid überzogen hatte, sollten sich gegenseitig vernichten. Wie immer, wenn es sich um Blut und Grausamkeit handelte, ging auch hier Josef Stalins Rechnung auf.

---

* Rolf Schneider, geb. 1932, deutscher Schriftsteller.

** Katyń: Ort im Smolensker Gebiet Russlands am oberen Dnjepr. In einem Wald bei Katyń fanden deutsche Soldaten 1943 die Leichen von 4143 erschossenen polnischen Offizieren. Diese waren im September 1939, wie von deutscher Seite sogleich behauptet, in sowjetische Kriegsgefangenschaft geraten und im April und Mai 1940 vom sowjetischen Geheimdienst NKWD erschossen worden. Die Sowjetunion wies dagegen diesen Massenmord der deutschen Seite zu und räumte erst unter Generalsekretär Michail Sergeevič Gorbačev [Gorbatschow] die sowjetische Verantwortung dafür ein.

Nach dem Ghetto-Aufstand hatte Hitler befohlen, das Judenviertel zu schleifen. Nach dem Warschauer Aufstand befahl er die Vernichtung der gesamten Stadt. Die Resultate sind heute nicht mehr vorstellbar. Die düsteren Bilder des Photographen Heydecker vermitteln nurmehr einen Eindruck von Archäologie.

Ich habe Warschau erstmals im Jahre 1957 besucht. Die von Deutschen geschaffene Ödnis der gnadenlosen Destruktion war noch vielfach zu besichtigen. Der von den Sowjets errichtete Kulturpalast stand wie ein brutaler höhnischer Zeigefinger in häuserloser Umgebung. Die Marszałkowska verlief eng und ängstlich zwischen Ruinen. Nowy Świat war bloß erst Fragment.

Der Stadt fehlte ihre Heiterkeit. Sie besaß Witz, aber der war böse und tiefschwarz: gespenstische Reflexe jener ausgelöschten jüdischen Geistigkeit, die eben noch hier gewohnt hatte. Der Geruch, der über Straßen und Plätzen hing, nicht sehr nachdrücklich, dennoch nicht zu verlieren, war der von Moder und kalter Asche.

Ich blättere in meinem Notizbuch von damals und lese:

Das Hotelpersonal behandelt mich mit einer Art zurückhaltender Missbilligung. Steinerne Gesichter. Die psychische Attacke funktioniert. Ich gewöhne mir an, meine Zimmernummer, wenn ich an der Reception den Schlüssel verlange, auf englisch zu nennen. Ich sage mir, ich sei bei Kriegsende noch ein Kind gewesen. Ich habe etwas gegen die Formulierung und Verordnung einer nationalen Kollektivschuld. Ich verrate schlechten Gewissens meine sprachliche Herkunft, um bei der Vergabe eines Hotelzimmerschlüssels in den flachen Genuss kommerzieller Freundlichkeit zu gelangen.

Ich betrete eine Agentur, um Theaterkarten zu kaufen. Eine ältere Frau, dunkelhaarig und dunkeläugig, schickt mir düstere Blicke entgegen. Sie scheint meine deutsche Herkunft zu wittern, noch ehe ich den Mund aufgetan habe. In meiner Verwirrung spreche ich französisch. Ganz offenbar erkennt sie meinen Akzent. Sie bedient mich, reicht mir die dünnen dunkelroten Papierscheine und empfängt Geldnoten dafür. In ihrem Gesicht ist ein bitterer und höhnischer Triumph.

Ich sehe in einer der Vorstädte einen zerlumpten Mann. Er humpelt. Er tritt mir in den Weg. Auch er hat sofort erkannt, dass ich ein Deutscher bin. Er deutet an sich herab und weist auf seinen rechten Fuß, der in einem unförmigen Schuh steckt. Er spricht deutsch. Er sagt mir auf deutsch, er sei während des Krieges Fremdarbeiter in Deutschland gewesen. Man habe ihn misshandelt, man habe ihn hinausgejagt, mit bloßen Füßen, in einen bitterkalten Wintertag, seine Zehen seien dabei abgefroren, seither hinke er. Die Situation ist schrecklich. Ich halte den Mann für einen Bettler. Vielleicht ist er es, vielleicht ist er es nicht. Ich habe kein Geld bei mir, nicht einen einzigen Złoty, ich habe meine Brieftasche im Hotel vergessen. Ich versuche dem Mann meine Misere darzutun. Er hört mir geduldig zu. Er beschreibt mit der rechten Hand eine Geste, die zu sagen scheint: Was macht es schon, was müssen Sie reden, ich wollte Ihnen nur meine Geschichten erzählen.

Er nickt und humpelt weiter. Er ist wohl ein Bettler, und wenn er es ist, so von einer Art, dass er unter allen Bettlern der Welt ein Fürst ist. Er humpelt den Ruinen entgegen, denen ich nicht widersprechen kann, vor denen ich nicht in andere Sprachen ausweichen kann, ich kann nur noch schweigen. Das Schweigen der Stadt ist stärker.

Bei jedem meiner späteren Besuche zeigten sich die Trümmer weiter abgetragen. Die Ruinen verwandelten sich zurück in die Gebäude, für die sie standen. Warschau formulierte jetzt andere Dramen, deren Daten sehr viel jünger waren. Ihre Anlässe trugen nicht zuerst deutsche Namen.

Heute zeigen die sorgsam rekonstruierten Bauwerke, Altstädter Markt, Zitadelle, selbst das Königsschloss, längst wieder Anzeichen eines zarten Verfalls: Spuren des Gebrauchs, der Jahre, der Vergänglichkeit, gleichsam eine imitierte Patina, die der echten zum Verwechseln ähnelt und der nachgemachten Historie die Aura der Originalität verleiht.

Wer denkt noch, wenn er es nicht weiß, wenn er es sich nicht ständig vorsagt, an die überaus grauenhaften Zustände des Jahres 1945?

Quelle: Rolf Schneider: Anmerkungen zu einem Aufstand, in: Verband deutscher Schriftsteller/ Deutsches Polen-Institut (Hrsg): Nach den Gewittern. Ein polnisch-deutsches Lesebuch. Göttingen: Steidl 1995, S. 248–251.

Wojciech Pięciak*: Die unterbrochene Kindheit des Gerhard Gruschka [Auszug]

M 46

Als Gerhard Gruschka einen Verleger für seine Erinnerungen suchte, bekam er ein bestimmtes Angebot.

Er sagt: – *Ein bestimmter Verlag war bereit, das Buch zu drucken. Aber nach dem ersten Briefkontakt wurde mir klar, dass das irgendwelche Rechtsradikalen sind.*

Also nahm er das Angebot nicht an.

Denn wenn man über solche Lager oder auch über Deutsche als Opfer schreibt, gerät man leicht in schlechte Gesellschaft. Wie Sepp Jendryschik, dessen Vater in Zgoda** umkam.

---

* Wojciech Pięciak (geb. 1967), Journalist der Zeitschrift „Tygodnik Powszechny".

** Zgoda: ehemalige Außenstelle des Konzentrationslagers Auschwitz in Świętochłowice [Schwientochlowitz] – nach der Eroberung Oberschlesiens durch die Rote Armee unter polnischem Regime als Lager für Deutsche weiterbenutzt.

Das Buch Jendryschiks veröffentlichte 1997 ein „Verlag für ganzheitliche Forschungen". Dieser Verlag gibt keine Adresse an, sondern nur die Nummer eines Postfaches in Viöl, einer kleinen Ortschaft an der Grenze zu Dänemark. Das Buch gibt es nicht im Computerkatalog, an das die deutschen Buchläden angeschlossen sind. Sein Untertitel lautet: „Dokumentation über eines der Konzentrationslager in Polen, die seit Winter 1944 mit dem Ziel gegründet wurden, die deutsche Bevölkerung in den besetzten Ostgebieten zu vernichten".

Das ist eine Sprache und sind intellektuelle Bestrebungen, deren Ziel darin besteht – wie die rechtsradikalen Publizisten schreiben – „der Linken das Begriffsmonopol zu nehmen". Bestimmte Wörter haben in der Bundesrepublik einen konkret zugeschriebenen Inhalt, wie „Vernichtung" oder „Todesmarsch". Auch in diesem Buch geht es also darum, diesen Wörtern ihre Bedeutung zu nehmen. So ist es, wenn Jendryschik von der „Vernichtung der deutschen Bevölkerung", den „schlesischen Todesmärschen" oder der „Gründung [von Lagern durch Polen] seit Winter 1944" schreibt. Daraus soll hervorgehen, die Polen hätten ein geplantes System zur Vernichtung von Deutschen geschaffen, das mit dem Nazi-System vergleichbar war.

Das Buch Jendryschiks enthält nicht nur Berichte der Häftlinge von Zgoda. Der Autor sowie Roland Bohlinger, Chef des Verlags aus Viöl, haben es mit einem Kommentar versehen. Der Leser erfährt, dass die schlesischen Deutschen von den germanischen Vandalen abstammten und die polnische Bevölkerung erst im 19. Jahrhundert als Arbeitskräfte zugewandert sei, die man zivilisieren musste. Dass Hitler bis zum 31. August 1939 Frieden, aber „die Polen ihren Krieg haben wollten" und ihn mit Grenzprovokationen begannen, so dass Deutschland sich verteidigen musste. Dass in Polen in Konzentrationslagern für Deutsche wahrscheinlich „fast 300.000" von ihnen starben. Dass die deutschen Kriegsverluste 9–11 Millionen betrugen, von denen die „Mehrheit erst nach dem Krieg umkam". Und auch dass „Deutschland heute kein freies Land ist", sondern ein Staat „gesteuert durch die Siegermächte und der von ihnen aufgezwungenen führenden Klasse".

Gerhard Gruschka sagt: – *Ich habe das Buch durchgesehen, und die Haare standen mir zu Berge. Die Geschichte des Lagers wurde für die Ziele der radikalen Rechten manipuliert. Und das ist das Schlimmste für die Erinnerung an Zgoda. Außerdem habe ich Jendryschik die Verwendung meiner Aussagen untersagt. Und was hat er gemacht? Er hat sie jemand anderem zugeschrieben.*

Quelle: Wojciech Pięciak: Inne twarze pojednania. Reportaże, Kraków: Znak 2000 (übertragen von Kai Struve).

Astrid von Friesen: Der lange Abschied [Auszug]

M 47

Nachdem ich 1953 in Westdeutschland geboren wurde, entwickelte sich eine bestimmte Erzähltradition: Abends vor dem Schlafengehen las unsere Mutter uns Kinderbücher vor oder musste erzählen, wie es früher war, als sie vom Heuschober drei Stock tief heruntersprang, als ihr die fünf Hunde durchgingen und sie durch den Schnee hinterher schleiften, als die Pferde scheuten und ihr fast den Kopf abrissen: aufregende Landgeschichten für uns Stadtkinder. So intensiv und, auf unsere Bitten hin, häufig wiederholt erzählt, dass ich immer das Gefühl von zwei Kindheiten hatte: der erzählten und der eigenen. Und in diesem fast rituellen Erzählen, welches Kinder sowieso brauchen und fordern, lag vielleicht auch ein Element der Heilung vom eigenen Verlustschmerz für unsere Mutter.

Doch im Teenageralter begannen wir Geschichten von früher abzulehnen. Obwohl es keinerlei Töne des Revanchismus oder der Rache gab, befiel uns Unbehagen. Der Begriff »Heimat« war uns – bedingt durch die Radikalität der Pubertät, aber auch darüber hinausreichend – völlig suspekt. Damit durften die Eltern uns nicht kommen, also verschlossen auch sie sich und hofften wohl auf unser Verständnis mit zunehmendem Alter! Und über die eigenen Leiden, zum Beispiel die Verschleppung eines Großteils meiner väterlichen Familie nach Rügen, wo mein Urgroßvater, fast 80-jährig, verhungern musste, durfte nur in Kurzform erzählt werden. Da galt das Tabu: Es waren ja »nur« Kriegsfolgen von einem Krieg, welchen wir Deutsche begonnen hatten, und: Den Juden ist millionenfach viel Schlimmeres angetan worden! Ein Tabu, welches zur Folge hatte, dass nicht offen getrauert werden konnte. Als Folge hielten Depressionen, das Problem der »Sinnlosigkeit« und der Identitätsdiffusion in den Familien Einzug, denn: »... erst die Toten geben uns Licht«.

[...] Für mich entstand schon als 12-Jährige, nachdem ich voller Erschütterung »Das Tagebuch der Anne Frank« gelesen hatte, ein eigenes Gefühlsverbot: Ich durfte nicht um all das trauern, was verloren war. Ich musste es innerlich als »Gerechtigkeit« des Schicksals anerkennen, weil »wir« Anne Frank und alle anderen ermordet hatten. Und selbst die Tatsache, dass meine Großtante – ohne Gerichtsverfahren verschleppt – in der Gefangenschaft sieben Jahre im sibirischen Schnee Bäume fällen musste, nur mit Zeitungen um die Füße gewickelt, erfüllte mich zwar mit Ehrfurcht vor ihrem Schicksal, aber nur im Geheimen, denn das Bewusstsein sagte: Wir Deutschen haben doch Russland überfallen, und was haben wir ihnen nicht Grausames angetan? Oder: Mein eigener Großvater war in Russland gefallen. Oder: Eine geliebte Tante verlor ihren Mann und alle ihre drei Söhne im Krieg. Sie hatte bei mir einen Glorienschein, doch bei der »Aufrechnung« mit dem von Deutschen verursachten Leid zogen wir immer den kürzeren. Es war ein Konflikt, der für mich als Kind und Jugendliche quälend und unlösbar war, über den ich nicht sprechen konnte, weil Leid und Schuld und Scham zu verknotet und verworren in mir rumorten und, wie ich es heute sehe, dieses Gefühlstabu auch von der älteren Generation ausging. Statt zu fühlen und zu weinen galt es »Contenance« zu wahren ...

Was hätte ich gebraucht? Eine von außen kommende moralische Instanz, die mir gesagt hätte: Du darfst auch über das Familienleid traurig sein, das mindert und tilgt keineswegs die Schuld der Deutschen. Über das Leid der Juden, Zigeuner und Sozialisten, der Homosexuellen, psychisch Kranken und all der anderen von den Faschisten Gemarterten sowie über die Millionen Kriegstoten darf man gleichzeitig trauern. Die eine Trauer tilgt keinesfalls die andere.

Quelle: Astrid von Friesen: Der lange Abschied. Psychische Spätfolgen für die 2. Generation deutscher Vertriebener, Gießen: Psychosozial Verlag 2000, S. 9–11.

M 48 Schlesische Schicksale – im Lichte von Erinnerungen

• Erinnerung Nr. 10:

„Mit der Zeit erfuhr ich viel über die Erlebnisse der Polen während der Okkupation, und ich muss zugeben, dass es mich erschüttert hat und ich mich gleichsam mitschuldig fühlte an diesen deutschen Verbrechen, von denen ich eigentlich nichts wusste, solange dieser schreckliche Krieg geführt wurde, erst nach dem Krieg drangen gewisse Nachrichten zu mir durch, doch man hört diesen Augenscheinberichten anders zu.“

• Erinnerung Nr. 26:

„Ich erinnere mich an den Beginn des Krieges, den Vorbeimarsch der deutschen Truppen nach Polen, in Richtung Lubliniec, Częstochowa und Tarnowskie Góry. Die Entfernung zur Grenze betrug von unserem Dorf aus 20 km. Es waren hauptsächlich Kavalleriekolonnen, die Pferde zogen riesige Kanonen. (...) Ich erinnere mich an die Kriegszeit, als im Juni 1941 den ganzen Tag lang deutsche Panzer über die Landstraße Strehlitz-Himmelwitz-Zawadzki rollten. Danach gab es keinen Monat, in dem der Briefträger keine Briefe mit schwarzer Umrandung brachte, die über den Tod von Vätern, Brüdern, Bekannten benachrichtigten.“

• Erinnerung Nr. 29:
„Ich selbst hatte Gelegenheit, mich von den Bestialitäten zu überzeugen, die an den Häftlingen von Auschwitz begangen wurden. In der Nacht vom 21. Dezember 1944 habe ich gesehen, wie die Faschisten die restlichen Auschwitz-Häftlinge ermordeten, ich habe selbst an der Beerdigung dieser Menschen teilgenommen, denn die Älteren waren im Krieg, und die Front war schon nahe, und wir wollten nicht, dass die sowjetische Armee das sah. Auf einer Strecke von drei Kilometer haben wir 52 Auschwitz-Häftlinge begraben."

• Erinnerung Nr. 5:
„Es ist der 31. März 1945, wir sitzen bei Nachbarn im Keller, Frauen und Kinder, und beten auf polnisch den Rosenkranz. Der Großvater war oben geblieben, er hatte uns erklärt, die Russen seien auch Menschen, und im Ersten Weltkrieg hätten deutsche und russische Soldaten bei ‚Feuerpausen' zusammen Wodka getrunken und sich den Tabak geteilt. Es wird Abend, der Geschützlärm kommt immer näher, sie sind schon da. Die ersten Soldaten kamen kurz herein, sahen sich um und gingen wieder. Die nächsten lebten sich aus. Ratibor ist die erste Stadt hinter der Oder, das sind schon Deutsche, hier darf man vergewaltigen, Feuer legen und morden. Hier hilft keine Beteuerung, ‚wir sind Polen'. Sie treiben uns aus den Kellern, auf dem Hof liegt die Leiche des Großvaters. Sie jagen uns aus der Stadt, aus den Wohnungen nehmen wir mit, was man forttragen kann. Ein Treck von Menschen zieht sich über die hinter der Stadt ansteigende Straße, hier auf dem Hügel ist die ganze Stadt zu sehen, sie steht in Flammen. Wir sind von allem befreit worden, wir haben nur, was wir anhaben."

• Erinnerung Nr. 17:
„Da die Front am Tag des heiligen Josef – am 19. 3. 1945 – zu uns heranrückte, wurden wir von der deutschen Wehrmacht vertrieben. (...) Als man uns vertrieb, spannte meine Mutter die Kühe an, und es waren sogar zwei Fuhrwerke. In einem war ich mit meiner Oma, Mamas siebzigjähriger Mutter, und meinem kleinen Bruder. Der Wagen war mit einer Plane überdeckt, so wie einer vom Militär. Das war einfach unsere Stube, denn hinten im Wagen war auch ein Ofen, so dass man heizen konnte, und im zweiten Wagen gab es Holz und Kohle, Mehl und Zucker, Heu und Futter für die Kühe, denn es war erst März. So fuhren wir, wie früher die Zigeuner."

• Erinnerung Nr. 14:
„Nach den Greueltaten, die uns die Sowjetarmee angetan hatte, kehren wir in das geplünderte Forsthaus nach Sulistrowiczki [am Zobten] zurück. Vater ist nicht da, er ist bei den Sowjets in Gefangenschaft. Mama und drei Geschwister sind an Typhus erkrankt, es gibt keine Medikamente, wie durch ein Wunder sind sie gesund geworden. Im Juli 1945 kommt der erste polnische Waldhüter ins Forsthaus, Wladek Bangielski, ein mächtiger Lette mit goldenem Herzen.

Er hackt uns Holz, geht mit meinem kleinen Bruder Forellen und Krebse fangen, manchmal bringt er uns auch irgendein Wild. Dank ihm plagt uns nicht mehr der Hunger und wir haben Schutz vor Belästigungen durch die Sowjets..."

• Erinnerung Nr. 10:
„Die Gründe, von denen ich mich leiten ließ, als ich beschloss, gegen den Willen meiner Familie einen Polen zu heiraten, waren kompliziert. [...] Die Kinder wurden größer, und mit ihnen wuchsen die Bedürfnisse. Die materielle Seite unseres Lebens war miserabel und hat mich viele schlaflose Nächte gekostet. Aber unser familiäres Heim war immer voller Wärme und Liebe, wir hatten viele Freunde, die wir nach dem Motto ‚wenig, aber von Herzen' empfingen, und wir wurden von ihnen nach demselben Motto empfangen. [...] Unsere Söhne haben gut gelernt, obwohl wir auch Sorgen mit der Erziehung hatten, wenigstens von Zeit zu Zeit, aber wir sind damit fertig geworden. Angesichts der antideutschen Propaganda in den fünfziger und sechziger Jahren (vor allem in den Schulen und im Fernsehen) hatte ich die äußerst schwierige Aufgabe, die Meinung meiner Kinder über mein Volk, über deutsche Angelegenheiten zu berichtigen. Am Anfang fiel es ihnen schwer zu begreifen, dass sie eine deutsche Mutter und auch eine deutsche Großmutter haben, die in der Bundesrepublik lebte. [...] Heute ist nur noch die Sehnsucht nach den Nächsten von damals geblieben. Schon längst habe ich Geschmack gefunden am polnischen Kolorit der Festtage, den alten Volksbräuchen, mitsamt der Oblate. Unser jetziger Heiligabend, an dem wir in großem Kreis – Söhne, Schwiegertöchter, Enkel und wir Eltern – am Tisch zusammenkommen, ist eine Mischung aus beiden Kulturen, der polnischen und der deutschen, aber er ist unser wunderschöner Heiligabend, den ich gegen keinen anderen tauschen würde. Und an Ostern suchen unsere Enkel Osterhasen im Garten ‚auf Deutsch', aber unser Osteressen ist völlig polnisch. So haben wir dieses Problem gelöst, das aufgehört hat, ein Problem zu sein."

Quelle: Schlesische Schicksale – Im Lichte von Erinnerungen, in: Dialog Nr. 3–4/1996, S. 31–33. Zbigniew Kurcz stellt in diesem Beitrag einige Ergebnisse aus dem Wettbewerb über Erinnerungen zum Thema *„Ich bin Deutscher in Polen"* zusammen, den das Institut für Soziologie der Universität Breslau 1992 ausgeschrieben hat.

Włodzimierz Kalicki*: Breslau – das Zuhause von Paweł und Małgorzata [Auszug]

M 49

[...] Als in Breslau die ersten Gruppen polnischer Beamter ankamen, wohnten hier noch 150–200.000 Deutsche, hauptsächlich ältere Leute, Frauen und Kinder. Es scheint, dass in den ersten Nachkriegsmonaten mehr Deutsche als Polen in der Stadt eintrafen. Zurück kamen die zwangsweise Evakuierten, entlassene Kriegsgefangene, Familien auf der Suche nach Angehörigen.

Nach der Potsdamer Konferenz begannen in Breslau die organisierten Transporte polnischer Repatrianten einzutreffen; aber Ende 1945 gab es unter den Einwohnern nur 50.000 Polen – mindestens dreimal so viele sprachen Deutsch. [...]

Die ersten polnischen Bewohner trugen weißrote Binden an den Ärmeln. Im Sommer 1945 hörte diese Sitte auf; aber die Idee – die viele Anhänger unter den Polen hatte –, die Deutschen zum Tragen weißer Armbinden auf der Straße zu verpflichten, setzte sich nicht durch. Ohnehin waren sie Bürger zweiter Kategorie. Der Stadtpräsident ordnete an, dass die Lebensmittelrationen für Polen dreimal so groß sein sollten wie für Deutsche. Polen erhielten ihre Zuteilungen regelmäßig, Deutsche je nach Möglichkeit.

Unter den Ruinen tauchten bald deutsche Bettler, deutsche Prostituierte und Händlerinnen auf, die Kleidung und Hausrat gegen Lebensmittel eintauschten. Es sieht so aus, als sei die hohe Todesrate unter den deutschen älteren Leuten und den Kindern damals hauptsächlich auf Unterernährung zurückzuführen. Schon in den ersten Wochen wurden, aus Mangel an polnischen Arbeitern, gerne Deutsche beschäftigt. Theoretisch bezahlten ihnen die staatlichen Betriebe so viel wie den Polen, aber bei der Auszahlung zogen sie manchmal bis zur Hälfte des Lohns für den Wiederaufbau Warschaus und den Hilfsfonds für Opfer des Nationalsozialismus ab. Private Arbeitgeber zahlten den Deutschen Groschen.

Für deutsche Frauen gab es im Prinzip keine Beschäftigung. Sie waren einverstanden, so billig zu arbeiten, dass sogar Lehrer und besser situierte Arbeiter sich ausgezeichnete deutsche Haushälterinnen leisten konnten.

Den Deutschen untersagte man, selbständig die Arbeit zu wechseln. Wer die Arbeit aufgab, wurde wie ein Saboteur bestraft. Nach einigen Monaten wurde für sie die Arbeitspflicht eingeführt.

Breslau war jedoch für die Deutschen kein riesiges Arbeitslager, obwohl es in der Kriegszeit eine solche Rolle für 50.000 Zwangsarbeiter aus Polen und anderen besetzten Ländern gespielt hatte. Rachegelüste und Hass, die in sechs Jahren Okkupation gepflegt worden waren, wichen schnell aus den polnischen Köpfen. Es gab keine Pogrome gegen Deutsche, keine Handlungen kollektiver Rache. Der Pionier Jerzy Janicki notierte, dass der Pole „(...) den Besieg-

* Włodzimierz Kalicki, Journalist der Tageszeitung *Gazeta Wyborcza*, 1997 in Dresden mit dem deutsch-polnischen Journalistenpreis ausgezeichnet.

ten mit schweigsamer Nachsichtigkeit und Gleichgültigkeit behandelte, er verlangte nur, dass man sich um ihn herum tummele, wie es sich gegenüber einem Herrn gehört, und dass man ihn bediene, als wäre er erschöpft."

Und die Deutschen tummelten sich. Polnische Direktoren und Firmenbesitzer beschäftigten sie lieber als ihre Landsleute (besonders die unqualifizierten von jenseits des Bug). Arbeitsmangel quälte die Siedler nicht besonders. Von Beamten und idealistischen Pionieren abgesehen, träumten sie von schnellen, günstigen Geschäften.

Deutsche Straßenbahnfahrer in Mützen mit polnischen Adlern fuhren die Straßenbahnen, deutsche Schaffner in Mützen mit polnischen Adlern entwerteten die Fahrscheine. Verwaltungsangestellte in polnischen Ämtern brachten keinen polnischen Satz zustande und unterschrieben mit „Führer" (das sollte Verwaltungschef und nicht Reichsführer bedeuten). Polnische Ladenbesitzer stellten Verkäuferinnen hinter den Ladentisch, die kein Polnisch verstanden – also mussten polnische Arbeiter ihre deutschen Dienstmädchen zum Einkaufen schicken. Im Theater traten deutsche Schauspieler mit Begeisterung als Statisten in Komödien von Fredro auf. Nur Zeitungen und Hurrapatrioten regten sich auf, dass ein deutsches Orchester in einer polnischen Kneipe „Lili Marleen" spielte, dass sich Breslauer Modepuppen nach deutscher Art den Kopf mit Turbanen aus Handtüchern umwickelten und Polen in Uniform mit deutschen Mädchen spazierengingen.

Man sagte damals in Breslau, „jeder Pole hat seinen Deutschen". Freiwillige Ausreisen der Deutschen in den Westen, die Umquartierungen der Deutschen von einem Stadtteil in den anderen (um an ihre Wohnungen zu kommen), wurden im Oktober 1945 von den ersten behördlich organisierten Deportationen abgelöst. Im Februar 1946 lief die zentral vorbereitete Massenaussiedlung an.

Polnische Arbeitgeber wollten die deutschen Arbeiter und deren Familien vor der Aussiedlung schützen. Das half nicht viel. Die Aussiedlungsaktion dauerte bis Oktober 1947. In der Stadt blieben kaum mehr als 3.000 Deutsche.

Die Aussiedlung selbst verlief unterschiedlich. Oft konnten die Ausgesiedelten ihren Hausrat nicht mitnehmen, manchmal wurden sie überstürzt, brutal vertrieben. Plünderungen waren keine Seltenheit. Die Vertriebenen erlebten die Reise unter sehr schweren Bedingungen. Die polnische Bevölkerung der Stadt hatte jedoch nicht viel damit zu tun.

In den drei Jahren, in denen man mit den Deutschen in Breslau unter einem gemeinsamen Dach gelebt hatte, hatte man Groll und Vorurteile aus der Kriegszeit abreagiert. Wichtiger ist noch, dass während der Jahre des gemeinsamen Zusammengepferchtseins in den Breslauer Ruinen nichts geschah, was einen Schatten auf die Zukunft hätte werfen können. Die lauten Drohungen kommunistischer Zeitungen vom Jahre 1945, wie z. B. „(...) Jeder Deutsche hat ein Verbrechen begangen, für das er nicht ungestraft davonkommt", blieben nur Papier. Man trennte sich von den Deutschen ohne Hass, häufig mit Sympathie und Bedauern. Berichte und Erinnerungen bezeugen, dass viele Polen von jenseits des Bug den ausgesiedelten Deutschen wirkliches Mitgefühl entgegenbrachten. Sie kannten den Geschmack der Vertreibung bereits. [...]

Quelle: Transodra 17, Okt. 1997, S. 16ff.

Maciej Stasiński: Polen und Ukrainer [Auszug aus der *Gazeta Wyborcza*]

M 50

[...] Anders als im Fall weit entfernter Völker, z. B. des polnischen Stereotyps des Engländers (kalter hochmütiger Egoist), des Japaners (künstlich lächelnder workaholic), oder des Amerikaners (selbstsicherer Ignorant) ist das Stereotyp des Ukrainers verflochten mit der Geschichte der polnisch-ukrainischen Beziehungen und dem polnischen Selbstbildnis. Deshalb muss man gleichzeitig über das polnische Bild des Ukrainers und das Selbstbild der Polen sprechen. In Polen hängt das Bild des Ukrainers und seines Verhältnisses zum Polen eng zusammen mit den Problemen von Leid, Henker und Opfer, Verbrechen und Wiedergutmachung, ähnlich wie das Bild des Deutschen. Während aber heute viele Deutsche im Stande sind, von dem Leid, das sie den Polen angetan haben, zu reden, es sogar als Verbrechen bezeichnen, und viele Polen im Stande sind, die Rolle des Opfers deutscher Gewalt abzustreifen und anzuerkennen, dass die Vertreibung von einigen Millionen Deutscher ein Verbrechen war, für das es eine kollektive Verantwortung gibt, und dass die Gebiete, aus denen die Deutschen vertrieben wurden, keineswegs „urpolnische" Gebiete waren, die zum Vaterland zurückkehrten, so verhält es sich im Fall der Ukraine anders. Ähnlich wie Polen und Deutsche teilen auch Polen und Ukrainer sowohl Verbrechen, als auch Vertreibung. Und dennoch: Gewöhnlich spricht der Pole von seinem Leid und der Ukrainer von dem seinen. Jeder tritt in der Rolle des Opfers auf, Henker ist jeweils der andere. [...]

Man muss weiter zurückgreifen, um den Ursprung des polnischen Ukrainer-Bildes sowie des ukrainischen Polen-Bildes zu begreifen. Denn die Quellen der gegenseitigen Feindschaft befinden sich im einstigen Polen.

Daher bleibt die heutige Ideologie der Korrektheit mit ihrer Absicht, den volkstümlichen Antiukrainismus zu korrigieren, auf halber Strecke stehen und bezwingt das Stereotyp im Kern nicht. Denn sie versteht es nicht, die polnische historische Präsenz in der Ukraine zu bewerten. Anders als im Verhältnis zwischen Polen und Deutschen empfinden die Polen gegenüber den Ukrainern keinen zivilisatorischen Minderheitskomplex. Sie haben im Gegenteil einen Überlegenheitskomplex, der aus jahrhundertelanger politischer, ökonomischer und kultureller Herrschaft der Polen in der Ukraine herrührt. Es besteht eine vernebelte Erinnerung an die Verhältnisse zwischen „Herren und Sklaven". Auf beiden Seiten. Die Polen waren und sind der Meinung, sie seien in der Ukraine „zu Hause" gewesen und außerdem als Schlachta* innerhalb der sozialen Hierarchie „an ihrem Platz". Die Ukrainer waren aber ebenso „zu Hause", denn die polnische Schlachta fand die Bauern und Kosaken vor, als sie die Ländereien übernahm, aber sie behandelte sie vom Standpunkt des Gastgebers aus – als einen Teil des Inventars.

Also war auch der Ukrainer „an seinem Platz" – aber als Bauer. Viele nostalgische Erinnerungen der Polen aus dem östlichen Grenzland schildern „das har-

---

* Schlachta (von poln. *szlachta [Adel]*): gemeint sind damit weniger die großen Magnatenfamilien, sondern der Kleinadel, der in der Neuzeit als Träger der polnischen *natio* in Erscheinung trat.

monische Zusammenleben“ von Polen und Ukrainern, bevor die bolschewistischen Agitatoren und Nazis kamen. Aber diese Harmonie besteht nur unter der Voraussetzung, dass der Ukrainer seinen Platz in der Hierarchie kennt. Sonst wird er zur Bedrohung. Eben die Ukraine bildet im polnischen Bewusstsein die heimische Fassung des Mythos von „Blut und Boden“.

Die Polen können über die polnische Ukraine immer noch nicht in den Kategorien von Eroberung und imperialer Herrschaft der Schlachta, voller Überheblichkeit, Gewalt und Verachtung gegenüber der einheimischen bäuerlichen Bevölkerung, sprechen, obwohl sie als Nation ähnliches Unrecht erfuhren, das zu einem wesentlichen Bestandteil ihrer historischen Identität wurde. Daher begreifen viele Polen immer noch nicht, dass jegliche ukrainische Emanzipation sich gegen den polnischen Besitzstand in der Ukraine richten musste. Unter den Bedingungen des sich herausbildenden neuzeitlichen Nationalismus musste das Ukrainertum mit dem Polentum zusammenstoßen. [...]

Fremdheit und Feindschaft werden nur dann verschwinden, wenn die Polen im Stande sein werden, von dem ukrainischen Leid zu sprechen, und die Ukrainer lernen werden, den multikulturellen Charakter der einstigen Ukraine zu schätzen; wenn ein und dieselbe Person, sei es ein Ukrainer oder ein Pole, ohne Euphemismus von den ukrainischen Verbrechen an den Polen und den polnischen an den Ukrainern sprechen wird.

Die polnische Geschichtsschreibung ringt sich erst in den letzten Jahren zu einer Bewertung der ukrainisch-polnischen Geschichte durch, die den ukrainischen Standpunkt ernst nimmt. [...]

Der Franzose Daniel Beauvois war bereits vor über zehn Jahren als erster im Stande, die gesellschaftliche und nationale Verwicklung, in die die Ukrainer und die Polen vor Jahren hineingeraten sind, zu begreifen. Beauvois verstand es, die polnisch-ukrainische Geschichte der polnischen Ostgebiete im 19. Jahrhundert so zu beschreiben, dass die Rechtlosigkeit, Gewalt und Repressionen des zaristischen Russland gegenüber den Polen die Rechtlosigkeit, Gewalt und Repressionen der Polen gegenüber den Ukrainern nicht verdecken. Erst dieser Historiker förderte aus den zaristischen Archiven die erschütternden Zeugnisse der Herrengewalt in den polnischen Gutshöfen in der Ukraine für das polnische Publikum zu Tage. Und erst bei ihm las ich, wie die polnischen Gutsbesitzerinnen, oft sehr fürsorglich gegenüber den ukrainischen Bauernkindern, die in ihren Gutshöfen aufwuchsen, sich beim Tee darüber Gedanken machten, ob die Ukrainer auch eine Seele hätten.

Die polnischen Kritiker haben die Trilogie von Beauvois, die im Literarischen Institut in Paris erschien, praktisch verschwiegen. [...]

Die Polen sollten sich zu einer Anstrengung durchringen, um die Ukrainer in den polnischen Ostgebieten im 19. Jahrhundert so zu betrachten, wie sie sich selbst – mutatis mutandis – und ihre Geschichte aus den Zeiten Bismarcks↑ und des Kulturkampfes↑ im preußischen Teilungsgebiet betrachten. Hier war doch der Widerstand der Polen ein gerechtfertigter und edelmütiger Kampf um die nationale Identität und Gleichberechtigung. [...]

Quelle: Transodra, Nr. 17, Okt. 1997, S. 41 ff.

Rückkehr ins piastische↑ Gebiet (Foto)

M 51

Polnische „Repatrianten“ auf ihrem Weg nach Schlesien. Auf der Waggontür steht geschrieben: „Wir begrüßen die Piastengebiete“.

Quelle: Joachim Bahlcke: Schlesien und die Schlesier. München: Langen-Müller-Verlag 2000, 2. Auflage, Abb. 52.

M 52 **Umschlagsbild einer nationalsozialistischen Schrift aus dem Jahr 1941***

* Zur Aufschrift („Wiedergewonnenes Deutsches Land"): Die Eroberungen im Polen-Feldzug werden als Wiedergewinn derjenigen Gebiete des Deutschen Reiches bezeichnet, die Deutschland aufgrund des Versailler Vertrages abtreten musste.

Karikatur:
Helmut Kohl: Anerkennung der polnischen Westgrenze

M 53

Quelle: Tagesspiegel, Juni 1990, in: Dialog, Nr. 2/3, 1995, S. 19.

M 54 Ansprache des Bundespräsidenten Richard von Weizsäcker am 2. 5. 1990 in Warschau [Auszug]

[...] Im Mittelpunkt eines europäischen Friedens steht die Verpflichtung für alle Völker, nie mehr den unseligen Kampf um Grenzen und Gebiete aufzunehmen. Wir Deutsche wissen, was dies für uns den Polen gegenüber bedeutet.

Herr Präsident, Polen kann ohne Vorbehalt darauf vertrauen, dass die Grenzfragen zwischen uns in ihrer Substanz unwiderruflich geklärt sind und dass sie im Zuge der werdenden deutschen Einheit die nötige völkerrechtlich verbindliche Vertragsform erhalten werden. Die heutige Westgrenze Polens bleibt unangetastet. Wir respektieren sie und haben jetzt und in Zukunft keinerlei Gebietsansprüche gegenüber Polen oder irgendeinem anderen Nachbarn.

Wir Deutschen sagen dies nicht, um menschlich erlittenes Unrecht zu legitimieren; wir sagen es in bleibender Verbundenheit mit dem schweren Los unserer Landsleute, die Haus und Hof, Dorf und Heimat verloren haben. Wir wissen, wie viele Polen ein solches Schicksal aus eigener bitterer Erfahrung kennenlernen mussten, und ebenso wissen wir, dass es gewiss nicht die polnische Bevölkerung war, die am Ende des Krieges die Verlagerung des polnischen Territoriums nach Westen veranlasst und durchgesetzt hat.

Es geht zwischen Polen und Deutschen, wie in ganz Europa, aber nicht um das Ziel, Grenzen anzuerkennen, damit sie uns besser gegeneinander abgrenzen. Ganz im Gegenteil: Grenzen sollen ihren trennenden Charakter verlieren. Aus Grenzen sollen Brücken werden. Wir wollen nicht die Berliner Mauer abreißen, um sie an Oder und Neiße neu aufzubauen. Und wir bitten auch Sie, den Gedanken der offenen Grenze zu fördern. Wenn wir solche Brücken bauen wollen, dann sollten wir uns nicht einem Überschwang der Gefühle hingeben, sondern Hindernisse nüchtern wahrnehmen und Chancen rücksichtsvoll nutzen. Wir kennen ja nicht nur die herzliche Gastfreundschaft der Menschen untereinander, sondern wir wissen, dass es auch noch Ängste und Abwehrreaktionen gibt. Manche Polen fürchten einen neuen Drang der Deutschen nach Osten und haben die Sorge, aufgekauft zu werden. Umgekehrt freut sich nicht jeder Deutsche über die zahlreichen polnischen Handels- und Wirtschaftstouristen.

Wir sollten aufpassen, dass die erstrittene Befreiung vom Zwang der Diktatur nicht alte Gegensätze neu freisetzt. Das gilt überall in Europa. Es wäre ein schrecklicher Anachronismus, in den unseligen, feindlichen Nationalismus früherer Zeiten zurückzufallen. Vielmehr können und wollen wir gerade im Zeichen der Freiheit gemeinsam der Fremdenfurcht und dem Fremdenhass entgegentreten.

Quelle: Hans-Adolf Jacobsen/Mieczysław Tomala (Hrsg): Bonn-Warschau 1945–1991. Die deutsch-polnischen Beziehungen. Analyse und Dokumentation. Köln: Verlag Wissenschaft und Politik 1992, S. 528–529.

Markus Meckel*: Deutsche und Polen nach der Öffnung der Grenzen

M 55

Auf beiden Seiten der Grenze herrschte vor fünf Jahren noch der Kommunismus. Polen blickte mit Skepsis auf die DDR als dem Musterknaben auf Moskaus Linie. Die DDR-Regierung hatte zwar die Grenze anerkannt, doch blieb Polen der ungeliebte Freund im Lager, blickten die Herrschenden mit gewisser Herablassung auf Polen und hielten es für einen unsicheren Gefährten beim „Aufbau des Sozialismus". In den siebziger Jahren durfte man ohne Visum die Grenze überqueren. Viele Kontakte und Freundschaften entstanden zwischen den Menschen. Wir bewunderten die Vielfalt in Wissenschaft, Kultur und Kunst. Gleichzeitig gab es Unwillen an der Grenze und in Berlin: polnische Besucher kauften ein, was sie zu Hause in den Läden nicht fanden, und die sozialistische Mangelwirtschaft vermochte es nicht, den Nachschub an Waren zu organisieren. Mit dem Entstehen und Erstarken der Gewerkschaft Solidarność wurde die Grenze von DDR-Seite dichtgemacht. Einem spärlich beginnenden Zusammenleben der Menschen wurde abrupt ein Ende gesetzt. Der Bazillus des polnischen Freiheitswillens sollte nicht in die DDR eindringen. Die staatlichen Medien schürten alte antipolnische Ressentiments. Das war nicht schwer – die durch deutsche Schuld auf uns liegende Verantwortung war in der DDR kein Thema. Der Überfall auf Polen, die Vernichtung der polnischen Intelligenz – daran war der Faschismus Schuld, nicht Deutschland. Nationale Verantwortung wurde ebenso geleugnet wie nationale Zusammengehörigkeit. Faschismus war die Ausgeburt des Kapitalismus und der war in der Bundesrepublik lebendig und nicht in der DDR – deshalb die Mauer, ein antifaschistischer Schutzwall. Mit diesem Geschichtsbild gehörte der DDR-Bürger zu den Siegern des zweiten Weltkrieges.

Das selbst erfahrene Leid bei Kriegsende konnte in der DDR genauso wenig zur Sprache gebracht werden wie das selbst verursachte Leid und die daraus erwachsende Verantwortung. Der Schmerz der Vertreibung aus den deutschen Ostgebieten, Demütigung und Vergewaltigung, alles wurde tief im Innern verschlossen und so erst recht lebendig erhalten, nicht selten an Kinder und Enkel in der Familie mehr als Stimmung denn als konkreter Bericht weitergegeben.

Antifaschismus war in der DDR Identitäts- und Legitimationsideologie des Systems. Wer dieses ablehnte, strich oft nur das „Anti" und drückte damit seine Frustration und die Gegnerschaft zum System aus. Die Folge einer solchen Haltung war, dass der DDR-Bürger als der problematische Deutsche empfunden wurde – neben dem man heute an einer offenen Grenze wohnt.

---

* Markus Meckel, geb. 1952, Pfarrer und Theologe, in Opposition zur SED stehend, Außenminister der letzten frei gewählten Regierung der DDR und Vorsitzender der Deutsch-Polnischen Gesellschaft Brandenburg, MdB (SPD).

Nur wenige standen diesem Bild der DDR-polnischen Geschichte entgegen: die Aktion Sühnezeichen, kirchliche Arbeit, das Anna-Morawska-Seminar*, oppositionelle Gruppen. Deren Bemühungen sollten nicht vergessen werden (was meist geschieht), dennoch war ihr Wirkungsfeld beschränkt und die meisten Menschen wurden von ihren Bemühungen nicht erreicht. [...]

Quelle: Transodra Febr. 1993 S. 16 f.

---

* 1985 hervorgegangen aus dem „Polen-Seminar", das von Günter Särchen, einem couragierten Vertreter des bischöflichen Amtes, in Magdeburg schon in den sechziger Jahren begründet worden war. In Opposition zur offiziellen Politik der DDR hat diese Gruppe von Christen Beispielhaftes zur deutsch-polnischen Annäherung beigetragen. Seit 1989 führt sie den Namen: *Anna-Morawska-Gesellschaft – ökumenischer Dialog für deutsch-polnische Verständigung*. Bei der Namensgeberin Anna Morawska (1922–1972) handelt es sich um eine polnische Journalistin der katholischen Zeitschrift „Tygodnik Powszechny", die als erste nach dem Krieg bereit war, Deutschen die Hand zu reichen und deswegen viele Anfeindungen in der Volksrepublik erfuhr.

M 56 Karikatur: Grenze des Friedens

Quelle: Dialog, Nr. 3/4, 1998, S. 19.

Andrzej Kotula*: Die deutsch-polnische Grenze in der polnischen Presse

M 57

In den regionalen Zeitungen des Grenzgebietes wird sehr viel über die Grenze geschrieben. Wenn ich mir aber die Struktur dieser Meldungen anschaue, dann erinnere ich mich an den Titel einer Reportage eines deutschen Journalisten, die in der Ziemia Gorzowska nachgedruckt wurde: Oder und Neiße – eine Schmerzensgrenze? Tatsächlich, wenn man die polnischen Tageszeitungen liest, bekommt man den Eindruck, die deutsch-polnische Grenze sei ein einziger Streifen von Gewalt, verstärkter Kriminalität und psychischem Stress. Sie ist abstoßend, spannungsgeladen, bedrohlich.

Quelle: Transodra April/Mai 1993, S. 38.

---

* Andrzej Kotula: polnischer Journalist (Morze i Ziemia, Stettin)

Interview mit Lech Wałęsa↑ über den EU-Beitritt und das deutsch-polnische Verhältnis: „Wir müssen alle europäischer denken" [Auszug]

M 58

Kürzlich haben wir des 60. Jahrestages des deutschen Überfalls auf Polen gedacht. Wie empfinden Sie es als Pole, dass Ihr Land nun im gleichen Militärbündnis ist wie der ehemalige Angreifer?

Ich denke darüber anders als die meisten. Ich bin der Meinung, dass die technische und zivilisatorische Entwicklung dazu geführt hat, dass sich das, was sich einst gelohnt hat, heute nicht mehr lohnt. Zur Zeit unserer Eltern und Großeltern lohnte es sich noch, ein anderes Land zu überfallen und ihm ein Stückchen wegzunehmen. Damals lohnte es sich, um Bodenschätze zu kämpfen, die Grenzen zu verschieben und dafür zu sorgen, dass der Nachbar ärmer war als man selbst, weil er uns dann nicht überfallen kann. Aber heute ist das anders. Schauen Sie auf die USA, denen die Grenze zum armen Mexiko viele Probleme bereitet. Schauen Sie auf Japan, das keinerlei Bodenschätze hat und trotzdem gut dasteht. Schauen Sie auf Russland, das Massen an Bodenschätzen besitzt und trotzdem arm dran ist. Auch Dinge wie das Internet oder die Ökologie tragen dazu bei, dass es sich einfach nicht mehr lohnt, den Nachbarn zu überfallen.

Quelle: Frankfurter Rundschau 16. 9. 1999.

M 59 Włodzimierz Borodziej*: Der Frankfurter Zwischenfall und die Folgen

Das Hauptproblem der deutsch-polnischen Beziehungen ist gewissermaßen immer schon nicht so sehr das unterschiedliche demographische Potential, als vielmehr das unterschiedliche Zivilisationsniveau, verstärkt durch die unterschiedliche Bevölkerungszahl. Alle Kalkulationen über die Langlebigkeit der deutsch-polnischen Interessengemeinschaft basieren auf der Annahme, dass die Grundlage des Annäherungsprozesses in einer schrittweisen Nivellierung der Unterschiede und einer Angleichung des Zivilisationsniveaus besteht. Derweil werden die letzten fünf Jahre in die Geschichte eingehen, als Jahre, in denen sich der Unterschied im Lebensstandard beider Nachbarn nicht etwa schrittweise verringert, sondern rapide vergrößert hat, und zwar so, wie in der Vergangenheit nur während des Dreißigjährigen Krieges oder des Polnisch-schwedischen Krieges**. Die Ursache waren aber diesmal nicht der Krieg oder die Kriegsschäden, sondern umgekehrt – die ökonomische Entwicklung des Ostens Deutschlands. In der Annahme, dass Ostdeutschland mit 17 Mio. Einwohnern in der fraglichen Zeit 800 Mrd. DM, und Polen in dieser Zeit mit seinen 38 Mio. Einwohnern ca. 10 Mrd. DM Investitionsvolumen hatte, ergibt sich umgerechnet auf den Einwohner eine 200-fach höhere Investition pro Kopf eines Ostdeutschen als pro Kopf eines Polen. Solche Disproportionen hat keiner erwartet, aber noch schlimmer ist, dass offensichtlich niemand über die praktischen Folgen dieser Entwicklung nachdenkt. Dies bedeutet aber, dass der Lebensstandard, der in Polen und in der ehemaligen DDR anfänglich zwar unterschiedlich aber vergleichbar war, heute dagegen vor unseren Augen unvergleichbar geworden ist. Dieser drastisch wachsende Unterschied des Lebensstandards wird sich unvermeidlich noch jahrzehntelang negativ auf das Zusammenleben im grenznahen Raum und auf die Gesamtheit der gegenseitigen Beziehungen niederschlagen.

Quelle: Transodra Nr. 14/15, 1996, S. 97.

---

* Włodzimierz Borodziej (siehe Autorenverzeichnis).
** Polnisch-schwedischer Krieg (1655–1660), endete mit dem Frieden von Oliwa.

Stefan Chwin*: „Grenzlandliteratur" und das mitteleuropäische Dilemma

M 60

[...] „Ob der deutsche Vulkan" – so überlegte vor kurzem Stanisław Stomma** – „noch einmal ausbrechen wird, wissen wir nicht, ebenso wie wir das zukünftige Schicksal Polens nicht voraussehen können. Es geht aber darum, dass weder bei ihnen, den Deutschen, noch bei uns gesellschaftliche Katastrophen und moralische Entartung auftreten. Das ist eine gemeinsame Angelegenheit – ihre und unsere. Man muss gemeinsam denken lernen und gemeinsame ethische Grundwerte festigen." Echte Verständigung verbindet sich mit der Verteidigung der gemeinsamen Werte einer demokratischen Gesellschaft.

Meiner Ansicht nach ist eine solche Verteidigung ohne Rückbesinnung auf die Vergangenheit nicht möglich. Diese Rückbesinnung sollte jedoch nicht Demütigung und Frustration erzeugen, sondern eher pragmatisch sein. Wenn wir schon zur Vergangenheit zurückkehren, dann vielleicht nicht so sehr zu den Erfahrungen von Auschwitz und den Vertreibungen, sondern zu den Wurzeln des Übels, d. h. zum eigentlichen Moment der Geburt des Nazismus. Gerade aus der ständigen Reflexion darüber müssen wir unser Wissen schöpfen, wie man die Demokratien vor einem Umschlagen in antidemokratische Systeme verteidigen kann. Es gibt kein zerbrechlicheres System als das demokratische. Ebene der Verständigung sollte die Reflexion über die Krisenmomente der Geschichte Polens und Deutschlands sein, gestützt auf das Schuldgefühl, etwas unterlassen zu haben, was die früheren Katastrophen hätte verhindern können.

Es reicht jedoch nicht, politischen Pluralismus und Multiethnie zu verteidigen. Die „Grenzlandliteratur" – oder besser die ganze geistige Formation des Grenzlands, die ich im Sinne habe – verteidigt mittelbar (denn oft handelt es sich gar nicht um eine bewusste Intention der Schriftsteller) die Idee eines multikulturellen Staates. Diese Idee unterstützt ganz bestimmt die demokratische Ordnung. Bedroht wird sie jedoch vom Mythos des Grenzlands als Arkadium der multikulturellen Welt, ein Mythos, der die tatsächlichen Konflikte verdeckt. Die Literatur, die das Thema der polnischen Grenzregionen aufgreift, ist sich dieser Gefahr sehr wohl bewußt. In ihr trifft eine utopische Grenzlandmentalität zusammen mit einem Bewusstsein, dass die Multikulturalität nicht nur eine Chance darstellt, sondern auch eine sehr dramatische gesellschaftliche Erfahrung beinhaltet.

In Polen ist die Multikulturalität – nach der schrecklichen Epoche der Kriege und Deportationen, die zur Beseitigung der Minderheiten geführt hat – bisher vor allem eine literarische Vision, eine Erinnerung an die Grenzland-Vergangenheit, also eher nostalgischer Mythos einer früheren Welt und vielleicht auch Vorahnung einer erst entstehenden Welt als Wirklichkeit. Diese

* Stefan Chwin, geb. 1949, Schriftsteller, Literaturhistoriker, Professor an der Danziger Universität.
** Stanisław Stomma, geb. 1908, Jurist, Politiker, katholischer Publizist.

Vision kann die Konflikte nicht aufdecken, die die multikulturelle Welt erschüttern.

Nach einer der Entwicklungsvarianten steht Mitteleuropa ein Prozess bevor, in dem sich ethnisch einheitliche Nationen in multinationale oder multikulturelle Staaten umwandeln. Deutschland, Frankreich und England sind Mitteleuropa in dieser Hinsicht voraus. Wenn sich dieser Prozess tatsächlich vollzieht, – denn das ist keineswegs sicher, wenn man die Erfolge von Le Pen betrachtet, der nicht nur in Frankreich Anhänger hat, – kann die kulturelle Struktur des Grenzlands zur allgemein europäischen Norm werden. Ganze Staaten, bisher ethnisch einheitlich, werden die Gestalt eines Grenzlands annehmen mit allem Glanz und allen dazugehörenden Dramen. Nicht nur die Kulturen, sondern auch die Zivilisationen werden sich vermischen. Die große Veränderung, der wir uns nähern, wirft viele Fragen auf: Wie entwickelt sich die Lage in Mitteleuropa, wo ein hoher Prozentsatz der Bevölkerung aus Regionen stammen wird, in denen es niemals irgendeine demokratische Tradition gab? Als was werden sich die Kinder und Enkel der arabischen oder afrikanischen Ausländer begreifen, die gerade nach Europa kommen? Vor kurzem versuchte mich ein Bekannter zu überzeugen: „Grass hat recht, die Deutschen sterben aus. Aber die heutigen Türken werden als zukünftige Deutsche deutscher sein als es diese jemals waren. Das werden Sie noch sehen! An welchen Werten wird sich dann die deutsche Gesellschaft orientieren? Wie werden sich die neuen Deutschen außereuropäischer Herkunft gegenüber Polen oder gegenüber Mittelosteuropa verhalten? Welchen Einfluss werden sie auf die deutsche Politik nehmen? Das Problem der Zukunft liegt im Zusammentreffen Europas mit dem Islam und nicht in den lokalen polnisch-deutschen Sorgen!“ Hatte mein Gesprächspartner recht, oder handelt es sich eher um eine fantastische Science-Fiction-Vision?

Die deutsche Entscheidung, die ethnisch einheitliche Nation für die Aufnahme von Ausländern zu öffnen, Deutschland also in ein großes Kulturgrenzland umzuwandeln, getroffen in einem Staat, der sich noch vor nicht allzu langer Zeit nach der Ideologie der rassischen Reinheit richtete, verdient Achtung. Allerdings kann, was aus demokratischen Idealen entstand, sich manchmal auch gegen die Demokratie richten – darin steckt eine Paradoxie der Geschichte. Die Beobachtung Deutschlands berechtigt zu allerlei Sorgen, die über innerdeutsche Angelegenheiten hinausgehen. Bekannt ist schon, dass man Ausländer nicht in Asylantenheimen unterbringen soll, – die Ereignisse in Hoyerswerda vom September 1991 haben das klar bewiesen –, sondern sie unter die einheimische Bevölkerung mischen muss. Aber viele Fragen bleiben weiterhin ohne Antwort. Was in Deutschland im Zusammenhang mit dem Asylrecht geschieht, das im Mai 1993 verschärft wurde, erhellt die ganze Dramatik, die die Transformation begleitet. Wo liegt die Grenze der Belastbarkeit der Einheimischen gegenüber der Zuwanderung von außen? Wie Wojciech Pięciak* schreibt, wohnen in Deutschland bereits 6–8 Millionen Ausländer. In

* Wojciech Pięciak, geb. 1967, Journalist der Zeitschrift „Tygodnik Powszechny“.

Westdeutschland machen allein die Türken 1,8 Millionen aus. Fast jeder 10. Deutsche ist heute farbiger Ausländer. Die Dramen der sich herausbildenden multikulturellen Gesellschaft können sehr eruptiv verlaufen. Wie soll man sich gegenüber einer Zigeunerfamilie verhalten, die in Übereinstimmung mit ihren kulturellen Normen ein Schaf an einer Teppichstange schlachtet? Vor dieser Frage stehen bereits die Deutschen, aber vor dieser Frage werden auch Polen, Tschechen und Ukrainer stehen. Es ist wahr, „Hoyerswerda ist überall". Aber sogar in deutschen Kindergärten gibt es Konflikte, die man nicht mit einfachen Losungen der „offenen Gesellschaft" lösen kann. Wie soll man in einem gemischten Kindergarten das Weihnachtsfest begehen, ohne z. B. mit den Eltern der kleinen Türken in Konflikt zu geraten, von denen nur ein Teil damit einverstanden ist, dass ihre Kinder gemeinsam mit den deutschen den Weihnachtsbaum schmücken? Als im westfälischen Ahlen die türkische Minderheit ein Minarett bauen wollte, diskutierten die Einwohner heftig darüber, ob der Gesang des Muezzin nicht die öffentliche Ordnung stören werde.

Ganz Europa wird zu einem großen Grenzland. In diesem Sinn erhalten die Erfahrungen und Reflexionen über Geschichte und Gegenwart des polnischen westlichen Grenzlands (oder wie die Deutschen sagen – der deutschen Ostgebiete), die ihren Ausdruck in der in Polen nach 1989 entstehenden Literatur finden, ihre Bedeutung auch in der Perspektive einer allgemeineuropäischen Idee des Zusammenlebens von Nationen und Kulturen.

(Aus dem Polnischen: R. U. Henning)

Quelle: Transodra, Nr. 17, 1997, S. 12–13.

M 61 Gemälde von Wiesław Smotek zum Thema deutsch-polnische Grenze

Quelle: Dialog, Nr. 3/3, 1998, Titelbild.

Ruth Henning*: Grenzüberschreitende Zusammenarbeit an der Oder-Neiße-Grenze

M 62

[...] Zehn Thesen zu den Schwierigkeiten der grenzüberschreitenden Zusammenarbeit

1. Die Oder-Neiße-Grenze ist in vieler Hinsicht eine äußerst harte, trennende Grenze. Es käme darauf an, sie in eine sanfte, nur markierende umzuwandeln.

Sie trennt nicht nur Polen und Deutschland, sondern auch West und Ost, Europäische Union und Länder, die nicht oder noch nicht Mitglieder der Europäischen Union sind. Es existiert ein großes Wohlstandsgefälle an dieser Grenze, eine Asymmetrie in der wirtschaftlichen Entwicklung, die nicht oder nur sehr langsam verändert werden kann. Zoll und Kontrolle an den Grenzen produzieren lange Warteschlangen und behindern nicht nur die wirtschaftliche Zusammenarbeit. Zusammenarbeit und Annäherung so verschiedener Seiten, in einer so unterschiedlichen wirtschaftlichen und Lebenssituation, mit so unterschiedlichen Erfahrungen und Mentalitäten, wird sich erst in einem lang andauernden Prozess herstellen.

2. Diese Grenze ist eine scharfe Sprachgrenze.

Aufgrund von Krieg und darauffolgender Evakuierung, Flucht und Vertreibung gibt es an dieser Grenze kein Sprachgemisch mehr, keine Anflüge von doppelter oder wechselnder Loyalität, keine Landstriche, wo Deutsche und Polen zusammen wohnen, leben und arbeiten, keinen Anflug multikulturellen Lebens oder von Mehrsprachigkeit. Das ist durchaus nicht an jeder Grenze so. Dadurch wird jeder Schritt über Oder und Neiße ein plötzlicher und unabgemilderter Schritt in die Fremde.

3. Das Wissen über die Schicksale der unmittelbaren Nachbarn auf der anderen Oderseite ist gleich Null.

Die Verständigung ist in der Regel nicht möglich. Daran ändert auch ein regelmäßiger Besuch der Einkaufsmärkte an den Grenzübergängen auf polnischer Seite nichts. Für manchen älteren Deutschen bedeutet das Überqueren der Oder-Neiße-Grenze einen Schritt in die alte Heimat und doch in die Fremde. Auf der polnischen Seite leben Flüchtlinge und Vertriebene aus Ostpolen, von jenseits des Bug, aber auch Menschen aus Zentralpolen. Sie alle wurden dort nach 1945 angesiedelt. Niemals zuvor haben sie mit Deutschen zusammenge-

* Ruth Ursel Henning, geb. 1942, Soziologin, seit 1992 tätig für die *Deutsch-Polnische Gesellschaft Brandenburg*, dort u.a. verantwortliche Redakteurin der Zeitschrift *Transodra.*

lebt, sich mit ihnen vermischt, verheiratet. Lange Jahre haben sie gebraucht, um sich in ihrer neuen Heimat überhaupt zu Hause zu fühlen, um die Angst davor zu verlieren, dass noch einmal alles rückgängig gemacht werden könnte. Auf der deutschen Seite leben auch viele Flüchtlinge oder Vertriebene – aus Pommern, Ostpreußen, Schlesien oder der Neumark. Oft genug nur ein paar Meter oder Kilometer entfernt von ihren ehemaligen Häusern. Zu Zeiten der DDR war diese Tatsache ein Tabu. Sie waren nicht Flüchtlinge, nicht Vertriebene, nicht Umgesiedelte, sondern „Umsiedler". In der DDR gab es keinen Lastenausgleich für verlorenen Besitz wie in Westdeutschland. Jetzt gibt es erstmals die Möglichkeit, Anträge auf Entschädigung zu stellen. 4000 DM soll man bekommen können. Das aktualisiert bei den Menschen, nicht nur bei den Älteren, sondern auch bei ihren Kindern, Erlebnisse, die länger als 40 Jahre zurückliegen. Die Geschichte reicht hinein bis in den heutigen Alltag.

4. Die politischen und Verwaltungsstrukturen in beiden Ländern sind sehr unterschiedlich, man könnte auch sagen inkompatibel.

Deswegen ist es oft schwierig, die richtigen Partner zu finden. Die vorhandenen Tendenzen zur Dezentralisierung in Polen (Kreisreform oder gar Regionalisierung) wurden vorerst gebremst. Die einzige gewählte Ebene an der Basis bilden die Gemeinden. Alles andere ist staatliche Administration. Das behindert die Demokratisierung und Dezentralisierung des Landes ebenso wie die grenzüberschreitende Zusammenarbeit. Außerdem und unabhängig davon ist im Grundsatz für jede grenzüberschreitende Frage die Regierung zuständig, nicht nur in Polen, sondern auch in der Bundesrepublik Deutschland. Bei jedem kleinen Schritt der grenzüberschreitenden Zusammenarbeit stößt man auf große Hindernisse. Es ist nicht damit getan, den unmittelbaren Partner auf der anderen Seite zu überzeugen, sondern es müssen auch noch die eigene Regierung und die Regierung der anderen Seite gewonnen werden. Daraus könnte ein gemeinsames Interesse der grenznahen Partner entstehen: Druck auf beide Regierungen auszuüben. Aber das setzt voraus, dass diese Partner selbstsicher sind, wissen, was sie wollen, sich kennen, gut verstehen, sich auf konkrete Ziele einigen können. Das ist ziemlich viel verlangt und in der Praxis auch kaum anzutreffen. Es braucht ein bisschen Zeit, bis man lernt, die Partner einzuschätzen. Worte und Taten seines Gegenüber kann man nur richtig verstehen, wenn man ihn in seiner eigenen Umgebung kennt. Wenn man also entsprechende Informationen aus dem Nachbarland bekommt oder sich selbst beschafft. Indem man entweder die Sprache lernt oder Leute beschäftigt, die sie beherrschen und diese Informationen regelmäßig beschaffen. Das ist nicht unmöglich, aber auch nicht alltäglich. Es hängt viel von den einzelnen Personen ab.

5. Eine ganze Reihe von Rechtsabkommen müssen in Angriff genommen werden, um bestehende Hindernisse bei dem Aufbau von grenzüberschreitenden Projekten aus der Welt zu schaffen.

Fragen der Sozialversicherung und der Gesundheitsversorgung, des grenzüberschreitenden öffentlichen Nahverkehrs, des grenzüberschreitenden lokalen Arbeitsmarktes, Fragen der Vergleichbarkeit von Messdaten und Untersuchungsergebnissen im Bereich des Umweltschutzes müssen geklärt und gelöst werden. Wie kann man z. B. einen deutsch-polnischen Kindergarten aufbauen, wenn Versicherungsfragen und Gesundheitsversorgung sowohl für die Kinder als auch für die Erzieher der anderen Seite ungelöst sind?

6. Die Fördermittel der Europäischen Union für die grenzüberschreitende Zusammenarbeit sind im Fall der Oder-Neiße-Grenze im Prinzip untauglich, weil sie die EU-Grenzen nicht überschreiten dürfen.

Mit anderen Worten: grenzüberschreitende Zusammenarbeit wird gefördert mit Geldmitteln, die die Grenze nicht überschreiten dürfen. Wie sollen gemeinsame Projekte unter diesen Bedingungen zu Stande kommen können? Es bleibt das Vertrauen auf den guten Willen beider Seiten. Dieses Vertrauen aber kann es nur in Ausnahmefällen geben, dann, wenn sich die kommunalen Vertreter beider Seiten auch persönlich gut kennen.

7. Diese Struktur der EU-Fördermittel bildet eine schlechte Voraussetzung für die Arbeit der Euroregionen. Einerseits wurden von Brüssel keine Voraussetzungen geschaffen für eine gleichberechtigte und ausgewogene Förderung beider beteiligter Seiten, andererseits wird bürokratische Mentalität gefördert und Spontanität bestraft.

Die Arbeit der inzwischen in Brandenburg existierenden zwei Euroregionen an der deutsch-polnischen Grenze: Euroregion Spree-Neiße-Bober und Euroregion Pro Europa Viadrina, sowie der in Gründung befindlichen Pomerania im Norden kommt u. a. deshalb nur langsam in Gang oder man könnte auch sagen, sie tritt auf der Stelle. Im besten Fall sind sie Verwalter der Projektanträge an die EU. [...]

8. Am erfolgreichsten scheint die Zusammenarbeit dort zu sein, wo sich zwei Städte (geteilte Städte) an der Grenze unmittelbar gegenüberliegen.

Dort ist natürlich auch die objektive Notwendigkeit am größten, entstehende Probleme zu lösen, während gleichzeitig die Entfernung von Bürgermeister zu Bürgermeister am kürzesten ist. (Guben – Gubin, Frankfurt – Słubice, Görlitz – Zgorzelec). Im Norden ist diese Situation nicht gegeben. Die Oder fließt zwar durch Stettin, aber sie ist dort bekanntlich nicht die Grenze. Eine Ausnahme an der Oder-Neiße-Grenze, die auch zum Teil erklärt, warum den Deutschen gerade von dort – zumindest am Anfang – soviel Misstrauen entgegenschlug.

9. Für den Ausbau einer sinn- und wirkungsvollen wirtschaftlichen Zusammenarbeit in der Grenzregion muss die Definition dieser Region solche Städte wie Berlin, Stettin, Posen, Grünberg und Breslau einbeziehen.
Geschieht das nicht, dann reduziert sich die grenzüberschreitende Zusammenarbeit eben auf ihre Funktion als Lobby für eine durchlässigere Grenze (was andererseits wichtig genug ist).

10. Voraussetzung jeder – alle Seiten zufriedenzustellenden – Kompromissfindung ist die Schaffung eines Klimas offener und öffentlicher Austragung unterschiedlicher oder auch sich widersprechender Interessen.
Aus einem Gemisch von Übervorsicht, Inkompetenz oder auch falsch verstandener Rücksicht wird diese Haltung bisher auf keiner der beiden Seiten eingenommen. Die Kommunalpolitiker beider Seiten brauchen dabei unbedingt wissenschaftliche Unterstützung. [...]

Quelle: Gesellschaft für interregionalen Kulturaustausch e.V. (Hrsg.): Wach auf mein Herz und denke. Zur Geschichte der Beziehungen zwischen Schlesien und Berlin-Brandenburg von 1740 bis heute. Berlin/Oppeln 1995, S. 576 ff.

Zugänglich auch im Internet über http://www.dpg-brandenburg.de (dort: Transodra Nr. 10/11, 1995).

Beobachtungen aus der Nachkriegszeit von Maria Dąbrowska, festgehalten in ihren Tagebüchern 1914–1965

M 63

30. Mai 1945

„Bei den Markthallen entdecke ich etwas Seltsames: improvisierte Straßenrestaurants. Frauen verkaufen aus Kochkisten, die mit Lumpen und Papier vorzüglich ausgestattet sind, Kartoffelklöße (aus Trockenkartoffeln), Bohnen in Soße, Suppe und zum Dessert durchgesiebtes Rhabarberkompott. Ich habe eine halbe Portion Kartoffelklöße gegessen, die ich sehr mag, und ein Glas Kompott getrunken. Das kostete 15 Zł. Die Kartoffelklöße waren prächtig, mit Fett abgeschmeckt und heiß. Das wird mein Mittagstisch. Ich dachte mir, dass man auf diese Weise gar nicht übel verdienen kann." [S. 199f.]

Als die kommunistische Regierung 1950 Schriftstellerinnen und Schriftsteller dazu aufrief, in Industriebetrieben Beobachtungen „vor Ort" zu machen und darüber zu schreiben, meldete sich Maria Dąbrowska aus Interesse an der Sache freiwillig. Das Protokoll eines Gesprächs mit einer Angestellten aus der Sozialabteilung, Parteimitglied:

30. Mai 1950

„Ihr Mann ist Brigardier (das entspricht mehr oder weniger dem Meister der Vorkriegszeit), Schlosser in der ehem. Norblin-Fabrik. Sie hat einen kleinen Sohn, sieben Jahre. Er geht noch in den Kindergarten ... bei Ordensschwestern, weil kein anderer in der Nähe ist. Im Herbst kommt er in die Schule. Ihr Mann, der mehr Zeit hat, holt ihn vom Kindergarten ab. ‚Ich arbeite hier manchmal viele Stunden über die offizielle Zeit hinaus', erzählt sie, ‚und wenn ich dann heimkomme, Sie wissen ja, was ein Kind für Arbeit macht. Allein mit dem Waschen und Nähen sitze ich manchmal bis zwei Uhr nachts. Den Frauen', sagt sie, ‚stehen jetzt große Aufgaben bevor. Und die Frauen sind tüchtig. Welcher Mann wäre bereit, sich nach der Berufsarbeit noch mit Haus und Kindern abzugeben.'" [S. 243]

Quelle: Tadeusz Drewnowski (Hrsg): Maria Dąbrowska. Tagebücher 1914–1965, Frankfurt/M. 1989.

M 64 Das Motiv der Pflanzerin: Titelbild einer polnischen Frauenzeitschrift und deutsches Fünfzigpfennigstück, 1948

Titelbild der Zeitschrift „Kobieta“ [Die Frau]
Nr. 24, Mai 1948, Warschau.

Das 1948 von Richard Martin Werner entworfene Motiv der „Pflanzerin“ für das 1949 in Umlauf gegebene deutsche 50-Pfennig-Stück.*

* Das Kopftuch sollte symbolisch auf die Bedeutung der so genannten Trümmerfrauen verweisen, die junge Eichenpflanze auf die Hoffnung auf ein gesundes Wachstum der jungen Bundesrepublik. Im zeitgenössischen Volksmund dagegen hieß die kniende Dame bald nur noch „die Tabakpflanzerin“ und trug mit dieser umgedeuteten Identität der Bedeutung von Tabak und Zigaretten innerhalb der deutschen Schattenwirtschaft vor der Währungsreform Rechnung.

M 65 NS-Kampagne zur Mobilisierung der Frauen 1943/44

siehe Farbtafel in der Mitte des Bandes

Quelle: Friedrich Arnold (Hrsg.): Anschläge. Politische Plakate in Deutschland 1900–1970, Frankfurt u. a. 1972, S. 124.

M 66 Aufruf zum Frauen-Tag 1914

siehe Farbtafel in der Mitte des Bandes

Erläuterung:
In Berlin wurde ein Verbot des Plakats damit begründet, dass der Inhalt für die Obrigkeit beleidigend sei.

Quelle: Friedrich Arnold (Hrsg.): Anschläge. Politische Plakate in Deutschland 1900–1970, Frankfurt u. a. 1972, S. 6.

Maria Grossek-Korycka*: Świat kobiecy [Die Welt der Frau]. 1928 [Auszug]** — M 67

Die Stunde, die von der Weltuhr in diesem Moment angezeigt wird, ist für die Frau eine Schnittlinie zwischen zwei Epochen. Sie ist ein großer Grenzpfeiler, der sich über die dahinter und die davor liegenden Jahrtausende erhebt. [...]

Wir stehen heute auf einer Plattform von errungenen Rechten. Was vorher Traum und Utopie war, ist wirklich und verfügbar geworden. In der Geschichte der Frau ist ein Umbruch erfolgt, vergleichbar allein mit demjenigen „Grenzpfeiler", der in dem Augenblick errichtet wurde, als sie von einer mit dem Haustier gleichgestellten Sklavin zur Würde einer Matrone aufstieg.

Heute ist sie ein Individuum geworden, dem Manne gleich: eine Weltbürgerin. Vor der Frau stehen alle Wege offen [...]

Quelle: Maria Grossek-Korycka: Świat kobiecy, Warszawa 1928, S. 18.

---

* Maria Grossek-Korycka (1864–1926), polnische Dichterin, Übersetzerin und Publizistin.
** Der zitierte Textauszug umreißt die Hoffnungen, die polnische Frauen in der Zwischenkriegszeit mit der Erlangung des Stimmrechts verbanden.

Wacław Bitner*: Dwa poglądy [Zwei Sichtweisen]. 1922 [Auszug]** — M 68

[...] Der Weg, den Frauen in ihrer politischen Arbeit beschreiten, ist klar – mit einer großen, viele Millionen von Frauenherzen und -stimmen zählenden Welle wischen sie die Abscheulichkeit des Egoismus und Zynismus, der das gesellschaftliche Leben und die politischen Methoden der Nationen durchzieht, hinweg; überallhin, in jeden Lebensbereich, in die Familie, in die Fabrik, auf den Hof, in das Amt und ins Parlament tragen sie ethische Prinzipien hinein.

Quelle: Bluszcz, Nr. 16, S. 124.

---

* Wacław Bitner (1893–1981), Rechtsanwalt, Politiker, von 1922 bis 1935 Abgeordneter im Sejm.
** In der Textpassage formuliert der Autor die Aufgabe der Frauenbewegung nach der Erlangung des Frauenstimmrechts.

M 69 Titelbild einer polnischen Frauenzeitschrift aus dem Jahr 1950

Übersetzung: [Zeitschriftentitel:] Mode und Leben. [Aufschrift rechts:] Wir kämpfen um Frieden: mit jedem Arbeitstag, mit jeder Ziffer des 6-Jahresplans, mit jeder Tonne Kohle, mit jedem Zentner Getreide, mit jedem Ziegelstein für neue Häuser!

Quelle: Moda i Życie, Nr. 13/133, 1. Mai 1950.

CDU-Wahlplakat aus dem Jahr 1965 **M 70**

Quelle: Friedrich Arnold (Hrsg.): Anschläge. Politische Plakate in Deutschland 1900–1970, Frankfurt u. a. 1972, S. 150.

M 71 Helga Hirsch* : „An mir bleibt alles hängen!" Krieg der Geschlechter auf Polnisch

Es ist nicht so einfach mit dem Ost-West-Dialog. Je mehr sich die politischen Schranken öffnen, um so spürbarer werden die mentalen Unterschiede, um so deutlicher dringt ins Bewusstsein, dass Europa nicht per Dekret zusammengeführt werden kann, sondern sich die Völker erst wieder entdecken müssen.

Warum zum Beispiel gibt es in den westeuropäischen Ländern eine Frauenbewegung, die im Osten nur Hohn und Verachtung erntet? Warum kämpfen die deutschen Frauen für volle Gleichberechtigung im Beruf, während sich viele Polinnen lieber mehr in die Familie zurückziehen würden? Warum empfinden deutsche Frauen ihre Rolle im Haus oft als erniedrigend, während ihre Geschlechtsgenossinnen in Polen Selbstbestätigung daraus ziehen? Um diesen Unterschieden auch nur ein wenig auf die Spur zu kommen, gibt es nur eine Chance: zuzuhören und zu beobachten. Beobachten und zuhören.

Für Donnerstagabend ist ein Treffen mit Grazyna ausgemacht, obwohl sie gewarnt hat, dass sie vor halb neun sowieso keine Zeit hätte und auch dann noch zu tun haben werde, wenn der Sohn im Bett liege. Wir sitzen in der Küche. Auf dem Gasherd köchelt das Suppenfleisch, das Grazyna ihrem Vierjährigen morgen nur noch aufzuwärmen braucht, wenn sie ihn nach der Arbeit im Kindergarten abholt. Dem Backofen entströmt der Duft des Schweinebratens, den sie gestern – „ich hatte Glück, die frische Lieferung kam tatsächlich nach einiger Zeit, und ich war die achte in der Reihe" – in nur drei Stunden erstanden hat.

Es ist heiß in dem kleinen Raum. Im dünnen Sommerkleid, das Spuren der Hausarbeit trägt, steht Grazyna am Tisch und schneidet Weißkohl klein. „Ich koche immer für zwei Tage. Morgen zum Beispiel geh' ich nachmittags zur Tante ins Krankenhaus und abends kommen, wie jeden Freitag, zwei Nachhilfeschüler. Ohne diesen Zusatzverdienst könnten wir uns keinen Urlaub leisten. Wenigstens einmal im Jahr muss der Pawel aber aus der Steinwüste heraus!"

Grazyna wischt sich den Schweiß aus der Stirn, die kurzen Haare kleben am Kopf. Sie überbrüht den Weißkohl, als es an der Wohnungstür klingelt. „Grzegorz!" ruft sie in die Wohnung. „Grzegorz, gehst du?" Aus dem Wohnzimmer dringt nur die monotone Stimme des polnischen Synchronsprechers im Fernsehen. Grzegorz hatte einen anstrengenden Bürotag, er will Ruhe haben. Unwillig wischt Grazyna die Hände trocken und eilt – „siehst du, alles bleibt an mir hängen!" – zur Wohnungstür. Die Nachbarin übergibt fünfzehn Rollen Toilettenpapier, sie hat sie gegen Zeitungen eingetauscht, die Grazyna sorgsam aufbewahrt hatte, um nicht auf die zufälligen und seltenen Lieferungen in den Kiosken angewiesen zu sein. „Grzegorz!" Jemand muss die Rollen doch oben im Flurschrank

* Helga Hirsch, geb. 1948, Korrespondentin der ZEIT in Warschau von 1989–1995, lebt heute als freie Journalistin in Berlin.

verstauen. Wo sollen sie sonst hin in der eh schon überfüllten, viel zu kleinen Zweizimmerwohnung. „Hörst du nicht?“ Doch statt Grzegorz kommt Pawel, verschlafen, weinend, aufgeschreckt vom Lärm, und klammert sich an ihren Rocksaum. In der einen Hand die Schnur mit den Papierrollen, an der anderen den Sohn hinter sich ziehend, den Duft des überfälligen Bratens in der Nase, stößt Grazyna die Wohnzimmertür auf: „Warum hältst du es nicht einmal für nötig zu antworten? Glaubst du, mir macht es Spaß, mich nach der Arbeit noch um alles andere zu kümmern? Habe ich nicht auch ein Recht auf Ruhe?“ Grazyna wütet, Grzegorz zieht sich noch mehr in sich selbst zurück, der Kleine, endgültig aufgewacht, fängt nun erst richtig an zu weinen. In der Inflancka-Straße Nummer 15, Wohnung Nummer 159 hängt der Familiensegen schief.

„Leider sind derartige Szenen keine Ausnahme“, kommentiert Zofia Modzelewska tags darauf und verweist auf ihre Erfahrungen als Religionslehrerin. Mehrere Monate sprach sie mit Jugendlichen aus Warschauer Arbeiterhaushalten über Konflikte in den Familien. In Rollenspielen entwarfen die Jungen und Mädchen immer wieder dasselbe Bild der Mutter, die die kleinste Kleinigkeit – die zerrissene Hose, der zerschlagene Teller, das verlorene Geld – aus dem Gleichgewicht bringt, weil sie überfordert ist. „Alles bleibt an mir hängen!“ Von der Arbeit in den Kindergarten, mit dem Kleinen ins Geschäft, mit den prallgefüllten Taschen in den prallgefüllten Autobus, zu Hause schnell das Mittagessen, dann noch schnell zur Hausverwaltung, nach dem Abendessen für die ganze Familie noch einmal Dienst an der Familie: Wäsche einweichen, bügeln, vorkochen. Um Mitternacht fällt die polnische Mutter völlig erschöpft ins Bett.

„In den Pantomimen der Jugendlichen gleiten die Frauen permanent an der Erde entlang, niedergedrückt von einer unsichtbaren Last“, erzählt Zofia Modzelewska. „Oder sie werfen sich von einer Ecke in die andere und kämpfen mit Gegenständen. Den größten Applaus erntete eine Frau, die sich selbst antrieb: mit einer Peitsche, die sie aus einem Schal gefertigt hatte.“

Selbst niedergedrückt von der beklemmenden Atmosphäre des Konkreten suche ich Abstand in der Verallgemeinerung. Der polnische Untergrundverlag Nowa gab vor kurzem eine Sammlung von Artikeln über „Die polnische Frau der achtziger Jahre“ heraus. Doch was Soziologen über die Situation der Frau in der Ausbildung und im Beruf, über ihre Gesundheit und häusliche Beanspruchung ermittelten, war eher dazu angetan, die Beklemmung zu erhöhen.

Immer mehr Mädchen gehen auf weiterführende Schulen, die Hälfte aller Studierenden sind Frauen – doch in den führenden Positionen finden sich fast nur Männer. Die meisten Frauen arbeiten auf unqualifizierten Stellen im Dienstleistungsbereich – in den Schulen, in den Krankenhäusern – , sie stehen hinter Ladentischen und stellen fast das ganze Kontingent der Beschäftigten in der Bekleidungs- und Baumwollindustrie. Das treibt die Zahl der Fehlgeburten, Erkrankungen der Wirbelsäule und des Blutes in die Höhe (weswegen Staatschef Wojciech Jaruzelski↑ den Arbeiterinnen der Baumwollstadt Lodz eine Frauenklinik „schenkte“).

Außerhalb des Berufs ist die Polin täglich durchschnittlich anderthalb Stunden mit Einkäufen und fünf Stunden mit Hausarbeit beschäftigt. Zählt man eine Stunde Fahrzeit hinzu, beträgt der Arbeitstag in der Regel sechzehn bis achtzehn Stunden. Will die werktätige verheiratete Frau ins Theater oder zur Kosmetikerin, so geht das auf Kosten des Schlafes, für den eh nur sechs bis acht Stunden zur Verfügung stehen.

Haben die Polinnen also nicht das Recht, von morgens bis abends zu schimpfen? Auf die Umstände, die den Alltag zum Überlebenskampf werden lassen, auf die Arbeit, die unbefriedigend und dazu noch schlecht bezahlt ist, auf den „Alten", der, statt zu helfen, in der Regel das Weite sucht? Andererseits: Wenn es wirklich so einseitig schlecht wäre, warum haben die Polinnen dann keinerlei Sympathie für die Forderung ihrer westeuropäischen Leidensgenossinnen? Wenn sie wirklich nur geschunden, getreten, geduckt würden, woher nehmen sie dann das manchmal geradezu penetrante Selbstbewusstsein? Woraus schöpfen sie die Kraft, auf der Verehrung der Männer für ihr erschöpftes Geschlecht zu bestehen?

Die polnische Gesellschaft hat ein ganz spezifisches Frauenbild entwickelt. Im letzten Jahrhundert, als der eigene Staat ausgelöscht war und die öffentliche Sphäre als fremder, feindlicher Raum der deutschen, russischen und österreichischen Besatzungsmacht empfunden wurde, wuchsen den Familien und damit den Frauen Erziehungsaufgaben zu, die weit über das Private hinausgingen. Polen verwandelte sich in eine „Nation der Familien", die Familie in eine Festung.

In diesem industriell wenig entwickelten Land wurden das adlige Landgut und der Hof des kleinen Bauern zum Sinnbild für das Polentum. Die „Matka Polka", die Mutter Polin, der der Nationaldichter Adam Mickiewicz 1832 ein Gedicht widmete, das mehreren Generationen als eine Art Katechismus galt, diese Matka Polka repräsentierte die Kontinuität der Nation, wenn die Männer sich in den Aufständen schlugen, im Gefängnis saßen, in sibirische Verbannung geschickt oder zur politischen Emigration getrieben wurden. Die Matka Polka sorgte nicht nur für das Haus. In illegalen Kursen unterrichtete sie die Kinder des Dorfes in polnischer Sprache und Schrift, unterwies sie im Glauben, brachte ihnen religiöse und Volkslieder bei – kurz: Sie trug die Verantwortung für die nationale Erziehung der künftigen Generation. „Die Frau in Polen ist eine ewige, unerbittliche und unverbesserliche Aufständische", schrieb der russische Generalgouverneur Fjodor Berg Mitte des vergangenen Jahrhunderts in seinen „Erinnerungen an polnische Verschwörungen und Aufstände". „Sie erkennt keine Oberschicht an. Im Gegenteil: Sie versucht alles in ihren Händen zusammenzuhalten und sie schafft es tatsächlich. Diese polnische Frau hat einen Charakter und einen Mut, dem man sich nicht widersetzen kann. In ihr ist etwas Männliches und Starkes."

Das blieb auch so im zwanzigsten Jahrhundert. Im Zweiten Weltkrieg versorgten die Frauen wieder das Haus, oder sie waren als Sanitäterinnen für ihre Männer und Väter im Untergrund tätig. Nach dem Krieg trugen sie heroisch den Wiederaufbau des Landes – als Traktoristinnen, als Industriearbeiterinnen, als verwitwete Mütter. Bis heute lebt die Ehrerbietung für die Matka Polka im Handkuss weiter, bis heute erwartet die Frau vom Mann ritterliches Verhalten.

Allerdings: Wie kann ritterliches Verhalten in einer sozialistischen Mangelgesellschaft aussehen, wo jeder nur um seinen Anteil am Brot kämpft, und wie kann eine Frau als fürsorgende Mutter der Nation auftreten, wenn ihr Arbeit und Familie schon über den Kopf wachsen? Unter dem Druck der Umstände sind die traditionellen Verhaltensmuster mit einer Aggressivität verschmolzen, die aus dem Überlebenskampf erwächst, und mit einem Anspruchsdenken, das der egalitären Ideologie des Sozialismus entstammt. Die Polin im realen Sozialismus hat auf den ersten Blick wenig Liebenswertes an sich.

„Gestern erst habe ich wieder einen Zirkus erlebt!" Am Samstagabend ist die Stimmung aufgeräumt, und auch die Ehefrau soll hören, was Grzegorz über die Frauen denkt. „Ich brauchte im Büro dringend ein Ferngespräch nach Krakau. Doch Frau Krysia hatte das Telefon okkupiert, um ihrer Mutter lang und breit über die Brustoperation der Nachbarin zu berichten. Kaum hatte sie aufgelegt, griff Fräulein Elzbieta zum Hörer und verabredete sich mit der Freundin für das Kino. Auf dem Nachhauseweg wollte ich ein frisches Hähnchen kaufen. Doch die Schlange kam nicht voran, weil die Verkäuferin Pause machte. Laut verhandelte sie über den Ladentisch mit ihrer Freundin, ob sich Basia nun scheiden lässt oder nicht. So eine Frau würde in einem normalen Land nach einem Tag rausfliegen, beschwerte sich ein Mann aus der Schlange – woraufhin die Verkäuferin nur kurz den Kopf drehte: ‚Dann fahren Sie doch in ein normales Land.' Von unterwegs rief ich schließlich den Kollegen in Krakau an, um ihm die Bewilligung seiner Dienstreise mitzuteilen. ‚Warum führt er so ein Gespräch nicht von der Arbeit aus!', mischte sich sofort ein Weibsbild hinter mir ein. ‚Stiehlt Frauen die Zeit, auf die zu Hause schon die Kinder warten!' Ich suchte sie mit Handzeichen zu beruhigen, doch nach zwei Minuten drückte sie mir einfach die Gabel herunter! Dann komme ich endlich nach Hause, mach' die Tür auf, und was passiert? Als erstes meldet sich Grazyna aus der Küche: ‚Das hast du ja wieder gut hinbekommen. Jetzt ist es zu spät, um noch ins Reisebüro zu gehen. Kannst du nicht einmal nützlich sein?'"

In ihrer Rolle als Ehefrau und Mutter blickt die Frau auf den Mann herab, der unter den polnischen Bedingungen nie im Stande sein wird, ihrer Anforderung nachzukommen, die Familie zu unterhalten. Selbst wenn er sich totarbeitet – viel mehr als einen Pelzmantel kann er ihr nicht bieten. Solange sie allerdings allein stehend ist, umgarnt sie ihn mit aufreizendem Äußeren und kokettem Benehmen. Auch später liebt sie das Spiel mit dem Mann, das ihr in der Öffentlichkeit Bewunderung einbringt. Sie muss ihn haben, um die gesellschaftliche und die eigene Erwartung zu erfüllen. Auf den Mann und die Familiengründung ist ihr ganzes Sinnen und Trachten in der Jugend ausgerichtet, daneben wird jede Selbstverwirklichung im Beruf nahezu bedeutungslos. „Eine allein stehende Frau erweckt Mitleid, das manchmal mit Verachtung durchsetzt ist (offensichtlich eine defekte Ware)", stellte die Wochenzeitung Polityka bösartig, doch treffend fest.

„Ein allein stehender Mann ruft andere Assoziationen hervor: Er wollte es so, und keiner Frau ist es gelungen, ihm den Kopf zu verdrehen. Eine Frau ist erst an ihrem Platz, wenn sie Ehemann und Kinder hat."

Doch dann, so scheint es, rächt sie sich am anderen Geschlecht: Sie macht es sich untertan. Dem Sohn erzieht sie dieselben Schwächen an, die sie beim Mann kritisiert. Sie muss es so lange tun, wie sie die eigene Rolle nicht verlieren will, die aus dem Leiden noch die Überlegenheit schöpft. Er wäre zu langsam oder nicht sorgfältig genug bei der Hausarbeit, hat Grazyna ihrem Grzegorz unzählige Male vorgehalten, deswegen mache sie „ruck, zuck" lieber alles selbst. Vor die Alternative gestellt, beschimpft zu werden, weil er nicht helfe oder aber, weil er schlecht helfe, wählt Grzegorz wie die meisten polnischen Männer die erste Variante: Er flieht das Haus, macht lieber Überstunden oder Schwarzarbeit, geht mit dem Sohn spazieren, verbringt die Abende mit Freunden und einer gehörigen Portion Wodka oder verkriecht sich in der eigenen Wohnung hinter der Zeitung oder vor dem Fernsehschirm. Wie soll er auch ein entscheidungsfähiger Ehemann sein, wenn ihn eben jene Mutter-Frau erzog, die den Sohn von morgens bis abends umhegte, von jeder Verantwortung entband und – „du stellst ihm kein warmes Essen hin?!" – die Schwiegertochter zwingt, in ihre Fußstapfen zu treten.

Es ist ein Teufelskreis. Je mehr die Frauen den Männern ihre Schwäche vorhalten, desto mehr treiben sie sie hinein; und je weniger die Männer bereit sind, Verantwortung zu übernehmen, um so mehr nötigen sie die Frauen zu Härte und Dominanz. Über Probleme wird nicht geredet. Wenn man sie breittrete, so die allgemeine Meinung, würden sie erst richtig hochkochen. Das gilt ganz besonders bei der Sexualität.

„Sex ist tabu", schrieb die Tageszeitung Życie Warszawy. „Ein partnerschaftlicher Sex, der auf Verständigung, Gefühl und Anpassungsfähigkeit beruht, empört weiterhin und erregt Ärgernis. „Wie in den anderen Bereichen auch erwarten Mann und Frau vom anderen Geschlecht genau das Gegenteil dessen, was sie beim Partner vorfinden. „Der durchschnittliche Pole meint, eine begehrenswerte sexuelle Partnerin sollte fügsam, schutzbedürftig, sensibel, zart und passiv sein. Doch wie sieht die Frau von heute aus? Sie kämpft um die beherrschende Position, ist energisch, selbständig, rührig und auf Erfolg erpicht. Wie sieht für die durchschnittliche Polin der Idealpartner aus? Unternehmungslustig, beherrschend, schöpferisch. Und wie lautet die Wahrheit über ihn? Oft ist er fraulicher als manche Frau."

Wo nicht geredet wird, wo Verhaltensmuster durch Tradition einfach fortgeschrieben werden, sucht jeder im Konfliktfall nach einem individuellen Ausweg. Die Familie ist heilig. Aber dient es nicht gerade ihrem Erhalt, wenn sie entlastet wird? Eine Geliebte oder einen Geliebten zu haben wird allgemein toleriert und ist weithin verbreitet. Nur darf es die Ehe nicht gefährden. An der Doppelbödigkeit der Moral stößt sich niemand, und verheimlichen lässt sich kaum etwas. Im Büro, auf der Arbeitsstelle weiß jeder über den andern fast alles. „Wie könnte ich etwas auch nicht wissen“, meint Grzegorz, „wenn ich Frau Krysia am Telefon gegenüber dem Ehemann verleugnen und ihr für zwei Stunden meinen Wohnungsschlüssel überlassen soll?“

Trotzdem ist die Scheidungsrate hoch, und sie wäre noch höher, gäbe es nicht die gesellschaftliche Ächtung der geschiedenen Frau, und wären da nicht die fast unlösbaren materiellen Probleme. Nach zehn Ehejahren konnte Grazyna endlich von den Schwiegereltern weg in eine eigene Zweizimmerwohnung ziehen. Ein zweites Mal in ihrem Leben wird sie keine Wohnung mehr bekommen. Wo sollte sie hin, wenn sie sich von ihrem Mann trennte? Nicht selten leben Paare nach der Scheidung noch jahrelang in der gemeinsamen Wohnung. Da kommt es zu Tragödien.

Ein düsteres Bild über die Lage der polnischen Frau. Düster aufgrund der materiellen Rahmenbedingungen, die manche Veränderungen gar nicht ermöglichen, düster aufgrund des kaum hinterfragten Rollenverständnisses, das die Polinnen ihre matrimoniale Stellung mit dem Verzicht auf Weichheit bezahlen lässt. Doch eines stimmte optimistisch. Wenn die Befürchtung verflogen war, die Besucherin aus dem Westen werde sich als Vorkämpferin des Feminismus aufführen, ergaben sich Gespräche, die umso ehrlicher und differenzierter wurden, je mehr sie der Andersartigkeit folgen konnte. Als hätte das Bedürfnis zu reden ganz, ganz dicht unter der Oberfläche gelegen. Als hätte es gerade der unvorbelasteten Gesprächspartnerin bedurft, um die Probleme nicht wie üblich unter den Tisch zu kehren oder in derben Anklagen enden zu lassen.

Das Telefon klingelt. Grazyna hat Freundinnen von unseren Gesprächen erzählt. „Hier hast du die Telefonnummern von Renia und Joanna. Sie würden sich freuen, wenn du dich mit ihnen in Verbindung setzt ...“ Die Unzufriedenheit sucht nach Worten.

Quelle: ZEIT, Nr. 17, 21. 4. 1989.

M 72 Małgorzata Tarasiewicz* : Fallen des Patriarchats, 1993 [Auszug]

[...] Im November 1989 wurde innerhalb der „Solidarność“ ein Frauenausschuss gegründet, [...] der die Gewerkschaft aufforderte, ein Programm zu erarbeiten, das folgende Punkte berücksichtigen sollte: Verringerung der Diskriminierung am Arbeitsplatz bei der Beförderung und Bezahlung; Durchführung einer Untersuchung der in der Verfassung garantierten Gleichberechtigung; Analyse der Bestimmungen hinsichtlich der Diskriminierung von Frauen; Einführung von Sozialleistungen in Zusammenhang mit dem Mutterschaftsurlaub für Frauen und Männer, damit die Vorstellung, nur Frauen seien für die Haushaltspflichten verantwortlich, überwunden werden könne. [...] Die Forderungen des Frauenausschusses standen im Gegensatz zur Gewerkschaftspolitik. Auf dem 2. Kongress verabschiedete „Solidarność“ eine Resolution zum Schutz des ungeborenen Lebens (niemand berücksichtigte dabei die Meinung der Frauen, die nur 10 % der Delegierten bei diesem Kongress stellten). Der Frauenausschuss sprach sich mehrmals gegen ein Abtreibungsverbot aus, was dazu führte, dass ihm die Existenzberechtigung entzogen wurde. [...] Um die Resolutionen und Beschlüsse des Frauenausschusses aufzuheben, zog man sich auf formale Kritik zurück: Man erklärte sie für ungültig, da sie nicht mit „Nationaler Ausschuss der Frauen“, wie von der Gewerkschaftsführung vorgeschrieben, sondern mit „Nationaler Frauenausschuss“ unterzeichnet waren.

Quelle: Małgorzata Tarasiewicz: Fallen des Patriarchats, in: Frauen haben das Wort, Dokumentation der feministischen Märztagungen in Krakau, Kraków/Hamburg 1993, S. 13–17.

* Małgorzata Tarasiewicz, geb. 1960, Journalistin, erste Vorsitzende von *Amnesty International* in Polen, Direktorin des *Network of East West Women* – Polen.

Karikatur: Matka Polka

M 73

Übersetzung Inschrift:
Mutter Polin – ein Denkmal.

Vorwurf an den Bildhauer:
„Das ist also Dein Bild von mir“

Quelle: Dokumentation der feministischen Frauentagungen in Krakau: Frauen haben das Wort, Krakau/Hamburg 1993, S. 94.

M 74 Karikatur: „Hilfreiche Ratgeber“

Die Schilder tragen die Aufschriften: „Mehr Achtung für Mutter Polin“, „Frau! Bleibe unbefleckt!“, „Frau! Bleibe Mutter!“

Quelle: Dokumentation der feministischen Frauentagungen in Krakau: Frauen haben das Wort, Krakau/Hamburg 1993, S. 25.

Die Situation der Frauen bei den Systemumwandlungen in Polen, Beitrag von Dr. G. Firlit-Fesnak

M 75

Es unterliegt keinem Zweifel, dass die Zeit der Systemumwandlungen die vom Sozialismus ererbten Missverhältnisse zwischen dem Status eines Mannes und einer Frau nur krasser machte. Neue Bedrohungen der Frauenrechte betreffen vor allem die berufliche Arbeit, die Möglichkeiten, die berufliche und Familienrolle in Einklang zu bringen, die Stellung der Frauen im öffentlichen Leben und Änderungen in der öffentlichen und gesellschaftlichen Infrastruktur. Man kann auch von einer zunehmenden Verweiblichung des Verarmungsprozesses der Bevölkerung sprechen.

Frauen und Arbeitslosigkeit

In den Jahren 1990–1993 sank die berufliche Aktivität der Frauen von 47 % auf 45 % aller Beschäftigten. Das war kein Ergebnis einer Wahl der Frauen, sondern des schnelleren Wachstums der Frauenarbeitslosigkeit unter den Arbeitslosen – von 42 % im Januar 1990 auf 52 % im Jahre 1993. Die Arbeitslosenrate betrug 1993 bei Frauen 15,6 %, bei Männern 13,1 %. Frauen sind länger arbeitslos als Männer. Der prozentuale Anteil von Frauen, die über zwei Jahre arbeitslos sind, ist fast zweimal größer als der von Männern.

In manchen Unternehmen, besonders privaten, werden Rechtsvorschriften über die Einstellung von Frauen nicht befolgt. Das betrifft Arbeitszeiten, Arbeitsbedingungen, vor allem für die Schwangeren, sowie auch die Versicherung der Arbeitnehmer und das Niveau ihrer Entlohnung. Nach von Prof. Domanski geführten Untersuchungen ist die Entlohnung der Frauen um ca. 18 % niedriger als die der Männer für die gleiche Arbeit. Im Hinblick auf die Schwierigkeiten, eine Arbeit zu finden und sie zu behalten, sind Frauen damit einverstanden. Die Arbeitgeber bleiben ohne Strafe, weil in Polen keine Rechtsvorschriften vorhanden sind, die die Geschlechtsdiskriminierung verbieten.

Schlechter wurden die Möglichkeiten, kleinen Kindern eine Betreuung zu besorgen, geringer die mit der Mutterschaft und der Kindererziehung verbundenen Sozialleistungen. Die Kommerzialisierung der Kinderbetreuungsstellen begrenzt deren Inanspruchnahme. Im Vergleich zu 1989 sank die Zahl der Kinder in Kinderkrippen um 42 % und in Kindergärten um 23 %. Die Angst, den Arbeitsplatz zu verlieren, zwingt eine immer größere Zahl der Frauen, auf den Kindererziehungsurlaub und den Betreuungsurlaub wegen Kinderkrankheit zu verzichten.

Arbeit oder Familie?

Angesichts der heftigen Veränderungen auf dem Arbeitsmarkt wurden Frauen wieder zum Gegenstand der Manipulationen der konservativen politischen Kräfte, die die traditionelle Stellung der Frauen in der gesellschaftlichen Ordnung glorifizieren. Sowohl die katholische Kirche als auch viele wichtige Politiker und Massenmedien versuchen, die traditionelle Rolle der Frau-Mutter-Polin, der Wärterin des heimischen Herdes, die dem Mann treu und den Kindern ergeben ist, durchzusetzen.

Das Anknüpfen an die Tradition berücksichtigt nicht, dass Frauen im 20. Jahrhundert viel gearbeitet haben, und zwar nicht nur im Dorf, sondern in Fabriken, beim Wiederaufbau des Landes nach dem Kriege, in sozialistischen Unternehmen. Die Berufsarbeit der Frauen ist in der Gegenwart eine unentbehrliche Bedingung, um die Grundlage der materiellen Existenz für die Mehrheit der Familien zu sichern.

Trotz der Arbeitslosigkeit arbeiten 71 % der Frauen im produktiven Alter beruflich. Die Mehrheit zieht die Alternative Familie/Haus – berufliche Arbeit nicht in Betracht, sie nimmt beide Rollen zugleich auf und versucht, das Gleichgewicht zwischen beiden Lebenssphären aufrechtzuerhalten.

Frauen in der Politik

Obwohl Frauen in Polen politische Rechte schon 1924 erworben haben, ist es ihnen selten gelungen, in der Welt der Politik eine wichtige Rolle zu spielen. In der Zeit des Sozialismus bedeutete die formale Teilnahme der Frauen am politischen Leben nicht, daß sie einen Einfluß auf politische Entscheidungen hatten, sie nahmen keine heiklen sozialen Fragen auf und vertraten keine Fraueninteressen.

Im jetzigen Parlament machen Frauen nur 13 % der Abgeordneten aus. Die „Parlamentarische Frauengruppe" fordert u. a., das Gesetz über den gleichen Status beider Geschlechter zu beschließen. Sie spielte eine wesentliche Rolle im Kampf um die Novellierung des Antiabtreibungsgesetzes und gegen Änderungen, die das Recht auf Scheidung begrenzen.

Neue Chancen

Bei dem Übergewicht der negativen Wirkungen des Transformationsprozesses sind auch positive Erscheinungen vorhanden, die neue Chancen für Frauen schaffen. Eine davon ist die Möglichkeit, durch die Eröffnung eines eigenen Geschäftes unabhängig zu werden. Die Entwicklung des Privatsektors macht auch die Teilnahme der Frauen an den Familienfirmen möglich. Eine andere positive Folge ist die Aktivierung der Frauenmilieus, die verschiedene Frauenorganisationen gründen wollen, z. Z. sind 120 tätig. Es änderte sich auch der Frauenpressemarkt. Die Frauenpresse ist heute nicht nur eine Informationsquelle, sie erfüllt auch eine Bildungsfunktion.

Es ist schwer zu sagen, ob die müden und mit den Pflichten des Alltags belasteten Frauen noch Kräfte haben, den Kampf gegen die Vorurteile über ihre traditionelle Rolle in der Gesellschaft aufzunehmen. Zur Zeit überwiegt die Verzweiflungshaltung, sich in „das Schicksal einer Frau" zu fügen, und die Parole der Gleichberechtigung bleibt für die Mehrheit der Frauen eine schwer lesbare Theorie.

Quelle: Polen und wir, Nr. 1/1995, S. 12.

M 65

KARL·MARIA·STADLER MÜNCHEN
Heraus mit dem Frauenwahlrecht
FRAUEN-TAG
8. MÄRZ 1914
Den Frauen, die als Arbeiterinnen, Mütter und Gemeindebürgerinnen ihre volle Pflicht erfüllen, die im Staat wie in der Gemeinde ihre Steuern entrichten müssen, hat Voreingenommenheit und reaktionäre Gesinnung das volle Staatsbürgerrecht bis jetzt verweigert.
Dieses natürliche Menschenrecht zu erkämpfen, muß der unerschütterliche, feste Wille jeder Frau, jeder Arbeiterin sein. Hier darf es kein Ruhen kein Rasten geben. Kommt daher alle, ihr Frauen und Mädchen in die am
Sonntag den 8. März 1914 nachmittags 3 Uhr stattfindenden
9 öffentl. Frauen-Versammlungen

M 66

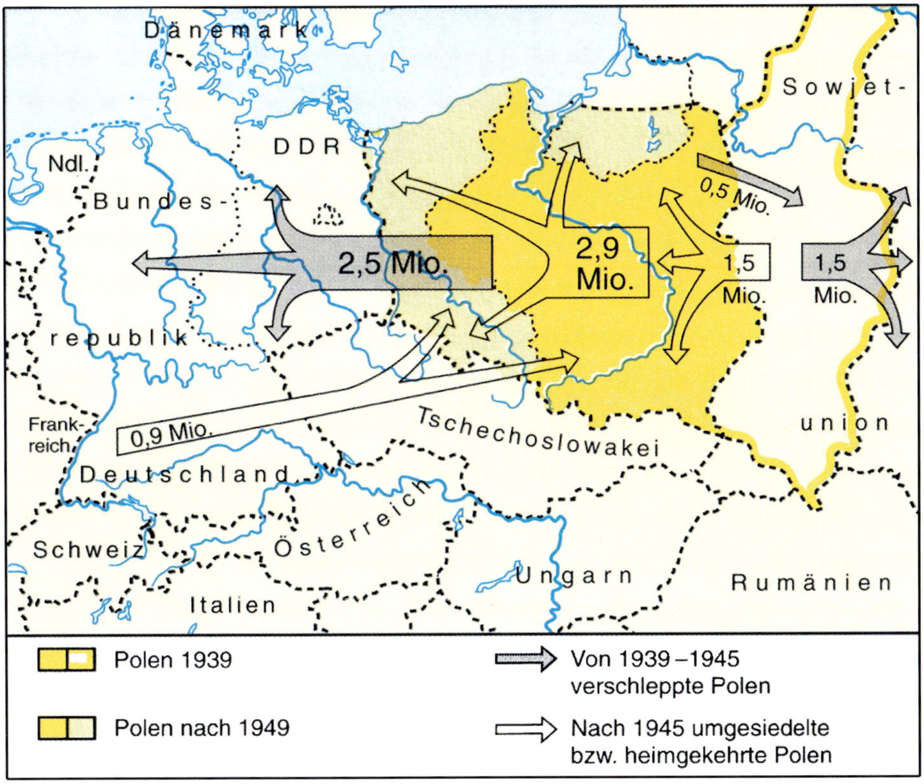
Dänemark
Ndl.
Bundes-
republik
DDR
Frank-
reich
Deutschland
Schweiz
Österreich
Italien
Tschechoslowakei
Ungarn
Rumänien
Sowjet-
union
2,5 Mio.
2,9
Mio.
0,5 Mio.
1,5
Mio.
1,5
Mio.
0,9 Mio.
Polen 1939
Polen nach 1949
Von 1939 – 1945
verschleppte Polen
Nach 1945 umgesiedelte
bzw. heimgekehrte Polen

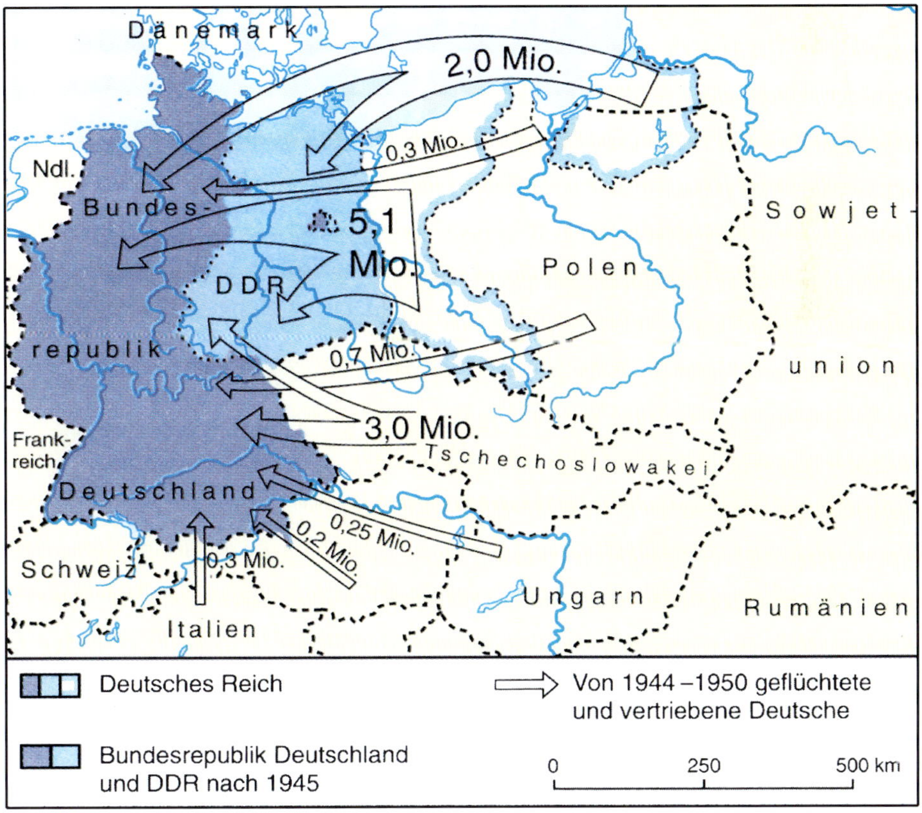
Dänemark
Ndl.
Bundes-
republik
DDR
Frank-
reich
Deutschland
Schweiz
Italien
Polen
Sowjet-
union
Tschechoslowakei
Ungarn
Rumänien
2,0 Mio.
0,3 Mio.
5,1
Mio.
0,7 Mio.
3,0 Mio.
0,25 Mio.
0,2 Mio.
0,3 Mio.
Deutsches Reich
Bundesrepublik Deutschland
und DDR nach 1945
Von 1944 – 1950 geflüchtete
und vertriebene Deutsche
0
250
500 km

M 86

Entwicklung
der Eisenbahnen in
Mitteleuropa bis 1914
Hauptstrecken
Eisenbahnen bis 1845 eröffnet
" " 1855 "
" " 1866 "
" " 1914 "
100 0 100 km
n. St. Petersbg.
n. Moskau 1871

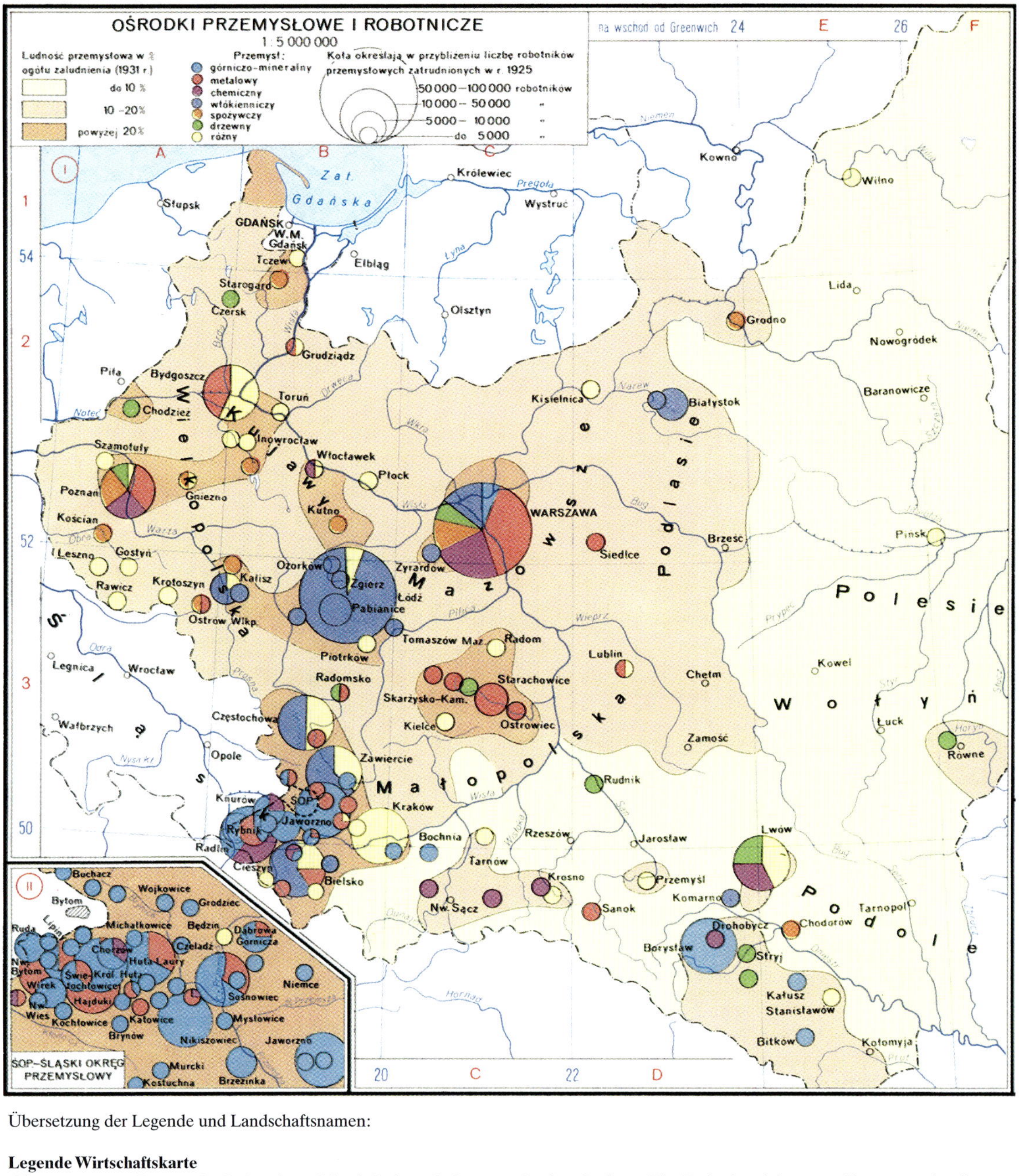

Übersetzung der Legende und Landschaftsnamen:

Legende Wirtschaftskarte

Oben: **Zentren der Industrie und der Arbeiterschaft**

Linke Spalte: Arbeiterbevölkerung in Prozent der Gesamtbevölkerung im Jahre 1931
- (gelb) bis 10 %
- (beige) 10-20 %
- (braun) über 20 %

Mittlere Spalte: Industriezweige
- (blau) Bergbau und Mineralien
- (rosa) Metallindustrie
- (rot) Chemische Industrie
- (lila) Textilindustrie
- (orange) Nährmittelindustrie
- (grün) Holzindustrie
- (gelb) andere Industrien

Rechte Spalte: Die Kreise bezeichnen annäherungsweise die Anzahl der industriell beschäftigten Arbeiter im Jahre 1925
- 50.000-100.000 Arbeiter
- 10.000-50.000 "
- 5.000-10.000 "
- bis 5.000 "

Unten links: Schlesisches Industrierevier, abgekürzt S.O.P.

Kamerad!
hilf mir!
gegen
Bolschewismus
Polengefahr und Hungersnot.
Melde Dich sofort
bei der
DEUTSCHEN SCHUTZDIVISION
(31. J.D. Abt. Lüttwitz)
Mobile Löhnung • 5,00 Mark Tageszulage • Freie Unterbringung, Verpflegung und Ausrüstung
Neben=Werbebüro
Hamburg • Gerhofstraße 3–5 • Barbarahaus
Mit Genehmigung des Reichswehrministers Noske.
ENTWURF WISSMANN
F.A. GÜNTHER & SOHN AKT. GES. BERLIN

M 181

40 ROCZNICA
POWSTANIA
PPR
PARTII WALKI
O WYZWOLENIE
NARODOWE
I SPOŁECZNE
13.XII.1981r.
13.XII.1982r.
WOJNA
WRON Z NARODEM
Polska 2.50
A. BARECKI
PWPW 82

M 137

WR.'93

M 204

Aufrufe eines polnischen Frauenzentrums, 1999

M 76

Alle drei Aufrufe sind überschrieben „Zehn Jahre nach dem Runden Tisch↑ – aus der Sicht der Frau“

„Stoppt die familiäre Gewalt“,
„...weil die Suppe zu salzig war“,
„In 98 % der Fälle familiärer Gewalt sind Männer die Täter“.
Schriftzug rechts unten: „Gewalt“.

„PorNO!grafie“,
Statistik zum Frauenhandel: links die offiziellen Angaben der Polizei mit der Ziffer 200, rechts die von den Frauenorganisationen geschätzte Dunkelziffer von 3000.

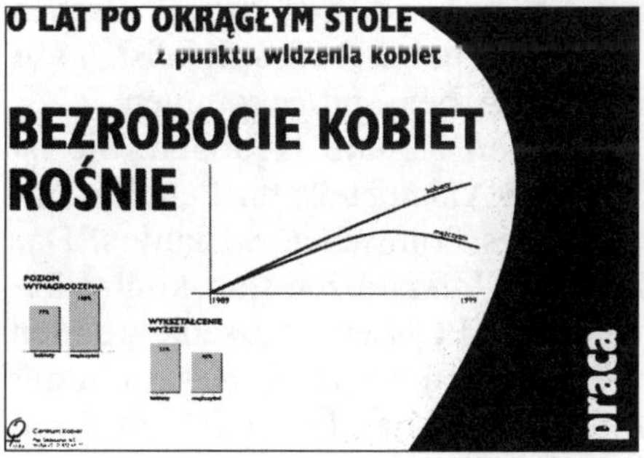

„Frauenarbeitslosigkeit steigt“
Kurve: Entwicklung der Arbeitslosigkeit von 1989 bis 1999,
obere Kurve: Arbeitslosigkeit der Frauen, untere Kurve: Arbeitslosigkeit der Männer
Statistik links: Lohnniveau, Frauen 77 %, Männer 100 %
Statistik rechts: Hochschulbildung, Frauen: 55%, Männer: 43%
Schriftzug rechts unten: „Arbeit“.

Quelle: Zadra. Pismo feministyczne 1/99.

M 77 Amory Burchard: Küche sauber, Familie kaputt [Auszug]

Sie tut es für den Ministerialbeamten, für die Lehrerin und für das Architekten-Ehepaar. Sie kommt einmal pro Woche für ein paar Stunden und macht sauber. Sie hat einen eigenen Wohnungsschlüssel. Sie geht zur Abstellkammer, greift nach Kittelschürze und Putzeimer und legt los. Manchmal wird sie auch am Wochenende gebraucht. Dann hilft sie Partygästen aus dem Mantel und reicht Häppchen. Sie heißt Teresa, Anna, Krystyna und „Sie". „Ach, Krystyna, könnten Sie mal wieder die Fenster putzen?" Die Polizei nennt sie „illegal Beschäftigte". Bei anderen Stellen heißt sie „Pendlerin" oder „Wanderarbeiterin". Sie kommt aus Polen und hat keine Aufenthaltsgenehmigung und keine Arbeitserlaubnis.

Krystyna T. heißt ganz anders und stammt aus einer kleinen Stadt zwischen Posen und Warschau. Sie ist eine der ungezählten polnischen Haushaltshilfen in Berlin. 30.000 Polen leben offiziell und legal in Berlin. Insider schätzen, dass 80.000 bis 100.000 ohne Aufenthaltsgenehmigung dazukommen. Als 1989 der Eiserne Vorhang fiel, entdeckten die Nachbarn aus dem Osten nicht nur Berlins Supermärkte, sondern auch den Schattenarbeitsmarkt der Stadt. Krystyna T. kam vor neun Jahren zum ersten Mal auf dem Hauptbahnhof an, um hier für zehn bis zwölf Mark die Stunde zu putzen.

Krystyna ist 40, klein, vollschlank und lebhaft. Sie trägt Hose, Pulli und Hausschuhe, das blondierte Haar oben gelockt und hinten zu einem kleinen Schwänzchen zusammengenommen. Krystyna ist eine Veteranin der polnischen Pendlerinnen. Kämpferisch plädiert sie für ihre Rechte und für die der anderen „Mädchen", wie sie die jüngeren Frauen nennt. „Dass wir hier illegal sind – für mich ist das schlimm. Sicher, man kann sagen, ich nehme anderen die Arbeit weg. Aber ich tue niemandem etwas Böses." Sie wartet darauf, dass Polen endlich in die Europäische Union aufgenommen wird. Krystyna T. wäre gerne Berliner Bürgerin, mit allen Rechten und Pflichten. „Ich würde ja Steuern zahlen. Habe ich mir meine Lage vielleicht ausgesucht?", fragt sie und nimmt einen dramatisch tiefen Zug aus ihrer Zigarette. Ihre Arbeit werde von den Deutschen nun einmal gebraucht, genauso wie die Arbeit von polnischen Spezialisten aus den Bauberufen, die dann einen „Kontrakt" vom Arbeitsamt bekommen.

Selbstbewusste Frauen wie Krystyna gefallen Renate Heubach. Sie ist Diplompädagogin und arbeitet bei der „Zentralen Anlaufstelle für Pendler/-innen aus Osteuropa" [ZAPO], einem Projekt des Polnischen Sozialrats. Das Motto der Beratungsstelle in Kreuzberg lautet: „Unterstützen statt kontrollieren". Polnische „Illegale" – ein Begriff, den die ZAPO-Leute hassen – können hier vor Verrat an die Polizei sicher sein. Sie kommen, wenn sie Ärger mit der Ausländerbehörde haben, von ihren Männern misshandelt oder um ihren Lohn geprellt werden. Polnische Haushaltshilfen sind eine besondere Klientel, sagt Frau Heubach: „Der private Haushalt bedeutet einerseits Schutz, andererseits Gefahr.“ Schutz vor Polizeikontrollen. Gefahr, weil sie in den fremden vier Wänden auch sexuellen Übergriffen ihrer Arbeitgeber ausgesetzt seien.

Frau T. aber ist stolz auf ihre Chefs: „Diese Leute leiten große Firmen oder arbeiten im Ministerium. Ich sehe, wie sie Karriere machen, wie sie Kinder bekommen, und manchmal mache ich mir Sorgen um sie.“ Es ist eine Art Nachbarschaftshilfe in Kittelschürze. „Ich helfe ihnen, wie ich nur kann und sie helfen mir, indem sie meine Arbeit bezahlen und mir in schwierigen Situationen helfen.“ Einer ging mit zum Schulrat, damit Krystynas Sohn weiter zur Schule gehen kann, ein anderer besorgte ihr eine Wohnung mit sicherem Mietvertrag. Als sie in Berlin anfing, putzte sie für zehn Mark Treppenhäuser. „Jetzt habe ich nur die Stellen, die ich will, nur Privatwohnungen und Häuser.“ Inzwischen hat Krystyna zehn Putzstellen, arbeitet bis zu zehn Stunden am Tag und nimmt 15 bis 18 Mark die Stunde. „Materiell leben wir hier schon wie jede andere deutsche Familie.“ Zuerst hatte sie nur für ein besseres Leben in Polen gespart, von Toastbrot und Margarine gelebt. „Aber das ist kein Leben“, sagt sie heute.

Die meisten Frauen, die seit 1989 nach Berlin kamen, sind gut ausgebildet, viele haben die Universität besucht, weiß Renate Heubach von ZAPO. Jetzt kommen sie oft gleich nach der Schule. Krystyna ist medizinisch-technische Assistentin. Zehn Jahre lang hatte sie im Krankenhaus gearbeitet. „Ich liebte diese Arbeit.“ Anfangs sei es ihr unangenehm gewesen zu putzen. Aber dann hat sie sich damit abgefunden. [...] Ihre ehemaligen Kolleginnen in Polen verdienen etwa 350 Mark im Monat.

„Wir konnten hungern oder nach Deutschland gehen“, sagt Krystyna. „Viele Familien sind an dieser Wahl zerbrochen. Das ist eine Tragödie.“ Auch Frau T. hat ihre Familie verloren. Als sie anfing, nach Berlin zu fahren, lebten ihr Mann und zwei Söhne im Alter von acht und elf Jahren in Polen. „Wir kauften Möbel und ein Auto. Aber nach drei, vier Jahren war die Familie kaputt. Mein Mann suchte sich eine andere Frau.“ Scheidung, ein Sohn blieb bei dem Vater und seiner neuen Frau in Polen, der kleinere kam zur Mutter, in die Illegalität.

Anfangs lebte Krystyna mit vier Frauen in einer Einzimmerwohnung. Pro Bett zahlten sie 300 Mark im Monat. Viele Pendlerinnen leben so. Sie selbst hat jetzt zwar noch immer keine „weißen Papiere“, dafür aber einen ordentlichen Mietvertrag für eine Zweizimmerwohnung. Dort wohnt sie mit ihrem zweiten Mann, einem Ingenieur, der legal auf dem Bau arbeitet, sowie dem 14-jährigen Sohn. Dem großen Sohn finanziert sie in Polen das Studium. Alle paar Monate besucht sie ihn und wohnt dann in ihrer eigenen Wohnung in der Heimatstadt.

Zurück nach Polen will sie nicht. „Wenn ich nach Berlin heimkomme, sage ich mir: endlich wieder zu Hause.“ Das klingt seltsam. Denn Krystyna verehrt die polnische Literatur und die Kunst. Das Land hat sie aufgezogen und ausgebildet. Dann sagt sie: „Ich liebe Polen, aber es braucht mich nicht.“

Quelle: Tagesspiegel vom 28.1.1999.

M 78 Marie Curie-Skłodowska

Marie Curie (1867–1935)

Maria Skłodowska wurde am 7. November 1867 im damals russischen Warschau geboren. Schon früh (1878) verlor sie, jüngstes von fünf Kindern, ihre Mutter, die an Tuberkulose starb, und erlebte, wie ihr Vater als Pole seine Stellung als Mathematik- und Physiklehrer aufgeben musste, so dass ihre Kindheit und Jugend durch ständige Geldsorgen geprägt waren. Ab 1885 arbeitete sie einige Jahre als Gouvernante, um Geld zu verdienen; während dieser Zeit erweiterte sie als Autodidaktin ihr Fachwissen in Chemie. Ihr geistig aufgeschlossenes Elternhaus hatte in ihr den festen Glauben an den wissenschaftlichen Fortschritt verankert. [...] Für Frauen gab es damals keine Möglichkeit des Universitätsstudiums, da an den polnischen Oberschulen keine klassischen Sprachen unterrichtet wurden. Diese aber stellten eine Zugangsvoraussetzung für die Universitäten des Reichs dar. Der einzige Ausweg war das Studium an einer ausländischen Universität, das aber für Maria Skłodowska aus finanziellen Gründen lange Zeit nicht möglich war. Sie nützte daher zunächst eine andere, allerdings illegale Möglichkeit der Weiterbildung. Sie schloss sich einer Gruppe an, die stark durch den französischen Philosophen Auguste Comte beeinflusst war, dessen „Positive Philosophie" zwischen 1830 und 1854 erschienen war, und die sich danach „Positivisten" nannten. Überall in Warschau richteten sie in Privatwohnungen „Universitäten" ein, zu deren Veranstaltungen auch Frauen zugelassen waren. Sie beschäftigten sich mit medizinischen und naturwissenschaftlichen Fragen ebenso wie mit den politischen Ideen der Positivisten, mit Zielen wie Frauenemanzipation, gleicher Erziehung der Geschlechter, dem Kampf gegen die Jugenddiskriminierung oder der Abschaffung der Klassenprivilegien.

1891 begann sie, nachdem ihre Schwester geheiratet hatte und nach Frankreich übergesiedelt war, in Paris das Mathematik- und Physikstudium. 1895 heiratete sie den begabten Physiker Pierre Curie, damals Laboratoriumsleiter an der Hochschule für industrielle Physik und Chemie. [...]

Während ihres gesamten Lebens als Forscherin musste sie hart gegen männliche Vorurteile ankämpfen, die den Frauen die Fähigkeit zu wissenschaftlicher Tätigkeit und Lehre absprachen. Ihr Ziel war dabei, durch die überragende Qualität und Bedeutung ihrer Ergebnisse Bedingungen herzustellen, unter denen sie zu den Männern von Gleich zu Gleich in Konkurrenz treten konnte. Das dazu nötige Selbstvertrauen und Durchsetzungsvermögen besaß sie in hohem Maße. [...]

Da jede öffentliche und finanzielle Unterstützung fehlte, waren die Arbeitsbedingungen erbärmlich. Marie Curie arbeitete in einem feuchten Abstellraum der Hochschule für Physik und Chemie unerbittlich und gönnte sich kaum

Freizeit, obwohl sie inzwischen eine Tochter Irène und sieben Jahre später eine zweite Tochter Eve hatte: Die doppelte Belastung schaffte sie mit enormer Energie und mit einer geschickten Organisation des Haushalts.
Schon ab 1898 zeigten sich erste revolutionäre Ergebnisse ihrer Arbeit:

1. Die Strahlung ist eine Eigenschaft des Atoms.
2. Die Radioaktivität der Pechblende ist wesentlich größer als die des Urans.
3. Bei der Analyse der Pechblende fanden sich zwei neue, bisher unbekannte Elemente: Polonium (benannt nach ihrem Heimatland Polen) und Radium.

[...] 1903 wurde ihre Arbeit mit der Verleihung des Nobelpreises in Stockholm belohnt.

1906 starb Pierre Curie durch einen Verkehrsunfall, ein Verlust, der in Maries Leben eine tiefe Krise auslöste, da Pierre ihr nicht nur wissenschaftlicher Arbeitspartner gewesen war, sondern ihr auch emotionalen Rückhalt und Anerkennung gegeben hatte.

Im Todesjahr ihres Mannes bot ihr die naturwissenschaftliche Fakultät eine außerordentliche Professur und einen Lehrstuhl an. Damit war sie in Frankreich die erste Frau, die den Rang eines Professors erreichte; bereits nach einem Jahr erhielt sie eine ordentliche Professur mit einem festen Gehalt und eigenem Forschungsetat.

Als sie 1911 den zweiten Nobelpreis, im Fach Chemie, erhielt, war sie der erste Mensch, der mit zwei Nobelpreisen in den Naturwissenschaften ausgezeichnet wurde.

Quelle: Staatsinstitut für Schulpädagogik und Bildungsforschung: Frauenrollen – Frauenbilder. Handreichung für die Schulen in Bayern, München 1992, S. 164–166 (Auszug aus der Biografie Marie Curies).

M 79 Erinnerungen von Władysław Berkans (1859–1941), von Beruf Schneider, ein gesellschaftlich aktiver Pole in Deutschland, Publizist [Auszug]

Während meines Aufenthalts bei Vater beschloss ich, nach Berlin zu fahren. Das Ziel war, sich dort im Handwerksmilieu, in meinem Fach, gründlich zu vervollkommnen und, wenn möglich, einige Groschen zu sparen, denn ich hatte gehört, dass dort die Einkünfte bedeutend höher seien als irgendwo sonst, und sich dann auf Dauer im Land niederzulassen. Vater, wie üblich, behinderte meine Absichten nicht, er sagte nur spaßeshalber: „Denk' dran, dort Geld zu verdienen!". Ich schrieb mir das hinter die Ohren und bemühte mich, Vater in dieser Hinsicht zufrieden zu stellen.

Anfang März 1880 reiste ich ab, und zwar in Gesellschaft des Sohnes vom Schmied aus demselben Dorf, eines Deutschen, der dort eine Tante hatte. Ich hatte 65 Mk. dabei. Als wir in Berlin morgens am „Ost"-Bahnhof ankamen, verriet man uns, dass man zu der Straße, in der jene Tante wohnte und die im westlichen Teil der Stadt lag, für 15 Pf. mit dem Omnibus fahren konnte, was wir auch taten und die Tante aufsuchten. Ich konnte gleichwohl nicht bei ihr bleiben und musste so während des Tages irgendeine Unterkunft für die Nacht suchen.

Ich fragte bei einem Wirtshaus für Schneider an, das ich in der Krausenstr. 11 in der Stadtmitte aufgesucht hatte. Dort wurde ich aufgenommen, und man gab mir ein Nachtlager, wo ich drei Tage blieb, bis ich eine dauerhafte Unterkunft ausfindig gemacht hatte.

Vor dem Schlafengehen musste man dem Wirt Uhr, Wertsachen und Geld zur Aufbewahrung abgeben, denn vielleicht konnte einem etwas in dieser vielköpfigen und „erlesenen" Gesellschaft abhanden kommen, wofür der Wirt dann keine Verantwortung übernahm. Unser „Hotel" befand sich unter dem Dach und bildete einen großen „Salon", in dem sich alle aufhielten. Die Übernachtung in diesem Salon kostete zwischen einem Dreier (10 Pf.) und drei Dreiern. Ich entschloss mich für den teuersten Liegeplatz. Alle mussten wie auf Kommando zur selben Zeit schlafen gehen. [...] Diesen Beginn meiner Akklimatisierung in Berlin werde ich nie vergessen. Mit meinen Mitbewohnern aus dem Wirtshaus, die sich aus verschiedenen obskuren Elementen zusammensetzten, traf ich mich später auf der Straße, und für gewöhnlich redeten sie mich mit „Du" an [...]. Ein derartiges Treffen endete damit, dass ich sie als einer ihrer „Kameraden" bewirten oder ihnen etwas Geld geben musste.

Meine erste Sorge galt der Wohnungssuche. Gewöhnlich wohnten solche wie ich in einer sog. „Schlafstelle" [...]. Es handelte sich um ein Kämmerlein im 3. Stock unterm Dach, das ich noch mit einem Mitbewohner teilte, einem Sachsen. Dieses Zimmer war so eng, dass, wenn einer von uns morgens aufstand und sich anzog, der andere im Bett bleiben musste, weil für zwei der Platz zum Anziehen nicht ausreichte. [...] Weil das Wetter immer wärmer wurde, also die Saison anfing, sollte es auch leichter werden, eine Beschäftigung zu finden. Ich suchte sie mit Hilfe der „Volkszeitung", in der Arbeitsangebote ausgeschrieben waren. Ich fing bei einem sog. „Fettbock" an zu arbeiten (so wurden die Schneider genannt, die in ihrer eigenen Wohnung für Läden arbeiteten, und die sich junge, noch nicht selbständige Kräfte an die Hand holten, die wiederum „Morgenländer" genannt wurden, und zwar aus dem Grund, dass sie zum größten Teil aus den Ostprovinzen nach Berlin strömten). Wir begannen mit der Arbeit um 6 Uhr früh und hörten um 9, manchmal um 10 Uhr abends auf, soweit man beim Lampenlicht arbeiten konnte. Wir arbeiteten auch am Sonntag bis zum Nachmittag, was mir nicht sehr gefiel, aber damals war dies dort so üblich. [...] Bei diesem Meister arbeitete ich nur bis Ostern, weil ich inzwischen herausgefunden hatte, dass sich die besten Schneidereien im Stadtteil Friedrichstadt befanden, meine Arbeitsstelle jedoch war schon etwas außerhalb dieses Bezirks. Ich hatte den Ehrgeiz, in jenem Stadtteil gute Arbeit zu lernen und dort zu arbeiten. Ich suchte mir einen neuen Arbeitsplatz, und dies bei einem Meister, der zum Teil für Läden arbeitete und zum Teil für eigene Kunden. [...]

Ich suchte mir auch eine andere Wohnung aus, wo wir zu dritt in einem Raum wohnten. Man nannte unser kleines Zimmer zwar Kammer, aber es war deutlich geräumiger als das vorhergehende und wir konnten uns frei in ihm bewegen. [...]

Außer meiner beruflichen Beschäftigung ging ich abends zu einer höheren Ergänzungsschule, die auf Kosten der Stadt unterhalten wurde, wo ich die deutsche Schrift und deutsche Buchhaltung erlernte.

Quelle: Władysław Berkan: Życiorys własny, z przedmową prof. Floriana Znanieckiego. Poznań 1924, S. 20–24 (übertragen von Christoph Schröder).

M 80 Saisonarbeiter, vor allem aus Schlesien und Polen, in Berlin 1908 (Foto)

Arbeit für Personen mit „sztat" M 81

Die in den achtziger Jahren ausgereisten Aussiedler erwarben nach der Ankunft in der Bundesrepublik die deutsche Staatsangehörigkeit und wurden vollberechtigte, in bestimmten Bereichen auch privilegierte Bürger dieses Staates. Der Prozess der Emigration der angestammten schlesischen Bevölkerung nahm einen Massencharakter an. Insgesamt emigrierten zwischen 1980 und 1990 mehr als 760.000 Aussiedler aus Polen (darunter hauptsächlich aus Schlesien).

Seit 1990 ist die Zahl der Aussiedler aus Polen jäh gefallen, in den Jahren 1991 bis 1995 waren es insgesamt 67.500. Die Gründe dafür sind in der relativen Stabilisierung der politischen, wirtschaftlichen und sozialen Lage in Polen, der Normalisierung der Beziehungen zur Bundesrepublik Deutschland, der Verschärfung der deutschen Bestimmungen für das Aufnahmeverfahren von Aussiedlern (Gesetz über die Festlegung eines vorläufigen Wohnortes für Aussiedler und Übersiedler vom 6. 7. 1989, Gesetz zur Anpassung von Eingliederungsleistungen für Aussiedler und Übersiedler vom 22. 12. 1989, Gesetz zur Regelung des Aufnahmeverfahrens für Aussiedler vom 26. 4. 1990 und das Kriegsfolgenbereinigungsgesetz, das am 1. 1. 1993 in Kraft trat) und in dem Umstand zu sehen, dass die Existenz der deutschen Minderheit in unserem Land offiziell anerkannt und ihr Rechte eingeräumt wurden, ihre Identität zu bewahren und sich gemäß den internationalen Standards der Minderheiten zustehenden Rechte zu entfalten.

Zu einem weiteren wichtigen Faktor, der die einheimische Bevölkerung in den polnischen West- und Nordgebieten, insbesondere in Schlesien, bleiben lässt, wurde die Praxis der deutschen Behörden, die es ihnen ermöglichte, die deutsche Staatsangehörigkeit in Polen zu erwerben (ohne nach Deutschland umzuziehen). Wie viele Bürger in Polen neben der polnischen auch die deutsche Staatsangehörigkeit besitzen, weiß man nicht genau. Die von verschiedenen Quellen angegebenen Zahlen schwanken zwischen 50.000 und 700.000. Zur Erklärung ist hier noch hinzuzufügen, dass die große Mehrheit der Aussiedler, die in den achtziger Jahren nach Deutschland kamen, die polnische Staatsbürgerschaft behielt. Nach deutschem Recht gilt für Aussiedler, die in die Bundesrepublik kommen, dass die Annahme einer anderen Staatsbürgerschaft in der Vergangenheit nicht den Verlust der deutschen Staatsangehörigkeit besiegelt. Beim Erwerb der deutschen Staatsangehörigkeit wird von ihnen wiederum nicht verlangt, auf die bisherige zu verzichten (Aussiedlern wird nur nahegelegt, auf andere Staatsangehörigkeiten zu verzichten, um sich dadurch von mit ihr verbundenen Verpflichtungen wie etwa der Ableistung des Wehrdienstes zu befreien). Das zeugt davon, dass die Bundesrepublik de facto die vom deutschen Recht nicht vorgesehene Institution der doppelten Staatsbürgerschaft zulässt. Das polnische Recht sieht sie ebenfalls nicht vor.

Zur Vervollständigung des Bildes ist hier noch anzufügen, dass Polen, die in verschiedenen Zeiten nach Deutschland emigrierten und aus unterschiedlichen Gründen (nach Erfüllung der gesetzlichen Anforderungen) das Recht auf Einbürgerung in Anspruch nehmen möchten, die polnische Staatsbürgerschaft nicht behalten dürfen. [...]

Welche Vorteile ergeben sich für polnische Bürger aus dem Besitz einer zusätzlichen deutschen Staatsbürgerschaft? Der wichtigste scheint die Möglichkeit zu sein, eine legale Arbeit auf dem Territorium Deutschlands aufzunehmen.

In der Vergangenheit wurden Arbeitnehmer aus Polen massenhaft sowohl auf dem Territorium der Bundesrepublik als auch der ehemaligen DDR auf vielen renommierten und weniger renommierten Baustellen beschäftigt. Polnische Unternehmen, die sogenannte Bauleistungen realisierten, überzogen fast ganz Deutschland mit einem dichten Netz. Gegenwärtig ist der Anteil polnischer Baufirmen marginal. Zurückzuführen ist das auf die gegenüber Polen auf dem deutschen Arbeitsmarkt angewandten Restriktionen. Werkverträge werden auf der Grundlage der geltenden zwischenstaatlichen Abkommen realisiert, und diese begrenzen den Anteil von Arbeitnehmern aus Polen auf durchschnittlich 23.000 jährlich.

Somit haben die Besitzer einer doppelten Staatsangehörigkeit Chancen, über das festgelegte Kontingent hinaus eine legale Arbeit in Deutschland zu bekommen. Eine ausdrucksvolle Bestätigung für diese Feststellung sind die zahlreichen Anzeigen etwa in Oppelner Zeitungen, in denen hauptsächlich Bauarbeiter für eine Arbeit in Deutschland gesucht werden. Voraussetzung für die Beschäftigung ist der Besitz von „sztat“, „Staat“ oder eines deutschen Passes, nicht selten auch deutscher Sprachkenntnisse. „Sztat“ oder „Staat“ (manchmal auch fälschlich „Statt“ geschrieben) bedeutet natürlich die deutsche Staatsangehörigkeit.

SCHLOSSER

SCHWEIßER

Haben Sie deutscher Paß
Sprechen Sie Deutsch
Wir bieten Arbeit in BRD
und zahlen Westlohn!

Rufen Sie uns an:
Wrocław 090 34-14-57
pon.–pt. od 9.00 do 17.00

ELEKTRIKER

SCHREINER

1587-k

■ PRACA w Niemczech dla murarzy, tynkarzy, zbrojarzy, cieśli. Wymagania: paszport niemiecki lub Statt., zarobek 12-15 DM na godz. netto. Tel. 071/ 144136. 104219-G

■ ZATRUDNIĘ DO PRACY W NIEMCZECH 4 murarzy i dwóch cieśli. Wymagane: Staat. i znajomość języka. Kontakt: 54-46-60 (10.00-17.00) lub 0049/ 577794900. 203882-G

Quelle: Aleksandra Trzcielińska-Polus: Arbeit für Personen mit „sztat“. In: Dialog Nr. 3–4, 1996, S. 49.

Karl Schlögel* über stumme und erzwungene Migration [Auszug]

M 82

Das „Jahrhundert der Flüchtlinge" ist etwas anderes als das Jahrhundert der Migration. Migration ist die große und kleine Ortsveränderung, die Tag für Tag, Jahr für Jahr stattfindet. Ohne sie gäbe es keine Zirkulation von Gütern, Menschen und Ideen. Auf dieser stummen Migration beruht alles gesellschaftliche Leben. Sie ist die Form seiner Entwicklung. Auf dieser stummen Bewegung beruht unsere funktionierende Zivilisation. Sie kennt ihre Konjunkturen, ihr Auf und Ab, ihre Verlangsamungen und Beschleunigungen. Die stumme Migration ist etwas für Soziologen und Demographen, die Prozesse von langer Dauer studieren, für die Statistiker von langen Wellen, für Monitoring-Dienste und soziale Frühwarnsysteme. Die stumme Migration ist eine Existenzform, an der wir alle irgendwie teilhaben, wenn wir einen Job suchen und ihn anderwärts finden, wenn wir unseren Lebensmittelpunkt verlagern, wenn wir für einige Zeit unsere angestammte Lebensumgebung verlassen, vielleicht ins Ausland gehen – vorübergehend oder für immer.

Diese Bewegung ist der Alltag einer sich immer mehr verwebenden Weltgesellschaft, die Form ihrer Vergesellschaftung, jenseits derer wir uns ein Leben schon nicht mehr vorstellen können.

[...]

Ganz anders die erzwungene Migration, die Flucht, die Vertreibung, die Umsiedlung. Sie unterbricht alle Routinen und alle Gewohnheiten. Mit einem Federstrich oder einer Nacht-und-Nebel-Aktion ist alles zu Ende, was einmal das normale Leben gewesen ist. Man darf, wenn es gut geht, seine Siebensachen packen, ein Mindestgepäck, das meist genau in Kilogramm angegeben wird. Manchmal ist das größte Glück schon das, dass man mit dem bloßen Leben davongekommen ist. Flucht ist Einbruch der Gewalt. Sie hat mit Druck und Terror zu tun. Sie ist nicht die Weiterführung oder Beschleunigung der Bewegung. Mit ihr ist vielmehr alles zu Ende, was bis dahin gegolten hatte: die Lebensumgebung, die Verbindlichkeiten, die Rücksichtnahme, der Anstand, die Freunde und Bekannten, die Zugehörigkeit zu einer Welt. Flucht ist das Ende von Heimat. Wer verjagt wird, hat keine Rechte mehr, er ist nicht mehr Herr seiner selbst, sondern kann ganz nach Belieben und ohne das geringste Risiko für den, der sich an Leib und Leben oder Eigentum des Flüchtlings vergreift, herumgeschoben und verfrachtet werden. Mit der Flucht bricht alles zusammen, was bis dahin gegolten hatte. [...]

Auf den Gesichtern von Migranten mischt sich Sorge mit Hoffnung, auf den Gesichtern von Flüchtlingen ist nur Schrecken.

Quelle: Karl Schlögel: Planet der Nomaden, Zürich 2000 (Schriftenreihe der Vontobel-Stiftung), S. 29f.

---

* Karl Schlögel, geb. 1948, Historiker, Professor für Osteuropäische Geschichte an der Universität Frankfurt (Oder).

M 83 Auszüge aus den Beschlüssen der Potsdamer Konferenz, 2. August 1945

IX. Polen [...]
b) [...]
Die Häupter der drei Regierungen stimmen darin überein, dass bis zur endgültigen Festlegung der Westgrenze Polens die früher deutschen Gebiete östlich der Linie, die von der Ostsee unmittelbar westlich von Swinemünde und von dort die Oder entlang bis zur Einmündung der westlichen Neiße und die westliche Neiße entlang bis zur tschechoslowakischen Grenze verläuft, einschließlich des Teiles Ostpreußens, der nicht unter die Verwaltung der Union der Sozialistischen Sowjetrepubliken in Übereinstimmung mit den auf dieser Konferenz erzielten Vereinbarungen gestellt wird und einschließlich des Gebietes der früheren Freien Stadt Danzig, unter die Verwaltung des polnischen Staates kommen und in dieser Hinsicht nicht als Teil der sowjetischen Besatzungszone in Deutschland betrachtet werden sollen.[...]

XIII [...]
Die Konferenz erzielte folgendes Abkommen über die Ausweisung Deutscher aus Polen, der Tschechoslowakei und Ungarn:

Die drei Regierungen haben die Frage unter allen Gesichtspunkten beraten und erkennen an, dass die Überführung der deutschen Bevölkerung oder Bestandteile derselben, die in Polen, Tschechoslowakei und Ungarn zurückgeblieben sind, nach Deutschland durchgeführt werden muss. Sie stimmen darin überein, dass jede derartige Durchführung [...] in ordnungsgemäßer und humaner Weise erfolgen soll. [...]

Quelle: Amtsblatt des Kontrollrats in Deutschland. Ergänzungsblatt Nr. 1. Mitteilung über die Dreimächtekonferenz von Berlin. I.–XIV. 2. August 1945, abgedruckt in: Michael Antoni: Das Potsdamer Abkommen – Trauma oder Chance? Geltung, Inhalt und staatsrechtliche Bedeutung für Deutschland. Berlin 1985, S. 340–347.

Rede von General Jaruzelski↑ zum 7. Mai 1985 [Auszug]

M 84

„Polen – vom Bug bis an die Oder – eins und unteilbar"
Liebe Genossen und Mitbürger, Veteranen und Pioniere, Einwohner Wrocławs, „zu Staub und Asche wurde der Kreuzrittersturm". Vor vierzig Jahren hörte das verbrecherische Dritte Reich auf zu bestehen. Der geschichtlichen Gerechtigkeit war Genüge getan. Zum Vaterland kehrten die geraubten Gebiete Warmia [Ermland], Powiśle [Weichselgebiet], der Raum Złotów und Lubusz [Lebuser Land] zurück. Es kehrten die in den manipulierten Plebisziten aus Polen herausgerissenen Mazury [Masuren] und Śląsk [Schlesien] zurück. Gdańsk kehrte zurück, „unsere Stadt". Die Ostsee von der Weichselnehrung bis zur Odermündung begann wieder der Rzeczpospolita [Polnischen Republik] zu dienen.

„Ost- und Westpreußen", das kurfürstliche und das herzogliche Preußen verschwanden für immer. Das Vermächtnis vieler polnischer Generationen erfüllte sich. „Der Drang nach Osten" wurde bis hinter die Elbe verbannt.

In der tausendjährigen Geschichte unseres Staates war das ein beispielloser Erfolg, vergleichbar nur mit Grunwald↑ [Tannenberg↑], jedoch um die weise Voraussicht bereichert, die Polen Anfang des 15. Jahrhunderts abgegangen war: um eine vernünftige Nutzung und starke Sicherung der Früchte des Sieges. Seit Jahrhunderten wurde Europa von verschiedenen Stürmen überrollt. Sie hoben Staaten und Grenzen auf, verflochten und teilten Nationen. Selten kehrte die frühere, von der Geschichte vor dem Sturm aufgestellte Ordnung zurück.

Uns Polen ist das gelungen, unsere Rückkehr war aber kein gnädiges Geschenk des Schicksals. Sie entsprang der tiefgreifendsten Wende im Klassencharakter des Staates in der neuesten Geschichte des Volkes. Sie war die logische Folge dessen, dass wir auf der revolutionären, progressiven Seite der historischen Umwandlungen standen.

Wir sind hier nicht auf fremdes Gebiet gekommen. Vom polnischen Charakter dieser Gebiete zeugten die Piastenadler an den Rathäusern, die polnischen Namen auf den Grabplatten der Friedhöfe, die Dorfnamen und die Archivdokumente. Fast anderthalb Millionen Autochthone bewahrten hier treu die Muttersprache, die polnische Kultur, die polnischen Bräuche. Sie erlebten die Wiedervereinigung mit dem Mutterland, so gingen auch jene Jahre in das Dämmer der Geschichte ein, in denen der übereifrigen Dummheit zuweilen menschliches Unrecht folgte. Die Stürme der Geschichte brachen so manchen Ast vom polnischen Stamm. Die preußische Vertreibung, der Bismarcksche Kulturkampf↑, die Verfolgung durch die Hakatisten*, der brutale

* Hakatisten: Mitglieder des Deutschen Ostmarkenvereins (gegründet 1894 in Posen als „Verein zur Förderung des Deutschtums in den Ostmarken", forderte nach dem Ersten Weltkrieg die Revision der deutschen Ostgrenze, ging 1933 im „Bund Deutscher Osten" auf), benannt nach den Anfangsbuchstaben seiner Gründer (F. Hansemann, H. Kennemann, H. von Tiedemann-Seeheim).

Naziterror haben einen Teil der rechtmäßigen, seit eh und je hier ansässigen Hausherren dieses Raums eingedeutscht. Doch die Wurzeln des jahrhundertealten Baumes überdauerten.

Ich wende mich heute achtungsvoll und mit einem herzlichen Gruß an die Teilnehmer des hartnäckigen, jahrhundertelangen Kampfes um das Polentum. [...]

Werte Versammelte,
Polen – vom Bug bis an die Oder – ist eins und unteilbar. Die West- und Nordgebiete bilden einen organischen Teil der Rzeczpospolita [Polnischen Republik]. Es gibt wohl keinen einzigen jungen Bürger mehr, der im Stande wäre, den Verlauf der Vorkriegsgrenze aufzuzeigen. Keiner kennt mehr die verdrehten eingedeutschten Namen. Wir haben die langwierigen Bevölkerungsverschiebungen in diesen Gebieten endlich abgeschlossen. Seit Jahrzehnten trat hier eine von den Deutschen selbst „Ostflucht" genannte Erscheinung auf. Die zweite Welle während des Krieges spülte die deutsche Anwesenheit noch weiter aus. Die einen verließen das Land aus Angst vor der Verantwortung, die anderen auf Befehl der Gauleiter, noch bevor hier der erste polnische und sowjetische Soldat auftauchte. Im Mai 1945 war auf den von Polen wiedererlangten Gebieten nur jeder dritte Einwohner der einstigen hier lebenden Bevölkerung verblieben. Im Einklang mit den Potsdamer Beschlüssen wurden die Reste der deutschen Bevölkerung umgesiedelt. Wir haben alle internationalen Verpflichtungen im Bereich der Repatriierung und der Familienzusammenführung mehr als erfüllt.

Damit hörte das Problem der deutschen Minderheit in Polen endgültig auf zu bestehen. Dieses Kapitel ist ein für allemal abgeschlossen! Wir ließen uns nicht von dem Wunsch nach Rache leiten. Wir verstehen heute und wir haben damals verstanden, dass es für viele Deutsche ein schwerer Schlag war, ihr Haus verlassen zu müssen. Nicht selten war das vom verständlichen menschlichen Leid begleitet.

Quelle: Polen und wir, Nr. 3, 1985, S. 20f.

Karte: Deportation, Flucht und Vertreibung von Polen und Deutschen

M 85

siehe Farbtafel in der Mitte des Bandes

Quelle: Geschichtsbuch 4, Cornelsen, Berlin 1996, S. 125.

Gemälde von Felix Nussbaum*: „Die Vertriebenen" (Der Sturm)**, 1941

M 86

siehe Farbtafel in der Mitte des Bandes

Quelle: Gemälde aus der Sammlung des Kulturgeschichtlichen Museums Osnabrück/Felix-Nussbaum-Haus, Osnabrück (Dauerleihgabe aus Privatbesitz).

---

* Felix Nussbaum (1904–1944): Maler jüdischer Herkunft aus Osnabrück, verheiratet mit der polnischen Malerin Felka Płatek, 1944 im Vernichtungslager Auschwitz ermordet.

** Beschreibung des Gemäldes unter: http://www.felix-nussbaum.de/nussbaum/felix_malt.html.

M 87 Erinnerungen von Katarzyna Banaszek, einer Lehrerin aus Leonów in Großpolen, die im Dezember 1939 in das Generalgouvernement ausgesiedelt wurde [Auszug]

Am 7. Dezember gegen 7 Uhr früh begann jemand gegen die Eingangstür zu schlagen. [...] Ich schaute durchs Fenster und sah vor der Tür zwei deutsche Gendarmen stehen, die mit Karabinern bewaffnet waren. Ich ging hin und öffnete den Eingang. Einer von ihnen holte ein Papier hervor und las mir den Inhalt des Befehls vor: „Du musst dich in zehn Minuten anziehen, du kommst mit uns" – sagte er zufrieden. Nach diesen Worten gingen die Deutschen mit mir ins Zimmer. Ständig drängten sie, dass ich mich schnell anziehen solle. Als ich anfing mich zu waschen, kam einer der Gendarmen zu mir und schlug mir so heftig ins Gesicht, dass das Blut nur so strömte. Weinend und das Blut wegwischend zog ich mir an, was ich nur konnte. Der Deutsche befahl mir, Brot, einen Becher, ein Messer und einen Löffel mitzunehmen. Nachdem ich hinausgegangen war, versiegelten die Deutschen die Wohnung, luden mich in einen Wagen und beförderten mich nach Bork. Der Regen war an diesem Tag unbarmherzig. In Bork befanden sich schon viele solcher Wagen. Ringsum hörte man Kinder weinen. [...] Gegen Mittag fuhren wir zum Kloster Piaski. Wir zählten hier etwa 1200 Personen. Überall war es eng und kalt. [...] Es war ein furchtbarer Anblick, wie aus allen Richtungen Leute herbeigeschafft wurden, die mit Gewalt aus ihren Häusern gejagt worden waren. Die Fuhrwerke standen auf einer Landstraße abseits des Klosters. Leute unterschiedlichen Alters gingen bergan, spärlich bekleidet, Kinder an der Hand, mit Bündeln auf dem Rücken. Sie waren durchgefroren, vom Regen durchnässt, deprimiert und tränenüberströmt. [...]

Am Bahnhof wartete ein Geisterzug auf uns. Lang, alt, abgenutzt, ohne Scheiben und nicht beheizt. Als uns die Deutschen mit Geschrei zum Zug stießen, erdreistete ich mich zu fragen, wie viele Personen in einen Waggon hineingehen würden. Als Antwort stieß mich ein Gendarm mit voller Gewalt vorwärts. Gegen Abend setzten wir uns Richtung Leszno in Bewegung. Wir wussten nicht, wohin sie uns bringen würden, denn dies war der erste Transport von Ausgesiedelten. Man durfte nicht aus dem Zug aussteigen. Die Kinder weinten vor Hunger, Durst und Kälte. Wir fuhren in das sog. Generalgouvernement.

Quelle: Katarzyna Banaszek: Wysiedlenie i tułaczka, in: Dyliński, R., M. Flejsierowicz u. S. Kubiak (Bearb.): Wysiedlenie i poniewierka 1939–1945. Wspomnienia Polaków wysiedlonych przez okupanta hitlerowskiego z ziem polskich „wcielonych" do Rzeszy. Poznań: Wydawnictwo Poznańskie 1974, S. 47f. (übertragen von Christoph Schröder).

Aktion: „Heim ins Reich" 1939. „Volksdeutsche" aus der UdSSR werden im „Großdeutschen Reich" angesiedelt

M 88

Diese Heimkehr im großen Treck, in Schnee und Eis, bei 40° Kälte wird noch nach Generationen lebendig sein.

Große Lager sind errichtet. In ihnen werden die Heimkehrer zwischen der Grenze und ihrer neuen Heimat versorgt und betreut.

[. . .]
Vier große Lagerbezirke hat der Einsatzstab Litzmannstadt↑ der Volksdeutschen Mittelstelle in leerstehenden Fabriken, in Wohnhäusern, in Schulen und in den früheren Villenkolonien Lodscher Juden geschaffen. 33 Lager, mit einem Fassungsvermögen von 25 000 Menschen, liegen in Litzmannstadt selbst, 12 Lager für 20 000 Heimkehrer in Pabjanice, 8 Lager, die 10 000 aufnehmen können, in Zgierz, und 13 Lager für 7 000 in Kalisch.

Dem Einsatzstab der Volksdeutschen Mittelstelle stehen Männer und Frauen der NSV., der Einwandererzentralstelle, der NS-Frauenschaft, des Roten Kreuzes, der Reichsärztekammer, der Reichsbahn, der Litzmannstädter Straßenbahn, der zivilen Verwaltung und freiwillige Helfer aus den Reihen des deutschen Selbstschutzes in Litzmannstadt zur Verfügung.

Einen Tag vor Weihnachten trifft um 2 Uhr morgens der erste Umsiedlerzug in Pabjanice, am 9. Februar der letzte in Zgierz ein. Insgesamt rollen 291 Züge an. Durchschnittlich treffen rund 5000 Menschen am Tage in den Lagern ein. Rund 12 700 Treckwagen sind unterzubringen, 22 000 Pferde zu betreuen, das mitgebrachte Gepäck zu sichten und zu verstauen, die 130 000 Menschen müssen listenmäßig erfaßt werden, die Familien wieder zueinander gebracht werden. Alle müssen sicherheitshalber durch die großen Desinfektionsanstalten, ihr Gesundheitszustand muß überprüft werden, sie werden gemessen, gewogen, geröntgt, nach gesundheitlichen und völkischen Gesichtspunkten untersucht, nach ihren bisherigen Berufen eingeteilt, nach der Besitzgröße ihrer Höfe geordnet und schließlich feierlich als Reichsbürger aufgenommen.

Dieser Augenblick, als jeder einzelne mit Handschlag die Einbürgerungsurkunde erhielt, war allen Heimgekehrten der denkwürdigste Abschnitt dieser großen Wanderung. Nun sind sie wahrhaft wieder, nach jahrhundertelanger Trennung, Bürger des Deutschen Reiches. [. . .]

Gauleiter Greiser besucht Ansiedler auf ihren neuen Höfen.

Quelle: Der Treck der Volksdeutschen aus Wolhynien, Galizien und dem Narewgebiet, Berlin u.a. 1942, S. 25, 29, 70, S. 22 (Text).

Polnische Flüchtlinge bei Kriegsbeginn 1939 (Photo) M 89

M 90 Januartage 1945. Die Flucht der Deutschen. Aus der Chronik über die Belagerung Breslaus von dem Priester Paul Peikert. [Auszug]

Mit dem Heranrücken der russischen Armeen setzte die Evakuierung der ganzen Bevölkerung Schlesiens rechts der Oder ein. Nun bot sich in Breslau tagelang Tag und Nacht ein grauenhaftes Bild einer flüchtenden Bevölkerung. Ununterbrochene Kolonnen von Bauernwagen, mit Pferden oder mit Kühen bespannt, dazu die Handwagen der Arbeiterinnen oder die Kolonnen der Kriegsgefangenen, Ausländer, Russen, Franzosen, Serben usw. mit kleinen Schlitten, auf denen sie ihr Gepäck fuhren. Grauenerregend war der Anblick dieser verhärmten, verkümmerten Menschen, die mit ihrer geringen Habe das Vatererbe verlassen mussten. Was mit diesem geschehen wird, weiss ich noch nicht. In Ostpreussen räumten nach dem Weggange ihrer Eigentümer besondere Formationen Wohnungen aus und steckten die Dörfer und Ortschaften in Brand. Schlesien ist ein blühendes Bauernland, es blutet das Herz bei dem Anblick dieser mit Gewalt vertriebenen Bauerngeschlechter. Die Besitzer sind fast durchweg im Felde, desgleichen die Söhne, vielleicht auch sogar die Töchter. Meistens sind es ältere Leute und Kinder, die auf dem Wagen sitzen oder jüngere Frauen, die allein mit Hilfe von Kriegsgefangenen ihren Acker bestellen mussten. Dazu trifft diese Massenflucht in strenge Wintertage, 13–15 Grad Kälte und noch mehr ist die Temperatur dieser Tage. Kinder erfrieren und werden von ihren Angehörigen an den Straßenrand gelegt. Es wird berichtet, dass ganze Lastautos solcher erfrorener Kinder in den hiesigen Leichenhallen eingeliefert werden. [...]

In die hiesigen Krankenanstalten werden viele dieser Flüchtlinge eingeliefert mit erfrorenen Gliedern. Die N.S.V.* hätte hier ein reiches Betätigungsfeld gehabt für Ausübung sozialer Gesinnung. Für diese erfrorenen, verhärmten Menschen hätten hier in der Großstadt Feldküchen stehen müssen, damit sie etwas warmes Essen erhalten hätten. Denn diese Flüchtlinge kamen aus dem Wartheland**, schon 3–4 Tage, ja sogar schon mehr Tage unterwegs. Und es ist nicht abzusehen, wo dieser Flüchtlingsstrom überall untergebracht werden soll. Gewaltsam wurden nach einstimmigem Bericht alle aus ihrer Wohnung, von ihrer Besitzung, von ihrer Scholle vertrieben. Am Tage vorher wurde der ganze Vieh- und Schweinebestand abgeschlachtet. Was nicht abgeschlachtet wurde, ließ man frei laufen. In dem strengen Winter wird es zum größten Teil erfrieren. Derartige Not hat Schlesien seit dem 30-jährigen Kriege nicht mehr erlebt, und damals war diese Not bezüglich ihrer Ausmaße klein zu nennen.

Quelle: Paul Peikert: „Festung Breslau" in den Berichten eines Pfarrers (22. Januar bis 6. Mai 1945), hrsg. v. Karol Jonca und Alfred Konieczny, Wrocław u.a. 1966, S. 27f.

---

* Nationalsozialistische Volkswohlfahrt.

** Aus den Gebieten der Posener Wojewodschaft sowie Teilen der Wojewodschaften Łódź und Warschau wurde auf Anordnung Hitlers am 8. Oktober 1939 eine Provinz, das sog. Reichsgau, mit der Hauptstadt Posen geschaffen. Vgl. auch **M 88**.

Straßenszene mit Kindern
während der Vertreibung der Deutschen, 1945/46 (Foto)

M 91

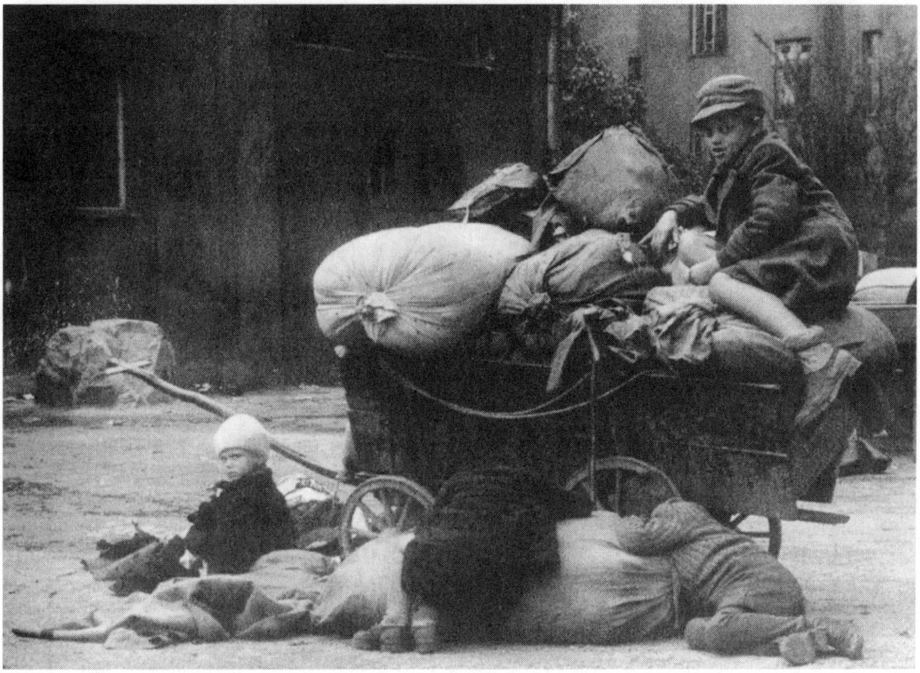

M 92 Plakat aus dem Jahr 1945: Sonderbefehl für die deutsche Bevölkerung der Stadt Bad Salzbrunn

Sonderbefehl

für die deutsche Bevölkerung der Stadt Bad Salzbrunn einschliesslich Ortsteil Sandberg.

Laut Befehl der Polnischen Regierung wird befohlen:

1. Am 14. Juli 1945 ab 6 bis 9 Uhr wird eine Umsiedlung der deutschen Bevölkerung stattfinden.
2. Die deutsche Bevölkerung wird in das Gebiet westlich des Flusses Neisse umgesiedelt.
3. Jeder Deutsche darf höchstens 20 kg Reisegepäck mitnehmen.
4. Kein Transport (Wagen, Ochsen, Pferde, Kühe usw.) wird erlaubt.
5. Das ganze lebendige und tote Inventar in unbeschädigtem Zustande bleibt als Eigentum der Polnischen Regierung.
6. Die letzte Umsiedlungsfrist läuft am 14. Juli 10 Uhr ab.
7. Nichtausführung des Befehls wird mit schärfsten Strafen verfolgt, einschließlich Waffengebrauch.
8. Auch mit Waffengebrauch wird verhindert Sabotage u. Plünderung.
9. Sammelplatz an der Straße Bhf. Bad Salzbrunn-Adelsbacher Weg in einer Marschkolonne zu 4 Personen. Spitze der Kolonne 20 Meter vor der Ortschaft Adelsbach.
10. Diejenigen Deutschen, die im Besitz der Nichtevakuierungsbescheinigungen sind, dürfen die Wohnung mit ihren Angehörigen in der Zeit von 5 bis 14 Uhr nicht verlassen.
11. Alle Wohnungen in der Stadt müssen offen bleiben, die Wohnungs- und Hausschlüssel müssen nach außen gesteckt werden.

Bad Salzbrunn, 14. Juli 1945, 6 Uhr.

Abschnittskommandant
(-) Zinkowski
Oberstleutnant.

Quelle: Friedrich Arnold (Hrsg.): Anschläge. Politische Plakate in Deutschland 1900–1970, Frankfurt u. a. 1972, S. 130.

Bericht des Priesters Georg Gottwald über die Vertreibung der Deutschen aus Grünberg (Zielona Góra) am 22. Juni 1945 [Auszug]

M 93

Die Russen rückten am 14. Februar 1945 in Grünberg ein. Von 35 000 Einwohnern waren ca. 4 000 in der Stadt verblieben. – Nach Aussagen russischer Soldaten war Stadt und Landkreis für drei Tage zur Plünderung freigegeben, in Wirklichkeit dauerte sie mehrere Wochen. Überall lohten Brände auf, ganze Straßenfronten brannten vollkommen ab. Bis Mitte Juni gab es in der Stadt weder Licht noch Wasser, die wenigen Brunnen reichten bei weitem nicht aus. Wasserwerk, Lichtzentrale wurden gesprengt, die Gastanks abgeblasen.

Die Stadt hallte bei Tag und Nacht wider vom Wehgeschrei der gequälten, vergewaltigten Einwohner. Frauen und Mädchen wurden Freiwild. In mein Pfarrhaus flüchteten eine große Anzahl von Mädchen und Frauen, die zwanzig- oder vierzigmal an einem Tag in ununterbrochener Reihenfolge vergewaltigt worden waren. Lustmorde wurden mir mehrere gemeldet [...]. Ich habe die Leichen gesehen und beerdigt.[....].

Am 8. Mai 1945 zog mit Musik ein polnisches Eisenbahner-Regiment in Grünberg ein, gefolgt von einem Schwarme beutelüsterner Polen, und nun verdoppelte sich alles Unglück und Leid.[...] Die Polen gebärdeten sich als unumschränkte Herren. Infolgedessen kam es bisweilen zu schlimmen Auseinandersetzungen und wüsten Schießereien mit den Russen. Täglich und allnächtlich gab es Tote und Verwundete. Die Russen behielten die militärischen Kommandanturen besetzt, die Polen die zivilen Verwaltungsstellen. [...]

Alle Privatwohnungen mussten von Deutschen verlassen werden, und diese wurden unter Zurücklassung ihrer gesamten Habe in den Elendsquartieren und Hintergassen und Hinterhäusern der Stadt, bis acht Partien in einem Raum, zusammengepfercht. Das Elend war unbeschreiblich!

Die Deutschen erhielten keine Lebensmittelkarten, sondern mussten sich durch schwerste Sklavenarbeit bei Aufräumungsarbeiten in der Stadt oder Feldarbeiten auf dem Lande das kärgliche Brot verdienen. Eine furchtbare Hungersnot brach unter den Deutschen aus, Elend und Krankheiten. Der Schwarze Markt feierte Triumphe, aber kein Deutscher durfte dort kaufen, noch konnte er es, weil er kein polnisches Geld besaß. Alte Leute und Kinder starben hin wie die Fliegen. [...]

Sonntag, den 24. Juni 1945 kam mittags 12.00 Uhr wie ein Blitzschlag aus heiterem Himmel – und zwar telefonisch, wie mir der polnische Bürgermeister erzählte – von der polnisch-kommunistischen Regierung in Lublin der Befehl, binnen sechs Stunden müsste der ganze Stadt- und Landkreis Grünberg von allen Deutschen geräumt werden. Alles sei in Richtung Lausitzer Neiße abzuschieben und zwar zu Fuß, nur fünf Kilogramm Gepäck dürfte jede Person mitnehmen. Polnisches Militär rückte ein, und was jetzt an Rohheit und Brutalität geschah, spottet jeder Beschreibung. Mit Schüssen, Gewehrkolben und

Peitschen wurden die Deutschen in ihrer ärmlichen Kleidung beraubt und ausgeplündert, auf die Straße getrieben und in Kolonnen in Marsch gesetzt. Diese Elendszüge gingen mehrere Tage bei Tag und Nacht durch Grünberg der Neiße zu. Nur Beamte und Spezialarbeiter durften noch bis auf weiteres verbleiben. [...] In der Stadt Grünberg wurden in diesen Tagen (24. bis 26. Juni 1945) an die 3000 Personen ausgetrieben.

Quelle: Dokumentation der Vertreibung der Deutschen aus Ost-Mitteleuropa, hrsg. vom Bundesministerium für Vertriebene, Bd I/2, Die Vertreibung der deutschen Bevölkerung aus den Gebieten östlich der Oder-Neiße, Bonn 1953, S. 349, 351 u. 690.

M 94 Vertriebene Deutsche auf der Autobahn westlich von Breslau, 1945/46(Foto)

Vertreibung deutscher Bevölkerung aus Schlesien, 1945/46 (Foto) **M 95**

M 96 Der Weg nach Westen. Bericht des Polen Edward Gil, der aus einem ehemals polnischen Gebiet, das der sowjetischen Ukraine zugeschlagen worden war, ausgesiedelt wurde [Auszug]

Kurz darauf formierte sich eine Wagenkolonne. Ganz Sądowa Wisznia sowie diejenigen der Kriegsheimatlosen, die sich gerade in Sądowa Wisznia befanden, brachen auf. [...] Berittene Soldaten begleiteten die Wagenkolonne. Sie sollten uns vor Banditen schützen, damit wir als Unbewaffnete nicht auf dem Weg ermordet wurden. Ziemlich lange standen wir am Schlagbaum in Medyka, dort befand sich jetzt die polnisch-russische Grenze. Es hieß, die Russen suchten in den Wagen nach Waffen. Gelegentlich raubten sie alles, angefangen bei Wertgegenständen – falls es jemandem gelungen war, diese bei sich zu behalten – bis hin zu sämtlichen Dokumenten. [...] Przemyśl war zu diesem Zeitpunkt eine Ansammlung aller vor dem Massenmord Fliehenden. Die gesamte Bevölkerung des östlichen Galiziens, Podoliens und Wolhyniens hielt sich dort auf und wartete auf den Bahntransport in den Westen [...]. Wir warteten in Przemyśl zwei Monate auf den Transport [...]. Einige Male wurde der Transport beschossen, die Kugeln hinterließen Spuren. An der Station Ligota-Katowice, unmittelbar auf den Gleisen, wurden wir ausgeladen. Die Menschen mit all ihren Habseligkeiten, Städter und Landbewohner, mit Vieh, mit Betten, mussten alles aus dem Wagon herausschaffen [...] Aufs Neue wurden Waggons aufgestellt, aufs Neue beladen. Unterschiedliche Menschen, aus unterschiedlichen Gegenden der Wojewodschaften Lwów, Stanisławów und Tarnopol [...]. Der Zug brachte uns in unbekannte und fremde Gegenden. Am Horizont begannen sich hohe Berge abzuzeichnen.

Quelle: Krystyna Tyszkowska: Dzieje przesiedlonych. Relacje własne. Omówienie konkursu „Repatrianci – osadnictwo polskie na ziemiach zachodnich i północnych". Wrocław 1993, S. 9f. (übertragen von Christoph Schröder).

Bemerkung des Redakteurs: M 96 und M 97 sind zusammen mit einer Reihe weiterer Dokumente in einer deutschen Übersetzung zu finden, die von der Stiftung „Kreisau" als Broschüre herausgegeben wurde: Krystyna Tyszkowska: Das Los der Umsiedler. Aus dem Geschichtswettbewerb *Repatriierte – die polnische Ansiedlung im Westen und Norden Polens,* Wrocław 1993.

Vom Berg ins Tal. Erinnerungen Franciszek Sikorskis, eines polnischen Vertriebenen aus dem Osten [Auszug]

M 97

Auf Deutsch hieß das Dorf Obergläserdorf, auf Polnisch Pucharowo Górne. [...] Nachdem das Auto abgefahren war, kam eine junge Deutsche, deren Gesicht an ein Pferd erinnerte, von oben herunter und fragte per Zeichensprache, ob sie aus der Küche Geschirr mitnehmen könne. Mein Bruder, der ein wenig Deutsch sprach, sagte, dass sie alles nehmen könne. Wir haben unsere eigenen Töpfe und Teller. [...] Bei dieser Gelegenheit erklärte sie uns, dass die Zimmer leer seien, weil die Russen aus einem nahegelegenen Gutshof alles, was drinnen gewesen war, während eines Einbruches mitgenommen hätten. Tatsächlich befanden sich an der Tür Einbruchsspuren. Gegen Abend tauchten meine Eltern mit den Kühen auf. Der siebenjährige Sohn unserer Deutschen, Manfred, und seine jüngere Schwester Renate fingen, als sie die Kühe sahen, vor Freude an zu schreien: Kühe, Kühe. Die Kühe befanden sich im Stall. Mama molk sie, obwohl sie müde war. Als sie sah, dass Manfred und Renate sich nicht vom Fleck rührten, goss sie ihnen die noch warme Milch in Becher. [...] Als ich auf dem Hof stand, bemerkte ich, wie aus dem ersten Stock (durch die leicht geöffneten Gardinen) eine alte Deutsche auf uns herabblickte. Später stellte sich heraus, dass dies die Großmutter war. [...] Die erste Nacht verbrachten wir wach. Die Tür hatten wir fest verriegelt, und eine Axt lag in Reichweite. Mit der Zeit zeigte sich, dass auch die Deutschen uns fürchteten und nach Einbruch der Dämmerung ihre Nase überhaupt nicht mehr aus ihren Zimmern steckten. [...] Wir fingen an uns umzuschauen, wo man hier etwas Getreide und Kartoffeln bekommen könnte. Unser Getreide ging schon zur Neige. Von einem Viehtreiber erfuhren wir, dass sich 10 km von hier ein verlassenes Dorf befinde und dort Felder mit nicht gerodeten Kartoffeln seien. [...] Nachdem wir nach Hause zurückgekehrt waren, fing die junge Deutsche an, als sie den Wagen voller Kartoffeln sah, uns zu umkreisen und zu umgarnen wie eine Katze. Vater sagte, dass man ihr drei Säcke geben solle. Ich wurde wütend auf Vater. Was sollte denn das, ich als ihr Knecht? Wenn sie will, einen Wagen hat sie, möge sie hinfahren und selbst schwitzen. Sie kann nicht dorthin fahren, weil sie die Russen sofort vergewaltigen würden. [...] Ich gab nach. Ich schüttete die Kartoffeln in die Säcke und trug sie selbst nach oben, obwohl das nicht nach meinem Geschmack war und ich mich im tiefsten Inneren verachtete. [...] Das Landleben verlief normal, wenn sich auch hin und wieder unter den Deutschen ein gewisses Misstrauen im Verhältnis zu uns breit machte. Beim Abbau dieses Misstrauens spielte die katholische Kirche eine gewisse Rolle. [...] Während der ersten Jahre war der Pfarrer ein Deutscher, der Priester Paul Klätz. [...] Er lernte eifrig die polnische Sprache und tat alles, damit seine seelsorgerliche Pflege uns umgab. Mit der Zeit gewöhnten wir uns an sein „Nich beci powalony Jesus Christos“* und brachen während der Predigt, die über weite Strecken komisch klang und von der man nicht alles verstehen konnte, nicht mehr in Lachen aus. Die Beichte hingegen brachte gewisse Schwierigkeiten mit sich. Manchmal musste man dem alten Herrn die eigenen Sünden per Zeichensprache verständlich machen. [...] Erst vor den eigentlichen Feiertagen erfuhren wir, dass unsere Deutschen Protestanten waren. Wir hatten keine Ahnung, ob sie überhaupt den Heiligabend begingen. Vater ging dennoch nach oben und lud alle ein. Sie kamen eilig und nahmen an unserem langen Tisch Platz. Sie schauten irgendwie befremdet auf uns, als wir die Oblaten teilten. Mit ihnen teilten wir sie ebenfalls. [...] Trotz des gemeinsamen Heiligabends und des Liedes „Cicha noc“**, das wir zusammen auf Polnisch sangen, was die Deutschen in Erstaunen versetzte [...], obwohl sie sich an unsere Anwesenheit gewöhnten, war weiterhin zu spüren, dass zwischen uns und unseren Deutschen irgendeine Barriere existierte, die schwer zu überwinden war. Es ging nicht, soviel war klar, um die Sprachbarriere, da wir uns täglich uneingeschränkt gut verständigten (teils mithilfe der Sprache, teils mit den Händen gestikulierend), sondern um eine psychische Barriere. Die Deutschen hatten Respekt vor uns, sie fürchteten uns, obwohl wir keine zweideutigen Situationen heraufbeschworen und ihnen nie das Gefühl gaben, dass wir hier die Hausherren seien.

Quelle: Krystyna Tyszkowska: Dzieje przesiedlonych. Relacje własne. Omówienie konkursu „Repatrianci – osadnictwo polskie na ziemiach zachodnich i północnych“. Wrocław 1993, S. 14f. (übertragen von Christoph Schröder).

* Poln. eigentlich: Niech będzie pochwalony Jezus Chrystus; dt.: Gelobt sei Jesus Christus.
** „Stille Nacht“.

Polnische Zwangsumsiedler aus dem Osten kampieren an Eisenbahngleisen, 1945 (Foto)

M 98

Quelle: Fot. Archiwum WFDiF, in: Karta 1998, Nr. 24, S. 82.

M 99 Lida* im Mai 1945: „Repatriierung" Zofia Stanisławska mit Familie unterwegs nach Polen (Foto)

Quelle: Foto aus dem Privatbesitz von J. Stanisławska , in: Karta 1998, Nr. 24, S. 79.

* Ort im heutigen Weißrußland, westlich von Minsk gelegen.

Ankunft von polnischen „Repatrianten" aus dem Osten, 1945 (Foto)

M 100

Quelle: Fot. Archiwum Akt Nowych (AAN).

M 101 Szenen des Aufeinandertreffens von „Repatrianten" und ostdeutscher Bevölkerung aus polnischer Sicht

[...] Ein hochgewachsener älterer Deutscher öffnete mir. Ich konnte nicht Deutsch, hatte es aber einmal gelernt. Ich sprach ihn an, und zu meinem Erstaunen konnten wir uns vorzüglich einander verständlich machen. Gleich darauf kam eine Deutsche mittleren Alters hinzu, die Schwiegertochter des Hausherrn.

Gleich an der Schwelle erklärte ich ihnen, ich sei Pole und Repatriant aus dem Osten. Am nächsten Tag werde meine Familie in ihr Haus einziehen. Für heute möchte ich nur um eine Übernachtungsmöglichkeit bitten. Ich wurde gastfreundlich, wenn auch kühl aufgenommen, was ja nicht weiter verwunderlich war. Da ich mich aber einigermaßen mit ihnen verständigen konnte, wich allmählich die Spannung, und sie sagten sogar, dass sie sich freuten, wenn gerade ich mit meiner Familie bei ihnen wohnen würde. Ich erriet, dass ihr Gemeinwesen im Zusammenhang mit der Umsiedlung wohl nicht die beste Meinung von den Repatrianten hatte. Aus dem weiteren Gespräch ergab sich, dass sie sich mit dem Schicksal ihres Volkes, das den Krieg verloren hatte, abfanden, aber schließlich – so sagten sie – konnten nicht alle Deutschen für die Verbrechen Hitlers büßen. Mir wurde bewusst, dass uns in gewissem Grade ein gemeinsames unglückliches Schicksal verband. Uns, die wir von den Bandera-Leuten zur Flucht aus der Heimat gezwungen worden waren, und sie, die nun die Folgen des Krieges trugen, den ein Teufel entfacht hatte.

Der ältere Deutsche hieß Paul Grosser, seine Schwiegertochter Emma; mit ihrem Mann, der bisher noch nicht aus dem Krieg heimgekehrt war, hatte sie zwei Söhne im Jugendalter – Werner und Michael.

Am nächsten Tag zog das ausgemergelte Pferd mit Mühe das mit Getreidesäcken beladene Fuhrwerk heran, hinterher schleppte sich die nicht weniger ausgemergelte Kuh. Beim Anblick dieser Karawane und beim Anblick meiner Mama und meiner Schwester in ihrer dörflichen Kleidung und mit den Tüchern, die Kopf und Stirn verhüllten, erlitten der „Großvater" und Emma einen gelinden Schock.

Trotz der Sprachbarriere wurden unsere Beziehungen schon nach den ersten Tagen sehr freundschaftlich. Ich tauschte mit „Großvater" eine Taschenuhr, die schlecht ging (das sagte ich ihm aber), gegen eine Wanduhr, und Mama bekam von Emma gegen Mehl Bettwäsche und allerlei Kleinigkeiten.

Am Sonntag darauf gingen wir zum Gottesdienst. Er fand in der Schule statt, denn die Kirche war beschädigt. Der Tisch in der großen Aula war mit weißem Tuch bedeckt, darauf das Kreuz und brennende Kerzen. Es war recht eng, weil wohl alle Deutschen und alle Umsiedler gekommen waren. Ein deutscher Kaplan zelebrierte den Gottesdienst. Voller Freude nahm ich wahr, dass dieser katholisch und – genau wie bei uns im Osten – in lateinischer Sprache gefeiert wurde. Für eine Weile verlor ich die Orientierung und glaubte, zu Hause in Koropiec zu sein...

Ich merkte, dass die Deutschen mehr uns beobachteten, als dass sie beteten. Der Kontrast zwischen den Kopftüchern unserer verheirateten Frauen und den Hüten der deutschen Frauen musste für sie sehr überraschend gewesen sein. Ich hatte auch den Eindruck, dass sie sich wunderten, dass wir dem Ritual gemäß korrekt niederknieten, aufstanden und uns bekreuzigten. Sie warfen einander verständnisinnige Blicke zu. [...]

Seit einigen Tagen übernachtete Emma bei uns. Sie war tief verschreckt und deprimiert. Nur ein Schatten ihrer selbst. Sie fürchtete sich, zu Hause zu schlafen, denn die Banditen trieben ihr Unwesen ohne Rücksicht auf die Tageszeit, und sie war überdies eine hübsche Frau.

Eines Nachts, als wir schon schliefen, klopfte es an der Tür. Längere Zeit reagierte niemand von uns. Das Klopfen wurde zum Hämmern mit Fäusten. Mama stand schließlich auf, entzündete die Lampe und öffnete die Tür. Der Ortsvorsteher trat ein – unser früherer Nachbar in Koropiec, Józef Felsztynski. In scharfem Ton befahl er Emma, aufzustehen und sich anzukleiden. Als Mama Widerspruch einlegte, befahl er ihr im selben Ton zu schweigen.

Die erschrockene, totenblasse Frau begann sich anzukleiden. Keiner von uns wusste, worum es ging. Plötzlich schlug sie der Ortsvorsteher mit voller Wucht ins Gesicht. Wir konnten ihr keinen Beistand leisten, als er sie brutal aus der Tür stieß. Uns bewarf er mit schmutzigen Schimpfworten, weil wir Deutschen Unterschlupf gewährten.

Quelle: Michał Sobków: Heimat. Völker am Scheideweg. In: Karta. Zeitzeugnisse aus Ostmitteleuropa, Nr. 1, 2000, S. 90, 95f.

M 102 Polnische Zwangsarbeiter bei ihrer Rückkehr in die Heimat 1945 (Foto)

Runderlass Nr. 65 des Ministeriums für die Wiedergewonnenen Gebiete vom 12. September 1947 betreffend die Repatriierung deutscher Kinder

M 103

Im Zusammenhang mit der Durchführung der letzten Etappe der Repatriierung der Deutschen aus Polen ist es notwendig, alle deutschen Kinder, die sich noch innerhalb der Wiedergewonnenen Gebiete in Kinderheimen, Heimen für Mutter und Kind, Anstalten aller Art oder bei Pflegefamilien befinden, zu verifizieren oder endgültig aus der polnischen Volksgemeinschaft zu eliminieren. [...]

Das Ministerium für die Wiedergewonnenen Gebiete bittet die Behörden, laufend über die durch die Instruktion angeordnete Aktion und über ihre Ergebnisse Bericht zu erstatten.

Der Vizeminister:

gez.: J. Dubiel

Quelle: Dokumentation der Vertreibung der Deutschen aus Ost-Mitteleuropa, hrsg. vom Bundesministerium für Vertriebene, Band 1/3 , Polnische Gesetze und Verordnungen 1944–1955, Bonn 1960, Dokument Nr. 111.

M 104 Henryk Swoboda, ein Schlesier aus Ratibor, über die Situation der deutschen Bevölkerung in Polen und deren Einstellung gegenüber den in den Westen Ausgereisten nach 1955

Nach den Ereignissen von 1956 übernahmen andere Leute das Ruder der Macht. Die Zeiten änderten sich ebenfalls. Wir bauten das ausgebrannte Haus teilweise wieder auf. Vater lernte die polnische Sprache, er ist bereits Stellvertretender Leiter einer Vermessungswerkstatt. Ich arbeite seit dem Abschluss des Technikums in einem Konstruktionsbüro.

Infolge eines Abkommens erklärte sich Polen damit einverstanden, im Rahmen der sog. Aktion Familienzusammenführung Personen nach Deutschland ziehen zu lassen. Frauen mit Kindern konnten zwölf Jahre nach Kriegsende zu ihren Ehemännern fahren, die (überwiegend) in Anschluss an einen Aufenthalt im Gefangenenlager nach Deutschland geschafft worden waren. Es fuhren auch Personen, die dort niemanden hatten. Wir blieben. Häufig stellen wir uns die Frage, warum. Für Menschen, die mit ihrer väterlichen Scholle verbunden sind, ist es nicht leicht, sie zu verlassen. Vater wird von der Arbeit festgehalten, wo man einen Fachmann nicht verlieren will, die Großmutter, die bei uns war, wollte nichts von einer Ausreise hören, „einen alten Baum verpflanzt man nicht". Mutter war es leid, dieses ganze Werk, das mit den eigenen Händen wieder aufgebaute Haus zurückzulassen. Der jüngere Bruder kannte die deutsche Sprache nicht mehr. Die Deutschen waren nicht so reich wie heute, Reichtum und dieser ganze falsche Glanz waren nicht anziehend. Aber vom Bahnhof fuhren täglich Transporte ab, verabschiedet von einem Orchester und den Zurückbleibenden mit „Ade du mein lieb Heimatland". [...]

Veränderungen sind eingetreten, nachdem die Gruppe um Gierek↑ die Macht an sich gezogen hat. In die DDR kann man aus persönlichen Gründen schon fahren, gleichfalls kann man sich um eine endgültige Ausreise in die BRD bewerben. Dies ist zwar mit dem Verlust der Arbeit verbunden, vor allem, wenn man geistig arbeitet (genannt wird dies dann Reduzierung des Etats), die Erledigung der Formalitäten dauert lange, die Lokalbehörde beteiligt sich an Schikanen unterschiedlicher Art. Viele Personen reisen dennoch aus. Die offizielle Propaganda nennt diese Ausreisenden „Volkswagendeutsche", worin ein Teil Wahrheit liegt. Ich bin nicht weggegangen, ich fühle mich mit Schlesien verbunden, hier ist meine Scholle, mein Vaterland. [...]

Schon gegen Ende der 80er Jahre setzte die zweite Ausreisewelle in die BRD ein. Dies war überwiegend eine Wirtschaftsemigration, die Jagd auf etwas Besseres als das, was ich habe. Unmöglich zu sagen, ob diese Emigration durch Armut hervorgerufen wurde. Die Ausreisenden hinterließen hier eine gut prosperierende Wirtschaft, Werkstätten, Häuser, ausgestattete Wohnungen, ein Auskommen für das ganze Leben. [...]

Quelle: Henryk Swoboda: Jestem Niemcem w Polsce? In: Z. Kurcz u. W. Misiak (Hrsg.): Mniejszość niemiecka w Polsce i Polacy w Niemczech. Wrocław 1994, S. 227–229.

Bericht von Ilse Rothkegel „Auf Schlesiens Straßen nach dem Westen"

M 105

Nachdem ich in Jatzdorf und Lamsdorf in Oberschlesien so ziemlich alles an Bösem erlebt hatte, was man in jenen ersten Nachkriegsmonaten des Jahres 1945 als deutsche Frau im Osten erleben konnte, kam ich nach anstrengender Wanderung im Spätsommer bei meinem Schwager in Kynast für ein paar Wochen unter. Doch ein längeres Atemholen war mir auch hier nicht vergönnt. Und weil uns der Weg bis Görlitz nicht mehr allzu weit schien, nahm ich mit meinem sechsjährigen Sohn eines Tages die weitere Wanderung nach dem Westen auf mich. Wie lange wir gebraucht haben, um bis an die Neiße zu kommen, kann ich heute nicht mehr genau sagen. Fest steht nur, daß dieser Weg eine Qual war. Wir lebten von Beeren des Waldes und von Obst, das wir am Straßenrand pflückten. Die meisten Dörfer waren menschenleer; wo wir aber jemanden antrafen, hielten wir uns lieber nicht lange auf.

In einem kleinen Ort endlich – ich glaube, er hieß Bellmannsdorf – sah ich: so ging es nicht mehr weiter; ich war am Ende meiner Kräfte, und mein kleiner Sohn, der sich bisher tapfer gehalten hatte, taumelte vor Erschöpfung. Im ersten Hause, in dem wir anklopften – es kann einmal eine Domäne gewesen sein –, fanden wir Unterkunft. Die Leute, die uns aufnahmen, hatten aber selbst kaum etwas zu essen. Die Bäuerin riet uns, zur Molkerei zu gehen. Sie sei zwar von einem Polen übernommen worden – aber man höre von ihm nichts Schlechtes.

Am Abend dieses Tages brachte ich den Mut dazu nicht mehr auf, ich hatte ja noch immer die Bilder von Lamsdorf vor Augen. Mein Junge war auch eingeschlafen, so wie er sich hingelegt hatte. Am nächsten Morgen aber überwog die leibliche Not alle anderen Sorgen, und ich beschloss, zur Molkerei zu gehen. Im Büro empfing mich ein Pole, der kaum Zeit zu haben schien sich anzuhören, woher ich kam und wohin ich wollte. Dass ich ein Kind erwartete, konnte er sehen. Hastig schob er mir einen Stuhl hin und ging hinaus. Längere Zeit blieb ich allein und wurde ganz unruhig. Dann aber kam ein Arbeiter herein, der mir drei große Pakete in die Hand drückte. Ich sollte mich melden, wenn ich mehr brauchte für meine Reise...

Ich brauchte mich nicht mehr zu melden. Wir hatten Mühe genug, den Proviant – Brot, Butter und Weißkäse – im Rucksack und in einer Tasche zu verstauen. Und ich musste auf dem weiteren Wege zur Demarkationslinie nur immer daran denken, dass ich nicht einmal mehr Gelegenheit hatte, dem polnischen Molkereileiter zu danken.

Quelle: Göttinger Arbeitskreis (Hrsg.): Deutsch-polnische Begegnungen 1945–1958, Würzburg 1960, S. 3–5.

M 106 Bericht von Christine Schahl „Polinnen versteckten und pflegten mich"

Ursprünglich sollten wir Deutschen aus Alt-Limritz bei Küstrin alle schon im Juni 1945 auf russische Anordnung nach dem Westen, über die Oder hinweg, umgesiedelt werden. Ich und meine Schwester wären gern gegangen, wenn man nicht einige Wochen vorher unseren zwölfjährigen Bruder auf ein bei Treuhofen gelegenes Gut als Stallburschen geholt hätte. Es dauerte leider zu lange, bis wir Kontakt mit ihm aufnehmen konnten, und so blieben wir zurück. Wir leisteten schwere Feld- und Erntearbeit, und selbst, als ich plötzlich erkrankte, musste ich mit hinaus.

In dieser Zeit lernten wir die Sekretärin eines hohen polnischen Funktionärs kennen, der in Frankfurt Dienst tat. Sie war mit anderen Polen oft Gast in unserem Ort. Ich erfuhr, dass ihr Mann in einem deutschen Konzentrationslager gestorben war und dass sie selbst sehr viel Schweres in der Besatzungszeit durchgemacht hatte. Als mein Fieber immer stärker wurde, setzte sie sich dafür ein, dass ich zuerst zu einem Arzt nach Zielenzig und dann in ein Krankenhaus nach Landsberg/Warthe gebracht wurde. Aber entweder wollte oder konnte man mir da nicht helfen – kurzum, ich kam wieder mit schweren Unterleibsschmerzen zurück. Als unsere polnische Bekannte merkte, dass meine Kräfte immer mehr nachließen, sprach sie mit ihrem Chef und veranlasste meinen Transport nach Posen. Weil aber dort – wie man mir sagte – zu jener Zeit kein Deutscher in einem Krankenhaus Aufnahme fand, brachte sie mich bei Bekannten unter. Obwohl diese räumlich sehr beschränkt waren, nahmen sie mich ohne weiteres in ihrem Schlafzimmer auf. Ein polnischer Arzt behandelte mich, oft kam er zweimal am Tage. Die Polin, bei der ich wohnte, pflegte mich rührend, obwohl sie mich niemals zuvor gesehen hatte. Ihre Einkäufe musste sie auf mehrere Geschäfte verteilen, denn man durfte nicht merken, dass sie noch für jemanden mit sorgte – vor allem nicht für eine Deutsche.

Ich habe acht Wochen in Posen gelegen, allmählich ging es mir besser; schließlich durfte ich zu meinen Geschwistern zurück.

Quelle: Göttinger Arbeitskreis (Hrsg.): Deutsch-polnische Begegnungen 1945–1958, Würzburg 1960, S. 59f.

Verlorene Heimat. Vortrag von Fritz Stern*, 1995 [Auszug] M 107

Unvergessen die Tränen meines Vaters, als wir Ende September 1938 seine Heimatstadt Breslau verließen. Es war ein einmaliger Ausbruch von Gefühlen, Trauer um eine zerstörte Vergangenheit, Sorge um eine Zukunft voller Ungewissheit. Ich allerdings empfand als 12-Jähriger nichts als Freude – Freude, den Gemeinheiten jener Zeit zu entrinnen. Und doch, vor einigen Jahren in einem deutschen Interview gefragt: „Was fällt Ihnen bei dem Wort Heimat ein", gab ich die mich völlig überraschende sofortige Antwort: „Heimatlos". Es gibt halt viele Arten von „verlorener Heimat". Die Heimat kann einem auch in der Heimat enteignet werden, auch gerade das haben Millionen in diesem Jahrhundert erlebt.

„Verlorene Heimat". Ein Schicksal, das Menschen immer wieder betroffen hat. Es gehört zur Weltgeschichte wie Kriege zu ihr gehören – und meist war das eine Folge der Anderen. In unserem Jahrhundert haben weit über 100 Millionen Menschen ihr Leben oder ihre Heimat verloren. Ich will versuchen, Aspekte von „verlorener Heimat" zu erläutern als ein Historiker, dem das Thema auch aus eigenen Erlebnissen ein wenig vertraut ist.

Vertreibung und Verlust: Am Anfang war das Wort und auch die Urgestalt der Vertreibung, die Vertreibung aus dem Paradies. Verbannung und Vertreibung sind Merkmale der Geschichte. Aber Verlust eines Paradieses – einer gewissen Unschuld, wiederholt sich diese Erfahrung nicht bei jedem Kind, das die einmalige Geborgenheit verlieren muss? Wie oft erleben wir, dass Menschen einer verklärten Kindheit nachtrauern – mag sein, dass gerade in unserem Jahrhundert die Kindheit auch negativ verklärt wird, als nachwirkendes Trauma und Entschuldigung. Die Vertriebenen – wie das Kind – leben oft von einer trügerisch verklärten Erinnerung, im Guten wie im Bösen.

Hass, Neid, Angst und Machtgelüste – das sind die allzu menschlichen Motive, die die Vertreibung von Menschen aus ihrer Heimat zu einer alten welthistorischen Erscheinung machen. Wir haben sie in diesem Jahrhundert in blutiger Weise immer wieder erlebt. Im frühen Europa kam es oft zu Verfolgungen und Vertreibungen des empfundenen Andern: Es betraf Juden und, nach der Reformation, auch Christen anderer Konfession. Später geschah es aus politsch-ideologischen Gründen: Exil z.B. ist ein bedeutendes, oft ehrenwertes Phänomen deutscher und polnischer Geschichte. Im 19. Jahrhundert wurden Millionen von Menschen vom Lande entwurzelt und durch Industrialisierung in die Mietskasernen von Großstädten verwiesen. Unser Jahrhundert war noch grausamer: Ich denke an Armenier und an Griechen, an Spanier, die am Ende des Bürgerkrieges fliehen mussten, an die Opfer des Zweiten Welt-

---

* Fritz Stern, geb. 1926, deutsch-amerikanischer Historiker, Friedenspreis des Deutschen Buchhandels 1999.

krieges, an Juden, Polen, Russen, an Deutsche, die seit 1933 Täter und Opfer darstellen. Man sollte auch an Millionen von Moslems denken, die aus Indien fliehen mussten, an Palästinenser, an *pieds-noirs**, die ihre Heimat in Algerien aufgeben mussten. Es war ein aggressiver Nationalismus, der Antrieb zur Verfolgung war, im Zweiten Weltkrieg war es ein Rassenhass und Wahn. Auch wurden Millionen von so genannten Klassenfeinden verschleppt oder vernichtet; die Tragödie von heute erlebt man in den ethnischen Säuberungen. [...]

Was bedeutet verlorene Heimat? Meist bedingt es Verlust von Gütern, von Lebensunterhalt. Noch viel tiefer liegt der menschlich-seelische Verlust. Heimat bedeutet Geborgenheit, prägt auch das meist unbewusste Selbstbewusstsein – oder um mit der Moderne zu sprechen – prägt die Identität. In dem, was wir Heimat nennen, erleben wir die tiefsten Eindrücke der Verbundenheit, auch mit der Natur: Mit Wald und Wiese, mit Geruch und Geräuschen, mit all dem, an was wir uns gewöhnt haben, meist auch Familienerinnerungen, der Ort im Haus oder Garten, der mit Eltern und Vorfahren verknüpft ist. Und doch: Meist bringt erst der Verlust die Erkenntnis des unwiederbringlichen Wertes des Gewohnten, der Heimat, Heimat ist wie die Luft, die man atmet – man wird sich ihrer voll bewusst, wenn sie verschwindet oder vergiftet wird. Und so entsteht in der Erinnerung ein Bild der Heimat. Die Sprache verrät das Leid: wir sprechen von Heimweh, *homesick* oder *mal de pays*, von jenem Schmerz, der in der Ferne gespürt wird. [...]

Und doch gerade bei dem Wort Heimat muss man sich vor Sentimentalität schützen. Es gab die entsetzlichen Vertreibungen, die oft den Tod bedingten. Ich spreche von den Überlebenden, die zwar Verlust erlitten haben, deren Erinnerungen sich an die alte Heimat klammern, aber deren Schicksal, deren Empfindungen oft sehr verschieden sind. Wie man Verlust erlebt, hängt nicht nur mit äußeren Umständen zusammen, sondern auch mit individueller Verfassung, mit Alter und Charakter. Verlust kann auch Gewinn bedeuten, einen neuen Ansporn, Verantwortung wecken, in einem neuen Leben zwar das alte Erbe zu pflegen, dem Unrecht einen Nutzen abzutrotzen, und in der Verpflichtung leben, jedem neuen Unrecht Widerstand zu leisten. [...]

Sicher gibt es auch andere – Deutsche, Polen, Juden – Menschen, die ganz in der Vergangenheit leben, die verbittert und hasserfüllt an ihre Vertreiber denken. Man sollte meinen, dass nach 50 Jahren solche Gefühle verblassen. Wir wissen aber, dass diese Emotionen oft ermutigt und parteipolitisch ausgenutzt werden. Sie verleiden Erinnerungen an die Vergangenheit und erschweren Existenz in der Gegenwart. Sie alle kennen den organisierten Unfug, der mit dem Wort Heimat getrieben wird, von denjenigen, die aus altem Unrecht neues politisches Kapital schlagen wollen. Ich rede auch nicht von Heimat als Kitsch, als Mediengeschäft, Heimat ist Privatgut. Der Heimat huldigen verlangt Verständnis für Geschehenes, man fragt, wie entstand die Wunde – und hier könnten Historiker vielleicht einen Beitrag leisten. [...]

* Algerien-Franzosen.

Die Wahrheit ist, dass die heutigen unveränderlichen Grenzen als Öffnungen zu einem neuen Verständnis begriffen werden müssen. Polen, die sich um das deutsche Erbe in dem ehemaligen Schlesien bemühen, befestigen ihre neue Heimat durch diese Wahrheit. Deutsche, die sich um die Verbreitung polnischen Kulturgutes bemühen, tun das gleiche. Die Anerkennung, dass Unrecht geschehen ist, dass verlorene Heimat Schmerz bedeutet, das ist die Vorbedingung für Versöhnung. Es gibt auch so etwas wie innere Heilung, indem man Erinnerung an das verlorene Alte in ein neues Leben aufnimmt. Eigentlich kann man die Heimat nur durch sich selbst verlieren, indem man die Erinnerung und deren Pflege zu unterdrücken, zu verfälschen versucht.

Quelle: Klaus Bachmann und Jerzy Kranz (Hrsg.): Verlorene Heimat. Die Vertreibungsdebatte in Polen, Bonn 1998, S. 297ff.

M 108 Günter Grass: Alexander und Alexandra. Aus der Erzählung: „Unkenrufe", 1992*

[...] Die Witwe schwieg. Dann trat sie näher, noch einen Schritt näher an die schiefstehenden Grabsteine heran, die dem Witwer bemerkenswert gewesen waren. Plötzlich und für den Ort zu laut entlud sie sich: »Schande für Polen ist das! Haben weggeräumt alles, wo bißchen stand deutsch drauf. Hier und überall. Auch auf Waldfriedhof. Haben Tote nicht ruhen lassen gewollt. Einfach plattgemacht alles. Bald nach Krieg schon und später. Schlimmer wie Russen noch. Und das nennen sie Politik, Verbrecher diese!«

Wenn ich Reschkes Notizen folge, versuchte er, die laut gewordene Witwe zu beruhigen, indem er den Einmarsch in Polen, die Konsequenzen des Krieges und den allseits überbetonten Nationalsozialismus als Gründe in etwa dieser Reihenfolge nannte: Natürlich grenze das Auslöschen von Friedhöfen an Barbarei. Auch ihn, das müsse er zugeben, stimme der Anblick solch vergessener Grabsteine wehmütig. Gewiß wünsche man sich humaneren Umgang mit Toten. Schließlich sei das Grab des Menschen letztgültiger Ausdruck. Doch immerhin habe man die Grabplatten über den Gräbern deutschstämmiger Patriziergeschlechter in allen Hauptkirchen, auch in der Hospitalkirche zum Heiligen Leichnam, vor Vandalismus weitgehend geschützt. Nein, nein, er verstehe ihren kaum zu beschwichtigenden Zorn. Durchaus vertraut sei ihm der Wunsch, die Gräber der nächsten Angehörigen in gutem Zustand zu wissen. Bei seinem ersten Nachkriegsbesuch in Gdańsk – »Das war im Frühjahr '58, als ich an meiner Doktorarbeit saß« – habe er das Grab der Großeltern väterlicherseits auf den einst Vereinigten Friedhöfen besuchen wollen. Ja doch, schrecklich sei es gewesen, einen wüsten, wie vom Mutwillen heimgesuchten Ort vorzufinden. »Dieser Anblick! Glauben Sie mir, Frau Piatkowska, ich begreife Ihre Empörung. Mir allerdings war nur Trauer möglich, die sich durch mittlerweile geschichtlich gewordene Tatsachen relativiert hat. Schließlich ist diese Barbarei zuallererst von uns begangen worden. Ganz zu schweigen von all den anderen unsäglichen Untaten ...«

Das Paar schien gemacht für solche Gespräche. Er beherrschte den hohen Ton gehobener Sprache; sie konnte glaubhaft in Wut geraten. Unter hochragenden, allen politischen Wechselfällen entwachsenen Buchen und Linden, die ihr Laub fallen ließen, und angesichts der beiden schiefstehenden Grabsteine waren sich Witwe und Witwer einig, daß irgendwo und ganz gewiß auf Friedhöfen die verfluchte Politik aufhören müsse. »Sag' ich ja«, rief sie, »mit Tod hört Feind auf, Feind zu sein.«

Sie nannten einander Herr Reschke und Frau Piatkowska. Nach jeweiligem Bekenntnis entspannt, bemerkten sie plötzlich, daß nah und fern weitere

---

* Auf Wunsch des Autors wurde die alte deutsche Rechtschreibung beibehalten.

Friedhofsbesucher mit Blumen und Windlichtern ihrer Toten gedachten. Und jetzt erst sagte die Witwe, was wörtlich die Kladde des Witwers festgehalten hat: »Natürlich wollten Mama und Papa viel lieber auf Friedhof in Wilno zu liegen kommen und nicht hier, wo fremd war alles und ist geblieben fremd.«
[...]

Dann sprach Reschke vom Bedürfnis des Menschen, zuletzt dort zur endlichen Ruhe zu kommen, wo er vor Flucht oder erzwungener Umsiedlung seinen Ort gehabt, vermutet, gesucht und gefunden, wiedergefunden, schon immer, von Geburt an gehabt habe. Er sagte: »Was wir Heimat nennen, ist uns erlebbarer als die bloßen Begriffe Vaterland oder Nation, deshalb haben so viele, gewiß nicht alle, doch mit dem Älterwerden eine wachsende Zahl Menschen den Wunsch, sozusagen zu Haus unter die Erde zu kommen, ein Wunsch übrigens, der zumeist bitter unerfüllt bleibt, denn oft stehen die Umstände diesem Verlangen entgegen. Wir aber sollten von einem Naturrecht sprechen. Im Katalog der Menschenrechte müßte endlich auch dieser Anspruch verbrieft sein. Nein, nicht das von den Funktionären unserer Flüchtlingsverbände geforderte Recht auf Heimat meine ich – die uns eigentümliche Heimat ist schuldhaft und endgültig vertan worden –, aber das Recht der Toten auf Heimkehr könnte, sollte, dürfte angemahnt werden!« [...]

Quelle: Günter Grass: Unkenrufe. Eine Erzählung, Werkausgabe Bd. 12, Göttingen1997, gekürzte Fassung des ersten Kapitels in: Verband deutscher Schriftsteller/Deutsches Polen-Institut (Hrsg): Nach den Gewittern. Ein polnisch-deutsches Lesebuch. Göttingen 1995, S. 102f. u. 108.

M 109 Erinnerungen von Otto Heike [Auszug]

[...] Bedrückt erlebte ich, wie die fast rein deutsche Stadt dem Taumel eines unüberlegten und vom deutschen Standpunkt unverantwortlichen Abzuges der Bevölkerung nach Deutschland erlag. Nur bei wenigen bestand hierfür eine Zwangslage, etwa wenn sie Beamte oder sonstwie besonders stark in der früheren deutschen Verwaltung engagiert waren. Auch ein großer Teil der Mitarbeiter der bisherigen Gesselligen-Druckerei zog nach Deutschland ab. Den alten deutschen Buchdruckerverband in Graudenz gab es noch, doch auch eine privilegierte Bezirksorganisation des polnischen Buchdruckerverbandes war hier bereits tätig.

Es fand geradezu ein Ausverkauf deutschen Besitztums in Graudenz statt. Alteingesessene Geschäfte oder seit Generationen in deutschem Besitz befindliche Häuser wurden zu lächerlich niedrigen Preisen für Inflationsgeld an hereinströmende Polen verschleudert. Noch fanden Festlichkeiten der deutschen Vereine statt, die auch ich besuchte. Aber es waren eigentlich nur noch Abschiedsveranstaltungen, auf welchen Haushaltsgegenstände in der Tombola zu gewinnen waren. In dem von den Graudenzern seit Jahrzehnten gern besuchten Café „Waldschlösschen" am Rande der Stadt spielte noch immer der alte deutsche Geigenvirtuose mit besonderer Hingabe das jetzt populäre Musikstück Salome. Doch alle fühlten, dass es mit dieser Geselligkeit bald vorbei sein würde.

Besonnene Kreise versuchen vergeblich, dieser Abzugspsychose entgegenzuwirken. Auf einer Kundgebung, die einberufen wurde, um den Deutschen Mut zu machen und sie zum Verbleiben zu bewegen, sprach der aus Lodz herbeigeholte Sejmabgeordnete Joseph Spickermann. Die Ausführungen dieses deutschen Abgeordneten aus Lodz hatten aber wegen seiner den hiesigen Deutschen ungewohnten Aussprache eher eine negative Wirkung. Verhängnisvoll wirkte sich die unter den Deutschen verbreitete Parole aus, dass der neue polnische Staat nicht lebensfähig sein werde. Das üble Wort vom „Saisonstaat Polen" ging um.

Als zwanzigjähriger junger Mann, der seit seiner Geburt in Polen lebte, begreife ich diese überstürzte Flucht nicht. Instinktiv fühle ich, dass hier ohne zwingenden Grund Positionen aufgegeben werden, für deren Erhaltung die Deutschen im alten Polen oft unter großen Opfern erfolgreich eingetreten sind.

Es fehlte der deutschen Bevölkerung in Graudenz wie im ganzen Gebiet von Westpreußen-Pommerellen und Posen an Kraft und an der Bereitschaft, anstelle der ihr bisher innerhalb des Deutschen Reiches zugefallenen Stellung als privilegierte Angehörige des Staatsvolkes die beschwerliche und opfervolle Position einer nationalen Minderheit in dem neu entstandenen polnischen Staat zu übernehmen. Auf sich selbst gestellt, erlag der größte Teil der Deutschen in diesem Gebiet dem von polnischer Seite raffiniert ausgeübten politischen Druck und der von Warschau ausgehenden Kulturoffensive. Das Ergebnis dieser Entwicklung war schließlich, dass von 1 100 372 Deutschen im Jahre 1914 in den ehemaligen Provinzen Posen und Westpreußen bis 1928 zwei Drittel auszogen, so dass im Jahre 1934 nur noch 312 690 Deutsche in diesem Gebiet gezählt wurden.[...]

Quelle: Otto Heike, Leben im deutsch-polnischen Spannungsfeld: Erinnerungen und Einsichten eines deutschen Journalisten aus Lodz, herausgegeben und mit einem Nachwort von Wolfgang Kessler, Essen 1989, S. 55–57.

Erklärung des nationaldemokratischen Politikers und späteren Kultusministers Stanisław Grabski am 14. 10. 1919 in Posen

M 110

Wir wollen unsere Beziehungen auf die Liebe stützen, aber es gibt eine andere Liebe für die Landsleute und eine andere für die Fremden. Ihr Prozentsatz bei uns ist entschieden zu groß. Posen kann uns einen Weg weisen, in welcher Weise der Prozentsatz von 14 oder sogar 20 v.H. auf 1,5 v.H. gebracht werden kann. Das fremde Element wird sich umsehen müssen, ob es sich anderswo besser befindet. Das polnische Land ausschließlich für die Polen.

Quelle: Hermann Rauschning: Die Entdeutschung Westpreussens und Posens – zehn Jahre polnische Politik, Berlin 1930, S. 45.

M 111 Amtlicher Bericht über eine polnische Muttertagsfeier in Oppeln

18. 7. 1929: Der Oberpräsident in Oppeln an den Preußischen Minister des Innern. Polnische Muttertagsfeier in Oppeln (23. 6. 1929)*

Nach Mitteilungen einer Vertrauensperson fand am 23. Juni 1929 im Saale des „Rolnik" zu Oppeln von 16.30 bis 19.30 Uhr eine Feier für polnische Mütter, ein so genannter Muttertag statt. Es waren ungefähr 90 Personen, darunter 15 Männer, anwesend. Die Anwesenden waren aus den Ortschaften in der Umgebung der Stadt Oppeln, um für ihr gutes Recht zu kämpfen. Die vom Polenbund veranstalteten Ausflüge nach Polen würden ja den Beteiligten gezeigt haben, einen wie hohen Grad die polnische Kultur habe. Die polnische Kultur und Wissenschaft erwecke immer wieder den Neid der Deutschen und alle Machenschaften der Deutschen nützten nichts und könnten den Fortschritt der polnischen Kultur nicht aufhalten. Polen stehe an der Spitze aller Länder. Auch Oppeln gehörte früher zu Polen. Heute noch sehe man in Oppeln polnische Kulturdenkmäler und wenngleich das Piastenschloss von den Deutschen, denen nichts heilig sei, niedergerissen worden sei, so dürften gerade die polnischen Mütter den Mut nicht sinken lassen. An der Mutter liege es, ob Oppeln wieder zu Polen komme oder nicht. Nur der feste Zusammenschluss aller polnischen Mütter könne die geknechteten Polen Westoberschlesiens retten. Die Mütter müssten dafür sorgen, dass ihre Familien restlos den polnischen Organisationen angehören, und dann könne Polen seine alten Rechte geltend machen. Sei erst der restlose Zusammenschluss aller da, dann komme auch Oppeln wieder zu Polen, denn es gehörte ja auch früher zu Polen. Dann sei auch der Zeitpunkt gekommen, dass sich die polnische Bevölkerung restlos von der deutschen Knute befreien werde. Der Tag der Befreiung komme aber erst dann, wenn die Mutter, die gerade in Polen sehr verehrt werde, als wichtigstes Glied der Familie nichts unversucht lasse, um den Kindern eine solche Zukunft zu verschaffen, wie es die heiligste Pflicht einer jeden liebenden Mutter sei.

Darauf folgte eine Aufführung von 4 Kindern. In derselben wurde dargestellt, dass Polnisch sprechende Kinder nur den Wunsch haben, polnische Schulen zu besuchen. Die Kinder legten den Müttern ans Herz, ihnen die Qualen zu ersparen, die ihnen durch den Besuch einer deutschen Schule entstehen. Der Lehrplan der polnischen Schulen sei mit dem der deutschen Schulen gar nicht zu vergleichen. Schon die polnischen Lehrbücher mit den schönen Bildern Polens zeigten dem Kinde ihr wahres Vaterland, und das Kind werde so

* PAAA Bonn, Politische Abteilung IV Polen, Politik 2 D, Nr. 25a (Abschrift).

zu einem echten und guten Polen und somit auch zu einem tüchtigen Menschen erzogen. [...]

Diese Art der Veranstaltung eines polnischen Muttertages und die dabei gehaltenen Reden beweisen erneut, in welch verstärktem und hemmungslosen Maße der hiesige Polenbund in letzter Zeit seine großpolnische Propaganda in Westoberschlesien betreibt.

Dem Herrn Preußischen Minister für Wissenschaft, Kunst und Volksbildung habe ich Abschrift dieses Berichtes überreicht.

In Vertretung
gez. Unterschrift

Quelle: Deutsche und Polen zwischen den Kriegen. Minderheitenstatus und „Volkstumskampf" im Grenzgebiet 1920–1939. Amtliche Berichterstattung aus beiden Ländern. Hrsg. im Auftrag des Instituts für Zeitgeschichte und der Generaldirektion der Polnischen Staatsarchive von Rudolf Jaworski und Marian Wojciechowski. Bearb. von Mathias Niendorf und Przemysław Hauser. 2 Bde (Texte und Materialien zur Zeitgeschichte; Bd. 9). München et al.: K.G. Saur 1996, 1. Halbband, Dokument Nr. 284.

M 112 Amtlicher Bericht des Gemeindevorstehers in Königlich Neudorf über den Besuch des polnischen Kommunionsunterrichtes

19. 5. 1926: Der Gemeindevorsteher in Königlich Neudorf an den Landrat in Oppeln.*

Besuch des polnischen Kommunionsunterrichtes
Im Vorjahre hatten sich 3 Kinder zum polnischen Kommunionsunterricht gemeldet. Davon erschienen zur ersten Unterrichtsstunde 3, zur zweiten 2 Kinder und zur dritten nur ein Kind. Von da an nahmen alle Kinder am deutschen Kommunionsunterricht teil. Von den 3 Kindern waren 2 des polnisch gesinnten Eisenbahnschaffners Pansa, von dem hier allgemein angenommen wird, dass er der Lokalberichterstatter der polnischen Zeitung „Nowiny Codzienne" und auch der Verfasser des betreffenden Artikels ist.

In diesem Jahre hatte sich kein Kind für den Kommunionsunterricht in polnischer Sprache gemeldet. Sogar das die hiesige Minderheitsschule besuchende Kind Zura ging in den deutschen Unterricht, soll sogar der beste Schüler gewesen sein und vom Herrn Pfarrer ein Buch als Auszeichnung erhalten haben.

Die Eltern, soweit sie polnisch gesinnt sind, wünschen wohl, dass ihre Kinder den polnischen Kommunionsunterricht besuchen. Die Kinder gehen aber in den deutschen Unterricht. Die richtigen Gründe dafür anzugeben ist schwer; ich persönlich glaube an diese: Die polnischen Kinder bilden eine Seltenheit und erregen das Interesse ihrer Mitschüler, das sich sofort im Fingerzeigen, Spitznamen („seht, das ist ein Pole!") und in ähnlicher, für die Betroffenen unangenehmer Weise äußert. Die wenigen Kinder der polnisch gesinnten Eltern selbst wollen nicht als Ausgestoßene gelten und streben dorthin, wohin die Nachbarkinder, Mitschüler, Freunde gehen; sie hassen die Vereinsamung.

Von der Kanzel ist zur Zeit korrekt zur Meldung zum Kommunionsunterricht in beiden Sprachen, deutsch und polnisch, aufgefordert worden.

Die Klage, dass hier die Kinder polnischer Eltern für die heilige Kommunion in deutscher Sprache vorbereitet werden, trifft politisch gesehen zu. Die Schuld daran tragen aber die Kinder bzw. die Eltern selbst, da diese ihre Kinder zum polnischen Unterricht (wohl auf die Bitten dieser hin) entweder überhaupt nicht anmelden oder aber nachher nicht verhindern, dass sie zum deutschen Unterricht überlaufen.

Im übrigen verstehen alle Kinder ohne Ausnahme gut Deutsch, so dass im deutschen Kommunionsunterricht bestimmt kein Kind Schaden genommen hat.

[Unterschrift] Gemeindevorsteher

Quelle: Deutsche und Polen zwischen den Kriegen. Minderheitenstatus und „Volkstumskampf" im Grenzgebiet 1920–1939. Amtliche Berichterstattung aus beiden Ländern. Hrsg. im Auftrag des Instituts für Zeitgeschichte und der Generaldirektion der Polnischen Staatsarchive von Rudolf Jaworski und Marian Wojciechowski. Bearb. von Mathias Niendorf und Przemysław Hauser. 2 Bde (Texte und Materialien zur Zeitgeschichte; Bd. 9). München et al.: K.G. Saur 1996, 1. Halbband, Dokument Nr. 315.

---

* AP Opole, Naczelne Prezydium Prowincji Górnośląskiej w Opolu, Nr. 135

Wahlwerbung für die Polnische Volkspartei zur Reichstagswahl am 14.September 1930

M 113

Landsleute! Wählt nur Polnische Volkspartei!

Von Eurer Wahl hängt die Existenz des polnischen Volkstums in Deutschland ab!

Von Eurer Wahl hängt es ab, ob unsere Zukunft inbetreff der politischen und kulturellen Belange gewährleistet wird!

Von Euch verlangt man Einhaltung der Bürgerpflichten und Pflichten der Nationalität dem polnischen Volkstum gegenüber!

Euch, Landsleute, stellt man heute vor die Prüfung, in der Ihr Eure Nationalgefühle und die Zugehörigkeit zum polnischen Volkstum in Deutschland bekunden sollt!

Auf Euch ruhen Millionen von Augen, die an Euch und Eure tiefe Liebe zum polnischen Volkstum glauben!

Wir sind überzeugt, dass Ihr Eure Pflichten in ihrer ganzen Tragweite erfüllt, dass Ihr zur Wahlurne wie ein Mann, Schulter an Schulter, herantretet und unserer

Polnischen Volkspartei

zum Siege verhelft.

Wir wissen, dass Ihr die Prüfung Eurer politischen und nationalen Reife zu Gunsten des polnischen Volkstums ablegen werdet. Ihr wisst nämlich, dass in den Reichstag

ein Abgeordneter der polnischen Bevölkerung Deutschlands gewählt werden muss!

dass unsere Stimmen zum Siege der

Polnischen Volkspartei

beitragen werden und müssen. — Landsleute! Ihr werdet nur

Polnische Volkspartei

[illegible] weil nur diese

die einzige polnische, katholische Volkspartei Deutschlands ist!

die einzige Fürsprecherin unserer Ziele und Forderungen ist!

die politische Vereinigung aller Polen in Deutschland ist und deren Interessen ohne Unterschied des Standes vertritt und neben obengenannter Ziele und Aufgaben auch die Rechte der arbeitenden Klasse vertritt und sie beschützt!

und keine mit Euch liebäugelnde fremde Partei Eure Herzen und Seelen versteht und Euch auch deswegen mit entsprechendem Schutz umgibt!

und ihre Vertreter, Polen aus Fleisch und Blut, die nur unserer Sache dienen und dienen wollen, die das polnische Volk und seine kulturellen Bestrebungen und Bedürfnisse kennen, können nur das polnische Volkstum in Deutschland in den gesetzgebenden Körperschaften mit Erfolg vertreten!

Gross ist das Vertrauen zu unseren Kandidaten, gross ist unsere Hoffnung auf einen Sieg!

Landsleute! Werbt unter Euch! — Jeder möge mindestens einen neuen Wähler für unsere Partei gewinnen!

Polnische Jugend! Du bist die Blüte unserer Zukunft! Lege Hand an zum Siege! Nimm regen Anteil an unserer Arbeit! Gewinne neue Kraft! Mit neuem Lebensmut tritt

am 14. September 1930

vor die Wahlurne mit der Parole:

☛ Jede polnische Stimme der Polnischen Volkspartei Nr. 19

Das Wahlkomitee des Teilverbandes II.

A. Zydor. P. Ledwolorz. I. Sarnowski. W. Grześkowiak. J. Kwietniewski. Kapałczyński. Fr. Depta. St. Staniecki. Sz. Kurnikowski. T. Nowetka. Fr. Szwalek. J. Helmiński. M. Skrzypczak. Br. Łabecki. St. Jeżyk. A. Ratajewski. Fr. Sokołowski. J. Spychalski. A. Pracz.

Quelle: Prof. Dr. Witold Kośny, Berlin.

M 114 Der Oberpräsident in Schneidemühl an den Preußischen Minister des Inneren in Berlin. Überblick über die polnische Bewegung (für 1929). Schreiben vom 16. 2. 1930 [Auszug]

[...] Im Kreise Flatow hatte die Errichtung der polnischen Minderheitenschulen bei der den Kreis beherrschenden Presse, der deutschnationalen „Grenzmark"-Flatow, dem in Polenfragen ähnlich eingestellten „Geselligen" und sogar bei der Zentrumszeitung „Die Grenzwacht" zu scharfen Presseangriffen gegen die polnische Bewegung geführt. Durch diese Bearbeitung der öffentlichen Meinung wurde die Kluft zwischen Deutschen und Polen wieder erheblich vertieft, Verbindungen, die bereits geknüpft waren, wieder zerrissen und viele schwankende Elemente in die polnischen Reihen zurückgestoßen. In der deutschen Bevölkerung wurde, wenn nicht sogar zum Teil ein nationaler Hochmut, so doch starkes Misstrauen gegenüber jedem polnischer Abstammung oder Gesinnung auch nur entfernt Verdächtigen großgezüchtet, was dazu führte, auch politisch zurückhaltenden harmlosen Leuten das Odium polnischer Gesinnung anzuheften und sie als „Pollacken" zu verfemen. Ausschreitungen, wie sie sich in Preußenfeld ereignet haben, wo die Minderheitenschule und ein polnisches Heiligenbild von Deutschen demoliert wurden, und Entlassungen polnischstämmiger Arbeitnehmer, wie sie bedauerlicherweise seitens der staatlichen Domänenpächter in Preußenfeld und Kietz erfolgt sind, mussten auch auf ruhige polnische Elemente aufreizend wirken und wurden von der polnischen Agitation selbstverständlich mit Freuden aufgegriffen und bis in das entfernteste Dorf als Beispiel der Unterdrückung der Polen durch die Deutschen getragen. Von einer aktiven Überwindung des Polentums aus der Bevölkerung heraus kann im Kreise Flatow leider nicht die Rede sein. Einschüchterungsversuche, wie sie vom Ostmarkenverein, vom Stahlhelm und diesen Organisationen nahe stehenden Kreisen unternommen werden, können auf Erfolge bei den nationalpolitisch schwankenden Kreisen der Bevölkerung nicht rechnen, werden aber die Nationalpolen nur noch fester zusammenschweißen. [...]

Die deutsche Abwehr und die deutschen Versuche, verständigungsbereite Kreise der polnischen Minderheit allmählich für das Deutschtum zu gewinnen, müssen sich der Vielfältigkeit der polnischen Methoden anpassen. Die Landräte müssten in jedem von den Polen bedrohten Dorf einen gewandten Mann zur Hand haben, der [...] versucht, in die polnischen Reihen einen Keil zu treiben und die abbröckelnden Elemente für das Deutschtum aufzufangen. Hierfür werden in erster Linie, soweit geeignete Persönlichkeiten innerhalb der eingesessenen deutschen Bevölkerung nicht vorhanden sind, Landjäger oder Lehrer in Frage kommen. Auf eine gute Auswahl der in den gemischtsprachigen Gebieten Dienst tuenden Beamten wird man daher besonders bedacht sein müssen. Durch Gewährung von besonderen Vorteilen bei der Besoldung (Stellenzulagen, höhere Eingruppierung und dergleichen), durch Bereitstellung besonders guter Dienstwohnungen und durch Eröffnung von Beförderungsaussichten bei Bewährung wird man mit Sicherheit geeignete Persönlichkeiten für solche nationalen Aufgaben gewinnen können.

Man wird ferner bestrebt sein müssen, der Ausdehnung der wirtschaftlichen Macht der Polen durch gleiche Mittel zu begegnen. Wenn den Landräten Mittel zur Verfügung ständen, um bei der Bank Ludowy oder sonstigen polnischen Organisationen verschuldete Besitzer auszulösen und in den gefährdeten Dörfern der Bank Ludowy Kunden wegzufangen, würde manches zu erreichen sein.

Weiterhin wird die Siedlung in den national gefährdeten Kreisen mit besonderer Intensität weiter zu betreiben sein, wobei nationalen Gesichtspunkten der Vorrang vor wirtschaftlichen und finanziellen Erwägungen einzuräumen sein wird. Die Notwendigkeit einer Besiedelung der Staatsdomänen an der Grenze des Kreises Flatow gegen Polen insbesondere muss auch bei dieser Gelegenheit wieder unterstrichen werden.

Sodann wird es von Wichtigkeit sein, in den national gefährdeten Dörfern die kulturellen Einrichtungen der deutschen Bevölkerung besonders sorgsam auszugestalten. Dabei wird vor allem der Bau von Wohlfahrtshäusern, die Errichtung von Kleinkinderschulen und die Ausstattung der deutschen Schulen mit Radioanlagen anzustreben sein. Ein besonderes Augenmerk wird man jedoch darauf richten müssen, die bestehenden deutschen Schulgebäude und Lehrerwohnungen so auszugestalten, dass sie den polnischen Schulen überlegen sind.

Schließlich wird eine sehr wertvolle Einwirkung auf die schulentlassene Jugend durch den Ausbau des ländlichen Fortbildungsschulwesens zu erreichen sein. [...] Nur eine planmäßige Gegenaktion wird die Gefahren, die eine weitere Ausbreitung der Polenbewegung für die Grenzgebiete nach sich ziehen muss, abwenden können.

Quelle: Deutsche und Polen zwischen den Kriegen. Minderheitenstatus und „Volkstumskampf" im Grenzgebiet 1920–1939. Amtliche Berichterstattung aus beiden Ländern. Hrsg. im Auftrag des Instituts für Zeitgeschichte und der Generaldirektion der Polnischen Staatsarchive von Rudolf Jaworski und Marian Wojciechowski. Bearb. von Mathias Niendorf und Przemysław Hauser. 2 Bde (Texte und Materialien zur Zeitgeschichte; Bd. 9). München et al.: K.G. Saur 1996, 2. Halbband, Dokument Nr. 133.

M 115 Landeskriminalpolizei in Schneidemühl an das Preußische Ministerium des Innern. Erschwerung der Abwanderung nach Polen durch polnischen Klerus, Schreiben vom 11. 4. 1922 [Auszug]

[...] Nach Angaben einer Vertrauensperson hat der Pfarrer Paszki aus Slawianowo von der Kanzel herab auf diejenigen Polen geschimpft, die aus der Grenzmark nach Polen auszuwandern beabsichtigen.

Paszki hat wörtlich gesagt: „Ich gebe niemandem eine Sesshaftmachungsbescheinigung, und kommt mir deswegen jemand ins Haus, dann werfe ich ihn hinaus."

Die weiteren Ermittlungen ergaben, dass diejenigen Polen, die in der Grenzmark ein Grundstück besitzen, keine Sesshaftmachungsbescheinigung erhalten, auch wenn diese bereits ihr Besitztum mit dem eines Deutschen in Polen vertauscht haben. [...]

Quelle: Deutsche und Polen zwischen den Kriegen. Minderheitenstatus und „Volkstumskampf" im Grenzgebiet 1920–1939. Amtliche Berichterstattung aus beiden Ländern. Hrsg. im Auftrag des Instituts für Zeitgeschichte und der Generaldirektion der Polnischen Staatsarchive von Rudolf Jaworski und Marian Wojciechowski. Bearb. von Mathias Niendorf und Przemysław Hauser. 2 Bde (Texte und Materialien zur Zeitgeschichte; Bd. 9). München et al.: K.G. Saur 1996, 2. Halbband, Dokument Nr. 119.

Edmund Wojnowski* zur Frage der deutschen Minderheit in Polen, 1985

M 116

Besondere Folgen hat für unsere bilateralen Beziehungen die Definition der deutschen Staatsbürgerschaft, die im Artikel 116 des Grundgesetzes enthalten ist, sowie das Staatsbürgerschaftsgesetz. Sie schaffen Interpretationsmöglichkeiten, die im Grunde genommen die Souveränität des polnischen Staates berühren. Auf ihrer Grundlage verkündet doch mancher prominente Vertreter des politischen Lebens der Bundesrepublik Deutschland öffentlich die These von der über eine Million zählenden deutschen nationalen Minderheit in Polen. Diese These findet nicht die geringsten Grundlagen in den demographischen Realitäten unseres Landes. Die polnische Öffentlichkeit reagierte auf diese Äußerung mit Empörung, weil sie darin den Versuch sah, sich in unsere inneren Angelegenheiten einzumischen. Die Erklärungen, dass es sich nur um die Rhetorik handelt, die bestimmten politischen Kreisen eigen ist, machen die Sorge der Polen nicht geringer. Kann in einer solchen Lage aber die Tatsache erstaunlich sein, dass das Wort „Revisionismus" zu dem öffentlichen Umlauf zurückkehrt, dass auch die Äußerungen von Befürwortern der Normalisierung, von Menschen guten Willens, mit einer gewissen Dosis der Vorsicht aufgenommen werden? [...]

Die nächste Frage, die unnötige Emotionen hervorruft, ist das Problem der sog. Familienzusammenführung. Ich möchte das betonen, was man oft im Wirbel von Diskussionen in der Bundesrepublik vergisst. Polen hat schon längst die einseitig aufgenommenen Verpflichtungen über das Soll erfüllt. Die gegenwärtig in der Bundesrepublik genannten Zahlen – die übrigens sehr unterschiedlich sind – sind aus der Luft gegriffen. Sie haben nichts zu tun mit dem künstlich konstruierten Problem der sog. „deutschen Minderheit" in Polen. Es handelt sich um Versuche einer Emigration zu Erwerbszwecken mit ausgeprägtem ökonomischen Charakter.

Quelle: Hans May und Horst Westmüller (Hrsg.) Die Förderung des Friedens in Europa. Perspektiven der Verständigung zwischen der Bundesrepublik Deutschland und der Volksrepublik Polen, Rehburg-Loccum 1985 (Loccumer Protokolle Nr. 72, 1985), S. 1f., 147.

* Dr. Edmund Wojnowski, Sejm-Abgeordneter, Funktionär der Polnischen Vereinigten Arbeiterpartei.

M 117 „Wasserpolen" und „Schlonzaken", Bemerkungen von Feo Jagemann zur deutschen Minderheit in Polen

[...] Ungeachtet der in den letzten Jahrzehnten weitergegangenen Abwanderung aus den polnisch gewordenen Gebieten [...] blieb nach Auffassung deutscher amtlicher Stellen die Zahl der Deutschen in Polen erstaunlicherweise konstant und nicht hinterfragt. Derartig Ungereimtes beherrscht oft die Diskussionen um die Problematik der beiderseitigen nationalen Minoritäten im jeweils anderen Staatsgebiet. Sie seien in erdrückender Mehrheit »deutsch gesinnt« – so wurde schon in der Zwischenkriegszeit von den auch so genannten ‚Wasserpolen' in Oberschlesien und den ‚Schlonzaken' im benachbarten Teschener Gebiet behauptet. Das war weiter nichts als die Plakatierung der Absicht, die Bevölkerung dieser Regionen für die deutsche Sache in Anspruch zu nehmen. Hier liegt der Ursprung dessen, was heute der Kern der neu erwachten deutschen Minderheit in Polen ist: Enttäuschung der Erwartungen, die sich nach 1945 mit der Option für Polen verbunden hatten! Eine nach soziologischem Verständnis als nationale »Schwimmschicht« charakterisierte Gruppe driftet in den zeitgeschichtlichen ökonomisch-sozialen und politischen Strömungen in mögliche verschiedene Richtungen – gestern in diese, heute in jene. Ob sich das nach moralischen Kategorien bewerten lässt, muss dahingestellt bleiben. Ist doch eine solche Wertung selber unter opportunen Gesichtspunkten zu sehen. Anders zu denken wäre unrealistisch, wenn auch unbehagliche Gefühle dabei nicht so leicht beiseite zu schieben sind. Die »Autochthonen«, so die unter früherer deutscher und dann polnischer Obrigkeit »einheimisch« gebliebenen Bewohner Oberschlesiens wurden weithin enttäuscht, weil sie sich nicht gebührend beteiligt fühlten an der Gestaltung vor allem ihrer eigenen Region im Polen nach dem Zweiten Weltkrieg. Zweifellos nicht zu Unrecht. Galten sie doch den zentralen Stellen des kommunistisch geführten Polen als nur halbwegs verkappte Deutsche. Es handelt sich um eine Bevölkerungsgruppe, die in sich diffus zerklüftet, zum Teil rein regionalistisch, zum Teil propolnisch und in den letzten Jahren auch wieder mehr prodeutsch orientiert ist. Wobei diese drei Richtungen sich zahlenmäßig kaum objektiv ermitteln lassen. Die Fluktuation, also der Wechsel zwischen ihnen schwankt immer wieder, je nach wirtschaftlicher und politischer Konjunktur, nach Erwartungen und Enttäuschungen. [...]

Quelle: Feo Jagemann: Zweierlei Minderheit. Deutsche in Polen – Polen in Deutschland. In: Polen und wir, Nr. 2, 1992, S. 4–6.

Heinrich Olschowsky*: Als Deutscher in Polen – als „Spätaussiedler“ in der DDR [Auszug]

M 118

Meine Erfahrungen als Deutscher in Polen bis 1957 sind ambivalent wie so vieles im Leben. Ich besuchte polnische Schulen, die meinen Horizont zweifellos erweiterten – ich habe sie freilich besuchen müssen, weil es eine deutsche Alternative nicht gab. Mir ist die polnische Kultur vertraut geworden, aber das Erziehungsziel der Repolonisierung ist an mir gescheitert. Ich habe mit 16 Jahren Auschwitz gesehen und wurde damit nicht fertig. In der Oberschule, in einer Phase reflektierter Selbstwahrnehmung wurde mir ein Identitätskonflikt aufgezwungen. Das Geschichtsbild der Schule kollidierte mit meinen Vorstellungen. Mein Name bildete immer wieder den Anhaltspunkt, mich für einen Polen zu halten und als einen solchen zu beanspruchen. Wenn ich zu sagen versuchte, ich sei Deutscher, fasste man das als eine feindselige Provokation auf. Deutsche? – die gab es doch nicht. Wenn man aber öffentlich nicht der sein darf, der man ist, so erzeugt das psychische Traumata. Es waren keine guten Jahre. Zwischen 1950 und 1956 vertrugen sich stalinistische Phraseologie und nationalistisches Vorurteil aufs Beste. Die verordnete Freundschaft zur DDR hat die Lage nicht gewendet, nur schizophrener gestaltet. Zeitungen aus der DDR wie Neue Berliner Illustrierte oder Sportecho wurden Anfang der 50er Jahre in den Kiosken geführt, aber nicht offen angeboten. Man kaufte sie heimlich wie Mangelware unterm Ladentisch. Ein Erlebnis aus dem Jahr 1953. Bei einem Oppelner Gymnasiasten, einem Autochthonen, fand man unter der Schulbank die Neue Berliner Illustrierte. Der Skandal war perfekt. Die Zeitung aus der „befreundeten“ DDR erfüllte für die Schulleitung den Tatbestand einer antipolnischen Provokation. Der Schulverweis konnte gerade noch abgewendet werden.

Für meinen ersten Klassenlehrer in der Oberschule, der Russisch unterrichtete und als Parteiaktivist hervortrat, war Adenauer, den er stets in einem Atemzug mit den Kreuzrittern nannte, ein bevorzugter Gegenstand pädagogisch-politischer Auslassungen. Bei solcher Gelegenheit nahm er mich oder einen anderen Autochthonen in die Mangel und verlangte, zu seinen anti(west)deutschen Thesen Stellung zu nehmen. Ich stand auf und schwieg herausfordernd, wie mir wohl bewusst war. Worauf wollte er hinaus? Er hatte doch alle Schüler danach befragt, ob sie zu Hause Deutsch sprechen, er wusste also Bescheid. Aber offenbar wollte es nicht in seinen Kopf, dass jemand, mit einem Namen wie meinem, Deutscher sein kann und überdies Einsen im Polnischunterricht sammelte. Folglich verbreitete er im Lehrerzimmer, dass ich gewiss zur „fünften Kolonne“ gehöre, denn weshalb sonst sollte ein Deutscher

* Heinrich Olschowsky, geb. 1939, Professor für westslawische Literaturen (Polonistik) an der Humboldt-Univ. Berlin.

gut Polnisch lernen. Die Dummheit legte sich nach Bedarf nationalistische oder klassenmäßige Argumente zurecht.

Eine solche Atmosphäre hat die Deutschen in Schlesien verbittert, renitent und uneinsichtig gemacht gegenüber einer umfassenden Erläuterung deutscher Kriegsschuld. Wenn jegliche deutsche Äußerung, ob Gebet, Volkslied oder eben eine DDR-Zeitung, ausreichte, um als „szwab“ oder „hitlerowiec“ gestempelt zu werden, so regte sich als Antwort die beleidigt trotzige, undifferenzierte Verteidigung alles Deutschen. Die emotionale Abwehr der Diskriminierung versperrte den Weg zur fälligen – ohnehin schwierigen – nationalen Gewissenserforschung.

Quelle: Gesellschaft für interregionalen Kulturaustausch e.V. (Hrsg.): Wach auf mein Herz und denke. Zur Geschichte der Beziehungen zwischen Schlesien und Berlin-Brandenburg von 1740 bis heute. Berlin/Oppeln 1995, S. 526ff.

Israel Jelski*:
Glaube und Heimat. Rede zum tisha b'av, 1914 [Auszug]**

M 119

Aber mit dem Staate fiel [70 n. Chr.] nicht auch das Judentum, ein Beweis, dass es kein Volk im politischen Sinne ist, dass jene Unrecht haben, die von einem jüdischen Staate träumen. [...] Wir haben nie auf einem anderen denn nur auf religiösem Gebiete ein Sonder- und Eigenleben geführt und im übrigen stets nach dem Worte gehandelt „Trachtet nach dem Heile des Landes, in dem ihr lebt." [...] Uns ist aber jenes Land heilig, das uns gemeinsam mit den andern Bürgern ist, dem wir durch die Geburt und Erziehung angehören, durch den süßen Laut der Muttersprache, mit Herz und Hand. Wenn wir das schon immer empfinden und in nationaler Hinsicht uns ganz und gar als Deutsche fühlen, wann mehr als in solcher Stunde, da wir den ehernen Ton der Kriegstrommeln vernehmen. [...] Da versinken die kleinen persönlichen Interessen und auch die größeren einer Gemeinde und Gemeinschaft und gehen unter in dem ungeheuren Ganzen, von dem der Einzelne sich in solchen Momenten nur als ein Atom empfindet und empfinden soll. [...] Wir geloben, dass wir an patriotischer Opferwilligkeit und Heldenmütigkeit nicht zurückstehen hinter den jüdischen Kämpfern der Freiheitskriege [1813], die selbst, wo Israel von seiner heutigen Stellung noch weit entfernt war, freudig zu den Waffen eilten und mit allen denen, die wirkliche Bürger waren, in allen Opfern wetteiferten [...] als ein einig Volk von Brüdern, in Sturm und Wetter, in Not und Tod.

Quelle: Aus großer Zeit. Predigten, gehalten im Gotteshaus der jüdischen Reformgemeinde in Berlin, Berlin 1915 (Louis Lamm), S. 10–14.

* Israel Jelski, geb. 1865 in Słonim, gest. 1927 in Genf, Rabbiner und Prediger in Berlin.
** tisha b'av: Jüdischer Trauer- und Fasttag in Erinnerung an die (zweimalige) Zerstörung des Tempels in Jerusalem (586 v. Chr. / 70 n. Chr).

M 120 Plakat aus dem Jahr 1919: Die Juden sollen an allem schuld sein

Die Juden

sollen an Allem schuld sein,

so tönt es heute aus hinterhältig verbreiteten Flugblättern,
so reden es verhetzte Leute auf der Straße nach.
Wir Juden sollen schuld sein, daß der **Krieg** kam, aber in der Regierung und Diplomatie, in der Rüstungsindustrie und im Generalstab saßen

keine Juden.

Wir sollen **auch** schuld sein, daß der Krieg vorzeitig abgebrochen wurde.
Wir sollen schuld sein an allen Uebeln des Kapitalismus und **zugleich** an den Leiden der Revolution, die diese Uebel beseitigen will.
Was ein paar Führer jüdischer Herkunft gewirkt haben zum Guten und zum Bösen, haben sie selbst zu verantworten,

nicht die jüdische Gesamtheit.

Wir lehnen es ab, die **Sündenböcke** abzugeben für alle Schlechtigkeit der Welt.

Wir fordern unser Recht, wie bisher friedlich weiter zu arbeiten in unserem deutschen Vaterland, mit dessen Gedeihen in Zeiten der Macht wie der Niederlage auch unser Wohl unauflöslich verbunden ist.

**Die Ortsgruppe München
des Centralvereins deutscher Staatsbürger jüdischen Glaubens.**

Druck von B. Heller, München.

Quelle: Friedrich Arnold (Hrsg.): Anschläge. Politische Plakate in Deutschland 1900–1970, Frankfurt u. a. 1972, S. 26.

Plakat des Verbandes nationaldeutscher Juden e.V. aus dem Jahr 1932: Deutsche Volksgenossen jüdischer Abstammung!

M 121

Quelle: Friedrich Arnold (Hrsg.): Anschläge. Politische Plakate in Deutschland 1900–1970, Frankfurt u. a. 1972, S. 78.

M 122 Izaak Grünbaum*: Denkschrift zur Lage der Juden in Polen, Januar 1919 [Auszug]

Zwischen dem polnischen Adel und dem Bauern stand der Jude als Städter, als Kaufmann, als Handwerker, als Vermittler. In den Honigmonden der Assimilation [1861/62] vertraten die polnischen politischen Kreise die Meinung, dass die Juden ihre soziale Struktur nicht verändern, sondern sich lediglich assimilieren sollten. Auf diesem Wege wollte man einen echt polnischen dritten Stand schaffen. Dieser Standpunkt herrschte so lange vor, wie das polnische Bürgertum keinen Einfluss auf den Gang der Dinge im Lande hatte. [...] Der politische Kampf, den Polen gegen die Teilungsmächte, insbesondere Russland, um seine Existenz führte, hatte starken Einfluss auf die Beziehungen zu den Juden. Man fürchtete, dass man im entscheidenden Moment nicht auf die Juden zählen könne. Misstrauisch betrachtete man die jüdischen Massen und alle Strömungen, die das jüdische Leben prägten. In allem witterte man Gefahr und vermutete die Frucht der russischen divide et impera-Politik. Jegliche eigenständige jüdische Politik wurde als Russifizierungspolitik gebrandmarkt. [...] Es war ihnen auch versagt, gemeinsame politische Interessen mit den russischen Juden zu haben, mit denen sie doch den Kampf um die Gleichberechtigung führen mussten. Die Polen verlangten, dass sich die Juden der polnischen Politik und den Interessen des polnischen Volkes unterordneten. [...] In den zwei letzten Jahrzehnten des vergangenen Jahrhunderts entwickelte sich die zionistische und die nationale Bewegung. Jüdisches Nationalbewusstsein wuchs in den bürgerlichen wie proletarischen Massen. Sie konnten ihre Bedürfnisse in den Grenzen der Religion nicht mehr befriedigen. Zionismus und jüdische Arbeiterbewegung bekämpften die Assimilation in allen ihren Erscheinungsformen. Es wurde die jüdische Politik geboren, deren Ziel die Verteidigung der jüdischen Interessen und die Realisierung des Ideals der nationalen Wiedergeburt der Juden war.

Quelle: Żydzi jako mniejszość narodowa. Materiały w sprawie żydowskiej w Polsce, H. 2. Warszawa 1919 (Hg. Biuro Prasowe Organizacji Syjonistycznej w Polsce), S. 4–6 (übertragen von François Guesnet).

* Izaak Grünbaum, geb. 1879 in Warschau, gest. 1971 in Israel, Journalist und führender Zionist in Polen, Mitglied der „Délégation juive auprès de la conférence de la paix" [Jüdischen Delegation auf der Freidenskonferenz] in Paris 1919-20, 1932 Emigration nach Palästina, nach Gründung des Staates Israel kurzzeitig Innenminister.

Jüdische Pferdehändler in Russisch-Polen (Foto)

M 123

Quelle: Der Weltkrieg: Illustrierte Kriegs-Chronik des Daheim, Bielefeld/Leipzig 1915–1918. Bd 2/1915: Die Ereignisse bis zum Eingreifen Italiens. S. 52.

M 124 Demonstration der Arbeiter-Zionisten in Chełm, 1932 (Foto)

Der Antisemitismus als moralisches Problem, Gedanken von Marek Pelc

M 125

Anfang 1987 initiierte der Literaturhistoriker Jan Blonski mit dem Artikel „Die armen Polen blicken aufs Ghetto“ eine breite Diskussion, welche den Antisemitismus als ein moralisches Problem ins öffentliche Bewusstsein rückte. Blonski schreibt: „Wir sollten aufhören, uns zu verteidigen, zu rechtfertigen und zu feilschen, hervorzuheben, was wir nicht tun konnten – in der Okkupationszeit oder davor. Wir sollten aufhören, die Schuld den politischen, gesellschaftlichen und ökonomischen Umständen zuzuschreiben, sondern zuerst sagen: Ja, wir sind schuld. [...] statt aufzurechnen und uns zu entschuldigen, sollten wir zuerst uns selbst prüfen, an unsere Sünde, unsere Schwachheit denken. Eben diese moralische Umkehr ist in unserem Verhältnis zur polnisch-jüdischen Vergangenheit unbedingt notwendig.“

Damit wurden zum ersten Mal die Voraussetzungen für eine polnisch-jüdische Verständigung und Ansätze zur Überwindung des Antisemitismus geschaffen. Blonskis unmissverständliche Worte bedeuten einen Durchbruch, denn sie befreiten den Antisemitismus von der ewigen Apologetik. Sie haben mitgeholfen, in Ansätzen eine Öffentlichkeit zu schaffen, in der man sich mit dem Antisemitismus auseinandersetzen kann.

[...]

Der Antisemitismus in Polen hat nicht aufgehört zu existieren, er stößt allerdings auf immer mehr Ablehnung. Hierin sehe ich eine große Aufgabe für die polnischen Intellektuellen und die polnische Kirche: diesen Teil der eigenen Geschichte aufzuarbeiten, sich selbst von der eigenen Unschuld, davon, dass man sich nur als ein Opfer der Geschichte sieht, zu befreien und eine sensibilisierte Öffentlichkeit herzustellen, die rasch auf antisemitische Ausfälle zu reagieren vermag. Dann endlich kann auch in breiteren Schichten der polnischen Bevölkerung ein gesellschaftliches Klima entstehen, in dem antisemitische Äußerungen, geschweige denn gewalttätige Ausfälle, nicht zugelassen werden.

Quelle: Marek Pelc: Der Antisemitismus ohne Juden in Polen. In: Polen und wir, Nr. 4/1997, S. 9.

M 126 Rede von Adam Michnik* anlässlich der Verleihung des Shofar-Preises: Die Solidarität mit dem jüdischen Los [Auszug]

Erklärung der Redaktion:
Der an dieser Stelle vorgesehene Text muss entfallen, da Adam Michnik die Abdruckgenehmigung nur für die Rede insgesamt, nicht aber für eine gekürzte Variante erteilte. Der komplette Text ist auf Polnisch in der Zeitung „Gazeta Wyborcza" vom 22. April 1991 abgedruckt. Die deutsche Fassung kann der Zeitschrift „Polen und wir" Nr. 3, 1991, S. 19–21 entnommen werden.

Ein zentrales Anliegen Adam Michniks in seiner Rede ist der Hinweis, dass der Antisemitismus in einer Nation keineswegs nur Auskunft gibt über das Verhältnis zum jüdischen Teil der betreffenden Gesellschaft, sondern vielmehr einen Gradmesser darstellt, inwieweit in dieser Nation die grundlegenden Normen und Standards der europäischen Demokratie abgelehnt werden. Der Antisemitismus wurde – so Michnik – „zum Erkennungszeichen und zur Verständigungssprache aller der Menschen, die von einem Ideal des reinen und politisch disziplinierten Nationalstaates träumen, ohne Andersrassige und Beschwörer der Freiheit". Als besonders grotesken Auswuchs der politischen Debatte geißelt er die Versuche, den politischen Gegnern jüdische Vorväter zuzuschreiben, um sie in Misskredit zu bringen. Michnik versichert jedoch zugleich, dass all jene Polen, die den geistigen Kern der polnischen Demokratie bilden und die kulturell den Ton angeben, den Funktionsmechanismus des antisemitischen Gebarens durchschauen und entschlossen zurückweisen. Als erschwerend für eine ruhige Erörterung des Verhältnisses von Juden und Polen nennt er das Aufeinanderstoßen zweier wirkungsmächtiger Stereotype – eines polnischen und eines jüdischen: Das polnische Stereotyp besage, dass den Polen Antisemitismus fremd sei, dass es den Juden in Polen immer gut gegangen wäre und dass anders lautende Äußerungen nur von Polenhassern ausgehen könnten. Das jüdische Stereotyp besage, dass jeder Pole den Antisemitismus schon mit der Muttermilch aufgesogen habe und dass die Polen am Holocaust mitschuldig seien. Angesichts der Meinungs-, Presse- und Wissenschaftsfreiheit im heutigen Polen sind nach Ansicht von Michnik die Voraussetzungen gegeben, diese Stereotype zu überwinden.

Die Erwartung Adam Michniks – geäußert vor einem Jahrzehnt - scheint sich zu bewahrheiten. Die polnische Gesellschaft erweist sich mittlerweile als fähig, auch schmerzhaftesten, bislang verdrängten Begebenheiten der eigenen Geschichte ins Auge zu sehen, sie rational zu diskutieren und angemessen zu beurteilen. Eine Nagelprobe war jüngst das Erscheinen des Buches von Jan Tomasz Gross, in dem ein in erster Linie von Polen verübtes Massaker an Juden im Städtchen Jedwabne am 10. und 11. Juni 1941 geschildert wird. Der polnische Präsident Kwaśniewski fand in einer Stellungnahme gegenüber der israelischen Tageszeitung Jedijot Achronot klare Worte: „Das war Völkermord, den Polen an ihren jüdischen Nachbarn begangen haben, ein ungewöhnlich bestialischer Mord, dem unschuldige Menschen zum Opfer fielen. Ich denke, dass das Gedenken zum 60. Jahrestag des Mordes eine Gelegenheit sein wird, um Entschuldigung zu bitten." (zit. nach: Frankfurter Rundschau 14.3.2001, S. 17).

---

* Adam Michnik, geb. 1946, Historiker und Publizist, prominenter Gegner des kommunistischen Regimes, Aktivist in der Unabhängigen Studenten-Vereinigung und im Komitee zur Gesellschaftlichen Selbstverteidigung [KOS], ab 1989 Chefredakteur der „Gazeta Wyborcza".

Adam Krzemiński*: „1918" M 127

[...] Wenn man die polnische Geschichte des 20. Jahrhunderts – trotz der ungeheuren Verluste und Leiden – aus der Perspektive des Jahres 2000 als eine Erfolgsgeschichte ansehen kann, dann hat keinen geringen Anteil an diesem Erfolg eben Józef Piłsudski↑ – jener „polnische Bismarck↑", der gegen Ende seines Lebens als „autoritärer Liberaler" für die Demokratie nicht allzu viel übrig hatte, der aber keinesfalls – wie Mussolini – ein „Weggefährte" der totalitären Schreckgespenster dieses Jahrhunderts, Hitlers und Stalins, war.

Sein Platz in der europäischen Geschichte ist heute irgendwo an der Seite jener „weißen Revolutionäre", die mit konservativen Reformen die Dämonen des Chaos und der Revolution bändigten – wie Napoleon, Cavour, Stolypin, Atatürk, de Gaulle und einige andere, Adenauer eingeschlossen –, die Realisten genug waren, um im rechten Moment „den Mantel der Geschichte" zu ergreifen und vollendete Tatsachen zu schaffen. Ungeachtet dessen, welche Schererei sie den nächsten Generationen hinterließen. [...]

Quelle: Dialog Nr. 3/4, 1998, S. 11.

---

* Adam Krzemiński, geb. 1945, führender Publizist in deutsch-polnischen Angelegenheiten, Redakteur der Zeitschrift „Polityka".

M 128 Gedanken zu einer „alternativen" geschichtlichen Entwicklung Polens von Adam Krzemiński

Auf der Suche nach den Ahnen der Europäischen Union werden gern das karolingische und ottonische Europa oder das Heilige Römische Reich herangezogen, doch niemandem kommt es in den Sinn, sich auch auf die skandinavische Kalmarer Union oder die Union Polens und Litauens zu berufen, die sich immerhin 400 Jahre lang gar nicht schlecht gehalten hat.

In Polen hingegen ist heute das Durchdenken der „alternativen Geschichte" ziemlich in Mode. So überlegten sich polnische Historiker und Publizisten aus Anlaß des in Westeuropa sorgfältig übergangenen 200. Jahrestages der dritten – und damals endgültigen – Teilung Polens, was geschehen wäre, wenn die ehrenwerten, aber zugleich unbeholfenen Reformer Ende des 18. Jahrhunderts, anstatt die mächtigen Nachbarn mit der Modernisierung der polnisch-litauischen Union zu reizen, auf böhmische Art den Kopf eingezogen, den unschwer vorhersehbaren Tod der Zarin Katharina II. abgewartet und die polnische Staatlichkeit bis in die Zeit der napoleonischen Stürme gerettet hätten. Oder: Was wäre geschehen, wenn Piłsudski 1920 Warschau nicht vor der Invasion der Roten Armee verteidigt hätte? Oder: Was, wenn Józef Beck↑ 1939 Hitlers Angebot, Danzig abzutreten und ein gemeinsames Bündnis gegen die UdSSR zu schließen, angenommen hätte, im Sinne der teuflischen Entschädigung, mit der Göring die Polen lockte: „Das Schwarze Meer ist auch ein Meer"...

Was also, wenn der polnische Rumpfstaat bis zur Napoleonzeit überdauert hätte und die Polen auf dem Wiener Kongress ebensolche Akteure wie die Preußen gewesen wären? In welcher Verfassung hätten sie das 19. Jahrhundert überstanden?

Janusz Tazbir* legte im „Tygodnik Powszechny" dar, dass ein funktionierender polnischer Staat im 19. Jahrhundert die Energien seiner politischen Klasse nicht in den blutig verlorenen Aufständen aufgezehrt, sondern in die Modernisierung der polnischen Gesellschaft investiert hätte. Polen hätte wahrscheinlich seinen Anteil an der Industrialisierung Europas gehabt – Belege dafür lassen sich sogar im von Russland abhängigen Königreich Polen (1815–1830) finden – und nicht nur als „Billiglohnland" und „Einfallstor nach Russland" gedient. Wie hätte sich aber die polnische Kultur ohne Messianismus und Selbstbemitleidung, dafür mit ausgeprägten bürgerlichen Traditionen entwickelt, mit einer weniger lyrischen, dafür stärker prosaischen Literatur, mit einem eher sinnlichen als larmoyanten Modernismus?

Diese Fragen sind durchaus am Platz, wenn wir nicht Gefangene der Stereotypen des 19. Jahrhunderts sein wollen, die bis heute jegliche politische Phantasie ersticken. [...]

Quelle: Adam Krzemiński: Polens „Mittellage" in Europa. In: Dialog, Nr. 2, 1996, S. 14.

---

* Janusz Tazbir, Historiker an der Universität Warschau.

Treffen von Lech Wałęsa↑ mit Kardinal Stefan Wyszyński* (Foto)

M 129

* Geb. 1901, Erzbischof von Gnesen und Warschau seit 1948, Primas von Polen; international bekannt und in Polen verehrt wegen seiner unbeugsamen Haltung gegenüber dem kommunistischen Regime, nahm dafür drei Jahre Gefängnis auf sich, gest. 1981.

M 130 Briefmarke der Deutschen Bundespost: Rosa Luxemburg*, 1974**

* Rosa Luxemburg (1871–1919): Politikerin, Mitbegründerin der KPD.
** Erschienen in der Reihe: Bedeutende Deutsche Frauen (Teil 1: Frauenrechtlerinnen).

M 131 Rosa-Luxemburg-Straße in Berlin

Einschätzung Rosa Luxemburgs durch L. Kołakowski* M 132

Rosa Luxemburg ist ein hervorragendes Beispiel jener Denkweise, die man in der Geschichte des Marxismus häufig antreffen kann und für die der Marxismus eine besondere Anziehungskraft zu haben scheint – einer Denkweise, die einer zwingenden Autorität und zugleich des Glaubens bedarf, dass mit der Anerkennung dieser Autorität auch die Werte des wissenschaftlichen Denkens gewahrt würden. Keine Doktrin war so wie der Marxismus geeignet, diesem doppelten Bedürfnis Genüge zu tun, und keine war imstande, eine derart starke Mystifikation zu erzeugen, dass es möglich wurde, seine Befriedigung mit einem extremen Dogmatismus zu verbergen und zugleich einen Kult mit der »Wissenschaftlichkeit« zu treiben. Insofern hatte der Marxismus tatsächlich die Funktion einer Religion der Intellektuellen, was keineswegs im Widerspruch dazu stand, dass einige von ihnen – wie gerade Rosa Luxemburg – auf eigene Faust versuchten, den Inhalt dieser Religion aus deren Prämissen heraus zu vervollkommnen, wodurch sich ihr Gefühl, von jeglichen Dogmen unabhängig zu sein, verstärkte. [...]

Am Schicksal dessen, was Rosa Luxemburg als Schriftstellerin hinterließ, wird die Tragödie dieser Marxismusversion deutlich, die zwei einander ausschließende Forderungen erfüllen wollte: Sie wollte die Unantastbarkeit der marxistischen Lehre bewahren und zugleich die Bedingung ablehnen, unter der eine solche Unantastbarkeit überhaupt möglich ist, die Bedingung nämlich einer institutionalisierten Organisation, die das Recht hat, unwiderruflich über Wahrheit und Falschheit zu entscheiden. Rosa Luxemburg wollte um die Orthodoxie kämpfen, stellte aber gleichzeitig die Idee in Frage, dass die Partei die unfehlbare Trägerin der Orthodoxie sei, weil sie an die revolutionäre Sendung der Massen glaubte, welche spontan die Wahrheit aus sich hervorbringen. [...]

Am Ende blieb alles, was an ihren theoretischen und politischen Überlegungen für Rosa Luxemburg spezifisch war, folgenlos, abgesehen von den verbalen Huldigungen polnischer und deutscher Kommunisten, die gelegentlich ihrem Andenken als Märtyrerin der revolutionären Sache gewidmet werden. Ihre Kritik am revolutionären Despotismus begann erst lange nach dem Zweiten Weltkrieg Interesse zu wecken, als diese Art von Kritik bereits banal geworden war und eher als eine historische Kuriosität entdeckt denn als ein Anstoß für Veränderungen verstanden wurde.

Quelle: Leszek Kołakowski: Die Hauptströmungen des Marxismus. Zweiter Band, München u. a.: Piper 1988, S. 112ff.

* Leszek Kołakowski, geb. 1927, polnischer Philosoph, 1968 wegen „staatsfeindlicher Auftritte“ seines Lehrstuhls an der Universität Warschau enthoben und als Autor von 1968–1980 in Polen mit Druckverbot belegt, lebt seit 1970 in Oxford.

M 133 Tagebuchaufzeichnungen von Maria Dąbrowska* aus dem Jahr 1956 zum Thema Moral und Stalinismus

Warschau, 25. 3. 1956. Sonntag

Man erlebt jetzt seltsame Dinge. Sie sollten für uns, die wir von Anfang an alles wussten und sahen, was jetzt öffentlich enthüllt wird, frohe Dinge sein. Aber wie können wir Zeugnis für unser Wissen ablegen, wenn wir zum Schweigen verurteilt waren und nur unsere Nächsten unsere Herzen und Gedanken kannten. Alle werden heute zum Gegenstand falscher Urteile, weil die Fähigkeit zum Urteilen selbst verfälscht wurde.

Auch ich habe einen mit den abscheulichsten Schimpfwörtern geschriebenen anonymen Brief von einer „Repatriantin" erhalten, die im „Morgenstern" die „Nächtliche Begegnung"** gelesen hat und in einen Koller ordinärer Wut verfallen ist. [...]

Erlebte Leiden und erfahrenes Unrecht haben auf unterschiedliche Menschen einen unterschiedlichen Einfluss. Nur ungewöhnliche Einzelne verlassen die Hölle „von den Flammen unberührt". Die Mehrheit verlässt sie vergiftet von der Höllensaat der Bosheit, der Rachsucht und des Hasses, fähig nur noch zum Begehen ebensolcher Verbrechen. Schon das Schreiben eines derartigen anonymen Briefes ist ein hinterlistiger Mord an der Seele eines Menschen. [S. 295]

Nieborów, 27. 2. 1956. Montag

[...] Der bessere Teil der Menschheit, bis zum Entsetzen erstaunt, schaudert darüber, dass ihre technische Erfindungsgabe ihre Fähigkeiten auf allen anderen Gebieten so vielfach übertrifft. Der schlechtere Teil ist in den Paroxysmus des Hochmuts [hier: in einen sich anfallartig steigernden Hochmut; Red.] verfallen, der im Katechismus mit Recht als die erste der Hauptsünden angesehen wird. [...] Die Welt hat im Jahr 1945 keine Demut gezeigt, obwohl niemand nach dem letzten Kriege Grund hatte, sich zu rühmen. Alle waren, alle sind wir Kriegsverbrecher, doch zum Glück haben wir nicht alle den Hochmut gewählt. [S. 293f.]

Quelle: Tadeusz Drewnowski (Hrsg.): Maria Dąbrowska. Tagebücher 1914–1965, Frankfurt/M. 1989.

---

* Maria Dąbrowska (1889–1965), polnische Schriftstellerin.

** „Nächtliche Begegnung" – kurze Novelle über einen sowjetischen Militärtransport, der eine polnische Schriftstellerin unterwegs mitnimmt, und zwei sehr junge, sympathische Rotarmisten, die an die Front fahren.

Jan Józef Lipski* über die Anhänger des Stalinismus in Polen M 134

Die erste Gruppe der Anhänger des Stalinismus bildeten die „Altkommunisten". Sehr oft waren diese „Alten" noch ganz jung. Ich denke an die Kommunisten, die auch dann noch in der KP tätig waren, als die Parteizugehörigkeit keine Vorrechte mehr gab, sondern im Gegenteil zumindest zur Inhaftierung führte, in den Jahren der Okkupation war sie sogar lebensgefährlich. Meistens waren sie Fanatiker – wenigstens verhielten sie sich so – und Dogmatiker, aber auch blind disziplinierte und mitleidslose Pragmatiker, für die der Sieg ihrer Partei oberstes Ziel und wichtigstes Kriterium war. Erstaunlicherweise waren es ganz oft Menschen mit hohem intellektuellem Niveau. [...]

Nach dem Krieg waren es ganz junge Leute, die Kommunisten wurden und trotz des Altersunterschiedes der Gruppe der Alten sehr ähnelten. Sie waren noch fanatischer, dogmatischer und vom Pragmatismus des Klassenkampfes erfasst. [...] Aber eine adäquate Beschreibung der totalitären Persönlichkeit – wie auch der kommunistischen – sollte eine Zweifaktorenanalyse sein. Nicht nur, weil der Mensch immer sehr kompliziert ist, sondern weil wir es hier mit einer strukturellen Doppelmotivation zu tun haben. Die erste liegt im Bereich der Überzeugung, die zweite in den psychologischen Anpassungsmechanismen begründet. Beide bedingen sich gegenseitig und bilden so eine sehr komplizierte Struktur.

Ein Kommunist ist sich – nach Marx – sicher, dass die Geschichte ihm, der Klasse, der Partei den Sieg garantiert. Und darum weiß er, dass er nur eine Chance hat: im Fahrwasser der Geschichte zu schwimmen. Das bedeutet: Er tut alles, was die Partei (oder der Parteiführer) befiehlt, und glaubt alles, was die Partei sagt. Das Dogma bleibt scheinbar unverändert, faktisch wechselt es aber seinen Inhalt von Plenum zu Plenum – und alle halten sich nur buchstäblich an die marxistisch-leninistische Philosophie, doch die Wiederholung dieser Buchstaben ist viel mehr als nur eine Liturgie, sie ist eher eine Magie.

Eine große Rolle spielten auch die Erfahrungen mit dem Nazismus. Es gab zwei mögliche Schlussfolgerungen aus dieser Lehrzeit: Die erste war antitotalitär, eine Entscheidung für Demokratie, christliche Ethik und Menschenrechte. Die zweite erwuchs aus der Überzeugung, einzig und allein der Faschismus stelle die höchste Gefahr für die Menschheit dar – und Demokratie, Liberalität und christliche Ethik seien zu schwach, aber auch zu verdorben, um den Faschismus erfolgreich zu bekämpfen. Verdorben – weil eng mit dem Kapitalismus verbunden, der nicht nur diese Ideologien, sondern auch den Faschismus hervorgebracht habe. Die einzig wirksame Kraft sei daher die konsequent antikapitalistische, antibürgerliche Ideologie des Kommunismus. Wer so dachte, wusste entweder nicht, was der Achipel Gulag, Katyń, die Moskauer Schauprozesse usw. waren, oder wollte es nicht wissen.

Quelle: Jan Józef Lipski: Das polnische Abenteuer mit den Linken, in: Dialog, Nr. 1–2, 1990, S. 36f.

---

* Jan Józef Lipski (1926–1991), Polonist, prominenter Solidarność-Aktivist, Senator ab 1989, Vorsitzender der 1987 neugegründeten PPS (Sozialdemokratische Partei Polens).

M 135 Niederschrift eines Telefongesprächs von Erich Honecker mit Wojciech Jaruzelski↑ am 16. Dezember 1981 [Auszug]

Genosse Honecker

Guten Abend, Genosse Jaruzelski, hier spricht Honecker. Im Namen unseres Politbüros und in meinem eigenen Namen grüße ich dich herzlichst und möchte dir sagen, dass es uns allen ein Bedürfnis ist, dir in diesem entscheidenden Augenblick brüderliche Kampfesgrüße zu senden. Wir wissen um euren schweren Kampf und die große Verantwortung, die ihr und besonders du, Genosse Jaruzelski, zu tragen habt. Ich versichere dich unserer brüderlichen Solidarität und unserer Bereitschaft, alles zu tun, damit ihr den Sieg über die Konterrevolution erreicht und sich die Lage in eurem Land wieder normalisiert. Ich erinnere mich sehr gern an unser Zusammentreffen bei dem Manöver „Waffenbrüderschaft". Wir kennen uns gut, und ich möchte dir sagen, dass wir volles Vertrauen zu dir haben. Wie ist die Lage bei euch, Genosse Jaruzelski?

Genosse Jaruzelski

Vielen Dank, Genosse Honecker, dass du in dieser schweren Zeit an mich denkst und angerufen hast, um uns deine Grüße und die eures Politbüros zu übermitteln. Wir sind uns dessen bewusst, dass von unserem Kampf alles für das Schicksal des polnischen Volkes abhängt. Wir wissen aber auch, dass unser Kampf große Bedeutung hat für alle sozialistischen Länder und für die Erhaltung des Friedens.

Was unsere Lage anbelangt, so möchte ich jetzt nicht die Entwicklung in den letzten Tagen darstellen, sondern nur die gegenwärtige Situation schildern. Unsere Lage ist sehr schwer, ja, sie ist sehr ernst. Seit einigen Stunden gibt es an der Küste, in Gdańsk, gewaltige Demonstrationen mit einem ausgeprägten aggressiven Charakter. Gegen die Demonstrationen setzen wir die Kräfte der Miliz und der Armee ein. Es wird hart gekämpft, und bis zur Stunde wurden 60 Menschen verletzt. [...]

Quelle: SAPMO-BArch (Stiftung Archiv der Parteien und Massenorganisationen der DDR im Bundesarchiv), DY 30/J IV 2/20/57; Titel: Niederschrift über ein Telefongespräch des Generalsekretärs des ZK der SED, Genossen Erich Honecker, mit dem Ersten Sekretär des ZK der PVAP, Genossen Armeegeneral Wojciech Jaruzelski, am 16.12.1981, um 20.49 Uhr.

Widerstandsformen der Bevölkerung gegen das Kriegsrecht, geschildert von einem deutschen Diplomaten

M 136

Widerstand leisten ist eine polnische Tugend mit Tradition. Deshalb bedurfte es am 13. Dezember gar nicht erst des Aufrufs der „Solidarność“ zum landesweiten Generalstreik. [...]

Das Repertoire der Widerstandsaktionen reichte von Spottgedichten und bösartigen Liedern bis zur Produktion einer geradezu inflationären Fülle von Untergrundschriften. Wo sich Gelegenheit dazu bot, wurde demonstriert, protestiert und wenn es sein musste, auch mit Steinen geworfen. Tauchte die Miliz auf, tönte ihr der gellende Schrei „Gestapo! Gestapo!“ entgegen. Der Widerstandsgeist der Polen kehrte sich nicht, wie damals im Jahre 1939, gegen einen äußeren Feind, denn ihn gab es ja nicht, sondern gegen die eigene Armee und Miliz und gegen die politische Führung des Landes. Diese hatte wohl nicht vorausgesehen, dass der Kriegszustand Erinnerungen an die Besatzung Nazi-Deutschlands in Polen auslösen würde. [...] Provozierend gebrauchten viele Polen die deutschen Begriffe der Besatzungszeit, sagten „Ausweis“, wenn ein Milizionär die Personaldokumente verlangte, oder sprachen von der „Polizeistunde“ und kauften die „Soldatenzeitung“, womit die Tageszeitung der Polnischen Volksarmee gemeint war. [...]

Es überraschte mich, wie diese Widerstandsmentalität plötzlich bei allen Generationen hervorbrach, aber vor allem bei der Jugend Polens. Von dem, was hier allgemein als „sozialistische Erziehung“ bezeichnet wird, war jedenfalls nicht viel zu bemerken. [...]

Unter den Schülern wuchs eine Widerstandsbewegung heran, die schließlich in dem von der Miliz totgeschlagenen Abiturienten Grzegorz Przemyk ihren Märtyrer des Kriegsrechts fand. In den Untergrundpublikationen wurde häufig über Widerstandsaktionen der Schüler berichtet: Aus Protest gegen die Internierung ihrer Lehrer und als Zeichen nationaler Trauer beschlossen die Schüler der Abschlussklassen einer Stettiner Oberschule und einiger Warschauer Gymnasien, den so genannten Vorabiturientenball zu boykottieren. Daraufhin ordnete die Schulleitung an, dass die Teilnahme an diesem Ball Bedingung für die Zulassung zum Abitur ist. In vielen polnischen Städten erschienen die Schüler an jedem 13. des Monats als Zeichen des Protestes gegen das Kriegsrecht in schwarzer Kleidung und organisierten an diesem Tag um 12 Uhr eine Schweigeminute. Als in einem Warschauer Gymnasium Schüler einen Schweigeprotest veranstalteten, um damit gegen den Hinauswurf eines Lehrers wegen angeblicher Beleidigung eines Milizionärs zu demonstrieren, wurden acht Schüler der Abiturklasse von der Schule verwiesen.

Zum Widerstand jener Tage gehörte auch der Boykott der elektronischen Medien, die sich nun in der Hand des Militärs befanden. Künstler weigerten sich, im Fernsehen aufzutreten. Als Ausdruck des Protestes gegen die Propaganda des Militärrats zur Nationalen Rettung stellten Bürger mehrerer polnischer Städte zur Zeit der „Tagesschau“ ihre Fernsehgeräte demonstrativ ins Fenster und gingen spazieren – so geschehen unter anderem in Świdnik bei Lublin und Sieradz in Mittelpolen. Der Zeitungsboykott traf einige Publikationen empfindlich. „Trybuna Ludu“ verkaufte als zentrales Parteiorgan im Juni 1982 in Warschau nur etwa 35.000 Exemplare, die Regierungszeitung „Rzeczpospolita“ noch weniger. [...]

Mit aller Härte wurde der Widerstand gegen das Kriegsrecht zerschlagen und damit der Gegensatz zwischen Bevölkerung und Führung vertieft, die allgemeine Erbitterung im Lande noch geschürt. Man war auf Vergeltung und Abrechnung aus und nicht auf Beruhigung und Normalisierung des Lebens in Polen. Wenn das Gericht der polnischen Kriegsmarine in Gdingen im Februar 1982 ein „Solidarność“-Mitglied wegen Herstellung und Verbreitung von Flugblättern und fortgesetzter gewerkschaftlicher Betätigung sowie Leitung und Organisation eines Streiks zu 10 Jahren Gefängnis verurteilt, dann fällt es schwer, dies nicht als Abrechnung und Terrorurteil zu bezeichnen. Sondergerichte und Schnellverfahren der polnischen Justiz produzierten drakonische Strafen am laufenden Band. Die kommunistische Führung glaubte offenbar, nur so den Widerstand brechen und seine Ausbreitung unterbinden zu können. Es war eine glatte Fehlkalkulation.

Quelle: Klaus Reiff: Polen. Als deutscher Diplomat an der Weichsel, Bonn: Verlag J.H.W. Dietz Nachf., 1990, S. 312–319.

Briefmarken-Aktion des Solidarność-Widerstands gegen das Kriegsrecht, 1983

M 137

Trotz scharfer Verfolgung verlieh die innenpolitische Opposition Polens in der Zeit des ausgerufenen Kriegszustandes ihrem Widerstand weiterhin Ausdruck. Dabei wurden auch sehr fantasievolle Formen gewählt: Im Umfeld der Solidarność entstand 1982 zu Widerstandspropagandazwecken ein Aufdruckmuster zur Verfälschung von Briefmarken (siehe Muster des Überdruckmotivs). Der Verfasser des Fälschungsstempels versah Exemplare der 1982 regulär herausgegebenen Marke „40 Jahre Polnische Arbeiterpartei" mit einem zusätzlichen Aufdruck. Dieser kann beabsichtigterweise auf zweierlei Weise übersetzt werden: „Kampf des WRON (Abkürzung für den *Militärrat der nationalen Errettung*) gegen das Volk" oder „Kampf der Krähen gegen das Volk". Der Adler in der Mitte soll bewusst an die Kriegsherrschaft der Nazis erinnern, mit der die Repressalien des Regimes verglichen werden. Innerhalb Polens wurden in einer organisierten, auf Unauffälligkeit bedachten Verschickungsaktion zahlreiche mit der gefälschten Marke frankierte Briefe vornehmlich an staatliche Einrichtungen verschickt (um keine Privatpersonen unter Verdacht zu bringen). Der Staatssicherheitsdienst reagierte sofort und versuchte, die Initiatoren der Fälschung zu ermitteln. Dem in Verdacht geratenen Urheber der Aktion konnte keine Beteiligung nachgewiesen werden.

siehe Farbtafel in der Mitte des Bandes

M 138 Appell des Deutschen Bundestages zur Verhängung des Kriegsrechts in Polen

Die am vergangenen Freitag verabschiedete, gemeinsame Entschließung aller Bundestagsfraktionen zur Entwicklung in Polen hat folgenden Wortlaut:

1. Der Deutsche Bundestag verfolgt mit wachsender Besorgnis die Entwicklung in und um Polen, und er bekundet in diesem schicksalshaften Augenblick seine Solidarität mit dem leidgeprüften polnischen Volk und seinem Ringen um Menschenwürde, Rechtsstaatlichkeit und Demokratie.
2. Er appelliert an die polnische Militärregierung, ihre Glaubwürdigkeit zu beweisen durch Freilassung aller Inhaftierten, durch Wiederherstellung der durch den Reform- und Erneuerungskurs erreichten Freiheiten, durch Wiederaufnahme des Dialogs mit den reformwilligen und patriotischen Kräften des polnischen Volks.
3. Die seit August 1980 wirksame polnische Reform- und Erneuerungsbewegung für Menschenwürde, Arbeiterrechte und nationale Selbstbestimmung wird derzeit niedergeschlagen. Der seit dem 13. Dezember 1981 gewaltsam abgebrochene Dialog der polnischen Patrioten, der sich auf die Internationalen Menschenrechtspakte und auf die Schlussakte von Helsinki berufen konnte, muss wieder aufgenommen werden, er darf nicht scheitern.
4. Entgegen dem grundsätzlichen Bekenntnis General Jaruzelskis↑ zum polnischen Reformkurs werden derzeit in Wirklichkeit die Führer der jungen Arbeiter- und Bauern-Gewerkschaften, der Wissenschaftler und Studenten zu Tausenden verhaftet. Der freie Ausdruck des Volkswillens wird unterdrückt, Gewalt wird angewendet.
5. Der Deutsche Bundestag erinnert an die strikte völkerrechtliche Verpflichtung aller Staaten, insbesondere der Unterzeichner der KSZE-Schlussakte, zur Nichteinmischung und zur Achtung der Souveränität aller Staaten im Interesse von Sicherheit, Zusammenarbeit und Frieden in Europa. Er verfolgt deshalb mit ebenso großer Besorgnis das anwachsende propagandistische Kesseltreiben gegen den polnischen Reformkurs und die offenen oder versteckten Gewaltandrohungen gegen die polnische Unabhängigkeit von außen.
6. Der Deutsche Bundestag appelliert an alle Bürger unseres Landes, an die Gewerkschaften und Parteien, an die Kirchen, an die karitativen und humanitären Organisationen, an die Jugend, gerade jetzt dem notleidenden polnischen Volk jene mitmenschliche und moralische Solidarität zu bekunden und jene materielle Hilfe gegen Hunger, Not und Kälte zu leisten, die dieses Nachbarvolk heute so dringend braucht und verdient.
7. Der Deutsche Bundestag fordert die Bundesregierung auf, staatliche Wirtschaftshilfe an die Volksrepublik Polen so lange offen zu lassen und auch im Rahmen der Europäischen Gemeinschaft darauf hinzuwirken, wie die Unterdrückungsmaßnahmen des derzeitigen Regimes gegen das polnische Volk anhalten.

Quelle: Frankfurter Rundschau, 21.12. 81.

Erhard Eppler*: General Jaruzelski↑ muss beim Wort genommen werden. 1982 [Auszug]

M 139

Die deutsche Geschichte kennt zwei Polenbilder, eines der deutschen Linken, eines der Rechten. Es war die liberale Linke, die sich im letzten Jahrhundert begeisterte für die polnischen Freiheitskämpfer, die eher sterben als unter zaristischer Herrschaft leben wollten. Da wurden die leidenschaftlichen, unbeugsamen, freiheitsliebenden, tapferen Polen besungen, jene Polen, die fast so waren, wie man sich die Deutschen wünschte. Die Rechte, vor allem der preußische Adel, schließlich Otto von Bismarck↑, hatten andere Interessen und damit ein anderes Polenbild. Sie wussten, dass ein unabhängiges Polen beträchtliche Teile Preußens für sich reklamieren musste, dass man daher dem Zaren zu helfen habe, wenn die faulen, hinterhältigen, zur Anarchie neigenden Polen auch noch aufsässig wurden.

Seit dem Sommer 1980 konnte man den Eindruck haben, das ursprüngliche linke Polenbild sei nun heimisch geworden in der Bundesrepublik, von den Gewerkschaften bis zur Springerpresse, von der CSU bis zur Friedensbewegung, während das einstmals rechte Polenbild ausgerechnet in der DDR wieder zu Ehren kam, und zwar beileibe nicht nur bei den Funktionären.

Nun steht den Deutschen nach allem, was sie den Polen angetan haben, das linke Polenbild besser an als das rechte. Mit einem Zusatz: Wenn es darum ging, aus eigener Kraft ein funktionierendes demokratisches Staatswesen zu Stande zu bringen, waren sie nicht erfolgreicher als die Deutschen, zumal sie noch weniger Gelegenheit hatten als ihre westlichen Nachbarn, sich darin zu üben. Das polnische Nationalbewusstsein entzündete sich zu allen Zeiten mehr am Willen zur Selbstbehauptung gegenüber übermächtigen und überdies ketzerischen Nachbarn als an gemeinsamen Überzeugungen vom Aufbau eines demokratischen Staates.

Alle jene haben recht, die aus den Ereignissen seit dem Sommer 1980 folgern, hier habe ein System sich selbst zugrunde gerichtet, und es habe dies auch nicht besser verdient. Im Grunde sagt dies auch der General, der dieses Land heute mit dem Kriegsrecht regiert. Hunger und Militärherrschaft als Ergebnis einer Politik, die vorgab, Polen in die vorderste Linie moderner Industriestaaten zu bringen, das ist schon eine verheerende Bilanz. Es gibt keinen Grund, dies nicht laut zu sagen.

Die Frage ist nur, was wir tun können, um dies zu ändern, genauer: was wir vernünftigerweise wollen können. Solange es einen Ost-West-Konflikt, solange es NATO und Warschauer Pakt gibt, wird die Sowjetunion, ganz gleich, wer sie regiert, dreierlei nicht zulassen: einmal, dass Polen aus dem öst-

---

* Erhard Eppler, geb. 1926, deutscher sozialdemokratischer Politiker.

lichen Paktsystem ausschert, zum andern, dass Polen zu einer kapitalistischen Wirtschaftsordnung zurückkehrt, also zum Privatbesitz der industriellen Produktionsmittel, zum Dritten, dass Polen in Anarchie und wirtschaftlichem Bankrott versinkt. All dies ginge an den Lebensnerv der östlichen Supermacht, und es ist nun einmal nicht ratsam, am Lebensnerv einer Supermacht zu hantieren. [...]

Wem der Friede in Europa, wem ein erträgliches Verhältnis zwischen den beiden Teilen Europas am Herzen liegt, wer den Polen helfen will, muss auch wollen, dass die Polen ihren Weg finden, ohne auf den Lebensnerv einer Weltmacht zu stoßen, die nun einmal ihr Nachbar ist.

Quelle: Frankfurter Rundschau, 6. 1. 82.

Wer wollte die Destabilisierung? Wiesław Górnicki* vor dem Weltfriedensrat zur Situation in Polen, 1982 [Auszug]

M 140

Hauptmann Wiesław Górnicki, Berater des polnischen Ministerpräsidenten, sprach am 7. Januar vor der Tagung des Weltfriedensrates in Kopenhagen zur Situation in seiner Heimat. Górnicki, Mitglied des Präsidiums des Weltfriedensrates, hat als Regierungsangehöriger seit März letzten Jahres an allen Verhandlungen mit der Gewerkschaft Solidarność teilgenommen. Wir dokumentieren Auszüge aus seiner Rede:

Bewaffnete Kräfte bringt man selten in Verbindung mit Friedensaktivitäten, es gibt allerdings Zeiten, wo die bewaffneten Kräfte zur letzten Zuflucht werden, wenn es darum geht, den Frieden zu erhalten, bevor es dazu zu spät ist. Genau das ist in Polen der Fall. [...]

Am 4. Dezember ist das Präsidium von Solidarność in Radom zusammengetreten. Das war eine offene Kriegserklärung gegen den polnischen Staat, gegen die grundlegenden Ideen des Sozialismus, gegen die polnischen Bündnisse. Vorsitzender Walesa↑ sagte: „Es wird eine Konfrontation geben, und zwar bald [...] Wir wollen die Macht [...] Das ist der letzte Moment, in dem wir nach der Macht greifen können." Ein anderes Mitglied des Präsidiums, Herr Kosmowski, sagte: „Das ist eine Regierung von Dieben und Banditen [...] Wer bereit ist, mit ihnen eine einzige Sache zu verhandeln, ist selbst ein Bandit und Dieb [...] Wir haben keine Zeit mehr [...] Wir müssen nach der Macht greifen."

Es gibt reichlich Beweise dafür, dass zwischen dem 4. und 11. Dezember Vorbereitungen eingeleitet wurden, um einen regulären konterrevolutionären Staatsstreich durchzuführen, und zwar nach dem klassischen CIA-Muster. [...]

Die westlichen Massenmedien weigern sich hartnäckig, ein wahres Bild von Polen in der ersten Dezemberwoche zu zeichnen. Und die Wahrheit war tragisch. Das Bruttonationalprodukt ist 1981 um 15 Prozent gesunken, das ist ein Rekord für das 20. Jahrhundert, denn sogar die Weltwirtschaftskrise von 1929 hat nur zu einem Absinken von neun Prozent geführt. Anfang Dezember gab es an einem einzigen Tag 416 Streiks in Polen, wobei einige von ihnen schon fast an Absurdität grenzten.

Die Verbrechensrate übertraf sowohl italienische als auch amerikanische Zahlen. Niemand war mehr sicher auf der Straße. Autorität gab es nicht mehr. Es gab jeden Tag Zehntausende von Fällen, wo ein Meister in der Fabrik Anordnungen erteilte, die nicht befolgt wurden, und man ihm sagte, er solle sich zum Teufel scheren. Etwa 200 öffentliche Gebäude wurden besetzt. In der Presse wurden die sozialistischen Länder in einem Maße verleumdet, an das nicht einmal westliche Massenmedien heranreichten. In Lublin gab es einen

* Wiesław Górnicki (1931–1996), Journalist und Publizist, 1982 polnischer Regierungssprecher.

Lehrerstreik, wo man elfjährige Kinder zwang, daran teilzunehmen. Ein verärgerter Kraftfahrer, der sich mit dem Direktor eines staatlichen landwirtschaftlichen Gutes gestritten hatte, schaffte es, drei Wochen lang die gesamte Region mit etwa 300 Industrie- und Landwirtschaftsbetrieben lahm zu legen. Anfang Oktober gab es einen fast landesweiten Streik von polnischen Studenten, und niemand, nicht einmal die Streikenden, war im Stande, irgendeinen plausiblen Grund dafür anzugeben.

Das war die Art von Demokratie, die die Führer von Solidarność vorschlugen. Das war die Art von Freiheit, die sie unterstützten. Das war nationaler Selbstmord mit ernsten internationalen Folgen. Ein geschworenes Ziel von verantwortungslosen, von Hass geblendeten, vom Westen gut bezahlten extremistischen Führern von Solidarność. Sie hatten einen beträchtlichen Teil der polnischen Arbeiterklasse, der Vertrauen und Zuversicht in eine neue unabhängige Gewerkschaft gesetzt hatte, betrogen. [...]

Wer war also wirklich interessiert an einer Destabilisierung von Europa und seiner friedlichen Ordnung? Die Frage wäre irrelevant, wenn es nicht jene wunderliche Behauptung gäbe, dass die Ereignisse in Polen die Lage in Europa destabilisiert hätten. Die Wahrheit ist gerade andersherum. Wir haben nicht nur einen blutigen Bürgerkrieg in Polen mit allen unvorhersehbaren internationalen Folgen verhindert, sondern wir haben einen Beitrag zur europäischen Stabilität geleistet.

Quelle: Deutsche Volkszeitung, 21.1.82.

Politische Witze zu Zeiten der Solidarność* M 141

- Die Russen haben uns jetzt zum ersten Mal etwas geschickt. 2 Millionen Paar Schuhe – zum Besohlen.

- Zwischen Russland und Polen existiert ein gut funktionierender Warenaustausch. Wir geben den Russen unsere Kohle, dafür nehmen sie unser Fleisch.

- Im Städtchen erscheint beim KP-Büro seit Monaten der erste Bürger und er erklärt sich sogar bereit, aktiv für die Partei zu arbeiten. Der Funktionär holt ganz begeistert schnell die Karteikarte heraus, um die Personalien aufzunehmen. Zu seinem Entsetzen bekommt er auf die Frage nach dem Beruf die Antwort des Bürgers: Totengräber.

- Überfüllte Kirche, Frühmesse. Beim abschließenden Segen des Priesters bleibt ein Gottesdienstbesucher demonstrativ stehen, statt niederzuknien. Der Gläubige neben ihm spricht beim Verlassen der Kirche den Mann darauf an. Ja, sagt dieser, ich bin Atheist. Warum gehen Sie denn dann in die Kirche? Antwort: Ich bin auch ein Antikommunist.

- Fragt der Parteisekretär den Bauern Kowalski: „Warum küsst Du dem Herrn Jesus die Füße, würdest Du das auch bei mir tun?“ – „Wenn du dich kreuzigen lässt“, antwortet Kowalski.

Entnommen aus:
Amt für staatsbürgerliche Bildung in Schleswig-Holstein (Hrsg.): Begegnungen mit Polen 1981. Ergebnisse einer Studienreise des Amtes für staatsbürgerliche Bildung in Schleswig-Holstein (Heft 44 der Schriftenreihe Gegenwartsfragen), S. 21, 58.

M 142 Rede von Bundespräsident a.D. Walter Scheel in der Warschauer Universität anlässlich des 40. Jahrestages der Verabschiedung des Grundgesetzes, Warschau, 23. Mai 1989

Und so war es auch das Grundprinzip der Bundesrepublik Deutschland vom ersten Tage an, vom 23. Mai 1949 an, in seinem Verhältnis zu allen Nachbarn und zu allen anderen Völkern der Welt auf Gewalt und auf die Drohung mit Gewalt ein für allemal und absolut zu verzichten. Unser Grundgesetz, dessen vierzigsten Jahrestag wir heute begehen, verpflichtet uns dazu, dem Frieden in Europa und der Welt zu dienen. Alle Grundentscheidungen der Außenpolitik meines Landes sind von diesem Ziel bestimmt: die deutsch-französische Freundschaft, die Integration in die Europäische Gemeinschaft, das atlantische Bündnis.

Unsere Entscheidung, dem nordatlantischen Verteidigungsbündnis beizutreten, war notwendig auch im Hinblick auf die Regelung unserer Beziehungen zu Polen. Eine 500 000 Mann starke, nicht integrierte westdeutsche Armee wäre, völlig unabhängig von ihren Absichten, von Polen immer als eine Bedrohung seines Territoriums empfunden worden.

Aber kein Pole hat doch je annehmen können, dass irgendeine amerikanische, britische oder französische Regierung – um nur diese drei zu nennen – sich jemals zum Instrument oder Helfer einer deutschen Revisionspolitik gegenüber Polen machen ließe. Diese Länder haben während des Zweiten Weltkrieges nicht zuletzt für Polen gegen Deutschland gekämpft, und es herrschen tiefe und letztlich unzerreißbare Bindungen zwischen ihnen und Ihrem Land.

So war es selbstverständlich und lag in der Logik der Dinge, dass wir den Gewaltverzicht auch zur Grundlage unserer Ostpolitik gemacht haben. Er wird die dauerhafte Grundlage unserer Außenpolitik bleiben. Vor polnischen Augen stehen heute zwei Deutschlandbilder: das Deutschland der letzten vierzig Jahre und das Deutschland der letzten fünfzig Jahre. Und diese zwei unterscheiden sich nun wirklich sehr, so sehr, dass ich es keinem Polen verdenken kann, wenn er an eine so radikale Wandlung eines Volkes nicht glauben mag, wenn er skeptisch bleibt und erst noch einmal abwarten will.

Und dennoch hat diese Wandlung stattgefunden. Und auch dafür gibt es zwei Gründe: Die Folgen deutscher Schuld sind mit aller Wucht, deren die Weltgeschichte fähig ist, über unserem Volk zusammengebrochen. Wir wissen nun, wohin es führt, sich über die Nachbarn zu erheben. Es führt, notwendig, in den eigenen Untergang.

Und dann haben wir, so belehrt, begriffen, welch großer Schutz die Freiheit ist. Wenn man die heutigen gesamteuropäischen Bemühungen in West und Ost auf eine Formel bringen wollte, so könnte man sagen, wir versuchen, die Sicherheit und den Frieden der europäischen Völker auf die Freiheit seiner Menschen statt auf Raketen und Armeen zu gründen.

Die mächtigsten und größten Befestigungsanlagen Europas stehen in dem kleinen Luxemburg. Umgeben von Staaten, die alle um ein Vielfaches größer sind als es selbst, war dieses kleine Land gezwungen, riesige Mittel für die Verteidigung seiner Existenz auszugeben. Und die Luxemburger hatten über viele Jahrhunderte hin allen Anlass, eine solche Angst zu haben. Fragen Sie heute einen Luxemburger, ob er Angst vor irgendeinem seiner größeren Nachbarn hat. Man wird Sie auslachen. Und das hat nun zur Folge, dass dieses kleine Land einen völlig unverhältnismäßig großen Beitrag zur Einigung Westeuropas geleistet hat und weiterhin leistet. Alle Kräfte seiner Bevölkerung können sich, frei von aller Furcht, auf positive Zukunftsaufgaben richten.

Der Friede also ist möglich, die Neuordnung des Verhältnisses der westeuropäischen Völker untereinander beweist es. Diese Völker haben sich über Jahrhunderte hinweg in Bruderkriegen zerfleischt. Heute haben wir sicherlich noch Differenzen, aber ein Krieg, oder die Drohung mit Krieg, ist zwischen uns doch zu einer Absurdität geworden, die in den Berechnungen keiner Regierung noch irgendeine Rolle spielt. Und warum sollte denn Deutschland mit Polen, mit der Tschechoslowakei, mit allen Ländern östlich unserer Grenze nicht genauso friedlich zusammenleben können wie mit Frankreich, mit Luxemburg und allen unseren übrigen westlichen, nördlichen und südlichen Nachbarn?

Auf dieses Ziel hin sind wir durch unser Grundgesetz verpflichtet, das die Freiheits- und Grundrechte jedes einzelnen Bürgers auf eine Weise sichert wie noch keine Verfassung vor ihm. Diese Verfassung ist die große Chance der deutschen Geschichte.

Die Schicksale der Deutschen und der Polen sind, im Guten wie im Bösen, tausend Jahre lang aufs Engste miteinander verflochten gewesen. Beide Völker kommen letztlich nur zu sich selbst, wenn sie zueinander kommen. Unser Grundgesetz ebnet uns den Weg dahin. Und so hat, meine ich, der 23. Mai 1989 auch eine große Bedeutung für unser Nachbarland Polen.

Quelle: Hans-Adolf Jacobsen/Mieczysław Tomala (Hrsg): Bonn-Warschau 1945–1991. Die deutsch-polnischen Beziehungen. Analyse und Dokumentation. Köln: Verlag Wissenschaft und Politik 1992, S. 462–463.

M 143 Tischrede des Bundeskanzlers H. Kohl anlässlich seines offiziellen Besuchs in Warschau am 9. November 1989 [Auszug]

Das Grundgesetz, die Verfassung der Bundesrepublik Deutschland, bekennt sich „zu unverletzlichen und unveräußerlichen Menschenrechten als Grundlage jeder menschlichen Gemeinschaft, des Friedens und der Gerechtigkeit in der Welt".

Es erteilt Krieg und Gewalt als Mitteln der Politik – und damit auch jedem Revanchismus – eine unwiderrufliche Absage. Es will das vereinte Europa, und es fordert das deutsche Volk auf, „in freier Selbstbestimmung die Einheit und Freiheit Deutschlands zu vollenden".

Herr Ministerpräsident, unsere Entscheidung für das Bündnis mit den freiheitlichen Demokratien des Westens und für den immer engeren Zusammenschluss mit unseren europäischen Partnern ist unumstößlich. Sie bedeutet die Absage an deutsche Sonderwege oder nationalistische Alleingänge. Wir wollen zur europäischen Stabilität beitragen.

Ich bin mir bewusst, welche Bedeutung die feste Einbindung unserer Republik in den Westen gerade auch aus polnischer Sicht hat. Und wenn ich „Westen" sage, dann meine ich damit eine Wertegemeinschaft freier Völker, für die die Menschenwürde aller staatlichen Gewalt übergeordnet ist. An diesen ethischen, kulturellen und politischen Traditionen hat auch das polnische Volk mit seiner Geschichte einen wesentlichen Anteil.

Im Europa der Zukunft muss es vor allem um Selbstbestimmung und Menschenrechte gehen, um Volkssouveränität und nicht um Grenzen oder um Hoheitsgebiete. Ich sagte dies schon vor über vier Jahren im Deutschen Bundestag. Damals erklärte ich auch, dass nicht souveräne Staaten, sondern souveräne Völker den Bau Europas dereinst vollenden werden.

Quelle: Hans-Adolf Jacobsen/Mieczysław Tomala (Hrsg): Bonn-Warschau 1945–1991. Die deutsch-polnischen Beziehungen. Analyse und Dokumentation. Köln: Verlag Wissenschaft und Politik 1992, S. 495.

Rede des polnischen Arbeiterführers Lech Wałęsa↑ vor der Friedrich-Ebert-Stiftung, Bonn, 7. September 1989 [Auszug]

M 144

Wir messen der Politik des Westens ein großes Gewicht bei. Wir erwarten eine entsprechende Bewertung der Wandlungen sowohl in Polen als auch in der ganzen Region. Infolge der aktuellen Wandlungen darf es doch zu tiefen und positiven Wandlungen kommen zwischen Ost und West. Ich möchte hinzufügen, dass die aktuellen Wandlungen sich auch stark auswirken müssen auf den Entspannungsprozess. Die Respektierung der internationalen Verträge ist besser gesichert, wenn als Garanten nicht nur Regierungen, sondern auch souveräne Gesellschaften auftreten. Die Demokratie vermindert, aber sie ist nicht im Stande, aus der internationalen Politik solche Erscheinungen zu eliminieren wie Aggression und Selbstherrlichkeit. Alles das gibt uns mehr Chancen der Sicherheit. Letztens feierten wir eine schmerzhafte Wiederkehr der Ereignisse vom September 1939. Dieses Datum erinnert uns daran, welch große Gefahr der Krieg ist. Die Polen sind bestimmt ein Volk, welches mit allen Kräften seinen Beitrag dazu leisten wird, um den Frieden in Europa zu sichern. [...]

In der Vergangenheit teilte uns vieles. Die von mir erwähnte Wiederkehr des 1. September 1939 ist auch eine Erinnerung an die tragischsten Zeiten. Der Pakt Ribbentrop↑/Molotov↑, welcher vor dem Ausbruch des 2. Weltkrieges unterzeichnet wurde, ist Beispiel einer Politik, deren einziges Instrument die Gewalt ist. Ich hege die Hoffnung, dass alle europäischen Völker den Willen haben, in der heutigen Gegenwart und nach den Erfahrungen des 2. Weltkrieges sich solch einer Politik zu versagen. Desto mehr, da sich doch gezeigt hatte, dass solch eine Politik uneffektiv bleibt. Das Tausendjährige Reich dauerte nur kurze Zeit. Deutschland, bekannt durch seine wissenschaftlichen Errungenschaften, seine kulturellen Errungenschaften, dank seiner Philosophie und Dichtung, hatte infolge des Krieges die größten Einbußen zu verzeichnen.

Aus dieser Epoche sollte noch eine Lehre gezogen werden: wie gefährlich in internationalen Beziehungen die Erscheinung des Nationalismus sein kann. Überall dort, wo die Unterdrückung eines Volkes durch ein anderes erfolgt, sind die starken nationalen Empfindungen verständlich. Aber in einer anderen Situation entzünden sie ein gefährliches Potential. Heute können die Nationalismen eine Bedrohung des friedlichen und evolutionären Vorganges der Demokratisierungsprozesse in Osteuropa bedeuten. Der Nationalismus ist eine sehr große gefährliche Erscheinung in den gegenseitigen polnisch-deutschen Beziehungen.

Mit regem Interesse verfolgen wir alle Diskussionen über die Wandlungen des deutschen Selbstbewusstseins nach dem Kriege. Wir sind voller Hochachtung für die Größe des Aufwandes zur Errichtung der Demokratie in der Bundesrepublik Deutschland. Es ist das Werk von Menschen mit unterschiedlichen

Ideenvorstellungen, jedoch gewillt zu einer Zusammenarbeit und gewillt, immer das Einigende zu finden in den wichtigsten Angelegenheiten. Dies betrifft die Sozialdemokraten, die christlichen Demokraten, die Liberalen und letztendlich auch die Grünen, welche in die deutschen politischen Auseinandersetzungen soviel neue Themen wie auch Spontaneität eingebracht haben. Ich darf selbstverständlich auch nicht vergessen, von dem großen Anteil der Gewerkschaften am Bau dieser Demokratie zu sprechen. Dies bedeutet, dass die Demokratie am Rhein vital und stark ist. Dies sind die Grundlagen unseres Optimismus im Bereich der gegenseitigen polnisch-deutschen Beziehungen.

Quelle: Hans-Adolf Jacobsen/Mieczysław Tomala (Hrsg): Bonn-Warschau 1945–1991. Die deutsch-polnischen Beziehungen. Analyse und Dokumentation. Köln: Verlag Wissenschaft und Politik 1992, S. 477.

M 145 Staatspräsident Lech Wałęsa↑ im Sejm am 8. Mai 1995

Die Geschichte hat uns gelehrt, dass das Gedächtnis der Großen dieser Welt kurz ist, dass Gleichgültigkeit und Rücksichtnahme auf eigene Interessen die Oberhand haben. Der Westen vergisst heute leicht, wie groß Polens Beitrag zum bewaffneten Kampf des Zweiten Weltkrieges war. Schließlich haben wir an allen seinen Fronten gekämpft, vom ersten bis zum letzten Tag. Wir haben einen enorm hohen Blutzoll gezahlt. Wir haben uns eindeutig für die Seite der Freiheit und Demokratie, gegen Knechtung und Totalitarismus ausgesprochen. Wir haben nicht nur für uns selbst gekämpft, sondern für ganz Europa. Das war der tiefste Sinn des bewaffneten Widerstands der Polen in jenem Krieg.

In Vergessenheit geraten auch die Verdienste unseres Landes um den Sturz des Kommunismus auf unserem Kontinent. Der Wandel, den wir in den achtziger Jahren in Europa eingeleitet haben, kann nicht allein in der Vereinigung Deutschlands bestehen. Sein Ziel sollte die Vereinigung des ganzen Kontinents sein. Wir wollten ein neues, besseres Europa aufbauen. Ein Europa freier, souveräner und demokratischer Nationen. Sind wir in den letzten fünf Jahren diesem Ziel näher gekommen? Ich habe da ernstliche Zweifel. Europa ist nach wie vor in Bessere und Schlechtere, in Arme und Reiche, in mehr oder weniger Privilegierte geteilt. Weiterhin werden für große, imperiale Interessen die Angelegenheiten der kleinen Staaten und Nationen geopfert, die man als Subjekte in der internationalen Arena gering achtet.

Quelle: Dialog Nr. 1, 1995, S. 13.

Ansichten über eine verblichene Volksrepublik. Historikerdiskussion in der Wochenzeitschrift „Tygodnik Powszechny" (TP) [Auszüge]

M 146

Michał Głowiński (geb. 1934, Literaturwissenschaftler): Mythen und Tatsachen der Volksrepublik (TP, 29/1994)

Der Anfang der Unabhängigkeit hing – wie ich meine – von zwei einfachen, in ihren Auswirkungen aber bedeutsamen Operationen ab. Die erste würde ich als Einklammerung der Volksrepublikswirklichkeit bezeichnen, was nicht unbedingt deren Verneinung durch einen Aufstand oder durch bewusste oppositionelle Kritik, sondern vielmehr die Annahme bedeutet, dass das ganze offizielle Leben mit seinen Ritualen, Anforderungen und Regeln keinen Einfluss auf dasjenige hat, was geschieht. Ein solcher Grundsatz bedurfte natürlich vieler Kompromisse, schloss Beschränkungen ein (es herrschte die Zensur), eröffnete aber dennoch eine Vielzahl von Möglichkeiten für schöpferische Tätigkeit; jedenfalls wirkten sich die Beschränkungen nicht lähmend aus. Mir scheint, dass namhafte Vertreter verschiedener Bereiche der Kunst und Wissenschaft diesen Grundsatz befolgten, was ihnen ein verhältnismäßig freies Handeln gestattete.

Die zweite Operation steht in einem engen Zusammenhang mit der ersten. Sie ergab sich aus dem, was ich den Grundsatz der Authentizität nennen würde. Dieser lässt sich wie folgt formulieren: Unabhängig von dem, was ringsherum geschieht, ohne Rücksicht auf die Ausrichtung der Kulturpolitik, werde ich das meinige tun, also nur das, worin ich mich wiederfinde. Ich gebe nicht vor, ein anderer zu sein, als ich bin, ich mache das, was ich in jeder politischen, gesellschaftlichen, historischen Situation machen würde. Allerdings basierte auch dieser Grundsatz auf Beschränkungen und verschiedener Art Resignationen, dennoch begünstigte er Unabhängigkeit und Selbstverwirklichung. Im Laufe der Jahre bedurfte die Einklammerung der Volksrepublik und die Stiftung von Authentizität immer geringer werdender Mühe und wurde zu etwas Selbstverständlichem.

Andrzej Paczkowski (geb. 1938, Historiker): Krieg um die Volksrepublik (TP 32/1994)

Vor allem aber ist die Volksrepublik Teil eines ideologischen Imperiums gewesen. In dem Sinne eines ideologischen, weil der Marxismus-Leninismus auf dem dazugehörenden Gebiet die „gemeinsame Sprache" gewesen ist, eine Sprache, die durch jene angewandt und in der Regel am Leben erhalten, also innerlich akzeptiert wurde, die sich in den Machteliten befanden oder sich in deren Umkreis bewegten. Die niedrigsten Stufenleitern eingeschlossen. Obgleich man sagen kann, dass die Ideologie als solche langsam vor sich hinstarb, so wurde sie nichtsdestoweniger durch das Imperium als Werkzeug sowohl für die Herrschaft im Innern seiner Grenzen als auch für die Ausweitung seines Einflussbereichs genutzt. Es ist weniger wichtig, wie und weshalb Polen sich im Einflussbereich dieses Imperiums befand, wichtiger war mit

Sicherheit, dass nur diejenigen, die die ideologischen Anforderungen erfüllten, durch das Imperium akzeptiert werden konnten. [...] Die Zugehörigkeit zum Imperium wurde von den Regierenden in zweierlei Hinsicht ausgenutzt: als „positives" oder „geopolitisches" Argument (nur dadurch sei die Westgrenze und überhaupt die staatliche Existenz gesichert) oder „negatives" Argument („Die Russen werden einmarschieren"). Sie war also nicht nur selbstverständlich aus ideologischen Gründen, sie war ebenso bequem. Aus diesen beiden Gründen unternahmen die polnischen Kommunisten keinerlei Bemühungen, die etwa die Verwaltungsgemeinschaft mit dem Kreml hätte in Gefahr bringen können. Und so behütete auch Gomułka↑ – die Anzeichen des „Ungehorsams" im Mai/Juni 1948 und im Herbst 1956 verratend – diese Abhängigkeit, er wurde als hartnäckiger Befürworter der bewaffneten Intervention in der Tschechoslowakei sogar zu einem der Mitautoren der Breźnev-Doktrin↑ der „begrenzten Souveränität".

Piotr Wojciechowski (geb. 1938, Schriftsteller und Publizist):
Das Erbe der Wirrnis (TP, 35/1994)
Das Land wurde einige hundert Kilometer in Richtung Zentraleuropa verschoben, die Gesellschaft hörte auf, multinational und multikulturell zu sein, auf jeden Fall ging ihr sehr viel von der ethnischen Verschiedenheit, vom Reichtum unterschiedlicher Traditionen verloren. Die Nation verlor ihre „Väter", wurden doch die Eliten wirkungsvoll bekämpft, verlor eine riesige Zahl von Familien ihre Väter, denn Männer – Väter, Onkel, Verlobte, Söhne und Brüder – verloren häufiger ihr Leben. Ein zahlenmäßiges Übergewicht der Frauen und ein situationsbedingtes Übergewicht jener Männer, die aus den Reihen der siegreichen Kämpfer stammen, die verwundet und an Gewalt gewöhnt waren, so stellte sich im Jahre 1945 die anthropologische Zusammensetzung dar, was bei der Beschreibung der Übergangsphase zwischen dem eindeutigen Krieg und dem zweideutigen, zweifelhaften Frieden viel zu wenig berücksichtigt wird. Zu wenig wird auch über die psychologische Wirkung der aus dem Kriege herrührenden Erschöpfung gesprochen. Die erschöpften Menschen – man bedenke die Zahl erschöpfter Frauen, die in dieser Bezeichnung enthalten ist – sehnten sich derart nach Frieden, dass sie für den Frieden einen gewissen Zustand der durch Terror abgesicherten Unterordnung im Kauf nahmen. Sie wollten ein neues und gerechtes Polen und fanden sich mit einem neuen Staat ab, der die alten Namen und Wahrzeichen gebrauchte, sie fanden sich mit einer Gerechtigkeit ab, die derartig mit Gewalt, Lüge und Unrecht durchdrungen war, dass nur sehr erschöpfte Geister sie zu akzeptieren vermochten.

Andrzej Friszke (Historiker): Autonomer Teil des Imperiums (TP, 47/1994)
Von anderen „den Sozialismus aufbauenden Ländern" unterschied sich Polen von jeher, vor allem jedoch nach 1956 durch die Existenz einer starken und unabhängigen Kirche, einer nicht kollektivierten Landwirtschaft und großer Freiräume im Kulturbereich. Diese Unterschiede waren die Folge der Stärke der

polnischen Traditionen, die keine Macht ignorieren konnte, sowie der soziologischen Breite dieser Erscheinungen zu dem Zeitpunkt, als die kommunistische Macht installiert wurde. Nach kommunistischen Kriterien war somit der Ausgangspunkt höchst ungünstig, denn eine schnelle Angleichung an das sowjetische Vorbild in diesen Bereichen war geradezu unmöglich. Derartige Versuche wurden, obgleich in unterschiedlicher Intensität, bis 1956 unternommen.

Die Geschichte der Kriege, die Gomułka↑ gegen Kirche und Intellektuelle führte, erinnert eher an einen Stellungskrieg, der nicht auf eine Offensive, sondern auf die Erschöpfung des Gegners ausgerichtet war. Zu Giereks↑ Zeiten ist auf den Krieg gegen die Kirche verzichtet worden, dennoch wurden hin und wieder hinterlistige Angriffe geführt. Dafür wurden natürlichere Prozesse der Verweltlichung der Gesellschaft unterstützt und verschiedentlich versucht, innerhalb des Klerus konformistische Haltungen herauszubilden. Seit 1980 betrachteten die Machthaber der Volksrepublik die Kirche als festen und unveränderlichen Bestandteil der polnischen Landschaft, der bei der Wahrung des gesellschaftlichen Gleichgewichts und der maßvollen Entladung starker Spannungen sogar behilflich war.

Jakub Karpiński (geb. 1940, Historiker, Politologe):
Eine große Fiktion (TP, 2/1995)
Die Geschichte der Volksrepublik reicht als Geschichte der kommunistischen Macht teilweise über die Geschichte Polens hinaus. Durch die Volksrepublik und die PVAP verband sich Polen mit der UdSSR. Teilweise gehört die Geschichte der Volksrepublik zur Geschichte Polens, doch Polens Nachkriegsgeschichte umfasst wesentlich mehr als die Geschichte der Volksrepublik, denn das Leben in Polen war etwas anderes als die Maßnahmen der Volksrepublik. Die Menschen unter der Herrschaft der Volksrepublik lebten neben dieser her und unabhängig von ihr, arbeiteten mit der Volksrepublik zusammen und nahmen Einfluss auf diese, nutzten sie aus und stellten sich dieser entgegen.

Leszek Kołakowski (geb. 1927, Philosoph):
Die Volksrepublik – eine lustige Verstorbene? (TP, 7/1995)
Ich bin erstens damit einverstanden, dass das Anpreisen der Volksrepublik für den zivilisatorischen Fortschritt, der in jenen Jahren erzielt wurde, irreführend und unklug ist. Es gab zweifellos einen zivilisatorischen Fortschritt im allgemeinen Bildungswesen, im Hochschulwesen, in der Wissenschaft, im Gesundheitswesen, in der Industrialisierung und der Urbanisierung, beim Aufbau des Landes und in anderen Bereichen, doch war er, wie Diskussionsteilnehmer treffend bemerkten, geringer oder erheblich geringer, als in Ländern mit einem vergleichbaren zivilisatorischen Niveau vor dem Krieg, und deshalb sollte er nicht den Vorzügen des gesellschaftlichen Systems der Volksrepublik zugeschrieben werden, sondern dieses System sollte eher für die Langsamkeit dieses Fortschritts und für die grandiose Verschwendung verurteilt werden.

Quelle: Holger Politt: Streit über eine verblichene Volksrepublik, in: Polen und wir, Nr. 3, 1997, S. 13f.

M 147 Jacek Kuroń* über die Mythen der Volksrepublik, 1993

[...] Der reale Sozialismus stellte ein System der zentralen Lenkung des wirtschaftlichen und gesellschaftlichen Lebens dar und implizierte damit auch ein System zentraler Verteilung. Im Prinzip waren alle Bürger Angestellte des Staates, und Arbeitsplätze stellten ein Gut von unbegrenzter Verfügbarkeit dar. Die Löhne wie auch andere Geldleistungen sollten praktisch nur für Lebensmittel und Kleidung reichen. Andere Güter – wie Wohnung, Energie, Heizung, medizinische Versorgung, Medikamente, Kinderkrippen, Kindergärten, Schulen, Universitäten, Bücher, Kinokarten oder Ferienaufenthalte für Kinder und Erwachsene – sollten umsonst zur Verfügung stehen. Jedem Beschäftigten stand eine Altersversorgung, Lohnfortzahlung im Krankheitsfall sowie eine Rente im Falle einer Erwerbsunfähigkeit zu.

Man kann also sagen, dass die Absichten der sozialistischen Ideologen verwirklicht worden sind: Man hat ein System maximaler sozialer Sicherheit aufgebaut und gleichzeitig die Menschen ihrer Freiheit und Selbstbestimmung beraubt. Die größte soziale Sicherheit gibt es bekanntlich im Gefängnis.

Die Mehrheit der Polen erlebte diese Beschränkung der Freiheit – zumindest in der ersten Zeit der Volksrepublik Polen – als eine Unterdrückung der nationalen Kultur und der katholischen Tradition. Aber was die hier beschriebene Verwirklichung der sozialen Gerechtigkeit anbetrifft, wurde sie von der Bevölkerung für völlig normal erachtet und akzeptiert. Das zeigen ältere und neue empirische Untersuchungen. Aus ihnen geht hervor, dass die Unzufriedenheit mit dem Sozialismus aus der Diskrepanz zwischen durchaus akzeptierten sozialistischen Prinzipien und ihrer mangelnden Verwirklichung herrührte. [...]

Im Realsozialismus verkündete die Propaganda, dass die Arbeiterklasse in der Gesellschaft eine besondere Rolle spiele, die führende, die regierende Kraft der Nation sei usw. In der täglichen Praxis waren die Arbeiter von der Einschränkung der Freiheit nicht weniger betroffen als andere Bürger, aber die Arbeiter der Großbetriebe – der Bergwerke, Stahlhütten und Rüstungsbetriebe – waren privilegiert, was die Löhne und – damals noch wichtiger – den Zugang zu verschiedenen Gütern anbelangte, die offiziell vom Staat verteilt wurden. Das betraf die Wohnungen, die medizinische Versorgung, die Ferienheime, die Sportanlagen, die Geschäfte, die Kantinen, die Gutscheine für Autos, Fernseher, Waschmaschinen – wer in einem solchen Betrieb beschäftigt war, wurde von ihm in fast allen Bereichen seines Lebens versorgt, und die Qualität dieser Versorgung übertraf den landesüblichen Standard. Gleichzeitig war damit ein hohes Ansehen in der Gesellschaft verbunden.

---

* Jacek Kuroń, geb. 1934, polnischer Politiker und Historiker, scharfer Kritiker des kommunistischen Gesellschaftssystems, Gründer des Komitees zur Gesellschaftlichen Selbstverteidigung (KOS), als Solidarność-Aktivist mehrfach inhaftiert, in der Regierung nach 1989 Arbeitsminister.

Die Untersuchungen über den Prestigewert verschiedener Berufe ergaben immer wieder, dass die Facharbeiter ganz oben, kurz hinter den Universitätsprofessoren und den Schriftstellern rangierten. Ich beziehe mich hier jedoch lediglich auf etwa 150 bis 200 Betriebe, die unmittelbar dem Zentralkomitee unterstanden und dadurch besonders privilegiert waren.

Wie bereits erwähnt, hatte die faktische Situation der Arbeiterklasse – trotz ihrer Privilegien – nichts mit der mythischen Rolle zu tun, die ihr von den Führern und Ideologen der Partei zugeschrieben wurde.

Doch 1956 und im Winter 1970/71 kam es zu einer Verschmelzung der realen Rolle der Arbeiter mit ihrer mythischen Rolle. In beiden Fällen haben die Belegschaften der großen Betriebe einen Wechsel an der Parteispitze erzwungen und die Machthaber dazu gebracht, ihre Entfremdung von der Arbeiterklasse einzugestehen und grundsätzliche politische Veränderungen in Aussicht zu stellen. In beiden Fällen haben diese Veränderungen dann auch stattgefunden, auch wenn sie sich nicht ganz mit den Versprechungen deckten.

Im Juni 1956 erhoben sich die Arbeiter von großen Staatsbetrieben im Namen des polnischen Volkes und bekräftigten damit ihre führende Rolle. Entsprechend wurden die Arbeiterproteste dann auch von Władysław Gomułka↑ interpretiert, der damals auf den Posten des Ersten Parteisekretärs gehievt wurde. Im Dezember 1970 kamen die Arbeiter nicht dazu, ihre Forderungen zu artikulieren, aber Edward Gierek↑ interpretierte ihren Protest ebenfalls als Ausdruck der führenden Rolle der Arbeiterklasse, als er Erster Parteisekretär wurde. Im Januar 1971 sprachen die Stettiner Werftarbeiter abermals im Namen der Polen, und sie wurden von Gierek als Vertreter des Volkes behandelt. Diese Ereignisse bekräftigten im Bewusstsein der Arbeiter und der ganzen Gesellschaft den Mythos von der führenden Rolle der Arbeiterklasse.

Auch im August 1980 traten die Werftarbeiter im Namen der Gesellschaft und der Nation auf, sie führten Verhandlungen mit den Regierenden, die sie als eine der Gesellschaft äußerliche Macht betrachteten. Die Solidarność wurde geboren, und der Mythos von der Arbeiterklasse als führende Kraft der Nation wurde Wirklichkeit. Sowohl in ihrer Zentrale in Danzig wie auch in allen Regionen organisierte sich die Gewerkschaft um die großen Betriebe herum, und sie genoss die Unterstützung des größten Teils der Gesellschaft.

In der Zeit des Kriegsrechts und in den nachfolgenden Jahren äußerte sich der Widerstand in vielfältiger Form und in unterschiedlichen Bereichen der Gesellschaft. Doch die Angst der Generäle und Parteisekretäre wurde erst durch die Streiks der Arbeiterjugend in den großen Betrieben und durch die Parole: „Es gibt keine Freiheit ohne Solidarność“ geweckt. Als dann die Solidarność im Juni 1989 die Wahlen gewonnen hatte, als eine Regierung berufen wurde, deren Premierminister sich aus der Solidarność rekrutierte, stellte sich plötzlich heraus, dass mit der Niederlage der marxistischen Theorie auch die Arbeiterklasse samt ihrer führenden Rolle aufhörte zu existieren. Das ist sehr lange nicht in das Bewusstsein der Arbeiteraktivisten der Solidarność vorgedrungen. [...]

Quelle: Jacek Kuron: Man muß träumen. Soziale Gerechtigkeit als soziale Bewegung, in: Transit 6 (Schriftenreihe), Frankfurt/M., S. 6–12.

M 148 Kazimierz Wóycicki*: Jaspers** und die polnische Abrechnung mit der Geschichte [Auszug]

Die Abrechnung mit der Geschichte, die eine Untermauerung der Demokratie zum Ziel hat, verträgt keine Verallgemeinerungen. Und die größte Verallgemeinerung ist in dem Versuch selbst enthalten, ein einheitliches Urteil über beinahe fünfzig Jahre Geschichte abzugeben. [...]

Die Schwierigkeit scheint darin zu liegen, dass es den menschlichen Biographien über längere Zeitabschnitte hinweg meistens an Eindeutigkeit fehlt. Eine Person, die sich in dem einen Zeitabschnitt tadelnswert verhalten hatte (z. B. engagiert während des Stalinismus), konnte sich später anständig und mutig verhalten. Umgekehrt konnte der Held von gestern, wenn er, wie es scheint, das Schlimmste bereits überstanden hatte, zum zynischen Karrieristen werden. Beide Situationen versuchten die kommunistischen Machthaber vor 1989 auszunutzen. Die Propagandisten der PVAP warfen vielen Oppositionellen der achtziger Jahre ihren Stalinismus vor, um in den Augen der Gesellschaft ihr Vertrauen zu untergraben. Und umgekehrt zeigte man gern früher mit der Opposition verbundene Menschen als bekehrte Befürworter des Regimes. Jedenfalls sind diese Manipulationen menschlicher Biographien eine Warnung, wie vorsichtig man mit den Problemen der Abrechnung umgehen muss. [...]

Die von Jaspers geschaffenen Kriterien erlauben es, sich vor vielen Missverständnissen zu schützen und viele Urteile entsprechend zu nuancieren. [...] Im Falle von Verbrechen, die in der Stalinzeit begangen wurden, erweckt die Sache keine Zweifel. Die kriminelle Schuld ist mit der politischen Schuld verbunden. Solche Schergen wie Humer, Gębarski oder Światło soll man einfach strafrechtlich verfolgen und verurteilen. Und davon gibt es viele. Die polnische Justiz hat in dieser Frage nicht viel unternommen, obwohl es keine rechtlichen Hindernisse gibt und man dafür keine zusätzlichen Lustrationsgesetze braucht. In anderen Fällen verkompliziert sich jedoch die Frage nach der kriminellen Schuld. Dass der erste Sekretär und Befehlshaber der Polnischen Volksarmee ein Verbrechen beging, als er das Kriegsrecht einführte, unterliegt keinem Zweifel. Das geltende Recht gab ihm dazu keine Befugnis und er sollte dafür verurteilt werden. Ob er durch sein Verhalten unser Land vor einer sowjetischen Intervention bewahrt hat oder nicht, spielt dabei keine Rolle. Er hat das geltende Recht verletzt und in jedem Rechtsstaat sollte er dafür verurteilt werden. Ganz anders steht die Frage, wenn es um seine politische und moralische Verantwortung geht. Wenn es tatsächlich gelingen sollte zu beweisen, dass das

---

* Kazimierz Wóycicki, geb. 1939, Publizist, während des Kriegsrechts interniert, 1996–1999 Direktor des Polnischen Kulturinstituts in Düsseldorf, im Jahr 2000 Begründer des Deutschland- und Nordeuropainstituts in Stettin.

** Karl Jaspers (1883–1969), deutscher Philosoph und politischer Denker, Professor in Heidelberg, unter dem Nationalsozialismus Lehrverbot, da mit Jüdin verheiratet.

Kriegsrecht etwas Positives gerettet hat, dann könnte man von einem verantwortlichen politischen Handeln sprechen. Dem müsste eine entsprechende moralische Bewertung folgen. Leider wird eine solche Differenzierung fast nie gemacht. Die einen möchten Jaruzelski↑ verurteilen, weil sie ihn für einen nationalen Verräter halten, die anderen verteidigen ihn gegenüber allen Vorwürfen, weil sie in ihm den Retter sehen.

Politische Schuld tragen ganz sicher viele Mitglieder der PVAP, auch wenn sie keine kriminellen Taten begangen haben. Die aktive Teilnahme an Entscheidungen und an der Realisierung von Entscheidungen – sei es zu Ungunsten des eigenen Landes oder zur Aufrechterhaltung der Diktatur – ist mit politischer Schuld verbunden. Allein die Lektüre der Erinnerungen von Gierek↑ oder Jaroszewicz* erlaubt es, von ihrer Schuld zu sprechen. Es gibt die Vermutung, je höher jemand in der Hierarchie der Macht gestanden habe, desto größer sei seine potentielle politische Schuld. Das ist ziemlich gefährlich und kann sowohl zur Kollektivschuld-Theorie als auch zur Missachtung des Bösen führen, das auf der Ebene des Kreises, der Gemeinde oder des Betriebes begangen wurde. Wer die Menschen zur 1. Mai-Demonstration antrieb, den trifft keine kriminelle, mit Sicherheit aber eine politische Schuld.

[...] Mit moralischer Schuld kann man die Mehrheit derer belasten, die an gefälschten Wahlen teilgenommen haben.

[...] Die subtilste Art der Schuld – die metaphysische – verlangt, vorsichtig behandelt zu werden. Jeder, der dem Bösen zugesehen und auf keine Weise versucht hat, es zu verhindern, und wäre es auch nur ein innerer Protest, trägt solche Schuld. Von außen lässt sich über solche Schuld nicht urteilen. Man trägt sie in sich oder findet für sich eine ausreichende Entschuldigung. Wer die Zeit des Stalinismus im Gefängnis verbracht hat, trägt keine metaphysische Schuld für das, was geschah. Vom Gefühl der metaphysischen Schuld sollte jedoch niemanden die Überzeugung befreien, dass die Polen als Volk die Prüfung, die das Leben in der Diktatur darstellte, bestanden hätten. Vom Gefühl der metaphysischen Schuld befreien einen die heldenhaftesten Taten anderer Menschen nicht, auch dann nicht, wenn man sie sehr bewunderte und sich innerlich mit ihnen solidarisierte. Mit der Frage nach der metaphysischen Schuld wirft man einen kritischen Blick auf sich selbst hinsichtlich der eigenen, individuellen Verantwortung für das Böse im öffentlichen Leben. Konfrontiert mit der Frage nach der metaphysischen Schuld zerplatzt jeder Mythos von der nationalen Stärke oder der solidarischen Haltung der Polen gegen das System. Wenn das Böse andauerte, bedeutet dies, dass es zumindest bei einer bedeutsamen Minderheit (obwohl man sich hier fragen sollte, ob es zu bestimmten Zeiten nicht die Mehrheit war) Zustimmung fand. Man sollte vermuten, dass man eine so bedeutende Minderheit nicht als eine gesellschaftliche Rander-

* Piotr Jaroszewicz (1909–1992), polnischer Politiker und General, Vizeministerpräsident (1952–1970) und Ministerpräsident (1970–1980), während des Kriegsrechts 1981–1982 unter Arrest.

scheinung behandeln kann, was zu weiteren schwierigen Fragen nach dem kollektiven Selbstgefühl und der Wahrhaftigkeit vieler polnischer Mythen führt.

[...] Das deutsche Beispiel beweist, dass es für die Generation, die die Ereignisse selbst miterlebt hat, ungewöhnlich schwierig oder unmöglich ist, eine Abrechnung durchzuführen. Das polnische Beispiel, bei allen grundlegenden Unterschieden der Situation, beweist bis jetzt etwas Ähnliches. Man kann hoffen, dass es in Polen nach einer gewissen Zeit zu einer ernsthaften Abrechnungsdebatte kommen wird, nicht um mit den Kommunisten abzurechnen, sondern um über die verschiedenen Arten der Verstrickung der polnischen Gesellschaft nachzudenken. Eine solche Debatte ist notwendig als kollektive Therapie, um die polnische politische Kultur auf einen bewussten Eintritt in die europäischen Strukturen vorzubereiten.

(Aus dem Polnischen: Agnieszka Grzybkowska)

Quelle: Transodra Nr. 16, 1997, S. 7ff.

Juristische Definitionen totalitären Unrechts in der DDR und der VRP von Chr. Schaefgen und A. Strzembosz

M 149

Dr. Christoph Schaefgen (Generalstaatsanwalt in Berlin):
[...] Seit dem 3. Oktober 1990, dem Tag der Wiedervereinigung, hat die bundesrepublikanische Justiz sich deshalb mit allen Erscheinungsformen totalitären Unrechts in der DDR und allen Tätern, seien es die Machthaber selbst oder deren Handlanger, zu befassen.[...]
Im Wesentlichen geht es dabei um folgende Komplexe:

- um die Gewalttaten an der früheren innerdeutschen Grenze;
- um das Justizunrecht, begangen sowohl durch rechtsbeugende Urteile als auch durch Strafvereitelung;
- um Handlungen des Ministeriums für Staatssicherheit und da insbesondere um Verschleppungen, Entführungen und damit zusammenhängende Freiheitsberaubungen, um Liquidierungen von missliebigen Bürgern, Eingriffe in das Fernsprech- und Postgeheimnis, um Eindringen in fremde Wohnungen und sog. Zersetzungsmaßnahmen;
- um Häftlingsmisshandlungen und Missbrauch der Psychiatrie in Haftanstalten;
- um die Zwangsaussiedlungen in den frühen 50er und 60er Jahren;
- um Wirtschaftsstraftaten, wozu insbesondere die Versorgungskriminalität der Funktionäre und das Geschäftsgebaren der Kommerziellen Koordinierung gehören;
- und schließlich um Wahlfälschungen.

Prof. Dr. Adam Strzembosz (Vorsitzender des Obersten Gerichtshofes, Warschau)
Unter den polnischen Staatsbürgern, die man zur strafrechtlichen Verantwortung ziehen müsste, muss man diejenigen gesondert benennen, die sich der militärischen Macht der UdSSR bedient haben, um in Polen ein totalitäres System aufzubauen. Das führte zur totalen Unterwerfung eines polnischen Marionettenstaates unter eine fremde Macht. Erleichtert wurde dies dadurch, dass polnische Organe sich an der Vernichtung jeglicher Form von Widerstand vonseiten der polnischen Gesellschaft beteiligten. Jene Beteiligung polnischer Organe half auch dabei, das Zerschlagen des Widerstandes des Untergrundstaates unter Zurhilfenahme einer fremden Armee zu rechtfertigen, obwohl der Untergrundstaat mit der noch immer allgemein anerkannten Londoner Regierung verbunden war. Diese Gruppe von „Erbauern“ des totalitären und abhängigen Staates machte sich des Hochverrats schuldig und ist in höchstem Maße für die Verbrechen des Systems, das sie half einzuführen, verantwortlich. Die zweite Gruppe bilden die „lenkenden Täter“ und Anstifter von konkreten Verbrechen im Namen der Entmündigung des Volkes: Die für die Spezialdienste und die Justiz verantwortlichen Mitglieder des Politbüros der Polni-

schen Arbeiterpartei, später der Polnischen Vereinigten Arbeiterpartei, andere Mitglieder des Parteiapparates, die die direkte Aufsicht über den Repressionsapparat ausübten, die Leitung des Ministeriums für Öffentliche Sicherheit, des Nationalen Verteidigungsministeriums und des Justizministeriums, die direkten Vorgesetzten der Spezialdienste und der Militärgerichtsbarkeit, die Urheber geheimer Sektionen in den allgemeinen Gerichten und dem Obersten Gerichtshof und die Verantwortlichen für Verhaftungen und Gefängnisse, in denen politische Gefangene unter unmenschlichen Bedingungen festgehalten wurden.

Am schwierigsten für die Strafverfolgung zu erfassen sind (aus Beweisgründen) die Mitglieder einer dritten Gruppe: Die Theoretiker und Propagandisten des Regimes, die – natürlich immer angemessen verschleiert – zu Verbrechen aufriefen oder sie guthießen.

Und schließlich gibt es eine vierte Gruppe: Personen, die ganz bewusst Beweise „präparierten“, Schuldgeständnisse erzwangen, Gefangene schikanierten und sie ohne Urteil ermordeten, oder auch mit Hilfe von Gerichtsurteilen Lynchjustiz walten ließen (hierzu zählen Staatsanwälte und Richter sowie Personen – Mitglieder des Politbüros inbegriffen –, die gegenüber Unschuldigen oder Menschen, die politisch oder mit der Waffe in der Hand gegen den neuen Okkupanten kämpften, offensichtlich unbegründete Urteile anordneten).

Hier gilt es auch, diejenigen als Mittäter an Justizmorden einzustufen, die die Anwendung des Rechts auf Begnadigung ablehnten, obwohl sie von den unbegründeten Vorwürfen, den schweren Verfahrensverstößen und dem politischen Hintergrund der Verfahren wussten. Ähnlich muss man die Agenten und die Denunzianten kennzeichnen, die die Angeklagten in dem Bewusstsein belasteten, dass diese keine Möglichkeit hatten, die Vorwürfe zu widerlegen.

Quelle: Christoph Schaefgen: Probleme der Strafverfolgung totalitären Unrechts in Deutschland; Adam Strzembosz: Probleme der Strafverfolgung totalitären Unrechts in Polen. In Transodra Nr. 16, 1997, S. 44 und 54.

Der Beschluss des Sejm über die Verurteilung der „kommunistischen Diktatur" vom 18. 6. 1998

M 150

Man kann für die Verbrechen keine kollektive Verantwortung einführen, aber wir wollen auch keine kollektive Verantwortungslosigkeit.

In Anerkennung der Tatsache, dass es für das Wohl des Staates und der Nation erforderlich ist:
- die polnische Freiheit und Demokratie auf dem Fundament der Wahrheit zu errichten,
- den Helden Ehre zu erweisen und die Verbrecher zu verurteilen,
- die Spaltung zu überwinden,
- die neue Generation vor dem Totalitarismus zu warnen,

gibt der Sejm der Republik Polen eine Bewertung des kommunistischen Systems in Polen ab.

Die kommunistische Diktatur wurde Polen gewaltsam gegen den Willen der Nation von der Sowjetunion und Josef Stalin auferlegt. Die Polen betreffenden Entscheidungen wurden ohne Beteiligung der polnischen Regierung getroffen, und die Beibehaltung der Jaltaer Ordnung nach dem Zweiten Weltkrieg verletzte grundlegende Rechte und Freiheiten, insbesondere das Recht der Nationen und Staaten auf Unabhängigkeit und demokratische Entwicklung. Das Polen auferlegte System führte ein Wirtschaftsmodell ein, das auf einer Utopie basierte und das Land auszehrte. Dieses System, das mit Gewalt, Lüge sowie der Androhung einer sowjetischen Intervention aufrechterhalten wurde, diente der Sicherung fremder Interessen.

Wir verwerfen und verurteilen dieses System. Wir halten die Polnische Vereinigte Arbeiterpartei für die Organisation, die in höchstem Maße und bis zum Schluss für das Andauern und die Gestalt des kommunistischen Systems in Polen verantwortlich war, auf dem viele Verbrechen und Vergehen lasten.

Über die gesamte Zeit, in der die Volksrepublik Polen existierte, trat der Unfreiheit und Verletzung des Rechts auf Leben und Würde Widerstand aus der Öffentlichkeit und dem Untergrund entgegen. Die Arbeit der Gesellschaft dauerte fort. Die Gesellschaft bemühte sich, die ihr auferlegten Bedingungen mit ihren Bestrebungen und Zielen in Einklang zu bringen. Trotz der Behinderungen wurde eine materielle und geistige Nationalkultur geschaffen. Symbole des Widerstandes gegen die Unfreiheit waren der bewaffnete und zivile Widerstand in der Nachkriegszeit, der Posener Juni 1956, der Oktober 1956, der März 1968, der Dezember 1970, der Juni 1976 sowie die Streiks 1980, die den Anstoß für die Gewerkschafts- und Unabhängigkeitsbewegung „Solidarność" gaben.

Ein entscheidender Faktor war die Haltung der Kirche, die die Menschenwürde verteidigte und für die geistige Identität Wache stand. Die Polen verteidigten ihr nationales Erbe, die christliche Religion und Tradition sowie ihre unabhängige Kultur. Dank dieser Haltung und des Freiheitsstrebens der Gesellschaft war die Entstehung der unabhängigen selbstverwalteten Gewerkschaft „Solidarność" 1980 möglich. Beharrlichkeit und Solidarität führten zum friedlichen Wiederaufbau eines demokratischen und unabhängigen Polen.

All denen, die zur Wiedergewinnung der Freiheit und Unabhängigkeit Polens beigetragen haben, oft um den Preis ihres Lebens, die Leid, Erniedrigungen, Unfreiheit, Ausweisung und Not, Verfolgungen und Schikanen ertragen mussten, all denen, die dem Vaterland einen guten Dienst erwiesen haben, danken wir im Namen Polens.

Der Sejm der Republik Polen unternimmt alles Mögliche, um das Unrecht wieder gutzumachen, das unter den kommunistischen Regierungen entstanden ist. Dies halten wir für eine moralische Verpflichtung und Schuld denjenigen gegenüber, die die Freiheit nicht mehr erlebt haben.

Für unerlässlich halten wir die Bestrafung aller, die sich kommunistischer Verbrechen schuldig gemacht haben, die in den Jahren 1944–1989 auf polnischem Boden begangen worden sind. Damit meinen wir auch die Verräter, die mit ihren Entscheidungen Polen einer fremden Macht untergeordnet und gegen Freiheit, Unabhängigkeit und Demokratie gehandelt haben.

Die nationale Debatte über die Verurteilung des Kommunismus hat die Wahrheit über die totalitäre Ordnung ans Licht gebracht, über die Allgegenwart des kommunistischen Übels, von dem alle betroffen sind, vom einfachen Bürger bis zum Staatsmann. Mehr als einmal war der Preis für gesellschaftlichen Aufstieg ein Kompromiss mit dem System. In den Augen zukünftiger Generationen kann das Bild des Kommunismus nicht nur aus Helden und ihren Verfolgern bestehen. Polen braucht die Wahrheit. Man kann für die Verbrechen keine kollektive Verantwortung einführen, aber wir wollen auch keine kollektive Verantwortungslosigkeit. Notwendig ist eine redliche Einschätzung der Vergangenheit, die die Kompliziertheit menschlicher Schicksale berücksichtigt und klar das Gute vom Bösen unterscheidet. Die individuelle Verantwortung der Menschen des Systems und die Verantwortung der Formation, die das System gestützt hat, sind zwei grundsätzlich verschiedene, aber miteinander verbundene Dinge. Die Ordnung der Dritten Republik ist in dem Maße hervorgetreten, wie die Diktatur zurückgewichen ist, aber es ist nicht bedeutungslos, wer wann und wo den Lauf der Ereignisse vorangetrieben hat.

Der Sejm der Republik Polen fasst diesen Beschluss in der Überzeugung, dass der Aufbau der Demokratie von uns eine Abrechnung mit der Vergangenheit und eine Stärkung der Werte und Prinzipien verlangt, aufgrund derer Polen die Zeit der Unfreiheit überdauert hat. Gerechtigkeit, Wiedergutmachung des Unrechts und Bestrafung der Schuldigen sind grundlegende Verpflichtungen und gleichzeitig Bedingungen für das Funktionieren des Rechtsstaates.

(Übersetzung: Mark Brüggemann)

Quelle: Gazeta Wyborcza 142 (2738) vom 19. 6. 1998, in: Polen und wir, Nr. 3, 1998, S. 7.

Unterschiedliche Ansichten zur „Wiedergutmachung" in Deutschland und Polen

M 151

Adam Michnik: Die auferstandene Unabhängigkeit [Auszug]*
[...] Was aber bedeutet für uns, die Leute von der Gazeta Wyborcza, heute Patriotismus? Mit Widerwillen registrierten wir, wie Solidarność-Mitglieder für sich materielle Entschädigung für die im Gefängnis verbrachten Jahre forderten. Wir empfanden es als geschmacklos, als sich andere um Wiedergutmachung für die Monate bemühten, die sie als Kinder in Konzentrationslagern verbracht hatten. Die einen wie die anderen hatten ein Recht auf diese Leistungen, doch wir meinten, Patriotismus zeige sich darin, dass man nicht auf allen Rechten besteht; darin, dass wir dem freien Polen die Schulden erlassen können, die die kommunistische Diktatur bei uns gemacht hat.

Quelle: Transodra 20, 1999/2000, S. 15.

Jörg Fiene: Nicht mehr als ein Signal [Auszug]
Kein Urteil kann das Unrecht, das den Opfern des systematischen Kinderdopings in der DDR widerfahren ist, wettmachen. Umso schlimmer für die Geschädigten, dass die Drahtzieher der skrupellosen Untaten das Berliner Kammergericht im Namen des Volkes als freie Männer verließen. Die Bewährungsstrafen gegen den langjährigen DDR-Sportchef Manfred Ewald und seinen medizinischen Handlanger Manfred Höppner belegen neuerlich, wie schwer sich die bundesdeutsche Justiz mit der Aufarbeitung von DDR-Unrecht tut.

Gewiss, es hat ein zweifelfreies Bekenntnis zur Strafbarkeit des verantwortungslosen Tuns gegeben, und der Einigungsvertrag knebelte die Richter bei der Urteilsbemessung. [...] Auch die Bundesregierung ist jetzt in der Pflicht, ihren Absichtserklärungen Taten folgen zu lassen und sich in Einzelfällen Gedanken über Schadenersatz zu machen.

Quelle: Braunschweiger Zeitung vom 19. 7. 2000 (Kommentar).

* Adam Michnik, geb. 1946, Historiker und Publizist, prominenter Gegner des kommunistischen Regimes, Aktivist in der Unabhängigen Studentenvereinigung und im Komitee zur Gesellschaftlichen Selbstverteidigung [KOS], ab 1989 Chefredakteur der „Gazeta Wyborcza".

M 152 Andrzej Szczypiorski† über die Aufarbeitung der sozialistischen Vergangenheit in Deutschland und Polen [Auszug aus einem FAZ-Artikel]

[...] Aufgrund der polnischen Erfahrung und in Kenntnis der polnischen Tradition und des geistigen Klimas in Polen während der vergangenen Jahrzehnte begegnete ich den Vorgängen in Deutschland nach der Wiedervereinigung (Öffnung der Stasi-Akten) mit großer Skepsis und Misstrauen. Auf Grund der polnischen Erfahrung schienen mir so die Formen der Abschaffung des Kommunismus, wie man sie in Deutschland praktizierte, politisch falsch zu sein und den Deutschen mehr Schaden als Nutzen zu bringen.

Heute weiß ich, dass diese Ansicht falsch war. Sie beruhte auf einer unzureichenden Kenntnis der Situation in der ehemaligen DDR. Ich hatte ziemlich mechanisch polnische Erfahrungen, Reaktionen und politische Optionen auf ganz andere historische und psychologische Verhältnisse übertragen.

Die Deutschen denken anders, sie empfinden und reagieren anders als die Polen. Sie haben eine andere historische Tradition, ein anderes Verhältnis zum Staat und zu seinen Institutionen. Das Wesentlichste aber ist, dass man das tägliche Leben in der DDR während der letzten vierzig Jahre nicht mit dem täglichen Leben in der Volksrepublik Polen dieses Zeitraums vergleichen kann. Das waren andere Staaten, andere Gesellschaften, die politische Polizei spielte eine unterschiedliche Rolle, ebenso die Partei, die ihre diktatorische Macht praktizierte. Die Vorgeschichte der Entstehung Nachkriegs-Polens und der DDR ist verschieden [...].

Noch ein anderer Faktor von großer Bedeutung hat auf die geistige Landschaft der DDR und in der Volksrepublik Polen Einfluss gehabt. Die Deutschen sind vom Charakter her Perfektionisten, die Polen das Gegenteil. Wenn die Deutschen Pflichten und Aufgaben übernehmen, bemühen sie sich, diese musterhaft zu erfüllen; es ist eine Frage der persönlichen Würde, dass man alles, was man tut, so gut wie möglich, so geschickt und so genau wie möglich tut, ohne Rücksicht darauf, was man tut und wozu es dient. Das Pflichtgefühl lässt in der deutschen Seele nicht allzu viel Raum für allgemeinere moralische Erwägungen. Seine Pflicht zu tun ist als solches ein Akt höchster ethischer Qualität. Für die Polen beruht ihre persönliche Würde auf etwas Anderem; sie ist eher eine ständige Manifestation der eigenen Besonderheit und des Misstrauens gegen alles, was von draußen kommt. Die Pflicht ist nicht das höchste Gebot, sondern eher ein unangenehmer, dem Menschen auferlegter Zwang, dem man sich entziehen möchte. Folglich sucht der Pole gewöhnlich nach Gründen, manchmal zutiefst moralischen und manchmal völlig zynischen, um die Pflicht auf die leichte Schulter nehmen oder gar vernachlässigen und dabei noch beweisen zu können, das sei so richtig gewesen. Bei dem Deutschen haben wir es oft mit dem Hochmut des Primus zu tun, bei dem Polen mit dem Hochmut des anarchischen Individualisten. Selbstverständlich ist das eine wie das andere dumm und schlecht. In den kommunistischen Ländern hat sich niemand so sehr seinen kommunistischen Pflichten gewidmet wie die Deutschen in der DDR, und niemand in den kommunistischen Ländern hat seine kommunistischen Pflichten leichter genommen als die Polen in der Volksrepublik Polen. Das betraf alle Gebiete ihres kollektiven Lebens.

Quelle: Frankfurter Allgemeine Zeitung vom 4. 3. 1995 (Beilage Bilder und Zeiten).

Stellungnahme von Piotr Zariczny* zu dem FAZ-Artikel von A. Szczypiorski↑ (M 152) [Auszug]

M 153

Mit Sicherheit waren die sozialistischen Verhältnisse in der DDR und in der VRP ganz anders, aber darauf konnten die Nationalcharaktere beider Völker keinen bedeutenden Einfluss genommen haben. [...]

Es ist ein oberflächliches Argument, vielleicht ein Zeichen vom verkehrten Nationalstolz, das besagt:

Aber unsere haben doch nicht wie die Deutschen gearbeitet..., sie haben mehr geschlampert und mehr erfunden. Tatsache ist, dass die polnischen Sicherheitsdienste weniger Papier produziert und inzwischen mehr verbrannt haben, insofern können die polnischen Akten keinen so hohen Quellenwert wie die deutschen haben, was aber nicht bedeutet, dass sie unbrauchbar sind, weil sie von polnischen anarchistischen und schlampigen Sicherheitsdienstlern produziert wurden.

Es stimmt, wenn Szczypiorski schreibt: „Die Polen hatten hundert mal mehr persönliche Freiheit als die Deutschen in der DDR". Es stimmt aber nicht, wenn er folgenden Satz veröffentlicht: „In den kommunistischen Ländern hat sich niemand so sehr seinen kommunistischen Pflichten gewidmet wie die Deutschen in der DDR". Diese generalisierende Formulierung kann zutreffen, wenn man die DDR-Eliten (Nomenklatura) und ihre Funktionäre betrachtet, obwohl auch diese Regel ihre Ausnahmen kennt. Die Deutschen aus der DDR haben das, was sie tun mussten, abgehakt, ohne jegliche innere Bindung und gar nicht aus kommunistischer Pflichterfüllung, sondern nur um ihre Ruhe zu haben. Ich glaube, dass wir in der VRP auch mit einer Passivität und dem Konformismus zu tun gehabt haben. Der heutzutage zum Symbol, Legende gewordene polnische Nonkonformismus darf doch das wahre Bild dieser Geschichte nicht überschatten. In Polen gab es immer wieder die Phasen des Aufatmens, der inneren Befreiung, in der DDR nicht. Deshalb ist der Satz: „Das Pflichtgefühl lässt in deutscher Seele nicht allzu viel Raum für allgemeinere moralische Erwägungen" ein sehr böser und eigentlich unmoralisch. Man kann vermuten, dass jeder Pole unter den Bedingungen der DDR ganz genauso gehandelt hätte, wie die DDR-Deutschen.

Szczypiorskis stereotype Behandlung der DDR-Deutschen lässt auch vermuten, dass die ganze DDR ein Haufen von Staatsdienern, Vasallen und Spitzeln war. Preußische Traditionen (DDR = kommunistisches Preußen), deutsche Beamte mit ihrem blinden Vertrauen in die Dokumente, deutscher Perfektionismus – alles lauter Vorurteile.

---

* Piotr Zariczny, geb. 1972, Doktorand an der Humanistischen Fakultät der Nikolaus-Kopernikus-Universität in Toruń.

Es ist unbestritten, dass die geistigen polnischen Eliten (Intellektuelle, Schriftsteller) und auch die Gegeneliten (Opposition) während der letzten 30 Jahre fast vollständig gegen das Regime eingestellt waren und große Verdienste um dessen Zusammenbruch und den milden Übergang zur Demokratie hatten. Wenn aber das Gegenteil über die geistige DDR-Elite und auch die Gegenelite (schwache, einsame und unentschlossene Opposition) von Szczypiorski behauptet wird, muss man überlegen, was dazu beitragen konnte. Ich glaube, dass es weniger der Nationalcharakter bzw. preußischer Perfektionismus war, sondern die Tatsache, dass sich erstens die geistige Elite der DDR zu 70 % aus Arbeiter- und Bauernfamilien rekrutierte. Entscheidend für einen Aufstieg zur Elite war nicht Leistung sondern Herkunft und Ideologie. [...]

Szczypiorski erwähnt auch nicht, dass die polnischen Kommunisten und Oppositionellen eine gemeinsame Basis in der polnischen Nation hatten und um eigener Glaubwürdigkeit willen oft mit nationaler Symbolik und Rhetorik spielen konnten. Eine solche gemeinsame Basis gab es in der DDR nicht. [...] Die DDR-Oppositionellen hatten nie eine echte Alternative zwischen Freiheit oder Vereinigung. Ähnlich hätten Freiheit und Selbstbestimmung in einem der Teilungsgebiete Polens im 19. Jahrhundert notwendig auch dort die Frage der Wiedervereinigung der gesamten polnischen Nation aufgeworfen. Ein Erfolg der Opposition bedeutete also das Ende der DDR als Staat.

Unerwähnt bleibt auch die Tatsache, dass Oppositionelle in der DDR bis 1961 (bis zum Mauerbau), aber auch später die Möglichkeit hatten, ihren Staat zu verlassen und in die BRD umzusiedeln (inneres Exil, gleiche Sprache, Familienangehörige etc.). 4,7 Millionen Menschen nutzten diese Möglichkeit.

Quelle: Piotr Zariczny: Szczypiorski, Fuchs und Michnik über Vergangenheitsaufarbeitung. Eine deutsch-polnische Vergleichsanalyse, S. 12ff. In: Konzepte nationaler Identität im Vergleich. Deutschland und Polen im 19. und 20. Jahrhundert. Polnisch-deutsches Forschungsseminar der Uniwersytet Mikołaja Kopernika w Toruniu und der Carl-von-Ossietzky-Universität Oldenburg vom 6.–19. April 1999, Reader, hrsg. im Selbstverlag, o.O., o.J.

Eisenbahnnetz Mitteleuropas um 1914 (Karte) M 154

siehe Farbtafel in der Mitte des Bandes

Quelle: F. W. Putzger: Historischer Schulatlas. 76. Aufl., Bielefeld und Leipzig, Velhagen & Klasing 1959, S. 105.

Wirtschaftskarte von Zwischenkriegspolen (Karte) M 155

siehe Farbtafel in der Mitte des Bandes

Quelle: Atlas historyczny Polski, hg. von Władysław Czapliński und Tadeusz Ładogórski, Warszawa: Polskie Przedsiębiorstwo Wydawnictw Kartograficznych 1996, S. 47.

Agrarstruktur Polens 1921 und 1950 M 156

Betriebsgröße	1921 % der Wirtschaften	1921 Anteil am Boden in %	1950 % der Wirtschaften	1950 Anteil am Boden in %
unter 2 ha	29,0	2,7	25,5	4,8
2– 5 ha	32,6	11,2	31,3	20,1
5–10 ha	24,7	17,3	30,8	42,0
10–20 ha	10,3	13,7	10,7	26,2
20–50 ha	2,5	6,9	–	–
über 50 ha	0,9	48,1	1,3	6,9

Angaben nach: H. Zieliński, Historia Polski 1914–1939, Wrocław 1985 S. 81. A. Jezerski/B. Petz, Historia gospodarcza Polski Ludowej 1944–1975, Warszawa 1980, S. 197.

Quelle: Polen und wir, 4/94, S. 11.

M 157 Schreiben G. Stresemanns* an den deutschen Botschafter in London vom 19. 4. 1926

Berlin, den 19. April 1926
Ganz geheim!

Es ist zu begrüßen, dass sich maßgebende englische Kreise für die deutsch-polnische Grenzfrage interessieren und Verständnis dafür zu gewinnen scheinen, dass die Lösung dieser Frage nicht nur die wichtigste Aufgabe unserer Politik, sondern vielleicht die wichtigste Aufgabe der europäischen Politik überhaupt ist. Die Mitwirkung Englands ist eine unerlässliche Voraussetzung für eine Lösung auf friedlichem Wege, und nur eine solche kommt für uns in Betracht. [...]

Hierbei kommen vor allem folgende Gesichtspunkte in Betracht:

1. Eine friedliche Lösung der polnischen Grenzfrage, die unseren Forderungen wirklich gerecht wird, wird nicht zu erreichen sein, ohne dass die wirtschaftliche und finanzielle Notlage Polens den äußersten Grad erreicht und den gesamten polnischen Staatskörper in einen Zustand der Ohnmacht gebracht hat. Solange sich das Land noch irgendwie bei Kräften befindet, wird keine polnische Regierung in der Lage sein, sich auf eine friedliche Verständigung mit uns über die Grenzfrage einzulassen.
2. Aber auch ganz abgesehen von der polnischen Einstellung ist die allgemeine politische Stellung Deutschlands, insbesondere im Verhältnis zu den Westmächten, einstweilen noch zu schwach, als dass wir unsere politischen Wünsche hinsichtlich Polens in einem internationalen Gremium mit einiger Aussicht auf Erfolg geltend machen könnten. Wenn jetzt bei einem internationalen Sanierungsverfahren, etwa mit wohlwollender Unterstützung Englands, der Versuch einer Lösung der Grenzfrage gemacht würde, so würde diese Lösung, falls sie überhaupt zustande käme, doch nur so denkbar sein, dass das Ergebnis für Deutschland ein äußerst unzulängliches wäre. Unzulängliche Lösungen würden aber unsere Situation nur verschlechtern, weil damit einer tatsächlich befriedigenden Lösung in gefährlicher Weise präjudiziert wäre.
3. Es wird also, in der großen Linie gesehen, unser Ziel sein müssen, eine endgültige und dauerhafte Sanierung Polens so lange hinauszuschieben, bis das Land für eine unseren Wünschen entsprechende Regelung der Grenzfrage reif und bis unsere politische Machtstellung genügend gekräftigt ist.
4. Die Einhaltung dieser politischen Linie würde natürlich gefährdet werden, wenn sich englische und amerikanische Finanzkreise jetzt doch schon ent-

* Gustav Stresemann (1878–1929), deutscher Reichskanzler (13.8.1923–22.11.1923) und Außenminister des Deutschen Reiches (1923–1929).

schlössen, die Sanierung Polens ernsthaft in Angriff zu nehmen. Es wäre denkbar, dass man namentlich in Amerika aus rein geschäftlichem Interesse hierzu geneigt wäre. Reichsbankpräsident Schacht, mit dem die ganze Angelegenheit hier ausführlich besprochen worden ist, hält diese Gefahr indes für äußerst gering. Er glaubt nicht, dass die Engländer oder Amerikaner sich jetzt zur Hergabe der notwendigen finanziellen Mittel für Polen bereit finden.

5. In der Tat fehlt es einstweilen für die Sanierung Polens an jeder ausreichenden wirtschaftlichen Grundlage. Eine solche Grundlage wird sich schwerlich ohne deutsche Mitwirkung schaffen lassen. Das ergibt sich schon aus den maßgebenden wirtschaftsgeographischen Verhältnissen. Die deutsch-polnischen Wirtschaftsbeziehungen umfassen schon bei dem jetzigen vertragslosen Zustande die Hälfte des gesamten polnischen Außenhandels und würden durch Verständigung zwischen den beiden Ländern noch erheblich gesteigert werden können. Deutschland verfügt zweifellos von allen Ländern am meisten über gute wirtschaftliche Verbindungen mit Polen und auch über die wirtschaftlich geschulten Elemente. Das gilt namentlich für den kulturell am höchsten stehenden Teil Polens, nämlich das Posener Gebiet.

[...]

7. In sachlicher Hinsicht lässt sich zu der Grenzfrage selbst im Augenblick Folgendes sagen:

Zu einer Zwischenlösung irgendwelcher Art dürfen wir es unter keinen Umständen kommen lassen. Als solche Zwischenlösung müssen alle diejenigen angesehen werden, die unserem bekannten Standpunkt in der östlichen Grenzfrage hinsichtlich des Korridors, Danzigs, Oberschlesiens und gewisser Teile von Mittelschlesien nicht gerecht werden. Dahin gehört z. B. eine Regelung, die dem Korridor Autonomie verleiht, sei es zusammen mit Danzig, sei es in anderer Weise. Bei dem Auftauchen derartiger Gedanken muss die Gegenseite stets darauf hingewiesen werden, dass wir es für absolut unmöglich halten, die törichte Lösung des Versailler Vertrages durch andere törichte Lösungen zu ersetzen.

Wenn, wie zu erwarten, von der Gegenseite auf die Notwendigkeit des polnischen Zugangs zum Meer hingewiesen wird, können wir stets mit gutem Grunde darauf hinweisen, dass das polnische Bedürfnis in dieser Hinsicht, soweit es wirklich legitim ist, in einer Weise befriedigt werden kann, die mit unseren Interessen vereinbar ist. Da ließe sich vielleicht denken, dass Polen dieselbe Regelung zugestanden wird, wie sie die Tschechoslowakei nach dem Versailler Vertrage genießt. Rein wirtschaftlich genommen wäre das für Polen aller Wahrscheinlichkeit nach viel günstiger als der in Versailles künstlich geschaffene territoriale Zugang zum Meere mit seinen unrentablen Hafenanlagen.

Quelle: Christian Höltje: Die Weimarer Republik und das Ostlocarno-Problem 1919–1934, Würzburg: Holzner Verlag 1958, S. 181 sowie Anlage 5.

M 158 Karikatur: Zollkrieg mit Polen

Zollkrieg mit Polen

Michel: „Nun sollst du gleich mal sehen, wer den Kürzeren zieht!"

Bildunterschrift:
Michel: „Nun sollst du gleich mal sehen, wer den Kürzeren zieht!"

Quelle: Kladderadatsch, Jg. 78 (Berlin 1925), Nr. 28.

Protestnoten Polens an Großbritannien und die USA gegen westliche Konsolidierungspläne für Deutschland vom 12. 9. 1947

M 159

Am 12. September 1947 wurden den Regierungen Großbritanniens und der Vereinigten Staaten gleichlautende Verbalnoten der polnischen Regierung gegen westliche Pläne einer Wirtschaftskonsolidierung Deutschlands überreicht, in denen es u. a. heißt:

1. Die Polnische Regierung stellt fest, dass der Plan für die deutsche Industrieproduktion, so wie er in Berlin am 29. August 1947 bekannt gegeben wurde, den Potsdamer Beschlüssen widerspricht, die vorsahen, dass Pläne, die Deutschland betreffen, durch alle Vier Mächte beschlossen sein müssen; weiter, dass dieser Plan Deutschlands Produktion in einem unilateralen Vorgang auf einen Stand bringt, der die festgestellten Bedürfnisse Deutschlands überschreitet.
2. Die Polnische Regierung stellt fest, dass die Verwirklichung dieses Planes die Wiederherstellung der deutschen Industriemacht bedeuten würde, und das würde auf der anderen Seite eine Gefahr für die europäische Sicherheit und besonders für die Sicherheit der Nachbarn Deutschlands darstellen.
3. Der Plan zur Hebung der deutschen Industrieproduktion, wie er als Resultat der Londoner Gespräche genehmigt wurde, steht im Widerspruch zur Priorität des Wiederaufbaus in den durch die deutsche Aggression verwüsteten Ländern und zum Prinzip, Deutschlands Lebensstandard nicht größer werden zu lassen, als den der anderen europäischen Länder.
4. Der Plan stellt einen unilateralen Versuch dar, das Programm der Reparationen umzustoßen, die Deutschland den Siegerländern zu leisten hat, unter ihnen Polen. Der Plan steht im Widerspruch zu den wichtigsten Lebensinteressen Polens und hat eine einmalige feindliche Reaktion in der öffentlichen Meinung ganz Polens gefunden.

Die Polnische Regierung unterbreitet diese Gesichtspunkte und kann dabei nicht ihre Bedenken verhehlen, dass die Verwirklichung dieses Plans unvereinbar mit den grundsätzlichen Prinzipien ist, die alle Alliierten Staaten bei ihrem Bemühen geleitet haben, die Quellen deutscher Aggression zu beseitigen und so Frieden und Sicherheit in Europa zu erhalten, von denen Polens Zukunft so sehr abhängt.

Quelle: Dokumentation der deutsch-polnischen Beziehungen 1945–1959, zusammengestellt und übersetzt von Dr. Johannes Maass, Bonn [u. a.]: Siegler, 1960, S. 14f.

M 160 Polen im Jahre 1981 aus Sicht eines deutschen Diplomaten: „Szenerie eines bedrückenden Alltags"

In meinem Warschauer Tagebuch habe ich einige polnische Pressemeldungen notiert, die zur Jahresmitte 1981 charakteristische Schlaglichter auf die allgemeine Lage im Lande werfen. Es ist die Szenerie, vor der sich das anhaltende Ringen zwischen „Solidarność" und Regierung abspielt und zugleich der Alltag der Polen ist. In der Wirtschaft reißen die Hiobsbotschaften nicht ab. Da können im Juni 321.000 t dringend benötigte Kohle nicht abtransportiert werden, weil Waggons fehlen. Schlechte Aussichten für die Erntearbeiten im Gebiet der mittleren Oder: 20 Prozent der Mähdrescher sind nicht einsatzbereit, weil Batterien und Bereifung defekt sind. 15 Prozent der Traktoren fallen aus, weil sie dringend repariert werden müssen. Im Stettiner Hafen sind alle Getreidespeicher überfüllt. Zahlreiche Schiffe mit Getreide für Polen müssen auf ihre Entladung warten. Der Grund: Es fehlt eine Anweisung, wohin das gespeicherte Getreide in Polen ausgeliefert werden soll. Zur selben Zeit ist in Stettin das Mehl für Brot knapp. Die Geflügelzuchtbetriebe im masurischen Gyżycko (Lötzen) haben wegen Überproduktion die größten Probleme, ihr Geflügelfleisch los zu werden. In den Wojewodschaften Danzig und Bialystok mangelt es an Geflügelfleisch. Dort würde man die überschüssige Produktion aus Lötzen gern übernehmen. Doch es sind nicht genügend Fleischkarten gedruckt worden, ohne die ein Verkauf von Fleischwaren nicht erlaubt ist. Da ist es nicht verwunderlich, dass dem polnischen Bürger angesichts dieser Eskapaden der Bürokratie der Geduldsfaden reißt, oder wenn er lesen muß, dass zwischen Januar und Juni 1981 mehr als 29.000 t Fleisch und Fleischprodukte, darunter 14.586 t des so begehrten Schinkens, exportiert wurden.

Kein Zweifel, die allgemeine Stimmung im Lande ist mies und droht noch mieser zu werden. Da schotten sich auch noch die Verbündeten von Polen ab und lassen damit den Druck im Lande ansteigen. Am 15. Juni 1981 sperrt nach der DDR und der ČSSR nun auch Bulgarien seine Grenzen für polnische Touristen. 600.000 Polen, die ihren Urlaub in Bulgarien verbringen wollten, müssen daheim bleiben. Die Bulgaren versperren ihnen zugleich die Transitwege nach Griechenland und in die Türkei. Mit verschärften Kontrollen an ihren Grenzen, bei denen DDR-Zöllner unerbittlich sogar das Parteiorgan „Trybuna Ludu" und „Życie Warszawy" als Konterbande beschlagnahmen, macht Polens westlicher Nachbar unmissverständlich klar, dass er sich nicht den „Solidarność"-Bazillus ins Land schleppen lassen will. Mehrmals muss die polnische Regierung in Ost-Berlin vorstellig werden, um die DDR zu einer moderateren Vorgehensweise gegenüber ihren Bürgern zu bewegen. Dass darüber die polnische Presse berichten darf, macht deutlich, welches Ausmaß die Missstimmung zwischen Warschau und Ost-Berlin schon erreicht hat. Sie steigert sich schließlich so, daß die DDR-Regierung ihre Bürger aus Polen zurückruft und ankündigt, dass die polnischen Gastarbeiter in der DDR bis zum Jahresende nach Hause geschickt werden sollen.

Während nun die DDR Abgrenzung gegenüber dem polnischen Nachbarn übt, schwillt der Strom der Reisenden aus Polen in die Bundesrepublik Deutschland von Tag zu Tag an, denn unsere Grenze wird für den in Not geratenen Nachbarn nicht geschlossen. Täglich gibt das Konsulat jetzt bis zu 4.000 Einreisevisa aus. Die Beamten arbeiten bis an den Rand der Erschöpfung. Bei den Touristenreisen ist gegenüber 1980 ein Anstieg um 240 Prozent zu verzeichnen. Erstmals fahren mehr Polen in die Bundesrepublik Deutschland, als umgekehrt Bundesbürger nach Polen kommen. Wer nur irgend kann, nutzt die freien Reisemöglichkeiten. Man weiß ja nicht, wie lange die polnischen Behörden bei der Erteilung von Pässen so großzügig sind. In Warschau hört man, dass die Betriebe den Arbeitern jetzt formlos bis zu drei Monate unbezahlten Urlaub gewähren, wenn sie ins „kapitalistische Ausland“ reisen wollen. Anders als früher, sei auch nicht mehr eine schriftliche Bestätigung der Bank über die Existenz eines Devisenkontos mit mindestens 150 DM erforderlich, um einen Pass zu beantragen. Klar, in vielen polnischen Betrieben wird jetzt auch die Arbeit knapp. Manche arbeiten nur noch vier Tage in der Woche. In einigen gibt es lediglich stundenweise Arbeit, entweder weil die Rohstoffe fehlen oder die elektrische Energie, um die Maschinen betreiben zu können. Leichten Herzens lassen deshalb die Betriebsleitungen ihre Arbeiter für einige Wochen oder Monate in den Westen ziehen. Mit ihnen reisen die Geschäftemacher, die Parasiten im sozialistischen Staat, wie sie die Propaganda nennt, jene, die den Schwarzmarkt bedienen. Bei ihnen breitet sich jetzt so etwas wie Goldgräberstimmung aus.

Quelle: Klaus Reiff: Polen. Als deutscher Diplomat an der Weichsel, Bonn 1990, S. 251ff.

M 161 Gesprächsbeitrag von Dr. Peter Mitzscherling (MdB/SPD) auf einer Tagung der Evangelischen Akademie Loccum vom 20.–22. September 1985

Der Güteraustausch zwischen den westlichen Industrieländern und den sozialistischen Ländern Osteuropas unterliegt grundsätzlich Bedingungen, die seine Entwicklung beeinträchtigen. Diese Hemmnisse treffen auch die deutsch-polnischen Wirtschaftsbeziehungen – unabhängig von den akuten wirtschaftlichen Schwierigkeiten Polens.

Der Rahmen der Gestaltungs- und Entwicklungsmöglichkeiten wird im Wesentlichen begrenzt durch

1. die Zugehörigkeit zu unterschiedlichen Bündnissystemen und Wirtschaftsgemeinschaften:
   - Die Bundesrepublik Deutschland einschließlich Berlin (West) ist Mitglied der EG, der die Zuständigkeit für die Handelspolitik übertragen ist;
   - Polen gehört zu den Ländern des RGW und ist mit diesen Volkswirtschaften so eng verflochten, dass der Freiraum für den Westhandel klar begrenzt bleibt.
2. die unterschiedlichen Wirtschaftssysteme:
   - Über Investitionen, Produktion, Preise und Lieferbeziehungen entscheiden bei uns letztlich die Unternehmen. Die Politik des Staates setzt Normen gesellschaftlichen Verhaltens und überwacht deren Einhaltung; dabei müssen Gestaltung und Prioritäten im Sinne der gesellschaftlichen Mehrheit sein. Die Wirtschaftspolitik beschränkt sich (man mag es bedauern) im Wesentlichen auf die Gestaltung der Rahmenbedingungen (z. B. Erhaltung des Wettbewerbs). Die Kapitalmärkte sind offen. Die Währungs- und Geldpolitik obliegt einer nahezu unabhängig operierenden Notenbank;
   - In den RGW-Ländern entscheidet grundsätzlich der Staat über Produktion, Verteilung und Verwendung des Sozialprodukts. Die Kompetenz der Betriebe ist eingeengt. Die Preisgestaltung folgt – wenn überhaupt – den sich ständig verändernden Marktbedingungen mit starker Verzögerung;
3. das unterschiedliche Entwicklungsniveau der am Güteraustausch beteiligten Volkswirtschaften.

Diese grundsätzlichen Unterschiede wirken interdependent und beeinflussen den jeweiligen politischen Gestaltungsraum. Sein Ausmaß variiert und wird u.a. durch das politische Gewicht, die wirtschaftliche Stärke, das Wirtschaftswachstum und die Zahlungsbilanzsituation des jeweiligen Landes beeinflusst. Hinzu treten international übergreifende Einflüsse wie z. B. das Wachstum des Welthandels, die Bewertung des US-Dollars als dominierende internationale Reservewährung, das Zinsniveau, die Weltmarktpreise für Rohstoffe u.a.m.

All diesen Einflüssen unterliegen auch die Wirtschaftsbeziehungen zwischen der Bundesrepublik Deutschland und der Volksrepublik Polen. Trotz der traditionell starken Bedeutung des beiderseitigen Güteraustauschs und des gemeinsamen Interesses an seiner Weiterentwicklung wird unsere wirtschaftliche Zusammenarbeit gegenwärtig durch die anhaltenden wirtschaftlichen Schwierigkeiten in Polen, insbesondere seine starke Westverschuldung, beeinträchtigt.

Trotz großen Importbedarfs an moderner Technologie ist Polen gezwungen, auf Jahre hinaus Exportüberschüsse zur Bedienung und zum Abbau seiner Westverschuldung zu erzielen. Polens Lieferfähigkeit stößt jedoch – politisch und strukturell determiniert – an Grenzen: Die Exportpalette wird durch Rohstoffe bestimmt, deren Förderkapazität kaum stärker zu erhöhen sein dürfte. Deshalb ist m. E. die Steigerung der Wettbewerbsfähigkeit der polnischen Produktion von Halbwaren und Fertigerzeugnissen (z. B. Maschinenbau) unerlässlich, um künftig ein stärkeres Exportwachstum zu erreichen.

Wir müssen im Interesse unserer gemeinsamen Ziele Polen helfen, sich aus seiner schwierigen Lage zu befreien. Boykottaufrufe – von welcher Seite auch immer – helfen keinem, sondern sie schaden allen!

Quelle: Hans May und Horst Westmüller (Hg.): Die Förderung des Friedens in Europa. Perspektiven der Verständigung zwischen der Bundesrepublik Deutschland und der Volksrepublik Polen (= Loccumer Protokolle 72/1985), S. 88–89.

M 162 Karikatur: Politur. Deutsche und polnische Wirtschaft als Kontrast.

Politur

Die deutsche Wirtschaft und –

ihre Umwandlung in eine polnische Wirtschaft.

Text oberes Bild: Die deutsche Wirtschaft ...
Text unteres Bild: ... und ihre Umwandlung in eine polnische Wirtschaft.

Quelle: Kladderadatsch, Nr. 28/1925, entnommen aus: Johannes Hoffmann (Hrsg): „Nachbarn sind der Rede wert“, Dortmund 1997, Abb. 6.

Der Anteil der DDR am Import und Export Polens in % M 163

Jahr	Anteil am Import	Anteil am Export
1950	11,5	13,9
1955	13,11	3,6
1960	12,5	9,4
1965	11,6	6,3
1970	11,1	9,3
1975	7,5	9,2
1980	6,6	6,9
1985	6,1	5,0

Quelle: Zusammenstellung von Aleksandra Trzcielińska-Polus aus: Handel zagraniczny 1991, Warszawa GUS; Rocznik Statystyczny 1981; Rocznik Statystyczny 1986. In: Gesellschaft für interregionalen Kulturaustausch e.V. (Hrsg.): Wach auf mein Herz und denke. Zur Geschichte der Beziehungen zwischen Schlesien und Berlin-Brandenburg von 1740 bis heute. Berlin/Oppeln 1995, S. 542.

Christian Schmidt-Häuer* : Wie Polen seine Geschichte verlässt [Auszug] M 164

Jede zweite Familie besitzt ein Auto, jede zehnte einen Zweitwagen. 1989 ging Polens Wirtschaft als die schwächste Mitteleuropas in die Wende. Jetzt liegt sie auf der Zielgeraden zum Jahr 2000 klar vorne. ‚Europameister im Wachstum' ist das Land schon seit Jahren, 1995 mit sieben Prozent. Anders als Deutschland hält sich Polen mit einem Haushaltsdefizit von 2,7 Prozent bereits im dritten Jahr an die Maastrichter Norm. Und auch mit einer öffentlichen Verschuldung von 53 Prozent erfüllt Warschau die Maastrichter Kriterien besser als Bonn. Die [...] Inflationsrate ist in wenigen Jahren unter 20 Prozent abgesenkt, die bedrückende Arbeitslosigkeit wenigstens auf 13,5 Prozent verringert worden [...]. Für die wirtschaftliche Dynamik sorgt [...] nicht die Solidarność sondern schon der Privatsektor, der inzwischen rund sechzig Prozent des Bruttoinlandsproduktes einbringt. Das Schiff flottgemacht hatte Anfang der neunziger Jahre Leszek Balcerowicz, der erste nicht kommunistische Finanz-

* Christian Schmidt-Häuer, geb. 1938, Journalist und Publizist, politische Redaktion der ZEIT.

minister, mit seiner Schocktherapie. Dass Polen dann aber nicht in den offenen Thatcherismus trieb – wie die Tschechische Republik, wo die Deregulierung inzwischen Börse, Banken und Finanzen in den Krisenstrudel zieht –, dafür sorgten die Wähler 1993 mit einer Rückwende von den Liberalen zur Linken. [...] Der schwunglose Westen schwärmt noch ohne viel Federlesens vom ‚polnischen Adler im Steigflug', der ‚zu Recht mit den Tigern Südostasiens verglichen' werde (Deutsche Bank Research). Da wird das Wunder an der Weichsel denn doch ein wenig zu sehr ‚globalisiert'. Die Sozialausgaben verschlingen 24 Prozent des Bruttoinlandsprodukts, das pro Kopf erst halb so hoch ist wie das Portugals. Nicht einmal 4 Prozent gehen in die Bildung.

So steht Polen ante portas: mit noch nahezu ungebrochener Wachstumsrate und Europa-Begeisterung, mit fast zusammengebrochener Sozialversicherung, mit einer durch den Protektionismus der EU noch weiter verarmten Landwirtschaft und mit einer aus Furcht vor dem Import westeuropäischer Unsitten gespaltenen Kirche. [...] Nach der Jahrtausendwende wird jeder dritte neue Jobsucher in Europa aus dem polnischen Nachbarland kommen. [...]

Die Zahl der Euroskeptiker wird zunehmen, je mehr sich Polen dem offenen Wettbewerb aussetzen muss, je einschneidender viele der 2,5 Millionen Privatunternehmen die jetzt ins Land ziehenden westlichen Supermarktketten zu spüren bekommen. ‚Die freie Marktwirtschaft ist unsere einzige Chance', sagt einer der reichsten Männer Polens, der Multiunternehmer, gebildete Mäzen und Vorsitzende der deutsch-polnischen Handelskammer, Jan Kulczyk. ‚Doch wir dürfen unsere engagierten Leute nicht in einen hoffnungslosen Wettbewerb stürzen. Steuerbefreiungen für westliche Firmen, zehn Jahre zum Beispiel für General Motors, sind Gift für Polen. Wir wollen ja nach drüben – aber irgendwie müssen wir auch schwimmen lernen. Unsere Bindung an Europa wird unterm Strich die Bindung an Deutschland sein. [...]

Quelle: Die ZEIT Nr. 49, 29.11.1996, in: Landeszentrale für politische Bildung BW (Hrsg): Polen in Europa, Heft 37, 1998, S. 11f.

Jerzy Kleer*:
Warum die Ostdeutschen nicht zu Rande kommen

M 165

[...] Weshalb Polens Übergang zur Marktwirtschaft als gelungen gelten kann, ist mehr oder weniger bekannt; was dagegen fehlt, ist eine überzeugende Erklärung, weshalb die Ostdeutschen mit der Transformation nicht so recht zu Rande kommen. [...]

Drei Restriktionen waren entscheidend für den derzeitigen Zustand der ostdeutschen Wirtschaft:

Die erste leitet sich noch aus der früheren DDR her. Die Hinterlassenschaft des Sozialismus bestand im Wesentlichen darin, dass die Transformation zu einem Zeitpunkt eingeleitet wurde, als das System keiner ernsthafteren Erosion ausgesetzt war. Die andersartigen Bedingungen zum Beispiel in Polen waren entscheidend für den günstigen Einstieg in die Transformation.

Vor allem ist hervorzuheben, dass die für die Marktwirtschaft so wichtige gesellschaftliche Mobilität in der früheren DDR überhaupt nicht vorhanden war. Ähnliches gilt für ein gewisses Maß an Freiheit: in Gestalt der Rede- und Publikationsfreiheit, des Zugangs zu ausländischer Presse oder Literatur, der Möglichkeit, zu reisen und andere Spielregeln und Wertesysteme kennenzulernen. Also all das, was mit einer anderen Weltsicht, dem Verständnis andersartiger Systeme und Ideologien zusammenhängt.

Die Erosion des Systems in der früheren DDR war die geringste von allen oder den meisten sozialistischen Ländern. Obgleich die Reformen, die in den früheren sozialistischen Ländern durchgeführt wurden, nur von begrenztem Wert waren, unterlag dieses morsche System doch in vielen Fällen einem ständigen, wenn auch langsamen Wandel. In der DDR wurde weder ein Klima für Reformen geschaffen, noch eins für irgendwelche Modifikationen. Der Privatsektor war verkrustet, er hatte in den letzten zehn bis zwanzig Jahren weder quantitative noch gar qualitative Veränderungen durchgemacht. Denn es wurden keinerlei institutionelle Reformen in Angriff genommen, die für die Entwicklung des privaten Unternehmertums hätten förderlich sein können. Und schließlich hatte – unabhängig davon, wie wir dieses Phänomen unter moralischem Gesichtspunkt bewerten – die Übertragung von Eigentum auf die Nomenklatura einen begrenzten Umfang.

Die genannten Verhältnisse erzwangen keine Veränderungen von unten; dabei ist es ohne größere Bedeutung, ob das Ausbleiben des Drucks von unten auf Angst, die Trägheit der Gesellschaft, die Akzeptanz des Systems oder andere Gründe zurückzuführen ist. Tatsache bleibt, dass die ostdeutsche Gesellschaft auf die Transformation nicht vorbereitet war. Der Aufbruch, der

* Jerzy Kleer, geb. 1928 in Bielsko/Bielitz, einem Ort im ehemals österreichischen Schlesien, Professor für Wirtschaftswissenschaften an der Universität Warschau, bekannt als Redakteur der Wochenzeitschrift *Polityka* (eine Funktion, die er seit 1958 innehat).

vom November 1989 bis zum Frühjahr 1990 zu beobachten war, dauerte zu kurz, als dass die inneren Kräfte sichtbar geworden waren, die fähig gewesen wären, die weiteren Umgestaltungen selbständig zu lenken. Die wichtigste Folge davon war die Überzeugung, dass alle Veränderungen von oben, d. h. vom Staat kommen; es entwickelte sich auch kein Klima für die Entstehung oder Wiederherstellung des Mittelstands.

Zweitens bekam die ostdeutsche Gesellschaft praktisch schon am 1. Juli 1990, also schon vor der Vereinigung, als Geschenk und von oben ein neues Wirtschafts- und Sozialmodell – das der „sozialen Marktwirtschaft". Das Paradox bestand darin, dass ein starker Staat durch einen anderen starken Staat ersetzt wurde. Unter dem Gesichtspunkt einer Mobilisierung von Kräften an der Basis, die Impulse für die weitere Entwicklung geben, spielte es keine Rolle, dass es sich dabei bereits um einen ganz anderen Staat handelte. Wichtig war, dass man alle erforderlichen neuen Institutionen auf einen Schlag erhielt. Weder musste man sich über die Institutionen, das Rechtssystem und diverse sonstige Regelungen streiten noch mit ihnen experimentieren. Und die Vorteile ergaben sich von einem Tag auf den anderen. All das war wunderbar, mit einer Ausnahme: Die Gesellschaft als eine unternehmende Gruppe wurde nicht zum Träger des Geschehens. Sie blieb ähnlich passiv wie im vorherigen System. Es fehlte das, was ich den Transformationsspielraum nenne, in dem die Gesellschaft – oder zumindest einige ihrer Gruppen – experimentiert, sich wiederzufinden, mitzugestalten versucht. Fehlt dieser „Spielraum", dann bleibt nur der erwartungsvolle Blick auf den Staat beziehungsweise die Regierung – damit sie gibt, hilft, gestaltet.

Und drittens wurde die ostdeutsche Wirtschaft von Anfang an gleichsam an die westliche angedockt, wobei die alten Verbindungen – ob zu Recht oder Unrecht – gekappt wurden. Da die deutsche Wirtschaft in den neunziger Jahren kein übermäßiges Wachstum aufwies (die jährliche Rate blieb immer deutlich unter 3 %), ist es kaum verwunderlich, dass es an hinreichend starken Entwicklungsimpulsen mangelte. Zumal die westdeutsche Industrie, wo immer möglich, potentielle Wettbewerber aus Ostdeutschland verdrängte.

Die genannten Umstände erklären hinreichend die Gründe dafür, dass in den östlichen Bundesländern der Wirtschaftsaufschwung ausgeblieben ist.

Quelle: Dialog, Nr. 2, 1998, S. 80f.

„Die Chemie zwischen uns stimmt". Der Europarat zeichnet das deutsche Guben und das polnische Gubin für ihre Zusammenarbeit aus

M 166

Ausgerechnet ein Klärwerk ist zum Symbol der deutsch-polnischen Kontakte geworden. Zur Einweihung im Mai kamen sogar Politiker aus Bonn und Warschau in das polnische Grenzstädtchen Gubin. Sie sprachen von einem „wichtigen Impuls" für die Zusammenarbeit zwischen den beiden Ländern. Am Mittwoch werden Guben und Gubin mit der Ehrenfahne des Europarats für ihre gute Partnerschaft ausgezeichnet.

Für Konrad Grossmann und Zenon Turowski ist die gemeinsame Anlage von Guben und Gubin kaum noch der Rede wert. Sie können sich allenfalls für die moderne Technik begeistern. Als wäre nichts selbstverständlicher als zwei Städte, die zwar in verschiedenen Ländern liegen, aber ihr Abwasser gemeinsam reinigen. Doch die beiden sind längst mit anderen Gemeinschaftsprojekten beschäftigt.

Eine geteilte Stadt

Grossmann und Turowski arbeiten in der jeweiligen Stadtverwaltung für diese Partnerschaft. In der Regel sehen sie sich einmal in der Woche, sie telefonieren fast täglich. Grossmann nennt Turowski den „Außenminister". „Die Chemie zwischen uns stimmt", sagt Turowski.

Guben und Gubin waren bis 1945 eine Stadt. Nach dem Zweiten Weltkrieg wurde sie in das weiterhin deutsche Guben westlich der Neiße und das polnische Gubin östlich des Grenzflusses geteilt. Das Zentrum der Stadt mit den prächtigen Fabrikantenvillen, der Stadtkirche und dem Marktplatz liegt in Polen. Die Industrieanlagen und der Bahnhof blieben auf deutscher Seite. Zu DDR-Zeiten war die Grenze meistens geschlossen.

In der Wiedervereinigungseuphorie Anfang der 90er Jahre machte der damalige Gubener Bürgermeister seinen ersten Besuch bei seinem Gubiner Kollegen. Das war der Anfang. Heute gibt es sogar einen gemeinsamen Stadtentwicklungsplan mit dem Ziel, ein gemeinsames Zentrum aufzubauen.

Die gemeinsamen Projekte sind zahlreich: Ausschussmitglieder der Stadtparlamente treffen sich regelmäßig, ebenso Ordnungsamtsmitarbeiter und Standesbeamte. Es werden gemeinsam Feste organisiert, die Sportvereine veranstalten Turniere, polnische und deutsche Schüler besuchen die Europa-Schule in Guben und die Gubener Feuerwehr hat den Kollegen in Gubin schon beim Löschen geholfen. Sogar die Fronleichnamsprozession wird gemeinsam unternommen. Und das Interesse für gemeinsame Seniorentreffen ist trotz der schmerzlichen Geschichte groß. Viele Menschen, die in Guben wohnen, wurden 1945 aus ihren Häusern im heutigen Gubin vertrieben.

Die Zusammenarbeit ist nicht problemlos. „Auf beiden Seiten nimmt ein Großteil der Bürger die Partnerschaft emotionslos hin", sagt Konrad Grossmann. Ihn ärgert auch, dass die Gubener ihre Vorurteile gegenüber Polen immer wieder mit Hilfe des Polizeiberichts über Diebstähle und Einbrüche auffrischen. „Guben ist eine ganz normale Stadt, auch was die Kleinkriminalitätsrate angeht." Unter den Tätern seien wirklich viele Polen. „Aber das ist doch keine Katastrophe."

Außengrenze der EU

Die Gubener fühlen sich ohnehin durch ihre Lage an der Außengrenze der Europäischen Union benachteiligt. Auch die EU-Fördermittel, die in Zusammenhang mit den grenzüberschreitenden Projekten in die Stadt fließen, können sie damit nicht versöhnen. Nach der Wende haben die großen Industriebetriebe massenhaft Leute entlassen. Im Chemiefaserwerk arbeiteten zu DDR-Zeiten 8 000 Menschen, heute sind es nicht einmal mehr 2 000.

Unter denen, die gehen mussten, waren auch 1 000 polnische Arbeiter. Die Gubener Tuche haben vor einem Jahr die Gesamtvollstreckung beantragt. Die 40 Menschen, die noch bei den Gubener Hüten beschäftigt sind, arbeiten unter einem Konkursverwalter noch die letzten Aufträge ab. Die Stadt hat seit Anfang der 90er Jahre 6 000 ihrer Einwohner verloren. Die vielen blinden Fenster vor allem in den Plattenbausiedlungen zeugen davon. Heute leben noch 28 000 Menschen in Guben. Die Arbeitslosenrate in der Region liegt bei über 20 Prozent.

Als im vergangenen Jahr ein bündnisgrüner Stadtverordneter aus Guben den Vorschlag machte, für weniger Miete leerstehende Wohnungen an Gubiner zu vergeben, erregten sich viele Gubener. „Die Polen werden bevorzugt", hieß es. Ärger gab es, weil die Kläranlage nicht auf deutscher Seite gebaut wurde. Zur Enttäuschung der Gubener entsteht jetzt eine McDonald's-Filiale, die eigentlich in Guben gebaut werden sollte, auf der anderen Seite der Neiße. „Die Bedingungen waren wohl in Gubin günstiger", sagt Grossmann.

Gubin profitiert von seinem reicheren Nachbarn. „Die Wirtschaft hat sich ganz auf die deutschen Kunden eingestellt", sagt Zenon Turowski. Es gibt drei große Märkte, Läden mit Gartenzwergen und Friseure, die auch auf deutsch um Kunden werben. Zwanzig Meter hinter dem Grenzübergang steht die erste Wechselstube. Der einzige Nachteil für die rund 19 000 Gubiner scheinen die Lebenshaltungskosten zu sein. Sie sind so hoch wie kaum in einer anderen polnischen Stadt.

Grossmann und Turowski haben in der vergangenen Woche den 9. November vorbereitet. Heute wird in Gubin ein Gedenkstein für die jüdische Synagoge aufgestellt. Sie wurde vor 60 Jahren in der Pogromnacht verwüstet. Der Stein kommt aus Guben, doch es wird eine deutsch-polnische Veranstaltung sein. Beide Bürgermeister werden Grußworte sprechen. Grossmann ist überrascht, wie viele Besucher auch von weiter her sich angemeldet haben, fast als sei er sich der Symbolkraft des Ereignisses nicht bewusst.

(Susanne Lenz)

Quelle: Berliner Zeitung, 9.11.1998

Timothy Garton Ash* zum Klischee „des immer gläubigen, immer patriotischen, immer heldenhaften, aber vielleicht nicht sehr klugen Polen“ [Auszug]

M 167

[...] Diese Befreiungsbewegung der Solidarność war nicht nur mutig, sie war auch klug. Und das ist gerade in Deutschland Anfang der achtziger Jahre sehr oft nicht anerkannt worden. Ich weiß es sehr wohl aus den damaligen Debatten. Sie war klug, d. h. sie vertrat nicht nur den Freiheitskampf des Heldenhaften. Es ist auch eine Tatsache, dass man gerade in Polen, gerade in diesen zehn Jahren ein neues Modell der friedlichen Transformation von einer kommunistischen Diktatur in eine Demokratie erfunden hat. Es kommt nicht von ungefähr, dass der erste Runde Tisch↑ gerade in Polen stattgefunden hat.

Das war der erste Runde Tisch, alle anderen folgten nach. Und wenn man das zur Kenntnis nimmt, bekommt man vielleicht ein etwas mehrdimensionaleres Polenbild.

Zweitens gibt es in der polnischen Kultur nicht nur das, was man allgemein in Westeuropa, gerade in Deutschland kennt: das Opferreiche und das Heldenhafte, aber Hoffnungslose der Freiheitskämpfer. Es gibt auch einen Witold Gombrowicz**. Es gibt eine ganz große Tradition von antiklerikalen, ketzerischen und sarkastischen Spöttern, die, wie ich finde, einen wichtigen Teil der polnischen Kultur ausmachen und in Westeuropa nahezu unbekannt sind. Das sollte man auch zur Kenntnis nehmen, es macht viel Spaß, dies zu lesen und zu hören.

Drittens: Polen im Jahre 1999. Dieses Land, das eine so große Transformation durchgemacht hat, ist so weit entfernt von diesem Polen der Klischees, auch dem der Aufstände. Es stellt in vielerlei Hinsicht sogar das Gegenteil dar. Recht unheroisch steht es heute da. Keine „polnische Wirtschaft“ mehr, sondern eine der am besten konstruierten freien Marktwirtschaften im ganzen postkommunistischen Europa. [...] Eine gut funktionierende demokratische Politik, die spannendsten Koalitionen, die sich irgendwie doch halten. Eine Zivilgesellschaft und ebenfalls ein recht großes und mit der Zeit immer mächtiger werdendes Land, sicherlich bei weitem jetzt schon das mächtigste Land in Ostmitteleuropa. Kurz gesagt, Polen ist das Spanien Mitteleuropas. Wäre irgendjemand in der deutschen Öffentlichkeit oder anderswo in Westeuropa auf den Gedanken gekommen, dies so zu sagen? Ich weiß es nicht. Aber ich denke, wir sollten Polen am Ende des 20. Jahrhunderts so begreifen, und wir müssen uns fragen, wie diese Entwicklung zu Stande kam. Es kommt nicht nur aus den großen Aufständen, aus der romantischen Tradition.

Quelle: Timothy Garton Ash, Festvortrag. In: M. Mack und J. Wierczimok (Hrsg.): Zwanzig Jahre Deutsches Polen-Institut Darmstadt, Darmstadt 2000, S. 96f.

---

* Timothy Garton Ash, geb. 1955, englischer Historiker, unterrichtet an der Oxford University.

** Witold Gombrowicz (1904–1969), polnischer Exil-Schriftsteller, Dramatiker und Essayist, ursprünglich Jurist, lebte 1939–1963 in Argentinien, danach meist in Frankreich, zeitweise auch in Deutschland.

M 168 Maria Konopnicka*: Rota [Das Gelöbnis], 1908, vertont von Feliks Nowowiejski**

Wir lassen nicht vom Boden, sind sein Sohn.
Wir lassen unsre Sprach‘ nicht sterben.
Wir sind der Polen Volk, Nation,
der königlichen Piasten Erben.
Verdeutschen soll uns nicht der Feinde Heer.
Dazu verhelf uns Gott der Herr!

Und bis zum letzten Atemzug
verteidigen wir des Geistes Gut.
Bis sich zu Schutt und Staub zerschlug
der Kreuzritter böse Brut.
Des Hauses Schwelle sei uns Festungswehr!
Dazu verhelf uns Gott der Herr!

Nicht mehr wird der Deutsche uns spei'n ins Gesicht,
die Kinder uns nicht germanisieren.
Bald kommt der Waffen ehernes Gericht,
der Geist wird uns anführen.
Blitzt nur der Freiheit goldnes Horn – zur Wehr!
Dazu verhelf uns Gott der Herr!

Quelle: Kurt Lück: Der Mythos vom Deutschen in der polnischen Volksüberlieferung und Literatur. Forschungen zur deutsch-polnischen Nachbarschaft im ostmitteleuropäischen Raum, Posen 1938, S. 341.

* Maria Konopnicka (1842–1910), polnische Dichterin und Schriftstellerin.
** Feliks Nowowiejski (1877–1946), polnischer Komponist und Dirigent.

Isaak Iselin*: Ein Patriot. Vorspruch zu: Friedrich Carl von Moser**: Von dem Deutschen Nationalgeist, 1766

M 169

Ein Patriot ist zu groß, eines andern Sklave, er ist zu gerecht, eines andern Herr zu sein. Er ist daher weder der Anhänger einer Partie, noch das Haupt einer solchen. Er verabscheuet den Geist der Unruhen; ihn leiten, ihn beherrschen nur das Gesetz und der große Gedanke von der allgemeinen Wohlfahrt; diese allein erfüllen seine edle Seele; diesen allein opfert er alle anderen Triebe, alle andere Neigungen seines Herzens auf.

Quelle: Friedrich Carl von Moser: Von dem Deutschen Nationalgeist, o.O., 1766.

---

* Isaak Iselin (1728–1782), deutscher Schriftsteller.
** Friedrich Carl von Moser (1723–1798), deutscher Politiker und Schriftsteller.

Friedrich von Schiller*: Deutsche Größe. Fragment, 1801**

M 170

Darf der Deutsche in diesem Augenblicke, wo er ruhmlos aus seinem tränenvollen Kriege geht, wo zwei übermütige Völker ihren Fuß auf seinen Nacken setzen, und der Sieger sein Geschick bestimmt – darf er sich fühlen? Darf er sich seines Namens rühmen und freun? Darf er sein Haupt erheben und mit Selbstgefühl auftreten in der Völker Reihe? Ja, er darfs! Er geht unglücklich aus dem Kampf, aber das, was seinen Wert ausmacht, hat er nicht verloren. Deutsches Reich und Deutsche Nation sind zweierlei Dinge. Die Majestät des Deutschen ruhte nie auf dem Haupt seiner Fürsten. Abgesondert von dem Politischen hat der Deutsche sich seinen eigenen Wert gegründet, und wenn auch das Imperium unterginge, so bliebe die deutsche Würde unangefochten.

Quelle: Wägen und Wirken: Ein deutsches Lese- und Lebensbuch für den Freistaat Sachsen, Leipzig u. a. 1930, S. 51.

---

* Friedrich von Schiller (1759–1805), bekannter deutscher Dichter und Philosoph.
** Nach dem Frieden von Luneville, 1801.

M 171 Max Schneckenburger*: Die Wacht am Rhein, 1840

Es braust ein Ruf wie Donnerhall,
Wie Schwertgeklirr und Wogenprall:
Zum Rhein, zum Rhein, zum deutschen Rhein,
Wer will des Stromes Hüter sein?
Lieb Vaterland, magst ruhig sein,
Fest steht und treu die Wacht am Rhein.

Durch hunderttausend zuckt es schnell,
Und aller Augen blitzen hell:
Der deutsche Jüngling, fromm und stark,
Beschirmt die heil'ge Landesmark.
Lieb Vaterland usw.

Auf blickt er, wo der Himmel blaut,
Wo Vater Hermann** niederschaut,
Und schwört mit stolzer Kampfeslust:
„Du, Rhein, bleibst Deutsch, wie meine Brust!"
Lieb Vaterland usw.

„Und ob mein Herz im Tode bricht,
Wirst du doch drum ein Welscher nicht,
Reich wie an Wasser deine Flut,
Ist Deutschland ja an Heldenblut."
Lieb Vaterland usw.

„Solang ein Tröpfchen Blut noch glüht,
Noch eine Faust den Degen zieht
Und noch ein Arm die Büchse spannt,
Betritt kein Welscher deinen Strand."
Lieb Vaterland usw.

Der Schwur erschallt, die Woge rinnt,
Die Fahnen flattern in dem Wind.
Am Rhein, am Rhein, am deutschen Rhein
Wir alle wollen Hüter sein!
Lieb Vaterland usw.

Quelle: Joseph Remacly (Hrsg.): Deutsches Lesebuch für höhere Lehranstalten. Erster Teil. Bonn 1872. S. 435f.

---

* Max Schneckenburger (1819–1848), deutscher Schriftsteller, Dichter deutscher Volks- und Soldatenlieder.

** Hermann der Cherusker (Arminius), der 9 n. Chr. in der sog. Varusschlacht die Römer besiegte.

Wolf Biermann*: Und als wir ans Ufer kamen, 1978

M 172

Und als wir ans Ufer kamen
Und saßen noch lang im Kahn
Da war es, dass wir den Himmel
Am schönsten im Wasser sahn
Und durch den Birnbaum flogen
Paar Fischlein. Das Flugzeug schwamm
Quer durch den See und zerschellte
Sachte am Weidenstamm
am Weidenstamm

Was wird bloß aus unsern Träumen
In diesem zerrissnen Land
Die Wunden wollen nicht zugehn
Unter dem Dreckverband
Und was wird mit unsern Freunden
Und was noch aus dir, aus mir -
Ich möchte am liebsten weg sein
Und bleibe am liebsten hier
am liebsten hier.

Quelle: Wolf Biermann: Alle Lieder, Köln: Kiepenheuer u. Witsch 1991, S. 280.

---

* Wolf Biermann, geb. 1936 in Hamburg, deutscher Dichter und Liedermacher, ging 1953 in die DDR, 1963 aus SED ausgeschlossen, 1976 ausgebürgert.

Rudolf Jaworski*: Definition des Feindbildes; Deutsch-Polnische Feindbilder 1919–1932

M 173

Definition des Feindbildes

Feindbilder konstituieren sich als voreingenommene pauschalierende Charakteristiken gegnerischer Gruppen und stellen damit, soweit sie auf ganze Nationen bezogen sind, eine spezifische Variante nationaler Stereotypen dar. Doch während bei nationalen Stereotypen im Allgemeinen positive und negative Wertaspekte noch diffus miteinander vermischt sind und abwechselnd bei bestimmten gesellschaftlichen oder politischen Konstellationen hervorgehoben oder unterdrückt werden können, entfällt bei den Feindbildern diese Ambivalenz von vornherein. Alle Bewertungen haben in diesem Fall dieselbe negative Richtung und sind in einem hoch emotionalisierten Vorstellungskomplex zusammengefasst: Alle Nationen, auf die das Feindbild projiziert wird, sind schlecht, und zwar von Grund auf, sie sind böse von Natur aus und sie sind gefährlich auf Dauer. Feindbilder erweisen sich somit ungleich zielgerichteter und konstruierter als nationale Stereotypen. Nationale Stereotypen haben oftmals eine lange Geschichte, sie werden aufgegriffen, manipuliert, verändert usw. Feindbilder sind demgegenüber kurzfristiger fabrizierte Kunstprodukte und sind darum auch leichter einem bestimmten Zeitraum zuzuordnen.

---

* Rudolf Jaworski, geb. 1944, Professor für osteuropäische Geschichte in Kiel.

Deutsch-Polnische Feindbilder 1919–1932 [Auszug]

Im Unterschied zu Polen, wo das deutsche Element über Jahrhunderte in fast jeder Region vertreten gewesen war, gab es beim Großteil der deutschen Bevölkerung zum Ende des Ersten Weltkrieges keine lebendige Vorstellung von dem slawischen Nachbarvolk im Nordosten. Dieses Vakuum ließ sich nach 1918 mühelos negativ auffüllen nach den traumatischen Erfahrungen von Gebietsabtretungen, Grenzkonflikten und turbulenten Abstimmungskämpfen. Der politische „Reichsfeind" trat nun für die gesamte Nation deutlich sichtbar als außenpolitischer Gegner auf und symbolisierte allein schon durch seine staatliche Existenz den Verlust der preußisch-deutschen Vormachtstellung in Europa. In Polen stand nach der langen Teilungszeit zunächst einmal die Wiederfindung eines einheitlichen Selbstbildes zur Debatte, von dem ausgehend sich Freund und Feind allgemeinverbindlich definieren lassen konnten. Der massive und anhaltende Revisionsdruck von Seiten der Weimarer Republik ließ freilich auch hier das negative Bild von Deutschland und den Deutschen sehr bald zum bestimmenden Element in der polnischen Öffentlichkeit werden. Die „befreiten polnischen Westgebiete" wurden von allen polnischen Regierungen und von fast jeder ernstzunehmenden politischen Kraft in Polen als unverzichtbare Bestandteile des polnischen Staates angesehen und jedwede Veränderung der polnischen Westgrenze als eine grundsätzliche Gefährdung desselben erachtet. Unter diesen Vorraussetzungen konnte die jeweils andere Nation als ein nationales Sicherheitsrisiko hingestellt und die eigene Unnachgiebigkeit in den anstehenden Streitfragen als Überlebensprinzip gerechtfertigt werden. Wenngleich der territoriale Clinch beider Länder in den Jahren 1926–1929 etwas an Schärfe verloren hatte, so blieb doch das deutsch-polnische Verhältnis weiterhin gespannt. In dieser Zeit wurden der deutsch-polnische Zollkrieg und heftige Kontroversen um die Minderheitenpolitik in beiden Ländern ausgetragen. Die Tatsache, dass die gegnerische Nation im eigenen Land als Minderheit vertreten war, gab dem deutsch-polnischen Verhältnis einen zusätzlichen Stachel, weil sich damit gleichsam eine zweite, innere Front eröffnete und die wechselseitigen Bedrohungsvorstellungen potenziert worden sind. Von außen wirkte die unterschiedliche internationale Stellung und Einbindung Deutschlands und Polens im europäischen Staatensystem verschärfend auf die bilateralen Beziehungen. So ist Polen in der Weimarer Republik immer auch als ein Teil des verhassten „Systems von Versailles" angegriffen worden.

Quelle: Internationale Schulbuchforschung 2 (1984), S. 140f.

„Geschichtsbilder für den neuzeitlichen Unterricht in einfachen Schulverhältnissen" aus dem Jahr 1924 [Auszug]

M 174

17. Bild: Der Weltkrieg (1914–1918).

„Rache, Neid und Habsucht hatten das Unglück über Europa gebracht, das man den Weltkrieg genannt hat. Das stolze Frankreich konnte es nicht vergessen, dass es 1870/71 unterlegen war und wollte an Deutschland Rache nehmen. Die Engländer waren darüber neidisch, dass Deutschland immer mehr Handel trieb. Die Russen wollten ihr Reich noch größer machen und daher Österreich und die Türkei vernichten, auch um dadurch einen Zugang zum Mittelmeere zu erhalten. Sie wissen, meine Herren, dass der ‚Zweibund' zwischen Frankreich und Russland schon einige Zeit bestand. Als ihm auch England beitrat, war die Entente (Einvernehmen) geschlossen. Und die Ungeschicklichkeit unserer Staatsmänner hatte es verschuldet, dass die Entente zustande kommen konnte." So begann der Vorsitzende eines Kriegervereins seine Festrede, die er bei der Einweihung der neuen Fahnen hielt. – Als die Mitglieder des Kriegervereins dann noch einige Stunden im Festsaale zusammen saßen, wurde viel vom Kriege erzählt. Stolz trugen die meisten das Eiserne Kreuz II., ja sogar I. Klasse, das Kaiser Wilhelm II. erneuert hatte, auf der Brust. „Viele Hunde sind des Hasen Tod; das habe ich gleich gesagt, als nach und nach noch Belgien, Japan, Rumänien, Montenegro, Portugal unsere Feinde wurden," hob ein alter Wachtmeister an. „Als noch Nordamerika und einige Staaten Südamerikas sich unseren Feinden anschlossen, da wurde auch mir die Sache bedenklich," gab Kamerad Nowack zu. [...]

„Der Anfang des Krieges war ja vielversprechend", fing der Wachtmeister wieder mit leuchtenden Augen an; „da haben wir den in Ostpreußen raubend, sengend und plündernd eingefallenen Russen auf dem alten Schlachtfelde bei Tannenberg↑ im Jahre 1914 gezeigt, was deutsche Hiebe sind." „Als dann im nächsten Jahre ein neues russisches Heer wieder in Ostpreußen eindrang, da kamen wir mit unserm Hindenburg und haben ihnen in der neuntägigen Winterschlacht in Masuren (Februar 1915) masurisches Seenwasser zu trinken gegeben," fügte Nowack schmunzelnd hinzu; „da konnten ihre immer durstigen Kehlen den Durst löschen, als wir sie scharenweise ins Wasser trieben." „Nicht umsonst heißt Hindenburg der Russenschreck," sagte lachend der Offizier. „Ich habe in der Zeit im Westen gekämpft," fuhr er fort; „hei, war das ein lustiges Brummen, wenn unsere 42 cm-Mörser vor den Festungen in Belgien donnerten. Lüttich, Namur, Brüssel, Antwerpen fielen wie auf Kommando. Und dann gings nach Frankreich hinein!" „Als wir dann wegen der großen Übermacht die Marneschlacht verloren, da fing mir doch schon die Sache an, bedenklich zu werden," gab ein Kamerad zu. „Wenn nur der verdammte Stellungskrieg in den Schützengräben nicht gewesen wäre; der hat uns mürbe gemacht," war die Meinung des Offiziers. Am schlimmsten wurde es ja aber doch, als die Hungerblockade durch die Engländer einsetzte. Für uns wurde ja noch gesorgt; es war aber ein niederdrückender Gedanke, dass Frau und Kinder zu Hause nicht satt zu essen hatten," murrte der Wachtmeister. „Ja, der Hunger macht die Menschen mürbe; da fiel dann auch Bulgarien von uns ab; ihm folgte bald Österreich. Weil dann auch die Unzufriedenheit in Deutschland über den langen Krieg, der nun keine Aussicht auf den Sieg bot, wuchs, da kam der furchtbare Zusammenbruch Deutschlands, den wir alle noch in schrecklicher Erinnerung haben," fügte Nowack mit ernstem Gesicht hinzu.

Da klopfte der Vorsitzende des Kriegsvereins an sein Glas und sagte: „Das Wort hat jetzt unser Kamerad, der Major Stein!" Dieser erhob sich und redete: „Kameraden, die jetzige schwere Zeit unseres Vaterlandes haben wir im Grunde genommen nur unserm alten Erbfeinde, dem Franzosen, zu verdanken. Ihr kennt die Geschichte. Schon der französische Kaiser Ludwig XIV. fiel in deutsches Land ein, nahm uns (1697) Elsass-Lothringen und zerstörte viele Ortschaften, auch das schöne Heidelberger Schloss. 1806/07 war es wieder der französische Kaiser, Napoleon I., der großes Unglück über Preußen brachte. 1870 wollte uns Frankreich wieder besiegen, aber sein Vorhaben scheiterte an der Einigkeit Deutschlands. Napoleon III. wurde gefangen genommen. Frankreich musste uns Elsass-Lothringen wieder herausgeben. Nun vererbte sich der Rachegedanke von den französischen Vätern auf die Kinder. Da Frankreich überreichlich Bundesgenossen fand, hat es uns wieder überwunden. So schwankt das Kriegsglück in der Geschichte. Sind wir aber ein einig Volk von Brüdern, so wird wieder die Zeit kommen, in der unser deutsches Vaterland wieder groß dastehen wird. Bis dahin wollen wir den Mut nicht sinken lassen. Das wollen wir uns versprechen, indem wir gemeinsam singen: „Deutschland, Deutschland über alles!"

Quelle: „Geschichtsbilder für den neuzeitlichen Unterricht in einfachen Schulverhältnissen" von Schulrat Meerkatz, 3. Auflage, Berlin 1924, S. 48–52.

Karte: „Frankreichs Vordringen im deutschen Westen“, 1935 M 175

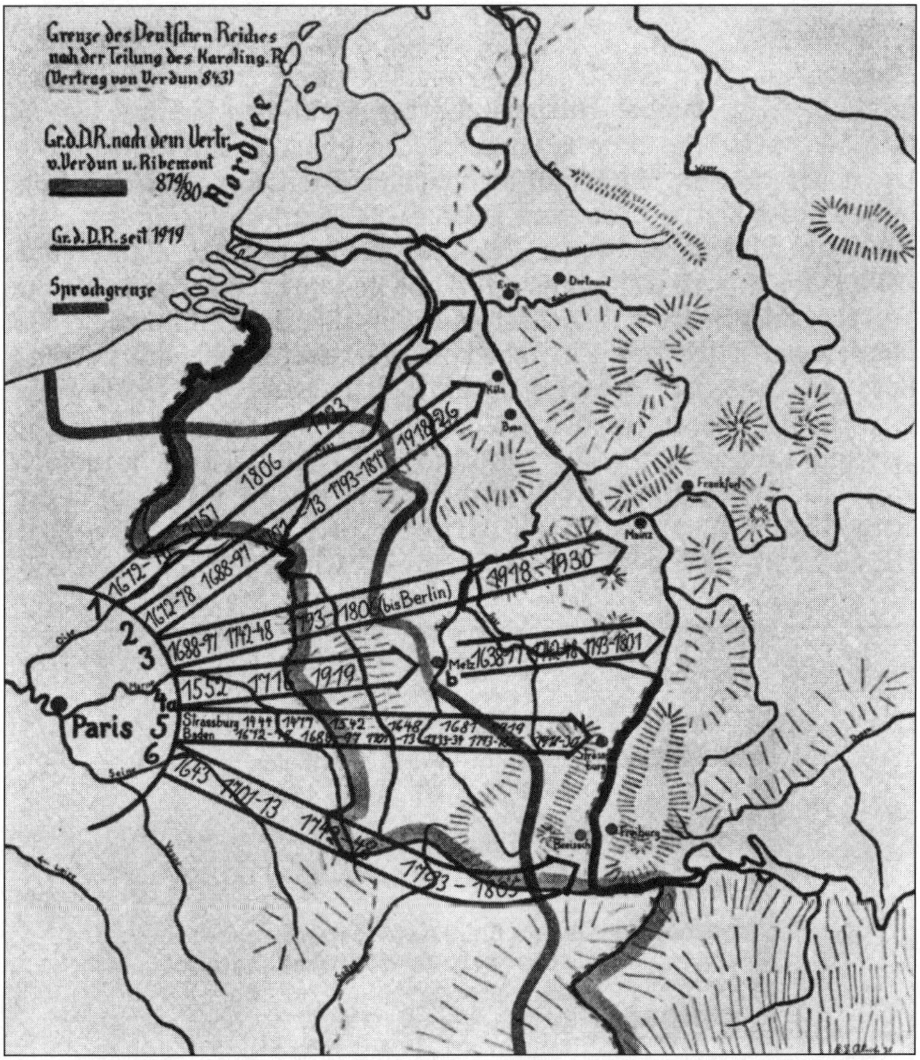

1. Ruhrgebiet, Porta Westfalica
2. Köln, Bonn
3. Mainz, Frankfurt, Berlin

4a. Metz

4b. Pfalz

5. Straßburg, Baden
6. Burgundische Pforte, Breisach, Donaulinie

Quelle: Horand Horsa Schacht: Volksdeutsche Fibel, II.Teil, Bielefeld 1935, S. 14.

M 176 Titelblätter deutscher „ostkundlicher" Schriften aus der Zwischenkriegszeit

„Deutschlands Ostnot".

„Der Zug nach Osten"

„Der Lebenskampf im deutsch-polnischen Grenzraum"

„Schlesien, Ausfallstor deutscher Kultur nach dem Osten"

Quelle: Gerard Labuda: Polska granica zachodnia. Tysiąc lat dziejów politycznych, Poznań 1971, Abb. 24/25.

Quelle: Gerard Labuda: Polska granica zachodnia. Tysiąc lat dziejów politycznych, Poznań 1971, Abb. 31 u. 32.

M 178 Karikatur: Die Deutschen und der Versailler Vertrag, 1921

Erläuterung:
Der Schriftzug über der „Pusteblume“ lautet *Versailler Vertrag*. Bemerkenswert ist die Aufnahme des Davidsterns in das Arsenal aggressiver Symbolik, die diesem „Deutschen“ zugeordnet wird.

Quelle: Szczutek, Nr. 35, 1921, in: Wojciech Wrzesiński: Sąsiad czy wróg? Ze studiów nad kształtowaniem obrazu Niemca w Polsce w latach 1795–1939. Wrocław 1992, S. 433.

Karikatur: Perpetuum mobile, 1919

M 179

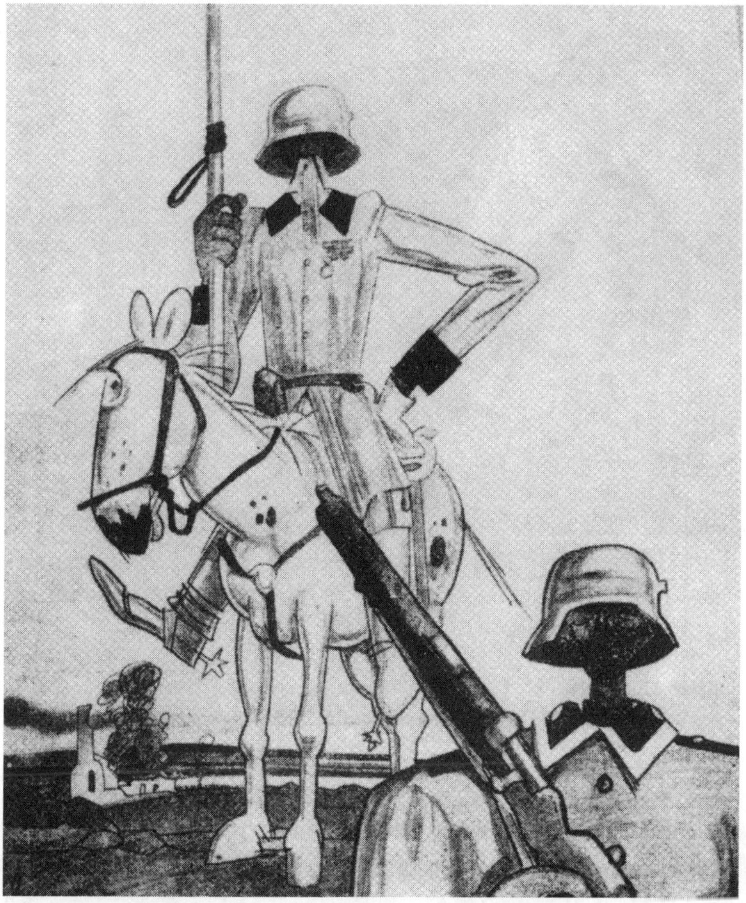

Bildunterschrift: „Perpetuum mobile – Und wieder werden wir mit dem Aufbau eines deutschen Staates beginnen: auf der Grundlage des Raubrittertums."

Quelle: Szczutek, Nr. 16, 1919, in: Wojciech Wrzesiński: Sąsiad czy wróg? Ze studiów nad kształtowaniem obrazu Niemca w Polsce w latach 1795–1939. Wrocław 1992, S. 425.

M 180 Karikatur: Der deutsche Hund, 1925

Bildunterschrift: „Der deutsche Hund: Zwar hat er keinen Schwanz, aber zwei Schnauzen: Die eine nach Frankreich und die andere nach Polen.“

Quelle: Mucha, Nr. 14, 1925, in: Wojciech Wrzesiński: Sąsiad czy wróg? Ze studiów nad kształtowaniem obrazu Niemca w Polsce w latach 1795–1939. Wrocław 1992, S. 478.

M 181 Plakat: Kamerad, hilf mir! Gegen Bolschewismus, Polengefahr und Hungersnot.

siehe Farbtafel in der Mitte des Bandes

Quelle: Friedrich Arnold (Hrsg.): Anschläge. Politische Plakate in Deutschland 1900–1970, Frankfurt u. a. 1972, S. 24.

Zum Mythos vom Deutschen in der polnischen Volksüberlieferung und Literatur: Sprichwörter, Redewendungen und Anekdoten

M 182

a) In Deutschland sagt man:
„Der Deutsche denkt es aus, der Franzose macht's nach zu Haus, der Brite kommt hinterdrein und steckt den Nutzen ein".
In Polen heißt eine der vorhandenen Fassungen:
„Der Engländer hat die Idee. Der Franzose führt sie aus. Der Deutsche verbessert sie. Und der Pole greift sie auf und – kauft."

b) Deutsches Sprichwort
„Die Russen handeln aus Furcht und Zwang, die Triebfeder der Deutschen ist Gehorsam, der Schweizer Neigung zur Ruhe, der Polen Freiheit der Stimme, der Franzosen Ehre des Königs, Ruhm, der Engländer Liebe zur Freiheit."

c) Der Deutsche und der Beamte
Ein Deutscher kam mit einer Klage zum Beamten, der, als er ihn bemerkte, fragte: „Und du, was bist du für ein Mensch?" Der Deutsche antwortete: „Ich bin kein Mensch, sondern ein Deutscher". „Und wozu bist du gekommen?" „Ich bin nicht gekommen, sondern gefahren". Da schrie der Beamte wütend: „Da mach, dass du weiterkommst." Der Deutsche verneigte sich und ging fort.

d) Polak mowny,
Niemiec słowny.

Der Pole redet immerfort,
der Deutsche ist ein Mann von Wort.
(Aufgezeichnet bei Rogasen im Posenschen)

e) Dem Deutschen eignet eine schulmeisterliche, aufdringliche Lehrhaftigkeit, deren Sprache mehr begrifflich ist, dem Polen eine glänzende advokatorische Rednergabe, deren Sprache gegenständlich zu sein versteht. Der erste wendet sich an die Geister, der zweite an die Gemüter. Der erste ist tüchtiger auf dem Gebiete des Dramas, der zweite auf dem Gebiete der Epik. Vor allem der Ostdeutsche hat, weil er nicht dazu erzogen worden ist, nie den Wert der Sprache als Waffe in der Auseinandersetzung der Volkstümer und ihrer Kulturen richtig einzuschätzen und anzuwenden gewusst. Seine Bücher erschienen dem Polen Jahrhunderte hindurch langweilig und zu tiefgründig, seine Sprache pedantisch. Im Vergleich zu ihr wirkte die polnische immer schwärmerisch und blumenreich. Und so gewann in der großen politischen und kulturellen Propaganda die Menschen oft nicht der deutsche Schulmeister, sondern der polnische Redner.

Quelle: Kurt Lück: Der Mythos vom Deutschen in der polnischen Volksüberlieferung und Literatur. Forschungen zur deutsch-polnischen Nachbarschaft im ostmitteleuropäischen Raum, Posen 1938, S. 19, S. 18, S. 126, S. 147f.

M 183 Vorwort von Zygmunt Wojciechowski* zum programmatischen Buch „Dolny Śląsk" des Westinstituts in Posen [Auszug]

Die Polen der letzten Generationen, die unter dem überwältigenden Eindruck der am Ende des 18. Jahrhunderts durchgeführten Teilungen Polens lebten, waren sich vielleicht nicht gebührend dessen bewusst, dass der staatliche Organismus Polens viele Jahrhunderte davor schwere Verluste erlitten hatte, die im Endeffekt den endgültigen Einfluss auf jene Teilungen vom Ende des 18. Jahrhunderts genommen hatten.

Ein polnischer Historiker, und zwar im weiten Sinne des Wortes, d. h. nicht nur ein Spezialist, wusste gut darüber Bescheid, dass die Gebiete an der Oder eine hervorragende polnische Tradition hatten. Dasselbe gilt übrigens für die Beziehungen des ehemaligen Ostpreußens mit der polnischen Republik. An der Mündung der Oder begann die Geschichte Polens. Eine der ersten Spuren des polnischen Staatswappens treffen wir auf dem berühmten Grabmal Heinrichs IV. in der Heiligkreuzkirche in Wrocław. Die Schlacht bei Grunwald↑ war doch auch eine Schlacht um das damalige Preußen der Ordensritter.

Der Unterzeichnende, obwohl er die Wiedergewonnenen Gebiete oft bereist, kann den Weg dorthin niemals ohne das Gefühl einer tiefen Rührung zurücklegen. In einem besonderen Maße betrifft das Schlesien, das genauso polnisch war wie Isle de France französisch ist. Das von Polen losgerissene Schlesien stellte eine 600-jährige Wunde auf dem lebendigen Leib des Staates dar.

Die Publikation, die vom vorliegenden Vorwort eingeleitet wird, hat zum Ziel: die geistige Zusammenführung der polnischen Gesellschaft mit den Wiedergewonnenen Gebieten durch Schaffung des Bewusstseins und der Überzeugung, dass wir auf den Pfad unserer alten Stammböden zurückgekommen sind. Die in Potsdam gezeichnete Linie war keine mechanische Grenzziehung, sondern Ausdruck des tiefen Sinnes geschichtlicher Prozesse.

Aus diesen oben angeführten Gründen ist unsere Publikation, bei der wir die Ehre haben, ihren ersten Band der polnischen Gesellschaft vorzulegen, einseitig, wir fügen hinzu: bewusst einseitig. Die Wiedergewonnenen Gebiete bildeten in der Geschichte einen Bestandteil verschiedener staatlicher Organismen, während der letzten zwei Jahrhunderte befanden sie sich zur Gänze in deutschen Händen. Wir bemühen uns an dieser Stelle nicht, eine sog. objektive Geschichte zu schreiben. Unsere Aufgabe bestand darin, die polnische Geschichte dieser Gebiete darzustellen und die polnische gegenwärtige Realität dieser Gebiete auf jenen historischen Hintergrund zurückzuprojizieren. Diese Sichtweise wurde diktiert nicht nur durch den Bedarf des gegenwärtigen Augenblicks, sondern ebenfalls durch die Überzeugung, dass die polnische Geschichte dieser Gebiete ihre hauptsächlichste Geschichte sei.

Prof. Zygmunt Wojciechowski
Direktor des Westinstituts
In Posen, im Dezember 1947

Quelle: Zygmunt Wojciechowski: Dolny Śląsk [Niederschlesien], Tom I, Instytut Zachodni [Westinstitut], Poznań: Wydawnictwo Poznańskie 1950, S. 10f. (übertragen von M. Telus).

---

* Zygmunt Wojciechowski (1900–1955), Historiker, Professor an der Universität in Posen, Gründungsdirektor des dortigen Westinstituts.

Protokoll der außerordentlichen Vollversammlung der Mitglieder des Westinstituts am 22. Februar 1956 [Auszug]

M 184

Zu Beginn sprach der Vorsitzende des Kuratoriums des Westinstituts, Prof. Tadeusz Lehr-Spławiński, Worte des Gedenkens zum Tode des Direktors des Westinstituts, Herrn Prof. Zygmunt Wojciechowski. [...]

Prof. Labuda
Man kann kein Programm formulieren ohne einen Rückblick auf das, was bisher geschehen ist [...]: Wie sah die Konzeption des Westinstituts aus, und wie soll sie in Zukunft sein? [...] Wer näher mit Prof. Wojciechowski zu tun hatte und seine Publikationen gelesen hat, weiß, dass seine grundlegende Konzeption auf dem Gedanken der Rückkehr Polens in seine Stammgebiete beruhte. Diese Stammgebiete waren für ihn mit der territorialen Gestalt des ersten Piastenstaates identisch. Prof. Wojciechowski war der Ansicht, dass die Entwicklung Polens nur im Rahmen dieser Gebiete möglich sei. Das Westinstitut in der Konzeption von Prof. Wojciechowski sollte der Gesellschaft diese Vorstellung vermitteln. In diesem Zusammenhang sah Prof. Wojciechowski die Geschichte der polnischen Stammgebiete als eine Geschichte der Auseinandersetzung mit dem deutschen Staate, so stellte er es in seinem ersten Nachkriegsbuch (Polen – Deutschland, zehn Jahrhunderte des Ringens) dar. Diese eigentümliche Konzeption der Stammgebiete lastete auf der gesamten Tätigkeit des Westinstituts. Die künftige Tätigkeit des Instituts aber muss von einer anderen konzeptionellen Grundlage bestimmt sein – der Frage nämlich nach der deutsch-polnischen Geschichte und den Formen des Zusammenlebens beider Völker, der Suche nach neuen Kräften des Fortschritts und der Demokratie in Deutschland, insbesondere in der DDR. Dies ist gegenwärtig die hauptsächliche und grundlegende Aufgabe. Die ganze Tätigkeit des Westinstituts muss sich an der polnisch-deutschen Problematik orientieren. Das ist die Hauptaufgabe des Westinstituts. Sie bestimmt auch die Prinzipien der Themenwahl. [...] Es wird darauf ankommen, die Bestimmung der historischen Themen, die das Westinstitut behandeln soll, in den Kontext der Gesetzmäßigkeit des historischen Prozesses zu rücken. Folgt man dieser Sichtweise, kommt folgende Tatsache in den Blick: Bis zur Mitte des 19. Jahrhunderts wurde Deutschland hauptsächlich durch die Entwicklung der Produktionskräfte und durch die feudale Expansion in den Osten getrieben. Seit der Mitte des 19. Jahrhunderts, bedingt durch die Entwicklung des Kapitalismus in den deutschen Gebieten, nimmt die Entwicklung Deutschlands einen anderen Charakter an: Die Deutschen ziehen sich aus dem Osten zurück, auch wenn sie dort noch imperialistische Kriege führen. Was wir heute erleben, ist nicht konjunkturbedingt, sondern ergibt sich aus den Gesetzmäßigkeiten des historischen Prozesses, der ökonomisch, politisch und gesellschaftlich bedingt ist.

Man muss diesen Wandel unserer Gesellschaft vermitteln; man kann die gegenwärtige Realität in den Westgebieten nicht als eine Übergangsphase der internationalen Beziehungen betrachten, sondern als ein Ergebnis des regelrecht verlaufenen historischen Prozesses mit allen Merkmalen eines dauerhaften Zustandes. Die weit angelegten Forschungen, übrigens nicht nur die am Westinstitut betriebenen, führen zu der Schlussfolgerung, dass die Formen des polnisch-deutschen Zusammenlebens nicht immer antagonistisch waren und es auch nicht sein müssen. Der Kampf um die Oder-Neiße-Grenze, um den Umbau der wirtschaftlichen und gesellschaftlichen Verhältnisse in der DDR oder in der Volksrepublik Polen findet nicht in einem Vakuum statt. Trotz [...] der Versuche, diesen Zustand in Frage zu stellen, dürfen wir das, was Keime des Fortschritts enthält und das, was zum Untergang verurteilt ist, nicht aus den Augen verlieren. Zum Untergang verurteilt sind die revisionistischen Versuche [...] Während man jedoch gegen die Kräfte der Reaktion kämpft, muss man die Aufmerksamkeit nicht nur der Geschichte der polnisch-deutschen Kämpfe, sondern ebenfalls der Geschichte des Zusammenlebens widmen. Man muss nach neuen Formen der Umsetzung dieses Zusammenlebens suchen. Wenn wir uns auf diese Konzeption einigen, finden wir Gesichtspunkte für eine Auswahl der Probleme, die das Westinstitut beschäftigen sollten. [...] Eine würdige Aufgabe wäre es z. B., in mehreren Bänden die Geschichte der deutschen Ostsiedlung, ferner die Geschichte Deutschlands in einer für den polnischen Leser verständlichen Synthese, die Geschichte der deutschen Literatur und der deutschen Kultur zu bearbeiten. Außerdem müsste man Themen für die Erforschung der neuesten Zeit bestimmen. Man soll sich nicht mit Stückgut beschäftigen, sondern sich im Gegenteil den großen Fragestellungen widmen und nach neuen Arbeitsformen und neuen Wegen ihrer Realisierung suchen.

Magister Głowacki widersprach Professor Labuda:
Das Institut entsprach einem gesellschaftlichen Auftrag. [...] Die Behauptung, das Westinstitut solle sich auf die Frage des Zusammenlebens mit den Deutschen einschränken, führt zur Verengung seiner Tätigkeit. Man darf nicht vergessen, praktische Schlussfolgerungen aus der Vergangenheit zu ziehen.[...]
In der Person von Prof. Wojciechowski besaß das Institut einen Menschen, der am besten verspürte, was im Interesse der gesellschaftlichen Kräfte lag, die die Arbeit des Instituts brauchen. Jetzt fällt die Verantwortung, geeignete Richtlinien für diese Arbeit zu finden, auf uns. Wir müssen eine Richtung abstecken, in der die Arbeiten des Instituts fortentwickelt werden können, statt auf Irrwege oder gar zum Erliegen zu kommen.
Professor Labuda erklärte, dass er das Werk von Professor Wojciechowski keinesfalls habe schmälern wollen. Er habe sich selbst mit dessen Konzept der Stammgebiete Polens solidarisiert [...] Gegenwärtig aber hat sich die Lage weiter entwickelt. Man kann sie heute nicht aus der Sicht der Situation von 1945 betrachten. Wir wollen heute eine neue Wirklichkeit gestalten und von

daher Richtlinien für die künftige Arbeit entwerfen. Es gibt kein Zusammenleben ohne ein Ringen miteinander und kein Ringen ohne ein Zusammenleben. Heute müssen wir den Akzent auf die neuen, fortschrittlichen Kräfte in Deutschland legen, auf diejenigen Kräfte, denen die Zukunft gehört. Wir bekämpfen den deutschen Revisionismus, denn wir halten das, was sich bei uns und in Ostdeutschland entwickelt für eine Zukunft für die beiden Nationen.

Quelle: Antoni Czubiński, Instytut Zachodni (1944–1986), Poznań 1987, S. 69, 75–78 (übertragen von M. Telus).

Brief von Hermann Aubin* an Albert Brackmann** vom 18. 09.1939 [Auszug]

M 185

[...] Herrn Vollert gegenüber empfiehlt es sich, ganz allgemein von der dringenden Notwendigkeit zu sprechen, dass die Volktumsfragen bei der Neueinrichtung der deutschen Verwaltung in Polen in das richtige Geleise gebracht werden. Dazu müssten auch wir unsere Erfahrungen anwenden, die wir in jahrelanger Arbeit gemacht hätten. Die Wissenschaft kann nicht einfach warten, bis sie gefragt wird, sie muss sich selber zu Worte melden.[...]

Quelle: Angelika Ebbinghaus/Karl Heinz Roth: Vorläufer des „Generalplans Ost“. Eine Dokumentation über Theodor Schieders Polendenkschrift vom 7. Oktober 1939, in: „1999“, Heft 1/92, S. 79.

---

* Hermann Aubin (1885–1969), Historiker für Mittelalterliche Geschichte, Wirtschafts- und Sozialgeschichte, Geschichtliche Landeskunde, vor dem Krieg Professor in Breslau, war führend in der deutschen Ostforschung.

** Albert Brackmann (1871–1952), Historiker, ab 1929 Generaldirektor der Preußischen Staatsarchive (zu Vita und Verstrickung in den Nationalsozialismus siehe den Aufsatz von Michael Burleigh im Verzeichnis *Weiterführende Literatur*).

M 186 Hermann Aubin*: Arbeitsplan für die Denkschrift über die ostdeutsche Reichs- und Volkstumsgrenze. Protokoll der Sitzung vom 28. 9. 1939 in Breslau [Auszug]

Änderungen ergeben sich aufgrund der Moskauer Verhandlungen für die Zone c). (Mitgeteilt am 29.IX. vormittags).

1. Der Berliner Arbeitskreis bearbeitet die Volkstumsverhältnisse in den Deutschland vorgelagerten Gebieten für die Jahre 1910 und 1931 in kreisfreier Berechnung.
   a) für das Gebiet westlich der Plateschen Linie (1919).
   b) für die im Versailler Vertrage abgetretenen Ostprovinzen bis zur ehemaligen Reichsgrenze.
   c) für das Gebiet bis zur Grenze des deutsch-russischen Interessengebietes vom 28.IX.1939.

   Ein durch die Linie a) oder b) begründeter Vorschlag zur Grenzziehung soll jedoch die volkstums-, wirtschaftspolitischen und verkehrstechnischen Notwendigkeiten berücksichtigen. Er wird sich also nicht streng an die errechneten Ergebnisse anschließen.

   [...]
2. Der Berliner Arbeitskreis stellt Untersuchungen an über den Umfang des bis 1939 enteigneten deutschen Bodens in Polen.
3. Professor Kuhn wird die Berechnungen ergänzen durch die Schätzung der polnischen Zuwanderung und Bevölkerungsüberschüsse seit 1918 in den nach dem Weltkriege an Polen abgetretenen ehemaligen Reichsgebiete.
4. Das dem Reiche zufallende Gebiet soll möglichst geschlossen von deutscher Bevölkerung besiedelt sein. Hieraus ergibt sich
   a) Das Problem der Wiedergutmachung.
   b) Das Umsiedlungsproblem für Polen, die in die neue Reichsgrenze eingeschlossen und für Deutsche, die von ihr ausgeschlossen sind.

   Es muss nunmehr die Minimalzahl der deutschen Rücksiedler berechnet werden, die zur Erfüllung des Gebietes entweder innerhalb der Linie a) oder innerhalb der Linie b) notwendig sind, um gesunde, d. h. geschlossene und auf die Dauer leistungsfähige deutsche Siedlung gewährleisten zu können. Diese Arbeit übernimmt der Berliner Arbeitskreis.

   In Verbindung mit dem Reichsnährstand wird ebenfalls der Berliner Arbeitskreis die Art der geplanten Neusiedlung festlegen und die Frage nach der Heranziehung von Neusiedlern aus den Ostprovinzen des Altreichs und den Gebieten des Westwalls erörtern. Weiter ist die Zahl der Rückwanderer aus den russisch werdenden ostpolnischen Gebieten zu berücksichtigen.

---

* Hermann Aubin (1885–1969), Historiker für Mittelalterliche Geschichte, Wirtschafts- und Sozialgeschichte, Geschichtliche Landeskunde, vor dem Krieg Professor in Breslau, war führend in der deutschen Ostforschung.

Die Zahl der notwendigen Siedler soll nicht schematisch sein, sondern eine berufliche Untergliederung bieten. Der Berliner Arbeitskreis ermittelt daher die soziale und schichtenweise Aufgliederung der deutschen Abwanderung aus Posen und Pomerellen nach dem Kriege aufgrund der Volkszählungsergebnisse von 1910 und der Berufszählung von 1907 im Vergleich mit den entsprechenden Ergebnissen der polnischen Volkszählung von 1931, um den bestehenden Bedarf feststellen zu können.
Aufgrund der sich aus diesen Berechnungen ergebenden Zahlen ist eine eventuelle Grenzkorrektur vorzunehmen und festzustellen, ob von einer völligen flächenmäßigen Wiedergutmachung in der Zone b) abgesehen werden, diese vielmehr als Protektoratsgebiet betrachtet werden soll, wo man sich mit dem Vorhandensein von Streudeutschtum begnügen kann.

5. Der Breslauer Arbeitskreis erörtert die historischen Voraussetzungen und Gegebenheiten für den Erfolg einer großzügigen Sieldungspolitik in den Ostgebieten: Voraussetzungen und Gründe für die Umsiedlung und Verpflanzung großer Menschenmassen in der Vergangenheit und die Frage nach der Aufnahmefähigkeit der zur Verfügung stehenden Gebiete. Es soll ferner erörtert werden, welche Formen der Siedlung sich bisher bewährt haben. Auch das konfessionelle Element ist zu berücksichtigen.
Als Umfang der Arbeit sind 1–1 ½ Bogen in DIN-Format vorgesehen. Dazu werden Kartenbeilagen treten.

H. Aubin

Quelle: „1999“, Heft 1/92, S. 81–82.

M 187 Hermann Aubin*: An einem neuen Anfang der Ostforschung [Auszug]

[...] Weil wir aber solche Ostforschung aus historiographischer Treue im Namen und mit ausdrücklicher Erinnerung an ihre Vorgängerin in der deutschen Wissenschaft angeknüpft haben, sei umso nachdrücklicher betont, dass sie durchaus in einem neuen Sinne geführt werden muss. Der Blickpunkt, aus dem wir zwischen den Kriegen die Probleme sahen, hat sich mit den Weltereignissen für uns wie für andere verschoben, das Feld, in welches die Probleme des östlichen Mitteleuropa eingespannt sind, hat sich außerordentlich geweitet, die jüngste Strukturwandlung ist viel allgemeinerer Art und geht viel tiefer als jene damals. Die Losung „Deutschland und der Osten" war in einer rein innerabendländischen Perspektive ausgegeben worden. Den weiteren Osten hatte sie völlig außer Anschlag gelassen. Solche Begrenzung kann heute nicht mehr gelten. Das östliche Mitteleuropa bietet das große Schauspiel der abendländisch-bolschewistischen Überschneidung, ist das Feld einer Kulturbewegung weltgeschichtlichen Ausmaßes geworden, und davon empfängt seine wissenschaftliche Betrachtung ihr Gesetz. Auch die überkommenen älteren Fragen erhalten dadurch eine besondere Färbung. Sie sind heute in dem geschärften Bewusstsein zu fassen, dass es bei ihnen um Stücke der gemeinsam-abendländischen Überlieferung geht.

Die Wissenschaft hat bei ihrer Arbeit lediglich ihrem eigenen Gesetz der Wahrheitssuche zu folgen. Ihr Ertrag bleibt trotzdem nicht auf sie allein beschränkt, sondern fließt auf vielen Wegen ins Leben ein. So darf am Beginn einer neuen wissenschaftlichen Arbeitsperiode unser Gedanke auch einmal über sein eigenstes Feld hinausgehen und hier die Hoffnung ausgesprochen werden, dass Kraft gewinnen möge für das Zusammenleben der Völker die Einsicht, welche alle älteren Bemühungen der Ostforschung zutage gefördert haben und die sich deutlich schon als Ergebnis aller neueren abhebt, die Einsicht, dass das Dasein des östlichen Mitteleuropa unter einer Dreiheit der Grundbedingungen steht: die Trias der Vielheit kleiner Völker und Staaten als innewohnender Struktur des Raumes, des Anteils daran und der Nachbarschaft des großen Volkes der Deutschen als der vorzüglichsten Vermittler der abendländischen Gesittung dahin im Laufe der Geschichte, und der Nachbarschaft und Einwirkung Russlands, das zu der Weltmacht des Bolschewismus erwachsen ist.

Quelle: Zeitschrift für Ostforschung. Länder und Völker im östlichen Mitteleuropa, 1. Jahrgang 1952, S. 15f.

---

* Hermann Aubin (1885–1969), Historiker für Mittelalterliche Geschichte, Wirtschafts- und Sozialgeschichte, Geschichtliche Landeskunde, vor dem Krieg Professor in Breslau, war führend in der deutschen Ostforschung.

Atlantik-Charta vom 14. August 1941 [Auszug]

M 188

Der Präsident der Vereinigten Staaten von Amerika und der Premierminister Mr. Churchill↑ als Vertreter der Regierung Seiner Majestät im Vereinigten Königreich, die sich auf einer Zusammenkunft getroffen haben, erachten es für wichtig, gewisse gemeinsame Grundsätze der nationalen Politik ihrer Länder, auf die sie ihre Hoffnungen für eine bessere Zukunft der Welt gründen, bekanntzugeben.

1. Ihre Länder suchen keine territoriale oder sonstige Veränderung.
2. Sie wünschen, dass keine territorialen Veränderungen zustande kommen, die nicht mit den frei geäußerten Wünschen der betroffenen Völker übereinstimmen.
3. Sie achten das Recht aller Völker, sich diejenige Regierungsform zu wählen, unter der sie leben wollen; und sie wünschen, dass Souveränitätsrechte und Selbstregierung denen zurückgegeben werden, denen sie gewaltsam entrissen worden sind. [...]
6. Nach der endgültigen Vernichtung der nationalsozialistischen Tyrannei hoffen sie einen Frieden aufgerichtet zu sehen, der allen Nationen die Möglichkeit geben wird, in Sicherheit innerhalb ihrer Grenzen zu leben, und der die Gewähr dafür bieten wird, dass alle Menschen in allen Ländern ihr ganzes Leben lang frei von Furcht und Not leben können. [...]
8. Sie glauben, dass alle Völker der Erde sowohl aus realistischen als auch aus geistigen Gründen dahin kommen müssen, die Anwendung von Gewalt aufzugeben. Da kein künftiger Frieden bewahrt werden kann, wenn Nationen, die mit Angriffen jenseits ihrer Grenzen drohen und drohen könnten, weiterhin im Besitz von Waffen für den Land-, See- oder Luftkrieg bleiben, glauben sie, dass die Entwaffnung solcher Nationen wesentlich ist, bis ein umfassenderes und dauerndes System der allgemeinen Sicherheit aufgebaut sein wird. Sie werden gleichermaßen alle anderen geeigneten Maßnahmen, die den friedliebenden Völkern die drückende Last der Rüstungen erleichtern, unterstützen und fördern.

Quelle: Hans-Adolf Jacobsen (Hrsg.): 1939–1945. Der Zweite Weltkrieg in Chronik und Dokumenten. Darmstadt 1959, S. 230f.

M 189 Der Auftritt W. Churchills↑ in Fulton am 5. März 1946 [Auszug]

Now I come to the second danger of these two marauders which threatens the cottage, the home, and the ordinary people – namely, tyranny. We cannot be blind to the fact that the liberties enjoyed by individual citizens throughout the British Empire are not valid in a considerable number of countries, some of which are very powerful. In these States control is enforced upon the common people by various kinds of all-embracing police governments. The power of the State is exercised without restraint, either by dictators or by compact oligarchies operating through a privileged party and a political police. [...]

A shadow has fallen upon the scenes so lately lighted by the Allied victory. Nobody knows what Soviet Russia and its Communist international organisation intends to do in the immediate future, or what are the limits, if any, to their expansive and proselytising tendencies. [...] It is my duty however, for I am sure you would wish me to state the facts as I see them to you, to place before you certain facts about the present position in Europe.

From Stettin in the Baltic to Trieste in the Adriatic, an iron curtain has descended across the Continent. Behind that line lie all the capitals of the ancient states of Central and Eastern Europe. Warsaw, Berlin, Prague, Vienna, Budapest, Belgrade, Bucharest and Sofia, all these famous cities and the populations around them lie in what I must call the Soviet sphere, and all are subject in one form or another, not only to Soviet influence but to a very high and, in many cases, increasing measure of control from Moscow. [...].

Whatever conclusions may be drawn from these facts – and facts they are – this is certainly not the Liberated Europe we fought to build up.

Quelle: Winston S. Churchill: His Complete Speeches 1897–1963. Volume VII: 1943–1949, ed. by Robert Rhodes James. New York – London 1974, S. 7288 u. 7290 f.

Andrej Ždanov* auf der Beratung von neun kommunistischen Parteien im September 1947 in Szklarska Poręba [Auszug]

M 190

Die als Folge des Krieges eingetretenen grundlegenden Änderungen in der internationalen Lage und in der Lage der einzelnen Länder haben das gesamte politische Weltbild verändert. Es entstand eine neue Gruppierung der politischen Kräfte. Je größer die Periode ist, die uns vom Kriegsende trennt, desto krasser treten zwei Hauptrichtungen in der internationalen Nachkriegspolitik hervor, die der Teilung der in der Weltarena wirkenden politischen Kräfte in zwei Hauptlager entsprechen: das imperialistische und antidemokratische Lager einerseits und das antiimperialistische und demokratische Lager andererseits. Die führende Hauptkraft im imperialistischen Lager stellen die USA dar. Im Bunde mit den USA befinden sich England und Frankreich [...] Das imperialistische Lager wird ferner unterstützt von Kolonialstaaten, wie Belgien und Holland, von Ländern mit einem reaktionären, antidemokratischen Regime, wie die Türkei und Griechenland, von Ländern, die – wie die Länder des Nahen Ostens, Südamerikas und China – politisch und wirtschaftlich von den USA abhängig sind.

Das Hauptziel des imperialistischen Lagers stellt die Festigung des Imperialismus dar, die Vorbereitung eines neuen imperialistischen Krieges, der Kampf gegen Sozialismus und Demokratie sowie die Unterstützung reaktionärer und antidemokratischer profaschistischer Regimes und Bewegungen.

Bei der Lösung dieser Aufgaben ist das imperialistische Lager bereit, sich auf die reaktionären und antidemokratischen Kräfte in allen Ländern zu stützen und seine militärischen Gegner von gestern gegen seine militärischen Verbündeten zu unterstützen.

Die antiimperialistischen und antifaschistischen Kräfte stellen das andere Lager dar. Die Grundlage dieses Lagers bilden die UdSSR und die Länder der neuen Demokratie. Ihm gehören ferner solche Länder an, wie Rumänien, Ungarn und Finnland, die mit dem Imperialismus gebrochen und fest den Weg der demokratischen Entwicklung beschritten haben. An das antiimperialistische Lager schließen sich Indonesien und Vietnam an, mit ihm sympathisieren Indien, Ägypten, Syrien. Das antiimperialistische Lager stützt sich auf die Arbeiterbewegung und auf die demokratische Bewegung in allen Ländern, auf die brüderlichen kommunistischen Parteien in allen Ländern, auf die Kämpfer der nationalen Befreiungsbewegung in den kolonialen und abhängigen Ländern sowie auf die Hilfe aller fortschrittlichen demokratischen Kräfte, die in jedem Land vorhanden sind. Das Ziel dieses Lagers ist der Kampf gegen die Gefahr neuer Kriege und gegen die imperialistische Expansion, die Festigung der Demokratie sowie die Ausrottung der Überbleibsel des Faschismus.

Quelle: Andrej Shdanov: Über die internationale Lage. Berlin 1947, S. 11f.

---

* Andrej Ždanov, 1896–1948, hochrangiger sowjetischer kommunistischer Funktionär. 1944–48 Leiter der Abteilung für kulturelle und ideologische Angelegenheiten im Zentralkomitee der sowjetischen Kommunistischen Partei.

M 191 Jalta. Text und Musik Jacek Kaczmarski*,1984

Wie eine neue Residenz der Zaren
das Personal kennt seine Pflichten
wo über die Welt ein Urteil fallen muss,
wurden die Tataren ausgesiedelt
Schon sehen die Fenster, hören die Wände
Wie der Löwe hustet bei einer Zigarre
Wie es quietscht, als der Rollstuhl vorgefahren wird,
Mit einem verkrüppelten Demokraten besetzt
Aber niemand weiß und niemand hört
Was der Mann aus den Bergen in der Krimnacht tut
Als er den treuen Gefährten mit einer Geste
Seine legendäre Macht einflößt.
Habt keinen Groll auf Stalin
Er machte aus all dem keinen Hehl
Es ist ja nicht seine Schuld
Dass Roosevelt** in Jalta machtlos war.
Als das Triumvirat für die Welt
Historische Positur einnahm.
Es war bekannt, wer den Cäsaren spielte
Und so muss man Jalta verstehen.

In den Zigarrenrest mit fahler Glut
Flossen Tränen vom Gesicht des Albions:
Sprechen wir nicht über das Baltikum,
Warum in Europa so viele Staaten!
Die Polen? Es geht nur darum,
dass sie am Ende irgendwo leben können.
Es gibt immer Sorgen mit diesem Polen
Der Krüppel ist besorgt und zittert.
Aber der Hausherr beruhigt sie
Mit der Hand den vergilbten Schnurrbart streichelnd
Mein Land reicht ihnen die helfende Hand
Danach mögen sie regieren wie sie wollen.

Habt keinen Groll auf Churchill↑
War er doch für all das nicht verantwortlich
Das Triumvirat war ja nur dafür da,
dass Stalin das bekam, was er wollte
Wem am Frieden gelegen ist
Der weicht vor der Gewalt zurück
Gewinnen tut derjenige, der den Krieg nicht fürchtet
Und so muss man Jalta verstehen.

Die Palastwand spitzt die Ohren
als der Löwe zum Krüppel spricht:
Ich glaube an die Aufrichtigkeit der Worte Stalins
Er sorgt sich wohl um sowjetisches Blut.
Und der Krüppel stimmt ihm zu
Der unbeugsame Wächter der Demokratie
Stalin, das ist jemand im Jahrhundertmaßstab
Das ist ein Mann von Statur, das ist ein Führer.
Denn das Bündnis der Großen ist keine Verschwörung
Das ist die Zukunft der Welt, Freiheit, Ordnung
Dadurch bleibt auch der Schwache am Leben
Trägt er auch seinen Anteil an den Verlusten.

Habt keinen Groll auf Roosevelt
Bedenkt wieviel er ertragen musste
Pfeife, Zigarrenrauch und die Flasche
Churchill, dem das Bündnis egal war.
Immerhin berieten drei Imperien über Grenzen,
Über etwas Verschwommenes
Hinter den Einzelheiten aber steckte Berija***
Und so muss man Jalta verstehen.

Die Delegationen flogen also ab
Still wurde die Zarenburg auf der Krim,
Als im Westen die Geschütze donnerten
Die Menschentransporte nach Osten fuhren.
Dann feierte die freie Welt den Triumph,
Die Fronten lösten sich plötzlich auf
Das Präsidentengrab schon mit Blumen bedeckt
Aber dort Transporte über Transporte.
Aus der Nacht erwächst das rote Morgengrauen,
Aufgrund des Wählerwillens trat Churchill ab
Aber dort Transporte lebendiger Menschen,
Und dort die Lager des langen Todes.
Nun habt keinen Groll auf diese Trojka,
Das Urteil der Geschichte stand auf ihrer Seite,
Ausgearbeitet bis auf den letzten Zoll.
Jeder von ihnen bewahrte, was er schon hatte.
Konnte sich irren, für Momente verwirrt,
War weder Pole noch Balte,
Nur die Opfer irren sich nicht
Und so muss man Jalta verstehen
Nur die Opfer irren sich nicht
Und so muss man Jalta verstehen.

Quelle: Jacek Kaczmarski, Jalta: A śpiewak także byl sam, Warszawa: Oficyna Wydawnicza Volumen, 1998, S. 437–479 (übertragen von Christoph Schröder).

---

* Jacek Kaczmarski, geb. 1957, polnischer oppositioneller Liedermacher.
** Franklin Roosevelt (1882–1945), amerikanischer Präsident (1933–1945).
*** Lavrentij Berija, (1899–1953), hochrangiger sowjetischer kommunistischer Funktionär, seit 1938 Chef des sowjetischen Geheimdienstes NKWD, verantwortlich für die Repressionen gegen sowjetische Bürger und ideologische Säuberungen im kommunistischen Machtbereich.

Auszug aus dem Tagebuch der polnischen Schriftstellerin M. Dąbrowska* M 192

27. Januar 1945. Sonnabend

Das, was nun mit Polen geschieht, übersteigt alles, was bisher in der Geschichte an Zynismus und gewaltsamer Unterwerfung von Nationen unter einen fremden Willen bekannt war. Und man bedenke, dass dieses unglückliche Volk nach fünf Jahren derart schrecklicher Opfer, eines so unerschütterlichen Kampfes, von Untergrundtätigkeit gegen die Deutschen nicht einmal die Befriedigung erfährt, die Geschichte dieses wunderbaren Kampfes, dieser Arbeit und Opfer kundtun und mit einem Lorbeer bekränzen zu können. Denn dieses unser Blut und unser Kampf werden bespuckt, entehrt, zunichte gemacht. Es ergab sich die wundervolle Konstellation, dass sich die ganze Nation hinter der Londoner Regierung sammelte. Wir kannten deren Nachteile, wir wussten, dass sie nur vorübergehend besteht und, sobald sie polnischen Boden betritt, hinter denjenigen zurücktritt, den sich das Volk auswählt. Aber unter welcher Regierung hätten wir uns 1939 und 1940 sammeln sollen, als sich ja Russland in einem Bündnis mit Deutschland befand und wir schon aus vielen Wunden bluteten? Wie konnte man sich erdreisten, wie konnte man es wagen, dem Volk eine solch tödliche Beleidigung ins Gesicht zu schleudern, um den Ruhm dieses Kampfes zu zerstören, unsere schrecklichen Leiden zu negieren und uns außerdem noch zu bedrohen. Und vergessen wir nicht, dass sich dies alles unter genau derselben Teilnahmslosigkeit der Welt abspielte wie bei den Teilungen am Ende des 18. Jahrhunderts. [...]

Quelle: Maria Dąbrowska: Dzienniki powojenne 1945–1965, wybór i przypisy T. Drewnowski, Bd. 1., Warszawa 1996, S. 44 (übertragen von Christoph Schröder).

---

* Maria Dąbrowska (1889–1965), polnische Schriftstellerin, Publizistin und Übersetzerin.

M 193 Wolfgang Borchert*: Draußen vor der Tür [Auszug]

Ein Mann kommt nach Deutschland.
Er war lange weg, der Mann. Sehr lange. Vielleicht zu lange. Und er kommt ganz anders wieder, als er wegging. Äußerlich ist er ein naher Verwandter jener Gebilde, die auf den Feldern stehen, um die Vögel (und abends manchmal auch die Menschen) zu erschrecken. Innerlich – auch. Er hat tausend Tage draußen in der Kälte gewartet. Und als Eintrittsgeld musste er mit seiner Kniescheibe bezahlen. Und nachdem er nun tausend Nächte draußen in der Kälte gewartet hat, kommt er endlich doch noch nach Hause.

Ein Mann kommt nach Deutschland.
Und da erlebt er einen ganz tollen Film. Er muss sich während der Vorstellung mehrmals in den Arm kneifen, denn er weiß nicht, ob er wacht oder träumt. Aber dann sieht er, dass es rechts und links neben ihm noch mehr Leute gibt, die alle dasselbe erleben. Und er denkt, dass es dann doch wohl die Wahrheit sein muss. Ja, und als er dann am Schluss mit leerem Magen und kalten Füßen wieder auf der Straße steht, merkt er, dass es eigentlich nur ein ganz alltäglicher Film war, ein ganz alltäglicher Film. Von einem Mann, der nach Deutschland kommt, einer von denen. Einer von denen, die nach Hause kommen und die dann doch nicht nach Hause kommen, weil für sie kein Zuhause mehr da ist. Und ihr Zuhause ist dann draußen vor der Tür. Ihr Deutschland ist draußen, nachts im Regen, auf der Straße.

Das ist ihr Deutschland.

Quelle: Wolfgang Borchert: Das Gesamtwerk. Hamburg 1949, Auflage von 1982, S. 102.

---

* Wolfgang Borchert (1921–1947), deutscher Schriftsteller.

Wolfgang Borchert: Generation ohne Abschied

M 194

Wir sind die Generation ohne Bindung und ohne Tiefe. Unsere Tiefe ist der Abgrund. Wir sind die Generation ohne Glück, ohne Heimat und ohne Abschied. Unsere Sonne ist schmal, unsere Liebe grausam und unsere Jugend ist ohne Jugend. Und wir sind die Generation ohne Grenze, ohne Hemmung und Behütung – ausgestoßen aus dem Laufgitter des Kindseins in eine Welt, die die uns bereiten, die uns darum verachten.

Aber sie gaben uns keinen Gott mit, der unser Herz hätte halten können, wenn die Winde dieser Welt es umwirbelten. So sind wir die Generation ohne Gott, denn wir sind die Generation ohne Bindung, ohne Vergangenheit, ohne Anerkennung.

Und die Winde der Welt, die unsere Füße und unsere Herzen zu Zigeunern auf ihren heiß brennenden und mannshoch verschneiten Straßen gemacht haben, machten uns zu einer Generation ohne Abschied.

Wir sind die Generation ohne Abschied. Wir können keinen Abschied leben, wir dürfen es nicht, denn unserm zigeunernden Herzen geschehen auf den Irrfahrten unserer Füße unendliche Abschiede. Oder soll sich unser Herz binden für eine Nacht, die doch einen Abschied zum Morgen hat? Ertrügen wir den Abschied? Und wollten wir die Abschiede leben wie ihr, die anders sind als wir und den Abschied auskosteten mit allen Sekunden, dann könnte es geschehen, dass unsere Tränen zu einer Flut ansteigen würden, der keine Dämme, und wenn sie von Urvätern gebaut wären, widerstehen.

Nie werden wir die Kraft haben, den Abschied, der neben jedem Kilometer an den Straßen steht, zu leben, wie ihr ihn gelebt habt. Sagt uns nicht, weil unser Herz schweigt, unser Herz hätte keine Stimme, denn es spräche keine Bindung und keinen Abschied. Wollte unser Herz jeden Abschied, der uns geschieht, durchbluten, innig, trauernd, tröstend, dann könnte es geschehen, denn unsere Abschiede sind eine Legion gegen die euren, dass der Schrei unserer empfindlichen Herzen so groß wird, dass ihr nachts in euren Betten sitzt und um einen Gott für uns bittet.

Darum sind wir eine Generation ohne Abschied. Wir verleugnen den Abschied, lassen ihn morgens schlafend, wenn wir gehen, verhindern ihn, sparen ihn – sparen ihn uns und den Verabschiedeten. Wir stehlen uns davon wie Diebe, undankbar dankbar und nehmen die Liebe mit und lassen den Abschied da.

Wir sind voller Begegnungen, Begegnungen ohne Dauer und ohne Abschied, wie die Sterne. Sie nähern sich, stehen Lichtsekunden nebeneinander, entfernen sich wieder: ohne Spur, ohne Bindung, ohne Abschied.

Wir begegnen uns unter der Kathedrale von Smolensk, wir sind ein Mann und eine Frau – und dann stehlen wir uns davon.

Wir begegnen uns in der Normandie und sind wie Eltern und Kind – und dann stehlen wir uns davon.

Wir begegnen uns eine Nacht am finnischen See und sind Verliebte – und dann stehlen wir uns davon.

Wir begegnen uns auf einem Gut in Westfalen und sind Genießende und Genesende – und dann stehlen wir uns davon.

Wir begegnen uns in einem Keller der Stadt und sind Hungernde, Müde, und bekommen für nichts einen guten satten Schlaf – und dann stehlen wir uns davon.

Wir begegnen uns auf der Welt und sind Mensch mit Mensch – und dann stehlen wir uns davon, denn wir sind ohne Bindung, ohne Bleiben und ohne Abschied. Wir sind eine Generation ohne Abschied, die sich davonstiehlt wie Diebe, weil sie Angst hat vor dem Schrei ihres Herzens. Wir sind eine Generation ohne Heimkehr, denn wir haben nichts, zu dem wir heimkehren könnten, und wir haben keinen, bei dem unser Herz aufgehoben wäre – so sind wir eine Generation ohne Abschied geworden und ohne Heimkehr.

Aber wir sind eine Generation der Ankunft. Vielleicht sind wir eine Generation voller Ankunft auf einem neuen Stern, in einem neuen Leben. Voller Ankunft unter einer neuen Sonne, zu neuen Herzen. Vielleicht sind wir voller Ankunft zu einem neuen Lieben, zu einem neuen Lachen, zu einem neuen Gott.

Wir sind eine Generation ohne Abschied, aber wir wissen, dass alle Ankunft uns gehört.

Quelle: Wolfgang Borchert: Das Gesamtwerk. Hamburg: Rowohlt 1949, Auflage von 1982, S. 59ff.

Aufruf zur Versöhnung: Evangelische und katholische Theologiestudenten demonstrieren 1966 am Rande einer Kundgebung von Vertriebenen (Foto) **M 195**

M 196 Karikatur: Ostpolitik

Erläuterung:
Die Figur links stellt den polnischen Außenminister Stefan Jędrychowski dar; die rechte Figur ist eine Abbildung von Bundesaußenminister Walter Scheel. Die Karikatur stammt von Paul Leger und ist nicht datiert (Entstehungszeit etwa 1970).

Quelle: Dialog 2/3, 1995, S. 30.

Egon Bahr*: Was wird aus den Deutschen? [Auszug]

M 197

Es ist überhaupt kein Zweifel, dass die Nation als Vorstellung und Wille und als Identifizierungskörper wieder ins politische Bewusstsein rückt. Man kann sie auf Dauer nicht verdrängen. In der DDR versucht man die Zielvorstellung ‚Nation' einzuengen und sie als sozialistische zu definieren. In der Bundesrepublik wirft man die Frage nach der eigenen Identität der Nation, nach dem Patriotismus auf und muss ihren Stellenwert neu bestimmen.

Meiner Auffassung nach haben wir durch die Ergebnisse der Entspannungspolitik Folgendes erreicht: Wir haben erreicht, dass die erste Priorität für uns die Erhaltung des Friedens ist; denn wenn das nicht funktioniert, funktioniert gar nichts mehr. Wir haben also die ideologischen Fragen zurückgestellt und damit auch die Frage der Nation an die zweite Stelle gerückt. Es gibt kein nationales Ziel, das es wert wäre, den Frieden zu gefährden, also mit Gewalt durchgesetzt zu werden. Infolgedessen rangiert die Nation nicht an erster Stelle, sondern höchstens an zweiter. Wäre es anders, so hieße das, Deutschland über alles, Frankreich über alles, und das hieße auch, Russland über alles oder Polen über alles.

Im Zeitalter der nuklearen Zerstörungsmittel ist es nicht mehr möglich, die Nation als ersten und einzigen Bezugswert zu haben. Der oberste Bezugspunkt politischen Denkens und Handelns muss der Frieden sein. Wer aber als ersten Bezugspunkt die Ideologie hat, ist ein Kalter Krieger, denn wenn man logisch konsequent danach handeln wollte, müsste man sagen: Um eine Ideologie durchzusetzen, muss ich auch bereit sein, Gewalt anzuwenden. Aber vor dem Abgrund, in den wir alle geguckt haben in der Welt, einmal in Berlin, als die Panzer sich gegenüberstanden, das andere Mal in Kuba, sind alle wieder zurückgeschreckt. Ich hoffe, dass wir diese Erfahrung nicht noch einmal machen müssen. Das heißt, wer jetzt die Ideologie – „siegreich wollen wir die Kommunisten schlagen" – wieder aufleben lässt, wird zu dem Ergebnis kommen, dass er sie nicht siegreich schlagen kann, weil das eben nicht mehr geht; Gewalt jedenfalls führt nicht mehr zum Sieg. Und wir würden bestenfalls Zeit verloren haben auf einem gefährlichen Umweg und wieder zurückkommen müssen zu dem entscheidenden Bezugspunkt politischen Handelns: der Erhaltung des Friedens durch Entspannung.

Aber dass die Nation nicht an fünfter, sechster oder achter Stelle steht, sondern an zweiter oder vielleicht an dritter – man kann darüber streiten, ob die Ideologie, die unterschiedlichen Weltanschauungen oder die Nation höherwertig sein muss –, gehört zu dem eigenen Wohlbefinden, der eigenen Orientierung dazu. Das Recht der Deutschen, ihre nationalen Interessen zu verfolgen – untergeordnet nur der Pflicht zum Frieden – ist genauso groß wie das der Engländer, der Amerikaner und der Polen.

Quelle: Egon Bahr: Was wird aus den Deutschen? Fragen und Antworten. Reinbek bei Hamburg: Rowohlt 1982; S. 14f.

---

* Egon Bahr, geb. 1922, Journalist und sozialdemokratischer Politiker, von 1967–1969 Botschafter z. b. V. in der Ministerialdirektion des Auswärtigen Amtes.

M 198 Willy Brandt†: Begegnungen und Einsichten. Die Jahre 1960–1975 [Auszug]

[...] Dies galt vor allem für unser Verhältnis zu Polen. Kein Land hat tiefer unter dem Krieg Hitlers und dem Vernichtungswillen seiner totalitären Staats-, Partei- und Militärmaschine gelitten. Keine Beziehung zu einem anderen Land – außer Israel – war und ist in gleicher Weise von schmerzhaften Erinnerungen und emotionalen Vorbehalten belastet. Mir wurde dies in aller Härte und Grausamkeit deutlich, als wir uns in Verhandlungen und Gesprächen auf die Unterzeichnung des Warschauer Vertrages im Dezember 1970 vorbereiteten. Aber bis dorthin war in den Jahren der Großen Koalition der Weg noch weit. Der Dialog begann damals zögernd über den Austausch von Reden. Zuerst musste der Boden der Versöhnung mit großer Behutsamkeit bestellt werden. Dies konnte nur geschehen, wenn man bereit war, mit den gewaltsamen, keineswegs gerechten und moralisch gerechtfertigten Korrekturen des Jahres 1945 zu leben, und sei es nur aus der Einsicht, dass die Forderung nach einer Änderung erneut Unrecht schaffen und den ohnehin gefährdeten Frieden Europas bedrohen würde. Die Vernunft sagte, dass ohnedies eine Revision des geschichtlichen Vorgangs, durch den Millionen Deutsche die Heimat verloren haben, auf gewaltsame Weise ausgeschlossen war und keine Hoffnung bestand, sie auf friedlichem Wege herbeizuführen.

Polen, daran gab es keinen Zweifel mehr, wollte die Sicherheit seiner Grenzen bestätigt wissen, ehe es sich bereit erklärte, seine Beziehungen zur Bundesrepublik Deutschland zu normalisieren. Die Unterstützung seiner osteuropäischen Nachbarn war ihm dabei wichtig. Aber auch Staatsmänner des Westens, ja unsere besten Freunde, drängten – öffentlich oder im privaten Gespräch – immer heftiger auf eine mutige Entscheidung der Verantwortlichen bei uns. Ich verberge nicht, dass ich – auch aus Respekt vor den Gefühlen unserer betroffenen Landsleute – lange Zeit an meinen Vorbehalten festhielt. Die Kammer für Öffentlichkeitsarbeit der Evangelischen Kirche in Deutschland legte am 1. Oktober 1965 eine Denkschrift zur Grenzfrage und zum deutsch-polnischen Verhältnis vor, die sich der Rat der EKD zu Eigen machte: Dies war der Anfang einer psychologischen Entkrampfung. Im November 1965 antworteten die polnischen Bischöfe – indirekt – mit einem Brief an die zum Konzil in Rom versammelten deutschen Amtsbrüder. Ihr Wort der Versöhnung wurde in einem Schreiben der deutschen katholischen Bischöfe aufgenommen, die sich freilich, was die Grenzfrage anging, weniger deutlich äußerten als der Rat der EKD. Im März 1968 sprach ein Memorandum deutscher Katholiken (des „Bensberger Kreises") eindringlich von unserer „Haftungspflicht" und wies auf die wachsende Zahl der polnischen Bürger hin, die nach 1945 in den Gebieten östlich der Oder-Neiße-Linie zur Welt gekommen waren und nun ihrerseits von einem Heimatrecht reden konnten.

Das Gespräch der Kirchen und ihrer Gemeinden war dem Dialog der Politiker voraus. Wohl gelang die eine oder andere gute Unterhaltung mit polnischen Journalisten. Ich nahm öffentlich auch einige Äußerungen des Außenministers Adam Rapacki↑ auf, der mit seinen Plänen zur Entspannung in Europa und einer Auflösung der Bündnisblöcke nicht nur auf westlichen Widerspruch, sondern auch auf kritische, ja misstrauische Einwände des Kreml gestoßen war. Es bedurfte unendlicher Geduld, um Verhärtungen auf beiden Seiten zu lockern. Die Bundesrepublik Deutschland hätte 1956/57 – nach dem polnischen „Frühling im Oktober", der Gomułka↑ an die Macht brachte – vermutlich die diplomatischen Beziehungen ohne Vorbedingungen zur Grenzfrage aufnehmen können. Man wollte in Bonn damals, vor der Hallstein-Doktrin und aus Angst vor der eigenen Courage, nur eine Handelsmission. Zu jener Zeit besuchte mich ein führender polnischer Journalist in Berlin; mir blieb seine Bemerkung in Erinnerung: „Was spielen hundert Kilometer für eine Rolle? Was wir wissen wollen, ist etwas anderes: Was wird aus Deutschland, mit welcher Art von Deutschland werden wir es zu tun bekommen?" Ich sah durch diese Äußerung meine Haltung am Ende des Krieges bestätigt: Ich war damals überzeugt, dass sich die alten Grenzen nicht würden behaupten lassen, doch ich wandte mich zugleich gegen die Maßlosigkeit der sowjetischen und polnischen Vorstellungen. Ernst Reuter bestärkte uns in der Meinung, man müsse Polen entgegenkommen.

Schon im ersten „Regierungsprogramm", das ich als Kanzlerkandidat im Jahre 1961 zu vertreten hatte, hieß es, eine künftige sozialdemokratische Regierung könne zwar dem Friedensvertrag nicht vorgreifen, aber den Weg der friedlichen Zusammenarbeit mit allen osteuropäischen Völkern, vor allem auch mit dem polnischen Nachbarvolk beschreiten; wichtiger als Formalitäten werde der Inhalt der zwischenstaatlichen Beziehungen sein. „Wir müssen uns dabei immer daran erinnern, dass Europa nicht an der Elbe aufhört, und dass wir einer europäischen Zusammenarbeit den Weg ebnen müssen, der Ost und West zusammenführt." Auf dem Dortmunder Parteitag im Juni 1966 nahm ich das Thema in einer präziseren Formulierung auf. Zur Wahrhaftigkeit gegenüber unserem Volk gehöre, dass wir noch deutlicher als zuvor sagten: Eine Friedensregelung, wenn sie eines Tages komme, werde Opfer verlangen. Diese Opfer würden in der Welt verstanden werden als der international-rechtliche Preis für den von Hitler begonnenen und verlorenen Krieg: „Manche Leute tun so, als hätten wir die Gebiete östlich der Oder-Neiße. In diesem Sinne haben wir ja nicht einmal das, was zwischen uns und der Oder und Neiße liegt. Manche Leute tun so, als hätten sich die befreundeten Staaten durch mehr als Rechtsvorbehalte engagiert; einige bekanntlich nicht einmal dadurch. Aber ich füge hinzu: Unsere abgewogenen Erklärungen hatten und haben ihren guten Sinn, und ich will euch sagen, weswegen: Keiner tut gut daran, mehr zu versprechen, als er geben kann." Das Gelände war freilich schwieriger geworden. Von 1965 an forderte Warschau nicht nur die Anerkennung der Oder-Neiße-Grenze, sondern nun auch die Anerkennung der DDR: Ein weiteres Zeichen dafür, dass die Zeit nicht für, sondern gegen uns gearbeitet hatte und dass der Einfluss der DDR wuchs.

Längst ehe ich das Amt des deutschen Außenministers übernahm, war ich davon überzeugt, dass die Aussöhnung mit Polen den gleichen geschichtlichen Rang hätte wie die deutsch-französische Verständigung. Wir mussten verstehen, dass Polen kein Staat auf Rädern mehr sein und endlich in gesicherten Grenzen leben wollte. So war die Aussöhnung mit ihm unsere moralische und politische Pflicht. Zur Aussöhnung gehörte auch, dass kein Keim zu künftigem Zwist gelegt werden durfte.

Ein Politiker muss wissen, wann die Zeit reif ist. Auf dem Nürnberger Parteitag der SPD führte ich am 18. März aus, wir wüssten, dass jetzt eine Anerkennung der Oder-Neiße-Linie nicht einmal diplomatische Beziehungen zu Polen zur Folge hätte. Niemand sei doch wohl so vermessen, an eine neue Vertreibung zu denken; vierzig Prozent derer, die dort lebten, seien schon in den ehemals deutschen Gebieten geboren worden. „Das deutsche Volk braucht die Versöhnung mit Polen, ohne zu wissen, wann es seine staatliche Einheit durch einen Friedensvertrag finden wird. Was ergibt sich daraus? Daraus ergibt sich die Anerkennung beziehungsweise Respektierung der Oder-Neiße-Linie bis zur friedensvertraglichen Regelung.“ Das war der entscheidende Satz. Der Parteitag nahm diese Einsicht in einen Beschluss auf.

Sofort hagelte es Meldungen über einen Koalitionskrach. Mir wurde vorgehalten, meine Erklärung sei nicht mit dem Bundeskanzler abgestimmt gewesen; das war sie auch nicht. Ich rief Kiesinger aus Nürnberg an, und wir unterhielten uns ohne jede Schärfe. Seine Einwände waren mehr taktischer als inhaltlicher Art; vor allem die Vertriebenenführer der Union waren ihm auf den Fersen. Nach außen stellte ich fest: „Der Bundeskanzler bestimmt nicht die Richtlinien des Parteitages, aber unabhängig davon ist dieses Thema mit dem Bundeskanzler besprochen worden.“

Mitte Mai reagierte Władysław Gomułka↑ – natürlich nicht überschwenglich, eher zurückhaltend, aber im Grunde positiv – in einer Rede auf meine Nürnberger Äußerung. Damit zeigte die polnische Seite, zum ersten Mal seit einer Reihe von Jahren, ihre Gesprächsbereitschaft an. Für mich bedeutete es viel, dass ich – wie einer Reihe von Berichten und Briefen zu entnehmen war – von vielen polnischen Bürgern verstanden wurde.

In einem Vortrag in München im Mai des Jahres 1969 bestätigte ich Gomułka↑ noch einmal, dass die Grenzfrage – und mehr noch Versöhnung und Normalisierung – nicht vergessen war, obwohl uns die innenpolitische Konstellation keinen konkreten Schritt nach vorn zugestand: „Ich... wiederhole hier, dass wir jederzeit bereit sind, mit der polnischen Regierung über den Austausch von Gewaltverzichterklärungen unter Einschluss des Grenzproblems – als Element einer europäischen Friedensordnung – zu verhandeln. Wir sind gesprächsbereit. Die Aussöhnung mit Polen ist eine der großen Aufgaben, die vor uns liegen. Und ich bin sicher, dass dieses Ziel auch von der großen Mehrheit der heimatvertriebenen Landsleute bejaht wird.“

Weiter konnte ich nicht gehen. Der Bewegungsraum in der Großen Koalition war damit erschöpft. Die Aufnahme der Beziehungen musste – mit der Hoffnung auf neue Mehrheiten im Deutschen Bundestag – aufgeschoben werden. Später, als die Ostpolitik ihren Gang nahm, forderten die Gegebenheiten, dass der Vertrag von Moskau dem Vertrag von Warschau vorgezogen werden musste. Im Dezember 1970 reiste ich zur Unterzeichnung in die polnische Hauptstadt. Die Normalisierung der Beziehungen blieb und bleibt auch danach ein Werk der Geduld.[...]

Quelle: Willy Brandt: Begegnungen und Einsichten. Die Jahre 1960–1975, Hamburg 1976, S. 240–243.

M 199 Mieczysław Tomala*: Ein Zeitzeuge erinnert sich [Auszug]

Der am 7. Dezember 1970 in Warschau unterzeichnete Vertrag über die Grundlagen der Normalisierung der Beziehungen zwischen Polen und der Bundesrepublik Deutschland nimmt einen Ehrenplatz in unserer gemeinsamen Geschichte ein.

Als Władysław Gomułka↑, der damalige I. Sekretär des ZK** der PVAP***, am 17. Mai 1969 in einer Rede auf einer Wahlkundgebung im Warschauer Stadtteil Praga den Vorschlag machte, nach dem Vorbild des Görlitzer Vertrags einen Vertrag mit der Bundesrepublik über die Anerkennung der Grenze an Oder und Lausitzer Neiße zu schließen, dachte so mancher: Na, noch ein Vorschlag, eine neue Propagandaaktion.

Es war bekannt, dass für W. Gomułka in der Außenpolitik die deutschen Angelegenheiten das Problem Nummer 1 waren. Er wollte insbesondere seitens der Bundesrepublik die Anerkennung dieser in Bonn seit Jahren negierten Grenze erreichen. Trotz der erklärten und demonstrierten Freundschaft mit der DDR war sich Gomułka darüber im klaren, dass ohne die Anerkennung dieser Grenze durch die Bundesrepublik ihr Bestand nie ganz gesichert wäre. In Gesprächen mit Politikern ging er von den alten Schemata ab, nach denen die Bundesrepublik ein militaristischer Staat war. Er betrachtete sie vielmehr als eine – vor allem wirtschaftlich – aufstrebende Macht.

In inoffiziellen Gesprächen sah er kurzfristig eine Vereinigung Deutschlands auf der Grundlage der Bonner Forderungen voraus. 1967 sagte er zu L. Brežnev↑, seiner Ansicht nach könne es schon in 15 Jahren dazu kommen. Wie wenig hat er sich geirrt!

Er war der Meinung, wenn er die Anerkennung der Oder-Neiße-Grenze durch die Bundesrepublik erreichte, wäre diese Verpflichtung auch in Zukunft für einen vereinigten deutschen Staat bindend. Doch wer konnte schon diese Gedanken kennen, die Gomułka beschäftigten. Bekannt waren dagegen seine leidenschaftlichen Anschuldigungen gegen die aufeinanderfolgenden Regierungen in Bonn, die nicht vorhatten, einen Normalisierungsprozess auf der Basis dieser Grundvoraussetzung, der vollen und bedingungslosen Anerkennung der Westgrenze Polens, anzubahnen. Gomułka hingegen wollte mit diesem Vertrag den Normalisierungsprozess mit den Deutschen einleiten, denn was in den Beziehungen zur DDR stattfand, konnte nur ein Ersatz dafür sein.

Die DDR-Führung befürchtete dagegen, eine Normalisierung der Beziehungen Polens zur Bundesrepublik werde ihr das postulierte Monopol auf die Vertretung des Deutschtums in Polen entziehen. [...]

---

* Mieczysław Tomala, Dr. habil., geb. 1921, polnischer Politologe, langjähriger Mitarbeiter des Polnischen Instituts für Internationale Fragen.

** ZK [Zentralkomitee].

*** PVAP [Polnische Vereinigte Arbeiterpartei] – poln. PZPR [Polska Zjednoczona Partia Robotnicza].

Es wurden Schritte unternommen, um bundesdeutsche Politiker für den polnischen Vertragsvorschlag zu gewinnen. Das PISM* lud eine Reihe einflussreicher CDU- und sogar CSU-Politiker aus Bonn ein. Unter ihnen waren auch der spätere Bundespräsident Richard von Weizsäcker und der ehemalige Bundesjustizminister Höcherl, eine Persönlichkeit, die mit den bei uns vertretenen Ansichten weit von dem abwich, was einige polnische Tageszeitungen über ihn schrieben.

Am 6. Juli 1970 empfing mich in Mainz Dr. H. Kohl, der Ministerpräsident von Rheinland-Pfalz und heutige Bundeskanzler. Ich übermittelte ihm eine Einladung meines Instituts, unser Land zu besuchen. Im Gespräch gab er sich als Fürsprecher solcher Beziehungen zu Polen zu erkennen, wie sie die Bundesrepublik mit Frankreich unterhält. [...]

Der 6. Dezember 1970, der Ankunftstag von Bundeskanzler W. Brandt↑, war ein Sonntag. Spätnachmittag, das Wetter war typisch herbstlich-winterlich, es fiel Schneeregen und die Straßen waren leer, denn wer geht bei solchem Wetter schon auf die Straße, es sei denn mit dem Hund.

Vor der Landung des Flugzeugs bat mich J. Cyrankiewicz**, seine Begrüßungsworte nicht zu übersetzen, er werde sie selbst auf Deutsch sagen. Der Augenblick sei so erhaben, dass sich kein Übersetzer einmischen dürfe. So geschah es auch. Beide Staatsmänner waren sichtlich bewegt, der Händedruck dauerte länger als üblich. Ihre Mienen waren ernst und versammelt. Man merkte ihnen die innere Bewegung an. Zwei Politiker gaben sich die Hand, die während des Zweiten Weltkrieges auf derselben Seite der Barrikade gestanden und gekämpft hatten. Und deshalb konnte Premierminister J. Cyrankiewicz später auch zu Bundeskanzler Brandt sagen, dass man jetzt eigentlich in Europa eine Internationale der Sozialistischen Premierminister mit dem französischen Kollegen Chaban-Delmas als drittem Mitglied bilden könnte.

Wir setzten uns in den Wagen, und Ministerpräsident Cyrankiewicz stellte mich dem Kanzler vor. Der aber sagte: „Ich kenne Herrn Dr. Tomala", vielleicht aus dem Dossier, das man für ihn vorbereitet hatte. Die Anspannung hielt an. Brandt sagte, seine Großmutter sei Polin gewesen, sie stammte aus Mecklenburg, wohin sie aus Pommern gezogen sei. Das Gespräch wurde ein bisschen gelöster, und plötzlich wendet sich Brandt an Cyrankiewicz mit der Frage: „Und wie ist die Ernte verlaufen?" Cyrankiewicz traut den Worten nicht recht, dabei hatte ich getreu übersetzt. Hier ist es dunkel, es fällt Schnee, die wenigen Fußgänger sind dick vermummt, und Brandt stellt eine solche Frage. „Nun, die Ernte ist schon längst eingefahren", antwortete der polnische Premier: Doch ich spürte, dass ihm die Frage keine Ruhe ließ. Ich wusste allerdings, welchen Hintergrund sie hatte.

Nachdem Cyrankiewicz den Bundeskanzler zum Schloss in Wilanów begleitet hatte, wo dieser in der nur für Staatsoberhäupter vorgesehenen Residenz wohnte, fragte er mich: „Sag mir, was ist das für eine merkwürdige Frage nach dieser Ernte,

---

* PISM [Polski Instytut Spraw Miedzynarodowych] – Polnisches Institut für Internationale Angelegenheiten.

** Józef Cyrankiewicz (1911–1989), polnischer Ministerpräsident (1947–1970).

ist das ein Scherz oder etwas anderes?“ Und nun spielte ich die Rolle eines „Deuters“. Denn als Bundeskanzler Brandt am 11. August 1970 zur Unterzeichnung des Vertrags mit der UdSSR in Moskau eintraf, begrüßte ihn auf dem Flughafen der für seine traurige Miene bekannte Vorsitzende des Ministerrates A. Kossygin*. Nach der Begrüßung, auf dem Weg zum Gästehaus, galt eine der ersten Fragen Kossygins an den deutschen Gast eben dem Verlauf der Ernte in der Bundesrepublik. Für Brandt kam das überraschend, und was konnte er schon antworten? Dass sich, wie es mit Ernten eben so ist, die Bauern um sie kümmern.

Doch bekanntlich kümmerten sich in den sozialistischen Ländern nicht nur die Bauern um die Ernte, sondern auch das Politbüro, die Regierung, die Massenorganisationen, die Presse. Jede Begegnung von Politikern aus sozialistischen Ländern begann mit einem Meinungsaustausch über eben dieses Thema. Sooft es zu einem Treffen zwischen Gomułka und Ulbricht kam, war gleich nach der Begrüßung eine Diskussion über die Ernte, den Eiweißgehalt der Futtermittel, die Viehzucht, das Wetter usw. usf. nahezu obligatorisch.

Und hier in Warschau wollte Brandt vielleicht nach seiner Erfahrung in Moskau Cyrankiewicz zuvorkommen und stellte diese Frage. [...]

Zur Besichtigung der Stadt blieb ihm keine Zeit, der Aufenthalt war kurz, er dauerte zwei Tage, und das Programm war gedrängt.

Aber im Gedächtnis aller blieb seine symbolische Geste – der Kniefall vor dem Denkmal der Helden des Ghettos, mit dem er alle in Warschau Gefallenen ehren wollte.

Die Unterzeichnung des Vertrags fand im Radziwiłł-Palais statt, auch Palais des Statthalters genannt, das heute der Sitz des polnischen Staatspräsidenten ist. Gomułka, der zu dieser Feierlichkeit, die schließlich die Krönung seines politischen Ziels war, hinzukam, strahlte. Ich habe ihn selten so gesehen. Als ich ihm zu diesem Vertrag gratulierte, sagte ich, es sei seit 1000 Jahren der erste Vertrag von solcher Tragweite. Diese Ansicht fand sich dann in seiner Rede vor dem Plenum des ZK nach der Vertragsunterzeichnung wieder. [...]

Und am Nachmittag desselben Tages fand im ZK-Gebäude, in dem sich heute ein Banken- und Finanzzentrum befindet, das wichtigste Gespräch dieser Politiker statt, von denen der eine die mutige Initiative ergriffen hatte, den Vertrag abzuschließen, und der andere, ihn zu unterzeichnen – ohne etwas zu verlieren, was nicht schon längst verloren war. Der Vertrag machte jedoch den Weg zu einem Zusammenleben von Deutschen und Polen frei. Die ersten Augenblicke des Gesprächs waren voller Anspannung, ich musste mich stark konzentrieren, um nichts auszulassen und von dem Gesagten nichts zu verfälschen. Gomułka sagte zum Kanzler, „wir sitzen in dem Saal, in dem gewöhnlich das Politbüro tagt und die Diskussionen und Gespräche offen und ehrlich sind. So sollte auch unsere Begegnung sein“. Der Dialog wurde rasch lebhafter. Den vollständigen Text veröffentliche ich in den „Zeszyty Niemcoznawcze“ Nr. 3/95. Die angesprochenen

* Aleksej N. Kossygin (1904–1980), sowjetischer Politiker, enger Mitarbeiter Brežnevs↑, Befürworter der Entspannungspolitik im Ost-West-Konflikt.

Themen waren die Chancen der Ostpolitik der Bundesrepublik, einschließlich der Ratifizierung des soeben unterzeichneten Vertrags, und die Richtungen der Normalisierung der Beziehungen zu Polen. Gomułka bestritt nicht die Bedeutung solcher Fragen wie die Überprüfung der Schulbücher oder die Belebung der gesellschaftlichen Kontakte, legte jedoch besonderen Nachdruck auf Elemente der wirtschaftlichen und wissenschaftlich-technischen Zusammenarbeit.

Gomułka sprach auch die Entschädigungsfrage an, die die Polen, denen vom Dritten Reich Unrecht widerfahren war, stark beschäftigte. Er wünschte jedoch, dass die Art der Regelung dieses Problems zu keiner dauerhaften Gereiztheit in den gegenseitigen Beziehungen führt, und schlug deshalb vor, die Bundesrepublik solle Polen für den Verzicht auf diesbezügliche Ansprüche einen langfristigen, niedrig verzinsten Kredit über 10 Mrd. DM gewähren. Auf diese Weise werde das schmerzliche Kapitel abgeschlossen und das wirtschaftliche Potential Polens gestärkt.

Im Herbst 1969 war ich mit einer Delegation der polnischen Industrie in der Bundesrepublik gewesen, die dort die Möglichkeiten für einen solchen Kredit sondiert hatte. Er sollte zur Errichtung neuer Fabriken genutzt werden, die auch für den Export produzieren.

Bundeskanzler Brandt versprach, die Frage auf einer Kabinettssitzung zu erörtern, er allein könne sie schließlich nicht entscheiden.

Nach dem Abendessen in Wilanów gingen die Hauptakteure dieses historischen Tages zum Kaffee in den Saal hinüber, in dem Journalisten und andere Politiker versammelt waren. Niemand hatte Gomułka je so „locker" gesehen wie damals. Er sprach und scherzte nicht nur mit Henri Nannen, dem Chefredakteur des „Stern", einer Zeitschrift, die Polen in jener Zeit viel Platz widmete, und mit Hansjakob Stehle, dem langjährigen Korrespondenten der westdeutschen Presse in Polen, der uns immer wohlgesonnen war, sondern auch mit dem Journalisten der „Bild"-Zeitung. Jeder der deutschen Journalisten wollte sich wenigstens einen Moment lang mit Gomułka unterhalten und diesen Moment im Bild festhalten.

So endete dieser Erfolgstag von W. Gomułka, der letzte und wichtigste in seiner politischen Karriere. Wer konnte wissen, dass er schon knapp zwei Wochen später mitsamt seiner ganzen Equipe auf eine bis heute nicht restlos geklärte Weise gestürzt werden würde.

Am nächsten Tag bat ich den Bundeskanzler, mir eine Widmung in sein Buch „Draußen" zu schreiben. Es war eine seltene Ausgabe, die seine Artikel und Vorträge aus der Zeit der Emigration enthielt. W. Brandt war etwas erstaunt, dass ich diese Publikation besaß, und schrieb hinein: „Herrn Prof. Tomala zur Erinnerung an einen wichtigen Tag, Warschau, 7. Dez. 1970, Willy Brandt". Als er sich vor dem Abflug auf dem Flughafen von den polnischen Gastgebern verabschiedete, trat er zu mir heran, dankte für die Übersetzung und sagte: „Besuchen Sie mich, wenn Sie in Bonn sind. Ich werde für Sie Zeit finden."

Quelle: Dialog, Nr. 2/3, 1995, S. 30–33.

M 200 Helga Hirsch*: Zur Berichterstattung über Deutschland in der polnischen Presse

Um uns bewusst zu machen, wo wir stehen, sollten wir uns erinnern, woher wir kommen. Wie sah das Deutschlandbild in Polen vor zehn, fünfzehn Jahren aus? Welche Vorstellungen verbreitete damals die – einzig allgemein zugängliche – kommunistische Presse? Welche Vorstellungen existierten in der Bevölkerung über den westlichen, in zwei Staaten mit unterschiedlicher Gesellschaftsordnung gespaltenen Nachbarn?

Erst der Blick zurück macht deutlich, welch tiefer Bewusstseinswandel sich östlich der Oder im Laufe nur eines guten Jahrzehnts vollzogen hat. Erst durch den Vergleich wird das wirkliche Ausmaß der Veränderung erkennbar, die auf den ersten Blick manchem eher als bescheiden und voller Unzulänglichkeiten erscheint.

Das Bild von den Deutschen – genauer gesagt von den Westdeutschen – war über Jahrzehnte einseitig verzerrt und instrumentalisiert für die Innenpolitik. Denn für die polnischen Kommunisten gab es kein geeigneteres Thema, um die eigene Nation auf ein Bündnis mit der ungeliebten Sowjetunion zu verpflichten und das sozialistische System als Voraussetzung für sichere Grenzen darzustellen. Wer, wenn nicht die russische Bruderpartei, wer, wenn nicht die sozialistische DDR, sollten denn die Oder-Neiße-Grenze gegen die revanchistischen Gelüste der Bundesrepublik verteidigen? Polen aber konnte und wollte nicht auf Schlesien, Pommern und Ostpreußen verzichten, denn es hatte aufgrund der Vereinbarungen von Jalta im Osten selbst ein Drittel seines Vorkriegsterritoriums verloren, es hatte sechs Millionen Tote im Krieg zu beklagen, es war – obwohl auf der Seite der Sieger – geschlagen und seine Hauptstadt war geschleift. Und so stellte die kommunistische Regierung ein Junktim her zwischen der Sicherung der polnischen Westgrenze und der Aufrechterhaltung des sozialistischen Systems, ein Junktim zwischen polnischer Integrität und Zugehörigkeit zum sowjetischen Block, ein Junktim zwischen Frieden für Polen und Teilung von Deutschland.

Dass dieser staatliche Antigermanismus verfangen konnte, lag an den traumatischen Erfahrungen der Bürger im Zweiten Weltkrieg, die alles übertrafen, was die Polen in den vergangenen Jahrhunderten an Übergriffen vom westlichen Nachbarn hatten erleiden müssen. Unter dem Schock der Kriegserfahrung fiel es leicht, ein Stereotyp aufzubauen, das besagte: Deutschland ist Faschismus, Deutschland ist Preußen, Deutschland ist Drang nach Osten. Eine solche Bedrohung aus dem Westen gebot das Bündnis mit der angeblichen Garantiemacht im Osten fast wie von selbst und die „deutsche Karte“ wurde

* Helga Hirsch, geb. 1948, Korrespondentin der ZEIT in Warschau von 1989–1995, lebt heute als freie Journalistin in Berlin.

im Laufe der Jahre zur letzten Möglichkeit der kommunistischen Machthaber, um die Unterordnung der Bevölkerung zu erpressen.

Aus diesem Denk- und Verhaltensmuster brachen als erste die katholischen Bischöfe Mitte der 60er Jahre aus, als sie ihren deutschen Amtsbrüdern die Hände über den Eisernen Vorhang entgegenstreckten, sie um Versöhnung baten und ihnen Versöhnung anboten. Damals stieß dieser Akt noch keineswegs auf durchgängige Zustimmung, doch der moralische Durchbruch war erfolgt. Der politische erfolgte erst viel später, Ende der 70er Jahre, als die anonym im Untergrund arbeitende Intellektuellengruppe PPN* im Laufe von zwei Jahren vier Dokumente zum deutsch-polnischen Verhältnis herausgab, die nicht nur vom Mut, sondern auch von der Weitsicht der Verfasser zeugen. Die ständige Beschwörung sogenannter revisionistischer, d. h. auf Grenzrevision zielender Kräfte in der Bundesrepublik – so PPN – solle nur die Teilung Deutschlands und damit die Teilung des Kontinents rechtfertigen. Doch nicht die Vertriebenenverbände seien die Ursache für die Teilung Deutschlands und die Unfreiheit Polens, sondern die in Jalta und Potsdam beschlossene Aufteilung der Einflusssphären der Siegermächte am Ende des Zweiten Weltkriegs. Ausnahmsweise hätten Polen und Deutsche mit der Abschüttelung der sowjetischen Dominanz ein gemeinsames Interesse und eine Wiedervereinigung Deutschlands müsse für Polen dann nicht bedrohlich sein, wenn die deutsche Seite die polnische Westgrenze anerkenne und eventuell aufkeimenden imperialen Gelüsten durch eine starke Einbindung ins westliche Bündnis begegne. Dann hätte eine Wiedervereinigung Deutschlands für Polen sogar Vorteile.

Eine Vereinigung Deutschlands im Rahmen der Europäischen Gemeinschaft brächte es mit sich, dass Polen eine direkte Berührung mit dem Westen gewönne, mit dem es durch seine Tradition und gegenwärtige Kultur verbunden ist, dass es die Möglichkeit einer Zusammenarbeit mit der Gemeinschaft bekäme und damit schließlich die Chance einer echten Wahl von Bündnissen und Wirtschaftsgemeinschaften.

Nachdem die PPN die angeblich unumstößliche Gegnerschaft zu Deutschland erst einmal in Frage gestellt hatte, erschien in der Untergrundpresse sofort eine große Anzahl von Artikeln, die die Grundaussagen von PPN bekräftigten und schließlich eine Haltung der Opposition formten, die in den bereits erwähnten drei Kernpunkten zusammengefasst werden könnte:

- Wir dürfen uns durch die Propaganda vom Deutschen als ewigen Feind nicht mehr von einer Neubewertung des westdeutschen Staates und einem neuen Verhältnis zum deutschen Nachbarn abhalten lassen.
- Die UdSSR ist nicht der Garant der polnischen Grenze, sondern der Garant eines aufgezwungenen Systems. Der Wunsch nach Freiheit und Unabhängigkeit trifft in Polen wie in Deutschland auf denselben Gegner.

* PPN [Polskie Porozumienie Niepodległściowe] – Polnische Vereinigung für Unabhängigkeit.

- Es liegt an den Deutschen, uns die Annäherung zu erleichtern, indem sie sich endlich zur vorbehaltlosen Anerkennung der Oder-Neiße-Grenze verpflichten und sich nicht mehr auf den Beschluss des Bundesverfassungsgerichts berufen, wonach die Bundesrepublik Deutschland einer Regelung für das vereinte Deutschland nicht zuvorkommen könne.

Damit hatte sich der Untergrund – für eine antitotalitäre Opposition gar nicht selbstverständlich – auch auf außenpolitisches Terrain begeben. Man überlegte sogar konkret, wer als Ansprech- und Bündnispartner auf deutscher Seite in Frage käme. Die Ergebnisse waren jedoch äußerst ernüchternd. Denn in den 80er Jahren hatten sich die westdeutschen Politiker parteiübergreifend an den Gedanken gewöhnt, dass a) der Frieden in Europa weit wichtiger als die Menschenrechte und b) die Wiedervereinigung in absehbarer Zeit nicht zu erreichen sei.

Wo die polnische Opposition den Einfluss kommunistischer Machthaber aus Warschau, Moskau oder Ostberlin durch Erweiterung der demokratischen Rechte an der Basis zurückzudrängen versuchte, setzte die westdeutsche Regierung auf die äußerst dialektische Taktik einer Destabilisierung durch Stabilisierung. Die kommunistischen Machthaber sollten sich sicher fühlen, dass ihnen keine Gefahr drohe – dann würden sie den demokratischen Freiheitsspielraum vielleicht erweitern. Verbittert reagierte der Literaturwissenschaftler Jan Józef Lipski in der Untergrundzeitung Kos im September 1984: Weil sie sich um das Schicksal des Friedens in Europa sorgen und einem aus einer Destabilisierung resultierenden Konflikt in Mitteleuropa ausweichen möchten, sind in Deutschland oft Stimmen zu hören, die die Polen zur Ordnung, das heißt zur ewigen Unfreiheit rufen, so als stünden den Deutschen und vielen anderen Völkern Freiheit, Souveränität und Demokratie von Natur aus zu, während die Polen ex definitione nur die Unfreiheit verdienten.

Quelle: Transodra 4/5, 1993, S. 28f.

Plakat: Kleine Schlachtmusik, DDR 1969

M 201

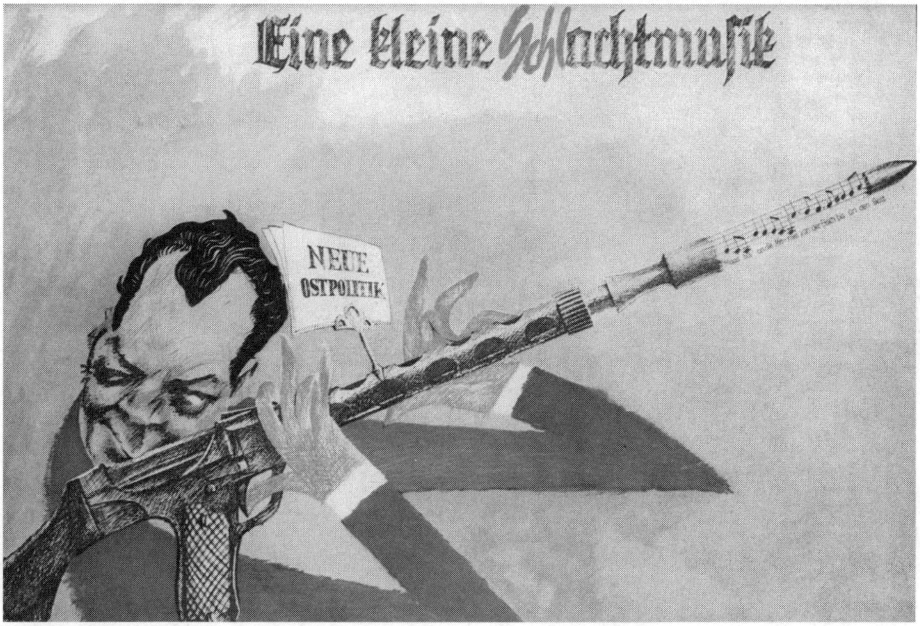

Erläuterung:
Die Ostpolitik Willy Brandts wurde in der DDR als Trick und Fortsetzung eines militanten Antikommunismus mit anderen Mitteln dargestellt. Der Melodientext lautet: „... Maas bis an die Memel, von der Etsch bis an den Belt".

Quelle: Friedrich Arnold (Hrsg.): Anschläge. Politische Plakate in Deutschland 1900–1970, Frankfurt u.a. 1972, S. 160.

M 202 Spruch auf der Berliner Mauer vor dem Brandenburger Tor, 1988

Erläuterung:
„Und die Mauern stürzen ein und begraben die alte Welt“, Zitat in Polnisch und Deutsch aus einem Lied des polnischen oppositionellen Liedermachers J. Kaczmarski.*

Ein weiteres Graffito: „On ne sent ses chaînes que lorsqu'on bouge – Rosa Luxembourg [Man spürt seine Ketten erst, wenn man sich bewegt – Rosa Luxemburg]“

Quelle: Andrzej Stach: Das polnische Berlin. Polski Berlin. Herausgegeben von der Ausländerbeauftragten des Berliner Senats, Berlin 1998, S. 40.

* Vgl. **M 191**.

Karikatur: Der deutsche Michel in Polen: Nach der Öffnung der deutsch-polnischen Grenze, 1991

M 203

Quelle: Karikatur von Rys. Jacek Sasin, erschienen 13. April 1991 in der „Politika", in: Tomasz Szarota: Der deutsche Michel. Die Geschichte eines nationalen Symbols und Autostereotyps. Osnabrück: fibre Verlag, 1998, S. 345.

Karikatur: Klischees trotz neuer Perspektiven

M 204

siehe Farbtafel in der Mitte des Bandes

Erläuterung:
In der Karikatur von Robert Wierzbiek aus dem Jahr 1993 stehen Wolf (Deutschland) und Schaf (Polen) einträchtig vor der EU-Fahne – Zeichen für das beiderseitige Bestreben, im vereinten Europa zusammenzuarbeiten.

M 205 Deutschland und Polen im Spiegel von Briefmarken (Umschlagsbild)

1915, Briefmarke des Deutschen Reiches

Abbildung: Germania: In der Bilderwelt der römischen Antike stellte sie die Personifikation Germaniens dar. Nach 1840 wurde die „Germania“ zur volkstümlichen deutschen Symbolfigur und nach der Reichsgründung von 1871 bis zum Ende des Ersten Weltkrieges u. a. auch als Abbildung auf deutschen Postwertzeichen verwendet.*

Aufdruck: Russisch-Polen

Anmerkung: Deutsche Truppen eroberten zu Beginn des Ersten Weltkrieges vormals zum russischen Teilungsgebiet gehörende Teile Polens (Russisch-Polen).

1921, Briefmarke der Zweiten Polnischen Republik

Sonderausgabe zur Einführung der Verfassung

Symbolische Darstellung

Aufschrift: Konstytucja [Verfassung]; 17. Marca [März] 1921

Anmerkung: Der Frieden von Versailles ermöglichte nach dem Ersten Weltkrieg die Gründung der Zweiten Polnischen Republik und damit eine Rückkehr Polens zu einer eigenen Staatlichkeit. Im März 1921 wurde in Polen eine demokratische Verfassung eingeführt, die ein parlamentarisches Zweikammersystem vorsah.

1939, Briefmarke des Deutschen Reiches

Sonderausgabe September 1939: „Wiedereingliederung Danzigs in das Reich“

Abbildung: Krantor, Danzig

Aufschrift: Danzig ist deutsch

Anmerkung: Die Stadt Danzig wechselte im Laufe der Jahrhunderte immer wieder ihre Zugehörigkeit. Von 1814 bis 1919 war sie Hauptstadt der deutschen Provinz Westpreussen. Der Versailler Vertrag löste die Stadt vom Deutschen Reich und gab ihr den Status einer „Freien Stadt“ unter dem Protektorat des Völkerbundes. Die nationalsozialistische deutsche Regierung nahm u. a. die „Danzig-Frage“ zur Begründung für den deutschen Einmarsch in Polen am 1. September 1939. Noch am selben Tag wurde die Freie Stadt Danzig dem Deutschen Reich „wieder eingegliedert“. Zu diesem Anlass erschien die Marke.

---

* Zur Tätigkeit der deutschen, polnischen, österreichisch-ungarischen und russischen Post während des Ersten Weltkrieges siehe Stefan Petriuk/Manfred Schulze: Die Post im besetzten Polen 1914–1918. Herausgegeben von: Philatelie Verlags- und Vertriebs GmbH. c/o Mildred-Scheel-Straße 2, 53175 Bonn.

1931, Briefmarke des Deutschen Reiches
Ausgabe für die Deutsche Nothilfe

Abbildung: Rathaus Breslau

Aufschrift: Deutsche Nothilfe

Anmerkung: Diese Marke kostete 15+5 Pfg., wovon 5 Pfg. für die Deutsche Nothilfe bestimmt waren. Die Marken für die Deutsche Nothilfe sind Vorläufer der heutigen Wohlfahrtsmarken, Postwertzeichen mit Zuschlag zugunsten wohltätiger Institutionen.

1943, Briefmarke der Polnischen Exilregierung in London

Abbildung: Zwei Männer und eine Frau arbeiten in einer offensichtlich in einem Keller versteckten Druckerei. Eine Schusswaffe liegt zur Verteidigung bereit.

Aufschrift: Tajna prasa w Polsce [Geheime Presse in Polen]

Anmerkung: Nach der Kapitulation Warschaus und der Aufteilung der polnischen Republik in deutsches und russisches Teilungsgebiet bildete sich in Frankreich eine polnische Exilregierung. 1940 verlegte sie ihren Sitz nach London und versuchte, den militärischen und zivilen Widerstand zu organisieren. Ab Ende des Jahres 1941 wurde dort der polnische Postdienst aufgenommen. Die Post wurde mit den Marken der Exilregierung freigemacht und auf polnischen Kriegs- und Handelsschiffen transportiert. Auch die England unterstellten polnischen Truppen benutzten diese Marken.

1946, Briefmarke der Volksrepublik Polen

Sonderreihe: „Warschau klagt an".

Abbildung: Das Königliche Schloss in Warschau
Linke Bildhälfte: Vor der Zerstörung, 1939
Rechte Bildhälfte: Nach der Zerstörung, 1945

Aufschrift: Warszawa – Zamek [Schloss Warschau]

Aufdruck: Warszawa Wolna 17. Styczeń, 1945–1946 [Freies Warschau, 17. Januar, 1945–1946]

Anmerkung: Die Marke erschien1946 zum ersten Jahrestag der Befreiung Warschaus und ist Teil einer sechsteiligen Reihe mit Ansichten im Krieg zerstörter Denkmäler und Gebäude.

1978, Briefmarke der Bundesrepublik Deutschland
Abbildung: Portrait von Janusz Korczak
Aufschrift: Janusz Korczak (1878–1942)
Anmerkung: Marke zum 100. Geburtstag von Dr. Janusz Korczak. Der Pädagoge und Kinderarzt leitete seit 1919 in Warschau ein Waisenhaus, das während des Zweiten Weltkrieges in dem von den Deutschen errichteten jüdischen Ghetto eingeschlossen lag. Als die SS im August 1942 die Kinder des Heimes in das Vernichtungslager Treblinka abtransportierte, weigerte sich Korczak, die Kinder zu verlassen und begleitete sie in das Lager, wo er mit ihnen in den Tod ging.

1944, Marke der Ghetto-Postabteilung Lódź/Litzmannstadt↑
Abbildung: Chaim Rumkowski, der „Älteste der Juden“ und von den Deutschen mit der internen Ghetto-Verwaltung beauftragt, Leiter der Ghetto-Postabteilung; im Hintergrund links arbeitende Jugendliche, rechts ein Absperrungszaun
Der Wert der Marke ist rechts oben auf dem Hintergrund eines Judensterns erkennbar.
Aufschrift: Judenpost – Litzmannstadt-Ghetto
Anmerkung Die Entstehungsmotive und Verwendungszwecke der sog. Ghettomarken sind nicht eindeutig geklärt. Da die Deutsche Reichspost ihre Tätigkeit vor den Mauern des Ghettos einstellte, übernahm eine interne jüdische Postabteilung unter Leitung des Ältesten der Juden, Chaim Rumkowski, die interne Postzustellung und -annahme. Dafür wurde eine zusätzliche Gebühr erhoben, die evtl. die Idee zu eigenen Marken aufbrachte. Die tatsächliche Produktion eigener Marken wurde von den „Oberen“ der jüdischen Postabteilung allerdings erst 1944 bei der deutschen Ghettoverwaltung beantragt, möglicherweise, weil man auf das Kriegsende hoffte und nach Wegen zur Kapitalbeschaffung suchte. Die abgebildete Marke ist eine der zahlreichen Druckvorlagen und Probedrucke, die vermutlich bereits unter dem Schalter verschoben wurden, bevor die offizielle Genehmigung vorlag. Die deutsche Ghettoverwaltung untersagte schließlich die Produktion der Ghettomarken und befahl die Konfiszierung aller bereits gedruckten Marken.*

* Zum Post- und Geldwesen im Ghetto Lódź: Manfred Schulze/Stefan Petriuk: Unsere Arbeit – unsere Hoffnung. Ghetto Lódź 1940–45, Schwalmtal 1995.

1965, Briefmarke der Bundesrepublik Deutschland

Abbildung:	Vertriebenengruppe
Aufschrift:	Zwanzig Jahre Vertreibung 1945–1965
Anmerkung:	Bereits 1955 war die gleiche Marke mit der Aufschrift „Zehn Jahre Vertreibung“ erschienen, um regelmäßig der Vertreibungen und Zwangsumsiedlungen von Deutschen nach dem Zweiten Weltkrieg zu gedenken.

1985, Briefmarke der Volksrepublik Polen

Abbildung:	Portrait von Władysław Gomułka↑ (1905–1982); Landkarte Polens mit Kennzeichnung der eingegliederten Gebiete	
Aufschrift:	oben:	40-lecie Ziem Odzyskanych [40 Jahre Wiedergewonnene Gebiete]
	rechts:	Min. Ziem Odzyskanych 1945–1949 [Ministerium für die Wiedergewonnenen Gebiete];
	links:	Byliśmy, jesteśmy, będziemy [Wir waren, wir sind, wir werden sein]

1964, Briefmarke der Deutschen Demokratischen Republik

Abbildung:	Viehzüchterinnen, Schweine vor Mastanlage
Aufschrift:	Frauenkongress der DDR, 25.–27. Juni 1964
Anmerkung:	Die Darstellung unterstreicht die besondere Rolle, die Frauen in der sozialistischen Landwirtschaft zugedacht war. 1964 organisierte der Demokratische Frauenbund Deutschlands (DFD, gegründet 1947 als staatliche Massenorganisation) den Ersten Frauenkongress der DDR. Diese Initiative korrespondierte mit den zeitgleichen Bemühungen der SED-Regierung Anfang der 60er Jahre, die Rolle der Frau im Sozialismus positiver und aktiver zu bestimmen. Da der Kongress auch für Nicht-Organisationsmitglieder offen stand, wurde kontrovers diskutiert über Problemthemen wie „Mädchen in technischen Berufen“ oder „Frauen in leitenden Positionen“. Die Debatten schienen dem DFD schließlich zu heikel geworden zu sein, bereits der Zweite Frauenkongress von 1969 sollte der letzte bleiben. Die offizielle „Geschichte des DFD“ erklärt, es habe sich erwiesen, dass „solche Formen nicht zur ständigen Praxis werden durften, da sie die spezifische und eigenständige Rolle des DFD eingeschränkt und die Ausschöpfung der der Frauenorganisation eigenen Kräfte, Potenzen und Erfahrungen behindert“ hätten.*

* Bundesvorstand des DFD (Hrsg.): Geschichte des Demokratischen Frauenbundes Deutschlands, Leipzig 1989.

1983, Briefmarke der Solidarność

Abbildung: Papst Johannes Paul II.; polnische Fahnen

Aufschrift: Jan Paweł II [Johannes Paul II.]; II pielgrzymka do ojczyzny [Zweite Pilgerreise in das Vaterland]; Poczta Solidarnośći walczacej [Post der kämpfenden Solidarność]; Wrocław [Breslau] 1983

Anmerkung: Anfang der 80er Jahre war die Situation in Polen gekennzeichnet von der Ausrufung des Kriegszustandes, der Postzensur und Verhaftungen von Solidarność-Aktivisten. In den Internierungslagern mit tausenden inhaftierten Solidarność-Mitgliedern enstanden in dieser Zeit Entwürfe für briefmarkenähnliche Vignetten. Aus den schlichten vorhandenen Mitteln fertigten Häftlinge Stempel, die nach draußen geschmuggelt wurden.
Zwar kamen diese dann außerhalb der Lager gedruckten Abzeichen (meist mit national-katholischer Symbolik) auf tatsächlich versendeten Briefen nie zum Gebrauch, von vielen Polen wurden sie aber als Zeichen ihrer Solidarität mit der demokratischen Widerstandsbewegung gekauft und gesammelt.*
Johannes Paul II. wurde 1920 als Karol Wojtyła geboren und erlangte 1978 als erster Pole die Papstwürde.

1994, Briefmarke der Bundesrepublik Deutschland

Abbildung: „Trabis“ beim Überqueren der innerdeutschen Grenze, links und rechts Menschen bei der Begrüßung der ankommenden Wagen

Aufschrift: 1989: Öffnung der innerdeutschen Grenzen

Anmerkung: Die Marke erschien anlässlich des fünften Jahrestages der Grenzöffnung.

1991, Briefmarke der Republik Polen

Abbildung: Häftling

Aufschrift: Ofiarom Stalinizmu [Den Opfern des Stalinismus]

Anmerkung: Gedenkmarke für die Tausende von Menschen, die dem stalinistischen Terror zum Opfer fielen.

* Stefan Petriuk: Polens Weg zur Demokratie, in: Frank Golczewski/Stefan Petriuk: Europa im Umbruch. Schwalmtal 1992, S. 7–24.

1961, Briefmarke der Bundesrepublik Deutschland

Abbildung: 19 Tauben, geordnet als fliegende Taube

Aufschrift: CEPT – Conférence Européenne des Administrations des Postes et des Télécommunications [Europäische Konferenz der Verwaltungen für das Post- und Fernmeldewesen]

Anmerkung: Die CEPT wurde 1959 in Montreux gegründet mit dem Ziel, den gegenseitigen Informationsaustausch und die Verwaltungs- und Betriebsdienste der beteiligten Länder zu verbessern. Insgesamt 16 Staaten gaben 1961 die CEPT-Briefmarke mit dem identischen Friedenstauben-Motiv heraus.

Hintergrundbild:

1994, Briefmarke der Bundesrepublik Deutschland

Abbildung: Menschen mit Transparent

Aufschrift: Miteinander leben!

Anmerkung: Die Marke erschien unter dem Titel: Ausländer in Deutschland.

Anhang

Glossar

Aufgenommen wurden wichtige, mehrfach vorkommende Namen und Begriffe. Sie sind bei Erstnennung im jeweiligen Text mit Pfeil [↑] markiert. Einmalig vorkommende Termini werden durch Sternchen[*]-Fußnoten erklärt.

Beck, Józef (1894–1944), im Ersten Weltkrieg Offizier in den Polnischen Legionen, Mitarbeiter von Piłsudski, 1932–1939 polnischer Außenminister.

Bismarck, Fürst Otto v. (1815–1898), preußischer Ministerpräsident 1862–1890 und deutscher Reichskanzler 1871–1890. Führte durch die „Einigungskriege" 1864 und 1866 sowie durch den deutsch-französischen Krieg 1870/71 die Gründung des deutschen Reiches herbei, das 1871 in Versailles ausgerufen wurde.

Brandt, Willy (1913–1993), deutscher sozialdemokratischer Politiker, Regierender Bürgermeister von Berlin 1957–1966, Außenminister (1966–1969) und Kanzler (1969–1974) der Bundesrepublik Deutschland; 1971 Friedensnobelpreis für seine Bemühungen um Entspannung im Ost-West-Konflikt.

Brežnev, Leonid Il'ič [Breschnew] (1906–1982), sowjetischer Politiker, 1960–1964 und 1977–1982 als Vorsitzender des Präsidiums des Obersten Sowjets Staatsoberhaupt der Sowjetunion, außerdem Erster bzw. Generalsekretär der KPdSU 1964–1982. Die nach ihm benannte Brežnev-Doktrin von der begrenzten Souveränität der im sozialistischen Block miteinander verbundenen Staaten gilt als ideologische Umschreibung des sowjetischen Anspruchs auf Vorherrschaft im kommunistischen Staatensystem.

Churchill, Sir Winston (1874–1965), britischer Politiker. Rief frühzeitig zu Gegenmaßnahmen gegen die aggressive Politik des nationalsozialistischen Deutschland auf. Britischer Premierminister 1940–1945 und 1951–1955. Sprach 1946 als erster vom „Eisernen Vorhang", der in Europa niedergegangen sei.

Curzon-Linie Bezeichnung für die vom britischen Außenminister George N. Curzon 1921 zur Beilegung des polnisch-sowjetrussischen Krieges vorgeschlagene Demarkationslinie zwischen Polen und dem sozialistischen Russland, die weitgehend ethnische Gesichtspunkte (Siedlungsgebiete von Polen einerseits und Weißrussen und Ukrainern andererseits) berücksichtigte. Die Curzon-Linie blieb aufgrund des polnischen Sieges bei Warschau und der für Polen sehr viel günstigeren Grenzziehung durch den

Frieden von Riga 1921 zunächst bedeutungslos, wurde dann aber im Zweiten Weltkrieg zur Grundlage sowjetischer Gebietsansprüche an Polen, so dass sie sich weitgehend mit der 1945 festgelegten polnischen Ostgrenze deckt.

Dmowski, Roman (1864–1939), polnischer Politiker und nationaler Ideologe, 1897 Mitbegründer der Nationaldemokratischen Partei, Leiter der polnischen Delegation auf der Pariser Friedenskonferenz 1919, auf der er das polnische Territorialprogramm weitgehend durchsetzen konnte.

Frank, Hans (1900–1946), deutscher nationalsozialistischer Politiker, Generalgouverneur in Polen 1939–1944 und mitverantwortlich für die dortige NS-Besatzungspolitik. 1946 in Nürnberg vom Internationalen Militärtribunal als Hauptkriegsverbrecher zum Tode verurteilt und hingerichtet.

Generalgouvernement Im Zweiten Weltkrieg Bezeichnung für das von der Deutschen Wehrmacht besetzte, nicht unmittelbar in das Deutsche Reich eingegliederte polnische Territorium.

Gierek, Edward (geb. 1913), polnischer Politiker. Erster Sekretär der Polnischen Vereinigten Arbeiterpartei (poln. abgekürzt PZPR) 1970–1980. 1981 aus der Partei ausgeschlossen, 1981–1982 in Haft.

Gomułka, Władysław (1905–1982), polnischer Politiker. Von 1945-49 stellvertretender Ministerpräsident und Minister für die „Wiedergewonnenen Gebiete". Wegen „Rechtsabweichung" verlor er 1948/49 seine Ämter und wurde 1951 verhaftet. 1956 rehabilitiert, übernahm er als Erster Sekretär der Polnischen Vereinigten Arbeiterpartei (PZPR) die Partei- und Staatsführung. Das Jahr 1970 brachte ihm mit der Anerkennung der polnischen Grenzen durch die Bundesrepublik Deutschland den größten Erfolg seiner Amtszeit, mit den Streiks in den polnischen Hafenstädten aber auch seine Absetzung.

Grunwald siehe *Tannenberg*.

Jaruzelski, Wojciech (geb. 1923), polnischer Militär und Politiker, 1956 General, 1968–1983 Verteidigungsminister, im Februar 1981 zum Ministerpräsidenten und im Oktober 1981 auch zum Ersten Sekretär der Polnischen Vereinigten Arbeiterpartei (poln. abgekürzt PZPR) ernannt, verhängte am 13.12.1981 über Polen das Kriegsrecht und setzte einen von ihm geleiteten „Militärrat der nationalen Errettung" (WRON) ein. Ministerpräsident bis 1985, Staatsratsvorsitzender 1985–1989, Präsident der Republik Polen 1989–1990.

Kongresspolen Bezeichnung für das durch den Wiener Kongress 1815 aus dem bisherigen Herzogtum Warschau geschaffene Königreich Polen, das in Personalunion mit Russland vereinigt war. Es verlor seine zunächst recht weitgehende Selbstverwaltung nach dem Aufstand von 1830/31.

Kulturkampf Nach der Gründung des Deutschen Reiches durch den Reichskanzler Otto v. Bismarck angestrengte Politik der Bekämpfung des Einflusses der Katholischen Kirche. In den polnisch besiedelten Teilen Preußens bewirkten der „Kulturkampf" und die Zurückdrängung des polnischen Bevölkerungsanteils in der Provinz Posen die Entwicklung eines alle ethnisch polnischen Bevölkerungsteile umfassenden Gemeinschaftsbewusstseins.

Litzmannstadt siehe *Łódź*.

Łódź (deutsch: Lodz oder Lodsch, von 1939–45 Litzmannstadt), zweitgrößte Stadt Polens, im 19. Jahrhundert boomende Industriemetropole mit multiethnischer Bevölkerung (polnisch, jüdisch, deutsch)

Molotov, Vjačeslav Michajlovič (1890–1986), sowjetischer Politiker und einer der engsten Mitarbeiter Josef Stalins. 1931–1941 Vorsitzender des Rates der Volkskommissare (entspricht dem Ministerrat), 1939–1949 und 1953–1956 Außenminister der Sowjetunion. Unterzeichnete mit Ribbentrop 1939 den Hitler-Stalin-Pakt. Mußte

1957 alle seine Partei- und Staatsämter niederlegen und wurde als Botschafter in die Mongolei geschickt.

Piasten Mittelalterliche polnische Herrscherdynastie, die bis 1370 die polnischen Herzöge und Könige stellte.

Piłsudski, Józef Klemens (1867–1935), polnischer Politiker und beherrschende politische Persönlichkeit im Polen der Zwischenkriegszeit. Über die Gründung der „Polnischen Legionen" gegen Russland 1914 aufgestiegen, kam er 1917 wegen seiner Forderung nach polnischer Unabhängigkeit in deutsche Festungshaft. Am 11. November 1918 wurde er vom polnischen Regentschaftsrat zum Oberbefehlshaber ernannt, kurz darauf erhielt er als Staatschef auch die politische Gewalt. 1920 zum Marschall befördert, legte er 1923 von der Politik enttäuscht das Amt des Generalstabschefs nieder. Während einer schweren Wirtschaftskrise 1926 jedoch setzte er mit einem Militärputsch die Märzverfassung von 1921 und damit die parlamentarische Demokratie teilweise außer Kraft und übernahm wieder politische Ämter. Piłsudski gelang es, die von ihm de facto ausgeübte Militärdiktatur durch die Einführung einer neuen, autoritären Verfassung im April 1935 noch über seinen Tod hinaus zu verlängern.

Rapacki, Adam (1909–1970), polnischer Politiker. Von 1956 bis 1968 Außenminister der Volksrepublik Polen. 1957 legte er erstmals den nach ihm benannten Rapacki-Plan zur Schaffung einer international kontrollierten atomwaffenfreien Zone in Mitteleuropa (Bundesrepublik Deutschland, DDR, Tschechoslowakei, Polen) vor. Dieser Plan wurde von den westlichen Regierungen mit dem Hinweis auf die sowjetische Überlegenheit bei den konventionellen Waffen abgelehnt.

Rapacki-Plan siehe *Rapacki, Adam.*

Ribbentrop, Joachim von (1883–1946), deutscher nationalsozialistischer Politiker, Außenminister des Deutschen Reichs 1938–1945. Unterzeichnete mit Molotov 1939 den Hitler-Stalin-Pakt. 1946 in Nürnberg vom Internationalen Militärtribunal als Hauptkriegsverbrecher zum Tode verurteilt und hingerichtet.

Roosevelt, Franklin Delano (1882–1945), amerikanischer Politiker. Obwohl seit 1921 durch Kinderlähmung schwer gehbehindert, 1928 zum Gouverneur von New York und 1932 mit seinem Reformprogramm des „New Deal" zum 32. Präsidenten der USA gewählt. Versuchte in der zweiten Hälfte der dreißiger Jahre die isolationistisch gestimmte amerikanische Öffentlichkeit davon zu überzeugen, daß die USA gegen die Aggressornationen Deutschland, Italien und Japan Stellung beziehen müßten. Gegen die amerikanische Tradition nicht nur 1936, sondern auch 1940 und 1944 wiedergewählt, unterstützte er aus machtpolitischen Gründen eine enge Zusammenarbeit mit der UdSSR und entwickelte im Verlauf des Zweiten Weltkrieges das Konzept eines Systems kollektiver Sicherheit, in dem die USA neben der Sowjetunion, Großbritannien und China die Rolle eines von vier Weltpolizisten übernehmen sollten; aus diesem Konzept ging dann der Sicherheitsrat der Vereinten Nationen hervor.

Runder Tisch Von Februar bis April 1989 geführte Verhandlungen zwischen Vertretern des Regierungslagers (v. a. der PZPR) und der Opposition (v. a. aus der Solidarność-Bewegung). Die zahlreichen dabei vereinbarten Reformen bewirkten eine grundlegende Veränderung des politischen und institutionellen Systems und leiteten das Ende der kommunistischen Herrschaft in Polen ein. Die Institution des „Runden Tisches" (dessen Form für eine Gleichberechtigung der Verhandlungspartner stand) sollte in der Folgezeit viele Nachahmer in anderen osteuropäischen Staaten finden.

Sanacja-Regime Bezeichnung für die polnische Regierung 1926–1935 nach dem Staatsstreich Józef Piłsudskis vom Mai 1926. „Sanacja" heißt eigentlich „Sanierung". Piłsudski trat nicht immer offiziell in Erscheinung, sondern zog zeitweise hinter den Kulissen die Fäden. Sein Regime war keine formale Diktatur, denn die parlamentarischen Institutionen – Parlament, Parteien, Opposition – bestanden weiter, letztere allerdings durch polizeiliche Repression behindert.

Sejm Zwischen 1947 und 1989 die Bezeichnung für das polnische Einkammerparlament. Zwischen den Weltkriegen und seit 1989 die zweite Kammer des Parlaments neben dem Senat. Früher die Bezeichnung sowohl für den polnischen Reichstag als auch für die Provinziallandtage.

Solidarność Erste unabhängige Gewerkschaft im kommunistischen Polen, die nach einer Streikwelle 1980 in Danzig gegründet wurde und sich schnell zu einer alle Gesellschaftsschichten umfassenden großen politisch-sozialen Bewegung entwickelte. Die katholischen Kirche bot ihr Schutz und verlieh ihr zusätzliche moralische Kraft. Unter der Führung Lech Wałęsas übte sie durch zahlreiche Streiks und Forderungen u. a. nach wirtschaftlichen Reformen und freien Wahlen erheblichen Druck auf die Regierung aus. Diese erließ auf Drängen der Sowjetunion im Dezember 1981 in Polen das Kriegsrecht und erklärte Solidarność für illegal. Nach Jahren des Wirkens im Untergrund wurde die Solidarność 1989 wieder legalisiert, nahm mit überragendem Erfolg an den ersten freien Parlamentswahlen teil und zwang die Polnische Vereinigte Arbeiterpartei zur Bildung einer Regierungskoalition. Im Verlauf der 1990er Jahre ging u. a. aufgrund der Entstehung zahlreicher neuer Parteien ihr direkter politischer Einfluss zurück.

Szczypiorski, Andrzej (1894–2000), polnischer Schriftsteller, Publizist, Teilnehmer am Warschauer Aufstand, Senator der Republik Polen 1989–1991.

Tannenberg, Dorf im westlichen Masuren, Wojewodschaft Olsztyn (Allenstein), heute Teil der Gemeinde Grunwald. In der Schlacht bei Tannenberg, die in der polnischen Geschichtsschreibung als Schlacht bei Grunwald bezeichnet wird, erlitt der Deutsche Orden am 15. Juli 1410 durch ein polnisch-litauisches Heer unter König Władysław II. Jagiełło eine vernichtende Niederlage, deren Konsequenzen sich in den Bestimmungen des Thorner Friedens von 1411 niederschlugen. – Im Ersten Weltkrieg wurde in einem sehr viel größeren Gebiet östlich von Tannenberg die russische Narew-Armee durch eine deutsche Armee unter Paul v. Hindenburg, dem späteren Reichspräsidenten, umfasst und geschlagen. Das 1927 errichtete Tannenberg-Denkmal wurde 1945 vor dem Anrücken der sowjetischen Armee gesprengt und der darin aufgestellte Sarg Hindenburgs nach Marburg an der Lahn transportiert.

Wałęsa, Lech (geb. 1943), polnischer Gewerkschaftsaktivist und Politiker, unter dem Kriegsrecht im Dezember 1981 interniert, 1983 Friedensnobelpreis, 1980–1990 Vorsitzender der Gewerkschaft Solidarność, 1990–1995 erster freigewählter Präsident der Republik Polen.

Zeittafel

1905 Die Russische Revolution führt auch in Russisch-Polen zu Unruhen. Am 11. November werden Massendemonstrationen in Warschau durch die Verhängung des Ausnahmezustands beendet

1906 Ausbruch zahlreicher Schulstreiks im preußischen Teil Polens wegen der Verdrängung des Polnischen aus dem Volksschulunterricht

1908 Gesetz des preußischen Landtags „Zur Stärkung des Deutschtums in den Provinzen Posen und Westpreußen“

1911 Die aus Polen stammende Wissenschaftlerin Marie Curie-Skłodowska erhält den Nobelpreis für Chemie (1903 bereits für Physik)

1914 1. August: Ausbruch des Ersten Weltkrieges

Polnische Schützenverbände kämpfen in der österreichisch-ungarischen Armee

1916 5. November: Die Mittelmächte proklamieren die Gründung des Königreichs Polen

1917 15. August: Gründung des mit den Westmächten verbündeten Polnischen Nationalkomitees

1918 8. Januar: US-Präsident Wilson drückt seinen Wunsch nach Errichtung eines unabhängigen polnischen Staates aus

3. März: Friede von Brest-Litowsk: Sowjetrussland verzichtet auf Polen

11. November: Waffenstillstand beendet den Ersten Weltkrieg. Deutsche und österreichische Truppen räumen Kongress-Polen. Polen ersteht wieder als unabhängiger Staat (Zweite Polnische Republik) mit Piłsudski als Staatschef

November: Durch ein Dekret Piłsudskis erhalten die polnischen Frauen das Wahlrecht

1920 Polnisch-russischer Krieg: „Wunder an der Weichsel“

1921 17. März: Verabschiedung der Verfassung der Zweiten Polnischen Republik

18. März: Friedensvertrag von Riga legt polnisch-sowjetische Grenze fest

1922 Aufteilung Oberschlesiens zwischen Deutschland und Polen

1926 12.–14. Mai: Militärputsch Józef Piłsudskis und Verfassungsänderung

1934 26. Januar: Deutsch-polnischer Nichtangriffspakt

1939 28. April: Hitler kündigt den deutsch-polnischen Nichtangriffspakt

23. August: Hitler-Stalin-Pakt mit Zusatzprotokoll über die Teilung Polens

25. August: Britisch-polnisches Beistandsabkommen

1. September: Das Deutsche Reich greift Polen an. Beginn des Zweiten Weltkriegs

17. September: Die polnische Regierung geht ins Exil. Die Rote Armee marschiert in Polen ein

28. September: Warschau kapituliert vor den deutschen Truppen. Deutsch-sowjetischer Grenz- und Freundschaftsvertrag legt die Aufteilung Polens zwischen dem Deutschen Reich und der Sowjetunion fest. In Frankreich wird eine polnische Exilregierung gebildet, die 1940 ihren Sitz nach London verlegt

26. Oktober: Deutschland annektiert West- und Mittelpolen

2. November: Gründung der polnischen Untergrundarmee (Armia Krajowa)

1941 22. Juni: Deutscher Angriff auf die Sowjetunion

1943 19. April: Beginn des Aufstandes im Warschauer Ghetto

1944 22. Juli: Das Lubliner Komitee wird von der Sowjetunion als polnische Gegenregierung gegen die Exilregierung eingesetzt

1. August: Beginn des Warschauer Aufstandes der polnischen Untergrundarmee

1945 17. Januar: Besetzung Warschaus durch die Rote Armee

4.–11. Februar: Konferenz von Jalta: Anerkennung der Curzon-Linie (mit einigen Korrekturen) als Ostgrenze Polens. Im Westen sollen Oder und Lausitzer Neiße die Grenze bilden

8. Mai: Kapitulation der deutschen Wehrmacht

28. Juni: Bildung einer „Provisorischen Regierung der nationalen Einheit" in Warschau

17. Juli bis 2. August: Potsdamer Konferenz: Die polnische Regierung erhält die Genehmigung zur Verwaltung der Gebiete östlich von Oder und Lausitzer Neiße und die Ermächtigung zur Aussiedlung der Deutschen aus diesen Gebieten

16. August: Im polnisch-sowjetischen Grenzvertrag verzichtet Polen auf seine gesamten Ostgebiete, deren ethnisch polnische Bewohner anschließend ausgesiedelt und in die ehemals deutschen Gebiete verbracht werden

13. November: Einrichtung eines „Ministeriums für die Wiedergewonnenen Gebiete" unter W. Gomułka

1946 13. September: Ein Dekret erkennt den Deutschen in Polen die polnische Staatsangehörigkeit ab und hat deren Aussiedlung zur Folge

22. September: Zusammenschluss der Polnischen Arbeiterpartei (PPR), der Polnischen Sozialistischen Partei (PPS) und anderer Parteien zum „Demokratischen Block". Einzige Oppositionspartei ist die Polnische Bauernpartei (PSL) unter Mikołajczyk

1947 19. Januar: Erste (gelenkte) Sejm-Wahlen bringen den „Demokratischen Block" an die Macht

12. September: Polen protestiert bei Großbritannien und den USA gegen Pläne einer wirtschaftlichen Konsolidierung Deutschlands

1948 21. Januar: Das „Ministerium für die Wiedergewonnenen Gebiete" wird aufgelöst, nachdem die ehemals deutschen Gebiete voll in den polnischen Staat eingefügt sind. Dezember: Entstehung der Polnischen Vereinigten Arbeiterpartei (PVAP) durch Vereinigung von PPR und PPS

1949 23. März: Entstehung der Bundesrepublik Deutschland (Verkündung des Grundgesetzes)

20. September: In seiner ersten Regierungserklärung spricht sich Bundeskanzler Adenauer gegen die Anerkennung der Oder-Neiße-Grenze aus

5. Oktober: Polen protestiert bei den Westmächten gegen die Gründung der Bundesrepublik Deutschland

7. Oktober: Gründung der Deutschen Demokratischen Republik

12. Oktober: Der Ministerpräsident der DDR Grotewohl erklärt die endgültige Anerkennung der Westgrenze Polens durch die DDR

18. Oktober: Polen erkennt die DDR an und nimmt mit ihr diplomatische Beziehungen auf

1950 6. Juli: Vertrag von Görlitz über die Festlegung der Staatsgrenze zwischen Polen und der DDR

5. August: Die ostdeutschen Landsmannschaften verkünden in der „Charta der Heimatvertriebenen" ihr „Recht auf Heimat" und den Verzicht auf „Rache und Vergeltung"

1952 22. Juli: Verabschiedung der neuen Verfassung Polens und Konstituierung Polens als „Volksdemokratie" nach sowjetischem Muster. In der Verfassung werden die ehemaligen deutschen Ostgebiete als „wiedergewonnene Lande, auf ewig zurückgekehrt“ bezeichnet

1954 1. Januar: Die polnische Regierung erklärt den Verzicht auf Reparationszahlungen von Deutschland

1955 18. Februar: Der polnische Staatsrat erklärt den Kriegszustand mit Deutschland für beendet

16. März: Der polnische Ministerpräsident Cyrankiewicz kündigt in einer Regierungserklärung die polnische Bereitschaft an, die Beziehungen zur Bundesrepublik Deutschland zu normalisieren

11.–14. Mai: Die Ostblockstaaten schließen in Warschau einen „Vertrag über Freundschaft, Zusammenarbeit und gegenseitigen Beistand“ („Warschauer Pakt“) ab

1956 22.–30. Juni: Ein Streik in Posen führt zu einem Aufstand der Bevölkerung, der mit Hilfe der Armee niedergeschlagen wird

19.–21. Oktober: Gomułka übernimmt als Erster Sekretär der PVAP die Partei- und Staatsführung

1957 23. Januar: Die Bundestagsfraktionen der SPD und FDP schlagen vor, diplomatische Beziehungen mit Polen aufzunehmen

2. Oktober: Der polnische Außenminister Adam Rapacki schlägt eine kernwaffenfreie Zone in Europa vor („Rapacki-Plan“)

1959 31. August: In einer Gedenkrede zum 20. Jahrestag des Kriegsausbruchs erklärt Adenauer die Bereitschaft der Bundesrepublik Deutschland, mit Polen in Verständnis, Achtung und Sympathie zusammenzuleben

1963 7. März: Unterzeichnung eines dreijährigen Handelsabkommens zwischen Polen und der Bundesrepublik Deutschland, Errichtung von Handelsmissionen in Warschau und Köln

1965 14. Oktober: Denkschrift der Evangelischen Kirche Deutschlands: „Die Lage der Vertriebenen und das Verhältnis des deutschen Volkes zu seinen östlichen Nachbarn“

18. November: Botschaft der polnischen Bischöfe an die deutschen Bischöfe zur Aussöhnung zwischen den Völkern

In Magdeburg veranstalten kirchliche Kreise das erste „Polen-Seminar“ (später: Anna-Morawska-Seminar)

1967 15. März: Unterzeichnung eines 20-jährigen Abkommens über Freundschaft und Zusammenarbeit zwischen Polen und der DDR in Warschau

29. April: Außenminister Brandt hebt die Bedeutung einer deutsch-polnischen Aussöhnung hervor, die derjenigen mit Frankreich vergleichbar sei

1970 12. August: Im Moskauer Vertrag zwischen der Bundesrepublik Deutschland und der Sowjetunion verzichtet die deutsche Seite auf Gebietsansprüche und bezeichnet die Oder-Neiße-Grenze und die DDR-Grenze als unverletzlich

7. Dezember: Unterzeichnung des „Vertrages über die Grundlagen der Normalisierung zwischen Polen und der Bundesrepublik Deutschland“ (Warschauer Vertrag). Beide Seiten erklären, „dass sie gegeneinander keinerlei Gebietsansprüche haben und solche auch in Zukunft nicht erheben werden“

1972 1. Januar: Grenzöffnung zwischen der DDR und der VR Polen ermöglicht freien Reiseverkehr zwischen beiden Ländern

Februar: Gründung der Gemeinsamen Deutsch-Polnischen Schulbuchkommission

17.–19. Mai: Ratifizierung des Warschauer Vertrages durch Bundestag und Bundesrat

13.–14. September: Vereinbarung über die Errichtung einer polnischen Botschaft in Bonn und einer bundesdeutschen Botschaft in Warschau

1974 1. November: Unterzeichnung eines zehnjährigen Abkommens über wirtschaftliche, industrielle und technische Zusammenarbeit zwischen der Bundesrepublik Deutschland und Polen

1976 27. September: Gründung eines „Komitees zur Verteidigung der Arbeiter" (*Komitet Obrony Robotników*, KOR), dem führende Intellektuelle angehören und das eine immer größer werdende illegale Oppositionsbewegung auslöst

1978 18. Oktober: Der Erzbischof von Krakau, Karol Wojtyła, wird als erster Pole zum Papst (Johannes Paul II.) gewählt. Die Wahl hat weitreichende Auswirkungen auf Haltung und Stellung der katholischen Kirche in Polen

1980 August: Massenstreiks vor allem in den polnischen Küstenstädten. Lech Wałęsa gründet die unabhängige Gewerkschaft Solidarność, die in der Folgezeit einige Zugeständnisse von Regierungsseite durchsetzen kann
Die DDR schränkt die Freizügigkeit an der Grenze zu Polen ein

1981 13. Dezember: General Jaruzelski, Ministerpräsident und 1. Sekretär der PVAP, verhängt den „Kriegszustand". Verhaftung Wałęsas und zahlreicher anderer Solidarność-Aktivisten. In der Folgezeit kommt es zu humanitären Hilfsaktionen für die polnische Bevölkerung, v. a. aus Deutschland

1983 22. Juli: Aufhebung des „Kriegszustandes" in Polen

5. Oktober: Lech Wałęsa erhält den Friedensnobelpreis

1989 6. Februar bis 5. April: Gespräche am „Runden Tisch" zwischen der kommunistischen Regierung und den polnischen oppositionellen Gruppen

5. Juni: Parlamentswahlen in Polen: Solidarność erreicht aufgrund ihres großen Erfolges eine Regierungsbeteiligung

24. August: Mazowiecki wird zum ersten bürgerlichen Ministerpräsidenten nach mehr als 40 Jahren gewählt

1990 14. November: Unterzeichnung des deutsch-polnischen Grenzvertrags, in dem die Oder-Neiße-Grenze als endgültige Westgrenze Polens bestätigt wird

9. Dezember: Wahl Lech Wałęsas zum Staatspräsidenten

22. Dezember: Lech Wałęsa ruft die Dritte Polnische Republik aus

1991 17. Juni: Abschluss des deutsch-polnischen Nachbarschaftsvertrages

1995 Inkrafttreten der Währungsreform in Polen

1998 18. Juni: Verurteilung der „kommunistischen Diktatur" durch den Sejm

10. November: Beginn der offiziellen Verhandlungen über Polens EU-Beitritt

1999 12. März: Polen wird Vollmitglied der NATO

Unterrichtsmaterialien*

Berninger, Lutz: „Die Situation der Aussiedler in der Bundesrepublik Deutschland“: didaktische Überlegungen und Anregungen zur Behandlung dieses Themenkomplexes im Unterricht/Lutz Berninger; Michael Elfner. [Hrsg.:] Hessisches Institut für Bildungsplanung u. Schulentwicklung (HIBS). – 1. Aufl. – Wiesbaden, 1994. – 134 S.: Ill., graph. Darst., Kt., Tab. – (Materialien zum Unterricht, Sekundarstufe I; 102). – (Osteuropa; 1). – (Politische Bildung)
Auftakt einer Reihe zum Thema „Die Deutschen und Osteuropa – geschichtliche, kulturelle, wirtschaftliche, politische Beziehungen“. ISBN 3-88327-227-2

Brückner, Dieter: „Finis Poloniae“: die Teilungen Polens im 18. Jahrhundert. In: Polen. Braunschweig: Westermann, 1993 (Praxis Geschichte; 93,3). – S. 10–13.
Unterrichtseinheit Sek. I

Conrad, Gudrun: Veränderungen der Wirtschaftsmechanismen in Polen und ihre Auswirkungen unter Berücksichtigung räumlicher Aspekte. In: Zeitschrift für den Erdkundeunterricht 42(1990), S. 377–386. *Sek. II*

Deutsche und Polen. In: Informationen zur politischen Bildung (1991)142/143

Deutsche und Polen 1918–1945/46: Handreichung für den Geschichtsunterricht am Gymnasium/[unter d. Leitung von Ralf Kaulfuß von folgenden Mitgliedern e. Arbeitskreises erstellt: Gerhard Bartl ...]. – 1. Aufl. – Donauwörth: Auer, 2000. – 185 S.: Ill., graph. Darst., Kt., Tab. – (Ein Jahrtausend Partnerschaft und Konflikt; 2). ISBN 3-403-03469-0

Deutschland und Polen: eine europäische Nachbarschaft im Zeitalter des Nationalstaatsprinzips/Enno Meyer. – 1. Aufl., 1. Dr. – Stuttgart: Klett, 1989. – 116 S.: Ill. – (Quellen zur Geschichte und Politik). – (Tempora). Mit Zeittaf. zur dt.-poln. Geschichte von 1772–1983. ISBN 3-12-490070-7

Das deutsch-polnische Verhältnis 1918 bis 1933: eine deutsch-polnische Unterrichtseinheit/erarb. von e. dt.-poln. Autorenteam: [Karin Dickheuer ...]. Carl-von-Ossietzky-Oberschule, Berlin-Kreuzberg; Liceum Ogólnokształcące Nowa Sól ... – [S.l.], [ca. 1994]. – XV, 131 Bl.

Erziehung zum Frieden: Beispiele aus dem Unterricht an Hamburger und Warschauer Schulen = Wychowanie dla pokoju: przykłady lekcji przeprowadzonych w szkołach Hamburga i Warszawy/Freie u. Hansestadt Hamburg, Behörde für Schule u. Berufsbildung, Amt für Schule; Stadtverwaltung d. Hauptstadt Warschau, Kuratorium für Bildung u. Erziehung. [Karlheinz Hoche]. – Hamburg, 1988. – 59 S.

Europa an Oder und Neiße. In: Geographie heute 15(1994)121

Euroregion Pomerania: deutsch-polnische Annäherung am Beispiel der Pommerschen Grenzregion und des deutsch-polnischen Nationalparks „Unteres Odertal“, Textsammlung für den Unterricht/zsgest. von Peter Wittkampf. – Hamburg: Toro-Verl., 1997. – 53 S.: graph. Darst., Kt., Tab. – (Texte zur Geographie). ISBN 3-922732-84-4

Euroregionen an Deutschlands Ostgrenze. In: Geographie und Schule 18(1996)103

Falk, Dietmar: Über Polen im Bilde sein. In: Ostmitteleuropa. Braunschweig: Westermann, 1999 (Praxis Geographie; 29,9). – S. I–IV

Frank, Friedhelm: Das Oberschlesische Industriegebiet: ökonomische und ökologische Probleme eines Transformationsprozesses. In: Geographie heute 16(1995)130, S. 20–23. *Sek. I*

---

* Aus: Polen, Deutsch-Polnische Beziehungen: Unterrichtsmaterialien, ergänzende Literatur, Zeitschriften, Kontaktadressen. 2. Aufl. Braunschweig 1999 (Thematische Auswahllisten von Unterrichtsmaterialien; 23), kostenlos zu beziehen beim Georg-Eckert-Institut Braunschweig.

Gaedke, Dieter: „Herz verschließen gegen Mitleid“: zur Verantwortung der Wehrmacht für die Verbrechen in Polen. In: Wehrmacht und Vernichtungskrieg. Braunschweig: Westermann, 1999 (Praxis Geschichte; 12,2). – S. 12–16. *Unterrichtseinheit Sek. I, Materialien Sek. II*

Gaedke, Dieter: „... wie das Brot und die Luft“: Solidarność und Demokratisierung in Polen. In: Polen. Braunschweig: Westermann, 1993 (Praxis Geschichte; 93,3). – S. 35–40. *Unterrichtseinheit Sek. I und II*

Die Gegenwart von Auschwitz: Materialheft zur Plakatmappe; Materialheft zur Arbeit mit der Plakatmappe „Die Gegenwart von Auschwitz“ für die schulische und außerschulische Bildungsarbeit/Fritz-Bauer-Institut. Gottfried Kößler (Hg.). Mit Fotogr. von Henning Langenheim u. Peter Liedtke. – 4., überarb. u. erw. Aufl. – Frankfurt am Main, 1998. – 51 S. – (Pädagogische Materialien; 2). ISBN 3-932883-06-3

Grimm, Frank-Dieter: Auswirkungen der Grenzöffnungen der 90er Jahre in Mittel- und Osteuropa. In: Geographie und Schule 20(1998)115, S. 7–12. *Fallbeispiel Oder-Neiße-Grenze*

Grünewälder, Karl-Wilhelm: Bilder von Schlesien: ein heikles Kapitel für die Schulgeographie. In: Handlungsorientierter Unterricht, Top Verschiedenes. Braunschweig: Westermann, 1990 (Praxis Geographie; 20,7/8). – S. 69–71. *Klasse 5 und 6*

Högemann-Ledwohn, Elvira: „Es sind aber verflucht fröhliche Menschen“: Polen und Deutsche in Johannes Bobrowskis Roman „Levins Mühle“. In: Literatur als historische Quelle. Braunschweig: Westermann, 1994 (Praxis Geschichte; 94,1). – S. 12–17. *Materialien Sek. I und II*

Jacobs, Richard: Europa im Unterricht: Polen: Wirtschaftsplanung und räumliche Ordnung. In: Handlungsorientierter Unterricht, Top Verschiedenes. Braunschweig: Westermann, 1990 (Praxis Geographie; 20,7/8). – S. 72–75. *Klasse 9 und 10*

Jaworski, Rudolf: Ostmitteleuropa – Versuch einer historischen Spurensicherung. In: Geographische Rundschau 43(1991), S. 692–697

Klakow, Peter: Die vierte Teilung Polens 1939 und ihre Folgen. In: Geschichte, Erziehung, Politik 2(1991), S. 670–680. *Sek. II*

Krebs, Jan: Auschwitz: Ort des Gedenkens, Ort der Begegnung: die Internationale Jugendbegegnungsstätte in Oświęcim (Auschwitz). In: Polen. Braunschweig: Westermann, 1993 (Praxis Geschichte; 93,3). – S. 59–61

Krieg, Heimatverlust, Neubeginn: pädagogische Handreichung/von Georg Lang, Joachim Leisgang u. Christine Paschen. Volksbund Deutsche Kriegsgräberfürsorge, Landesverband Bayern. – München, 1997. – 28 S. *Flucht, Vertreibung und Zwangsumsiedlung von Polen und Deutschen infolge des Ersten und Zweiten Weltkrieges*

Kupfer, W. Hartmut [u.a.]: Polen zwischen Diktatur und Demokratie: unter besonderer Berücksichtigung der deutsch-polnischen Beziehungen 1918–1992. In: Geschichte, Politik und ihre Didaktik 21(1993), S. 252–263. *Sek. II*

Lindner, Paul: Grenzüberschreitende Raumplanung in Europa am Beispiel der deutsch-polnischen Euregio Pomerania. In: Geographie und Schule 21(1999)117, S. 30–32. *Kursarbeit*

Löttgers, Rolf: Unbekannte Oder: Hintergrundmaterial zum Oderhochwasser. In: Kartenarbeit. Braunschweig: Westermann, 1997 (Praxis Geographie; 27,11). – S. 40–42

Müller, Michael G.: Die „Polen-Debatte“ in der Frankfurter Paulskirche: Darstellung, Lernziele, Materialien/Michael G. Müller; Bernd Schönemann; Maria Wawrykowa. – Frankfurt: Diesterweg, 1995. – 47 S. – (Studien zur internationalen Schulbuchforschung; 82,B2). – (Deutsche und Polen, Geschichte einer Nachbarschaft: B; 2) – Frühere Ausg. als Bd. 68 d. Schriftenreihe erschienen. Poln. Ausg. u.d.T.: „Debata polska“ w kościele św. Pawła we Frankfurcie (1848). ISBN 3-88304-122-X

Müller, Ulrich: Deutsche, Polen und Tschechen: Nationalitätenkonflikte im Deutschen Bund. In: Geschichte lernen 11(1998)61, S. 36–40. *Sek. I und II*

Nachbar Polen/Michael Imhof ... – Schwalbach/Ts.: Wochenschau-Verl., 1996. – S. 173–220: Ill., Kt., graph. Darst., Tab. – (Wochenschau: Sek[undarstufe] II; 47,5)

Neue Osteuropapolitik: die Nachbarschafts- und Freundschaftsverträge/[Hrsg.: Frank Dippel]. – Aachen: Bergmoser + Höller, 1993. – 30 S.: Ill., graph. Darst., Kt. + 2 Folien. – (Betrifft uns: Politik; 93,1)

Nöth, Dorothea: Spotkanie heißt Begegnung: interkulturelle Erziehung in AGs an polnischen und deutschen Grundschulen. In: Geographie heute 17(1996)141, S. 14–17. *Grundschule und Orientierungsstufe*

Die Oder/Hrsg.: Landeszentrale für Politische Bildung Baden-Württemberg. [Autorinnen u. Autoren d. H.: Heinrich Bock ...]. – Stuttgart: Reclam, 1996. – 48 S.: Ill., Kt. – (Deutschland und Europa; 33)

Pakuła, Lech: Die gegenwärtigen ökonomischen Prozesse und Bevölkerungswandlungen im Oberschlesischen Industriebezirk. In: Geographie und Schule 13(1991)72, S. 28–37

Pakuła, Lech: Der Oberschlesische Industriebezirk: zur Entwicklung und zum strukturellen Wandel der Industrie innerhalb der Agglomeration
Teil 1 in: Zeitschrift für den Erdkundeunterricht 48(1996), S. 490–494
Teil 2 in: Zeitschrift für den Erdkundeunterricht 49(1997), S. 2–8

Pandel, Hans-Jürgen: Polen im Ruhrgebiet. In: Praxis eines demokratischen Geschichtsunterrichts/Wolfgang Emer; Uwe Horst (Hg.). Bielefeld: Oberstufenkolleg, 1995 (Ambos; 40). – S. 119–136

Paul, Ina Ulrike: Was uns trennt, verbindet uns auch: Ostmitteleuropa zwischen Ost und West. In: Ostmitteleuropa. Braunschweig: Westermann, 1995 (Praxis Geschichte; 95,2). – S. 4–11

Polacy i Niemcy w nowej Europie: partnerzy; scenariusze lekcji/Jacek Kowalski; Mirosław Sielatycki; Wiesława E. Kozłowska. [Centralny Ośrodek Doskonalenia Nauczycieli, Fundacja Friedricha Eberta, Biuro w Warszawie]. – Wyd. 2. – Warszawa: Wydawn. CODN, 1998. – Getr. Zählung. Dt. Titelübers.: Polen und Deutsche im neuen Europa. ISBN 83-85910-87-5. *Unterrichsvorschläge*

Polen. In: Geographische Rundschau 50(1998)1

Polen/[Mitarb. d. H.: Ernst Lüdemann ...]. – Villingen-Schwenningen: Neckar-Verl., 1990. – 60 S.: Ill., graph. Darst., Kt., Tab. – (Politik und Unterricht; 16,1)

Polen – auf dem Weg in die Europäische Union. In: Aktuelle Landkarte 43(1996)9

Polen im Mächtesystem – kollektive Sicherheit oder Politik der Stärke?: die Wiederherstellung des polnischen Staates 1916–1919. In: Demokratie und Totalitarismus im 20. Jahrhundert/Hermann Wilmes (Hrsg.). Köln: Aulis-Verl. Deubner, 1998 (Materialien-Handbuch Geschichte; 6). – S. 366–370

Polen in Europa/Landeszentrale für Politische Bildung Baden-Württemberg. [Hans Biedert ...]. – Stuttgart, 1998. – 48 S. – (Deutschland & Europa; 37)

Polen – Tschechien – Ungarn. In: Geographie heute 21(2000)178

Polen und Deutsche/[Dieter Tiemann]. – Aachen: Bergmoser + Höller, 1997. – 30 S.: Ill., Kt., Tab. + 2 Folien. – (Betrifft uns: Geschichte; 97,5)

Polska i Niemcy w Europie: polsko-niemieckie seminarium nauczycieli; przykłady lekcji przeprowadzonych w szkołach Hamburga i Warszawy; 1993–1995 = Polen und Deutschland in Europa: Deutsch-Polnisches Lehrerseminar; Beispiele aus dem Unterricht an Schulen in Hamburg und Warschau/Freie u. Hansestadt Hamburg, Behörde für Schule, Jugend u. Berufsbildung; Kuratorium Oświaty, Województwo Stołeczne Warszawskie. [Red.: Elżbieta Kozłowska ...]. – Hamburg [u.a.], 1996.–114 S. Text dt. u. poln. ISBN 83-86818-35-2

Die Positionen Piłsudskis und Dmowskis während des Ersten Weltkrieges: die Wiederherstellung des polnischen Staates 1916–1919. In: Demokratie und Totalitarismus im 20. Jahrhundert/Hermann Wilmes (Hrsg.). Köln: Aulis-Verl. Deubner, 1998 (Materialien-Handbuch Geschichte; 6). – S. 371–375

Prawda, Marek: „Wir gewähren Vergebung und bitten um Vergebung“: die Entwicklung der polnisch-deutschen Beziehungen von 1945 bis zu den Verträgen 1990/91. In: Polen. Braunschweig: Westermann, 1993 (Praxis Geschichte; 93,3). – S. 35–40. *Materialien Sek. I und II*

Pütz, Robert: Einzelhandel in Polen: interne Restrukturierung und Internationalisierung am Beispiel Wrocław. In: Geographische Rundschau 49(1997), S. 516–522

Rajman, Jan: Region vor der strukturellen Anpassung – Oberschlesien. In: Altindustrialisierte Regionen Europas. Braunschweig: Westermann, 1992 (Europa; 2) (Praxis Geographie; 22,10). – S. 13–17

Rehermann, Martin: Vergangenheit, die nicht vergeht?: nationalsozialistische Polenpolitik 1939–1944. – Göttingen: Staatl. Studienseminar, 1994. Schriftl. Arb. im Rahmen d. pädag. Prüfung. *Zu erfragen beim Studienseminar für das Lehramt an Gymnasien, Waldweg 26, 37073 Göttingen, Tel. 0551-399488*

Schäfer, Bernd u. Susanne Tschirner: Die katholische Kirche – Träger der Nation. In: Polen. Braunschweig: Westermann, 1993 (Praxis Geschichte; 93,3). – S. 26–30. *Materialien Sek. I/Unterrichtseinheit Sek. II*

Stach, Andrzej: Das polnische Berlin = Polski Berlin/Andrzej Stach. [Hrsg.:] Die Ausländerbeauftragte des Senats, [Barbara John]. – Berlin, 1998.–108 S.: Ill., Kt. – (Miteinander leben in Berlin). Text dt. u. poln.

Strahl, Ingo: Flucht und Vertreibung: Möglichkeiten der Darstellung und Veranschaulichung im Geschichtsunterricht; ein Unterrichtsversuch in der 10. Klasse des Gymnasiums (unter besonderer Berücksichtigung der Kriegsfolgen für die Bevölkerung der ehemaligen deutschen Ostgebiete). – 1996. Greifswald, Landesinst. für Schule u. Ausbildung Mecklenburg-Vorpommern, Seminar für Gymnasien, Hausarb. für d. 2. Staatsprüfung für d. Lehramt an Gymnasien, 1996. *Bezug: Landesinstitut Mecklenburg-Vorpommern für Schule und Ausbildung, Von-Flotow-Str. 20, 19059 Schwerin, Tel. 0385-760170*

Thunich, Martin: Vom Stoff zur Unterrichtsstunde: die umstrittene Wende in der Ostpolitik: der Warschauer Vertrag von 1970. – S.l., [ca. 1997]. – [17] Bl. Maschinenschriftl. vervielfältigt. *Gymnasium, Klasse 10. Vorhanden in: Georg-Eckert-Institut Braunschweig*

Tycner, Janusz: Polen und Deutsche – Probleme mit der Versöhnung: einige Betrachtungen aus polnischer Sicht. In: Polen. Braunschweig: Westermann, 1992 (Praxis Geographie; 22,4). – S. 6-9

Unterwegs im Ost-West-Express: Partnerschaft mit Polen; ein Projekt der Koordinierungsstelle für Auslandsbeziehungen der Stadt Münster/hrsg. von d. Projektgruppe Polen unter Leitung von Klaus Niehues. – Münster, 1996. – V, 150 S.

Voigt, Gerhard u. Marek Dutkowski: Die Danziger Werft: Symbol der Krise und der Erneuerung. In: Polen. Braunschweig: Westermann, 1992 (Praxis Geographie; 22,4). – S. 26–31. *Sek. II*

Von Berlin nach Lodz und Auschwitz: Materialien zum nationalsozialistischen Massenmord/zsgest. u. kommentiert von Sabine Hillebrecht. [BIL, Berliner Institut für Lehrerfort- u. -weiterbildung u. Schulentwicklung]. – 2. Aufl. – Berlin, 1995. – 51 S.: Ill., Kt. – (Geschichte, Sozialkunde). – (Didaktische Informationen/Berliner Institut für Lehrerfort- und -weiterbildung und Schulentwicklung). *Unterrichtsreihe mit 7 Unterrichtsstunden + Studienfahrt nach Auschwitz*

Die Wahrnehmung von Auschwitz. In: Materialien zur Geschichtsdidaktik 2(1995)1

Wasiewicz, Edward: Kreisau lohnt den Einsatz: das Gut Kreisau (Krzyżowa) als europäische Jugendbegegnungstätte. In: Ostmitteleuropa. Braunschweig: Westermann, 1995 (Praxis Geschichte; 95,2). – S. 44–46

Wege zueinander – Nachbarn, Partner, Freunde in Europa: rheinland-pfälzisch-polnische Schulpartnerschaften; Leitfaden zur pädagogischen Zusammenarbeit = Drogi zbliżeń – sąsiedzi, partnerzy, przyjaciele w Europie/[Hrsg.:] Pädagogisches Zentrum Bad Kreuznach; Westinstitut Posen. – 2., veränd. Aufl. – Bad Kreuznach, 1994.–124 S. Text dt. u. poln.

Wippermann, Wolfgang: Geschichte der deutsch-polnischen Beziehungen: Darstellung und Dokumente/Wolfgang Wippermann. [Hrsg.:] Pädagogisches Zentrum, Berlin. [Red. u. Vorw.: Klaus Matußek]. – Berlin, 1992. – 80 S. – (Geschichte, Sozialkunde). – (Didaktische Informationen/Pädagogisches Zentrum)

Woock, Joachim: „Zimperlich dürfen wir nicht sein": nationalsozialistische Polen-Politik und Widerstand. In: Polen. Braunschweig: Westermann, 1993 (Praxis Geschichte; 93,3). – S. 20–25. *Materialien Sek. I/Unterrichtseinheit Sek. II*

Wührl, Engelbert: Schimanski ist polnisch: die polnischen Erwerbswanderer im Ruhrgebiet (1890–1914) im Konflikt zwischen Anpassung an die deutsche Kultur und Bewahrung einer eigenständigen polnischen Identität. In: Geographie heute 15(1994)123, S. 42–47. *Sek. II*

Wychowanie dla środowiska: przykłady lekcji przeprowadzonych w szkołach Hamburga i Warszawy = Umwelterziehung: Beispiele aus dem Unterricht an Hamburger und Warschauer Schulen/Kuratorium Oświaty [Województwo Stołeczne Warszawskie]; Freie u. Hansestadt Hamburg, Behörde für Schule, Jugend u. Berufsbildung, Amt für Schule. Red.: Stanisława Sobczyk; Peter Krup. – Warszawa [u.a.]: Warsztaty Szkolne Z.S.P., 1992. – 59 S. + 1 Spielplan. Text dt. u. poln.

Ausgewählte Kinder- und Jugendliteratur

Abraham, Peter: Piepheini. München: Ellermann 1996
▷ Junge, Pommern, Evakuierung, Berlin, Flucht, Geschichte 1944–45

Bach, Dieter; Lesiuk, Wieslaw: Ich sah in das Gesicht eines Menschen. Dt.-poln. Begegnungen vor und nach 1945. Wuppertal: Hammer 1995 (Schriftenreihe d. Evangelischen Akademie Mühlheim/Ruhr und d. Staatlichen Wissenschaftlichen Instituts in Opole); auch erschienen in polnischer Sprache: Ujrzałem twarz człowieka: polsko-niemieckie kontakty przed 1945 rokiem i po wojnie. Wuppertal: Hammer [Opole]: PIN – Inst. Śląski w Opolu
▷ Polen, Erlebnisbericht, Geschichte 1934–56, Deutsche, Minderheit

Begley, Louis: Lügen in Zeiten des Krieges. Aus d. Amerik. von Christa Krüger. Frankfurt/M.: Suhrkamp 1996 (Suhrkamp tb 2546) (ab 14)
▷ Polen, Familie, Judenverfolgung, Geschichte 1930–45

Böckl, Manfred: Der Rappe mit der Elbschaufel. München: F. Schneider 1992 (ab 10)
▷ Vertreibung, Junge, Ostpreußen, Pferdegeschichte

David, Janina: Ein Stück Himmel. Erinnerung an eine Kindheit. Aus d. Engl. von Hannelore Neves. München u. a.: Hanser 1994
▷ Polen, Judenverfolgung, Geschichte 1939–43

David, Janina: Ein Stück Erde. Das Ende einer Kindheit. Aus d. Engl. von Hannelore Neves. München u. a.: Hanser 1994
▷ Polen, Judenverfolgung, Geschichte 1939–43

David, Janina: Ein Stück Fremde. Erinnerungen an eine Jugend. Aus d. Engl. von Gertrud Baruch. München u. a.: Hanser 1994 (ab 12/13)
▷ Polen, Judenverfolgung, Geschichte 1939–43

Dick, Lutz van: Verdammt starke Liebe. Eine wahre Geschichte. Reinbek bei Hamburg: Rowohlt 1994 (rororo-Rotfuchs 597)
▷ Deutscher Soldat, II. Weltkrieg, Polen, Verfolgung, Homosexueller

Fährmann, Willi: Kristina, vergiss nicht ... 7. Aufl. Würzburg: Arena 1995 (Arena-Tb 2529)
Ausgezeichnet mit: Jugendbuchpreis Grand Prix des Treize
▷ Polen, Aussiedler

Frank, Rudolf: Der Junge, der seinen Geburtstag vergaß. Ein Roman gegen den Krieg. Ravensburg: O. Maier 1982 (Ravensburger junge Reihe) Erstausg. unter d. Titel: „Der Schädel des Negerhäuptlings Makaua", Potsdam 1931 (ab 12)
Ausgezeichnet mit: Gustav-Heinemann-Friedenspreis, Buxtehuder Bulle 1982, Deutscher Jugendliteraturpreis 1983, Auswahlliste Bilderbuch
▷ Polen, I. Weltkrieg

Härtling, Peter: „Ben liebt Anna". Roman für Kinder. Bilder von Eva Muggenthaler, Neuausg. Weinheim: Beltz und Gelberg 1997
▷ Erste Liebe, Mädchen, Aussiedler, Polen

Höntsch-Harendt, Ursula: Wir Flüchtlingskinder. Roman. Frankfurt a. M.: Röderberg-Verlag 1986
▷ Drittes Reich, Krieg, Vertreibung, Flucht, Alltag, Nachkriegszeit, Deutschland, DDR, Familienroman

Korschunow, Irina: Er hieß Jan. Bearb. Neuausg. 18. Auflage, München: Dt. Taschenbuch-Verl. 1998 (dtv junior 7823)
▷ Deutschland, Zweiter Weltkrieg, Polnischer Junge

Kurtz, Marianne: Kein Tag zum Bleiben. Reutlingen: Ensslin & Laiblin 1989

Kurtz, Marianne: Sina und Janusz. Reutlingen: Ensslin & Laiblin 1995 (ab 12)
▷ Deutschland, Mädchen, Freundschaft, Aussiedler, Polen

Kutsch, Angelika: Man kriegt nichts geschenkt. Hamburg: Oetinger 1985
Ausgezeichnet mit: Deutscher Jugendliteraturpreis 1975, Jugendbuch/Sonderpreis
▷ Polen, Aussiedler, Mädchen

Kutsch, Angelika: Nichts bleibt, wie es ist. Hamburg: Oetinger 1990 (ab 12)
Ausgezeichnet mit: Deutscher Jugendliteraturpreis 1980, Auswahlliste Jugendbuch
▷ Masuren, Urlaub

Meyer-Dietrich; Inge: Plascha oder: Von kleinen Leuten und großen Träumen. Kevelaer: Anrich 1988. Lizenzausg. Ravensburg: O. Maier 1996 (Ravensburger tb 2004) (ab 12)
Ausgezeichnet mit: Gustav-Heinemann-Friedenspreis, „La vache qui lit", Hans-im-Glück-Preis, Deutscher Jugendliteraturpreis 1989, Auswahlliste Jugendbuch, Züricher Kinderbuchpreis, Österreichischer Staatspreis für Jugendliteratur
▷ Polnische Einwanderer, Ruhrgebiet, Erster Weltkrieg

Mingarelli, Hubert: Das geraubte Licht. Aus d. Franz. von Hans-Georg-Noack. Würzburg: Arena 1998.
Ausgezeichnet mit: Grand prix des Jeunes Leucteurs 1994
▷ II. Weltkrieg, Polen, Warschauer Ghetto

Nositschka, Gudrun: Wege durch den Nebel. Eine Geschichte aus Galizien und Masuren für junge Menschen. Dortmund: Forschungsstelle Ostmitteleuropa 1995. (Schriften des Deutsch-polnischen Länderkreises der Auslandsgesellschaft Nordrhein-Westfalen e.V., 9)

Olbrich, Johannes Maria: Gefressen werden die Kinder. Köln: Dürr + Kessler 1995 (ab 14)
▷ Breslau, Polnisches Kind, Deutsches Kind, Geschichte 1945

Orlev, Uri: Das Sandspiel. Aus d. Hebr. von Mirjam Pressler. Berlin: Elefanten Press 1994 (EP 535) (ab 12)
▷ Polen, II. Weltkrieg, Warschauer Ghetto, Kind, Juden

Orlev, Uri: Die Bleisoldaten. Aus d. Hebr. von Mirjam Press. Weinheim u.a.: Beltz u. Gelberg 1999
▷ Polen, Judenverfolgung, Überleben, Geschichte 1942–45

Orlev, Uri: Die Insel in der Vogelstraße. Aus d. Hebr. von Beate Esther von Schwarze. 2. Aufl. Berlin: Elefanten Press 1987
▷ Polen, Warschauer Ghetto, Junge, Geschichte 1943

Orlev, Uri: Der Mann von der anderen Seite. Aus d. Hebr.von Mirjam Pressler. Berlin: Elefanten Press 1990 (ab 12)
Ausgezeichnet mit: Deutscher Jugendliteraturpreis 1991, Auswahlliste Jugendbuch
▷ Polen, II. Weltkrieg, Warschauer Ghetto, Polnischer Junge

Phillips, Janine: Polen, Mai 1939. Ein Tagebuch. Aus d. Engl. von Margarete Längsfeld. Ravensburg: O. Maier 1983 (Ravensburger junge Reihe)
▷ Zwangsarbeit, Landleben

Rabinovici, Schoschana: Dank meiner Mutter. Aus d. Hebr. von Mirjam Pressler. Frankfurt/M.: Alibaba-Verlag 1994
▷ Geschichte 1941–43, Erlebnisbericht, Judenverfolgung, Wilna, Ghetto

Schuster-Schmah, Sigrid: Wir sehen uns bestimmt wieder. Hamburg: Oetinger 1999
▷ Mädchen, Deportation, Judenverfolgung, Schlesien, Vertreibung, Geschichte 1944–47

Seidemann, Maria: Rosalie. Frankfurt/M.: Alibaba Verlag 1990. Lizenzausg. d. Kinderbuchverlags Berlin (1987)
Ausgezeichnet mit: Buxtehuder Bulle 1990
▷ Kindheit u. Jugend von Rosa Luxemburg

Sierakowiak, David: Das Ghettotagebuch des Dawid Sierakowiak. Aufzeichnungen eines Siebzehnjährigen, 1941/1942. Aus d. Poln. von Roswitha Matwein-Buschmann, Leipzig: Reclam 1993 (Reclam-Bibliothek 1459)

▷ Warschau, Ghetto, Geschichte 1941–42

Singer, Issac B.: Eine Kindheit in Warschau. Aus d. Amerik. von Karin Polz. Ravensburg: O. Maier 1981 (Ravensburger Junge Reihe) (ab 14)

▷ Polen, Autobiographische Erzählungen über Kindheitserlebnisse im Judenviertel in Warschau

Somplatzki, Herbert: Morgenlicht und wilde Schwäne. Ein Sommer in Masuren = Brzask i dzikie łabędzie. Dortmund: Forschungsstelle Ostmitteleuropa 1997 (Schriften des Deutsch-Polnischen Länderkreises der Auslandsgesellschaft Nordrhein-Westfalen e. V.; 10, Veröffentlichungen der Forschungsstelle Ostmitteleuropa an der Universität Dortmund)

▷ Geschichte 1943–45, Masuren, Familiengeschichte, Text dt. u. poln.

Somplatzki, Herbert: Als aus Janusz Jan wurde. Köln: Dürr und Kessler, 1996 (Streifzüge).

▷ Aussiedler, Jugend, soziale Integration

Stoffels, Karlijn: Mojsche und Rejsele. Aus d. Niederl. von Mirjam Pressler, Weinheim: Beltz & Gelberg 1998

Ausgezeichnet mit: Deutscher Jugendliteraturpreis 1999, Auswahlliste Jugendbuch

▷ Waisenhaus, Warschauer Ghetto, Janusz Korczak

Suhl, Yuri, David soll leben. Übers. aus d. Engl. von Abraham Teuter, Frankfurt/M.: Alibaba-Verl. 1996

▷ Polen, Juden, Ghetto, Säugling, Ghetto, Geschichte 1940–42

Das Tagebuch des Dawid Rubinowicz. Hrsg. u. Nachwort von Walther Petri. Aus d. Poln. von Stanislaw Zyliński. Mit Fotos aus d. DEFA-Dokumentarfilm „Dawids Tagebuch" von Walther Petri u. Konrad Weiß. Weinheim u.a.: Beltz u. Gelberg 1988

Ausgezeichnet mit: „Luchs" von ZEIT und Radio Bremen, „Taschenbuch des Monats August 1988" ausgewählt von der Deutschen Akademie für Kinder- und Jugendliteratur in Volkach

▷ Polen, Deutsche Besatzung, Juden; jüdisch-polnisches Pendant zum „Tagebuch der Anne Frank"

Zigan, Gisa Margarete: Chris aus Kattowitz. Von Oberschlesien ins Ruhrgebiet. 2. Aufl. Dortmund: Forschungsstelle Ostmitteleuropa 1995 (Schriften des Deutsch-Polnischen Länderkreises der Auslandsgesellschaft Nordrhein-Westfalen e.V., 8)

▷ Polen, Ruhrgebiet, Neuer Mitschüler, Nationalsozialismus, Soziale Ungleichheit, Fremdenfeindlichkeit, Katholizismus, Völkerverständigung, Geschichte 1990

Weiterführende Literatur

Adams, Manuela: Das Polenbild in deutschen Geographiebüchern: drei Zeitprofile aus Lehrbüchern der Sekundarstufe I. In: Die Alpen. Braunschweig: Westermann, 1998 (Praxis Geographie; 28,2). – S. 43–44

Albrecht, Dietmar: Wege nach Sarmatien: zehn Tage Preußenland; Orte Texte, Zeichen. – Lüneburg: Nordostdt. Kulturwerk, 1995. – 317 S.: Ill., Kt. ISBN 3-922296-85-8

Beck, Rosemarie: Polnisch-deutsche und deutsch-polnische Projekte: Überlegungen am Pädagogischen Landesinstitut Brandenburg. In: Schulverwaltung. Ausg. Brandenburg ... 9(1999)3, S. 99–103

Begegnung und gemeinsames Lernen in Auschwitz: ist das möglich?/[Hrsg.: Deutsch-Polnisches Jugendwerk. Red.: Ingrid Müller]. – Potsdam, 1996. – 61 S. ISBN 83-87092–10-X. *Auch in poln. Sprache erschienen*

Benecke, Werner: Die Ostgebiete der Zweiten Polnischen Republik: Staatsmacht und öffentliche Ordnung in einer Minderheitenregion 1918–1939. – Köln [u.a.]: Böhlau, 1999. – VII, 321 S. (Beiträge zur Geschichte Osteuropas; 29) ISBN 3-412-01199-1

Das Bild der Nachbarn in der deutschen und polnischen Presse des Grenzgebiets: Dokumentation; Konferenz der Deutsch-Polnischen Gesellschaft Brandenburg und der Friedrich-Ebert-Stiftung, Landesbüro Brandenburg, 12. bis 14. November 1993 in Werder, Havel. Transodra (1994)4/5

Bingen, Dieter: Die Polenpolitik der Bonner Republik von Adenauer bis Kohl 1949–1991. – Baden-Baden: Nomos-Verl.-Ges., 1998. – 379 S. – (Schriftenreihe des Bundesinstituts für ostwissenschaftliche und internationale Studien, Köln; 33) ISBN 3-7890-5156-X

Bingen, Dieter: Polens außen- und sicherheitspolitische Prioritäten: der Westen, die Nato und Rußland. – Köln: Bundesinst. für ostwiss. u. internat. Studien, 1994. – 41 S. – (Berichte des Bundesinstituts für ostwissenschaftliche und internationale Studien; 1994,26)

Bingen, Dieter: Die Republik Polen: eine kleine politische Landeskunde. – Landsberg am Lech: Aktuell-Verl., 1998. – 223 S.: Ill., Kt. ISBN 3-87959-537-2

Bingen, Dieter: Die Republik Polen: eine kleine politische Landeskunde. – 2., aktualisierte Aufl. – München: Aktuell, 1999. – 220 S.: Ill., graph. Darst., Kt. ISBN 3-87959-556-9

Bingen, Dieter: Vorgeschichte und Phasen des Systemwechsels in Polen 1989. – Köln: Bundesinst. für ostwiss. u. internat. Studien, 1990. – 60 S. – (Berichte des Bundesinstituts für ostwissenschaftliche und internationale Studien; 1990,34)

Blick zurück ohne Zorn: Polen und Deutsche in Geschichte und Gegenwart/hrsg. von Dietrich Beyrau ... – Tübingen: Attempto-Verl., 1999. – 191 S. ISBN 3-89308-299-9

Bonn – Warschau 1945–1991: die deutsch-polnischen Beziehungen; Analyse und Dokumentation/hrsg. von Hans-Adolf Jacobsen u. Mieczysław Tomala. Unter Mitarb. von Dagmar Kunesch-Jörres. – Köln: Verl. Wiss. u. Politik, 1992. – 655 S. ISBN 3-8046-8761-0 (falsch)

Borodziej, Włodzimierz: Das Jahr 1945 in der polnischen Geschichte. In: Nordost-Archiv: N. F. 5(1996), S. 75–93

Borodziej, Włodzimierz: „Ostforschung“ aus der Sicht der polnischen Geschichtsschreibung. In: Zeitschrift für Ostmitteleuropa-Forschung 46(1997), S. 405–426

Borodziej, Włodzimierz: Polen und Deutschland seit 1945. In: Aus Politik und Zeitgeschichte 47(1997)B 53, S. 11–20

Borodziej, Włodzimierz: Terror und Politik: die deutsche Polizei und die polnische Widerstandsbewegung im Generalgouvernement 1939–1944. – Mainz: Zabern,

1999. – VIII, 302 S. – (Veröffentlichungen des Instituts für Europäische Geschichte Mainz, Abteilung Universalgeschichte: Beiheft; 28). Einheitssacht.: Terror i polityka <dt.>. Zugl.: Warschau, Univ., Diss., 1984. ISBN 3-8053-1197-4
Burleigh, Michael: Wissenschaft und Lebenswelt: Generaldirektor Brackmann und die nationalsozialistische Ostforschung. In: Werkstatt*Geschichte* 8(1994), S. 69–75
Czachór, Zbigniew: Ist Polen reif für die Europäische Union? Zentrum für Europäische Integrationsforschung, Rheinische Friedrich-Wilhelms-Universität Bonn. – Bonn: ZEI, 1998. – 23 S. – (ZEI discussion paper; C 24). ISBN 3-933307-24-4
Danzig: deutsch-polnische Geschichte, Politik und Literatur = Gdańsk/hrsg. von: Akademie für Lehrerfortbildung Dillingen; Institut Nordostdeutsches Kulturwerk Lüneburg; Thüringer Institut für Lehrerfortbildung, Lehrplanentwicklung u. Medien Arnstadt. – Dillingen, 1996. – 319 S.: Ill., Tab. – (Akademiebericht/Akademie für Lehrerfortbildung, Dillingen; 279). ISBN 3-403-02828-3
Die Darstellung anderer Kulturen: Ermittlung von Stereotypen in deutschen Polen-Reiseführern (der Jahre 1990–1996)/[Forschungsgruppe] Tüschau 16, [Bochum]. – Oberhausen: Athena-Verl., 1998. – 381 S. – (Beiträge zur Kulturwissenschaft; 1) ISBN 3-932740-11-4
Davies, Norman: Im Herzen Europas: Geschichte Polens. – München: Beck, 2000. – XVII, 505 S.: Ill., graph. Darst., Kt. ISBN 3-406-46709-1
Dedecius, Karl: Die kulturellen, sprachlichen und literarischen Gemeinsamkeiten zwischen Deutschen und Polen seit dem Mittelalter bis heute. In: Der deutsche Lehrer im Ausland 42(1995), S. 260 – 271
Deutsche in Polen nach 1945: Gefangene und Fremde/Manfred Gebhardt; Joachim Küttner. Bearb. von Dieter Bingen. – München: Oldenburg, 1997. – 240 S.: Ill. – (Biographische Quellen zur Zeitgeschichte; 19). ISBN 3-486-56236-3
Deutsche – Juden – Polen: Aspekte einer wechselvollen Beziehung/hrsg. von d. Studentischen Arbeitsgemeinschaft für Antisemitismusforschung (StAGA) e.V. Mit Beitr. von Heike Catrin Bala. Verantw. Red.: Andrea Löw u. Christian Scholz. – Essen: Klartext-Verl., 1997. – 160 S. – (Sachor; 7). ISBN 3-88474-613-8
Deutsche und Polen: Beiträge zu einer schwierigen Nachbarschaft/hrsg. von d. Kulturstiftung d. Deutschen Vertriebenen. Bearb. von Christof Dahm u. Hans-Jakob Tebarth. – Bonn, 1994. – 140 S. ISBN 3-88557-131-5
Deutsche und Polen: 100 Schlüsselbegriffe/hrsg. von Ewa Kobylińska. – Orig.-Ausg. – München [u.a.]: Piper, 1992. – 581 S. – (Serie Piper; 1538). ISBN 3-492-11538-1
Deutsche und Polen auf dem Weg zu einer partnerschaftlichen Nachbarschaft 1989–1998: Versuch einer Bilanz; Konferenzmaterialien/Bundesinstitut für ostwissenschaftliche und internationale Studien gemeinsam mit dem Instytut Zachodni. Dieter Bingen/Krzysztof Malinowski (Hrsg.). – Köln: Bundesinst. für Ostwiss. und Internat. Studien, 1999. – 62 S.
Deutsche und Polen in diesem Jahrhundert – schwarze und weiße Flecken in der Geschichte einer unruhigen Nachbarschaft: deutsch-polnisches Seminar in Krakau und Berlin vom 8. bis 17. Juli 1996; Seminar des Gustav Stresemann Instituts e.V. Bonn und der Internationalen Begegnungsstätte Auschwitz in Zusammenarbeit mit dem Lehrstuhl für Osteuropäische Geschichte am Historischen Institut der Jagiellonen-Universität Krakau = Niemcy i Polacy w 20. wieku – białe i czarne plamy w historii niespokojnego sąsiedztwa/Red.: Michael Baczkowski ... – Bonn, 1996. – 35 Bl.
Deutsche und Polen 1945–1995: Annäherungen; [Begleitbuch zur Ausstellung im Haus der Geschichte der Bundesrepublik Deutschland, Bonn, 7. März bis 5. Mai 1996] = Zbliżenia/Haus d. Geschichte d. Bundesrepublik Deutschland (Hrsg.). [Red.: Eva Rommerskirchen. Übers.: Friedrich Giese; Waleria Radziejowska-Hahn]. – Düsseldorf: Droste, 1996. – 198 S. ISBN 3-7700-1057-4

Deutsche und Polen zwischen den Kriegen: Minderheitenstatus und "Volkstumskampf" im Grenzgebiet: amtliche Berichterstattung aus beiden Ländern 1920-1939 = Polacy i Niemcy miedzy wolnami/hrsg. von Rudolf Jaworski ... – München [u.a.]: Saur, 1997. – (Texte und Materialien zur Zeitgeschichte; 9). 2 Bd.

Deutsche und polnische Christen: Erfahrungen unter zwei Diktaturen/Martin Greschat (Hrsg.). Mit Beitr. von Richard von Weizsäcker ... – Stuttgart [u.a.]: Kohlhammer, 1999. – 201 S. – (Konfession und Gesellschaft; 19). ISBN 3-17-015891-0

Deutsch-jüdische Geschichte in der Neuzeit/hrsg. von Michael A. Meyer. – München: Beck

Bd. 1. Tradition und Aufklärung 1600–1780/Mordechai Breuer ... – 1996. – 390 S.: Ill. ISBN 3-406-39702-6

Bd. 2. Emanzipation und Akkulturation 1780–1871/von Michael Brenner ... – 1996. – 402 S.: Ill., Kt. – ISBN 3-406-39703-4

Bd. 3. Umstrittene Integration: 1871–1918/von Steven M. Lowenstein ... – 1997. – 428 S.: Ill., graph. Darst. – ISBN 3-406-39704-2

Bd. 4. Aufbruch und Zerstörung: 1918–1945/von Avraham Barkal ... – 1997. – 429 S.: Ill. ISBN 3-406-39706-9

Deutschland und Polen: Geographie einer Nachbarschaft im neuen Europa/Ekkehard Buchhofer u. Bronisław Kortus (Hrsg.). [Übers. poln. Beitr.: Barbara Kortus-Turski]. – Frankfurt am Main: Diesterweg, 1994. – 199 S.: graph. Darst., Kt., Tab. – (Studien zur internationalen Schulbuchforschung; 81). ISBN 3-88304-281-1

Deutsch-polnische Begegnungen 1945–1958: eine Berichtssammlung/hrsg. vom Göttinger Arbeitskreis. [Zsgest. u. bearb. von Peter Nasarski]. – Würzburg: Holzner, 1960. – 150 S.

Deutsch-polnische Beziehungen 1939–1945–1949: eine Einführung/hrsg. von Włodzimierz Borodziej und Klaus Ziemer. – Osnabrück: fibre, 2000. – 348 S.: Kt. (Einzelveröffentlichungen des Deutschen Historischen Instituts Warschau; 5) ISBN 3-929759-46-2

Dmitrów, Edmund: Jenseits des Rechts auf Hass und Rache: neue Aspekte in den polnisch-deutschen Beziehungen. In: Universitas 45(1990)6, S. 523–536

Dmitrów, Edmund: Die Polen über die Deutschen: Meinungen und Auseinandersetzungen aus den Jahren 1945–1948. In: Acta Poloniae Historica 70(1994), S. 127–150

Drewniak, Boguslaw: Polen und Deutschland 1919–1939: Wege und Irrwege kultureller Zusammenarbeit/Boguslaw Drewniak. – Düsseldorf: Droste, 1999. – XI, 446 S. – (Droste-Taschenbücher Geschichte). ISBN 3-7700-0921-5

Die Einigung Europas als Herausforderung für die Kirche/Hrsg.: Wojciech Boloz; Gerhard Höver. – Baden-Baden: Nomos-Verl.-Ges., 2000. – 255 S. – (Schriften des Zentrum für Europäische Integrationsforschung; 21). ISBN 3-7890-6632-X

Erfahrungen/hrsg. von Ewa Kobylinska und Andreas Lawaty. – Wiesbaden: Harrassowitz, 1999. – 400 S.: Ill. – (Veröffentlichungen des Deutschen Polen-Instituts Darmstadt; 11). ISBN 3-447-04080-7

Erlebte Nachbarschaft: Aspekte der deutsch-polnischen Beziehungen im 20. Jahrhundert/hrsg. von Jan-Pieter Barbian u. Marek Zybura. – Wiesbaden: Harrassowitz, 1999. – 358 S. – (Veröffentlichungen des Deutschen Polen-Instituts Darmstadt; 12). ISBN 3-447-04149-8. Öffentliche Tagung an der Volkshochschule der Stadt Duisburg; (Duisburg): 1998.05.08-10

Erziehung nach Auschwitz/Hanns-Fred Rathenow; Norbert H. Weber (Hrsg.). – Pfaffenweiler: Centaurus-Verl.-Ges., 1989. – 217 S.: Ill. – (Geschichtsdidaktik: Neue Folge; 4). ISBN 3-89085-230-0

Esch, Michael G.: „Gesunde Verhältnisse“: deutsche und polnische Bevölkerungspolitik in Ostmitteleuropa 1939–1950. – Marburg: Herder-Inst., 1998. – VII, 452 S. –

(Materialien und Studien zur Ostmitteleuropa-Forschung; 2). Zugl.: Düsseldorf, Univ., Diss., 1996. ISBN 3-87969-269-6
Eybe, Olaf D.: Polen-Texte: 44 Texte. – [Düsseldorf]: Verl. d. Dt.-Poln. Ges. d. Bundesrepublik Deutschland e.V., 1995. – 165 S. ISBN 3-9801753-5-9
Fatyga, Barbara: Jugendliche in Deutschland und in Polen: auf dem Hintergrund der gesellschaftlichen Situation in beiden Ländern; Synopse ausgewählter Untersuchungen/Barbara Fatyga; Bernadette Jonda; Krzysztof Kosela. Übers. d. poln. Textes: Maria Ciechomska. – Potsdam: Dt.-Poln. Jugendwerk, 1997
Feinde werden Freunde: von den Schwierigkeiten der deutsch-polnischen Nachbarschaft/hrsg. von Friedbert Pflüger u. Winfried Lipscher. – Bonn: Bouvier, 1993. – XIII, 455 S. ISBN 3-416-02479-6
Firsching, Rudolf: Hauptschule Sennfeld: Partnerschaftliche Kontakte zu Polen. In: Schulreport, Tatsachen und Meinungen zur Bildungspolitik in Bayern (1997)2, S. 35–38
Friedrich, Klaus-Peter: Kollaboration und Antisemitismus in Polen unter deutscher Besatzung (1939–1944/45): zu verdrängten Aspekten eines schwierigen deutsch-polnisch-jüdischen Verhältnisses. In: Zeitschrift für Geschichtswissenschaft 45(1997)9, S. 818–834
Friesen, Astrid von: Der lange Abschied: psychische Spätfolgen für die 2. Generation deutscher Vertriebener. – 2. Aufl. – Gießen: Psychosozial-Verl., 2000. – 209 S. (Edition psychosozial). ISBN 3-89806-020-9
Fünfzig, Andrea: Der Heldensinn edler Weiblichkeit: Frauen und die deutsche Polenfreundschaft 1831-32; über die Anfänge gesellschaftlich-politischer Partizipation von Frauen im deutschen Vormärz. In: Journal Geschichte (1990)6, S. 54–59
Fuhrmann, Rainer W.: Polen-Handbuch: Geschichte, Politik, Wirtschaft. – Vollst. überarb. u. erg. Neuaufl. – Hannover: Fackelträger, 1990. – 223 S.: Kt., Tab. – (Fackelträger-Handbuch). ISBN 3-7716-2105-4
Garsztecki, Stefan: Das Deutschlandbild in der offiziellen, der katholischen und der oppositionellen Publizistik Polens 1970–1989: Feindbild kontra Annäherung. – Marburg: Herder-Inst., 1997. – 310 S. (Materialien und Studien zur Ostmitteleuropa-Forschung; 1). Zugl.: Trier, Univ., Diss., 1995 u.d.T.: Instrumentalisierung des polnischen Deutschlandbildes als Feindbild zu innenpolitischen Zwecken? ISBN 3-87969-254-8
Die Geschichte Polens und Deutschlands im 19. und 20. Jahrhundert: ausgewählte Beiträge/hrsg. von Markus Krzoska und Peter Tokarski. – Osnabrück: fibre, 1998. – 200 S. – (Veröffentlichungen der Deutsch-Polnischen Historischen Gesellschaft; 1) ISBN 3-929759-32-2
Geschlecht und Nationalismus in Mittel- und Osteuropa: 1848–1918/hrsg. von Sophia Kemlein. – Osnabrück: fibre, 2000. – 259 S.: Ill. – (Einzelveröffentlichungen des Deutschen Historischen Instituts Warschau; 4). ISBN 3-929759-45-4
Goldberg, Bettina: Die Zwangsausweisung der polnischen Juden aus dem Deutschen Reich im Oktober 1938 und die Folgen. In: Zeitschrift für Geschichtswissenschaft 46(1998), S. 971–984
Grenze der Hoffnung: Geschichte und Perspektiven der Grenzregion an der Oder/Helga Schultz; Alan Nothnagle (Hrsg.). – 2., überarb. Aufl. – Berlin: Berlin-Verl. Spitz, 1999. – 289 S.: graph. Darst., Kt. – (Frankfurter Studien zur Grenzregion; Bd. 1) ISBN 3-87061-885-X
Grenzen in Ostmitteleuropa im 19. und 20. Jahrhundert: aktuelle Forschungsprobleme/hrsg. von Hans Lemberg. – Marburg: Verl. Herder-Inst., 2000. – 291 S.: Ill. – (Tagungen zur Ostmitteleuropa-Forschung; 10). ISBN 3-87969-275-0

Grenze und Grenzbewohner: Nachbarn und Fremde, alte Heimat – neue Heimat, Abschied und Ankunft; Dokumentation [der Tagung]; 2./3./4. Dezember 1994 = Dokumentacja granica i mieszkańcy pogranicza/Deutsch-Polnische Gesellschaft Brandenburg; Deutsch-Polnischer Journalisten-Club „Unter Stereo-Typen". In: Transodra (1995)10/11. Text dt. u. poln.

Guesnet, François: Polnische Juden im 19. Jahrhundert: Lebensbedingungen, Rechtsnormen und Organisation im Wandel/von François Guesnet. – Köln [u. a.]: Böhlau, 1998. – 494 S. – (Lebenswelten osteuropäischer Juden; 3) ISBN 3-412-03097-X

Hahn, Hans Henning: Einige Bemerkungen zur deutschen Ostforschung und ihrem Bild der polnischen Geschichte des 19. Jahrhunderts. In: Zeitschrift für Ostmitteleuropa-Forschung 46(1997), S. 392–404

Hajnicz, Artur: Polens Wende und Deutschlands Vereinigung: die Öffnung zur Normalität 1989–1992. – Paderborn [u.a.]: Schöningh, 1995. – 224 S. ISBN 3-506-73906-9

Handbuch Polen-Kontakte: Institutionen, Projekte, Initiativen/hrsg. in Zsarb. mit Dialog, dt.-poln. Magazin; Inter finitimos, wiss. Informationsdienst dt.-poln. Beziehungen. – 3., aktualis. und erw. Aufl./Red.: Peter Fischer. – Osnabrück: fibre, 2000. – 143 S. ISBN 3-929759-17-9

Hartmann, G.: Polen in Berlin. In: Von Zuwanderern zu Einheimischen: Hugenotten, Juden, Böhmen und Polen in Berlin/hrsg. von Stefi Jersch-Wenzel u. Barbara John. Berlin, 1990. – S. 593–800

Heike, Otto: Leben im deutsch-polnischen Spannungsfeld: Erinnerungen und Einsichten eines deutschen Journalisten aus Lodz. – Essen: Hobbing, 1989. – 206 S.

Hoensch, Jörg K.: Geschichte Polens. – 3., neubearb. u. erw. Aufl. – Stuttgart: Ulmer, 1998. – 429 S.: Kt. – (Uni-Taschenbücher; 1251). ISBN 3-8252-1251-3

Hoensch, Jörg K.: Der Normalisierungsprozess zwischen der Bundesrepublik Deutschland und Polen. In: Aus Politik und Zeitgeschichte 40(1990)B 12/13, S. 39–51

Holzer, Jerzy: Polen in Europa: Zentrum oder Peripherie?. In: Europabilder in Mittel- und Osteuropa. Bonn, 1996. – S. 87–104

Interkulturelles Lernen im Schüleraustausch/Landesinstitut für Pädagogik u. Medien (LPM). – Saarbrücken. – (Unterwegs zu einer Didaktik des interkulturellen Lernens im Schüleraustausch)
1. Erfahrungsberichte über saarländische Schüleraustauschmaßnahmen mit Frankreich, Polen, England und Italien/Peter Boullay; Gerd Kiefer; Erich Schneider (Hg.). – 1995. – 243 S.
4. Entwicklung einer Vorbereitungsmaßnahme für den interkulturellen Schüleraustausch am Beispiel von deutsch-polnischen Schülerbegegnungen/Gudrun Bohlender. – 1995. – 66 S.

Ist die Vergangenheit noch ein Argument?: Aspekte einer Erziehung nach Auschwitz/Reinhold Boschki u. Franz-Michael Konrad (Hrsg.). Mit Beitr. von Neima Barzel ... – Tübingen: Attempto-Verl., 1997. – 177 S. ISBN 3-89308-276-X

Jajesniak-Quast, Dagmara: Geteilte Städte an Oder und Neisse: Frankfurt (Oder) – Slubice, Guben – Gubin und Görlitz – Zgorzelec 1945–1995/Dagmara Jajesniak-Quast; Katarzyna Stoklosa. – Berlin: Berlin-Verl. Spitz, 2000. – 258 S.: Ill., graph. Darst. – (Frankfurter Studien zur Grenzregion; Bd. 5). ISBN 3-87061-808-6

Jaworski, Rudolf: Eine kleine Geschichte Polens/von Rudolf Jaworski, Christian Lübke und Michael G. Müller. – Erstausg., 1. Aufl. – Frankfurt am Main: Suhrkamp, 2000. – 373 S.: Ill., Kt. – (Edition Suhrkamp; 2179)

Jockheck, Lars: Der „Völkische Beobachter" über Polen 1932–1934: eine Fallstudie zum Übergang vom „Kampfblatt" zur „Regierungszeitung"/Lars Jockheck. –

Münster [u. a.]: Lit, 1999. – IV, 143 S.: Ill., graph. Darst. – (Osteuropa; Bd. 22). Zugl.: Hamburg, Univ., veränd. Magisterarbeit, 1995. ISBN 3-8258-4359-9

Juchler, Jakob: Polens Haltung zur Europäischen Union: Fortschritte trotz Spannungen und zunehmender Skepsis. In: Osteuropa 49(1999), S. 486–492

Jüdische Autoren Ostmitteleuropas im 20. Jahrhundert/Hans Henning Hahn; Jens Stüben (Hrsg.). – Frankfurt am Main [u. a.]: Lang, 2000. – 546 S. – (Mitteleuropa – Osteuropa; 1). ISBN 3-631-34124-5

Jugend und deutsch-polnische Nachbarschaft: Bilder vom Anderen, Austausch- und Migrationserfahrungen, grenzüberschreitende Projekte und Kooperationen/Helga Marburger; Silke Riesner (Hrsg.). – Frankfurt: IKO-Verl. für Interkulturelle Kommunikation, 1996. – 254 S. – (Interdisziplinäre Studien zum Verhältnis von Migrationen, Ethnizität und gesellschaftlicher Multikulturalität; 7). ISBN 3-88939-249-0

Junge Deutsche und Polen begegnen sich: Schüleraustausch und Studienreisen/hrsg. von Lothar Nettelmann u. Gerhard Voigt. Mit e. Vorw. von Herbert Schmalstieg. – 2., veränd. u. erw. Aufl. – Hannover: Dt.-Poln. Ges. [u.a.], 1993. – 133 S.: Ill. – (Schriftenreihe des Unesco-Clubs für die Unesco-Schule am Maschsee, Bismarckschule Hannover)

Konflikte in der Schule: drittes deutsch-polnisches Symposium der Technischen Universität Berlin und der Universität Szczecin/Stettin = Konflikty w szkole/Technische Universität Berlin. Helga Marburger u. Norbert H. Weber (Hrsg.). – Berlin, 1997. – 67, 70 S. – (TUB-Dokumentation Wissenstransfer; 3). Text dt. u. poln. ISBN 3-7983-1727-5

Kramer, Friedrich-Wilhelm: Unbekannter Nachbar Polen. – Aarau/Schweiz: AT-Verl., 1990. – 159 S. ISBN 3-85502-394-8

Kruszewski, Krysztof u. K. B. Kruszewski: Playing monopoly polish style. In: Education and the values crisis in Central and Eastern Europe/ed. by Val D. Rust, Peter Knost and Jürgen Wichmann. Frankfurt am Main [u.a.]: Lang, 1994. – (Komparatistische Bibliothek; 4). ISBN 3-631-46409-6. – S. 89–105

Krzeminski, Adam: Polen im 20. Jahrhundert: ein historischer Essay. – Orig.-Ausg. – München: Beck, 1993. – 213 S.: Kt. – (Beck'sche Reihe; 476). ISBN 3-406-34068-7

Kulturtransfer Polen – Deutschland: Wechselbeziehungen in Sprache, Kultur und Gesellschaft/Kulturstiftung der Deutschen Vertriebenen. Karol Sauerland (Hrsg.). – Bonn: Kulturstiftung der Dt. Vertriebenen, 1999. – 147 S. – (Historische Forschungen). ISBN 3-88557-193-5

Kurcz, Zbigniew: Nationale Minderheiten im gegenwärtigen Polen/Zbigniew Kurcz. Frankfurter Institut für Transformationsstudien. [Europa-Universität Viadrina]. – Frankfurt (Oder): FIT, [2000]. – 31 S. – (Arbeitsberichte/FIT, Viadrina; No. [20]00,1)

Länderbericht Polen/Wilhelm Wöhlke (Hrsg.). – Bonn: Bundeszentrale für Polit. Bildung, 1991. – 482 S.: graph. Darst., Kt., Tab. – (Schriftenreihe/Bundeszentrale für Politische Bildung, Bonn; 296). – (Studien zur Geschichte und Politik). ISBN 3-89331-075-4

Die lange Nachkriegszeit: Deutschland und Polen von 1945 bis 1991/Gemeinsame Deutsch-Polnische Schulbuchkommission. Red.: Andreas Reich; Robert Maier. [26. Deutsch-Polnische Schulbuchkonferenz, 1994 in Bautzen]. – Braunschweig: Georg-Eckert-Inst. für internat. Schulbuchforschung, 1995. – 192 S.: Tab. – (Schriftenreihe des Georg-Eckert-Instituts für internationale Schulbuchforschung; 22,14) ISBN 3-88304-114-9

Lewowicki, Tadeusz: Changes in Polish youth values: between doubt and hope. In: Education and the values crisis in Central and Eastern Europe/ed. by Val D. Rust, Peter Knost and Jürgen Wichmann. Frankfurt am Main [u.a.]: Lang, 1994 (Komparatistische Bibliothek; 4). ISBN 3-631-46409-6. – S. 267–279

Lipski, Jan J.:Powiedziec sobie wszystko ...: eseje o sasiedztwie polsko-niemieckim = Wir müssen uns alles sagen ...:/hrsg. von Hans-Georg Ziegler. – Gliwice [u.a.]: Wydaw. „Wokól nas“ [u.a.], 1996. – 331 S. – (Publicystyka). Text in dt. u. poln. Sprache ISBN 83-86653-02-7

Ludwig, Michael: Polen und die Deutsche Frage/Michael Ludwig. Forschungsinstitut d. Deutschen Gesellschaft für Auswärtige Politik e.V. – 2., erw. Aufl. – Bonn: Europa Union-Verl., 1991. – 313 S. – (Arbeitspapiere zur internationalen Politik; 60) Enth. außerdem: Dokumentation zum deutsch-polnischen Vertrag vom 17. Juni 1991. ISBN 3-7713-0397-4

Lück, Kurt: Der Mythos vom Deutschen in der polnischen Volksüberlieferung und Literatur: Forschungen zur deutsch-polnischen Nachbarschaft im ostmitteleuropäischen Raum. – Posen: Histor. Ges. für Posen [u.a.], 1938. – 518 S.: Ill. – (Ostdeutsche Forschungen; 7)

Luszczynski, Hubert: Integrierte Städte- und Schulpartnerschaften beseitigen das „Romeo-und Julia-Syndrom“ in den deutsch-polnischen Beziehungen. In: Aktuelle Ostinformationen 31(1999)1/2, S. 30–43

Luszczynski, Hubert: Die Rolle der Schulpartnerschaften im gesamteuropäischen Integrations- und im mittelosteuropäischen Transformationsprozeß. In: Aktuelle Ostinformationen 29(1997)1/2, S. 47–67

Madajczyk, Piotr: Annäherung durch Vergebung: die Botschaft der polnischen Bischöfe an ihre deutschen Brüder im Hirtenamt vom 18. November 1965. In: Vierteljahrshefte für Zeitgeschichte 40(1992), S. 223–240

Mätzing, Heike: Die Wahrnehmung der anderen: der Geschichtsunterricht als Beitrag zu Europa [am Beispiel von Frankreich, Deutschland und Polen]. In: Geschichte, Erziehung, Politik 8(1997), S. 46–49

Majdowska, Ewa: Erziehung zur Demokratie in Polen: Neuansatz, Probleme und Perspektiven. In: Europabilder in Mittel- und Osteuropa/Bundeszentrale für Politische Bildung. Bonn, 1996. – S. 159–173

Makarska, Renata: Deutsch-polnische Schulprojekte in Brandenburg: ein neues Phänomen nach 1991?. In: Internationale Schulbuchforschung 20(1998), S. 81–94

Martin, Bernd: Deutschland, Europa und Polen: historische Hypotheken und zukunftsweisende Perspektiven. In: Interkulturell (1993)1-3, S. 177–200

Mazur, Zbigniew: Das deutsche Kulturerbe in den West- und Nordgebieten Polens. In: Osteuropa 47(1997)7, S. 633–649

Mazurski, Krzysztof R.: Die Transformation der Wirtschafts- und Gesellschaftsordnung Polens. In: Geographie und Schule 17(1995)93, S. 20 – 30

Mechtenberg, Lydia: Fünf Jahre des Nachbarschaftsvertrages zwischen Polen und Deutschland – Ergebnisse und Perspektiven. In: Aktuelle Ostinformationen 29(1997), S. 51–58

Mechtenberg, Theo: Polens Weg „Zurück nach Europa“. In: Deutsche Studien 29(1991)114, S. 119–127

Mechtenberg, Theo: Schulpartnerschaften mit Polen – teilnehmerzentrierte Programmgestaltung und didaktische Umsetzung. In: Aktuelle Ostinformationen 28(1996)3/4, S. 67–75

Meckl, Markus: „Sie kämpften für die Ehre“: zur symbolischen Bedeutung des Warschauer Ghettoaufstandes. In: Zeitschrift für Geschichtswissenschaft 46(1998), S. 320–328

Meister, Dorothee M.: Zwischenwelten der Migration: biographische Übergänge jugendlicher Aussiedler aus Polen. – Weinheim: Juventa, 1997. – 242 S. ISBN 3-7799-0461-6

Mieszalski, Stefan: Polish education: face to face with challenges and threats. In: Education and the values crisis in Central and Eastern Europe/ed. by Val D. Rust ... Frankfurt am Main, 1994. S. 57–69

Migracja i integracja jako doświadczenie europejskie na przykładzie niemieckich metropolii XIX i XX w.: Polacy w Zagłębiu Ruhry i Berlinie = Migration und Integration als europäische Erfahrung am Beispiel deutscher Metropolen im 19. und 20. Jahrhundert/pod red.: Detlefa Briesena, Zbigniewa Frasa i Krzysztofa Ruchniewicza. – Wrocław: Inst. Histor. Uniw. Wrocławskiego [u.a.], 1996. – 219 S. – (Prace Historyczne/Instytut Historyczny Uniwersytetu Wrocławskiego). – Beitr. teilw. poln., teilw. dt.

Misstrauische Nachbarn: deutsche Ostpolitik 1919/1970; Dokumentation und Analyse/hrsg. von Hans-Adolf Jacobsen. Unter Mitw. von Wilfried v. Bredow. – Düsseldorf: Droste, 1970. – 504 S.

Mit den Augen der Nachbarn: Menschen – Landschaften – Verhältnisse an Oder und Neiße = Oczami sąsiadów/Christiane Brandt; Ewa Czerwiakowsk[a] (Hrsg.). Brandenburg, Landeszentrale für Politische Bildung. [Übers.: Ewa u. Jerzy Czerwiakowski]. – Potsdam: Märk. Verl.- u. Dr.-Ges., [1994]. – 228 S.: Ill. – (Schriftenreihe zur politischen Bildung; 3)

„Nachbarn sind der Rede wert“: Bilder der Deutschen von Polen und der Polen von Deutschen in der Neuzeit/Johannes Hoffmann (Hg.). – Dortmund: Forschungsstelle Ostmitteleuropa, 1997. – 230 S.: Ill. – (Veröffentlichungen der Forschungsstelle Ostmitteleuropa: B; 60). ISBN 3-923293-54-2

Nasalska, Ewa: Die europäische Dimension der interkulturellen Bildung in Polen. In: Internationale Schulbuchforschung 19(1997)2, S. 125–135

Neubert, Reiner: Polen-Bilder in Kinder- und Jugendbüchern der DDR. In: Deutschunterricht 46(1993), S. 405–413

Neue polnische Stimmen zur Vertreibung/Kulturstiftung d. Deutschen Vertriebenen. [Red.: Christof Dahm ...]. – Bonn, 1994. – 56 S. – (Deutschland und seine Nachbarn; 10). ISBN 3-88557-129-3

Niemcy i Polacy: od obrazu wroga ku pojednaniu; satyryczne vis à vis (1948–1991); listopad 1991–styczeń 1992 = Deutsche und Polen: vom Feindbild zur Aussöhnung; eine satirische Gegenüberstellung (1948–1991). – Warszawa: Muzeum Karykatury, [1992]. – [18] Bl.: überw. Ill. Text dt. u. poln. *Bezug: Muzeum Karykatury, ul. Kozia 11, Warszawa*

Nikitorowicz, Jerzy: Das Grenzgebiet – eine Chance, Toleranz als Herausforderung für Bildung und Erziehung zu gestalten. In: Geschichte, Erziehung, Politik 7(1996)7/8, S. 464–469

Die Oder überqueren: deutsch-polnische Begegnungen in Geschichte, Kultur und Lebensalltag/Norbert H. Weber (Hrsg.). – Frankfurt am Main: IKO, Verl. für Interkulturelle Kommunikation, 1999. – 325 S. – (Interdisziplinäre Studien zum Verhältnis von Migration, Ethnizität und gesellschaftlicher Multikulturalität; 10) ISBN 3-88939-496-5

Östliches Europa: Materialien für die regionale Lehrerfortbildung/Akademie für Lehrerfortbildung, Dillingen. – Dillingen, 1995. – 146 S.: graph. Darst., Kt., Tab. – (Akademiebericht/Akademie für Lehrerfortbildung, Dillingen; 271)

Orłowski, Hubert: „Polnische Wirtschaft“: zum deutschen Polendiskurs der Neuzeit. – Wiesbaden: Harrassowitz, 1996. – 478 S.: Ill. – (Studien der Forschungsstelle Ostmitteleuropa an der Universität Dortmund; 21). ISBN 3-447-03877-2

Pelzer, Friedhelm: Polen: eine geographische Landeskunde; mit 45 Tabellen. – Darmstadt: Wiss. Buchges., 1991. – 423 S.: graph. Darst., Kt. – (Wissenschaftliche Länderkunden; 36). ISBN 3-534-09160-4

Pertsch, Dietmar: Deutsch-polnische Begegnungen im Spiegel der Literatur: eine kleine Literaturgeschichte zum Verhältnis von Deutschen und Polen in Werken deutschsprachiger Erzähler des 20. Jahrhunderts über die heute in Polen gelegenen, einstmals deutschen Gebiete Ost- und Westpreußens, Danzig, Hinterpommern und Schlesien/Dietmar Pertsch. BIL, Berliner Institut für Lehrerfort- u. -weiterbildung u. Schulentwicklung. – Berlin, 1996. – 112 S. – (Beiträge zur Information und Dokumentation)

Pleitner, Berit: Europa – die unitas multiplex: zur europäischen Identität am Beispiel der Wahrnehmung Polens in deutschen und französischen Schulgeschichtsbüchern. In: Internationale Schulbuchforschung 20(1998), S. 19–34

Pogranicze z Niemcami a inne pogranicza Polski/pod red. Zbigniewa Kurcza. – Wroclaw: Wydawn. Uniw. Wroclawskiego, 1999. – 282 S.: graph. Darst., Kt. (Acta Universitatis Wratislaviensis; 2135)

Polen – Deutschland, Poland – Germany. Internationale Schulbuchforschung 21(1999)1

Polen nach dem Kommunismus/Erwin Oberländer (Hrsg.). – Stuttgart: Steiner, 1993. – 135 S. ISBN 3-515-06213-0

Polen und Deutsche: neue Partnerschaft im geeinten Europa. In: Zeitschrift zur politischen Bildung 33(1996)2

Polen und Deutsche im Gespräch/Reinhold Schmitt; Gerhard Stickel (Hrsg.). – Tübingen: Narr, 1997. – 345 S.: Ill. – (Studien zur deutschen Sprache; 8). ISBN 3-8233-5138-9

Polen und Deutschland: Nachbarn in Europa/[hrsg. von d. Niedersächsischen Landeszentrale für Politische Bildung. Red. Dietmar Storch]. – 2., aktualisierte Aufl. – Hannover, 1996. – 138 S.

Polen und Deutschland in Europa: Bronislaw Geremek, Außenminister der Republik Polen/Olaf Müller; Manfred Sicking (Hrsg.). – Als Ms. gedr. – Aachen: Shaker, 1999. – 200 S. – (Internationaler Karlspreis Aachen ...; 1998). ISBN 3-8265-4807-8

Polen verstehen/[Red.: Brigitte u. Reinhard Nenzel]. – Ammerland/Starnberger See: Studienkreis für Tourismus u. Entwicklung, 1996. – 51 S.: Ill. – (Sympathie-Magazin Europa; 34)

Politische Mythen und Rituale in Deutschland, Frankreich und Polen/hrsg. von Yves Bizeul. – Berlin: Duncker und Humblot, 2000. – 234 S. – (Ordo politicus; 34) ISBN 3-428-09918-4

Pommerellen – Preußen – Pomorze Gdańskie: Formen kollektiver Identität in einer deutsch-polnischen Region. In: Nordost-Archiv: N.F. 6(1997)2

Pommern im Wandel der Zeiten/hrsg. von Jan M. Piskorski. – Szczecin: Zamek Książąt Pomorskich, 1999. – 458 S., [4] doppelte Faltkt.: Ill., graph. Darst., Kt. Aus dem Poln. übers. ISBN 83-906184-8-6. *Deutsch-polnisches Kompendium der Geschichte Pommerns mit reichhaltigem Bildmaterial*

Postkarten erzählen Geschichte: die Stadt Posen 1896–1918 = Pocztówki opowiadaja historie/Institut Nordostdeutsches Kulturwerk. Hrsg. von Sophia Kemlein. Mit Beitr. von Rudolf Jaworski ... – Lüneburg: Verl. Nordostdt. Kulturwerk, 1997. – 208 S. ISBN 3-932267-00-1

Rautenberg, Hans-Werner: Fragen der deutsch-polnischen Geschichte in der gegenwärtigen historiographischen Situation. In: Deutsche und Polen. Bonn, 1994. – S. 41–61

Reith, Thomas: Wirtschaftspartner Polen/von Thomas Reith; Zbyszko Wizner. – 5., völlig neubearb. Aufl. – Bonn: Economica-Verl., 1999. – XIII, 323 S.: graph. Darst., Kt. (Wirtschafts-, Investitions- und Steuerführer; Bd. 11). ISBN 3-87081-029-7

Roeder, Michael: Zum Wandel des Polenbildes in bundesdeutschen Geschichtsschulbüchern: eine ideologiekritische Untersuchung ausgewählter Schulbücher zwischen

1949 und 1991. – Aachen: Shaker, 1994. – 141 S. – (Berichte aus der Pädagogik) Zugl.: Berlin, Techn. Univ., Diss., 1993. ISBN 3-86111-826-2

Rosen, Hans von: Deutsche und Polen im Blick auf das Miteinander und Gegeneinander in ihrer Geschichte: Betrachtungen eines Zeitzeugen = Niemcy i Polacy, ich przeciwieństwa i współpraca w przeciągu historii. – Bonn: Kulturstiftung d. dt. Vertriebenen, 1992. – 71 S.: Kt. – (Deutschland und seine Nachbarn; 5) ISBN 3-88557-107-2

Ruchniewicz, Krzysztof: Die polnische politische Emigration nach Deutschland in den Jahren 1945 bis 1980. In: Christoph Pallaske (Hrsg.): Die Migration von Polen nach Deutschland. – Baden-Baden, 2001, S. 61–76

Ruchniewicz, Krzysztof: Zögernde Annäherung: der Beginn des wissenschaftlichen Dialogs zwischen polnischen und deutschen Historikern in der Nachkriegszeit. In: Jahrbuch des Deutschen Polen-Instituts Darmstadt 11, Wiesbaden, 2000, S. 23–54

Ruchniewicz, Krzysztof: Warum Wrocław nicht Breslau ist: Überlegungen zur Nachkriegsgeschichte der niederschlesischen Hauptstadt. In: Orbis Linguarum Vol. 16, Legnica, 2000, S. 135-150

Sakson, Andrzej: Europäische Bewußtseinsbildung der Jugend in Polen. In: Aktuelle Ostinformationen 29(1997)3/4, S. 28–38

Salewski, Michael: Der deutsche Osten und die deutsche Geschichte: Gedanken zu zweihundertfünfzig Jahren. In: Geschichte in Wissenschaft und Unterricht 42(1991)4, S. 220 - 231

Samsonowicz, Henryk: Polens Platz in Europa/Henryk Samsonowicz. Aus d. Poln. von Michael G. Esch. – Osnabrück: fibre, 1997. – 169 S. – (Klio in Polen; 4) Einheitssacht.: Miejsce Polski w Europie <dt.>. ISBN 3-929759-39-X

Schade, Wulf: Wider die geschichtlichen Vorurteile: Deutsche-Juden-Polen; eine Dokumentation/von Wulf Schade. [Deutsch-Polnische Gesellschaft der Bundesrepublik Deutschland]. – Orig.-Ausg. – Düsseldorf: Verl. Deutsch-Polnische Gesellschaft d. Bundesrepublik Deutschland, 1995. – 38 S. – (Einblicke). ISBN 3-9801753-4-0

Schubert, Günter: Nachbarn auf Gedeih und Verderb: Deutsche und Polen. – Bonn: Bouvier, 1997. – 278 S. ISBN 3-416-02679-9

Sommer, Wilhelm: Wem gehört Auschwitz?: die Deutschen und der Holocaust. In: Geschichte lernen 12(1999)69, S. 14–22

Sperling, Walter: Die deutsche Ostgrenze sowie polnische West- und Nordgrenze in deutschen Schulatlanten seit 1946: mit einer Dokumentation. – Frankfurt am Main: Diesterweg, 1991. – 158 S.: zahlr. Kt. – (Studien zur internationalen Schulbuchforschung; 69). ISBN 3-88304-269-2

Stallmann, Edith: Immer noch und immer wieder Auschwitz als Unterrichtsthema?. In: Religion heute (1997)29, S. 54–65

Stettin 1945–1946: Dokumente, Erinnerungen = Szczezecin/[Ostsee-Akademie Lübeck-Travemünde ... Ausw., Red. u. Kommentar von: Tadeusz Białecki ...]. – 2. Aufl. – Rostock: Hinstorff, 1995. – 407 S.: Ill. + 2 Kt.-Beil. Beitr. teilw. dt., teilw. poln. ISBN 3-356-60528-6. *Enth. viele Quellen und Dokumente*

Stosunki polsko-niemieckie w latach 1970–1995: próba bilansu i perspektywy rozwoju/Komitet Nauk Politycznych Polskiej Akademii Nauk; Instytut Studiów Politycznych Polskiej Akademii Nauk. Pod red. Jerzego Holzera i Józefa Fiszera. – Warszawa: Komitet Nauk Politycznych Polskiej Akad. Nauk, 1998. – 191 S. ISBN 83-86759-56-9

Ther, Philipp: Deutsche und polnische Vertriebene: Gesellschaft und Vertriebenenpolitik in der SBZ/DDR und in Polen 1945–1956. – Göttingen: Vandenhoeck & Ruprecht, 1998. – 382 S.: Ill. – (Kritische Studien zur Geschichtswissenschaft; 127) ISBN 3-525-35790-7

Tomala, Mieczyslaw: Deutschland – von Polen gesehen: zu den deutsch-polnischen Beziehungen 1945–1990/hrsg. von der Polnischen Stiftung für Internationale Fragen.– Marburg: Schüren, 2000. – 640 S.: Ill. Einheitssacht.: Patrzacna Niemcy <dt.>. ISBN 3-89472-170-7

Totengebet: 60 Jahre Beginn des Zweiten Weltkriegs und der Schoáh in Polen /Erhard Roy Wiehn (Hg.). – 1. Aufl. – Konstanz: Hartung-Gorre, 1999. – 84 S.: Kt. ISBN 3-89649-415-5

Umgang mit der Vergangenheit in Deutschland und Polen – aufdecken oder zudecken?: Stettin, 28. – 30.6.1996 = Stosunek do przeszłości w Polsce i Niemczech – odkrywać czy zakrywać przeszłośc?. Transodra 1997,16. Text dt. u. poln.

„Unsere Heimat ist uns ein fremdes Land geworden ...“: die Deutschen östlich von Oder und Neiße, 1945–1950: Dokumente aus polnischen Archiven/ Włodzimierz Borodziej. – Marburg: Herder-Inst.
1. Zentrale Behörden. – 2000. – VIII, 728 S. – (Quellen zur Geschichte und Landeskunde Ostmitteleuropas; 4, 1). ISBN 3-87969-283-1

Urban, Thomas: Deutsche in Polen: Geschichte und Gegenwart einer Minderheit. – Orig.-Ausg. – München: Beck, 1993. – 220 S.: Kt. – (Beck'sche Reihe; 1012) ISBN 3-406-37402-6

Die Verbrechen des Nationalsozialismus im Geschichtsbewußtsein und in der historischen Bildung in Deutschland und Polen/Panstwowe Muzeum na Majdanku. Tomasz Kranz (Hg.). – Lublin: Panstwoe Muzeum na Majdanku, c 1998. – 186 S.

Verlorene Heimat: die Vertreibungsdebatte in Polen/Center for International Relations. Hrsg. von Klaus Bachmann u. Jerzy Kranz. Unter Mitarb. Von Jan Obermeier. – Dt. Lizenzausg. – Bonn [u.a.]: Bouvier [u.a.], 1998. – 312 S. Einheitssacht.: Przeprosic za wypedzęnie? <dt.>

Verstärkte Europa-Skepsis in Polen. In: Osteuropa 49(1999), S. A197–A206. *Dokumentation*

Voigt, Gerhard: Die Arbeit einer Unesco-Schule: z. B. Schulpartnerschaften mit Polen und der Türkei. – Oldenburg: Univ., Zentrum für Pädag. Berufspraxis, 1990. – 73 S.: Ill. – (Oldenburger Vor-Drucke; 98)

W poszukiwaniu wspólnoty: 15 lat spotkań pedagogów z Oldenburga i Torunia/Uniwersytet Mikołaja Kopernika. Pod redakcją Aleksandra Nalaskowskiego. – Toruń, 1996. – 139 S. ISBN 83-231-0779-3

„Wach auf, mein Herz, und denke“: zur Geschichte der Beziehungen zwischen Schlesien und Berlin-Brandenburg von 1740 bis heute = „Przebudz sie, serce moje, i pomysl“/ Hrsg.: Gesellschaft für interregionalen Kulturaustausch e.V. – Berlin [u.a.], 1995. – 601 S.: Ill., Kt. ISBN 3-87466-248-9

Die Wandlungsprozesse in Osteuropa am Beispiel Polens: Studien und Berichte/Jerzy Centkowski ... – Hannover: Verb. d. Politiklehrer e.V., 1993. – 56 S. (Politik, Unterricht aktuell; 1993,1)

Weigl, Barbara u. Beata Maliszkiewicz: Multicultural education programme „Let's Meet Others – They are not Strangers“ carried out in the TAK School in Opole: its key ideas, action procedures, evaluation and textbook description. In: Internationale Schulbuchforschung 19(1997)2, S. 175–190

Wichmann, Jürgen: Reflexionen über den Verlust der Heimat. In: Hessische Blätter für Volksbildung 40(1990)2, S. 134–139

Wilberg, Sylwia: Nationale Identität: empirisch untersucht bei 14jährigen in Polen und in Deutschland. – Münster [u.a.]: Waxmann, 1995. – 183 S.: graph. Darst., Tab. – (Internationale Hochschulschriften; 172). Zugl.: Hamburg, Univ., Diss., 1995 ISBN 3-89325-344-0

Wilkiewicz, Zbigniew: NATO-Osterweiterung – Reaktionen der Beitrittskandidaten: polnische Kommentare. In: Osteuropa 48(1998), S. A45–A54. *Dokumentation*

Wilkiewicz, Zbigniew: Polen und sein Beitritt zur Europäischen Union. In: Osteuropa 48(1998), S. A389–A396. *Dokumentation*

Wilkiewicz, Zbigniew: Vernetzung von Städte- und Schulpartnerschaften: GESW Vlotho vom 28. – 30.05.1999. In: Aktuelle Ostinformationen 31(1999)3/4, S. 48–57

Das Willy-Brandt-Bild in Deutschland und Polen/Carsten Tessmer (Hrsg.). [Hrsg.: Bundeskanzler-Willy-Brandt-Stiftung, der Vorstand. Red.: Wolfram Hoppenstedt ...]. – Berlin: Bundeskanzler-Willy-Brandt-Stiftung, 2000. – 160 S.: Ill. – (Schriftenreihe der Bundeskanzler-Willy-Brandt-Stiftung; 6)

Wippermann, Wolfgang: Deutschland, Polen und Europa: Wendepunkte in der Geschichte der deutsch-polnischen Beziehungen. – Herzogenrath: Wiss. Arbeitsstelle d. Bildungs- u. Begegnungsstätte d. KAB u. CAJ im Bistum Aachen, 1991. – 24 S. – (Arbeiterfragen; 1991,2)

Wittmeier, Manfred: Internationale Jugendbegegnungsstätte Auschwitz: zur Pädagogik der Erinnerung in der politischen Bildung/Vorw. von Micha Brumlik. – 1. Aufl. – Frankfurt a.M.: Brandes & Apsel, 1997. – 363 S. Zugl.: Heidelberg, Univ., Diss., 1997. ISBN 3-89066-145-0 (falsch)

Wolf, Joachim: Die Wertewelt polnischer Bürger im Spannungsfeld von Maximalglaubenskonsens und materieller Versuchung. In: Aktuelle Ostinformationen 28(1996)3/4, S. 15–36

Wollmann, Hellmut: Der Systemwechsel in Ostdeutschland, Ungarn, Polen und Rußland: Phasen und Varianten der politisch-administrativen Dezentralisierung. In: Aus Politik und Zeitgeschichte 47(1997)B 5, S. 3–15

Wóycicki, Kazimierz: Zur Besonderheit der deutsch-polnischen Beziehungen: sollen Polen und Deutsche zur „Normalität“ zurückkehren?. In: Aus Politik und Zeitgeschichte 46(1996)B 28, S. 14–20

Woźniakowski, Henryk: Der Pole von heute: Staatsbürger, Patriot oder Europäer?. In: Nation, Ethnizität und Staat in Mitteleuropa/Urs Altermatt (Hg.). – Wien [u.a.]: Böhlau, 1996. – S. 102–108

Zaborowski, Marcin: Poland, Germany and EU enlargement: the rising prominence of domestic politics. – Bonn: ZEI, 1999. – 25 S. – (ZEI Discussion paper; C 51)

Zehn Gerechte: Erinnerungen aus Polen an die deutsche Besatzungszeit 1939–1945/ges. u. eingel. Von Jan Turnau. Aus dem Poln. von Wolfgang Grycz – Mainz [u.a.]: Grünewald [u.a.], 1989. – 189 S. – (Entwicklung und Frieden; 23) Einheitssacht.: Dziesieciu sprawiedliwych <dt.>. ISBN 3-7867-1391-X

Zernack, Klaus: Polen und Rußland: zwei Wege in der europäischen Geschichte. – Berlin: Propyläen-Verl., 1994. – 710 S. – (Propyläen-Geschichte Europas; Erg.-Bd.) ISBN 3-549-05471-8

Zur Bildungsarbeit der Gedenkstätte Majdanek/Tomasz Kranz (Hg.). – Lublin: Państwowe Muzeum na Majdanku, 1997. – 110 S.: Ill. Beitr. teilw. dt., teilw. poln. ISBN 83-907532-1-9

Zwanzig Jahre Deutsches Polen-Institut Darmstadt: Bilanz und Ausblick/hrsg. von Manfred Mack und Jutta Wierczimok. – Darmstadt: Liebig, 2000. – 224 S.: Ill., graph. Darst. – (Darmstädter Schriften; 76). ISBN 3-87390-147-1

Zwischen Abgrenzung und Assimilation – Deutsche, Polen und Juden: Schauplätze ihres Zusammenlebens von der Zeit der Aufklärung bis zum Beginn des Zweiten Weltkrieges/Robert Maier u. Georg Stöber (Hrsg.). – Hannover: Hahn, 1996. – 317 S.: Ill., Tab. – (Studien zur internationalen Schulbuchforschung; 88) ISBN 3-88304-288-9

Zeitschriften und Serien

Aktuelle Ostinformationen: Ereignisse und Entwicklungen/Hrsg.: Gesamteuropäisches Studienwerk e.V. – Vlotho. ISSN 0939-3099

Dialog: deutsch-polnisches Magazin; magazyn polsko–niemiecki/Hrsg.: Deutsch-Polnische Gesellschaft – Bundesverband. – Düsseldorf: Vereinigte Verl.-Anst. ISSN 0938-1422

Informationen zu aktuellen Entwicklungen/Forschungsstelle Osteuropa an der Universität Bremen. – Bremen. *Bezug: Forschungsstelle Osteuropa an der Universität Bremen, Osteuropagebäude, Klagenfurter Str. 3, 28359 Bremen, Tel. 0421-218-3687, Fax. 0421-218-3269*

Inter finitimos: wissenschaftlicher Informationsdienst deutsch-polnische Beziehungen; informator naukowy do badań nad stosunkami niemiecko–polskimi/Forschungsstelle Ostmitteleuropa an d. Universität Dortmund. Hrsg. Waldemar Bukowski ... – Osnabrück: fibre. ISSN 1234-107X (Poln. Ausg.). ISSN 0948-1818 (Dt. Ausg.)

Karta: Zeitzeugnisse aus Ostmitteleuropa; historische Zeitschrift/Hrsg.: Fundacja Ośrodka Karta. Red: Zbigniew Gluza ... Dt. Ausg. in Zsarb. mit d. Option für Kultur e.V. – Warschau 1(2000) – ISSN 1641-148X. Polnische ISSN 0867-3764 (ab Nr. 16: 363774). *Auswahlbände mit Texten aus der polnischen Vierteljahresschrift „Karta" auch in englischer Übersetzung erschienen. Bezug der deutschen Ausgabe: KARTA, Postfach 652126, 13316 Berlin, Tel. 030-49912569, Fax 030-49912568, e-mail: karta@t-online.de*

Kreuz und quer über die Grenze: deutsch-polnische Presseübersicht aus der Grenzregion = Wzdłuż i w poprzek granicy/Deutsch-Polnischer Journalistenclub „Unter Stereo-Typen" ... – Potsdam [u.a.]: Dt.-Poln. Ges. Brandenburg [u.a.]. – (Transodra: spezial). *Beiträge aus deutschen und polnischen Zeitungen*

Mówią wieki: magazyn historyczny. – Warszawa: Wydawnictwo Naukowe PWN. ISSN 1230-4018

Nordost-Archiv: Zeitschrift für Regionalgeschichte/Hrsg.: Institut Nordostdeutsches Kulturwerk. – N.F. – Lüneburg: Verl. Nordostdt. Kulturwerk. ISSN 0029-1595

Osteuropa: Zeitschrift für Gegenwartsfragen des Ostens/hrsg. von d. Deutschen Gesellschaft für Osteuropakunde. – Stuttgart: Dt. Verl.-Anst. ISSN 0030-6428

Państwowe Muzeum <Oświęcim>: Bulletin/Museum and Memorial Auschwitz-Birkenau, Oświęcim, Poland. – Oświęcim. Text engl. *Bezug: Auschwitz-Birkenau State Museum, ul. Wieźniów Oświęcim 20, PL – 32-603 Oświęcim, Tel. 0048-33-432022, Fax. 0048-33-432227*

Polen und wir: Zeitschrift für deutsch-polnische Verständigung/Deutsch-Polnische Gesellschaft d. Bundesrepublik Deutschland e.V. Red. Wulf Schade ... – Hünxe. ISSN 0930-4584

Transodra: deutsch-polnisches Informationsbulletin = Transodra: polsko–niemiecki biuletyn informacyjny/Deutsch-Polnische Gesellschaft Brandenburg e.V.; Deutsch-Polnischer Journalistenclub „Unter Stereo-Typen". – Potsdam [u.a.]: Deutsch-Polnische Gesellschaft Brandenburg [u.a.]. Texte dt. u. poln.

Zeitschrift für Ostmitteleuropa-Forschung: neue Folge der Zeitschrift für Ostforschung/im Auftr. d. Herder-Instituts e.V. hrsg. von Włodzimierz Borodziej ... – Marburg: Verl. Herder-Inst. ISSN 0948-8294

Bibliografien

Kuhnke, Ingrid: Polnische schöne Literatur in deutscher Übersetzung: 1900–1992/93. Bibliographie. 2., verb. u. erhebl. erw. Ausg. Mainz: Liber 1995 (Mainzer slavistische Veröffentlichungen; 18. Slavica moguntiaca)

Lawaty, Andreas und Wiesław Mincer (Hg.): Deutsch-polnische Beziehungen in Geschichte und Gegenwart: Bibliographie 1900–1998. – Wiesbaden: Harrasowitz, 2000. – (Veröffentlichungen des Deutschen Polen-Instituts Darmstadt; 14)

Bd. 1. Politik, Gesellschaft, Wirtschaft, Kultur in Epochen und Regionen. 1384 S.
Bd. 2. Religion, Buch, Presse, Wissenschaft, Bildung, Philosophie, Psychologie. 1143 S.
Bd. 3. Sprache, Literatur, Kunst, Musik, Theater, Film, Rundfunk, Fernsehen. 1060 S.
Bd. 4. Benutzerhinweise, Abkürzungen, Register. 725 S.

Audiovisuelle Medien

Auf Basis der im Internet zugänglichen Kataloge zusammengestellt von Sonja Richter. Es wird jeweils nur eine Fundstelle angegeben, die meisten Materialien sind jedoch an mehreren Orten erhältlich.

Polen im zwanzigsten Jahrhundert
Endlich wieder ein Staat, neunzehnhundert bis neunzehnhundertdreißig (1900–1930)
Video, 24 Min., f+sw, 1991
Adressaten: Kl. 8, Kl. 11
Der Film zeigt, wie nach mehreren brutal unterdrückten Aufständen der Erste Weltkrieg die entscheidende Wende herbeiführt: Polen wird endlich wieder ein Staat. Ein Staat allerdings, der von außen und innen gefährdet ist.
Landesbildstelle Württemberg, Nr. 42 01390

Polen im zwanzigsten Jahrhundert
Vorkriegszeit und Zweiter Weltkrieg, neunzehnhundertdreißig bis neunzehnhundertfünfundvierzig (1930–1945)
Video, 25 Min., f+sw, 1991
Adressaten: Kl. 8, Kl. 11
Es gibt für die Polen eine traumatische Erfahrung, die in jedem Jahrhundert neue Nahrung erhält: das Arrangement der großen Nachbarn Russland und Deutschland auf Kosten Polens. 1939 ist es wieder so weit – Hitler und Stalin beschließen, Polen unter sich aufzuteilen.
Landesbildstelle Württemberg, Nr. 42 01391

Polen im zwanzigsten Jahrhundert
Die Volksrepublik Polen, neunzehnhundertfünfundvierzig bis neunzehnhundertachtzig (1945–1980)
Video, 27 Min., f+sw, 1991
Adressaten: Kl. 8, Kl. 11
Der Film zeigt alle Stadien der Entwicklung vom aufgezwungenen Stalinismus über den Versuch eines „eigenen Weges zum Sozialismus" bis hin zu den erfolgreichen Streiks der oppositionellen Gewerkschaftsbewegung „Solidarność" unter Lech Wałęsa.
Landesbildstelle Württemberg, Nr. 42 01392

Geschichte Polens in der Neuzeit
12 Dias, f+sw, 1988
Adressaten: Kl. 7
Gemälde, Zeichnungen und Fotografien dokumentieren die Geschichte Polens vom 18. Jahrhundert bis 1918.
Landesbildstelle Württemberg, Nr. 10 03010

Geschichte Polens neunzehnhundertzwanzig bis neunzehnhundertfünfundvierzig (1920–1945)
12 Dias, f+sw, 1988
Adressaten: Kl. 9
Zeitgenössische Fotografien geben wichtige historische Ereignisse der polnischen Geschichte und deren Schauplätze in der Zwischenkriegszeit und während des 2. Weltkrieges wieder.
Landesbildstelle Württemberg, Nr. 10 03011

Hitler-Rede im Reichstag am 1. September 1939
Tonkassette, 42 Min., D 1939
Adressaten: Ab S1 (Kl. 9)
Die gesamte Reichstagssitzung vom 1. September 1939, in der Hitler die vielen „friedlichen Versuche“ anspricht, das Problem Danzigs und des polnischen Korridors mit Polen zu lösen. Hitler rechtfertigt den Angriff auf Polen („ab 5.45 Uhr wird zurückgeschossen“). Er stimmt auf Kämpfen, Entbehrungen, Durchhalten, „‚Leben-einsetzen‘ für das deutsche Volk“ ein, stellt den gerade abgeschlossenen Nichtangriffspakt mit der Sowjetunion vor und legt seine Nachfolge (Göring, Hess) fest. Das Gesetz über die Wiedervereinigung der freien Stadt Danzig mit dem deutschen Reich wird in einem verkürzten Gesetzgebungsverfahren einstimmig angenommen. Zum Schluss singen die Abgeordneten gemeinsam das Deutschlandlied und „Die Fahne hoch“.
Landesmedienzentrum Hamburg, Nr. 22 40490

Lebensraum und Herrenrasse
Video, 16 Min., f, D 1991
Adressaten: Kl. 9
Ausbruch und Verlauf des Zweiten Weltkriegs bis zur größten Machtentfaltung sowie die Lebensraum- und rassenpolitischen Ziele der Nationalsozialisten werden erläutert. Dann wird am Beispiel Polen die Umsetzung der Lebensraum- und Rassenideologie in die Wirklichkeit dargestellt.
Landesmedienzentrum Rheinland-Pfalz, Nr. 42 80406

Das Heimweh des Walerjan Wrobel Teil 1
16mm-Film, 47 Min., sw+f, D 1992
Adressaten: J
Ein Spielfilm über ein authentisches Schicksal. Der 16-jährige Walerjan kommt 1941 als polnischer Zwangsarbeiter nach Deutschland. Weil er Heimweh hat und hofft, nach Hause geschickt zu werden, zündet er eine Scheune an. Es folgen Verhaftung, Konzentrationslager, Sondergerichtsverfahren, Todesurteil und Vollstreckung.
FWU, Nr. 32 10231

Requiem für 500.000
16mm-Film, 30 Min., sw, PL 1963/65
Adressaten: S1: HS, RS, GY, IGS (Kl. 8-10), S2, J
Der Film besteht aus Fragmenten deutscher Filmdokumente aus der NS-Zeit. Er zeigt die Tragödie der Judenverfolgung in Polen, die kurz nach dem Einmarsch der deutschen Truppen beginnt, bis zur Vernichtung des Warschauer Ghettos (16. 5. 1943)
IPTS-Landesmedienzentrum Schleswig-Holstein, Nr. 32 00751

Grüne Jahre: Eine Kinderfreundschaft im Krieg, Teil 1
16mm-Film, 43 Min., f, PL 1979/1985
Adressaten: S1, J
Der polnische Film führt in das oberschlesische Kohlenrevier, wo der polnische Arbeitersohn Wojtek mit seinen Freunden jüdischer bzw. deutscher Herkunft lebt. Als im Herbst 1939 die deutsche Wehrmacht Polen besetzt, erleben die drei Kinder, was Terror, Krieg und Judenverfolgung heißen. Trotzdem bewahren sie ihre Freundschaft.
IPTS-Landesmedienzentrum Schleswig-Holstein, Nr. 32 03612

Dawids Tagebuch
Film, 27 Min., f, DDR 1980/1982
Adressaten: S1: HS, RS, GY, IGS (Kl. 7-10); J
Anhand der Tagebuchaufzeichnungen des 10-jährigen Dawid Rubinowicz wird das Leben der jüdischen Bevölkerung in einem polnischen Dorf 1937–1942 geschildert. Der Terror, der mit dem Einmarsch der Deutschen Wehrmacht beginnt, führt zur Vernichtung der Familie in Treblinka.
IPTS-Landesmedienzentrum Schleswig-Holstein, Nr. 32 03422

Ein Tag im Warschauer Ghetto: Ein Geburtstag in der Hölle. 19. 9. 1941
Video, 19 Min., sw, Kanada 1994
Adressaten: S1: HS, RS, GY, IGS (Kl. 8–9), S2; J
Heimlich aufgenommene Fotos, kombiniert mit autobiographischen Zeugnissen, vermitteln eindrucksvoll die unmenschlichen Lebensbedingungen und das Sterben der jüdischen Bevölkerung im Warschauer Ghetto unter deutscher Besatzungsherrschaft.
FWU, Nr. 42 01707

Die Hoffnung stirbt zuletzt
Video, 49 Min., sw+f, PL 1995 (1992), pl. m. dt. Untertiteln
Adressaten: S1: HS, RS, GY, IGS (Kl. 9–10); S2; J
Halina Birenbaum schildert beklemmend und in ergreifender Weise, wie sie als Kind die Vernichtung der eigenen Familie im Warschauer Ghetto und den Massenmord an Juden in den Konzentrationslagern Majdanek und Auschwitz erlebt und überlebt hat. Nach 40 Jahren in Israel kehrt sie erstmals in ihre Heimat Polen zurück und besucht die Stätten ihrer Qualen, eine Reise, auf der die Kamera sie begleitet und einfühlsam beobachtet. Die Authentizität der Aussagen erhöhen eingeschnittene Dokumentaraufnahmen des Holocaust.
FWU, Nr. 42 01878

Wenn alle Deutschen schlafen
Ein spannender Jugendfilm über ein Kind im Ghetto
Video, 72 Min., sw+f, D 1996 (1994)
Adressaten: S1: HS, RS, GY, IGS (ab Kl. 8); S2; J
Das Ghetto aus der Sicht eines Kindes – ein Ort der Bedrängnis, der Bedrohung, der Demütigung, aber auch der Freundschaften und der abenteuerlichen Entdeckungen. Jurek Becker schrieb das Drehbuch zu dem atmosphärisch dichten Spielfilm auf der Grundlage seiner Erzählung „Die Mauer“. Diese liegt der Kassette als Sonderdruck bei und erleichtert das Erarbeiten der Thematik „Literaturverfilmung“. Die teilweise kammerspielartige Inszenierung weist über die konkrete geschichtliche Konstellation hinaus in zeitlose und universelle existentielle Grundsituationen.
FWU, Nr. 42 02133

Die Befreiung von Auschwitz
Video, 18 Min., f, D 1993 (1987)
Adressaten: S1: HS, RS, GY, IGS (Kl. 9–10); S2; J
Russische Filmdokumente, aufgenommen während der Befreiung des KZ Auschwitz, zeigen das gigantische Ausmaß des Arbeits- und Vernichtungslagers. Der letzte noch überlebende Kameramann schildert seine Eindrücke aus den Januartagen 1945.
FWU, Nr. 42 01634 (Auslieferung auch als 32 03874)

Diamanten im Schnee
Video, 59 Min., f+sw, 1994
Drei jüdische Frauen, die den Holocaust überlebten, besuchen ihre Geburtsstadt Będzin (Polen) und berichten über ihre Kindheitserlebnisse.
Landesbildstelle Baden, Nr. 42 58362

Schindlers Liste
Videokassette mit Arbeitshilfen, 195 Min., sw, USA 1993
Adressaten: S1 (Kl. 8–10); S2 (Kl. 11–13); J (14–16 J.). Unterhalb der Jahrgangsstufe 10 sollte sensiblen Schülerinnen und Schülern der Besuch des Films freigestellt werden.
Der Film ist die Dramatisierung eines dokumentarischen Romans über Oskar Schindler, einen NS-Industriellen, der in Polen 1944/45 mehr als 1.100 Juden das Leben gerettet hat. In zurückhaltendem Schwarzweiß und vorwiegend an originalen Schauplätzen gedreht, überzeugt der mehr als dreistündige Film vor allem in der Darstellung von Personen und Details, die sich zu einem bewegenden Zeugnis aktiver Menschlichkeit in einer unmenschlichen Umgebung verdichtet.
Landesbildstelle Nordbayern, Nr. 50 40066

Danzig
16mm-Film, 40 Min., sw, D 1969/70
Anlässlich des 30. Jahrestages des Überfalls auf Polen wird anhand von Dokumentaraufnahmen und Interviews die Geschichte Danzigs im 20. Jahrhundert erzählt. Der Film schildert das Schicksal der Stadt während des Nationalsozialismus, das Ende Danzigs und die Ergebnisse des Wiederaufbaus der Stadt unter dem Namen Gdańsk. Im Mittelpunkt steht die komplizierte Rechtssituation der „Freien Stadt Danzig“, das ständige Tauziehen zwischen Genf, Berlin und Warschau in den Jahren 1920–1939.
IPTS-Landesmedienzentrum Schleswig-Holstein, Nr. 32 47067

Danzig – Gdańsk
16mm-Film, 30 Min., sw, D 1969/70
Nach einer Skizzierung der Geschichte Danzigs bis zum Versailler Vertrag stellt der Film die Problematik der Stadt zwischen Deutschland und Polen dar. Gezeigt werden die geografischen und ethnografischen Bedingungen, die wirtschaftlichen Gegebenheiten und politischen Ereignisse.
IPTS-Landesmedienzentrum Schleswig-Holstein, 32 02239

Stettin
16mm-Film, 40 Min., sw, 1969/70
Stettin, heute eine Stadt an der „Friedensgrenze“, im Krieg zerstört. Die Stadt wurde wieder aufgebaut und ist fast so groß wie einst. Die Stadtgeschichte spiegelt von der Gründung vor nunmehr 700 Jahren bis zum Kriegsende und der anschließenden Vertreibung eine Fülle wechselvoller Ereignisse wider. Heute wohnen in Stettin, polnisch Szczecin, etwa 280.000 Einwohner, vornehmlich Ostpolen, von denen viele durch die Ereignisse nach 1945 zwangsumgesiedelt wurden und dadurch ihre eigene Heimat verloren haben.
IPTS-Landesmedienzentrum Schleswig-Holstein, 32 47487

Grenzhindernisse Hindernis Grenze
Video, 34 Min., f, 1992
Adressaten: J
Meinungen, Beobachtungen, Gespräche an der deutsch-polnischen Grenze über diese Grenze im Sommer 1992.
MedienPädagogisches Zentrum Land Brandenburg, Nr. 42 51281

Grenzland eine Reise
Über das Verhältnis zwischen Polen und Deutschen nach dem Mauer-Fall
Video, 88 Min., f, 1992
Adressaten: S2, J
Der Film zeigt Gespräche mit Leuten in den geteilten Dörfern und Städten zwischen Oder und Neiße. Eine Gruppe polnischer Arbeiterinnen schildert ihre Situation: Erinnerungen, Geschichten, Einschätzungen – Schicksale diesseits und jenseits der Grenze. Warum muss, wenn eine Grenze fällt, die andere höher wachsen?
MedienPädagogisches Zentrum Land Brandenburg, Nr. 42 51136

Guben im Herbst
Apropos – Videos & Texte zur politischen Bildung
10 Min., f, 1991/1996
Das brandenburgische Guben ist durch die Neiße vom polnischen Gubin getrennt. Dass aus räumlicher Nähe nicht notwendigerweise Kenntnis über bzw. Verständnis für die Nachbarn erwachsen muss, offenbart ein Interview mit drei Jugendlichen aus Guben.
Vermummt, nach eigener Aussage aus Angst vor vermeintlichen Racheakten ihrer politischen Gegner, sitzen die drei jungen Männer in einem Wohnzimmer dem Kamerateam gegenüber. Sie präsentieren ihre rechtsextremistischen und fremdenfeindlichen Ansichten über die polnischen Nachbarn, sprechen über aktuelle und vermeintlich historische Grenzziehungen sowie über ihre Wertvorstellungen.
Fragen ihrer Interviewpartnerin zum sozialen Hintergrund werden ausweichend oder gar nicht beantwortet, genauso wenig wie Rückfragen zum sachlichen Gehalt ihrer Aussagen. Es offenbart sich ein Gemisch aus Unkenntnis, Ängsten und Vorurteilen. Gewalt gilt als selbstverständliches Mittel der Problemlösung. Die Jugendlichen sind nach ihren eigenen Aussagen bereit, Gewalt auch selbst auszuüben.
IPTS-Landesmedienzentrum Schleswig-Holstein, Nr. 42 45235

Frauen 1919
Apropos – Videos & Texte zur politischen Bildung
8 Min., f, 1995
Die Videodokumentation stellt einige der herausragenden Frauenpersönlichkeiten vor, die einen wichtigen Meilenstein in der Geschichte der Frauenbewegung erreichten: das aktive und passive Wahlrecht und die zumindest formale Gleichberechtigung der Frau. Der Film gibt einen authentischen Einblick in den Alltag berufstätiger und politisch engagierter Frauen zur Zeit der ersten demokratisch gewählten Volksvertretung. Wichtige Vertreterinnen der sozialistischen Frauenbewegung werden vorgestellt, ihre Forderungen vor dem Hintergrund der gesellschaftlichen Situation – insbesondere der Arbeiterfrauen – analysiert. Namentlich genannt wird u. a. Rosa Luxemburg (1870–1919).
IPTS-Landesmedienzentrum Schleswig-Holstein, Nr. 42 45246

Leiden von Frauen im Zweiten Weltkrieg
Video, 15 Min., sw+f, D 1989
Adressaten: S1: HS, RS, GY, IGS (Kl. 9–10); S2; J
Film- und Bilddokumenten von den Siegen der deutschen Wehrmacht 1939–1941 werden Berichte von Frauen als Zeitzeugen gegenübergestellt, die den Krieg aus der Perspektive des Lebens in den von alliierten Bombenangriffen zerstörten Städten, im Widerstand, in besetzten Gebieten erlebt haben oder Flucht, Verfolgung oder Vertreibung auf sich nehmen mussten.
IPTS-Landesmedienzentrum Schleswig-Holstein, Nr. 42 01196

Flucht und Vertreibung – Teil 1: Inferno im Osten
16mm-Film, 57 Min., sw+f, D 1981
Adressaten: S1: HS, RS, GY (Kl. 9); S2; J
Der Film beschäftigt sich mit dem Schicksal von Flüchtlingen und Vertriebenen in den Jahren zwischen 1939 und 1945. Der Dokumentation liegen Darstellungen zugrunde über Zwangsumsiedlungen in der Folge des Hitler-Stalin-Paktes (1939), über die Deportation deutscher Volksgruppen nach dem Angriff Hitlers auf die Sowjetunion, über die massenweise Flucht von Deutschen vor der heranrückenden Roten Armee und über die Folgen britischer Luftangriffe auf Dresden, wo auch sehr viele Flüchtlinge ihr Leben lassen mussten.
IPTS-Landesmedienzentrum Schleswig-Holstein, Nr. 32 47963

Flucht und Vertreibung – Teil 2: Die Rechtlosen
16mm-Film, 57 Min., sw+f, D 1981
Adressaten: S1: HS, RS, GY (Kl. 9); S2; J
Der zweite Teil der dreiteiligen Dokumentation über Flucht und Vertreibung zeichnet nach, in welchem Ausmaß Millionen Menschen in Deutschland und Deutsche in osteuropäischen und südosteuropäischen Staaten in der Folge des 2. Weltkrieges zum wehr- und rechtlosen Opfer machtpolitischer Entscheidungen und Entwicklungen wurden.
IPTS-Landesmedienzentrum Schleswig-Holstein, Nr. 32 47964

Flucht und Vertreibung – Teil 3: Zwischen Fremde und Heimat
16mm-Film, 56 Min., sw+f, D 1981
Adressaten: S1: HS, RS, GY (Kl. 9); S2; J
Der dritte Teil der Dokumentation über Flucht und Vertreibung widmet sich vor allem der Integration der Millionen Flüchtlinge und Vertriebenen in den westlichen Besatzungszonen und in der Bundesrepublik Deutschland, nachdem sie ihre Heimat verlassen mussten. Eine wichtige Grundlage zu dieser Integration war die Charta der Heimatvertriebenen (1950).
IPTS-Landesmedienzentrum Schleswig-Holstein, Nr. 32 47965

Verfolgt, verschleppt, vertrieben – Europäische Tragödie
16mm-Film, 38 Min., sw+f, D 1977
Adressaten: S1 (Kl. 9); J
Aus zum Teil bislang nicht veröffentlichten amerikanischen Filmaufnahmen erstellter Bericht über die Tragödie von 50 Millionen Europäern, die während des letzten Krieges und der Jahre danach ihre Heimat verloren haben. Die Hauptursachen für das Schicksal der verschleppten, verfolgten und vertriebenen Menschen werden knapp, aber einprägsam dargestellt. Der Versuch, die Situation historisch genau und ohne Parteilichkeit zu schildern, ist weithin gelungen. Grafische Darstellungen zeigen den Weg der Flucht.
IPTS-Landesmedienzentrum Schleswig-Holstein, Nr. 32 47527

Nachbar Polen 1918–1945
Flucht und Vertreibung
Tonkassette, 20 Min., D 1986
Adressaten: S1 (Kl. 8–10); S2 (Kl. 11–13)
Der Schulfunkbeitrag des Bayerischen Rundfunks schildert exemplarisch die Flucht und die Vertreibung der Deutschen aus den Ostgebieten des Deutschen Reiches.
Landesbildstelle Nordbayern, Nr. 22 04124

Flucht aus der Heimat – April 1945
Tonkassette, 15 Min., D 1983
Adressaten: S1: HS, RS, GY, IGS (Kl. 9–10)
Eine alte Frau erinnert sich an die Flucht ihrer Familie vor den anrückenden sowjetischen Truppen aus Pommern nach Lübeck in den letzten Kriegstagen 1945. Schilderungen ihrer Tochter und ihres Sohnes ergänzen die Aussagen. Ein Kommentar verbindet die Augenzeugenberichte.
IPTS-Landesmedienzentrum Schleswig-Holstein, Nr. 22 02956

Die heilsame Erinnerung
Polnische und deutsche Schüler erforschen die Geschichte der Vertreibung
Video, 30 Min., f, 1995
Eine neue Art der Begegnung mit der Geschichte erleben Schüler des Thomas-Morus-Gymnasiums in Daun und der Partnerschule in Jelenia Góra. In einem gemeinsamen Projekt erforschen sie die Geschichte der Vertreibung in Schlesien. Sie befragen Zeitzeugen, durchforsten Archive oder interessieren sich für schlesische Kultur und Geschichte. Hauptsächlich wollen sie wissen, wie die Vertreibung administrativ durchgeführt wurde. Die Schüler erfahren viel über das Schicksal der Vertriebenen und Gebliebenen. In einer Ausstellung dokumentieren sie ihre Ereignisse. Der Film zeigt ein Beispiel für den projektorientierten Ansatz einer Begegnungspädagogik, das sich übertragen lässt. Ausschnittsweise auch für den Unterricht geeignet.
Landesmedienzentrum Rheinland-Pfalz, Nr. 42 46279

„Recht auf Heimat“
Tonkassette, 10 Min., 1961
Adressaten: Kl. 10
Das auf Tonband wiedergegebene Gespräch ist Teil eines Programms des Berliner Kabaretts „Die Stachelschweine“. Es geht um das Verhältnis zwischen Polen und Deutschland. Revanchefurcht, Oder-Neiße-Linie, Vertriebenenschicksal und Recht auf Heimat sind die Begriffe, an denen sich die Geister scheiden.
Landesmedienzentrum Rheinland-Pfalz, Nr. 22 00237

Polen in Berlin
Apropos – Videos & Texte zur politischen Bildung
Video, 10 Min., f, D 1996
Nachbarn in Deutschland – dazu zählen auch Polen. Deutsche Vorurteile über „die Polen“ gibt es viele, die in langer Tradition in den Köpfen verhaftet sind. In Interviews werden drei in Berlin lebende Polen vorgestellt, die über ihre Herkunft, ihren Bezug zu Polen und ihr Leben in Deutschland berichten. Auch zu ihren Erfahrungen mit Ausländerfeindlichkeit und zu ihrem Heimatgefühl nehmen sie Stellung. Durch die offenen, persönlichen Schilderungen lernen die Zuschauer drei grundverschiedene Menschen kennen, die nicht nur unterschiedliche Erfahrungen gemacht haben, sondern auch keinem der gängigen stereotypen Vorurteile entsprechen.
IPTS-Landesmedienzentrum Schleswig-Holstein, Nr. 42 45218

Überall ist es besser, wo wir nicht sind
Video, 74 Min., sw, D 1989, pl. m. dt. Untertiteln
Adressaten: S1 (Kl. 8–10); S2 (Kl. 11–13); J (14–16 J.)
Warschau 1988. Jerzy will weg. Eigentlich will er nach Amerika, aber West-Berlin wäre auch nicht schlecht. Er verabschiedet sich von seinen Freunden und begegnet am letzten Tag noch einer jungen Frau: Ewa. Jerzy kommt in West-Berlin an. Er trifft andere Polen, die auch nicht besser leben als er. Sogar Ewa sieht er in Berlin wieder. Er verliebt sich in sie, und es gibt einige Momente des Glücks. Irgendwann aber gesteht sie ihm, dass sie sich das Leben im Westen doch anders vorgestellt hatte. Sie verschwindet, ohne eine Adresse zu hinterlassen. Jerzy besorgt sich mit schmutzigen Geschäften das Geld für illegale Papiere. Er hat sein Ziel noch immer nicht aus den Augen verloren: Amerika.
Landesbildstelle Nordbayern, Nr. 42 42033

Oberschlesien, Grenzland und Brücke zu Europa
Video, 23 Min., f+sw, 1993
Adressaten: Kl. 9
Der Film gibt einen Einblick in die Geschichte Oberschlesiens im 19. und 20. Jahrhundert, lässt seine wirtschaftliche Bedeutung sowohl für Deutschland als auch für Polen erkennen und verdeutlicht die Probleme nationaler Identität und nationaler Minderheiten.
Landesbildstelle Württemberg, Nr. 42 01571

Schlesien
Kulturregion in Europa
Video, 21 Min., sw+f, 1993
Adressaten: Kl. 13
Der Film zeigt die Geschichte Schlesiens vom Mittelalter bis zur Gegenwart als Geschichte eines Brückenlandes zwischen Ost und West. Die Zeugnisse einer bedeutenden deutsch geprägten Kultur, die ihre Wurzeln dem Zusammenleben verdankt, werden dem Betrachter nahegebracht.
Landesmedienzentrum Rheinland-Pfalz, Nr. 42 01570

Die Welt vor dem Holocaust
Aus dem Leben der Juden in Osteuropa vor dem Zweiten Weltkrieg
16mm-Film, 24 Min., f, 1980
Adressaten: Kl. 9, J
Der jüdische Forscher und Fotograf Roman Vishniac hat in den Jahren vor dem Zweiten Weltkrieg die osteuropäischen Länder bereist und mit versteckter Kamera das Leben der Ostjuden in den städtischen Ghettos, in Kleinstadtgemeinden und ländlichen Siedlungen vor der Vernichtung aufgenommen. Kommentierter Dokumentarfilm.
Landesbildstelle Württemberg, Nr. 32 03214

Vor dem Holocaust, Teil 1
Fotografien von Roman Vishniac
12 Dias, sw, 1980
Adressaten: Kl. 9
In Realaufnahmen wird die Lebenssituation der osteuropäischen Juden vor dem Holocaust wiedergegeben. Es werden neben dem Eingang zum Krakauer Ghetto vor allem menschliche Situationen gezeigt: „Auf dem Fischmarkt“, „Gesicht aus dem Fenster“.
Landesbildstelle Württemberg, Nr. 10 02638

Vor dem Holocaust, Teil 2
Fotografien von Roman Vishniac
12 Dias, sw, 1980
Adressaten: Kl. 9
Realaufnahmen zeigen verschiedene Ghettos in Osteuropa vor dem Holocaust: Slonim, Lublin, Warschau, Krakau, Wilna. Aufnahmen von Einzelschicksalen ergänzen die Reihe: Händler ohne Ware, Wasserträger, Angst, die Frau des Trägers.
Landesbildstelle Württemberg, Nr. 10 02684

Deutschland und Polen
16-mm-Film, 34 Min., sw, 1965
Adressaten: Kl. 10; J
Der Film versucht einige wesentliche Stationen aus der gemeinsamen Vergangenheit, die sich aus der tausendjährigen Nachbarschaft von Polen und Deutschen ergibt, darzustellen.
Landesmedienzentrum Rheinland-Pfalz, Nr. 32 44375

Ostverträge
Video, 5 Min., sw+f, 1997
Adressaten: Kl. 11
Diese Dokumentation schildert die außenpolitischen Veränderungen, die in der Amtszeit des Bundeskanzlers Brandt (SPD), der eine weitreichende Neugestaltung der Beziehungen zu den Staaten des sowjetischen Machtbereichs zum Ziel hatte, erfolgten. Neben dem Besuch Brandts in der DDR und den Moskauer Verträgen von 1971 schildert der Film auch die Neuorientierung im Hinblick auf den Nachbarn Polen. Brandts Kniefall vor dem Denkmal der Opfer des Warschauer Ghettos wird ebenso gezeigt wie ein Ausschnitt aus einer Rede des CSU-Politikers Franz-Josef Strauß vor dem Bundestag, der sich entschieden gegen diese Politik wendete, der man die Preisgabe deutscher Interessen vorwarf. Insbesondere beschäftigt sich der Film mit dem wichtigsten der Ostverträge, dem Grundlagenvertrag zwischen der Bundesrepublik und der DDR 1972 und zuletzt mit dem Ausklang der Ostpolitik gegen Ende der 70er Jahre. Mit Begleitmaterial für den Unterricht.
Landesmedienzentrum Rheinland-Pfalz, Nr. 42 54150

Paradox Polen
16mm-Film, 30 Min., f, 1971
Adressaten: J
Dokumentarfilm. Katholiken und Koexistenz ist das zentrale Thema. Der Film versucht, die besondere und – was die osteuropäischen Staaten angeht – einzigartige Stellung der Katholischen Kirche in Polen kritisch darzustellen.
Landesbildstelle Baden, Nr. 32 51473

Der ehemalige Ostblock: Der Umbruch im Osten
Folienreihe (12 St.), f, 1993
Adressaten: S1; S2
Folgende Themen werden behandelt: Der ehemalige Ostblock; Demokratie- und Unabhängigkeitsbewegungen in Osteuropa bis 1989; Umbruch in Osteuropa; Machtwechsel in der Tschechoslowakei; Trennung von Tschechen und Slowaken; der gewaltfreie Systemwechsel in Polen; politische Instabilität Polens nach 1991; Verhandlungen in Ungarn; Staatsaufbau der Republik Ungarn; Massenflucht in der DDR 1989; freie Wahlen in der DDR, Meilensteine auf dem Weg zur deutschen Einheit.
Landesbildstelle Baden, Nr. 12 50556

Unser Nachbar Polen
16mm-Film, 15 Min., f, 1996
Adressaten: S1
Übersichtsfilm über das Leben der Menschen im heutigen Polen. Neben Warschau und Nordpolen mit der Ostseeküste werden exemplarisch drei Fallbeispiele vorgestellt: Ein bäuerlicher Kleinbetrieb in Mittelpolen, ein Steinkohle-Bergbaubetrieb und ein Stahlwerk in Südpolen.
Landesbildstelle Baden, Nr. *3255924

Polen, das oberschlesische Industriegebiet
Video, 15 Min., f, 1994
Adressaten: Kl. 6
Informationsfilm über das oberschlesische Industriegebiet als ältestem Montanrevier des europäischen Kontinents. Neben der geschichtlichen Entwicklung wird die gegenwärtige ökonomische und ökologische Krise geschildert sowie Versuche zur Problemlösung, so z. B. die Entwicklung von Ecocoal als raucharmen Brennstoff der Zukunft.
Landesbildstelle Württemberg, Nr. 42 10314

Schleswig-Holstein – Blick in die Welt
Altstadt in Warschau (Warszawa) – Reisebilder
Diareihe (21 St.), f, D 1989
Adressaten: S1: HS, RS, GY; S2; J
Nach dem Warschauer Aufstand 1944 fiel die Altstadt in Trümmer. Nach dem Wiederaufbau und der vollständigen Rekonstruktion wurde die Warschauer Altstadt in das internationale Baudenkmalregister aufgenommen. Die Diareihe entstand auf einer Reise und zeigt einige Sehenswürdigkeiten der Warschauer Altstadt, die Beispiel einer meisterhaften Wiederherstellung ist.
IPTS-Landesmedienzentrum Schleswig-Holstein, Nr. 10 45067

Schleswig-Holstein – Blick in die Welt
Altstadt in Breslau (Wrocław) – Reisebilder
Diareihe (25 St.), f, D 1989
Adressaten: S1: HS, RS, GY; S2; J
Breslau, die viertgrößte Stadt Polens, besitzt eine lange mitteleuropäische kulturelle und wirtschaftliche Tradition. Die Diareihe entstand auf einer Reise und zeigt Sehenswürdigkeiten der Breslauer Altstadt. Darüber hinaus gewährt sie einen Einblick in die Geschichte einzelner Baudenkmäler.
IPTS-Landesmedienzentrum Schleswig-Holstein, Nr. 10 45069

Deutschlands Osten, Polens Westen
16mm-Film, 55 Min., sw, 1964
Adressaten: S1; J
Die Gebiete jenseits der Oder und Neiße.
Landesbildstelle Württemberg, Nr. 32 51077

Spurensuche – Mit dem Bus nach Ostpreußen
Video, 40 Min., f, D 1989
Amateurfilm über die Reise einer Gruppe mit dem Bus durch Ostpreußen. Spuren deutscher Vergangenheit werden gesucht in Danzig, Marienburg, Frauenburg (Haff), bei einer Fahrt über das Haff und auf Herrenhäusern und Gütern. Auf dem Oberländer Kanal geht es weiter von Elbing nach Tannenberg. Ein Abstecher nach Masuren schließt sich an.
IPTS-Landesmedienzentrum Schleswig-Holstein, Nr. 42 44514

Ausflug nach Auschwitz
16mm-Film, 31 Min., sw, D 1977
Ältere Bürger der Bundesrepublik reisen nach Polen, um ihre frühere Heimat wieder zu sehen. Sie besuchen auch die Museen des ehemaligen Konzentrationslagers Auschwitz. Aufkommende Angst und unerklärliches Misstrauen einiger Besucher unterbinden den weiteren Versuch des Kamerateams, ihr Empfinden und ihre Gedanken zu ergründen. So befasst sich der Film in seinem weiteren Verlauf mit anderen Besuchergruppen aus Deutschland und lässt diese ausführlich zu Wort kommen.
IPTS-Landesmedienzentrum Schleswig-Holstein, Nr. 32 47736

Wie ein bunter Regenbogen
Video, 87 Min., f, D 1992
Adressaten: S1, J
Der Film dokumentiert eine Reise in die Region Chojna im polnischen Westpommern, jenseits der Oder, gleich hinter der östlichen Landesgrenze Brandenburgs. Regisseur Peter Vatter sammelt Antworten auf die Frage, wie Polen heute über uns denken. Der Film unterstreicht auf z. T. eindringliche Weise die Notwendigkeit der Begegnung und gemeinsamen Vergangenheitsaufarbeitung. Der „Regenbogen über dem Haus" steht für die Hoffnung der Kinder von Chojna für ihre Zukunft.
MedienPädagogisches Zentrum Land Brandenburg, Nr. 42 60109

... damit kein Gras darüber wächst
Tonbildreihe
Adressaten: S1: HS, RS, GY (Kl. 9); S2
Begegnung mit einem ehemaligen Konzentrationslager.
In Stutthof bei Danzig (Gdańsk) entstand wenige Tage nach Beginn des Zweiten Weltkrieges das erste Konzentrationslager auf polnischem Boden. Die Tonbildreihe entstand nach der Reise einer Jugendgruppe, die sich eine Woche in der Gedenkstätte Stutthof aufgehalten hat. Sie zeigt ein Beispiel für die Aufarbeitung gemeinsamer Geschichte von Polen und Deutschen und für die Auseinandersetzung mit dem Nationalsozialismus.
IPTS-Landesmedienzentrum Schleswig-Holstein, Nr. 15 40111

50 Jahre Kriegsende
Video, 23 Min., f, 1995
Adressaten: Kl. 10; J
Der Film dokumentiert die Ansprachen von Rita Süssmuth, Władysław Bartoszewski und Johannes Rau anlässlich der Feierlichkeiten zum 50. Jahrestag des Kriegsendes. Anschließend nehmen Zeitzeugen Stellung zum Kriegsende. Jugendliche aus Deutschland und Polen stellen kritische Fragen. Das deutsch-polnische Verhältnis wird thematisiert.
Landesmedienzentrum Rheinland-Pfalz, Nr. 42 51744

Fünfzig Jahre Frieden! Junge Nachbarn über „alte Feinde"!
Gespräche mit Schweden und Polen
Tonkassette, 30 Min., D 1994
Adressaten: S1 (Kl. 8–10); S2 (Kl. 11–13); J (14–16 J.)
Anlässlich des Kriegsendes vor 50 Jahren interviewen junge Journalisten die Enkel der Kriegsgeneration unserer Nachbarn in Europa über ihr heutiges Bild der Deutschen. In den beiden Sendungen des Hessischen Rundfunks auf dieser Kassette äußern sich junge Schweden und Polen.
Landesbildstelle Nordbayern, Nr. 22 04130

Fünfzig Jahre Frieden! Junge Nachbarn über „alte Feinde"!
Tonkassette, 135 Min., D 1995
Adressaten: Ab S1 (Kl. 9)
In der neunteiligen Sendereihe des Hessischen Rundfunks, die zum 50. Jahrestag des Kriegsendes entstand, kommen junge Leute aus neun Ländern zu Wort, die nach ihrem Deutschlandbild befragt werden, insbesondere vor dem Hintergrund der Nazi-Vergangenheit. Jeder Beitrag ist 15 min lang. 1. Gespräche mit Holländern, 2. Gespräche mit Briten, 3. Gespräche mit Franzosen, 4. Gespräche mit Dänen, 5. Gespräche mit Schweden, 6. Gespräche mit Polen, 7. Gespräche mit Russen, 8. Gespräche mit Tschechen, 9. Gespräche mit US-Amerikanern.
Landesmedienzentrum Hamburg, Nr. 22 41779

Ein Jahr in Deutschland
Video, 16 Min., f, D 1994
Adressaten: J
Eine Zeitstudie über Erfahrungen junger Polen, die sie beim Schüleraustausch während ihres einjährigen Aufenthaltes in Deutschland gemacht haben.
MedienPädagogisches Zentrum Land Brandenburg, Nr. 42 52536

Vorwärts – doch nicht vergessen
Grenzgänge im neuen Europa
Video, 30 Min., f, 1992
Adressaten: S1 (Kl. 9), S2, J
Ein Dokumentarfilm über deutsch-polnische Jugendbegegnungen von Wolfgang Lindner. Junge Polen und junge Deutsche aus den alten und neuen Bundesländern spielen zusammen Theater. Graffitis in Hinterhöfen, eigene Erlebnisse und literarische Vorlagen liefern Stoff und Anregungen für die ersten Szenen. Der Film dokumentiert ein Projekt europäischer Bildungsarbeit in Deutschland und Polen, bei dem die gemeinsamen kulturellen Erfahrungen und die spielerische Überwindung von Sprachbarrieren und Vorurteilen im Mittelpunkt stehen.
MedienPädagogisches Zentrum Land Brandenburg, Nr. 42 50213

„Es liegt an uns, was aus Europa wird"
Französisch-Deutsch-Polnische Begegnungen
Video, 30 Min., f, 1995
Adressaten: Kl. 11, J
Jugendliche aus Deutschland, Frankreich und Polen sprechen mit Bundespräsident Herzog über Europa. In Arbeitsgruppen diskutieren sie das Thema. Der Film dokumentiert Begegnungen in Frankreich und Hambach. Ein Ansatz zum Kennenlernen ist die Begegnung im Alltag, ein anderer ein gemeinsames Tanztheater. Das deutsch-französische und das deutsch-polnische Jugendwerk fördern Austauschprogramme für Jugendliche.
Landesmedienzentrum Rheinland-Pfalz, Nr. 42 46281

Jenseits von schwarz und weiß
Video, 59 Min., f, 1989
Adressaten: S1 (Kl. 9), S2
Zwei Journalisten, ein Deutscher und ein Pole, betreiben praktische Vergangenheitsaufarbeitung. Jeder ein intimer Kenner des anderen Landes, besuchen sie Stätten der deutsch-polnischen Geschichte, sichten Filme zum Thema und diskutieren mit Zeitzeugen und jungen Menschen beider Staaten. Durch diese intelligente Collage wird deutlich, welche Entdeckungen zu machen sind in der Auseinandersetzung mit unserem östlichen Nachbarn.
MedienPädagogisches Zentrum Land Brandenburg, Nr. 42 60110

Kommentierte Internet-Adressen

Zusammengestellt von Sonja Richter

Mit dieser kleinen Auswahl soll nur angedeutet werden, welche Möglichkeiten der Informationsbeschaffung das www denjenigen bietet, die sich für die deutsch-polnische Geschichte interessieren. Aufgrund der Schnelllebigkeit des Mediums kann für die Aktualität der genannten www-Adressen keine Gewähr übernommen werden.

http://www.dhi.waw.pl
Deutsches Historisches Institut Warschau
Erforscht die deutsch-polnischen Beziehungen und Fragen der vergleichenden Geschichte Deutschlands und Polens. Vermittelt auch wissenschaftliche Kontakte zwischen Polen und Deutschland. Verfügt über eine online einsehbare Bibliothek mit Schwerpunkt u. a. auf den deutsch-polnischen Beziehungen und der jüdischen Geschichte Polens. Auf der Webseite finden sich die einzelnen Ausgaben des Instituts-Bulletins und Links zu weiteren relevanten Forschungseinrichtungen.

http://www.uni-marburg.de/herder-institut
Herder-Institut Marburg
Wissenschaftliche Service-Einrichtung zur Ostmitteleuropaforschung mit einem Schwerpunkt auf der Geschichte der historischen deutschen Ostgebiete und der deutschen Siedlungsgebiete in Ostmitteleuropa. Verfügt über eine Bibliothek von rund 340.000 Bänden, ein umfangreiches Bildarchiv (500.000 Einheiten) u. a. zur Kulturgeschichte Ostmitteleuropas, eine Kartensammlung und eine Dokumentesammlung sowie ein Pressearchiv, in dem seit 1952 Zeitungen aus Ostmitteleuropa archiviert und ausgewertet vorliegen. Mehrere Online-Datenbanken ermöglichen die Recherche von Materialien.

http://www.deutsches-polen-institut.de
Deutsches Polen-Institut Darmstadt
Informationszentrum und Forschungsinstitut zur polnischen Kultur, Literatur, Geschichte, Politik, Gesellschaft und den deutsch-polnischen Beziehungen. Betreibt u. a. intensive Presse- und Öffentlichkeitsarbeit. Verfügt über ein Autoren-, Presse- und AV-Archiv, online abrufbar sind die DPI-Nachrichten sowie Pressemitteilungen des Instituts.

http://www.dpjw.org
Deutsch-Polnisches Jugendwerk
Internationale Organisation zur Förderung des deutsch-polnischen Jugendaustausches. Gibt finanzielle Unterstützung für Begegnungsmaßnahmen, Praktika usw., hilft bei der Partnersuche, berät in Fragen des Jugendaustausches und informiert über das jeweilige Partnerland. Auf der Webseite findet man u. a. das Programmangebot, Fragebögen für die Vor- und Nachbereitung, einen „Minisprachkurs Polnisch" sowie einige landeskundliche Infos.

http://www.dpg-brandenburg.de
Deutsch-Polnische Gesellschaft Brandenburg
Setzt sich mit der Durchführung von Veranstaltungen, Vorträgen und Studienreisen, Konferenzen und Seminaren für eine bessere Verständigung zwischen Deutschen und Polen und für mehr Kenntnisse über das Nachbarland Polen in Brandenburg ein. Sie ver-

mittelt Kontakte und Partnerschaften, ist Mitherausgeberin des deutsch-polnischen Informationsbulletins TRANSODRA und betreibt den deutsch-polnischen Pressedienst TRANSODRA SPEZIAL. Auf der Webseite findet man u.a. Hinweise auf aktuelle Veranstaltungen sowie Inhaltsverzeichnisse und Artikel der Zeitschrift TRANSODRA ab Nr. 6/7 (1994).

http://www.polen-news.de/puw/puwindex.html
Polen und wir. Zeitschrift für deutsch-polnische Verständigung
Von der Deutsch-Polnischen Gesellschaft der BRD herausgegebene, viermal jährlich erscheinende Zeitschrift zu den deutsch-polnischen Beziehungen. Die jeweils aktuelle Ausgabe sowie ausgewählte Artikel früherer Ausgaben sind online verfügbar.

http://www.krzyzowa.org.pl
Fundacja Krzyżowa
Im heute polnischen Krzyżowa (Kreisau) ansässige Stiftung, die Projekte zur Zusammenarbeit und Verständigung in Europa fördert. Dies tut sie insbesondere im Bereich der Jugendarbeit, wofür sie eine eigene Begegnungsstätte (MDSM) betreibt. Die – rein polnischsprachige – Webseite informiert über Geschichte, Ziele und Aktivitäten der Stiftung sowie die Widerstandstätigkeit des Kreisauer Kreises um H. J. von Moltke während des Zweiten Weltkrieges.

http://come.to/polhist
Polhist – Die Mailingliste zur polnischen Geschichte im Internet
Kostenlose Mailingliste für den Austausch von Informationen zur polnischen Geschichte unter Wissenschaftlern und Interessierten weltweit. Informiert über Tagungstermine und Neuerscheinungen, außerdem kann jeder Teilnehmer eigene Fragen zur polnischen Geschichte den anderen Listenmitgliedern zukommen lassen.

http://www.osteuropa.ch
Osteuropa.ch. Schweizer Infopool für Fachschaften Mittel-Ost-Europa & GUS, Historiker, Journalisten, Politologen, Service public, Reisende
Diese Webseite bietet zahlreiche nützliche Links zu Osteuropa, darunter Polen. U.a. findet man eine Liste der Osteuropa-Einrichtungen sowie Buchtipps zu Polen.

http://kft.umcs.lublin.pl/stona/siec.html
Ciekawe miejsca w sieci o tematyce żydowskiej ...
Webseite mit vielen nützlichen Links zur Geschichte der polnischen Juden, teils in polnischer, teils in englischer Sprache.

http://wiem.onet.pl/wiem
Wielka Internetowa Encyklopedia Multimedialna
Polnisches Internet-Lexikon mit Stichwortsuche und ausführlichen Einträgen.

http://www.kampania.px.pl
Kampania Wrześniowa 1939
Polnische Webseite über den militärischen Widerstand der Polen gegen den Einmarsch deutscher und sowjetischer Truppen im September 1939. Informiert über den zeitlichen Ablauf, einzelne Schlachten, beteiligte Personen u. a. m. Stellt außerdem einiges Bildmaterial (leider unkommentiert) zur Verfügung. Bisher nur auf Polnisch.

http://www.dhm.de/lemo/home.html
LeMO: Lebendiges virtuelles Museum Online
Umfangreiche Webseite zur deutschen Geschichte des 20. Jahrhunderts, präsentiert vom Deutschen Historischen Museum, dem Haus der Geschichte und dem Fraunhofer Institut für Software- und Systemtechnik. Verbindet Informationstexte und museale Objekte mit Film- und Tondokumenten und 3-D-Animationen. Insbesondere beim Punkt Zweiter Weltkrieg finden sich auch polenbezogene Informationen, u. a. zur Zwangsarbeit, zu den Judenghettos und zur NS-Vernichtungspolitik.

http://www.dhm.de/lemo/html/wk2/kriegsverlauf/polen/index.html
Überfall auf Polen. „Fall Weiß“
Thematische Seite zum Überfall Deutschlands auf Polen im September 1939. Besonders behandelt werden u. a. der Angriff auf Warschau, der Terrror gegen die Zivilbevölkerung und der Generalgouverneur des deutsch besetzten Polens Hans Frank.

http://www.dhm.de/lemo/html/Nachkriegsjahre/DasEndeAlsAnfang/fluchtUndVertreibung.html
Flucht und Vertreibung
Thematische Seite zur Flucht und Vertreibung der Deutschen aus Ost-, Mittel- und Südosteuropa. Enthält neben allgemeinen Informationen kurze Schilderungen persönlicher Schicksale und einige Fotografien.

http://www.remember.org
remember.org
Englischsprachige Webseite mit vielen Materialien zum Holocaust. Bietet u. a. ausführliche Interviews mit Zeitzeugen sowie Karten, Beschreibungen und Fotografien mehrerer Konzentrationslager.

http://www.wsg-hist.uni-linz.ac.at/Auschwitz/HTMLd/Seite1.html
Auschwitz – Endstation Vernichtung
Äußerst informative Webseite über das Vernichtungslager Auschwitz. Geht auf eine Ausstellung zurück, die Mitte der 1990er Jahre von Geschichtsstudenten der Universität Linz nach einer Exkursion in das ehemalige Lager erstellt wurde.

Autorenverzeichnis

- Prof. Dr. Ursula A.J. Becher, geb. 1934 in Düsseldorf, von 1992–2000 Direktorin des Georg-Eckert-Instituts für internationale Schulbuchforschung in Braunschweig. Forschungsgebiete: Mentalitäts- und Wissenschaftsgeschichte, vornehmlich des 18. Jahrhunderts. Theorie und Didaktik der Geschichte.
- Dr. Dieter Bingen, geb. 1952 in Köln, Direktor des Deutschen Polen-Instituts Darmstadt. Forschungsgebiete: deutsch-polnische Beziehungen nach 1945, Neueste Geschichte und Politik Polens, europäische Integrationspolitik nach 1989.
- Prof. Dr. Włodzimierz Borodziej, geb. 1956 in Warschau, Professor für Neueste Geschichte an der Universität Warschau, seit 1997 (polnischer) Vorsitzender der Gemeinsamen deutsch-polnischen Schulbuchkommission. Forschungsgebiete: Geschichte der deutsch-polnische Beziehungen, Geschichte der Volksrepublik Polen und der internationalen Beziehungen.
- Dr. François Guesnet, geb. 1962 in Lauf /Baden, Wissenschaftlicher Mitarbeiter am Simon-Dubnow-Institut für jüdische Geschichte und Kultur, Leipzig. Forschungsgebiete: Osteuropäische Geschichte, jüdische Sozial- und Kulturgeschichte in Polen, vergleichende jüdische Geschichte in West- und Ostmitteleuropa.
- Prof. Dr. Hans Henning Hahn, geb 1947 in Zwickau, Professor für Moderne Osteuropäische Geschichte an der Carl von Ossietzky Universität Oldenburg. Forschungsgebiete: Geschichte Polens, Geschichte der deutsch-polnischen Beziehungen, Geschichte des europäischen Staatensystems im 19. Jahrhundert, historische Stereotypenforschung, Nationalismusforschung.
- Prof. Dr. Jerzy Holzer, geb. 1930 in Warschau, Professor em. an der Universität Warschau und seit 2000 Direktor des Instituts für Politische Studien der Polnischen Akademie der Wissenschaften. Forschungsgebiete: Neuere und Neueste Geschichte Polens, deutsche Geschichte im 20. Jahrhundert, Faschismus, Autoritarismus, Kommunismus in Europa.
- Prof. Dr. Wolfgang Jacobmeyer, geb. 1940 in Hannover, Professor für Neuere und Neueste Geschichte und Didaktik der Geschichte an der Westfälischen Wilhelms-Universität Münster. Forschungsgebiete: Neuere und Neueste Geschichte, deutsch-polnische Beziehungsgeschichte im zwanzigsten Jahrhundert, europäische Migrationsgeschichte, international vergleichende und historische Schulbuchforschung.
- Prof. Dr. Dr. h.c. (mult.) Hans-Adolf Jacobsen, geb. 1925 in Berlin, von 1969–1991 Professor für Politische Wissenschaft an der Universität Bonn, seit 1991 Vorstandsmitglied der deutsch-polnischen Stiftung für Zusammenarbeit. Forschungsgebiete: Europa und Deutschland im 20. Jahrhundert, insb. deutsch-sowjetische und deutsch-polnische Beziehungen sowie Fragen der Sicherheitspolitik
- Dr. Sophia Kemlein, geb. 1960 in Soltau, Wissenschaftliche Mitarbeiterin am Deutschen Historischen Institut Warschau. Forschungsgebiete: Osteuropäische Geschichte, insb. polnische Geschichte, jüdische Geschichte, Frauen- und Geschlechtergeschichte.
- Prof. Dr. Hans Lemberg, geb. 1933 in Münster/Westf., 1981–1998 Professor für osteuropäische Geschichte an der Philipps-Universität Marburg. Forschungsgebiete: Geschichte Ostmitteleuropas und Russlands im 18.–20. Jahrhundert, deutsch-osteuropäische Beziehungen.
- Doz. Dr. Piotr Madajczyk, geb. 1959 in Warschau, Wissenschaftlicher Mitarbeiter am Institut für Politische Studien der Polnischen Akademie der Wissenschaften. Forschungsgebiete: deutsch-polnische Beziehungen im 20. Jh., Migrationen und Minderheitenfragen, polnische Nachkriegsgeschichte.

- Dr. Robert Maier, geb. 1953 in Wallerstein (Bayern), Wissenschaftlicher Mitarbeiter am Georg-Eckert-Institut für internationale Schulbuchforschung in Braunschweig. Forschungsgebiete: Osteuropäische Geschichte, insb. Stalinismus, sowjetische Geschichte, Frauengeschichte; internationale Schulbuchforschung.
- Prof. Dr. Michael G. Müller, geb. 1950 in Frankfurt am Main, Professor für Osteuropäische Geschichte an der Martin-Luther Universität Halle-Wittenberg. Forschungsgebiete: Geschichte Ostmitteleuropas und der deutsch-polnischen Beziehungen vom 16. bis 19. Jahrhundert.
- Prof. Dr. Jan Maria Piskorski, geb. 1956 in Szczecin, Professor für vergleichende Geschichte Europas an der Universität Stettin, Leitender Herausgeber des Verlags der Sozietät *Poznanskie Towarzystwo Przyjaciól Nauk*. Forschungsschwerpunkte: Vergleichende Geschichte der Kolonisationsprozesse, deutsch-polnische Beziehungen, Geschichte und Geschichtswissenschaft im 19. und 20. Jahrhundert.
- Prof. Dr. Wojciech Roszkowski, geb 1947 in Warschau, 1994–1999 Direktor des Instituts für Politische Studien der Polnischen Akademie der Wissenschaften. Forschungsgebiete: polnische und ostmitteleuropäische Zeitgeschichte, internationale Beziehungen nach 1945.
- Dr. Krzysztof Ruchniewicz, geb. 1967 in Wrocław, Wissenschaftlicher Mitarbeiter am Historischen Institut der Universität Warschau, Leiter der dortigen Forschungsstelle *Polen in Deutschland nach 1945*. Forschungsgebiete: Geschichte Deutschlands im 20. Jahrhundert, insb. Widerstand im Dritten Reich, Adenauer-Ära, deutsch-polnische Beziehungen nach dem Zweiten Weltkrieg, europäische Integration, Schulbuchforschung.
- Dr. Sławomira Walczewska, geb. 1960 in Częstochowa, Mitbegründerin und Leiterin der Frauenstiftung eFKa in Krakau, aktiv in der polnischen Frauenbewegung tätig. Forschungsgebiete: Philosophie, Feministische Kulturkritik.
- Prof. Dr. Drs. h.c. Zernack, geb. 1931 in Berlin, Prof. em. für osteuropäische Geschichte an der FU Berlin, von 1987 bis 2000 (deutscher) Vorsitzender der Gemeinsamen deutsch-polnischen Schulbuchkommission. Forschungsgebiete: Mittelalterliche Verfassungs- und Siedlungsgeschichte Ostdeutschlands und der slavischen Welt, europäische Staatenbeziehungen der frühen Neuzeit, Geschichte der deutsch-polnischen Beziehungen.

Zur Aussprache polnischer Namen und Begriffe

Das Polnische enthält zahlreiche Buchstabe, die im Deutschen unbekannt sind oder abweichend gesprochen werden. Zu den Abweichungen einige Hinweise:

Buchstabe	Aussprache
ą	nasaliertes „o“
c	„z“, wie in „Zange“
cz	„tsch“
ć	weiches „zj“
dz	„ds“, meist wie ein Laut ausgesprochen
dź	„dsj“, ausgesprochen wie ein Laut
dż	meist wie „dg“ in engl. „Bridge“
e	„ä“
ę	nasaliertes „e“ wie im franz. „vin“
h	„ch“, wie in „ach“
ł	Konsonant, wie „wh“ in engl. „what“ ausgesprochen
ń	wie „gn“ in „Kognak“
o	kurzes „o“, wie in „Pollen“
ó	kurzes „u“, wie in „Butter“
rz	1. wie „g“ in „Passagier“
	2. nach lautlosem Konsonanten wie „sch“
s	„ss“
sp	„ssp“
st	„st“ in „Kunst“
sz	„sch“
ś	weiches „ssj“
y	kurzes „i“, wie in Tisch
z	stimmhaftes „s“, wie in „Besen“
ź	weiches „sjs“
ż	wie „g“ in Passagier

Konsonanten vor „i“ werden generell weich ausgesprochen, wobei das „i“ nur artikuliert wird, wenn ihm kein weiterer Vokal folgt.
Die Betonung mehrsilbiger polnischer Wörter liegt generell auf der vorletzten Silbe.

Deutsche und Polen – Geschichte einer Nachbarschaft

Handbuch für Geschichtslehrer

Herausgegeben von der Gemeinsamen deutsch-polnischen Schulbuchkommission

Das Lehrerhandbuch erscheint unter der Bandnummer 82 in der Reihe „Studien zur internationalen Schulbuchforschung" des Georg-Eckert-Instituts. Teil A, der eine historiografische Epochenübersicht liefern wird, ist noch in Vorbereitung. Beim Teil B handelt es sich um eine offene Reihe von Heften zu Knotenpunkten und Themen der deutsch-polnischen Geschichte. Teil C versteht sich als geschlossene Handreichung zum 20. Jahrhundert und will in bezug auf diesen entscheidenden Zeitraum die deutsch-polnischen Schulbuchempfehlungen aus dem Jahr 1975 in ihrer Orientierungsfunktion ablösen.

Teil A:
[Epochenübersicht]

Teil B:

Karl-Ernst Jeismann und Lech Trzeciakowski: Polen im europäischen Mächtesystem des 19. Jahrhunderts. Die „Konvention Alvensleben" 1863. Frankfurt/Main 1994 (= Bd. 82/B I)

Michael G. Müller, Bernd Schönemann, Maria Wawrykowa: Die „Polendebatte" in der Frankfurter Paulskirche. Darstellung, Lernziele, Materialien. Frankfurt/Main 1995 (= Bd. 82/B II)

Maria Bogucka und Klaus Zernack: Um die Säkularisation des Deutschen Ordens in Preußen. Die Krakauer Huldigung. Hannover 1996 (= Bd. 82/B III)

Winfried Schich und Jerzy Strzelczyk: Slawen und Deutsche an Havel und Spree. Zu den Anfängen der Mark Brandenburg. Hannover 1997 (= Bd. 82/B IV)

Heinz Duchardt und Bogdan Wachowiak: Um die Souveränität des Herzogtums Preußen. Der Vertrag von Wehlau 1657. Hannover 1998 (= Bd. 82/B V)

Deutsche, Polen und Juden (= Bd. 82/B VI) [in Bearbeitung, Arbeitstitel]

Teil C:

Ursula A. J. Becher, Włodzimierz Borodziej, Robert Maier (Hrsg.): Deutschland und Polen im zwanzigsten Jahrhundert. Analysen – Quellen – didaktische Hinweise. Hannover 2001 (= Bd. 82 C)

Das Lehrerhandbuch erscheint in adaptierter Form auch auf Polnisch. Bisher sind erschienen:

Michael G. Müller, Bernd Schönemann, Maria Wawrykowa: „Debata polska" w kościele Św. Pawła we Frankfurcie (1948), Warszwa, WSiP 1998

Karl-Ernst Jeismann, Lech Trzeciakowski: Kwestia polska w polityce mocarstw europejskich w XIX wieku, Warszawa, WSiP 1998

Maria Bogucka, Klaus Zernack: Sekularyzacja Zakonu Krzyżackiego w Prusach, Hołd Pruski 1525 roku, Warszawa, WSiP 1998

Ursula A.J. Becher, Włodzimierz Borodziej, Krzysztof Ruchniewicz: Polska i Niemcy w XX wieku. Wskazówki i materialy do nauczania historii, Poznań, Wydawnictwo Poznańskie 2001 [in Druck]